AF704688

Inge Baumeister

Excel Power Tools & Power BI Desktop

Große Datenmengen abrufen, aufbereiten, analysieren und visualisieren

Verlag:
BILDNER Verlag GmbH
Bahnhofstraße 8
94032 Passau

http://www.bildner-verlag.de
info@bildner-verlag.de

ISBN: 978-3-8328-0636-1
Bestellnummer: 100650

Autorin: Inge Baumeister
Herausgeber: Christian Bildner

Druck: CPI Clausen & Bosse GmbH, Birkstr. 10, 25917 Leck

Bildquellen:
Cover: © Yaroslav Astakhov - stock.adobe.com
Kapitelbild: © Carlos Castilla Jimenez - stock.adobe.com

Auf einen Blick

Vorwort

Dieses Buch widmet sich dem Import, der Aufbereitung/Transformation und Analyse umfangreicher Datenbestände. Diese stammen in der Praxis nur selten aus Excel-Arbeitsmappen, sondern wurden meist zuvor aus diversen Anwendungsprogrammen, z. B. einem Warenwirtschaftssystem in eine CSV-Datei oder ein anderes Dateiformat exportiert. Vor der eigentlichen Datenanalyse ist in vielen Fällen allerdings noch eine Bereinigung oder Aufbereitung der Ausgangsdaten erforderlich.

Mit diesen Arbeitsschritten und der Reduzierung des dafür erforderlichen Arbeitsaufwands befasst sich dieses Buch. Die idealen Werkzeuge dazu bringt Excel mit, nämlich Power Query, Power Pivot und PivotTable-Berichte und PivotCharts. Power Query und die Funktionen von Power Pivot sind unter anderem aber auch Bestandteil von Power BI (Business Intelligence), einer eigenständigen Sammlung von Werkzeugen zur Analyse und Visualisierung von Geschäftsdaten, daher haben wir uns entschlossen, auch die kostenlose App Power BI Desktop in das Buch mit einzubeziehen.

Welche Kenntnisse werden vorausgesetzt?
Dieses Buch ist kein Einsteigerbuch, sondern richtet sich an erfahrenere Excel-Anwender, die tiefer in die Datenanalyse und den Umgang mit großen Datenmengen einsteigen wollen. Sie sollten also bereits Grundlagenwissen mitbringen, z. B. im Umgang mit Excel-Arbeitsblättern, der Verwendung von Zahlen- und Zellformaten und im Erstellen und Bearbeiten von Standarddiagrammen. Auch Berechnungen mit Formeln und einfachen Funktionen wie SUMME und MITTELWERT sollten Ihnen geläufig sein.

Welche Excel-Version?
Das Buch und die meisten Abbildungen basieren auf Microsoft 365, grundsätzlich eignet sich dieses Buch aber auch für alle übrigen Excel-Versionen ab 2019. Geringfügige Änderungen aufgrund von Updates sind allerdings möglich.

Microsoft 365 und die Kaufversionen von Excel unterscheiden sich in einigen Punkten geringfügig voneinander. Hinweise auf Abweichungen finden Sie in der Randspalte.

Schreibweise
Befehle, Bezeichnungen von Schaltflächen und Beschriftungen von Dialogfenstern sind zur besseren Unterscheidung farbig und kursiv hervorgehoben, zum Beispiel Register *Start* ▶ *Kopieren*. Auch Dateinamen und Spaltenbezeichnungen der verwendeten Beispiele sind an dieser Schreibweise leicht zu erkennen.

Download der Beispieldateien
Sämtliche verwendeten Beispiele erhalten Sie auf unserer Homepage kostenlos zum Download. Rufen Sie dazu die folgende Seite auf:

www.bildnerverlag.de/00650

Viel Spaß und Erfolg mit dem Buch wünschen Ihnen
BILDNER Verlag und die Autorin Inge Baumeister

Inhalt

1 Einführung und Übersicht

In diesem Kapitel finden Sie…

- Einführung Business Intelligence (BI) mit Excel
- Einsatzbereiche der Excel-Tools Power Query, Power Pivot und PivotTable/PivotChart
- Möglichkeiten der Datenanalyse mit Power BI Desktop und KI

1.1 Excel und Business Intelligence (BI)

BI = Abkürzung für Business Intelligence

Aufgrund seiner vielfältigen Möglichkeiten bietet sich Excel für Auswertungen größerer Datenmengen auch aus anderen Anwendungen, z. B. Warenwirtschaft an. Die Datenübergabe erfolgt dabei auf einem der folgenden Wege:

- **Datenübergabe per Textdatei, Textdatei öffnen**
  Fast alle gängigen Anwendungen unterstützen den Datenexport in eine Textdatei mit der Dateinamenerweiterung .txt oder .csv. Im einfachsten Fall werden solche Textdateien einfach mit Excel geöffnet. Allerdings sind vielen Fällen vor der eigentlichen Auswertung noch mehr oder weniger umfangreiche Aufbereitungsarbeiten, z. B. Berechnungen erforderlich, daher eignet sich diese Methode in der Regel nur für den einmaligen Import.

Daneben kann natürlich auch die Zwischenablage zum Datenaustausch genutzt werden. Diese Möglichkeit dürfte zwar allgemein bekannt sein, eignet sich aber nur für kleine Datenmengen und wird aus diesem Grund hier nicht weiter beschrieben.

- **Daten aus externen Quellen abrufen und aufbereiten**
  Werden regelmäßig aktuelle Daten benötigt und ist ein vorheriges Aufbereiten der Daten erforderlich, z. B. Umwandeln von angelsächsischen Zahlen- und Datumsformaten, dann bietet sich das Tool *Daten abrufen und transformieren* an, auch bekannt unter dem Namen Power Query. Es unterstützt nicht nur den Import aus Textdateien und Excel-Arbeitsmappen, sondern erlaubt auch den direkten Zugriff auf eine Vielzahl gängiger Datenbanktypen, vorausgesetzt Sie verfügen über die entsprechende Berechtigung. Ein weiterer Pluspunkt: Wenn ein direkter Import in das Arbeitsblatt nicht erforderlich ist, dann entfällt auch die Beschränkung auf maximal 1.048.576 Zeilen eines Excel-Arbeitsblatts.

Ausgangslage

In diesem Buch dreht sich alles um den Import und die Analyse großer Datenmengen, egal ob Sie diese in einer Excel-Arbeitsmappe erstellen und verwalten oder aus einer externen Quelle beziehen. Vielleicht kennen Sie das folgende Szenario: In einer Firma oder Abteilung werden stets aktuelle Daten benötigt, diese sollen in übersichtlicher Form zusammengefasst und idealerweise auch noch visualisiert werden. Die Ausgangsdaten werden aus einer Standardsoftware, z. B. aus einem Warenwirtschaftssystem, regelmäßig neu als CSV-Dateien oder in anderer Form exportiert.

Allerdings sind die Daten häufig ungünstig aufgebaut, d. h. vor der eigentlichen Auswertung müssen die Daten bereinigt, um Spalten ergänzt und im schlimmsten Fall sogar komplett umgestellt werden. Möglicherweise müssen Sie auch überflüssige Zeilen und Spalten entfernen, Daten aus mehreren Quellen aneinanderfügen oder mit Daten aus einer zweiten Tabelle zusammenführen, z. B. mit der Excel-Funktion SVERWEIS. Dass diese Arbeiten umständlich, zeitraubend und zudem fehleranfällig sind, ist klar. Hinzu kommt noch, dass eine Excel-Arbeitsmappe mit 100.000 Datensätzen und mehr beim Öffnen und Aktualisieren Zeit benötigt.

Die Power Tools von Excel

Dieser klassische Arbeitsablauf, nämlich Importieren, Bereinigen, Berechnen und Auswerten/Visualisieren lässt sich mit den passenden Werkzeugen erheblich vereinfachen und beschleunigen, diese bringt Excel seit der Version 2016 mit.

- Mit **Power Query** stellen Sie eine Verbindung zur externen Datenquelle her und bereiten die Daten für nachfolgende Auswertungen auf. Dieses Tool finden Sie in Excel unter der Bezeichnung *Daten abrufen und transformieren*.
- **PivotTable-Berichte** und **PivotChart** sind seit langem fester Bestandteil von Excel. Sie fassen Daten unter anderem in Form von Kreuztabellen zusammen und sind interaktiv, d. h. sie können schnell umgestellt und nahezu beliebig gefiltert werden.
- **Power Pivot** bildet die ideale Ergänzung zu Power Query und Pivot-Tabellen. Power Pivot erlaubt die Berechnung zusätzlicher Kennzahlen (Measures), die anschließend in Pivot-Tabellen in beliebigem Kontext verwendet werden können. Außerdem unterstützt Power Pivot auch Datenmodelle, das bedeutet, Sie können Daten aus zwei und mehr Datenquellen miteinander verknüpfen und anschließend in die Auswertung einbeziehen.

Welcher Datenumfang wird unterstützt?

In den meisten Fällen, z. B. für Auswertungen mit Pivot-Tabellen müssen die Ausgangsdaten nicht zwingend in die Arbeitsmappe eingefügt werden. Dies hebt auch die Beschränkung auf etwas mehr als 1 Mio Zeilen bzw. Datensätze im Excel-Arbeitsblatt auf. Power Pivot unterstützt außerdem Dateien mit bis zu 2 GB und erlaubt das Arbeiten mit bis zu 4 GB an Daten im Arbeitsspeicher.

Power BI ist kein Bestandteil von Excel, sondern bildet eine eigenständige Sammlung verschiedener Dienste zur Analyse, Visualisierung und Veröffentlichung von Geschäftsdaten. Dazu gehört auch die kostenlose App **Power BI Desktop** mit umfangreichen Möglichkeiten, die Daten in Form von Berichten zu visualisieren. Datenimport und -modellierung sowie die verschiedenen Berechnungsmöglichkeiten unterscheiden sich dagegen nur wenig von den oben aufgeführten Power-Tools von Excel, daher wurde Power BI Desktop ebenfalls mit in das Buch aufgenommen.

Aufbau des Buches

Datentabellen mit Excel erstellen und verwalten

Nicht in jedem Fall stammen die auszuwertenden Daten aus einer externen Quelle. Aus diesem Grund befasst sich Kapitel 2 dieses Buches mit Datentabellen in Excel-Arbeitsmappen. Hier lassen sich durch sorgfältige Planung viele Fehler und Probleme in späteren Auswertungen vermeiden. Sie erhalten unter anderem Tipps zum Aufbau der Tabellen, zur Vermeidung von Fehlern bei der Dateneingabe oder zum nachträglichen Aufspüren ungültiger Daten oder Duplikate. Auch grundlegende Techniken wie Filtern und Sortieren sind Teil dieses Kapitels, da sie auch auf Pivot-Tabellen anwendbar sind.

Daten aus externen Quellen importieren

Daten aus externen Quellen lassen sich grundsätzlich auf zwei Wegen in eine Excel-Arbeitsmappe importieren. Textdateien mit der Dateinamenerweiterung .txt oder .csv können im einfachsten Fall direkt mit Excel geöffnet werden. Die bessere und flexiblere Lösung ist allerdings der Import über eine Datenverbindung. Bei dieser Methode werden die Verbindungsinformationen in der Excel-Arbeitsmappe gespeichert, dadurch können die Daten jederzeit erneut abgerufen bzw. aktualisiert werden. Zudem unterstützen Datenverbindungen eine Vielzahl unterschiedlicher externer Datenquellen, neben Textdateien z. B. auch Datenbanken oder Daten aus dem Web. Eine erste Einführung in dieses Thema erhalten Sie in Kapitel 3.

Daten mit Power Query aufbereiten/transformieren

Wie bereits erwähnt, ist es mit einem einfachen Import in den meisten Fällen nicht getan, viele Daten erfordern anschließend noch eine Aufbereitung/Transformation. So müssen beispielsweise überflüssige Zeilen und/oder Spalten entfernt, die Schreibweise von Zahlen und Datumswerten angepasst oder weitere Werte berechnet werden. Damit diese Schritte nicht im Arbeitsblatt nach jeder Aktualisierung erneut vorgenommen werden müssen, steht in Excel das Tool Power Query, genauer gesagt der Power Query-Editor zur Verfügung. Alle hier vorgenommenen Arbeitsschritte werden protokolliert, gespeichert und mit jeder Aktualisierung automatisch erneut ausgeführt. Ständig wiederkehrende zeitraubende Aufbereitungsarbeiten im Arbeitsblatt werden dadurch überflüssig. Darüber hinaus lassen sich auch Daten aus mehreren Datenquellen aneinanderfügen oder zusammenführen, vorheriges Konsolidieren oder die Verwendung von Verweisfunktionen, z. B. SVERWEIS erübrigen sich damit. In den Kapiteln 4 und 5 finden Sie nicht nur Details zum Arbeiten im Power Query-Editor, sondern auch eine kleine Einführung mit Beispielen in die Datentransformationssprache des Power Query-Editors, auch M-Sprache genannt.

PivotTable Berichte und PivotChart

Kapitel 6 befasst sich ausführlich mit der Darstellung von Daten in Form von Pivot-Tabellen (PivotTable) und -Diagrammen (PivotChart). Sie erfahren, wie Sie aus Excel-Tabellen oder importierten Daten eine Pivot-Tabelle erstellen, Felder anordnen und umstellen und Werte zusammenfassen und dies fast ohne Eingabe von Formeln. Wenn Sie schon einmal versucht haben, eine größere Tabelle mit Funktionen wie SUMMEWENN oder den DB-Funktionen auszuwerten oder Teilergebnisse mit Copy & Paste zusammenzustellen, dann werden Sie Pivot-Tabellen aufgrund ihrer einfachen Handhabung schnell schätzen. Auch die verschiedenen Layouts, die Anzeige von Teil- und Gesamtergebnissen, die vielfältigen und schnellen Filtermöglichkeiten und die grafischen Darstellungsmöglichkeiten mit PivotChart sind Teil dieses Kapitels.

Datenmodelle und Power Pivot

Kapitel 8 zeigt Ihnen, wie Sie mit Power Pivot ein Datenmodell erstellen bzw. zwei und mehr Tabellen miteinander verknüpfen. Zuvor erklärt Kapitel 7 die Grundlagen der Datenmodellierung und macht Sie mit den wichtigsten Grundbegriffen, wie Schlüsselfelder und Join vertraut. In Kapitel 8 führen Sie dann Daten aus verschiedenen Datenquellen zusammen und erstellen unter anderem ein Datenmodell mit Excel-Tabellen. Auch Berechnungen werden durch Power Pivot unterstützt. Neben einfachen Formeln steht eine umfangreiche Sammlung von DAX-Funktionen (Data Analysis Expressions) zur Verfügung, mit denen sich nicht nur Spalten, sondern für nachfolgende Auswertungen auch zusammenfassende Kennzahlen bzw. Measures tabellenübergreifend berechnen lassen. Die wichtigsten DAX-Funktionen und die Einsatzmöglichkeiten von Measures werden in diesem Kapitel anhand von Beispielen beschrieben. Darüber hinaus bietet Power Pivot noch weitere nützliche Features: Sie können für datumsbezogene Auswertungen eine gesonderte Kalendertabelle heranziehen, individuelle Hierarchien erstellen z. B. Datumshierarchien, und Daten mit sogenannten KPIs (Key Performance Indicators) visualisieren.

Power BI Desktop

Power BI Desktop ist zwar eine, von Excel unabhängige App, verfügt aber ebenfalls über Power Query und alle Funktionen von Power Pivot und sogar noch mehr. Was die Visualisierung in Form von Berichten betrifft, ist Power BI Desktop Excel sogar weit überlegen. Daher haben wir uns entschieden, auch dieses Thema gesondert in Kapitel 9 zu berücksichtigen. Allerdings können aus Platzgründen im Buch nicht alle Möglichkeiten ausführlich beschrieben werden, außerdem finden Sie im Web unter learn.microsoft.com eine umfangreiche Dokumentation zum Thema Power BI.

1.2 Die Werkzeuge und ihre wichtigsten Funktionen im Überblick

Power Query

Power Query ist ein mächtiges Tool zum Import von Daten, das Sie in Excel unter dem Begriff „Daten abrufen und transformieren“ finden. Mit seiner Hilfe werden Daten aus den verschiedensten Datenquellen nicht nur importiert, sondern im Power Query-Editor auch bereinigt, umgewandelt, neu berechnet und zusammengeführt (transformiert) und letztlich in das Datenmodell der Excel-Arbeitsmappe zur weiteren Verwendung geladen. Ein weiterer Vorteil: Wenn für die Zusammenfassung mit Pivot-Tabellen die Ausgangsdaten in der Arbeitsmappe nicht benötigt werden und/oder zu umfangreich für eine Excel-Arbeitsmappe sind, dann erstellen Sie nur eine Verbindung ohne Einfügen der Daten in die Arbeitsmappe.

Power Query unterstützt den Import aus zahlreichen Datenquellen, darunter fast alle gängigen Datenbanken, hier nur einige der wichtigsten:

- Excel-Arbeitsmappen und Tabellen
- Text-Dateien (.csv- und .txt)
- XML- und HTML-Dateien
- ODBC Datenquellen

- Datenbanken wie Microsoft Access-Datenbanken, Microsoft SQL Server, Oracle, MySQL, PostgeSQL, SAP HANA Datenbank (nur Excel 2019/Office 365)
- Webdatenbanken, sowie Microsoft Azure und SharePoint-Listen

Mit einem einfachen Import ist es jedoch meist nicht getan, sondern die Daten erfordern noch eine Bereinigung und Aufbereitung, wie z. B.:

- Entfernen überflüssiger Angaben im Tabellenkopf, z. B. zu Datenquelle, Codierung oder Exportdatum.
- Konvertieren von Zahlen und Datumswerten, die häufig nicht in der erforderlichen Form, sondern in länderspezifischer Schreibweise vorliegen, z. B. mit Punkt statt Komma als Dezimalzeichen.
- Berechnen weiterer Spalten, z. B. Jahr, Monat oder Kalenderwoche aus Datumswerten. Derartige Berechnungen werden allerdings auch von Power Pivot unterstützt, siehe nächster Punkt.
- Über mehrere Datenquellen verteilte Daten aneinanderfügen oder zusammenführen.

Power Query zeichnet, ähnlich dem Makro-Recorder von Excel alle Arbeitsschritte auf und generiert daraus eine Abfrage, die beim späteren Aktualisieren der Daten „auf Knopfdruck" ausgeführt wird.

Power Pivot

Genau wie mit Power Query lassen sich auch mit Power Pivot externe Daten importieren und anschließend aufbereiten. Im Vergleich zu Power Query liegt die Stärke von Power Pivot in der Erstellung von Datenmodellen, also dem Verknüpfen mehrerer Datenquellen und in der Berechnung von Kennzahlen, den sogenannten Measures. Hierzu verfügt Power Pivot über eine gesonderte Formelsprache, Data Analysis Expressions oder kurz DAX, die sich in einigen Punkten von Excel-Funktionen unterscheidet. Die weiteren Vorteile:

- Statt weiterer Spalten können Sie auch zusammenfassende Kennzahlen, sogenannte Measures berechnen, was bei großen Datenmengen den Speicherplatzbedarf sowie das Laden und Aktualisieren der Arbeitsmappe erheblich beschleunigt. Measures können anschließend in Pivot-Tabellen beliebig verwendet werden.
- Mit KPIs (Key Performance Indicators) lassen sich außerdem Werte mit Symbolen visualisieren, vergleichbar mit der bedingten Formatierung.
- Werden zusätzliche Datums- und Zeiteinheiten, z. B. Jahre, Quartale oder Monate benötigt, dann können Sie die Ausgangsdaten mit einer gesonderten Kalendertabelle verknüpfen, in der Sie alle erforderlichen Einheiten berechnen. Eine solche Kalendertabelle kann auch von mehreren Datenmodellen genutzt werden.

Auch für Power Pivot gilt: Das Datenmodell und sämtliche Formeln werden mit der Arbeitsmappe gespeichert und bei einer Änderung der Ausgangsdaten brauchen Sie nur das Datenmodell aktualisieren. Beim Import dagegen unterstützt Power Pivot nicht jeden Dateityp und auch die Möglichkeiten der Datenbereinigung beim Import aus Textdateien, z. B. zur Konvertierung von Zahlen und Datumswerten sind beschränkt.

PivotTable-Berichte und PivotChart

Lassen Sie sich nicht von der Bezeichnung PivotTable bzw. Pivot abschrecken. Denn dahinter verbirgt sich ein äußerst nützliches und komfortables Excel-Werkzeug zur Auswertung und Zusammenfassung großer Datenmengen. Pivot-Tabellen eignen sich hervorragend für ergänzende Datenanalysen, die Datenbanken und Anwendungen, z. B. aus den Bereichen Personal, Rechnungswesen oder Warenwirtschaft nicht liefern können. Einmal kennengelernt, werden Sie auf Pivot-Tabellen nicht mehr verzichten wollen, denn diese ersetzen nebenbei auch so manche Excel-Funktion.

Die Bezeichnung Pivot-Tabelle (PivotTable) beruht auf dem englischen Begriff „pivot" = Dreh- oder Angelpunkt und bedeutet, dass Sie mit Pivot-Tabellen Daten wie Bausteine nach verschiedenen Gesichtspunkten anordnen und zusammenfassen können. Die Ausgangsdaten dagegen bleiben in jedem Fall unverändert. Ein weiterer Vorteil: Eine Pivot-Tabelle ist interaktiv, d. h. sie kann vom Benutzer jederzeit verändert werden, beispielsweise um nach bestimmten Kriterien zu filtern oder um Daten auszublenden.

Als Ergänzung visualisieren Sie die Daten mit PivotCharts, Diagrammen die schnell aus einer Pivot-Tabelle erstellt werden und genauso flexibel in der Handhabung sind.

Power BI Desktop

Power BI Desktop ist kein Bestandteil von Excel, sondern eine eigenständige App zur Analyse und Visualisierung von Geschäftsdaten in Form von Berichten (Reports). Diese können anschließend im Power BI-Dienst in der Cloud veröffentlicht und auch einem größeren Personenkreis zur Verfügung gestellt werden.

Wie in Excel erfolgen die Verbindung zur Datenquelle und nachfolgende Datentransformationen mit Power Query und auch die Berechnung von Kennzahlen bzw. Measures unterscheidet sich wenig von Power Pivot. Excel-Anwender mit Kenntnissen der Funktionsweise von Power Query, PivotTable und PivotChart dürften sich daher auch schnell in Power BI Desktop zurechtfinden.

Hinweis: Da es sich um eine gesonderte App handelt, sollen auch die Kosten nicht unerwähnt bleiben. Power BI Desktop kann kostenlos heruntergeladen und installiert werden, wenn Berichte allerdings mit mehreren Personen geteilt werden sollen, erfordert dies die Veröffentlichung in der Cloud mit dem kostenpflichtigen Power BI Dienst. Auf diesen wird im Buch nicht näher eingegangen, da dies den Rahmen sprengen würde.

Workflow

Ein Workflow könnte etwa wie folgt aussehen, wobei im Einzelfall die optimale Vorgehensweise selbstverständlich von den Ausgangsdaten und den angestrebten Ergebnissen abhängig ist.

- Datenimport und Bereinigung, z. B. Konvertierung in die korrekten Datentypen und Entfernen nicht benötigter Zeilen und Spalten erfolgen mit Power Query. Falls nicht alle Datensätze benötigt werden, sollten an dieser Stelle die Daten auch gleich gefiltert werden. Wenn zusätzliche Werte berechnet werden müssen, erledigen Sie dies entweder mit Power Query oder noch besser im nächsten Schritt mit Power Pivot.

  Werden die Ausgangsdaten in der Arbeitsmappe nicht benötigt, dann erstellen Sie nur eine Verbindung bzw. Abfrage und fügen die Daten dem Datenmodell der Arbeitsmappe hinzu.

- Mit Power Pivot greifen Sie anschließend auf das Datenmodell zu und berechnen eventuell erforderliche Werte, entweder in Form neuer Spalten oder als Measures. Wenn die Daten aus mehreren Datenquellen stammen, dann erstellen Sie mit Power Pivot auch die erforderlichen Beziehungen. Falls aus Datumswerten Zeiteinheiten benötigt werden, z. B. Jahr, Quartal oder Monat, dann ermitteln Sie diese am einfachsten mit Power Pivot und erstellen im Bedarfsfall daraus eine Hierarchie, die nachfolgende Auswertungen erheblich vereinfacht.

- Die Zusammenstellung und Präsentation der Ergebnisse erfolgt in Regel mit den Excel-Werkzeugen PivotTable und PivotChart. Die Ausgangsdaten müssen nicht zwingend in die Arbeitsmappe eingefügt werden, es genügt, wenn sie dem Datenmodell der Arbeitsmappe hinzugefügt wurden. Vorhandene Beziehungen werden von Pivot-Tabellen berücksichtigt, so dass sich problemlos auch Felder aus unterschiedlichen Datenquellen miteinander kombinieren lassen. Zuvor mit Power Pivot berechnete Measures, z. B. Summen, können in beliebigem Kontext als Werte verwendet werden.

- Anspruchsvolle und umfangreiche Berichte können darüber hinaus auch mit Power BI Desktop erstellt werden. Die erforderlichen Daten werden über eine Verbindung entweder aus einer Excel-Arbeitsmappe oder einer anderen externen Datenquelle importiert. Wenn allerdings die Berichte nicht nur mit Power BI Desktop auf dem lokalen PC angezeigt, sondern auch anderen Personen zur Verfügung gestellt werden sollen, dann ist dazu der Power BI Dienst erforderlich.

Datenanalyse mithilfe künstlicher Intelligenz (KI)

engl. Artificial Intelligence, kurz AI.

Excel

Der Befehl *Datenanalyse* ist nur mit Microsoft 365 verfügbar.

Unterstützung durch künstliche Intelligenz (KI) erhalten Sie bei der Datenanalyse mit Excel in der einfachsten Form, indem Sie die zu analysierende Datentabelle als Tabelle formatieren, anschließend markieren und im Register *Start* auf *Datenanalyse* klicken. Daraufhin erhalten Sie im gleichnamigen Aufgabenbereich verschiedene Vorschläge, die Sie per Schaltfläche in das Arbeitsblatt übernehmen können. Allerdings ist die Liste überschaubar und Vorschläge zur Berechnung von Werten sind nicht enthalten.

Bild 1.1 Beispiel Datenanalyse

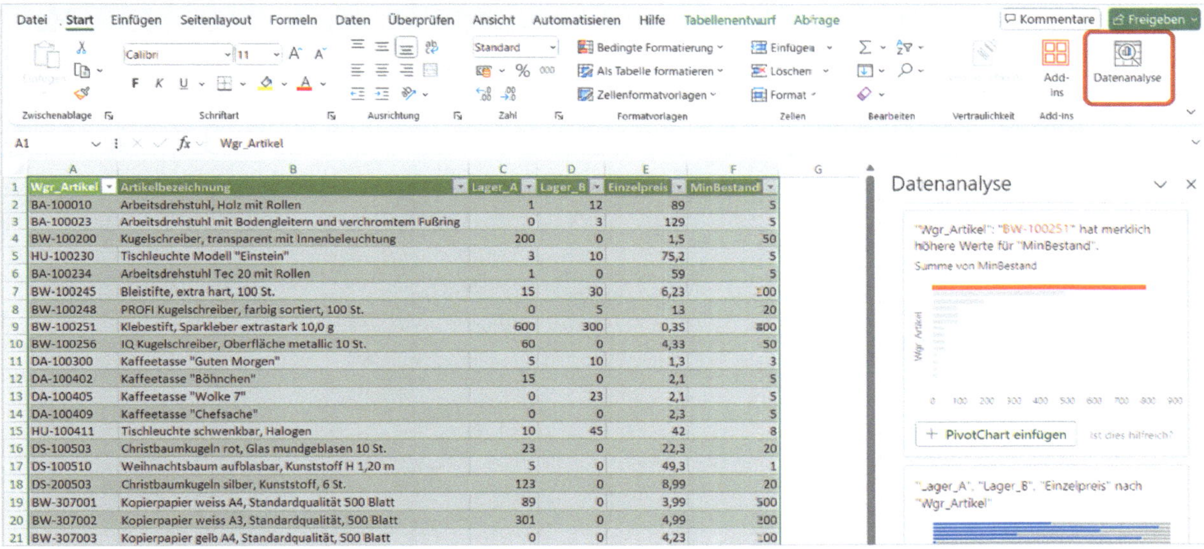

Weitergehende Hilfen, etwa zur Berechnung von Formeln stehen entweder als Add-In wie z. B. *ChatGPT for Excel* oder in Form eines integrierten KI-Assistenten mit dem Namen *Copilot* zur Verfügung. Letzterer setzt allerdings Microsoft 365 voraus und erfordert ein kostenpflichtiges Zusatz-Abo. Außerdem befindet sich der Excel-Copilot zum gegenwärtigen Zeitpunkt laut Microsoft noch im Vorschaustadium, das bedeutet Einsatzmöglichkeiten und Nutzen sind derzeit begrenzt.

Power BI Desktop

In Power BI Desktop ist Copilot zwar bereits dauerhaft im Menüband integriert, kann aber nur mit einer kostenpflichtigen Lizenz und nach Freigabe durch der Administrator auch tatsächlich genutzt werden. Auch hier befindet sich Copilot derzeit noch im Vorschau- bzw. Previewstadium. Als mögliche Einsatzbereiche für Copilot nennt Microsoft unter anderem Vorschläge für Berichte, Zusammenfassungen für Berichtsseiten und das Generieren von Vorschlägen für DAX-Formeln bzw. Quickmeasures.

Achtung: Power BI Desktop setzt für eine Unterstützung durch KI voraus, dass durch den Administrator für Power BI das Vorschaufeature *Copilot* und die Nutzung von Azu-

Darüber hinaus müssen Sie sich darüber im Klaren sein, dass Ihre Daten auch zu Trainingszwecken für KI herangezogen werden können.

re Open AI freigegeben wurde. Außerdem muss derzeit noch der Verarbeitung von Daten in den USA explizit zugestimmt werden. Andernfalls sind die Vorschläge für Quickmeasures ausgegraut und damit nicht verfügbar und beim Aufruf von Copilot erscheint ebenfalls eine entsprechende Meldung.

Fazit

In allen Fällen gilt: Für eine korrekte Aufgabenstellung und zur Bewertung der Vorschläge, sollten zumindest grundlegende Kenntnisse vorhanden sein, egal ob es sich um Formeln bzw. Funktionen oder Pivot-Tabellen und -Diagramme handelt. Hilfreich sind in Power BI Desktop auch Kenntnisse der DAX-Formelsprache, um notfalls eine vorgeschlagene Formel abzulehnen oder anzupassen. Aus den oben genannten Gründen wird daher im Buch auf eine Beschreibung von Copilot und KI verzichtet und stattdessen mehr Wert auf die Vermittlung von Kenntnissen gelegt, die Ihnen helfen, die Funktionsweise der einzelnen Tools zu verstehen und für eigene Aufgabenstellungen einzusetzen.

2 Datentabellen mit Excel anlegen und verwalten

In diesem Kapitel lernen Sie...

- Eine Tabelle planen
- Intelligente Tabellenbereiche erstellen und nutzen
- Daten während der Eingabe prüfen
- Filter- und Sortiertechniken
- Duplikate in Tabellen aufspüren und entfernen

Das sollten Sie wissen

- Daten eingeben und formatieren
- Formeln und einfache Funktionen
- Zellbezüge in Formeln

2.1 Vorbereitungen

Excel oder Datenbankanwendung?

Mit Excel auch größere Tabellen erstellen und verwalten, ist relativ einfach, vor allem, da Excel seit langem über grundlegende Datenbankfunktionen wie Filtern und Sortieren sowie verschiedene Auswertungsmöglichkeiten verfügt.

Einschränkungen ergeben sich aus der maximalen Anzahl der Zeilen eines Excel-Tabellenblattes, seit der Version Excel 2007 sind dies 1.048.576, also etwas mehr als 1 Mio Zeilen. Für sehr umfangreiche Datentabellen sollte also in jedem Fall eine spezielle Datenbankanwendung, z. B. Microsoft Access gewählt werden. Zudem eignet sich eine Datenbank mit Excel eigentlich nur als Einzelplatzlösung, da eine gleichzeitige Eingabe und Bearbeitung von mehreren Benutzern nicht unterstützt wird.

Vorüberlegungen zum Tabellenaufbau

In diesem Buch werden die gebräuchlichen Datenbankbegriffe verwendet, in der nachfolgenden Tabelle eine kurze Beschreibung.

Begriff	Bedeutung
Datensatz	Ein Datensatz entspricht einer Tabellenzeile und bildet eine Einheit. So bildet beispielsweise in einer Tabelle mit Kundenadressen jeder Kunde einen Datensatz.
Datenfeld	Als Datenfelder oder kurz Felder werden die Spalten einer Tabelle bezeichnet. Sie enthalten Eigenschaften, die jeden Datensatz näher beschreiben. In einer Tabelle mit Kundenadressen könnten dies etwa Name, Postleitzahl, Ort und Geburtsdatum sein.

Welche Datenfelder bzw. Spalten werden benötigt?

Am Beginn steht die Frage nach dem Einsatzzweck der Tabelle bzw. Datenbank und welche Informationen in späteren Auswertungen benötigt werden. Folgende Aspekte sollten Sie bei der Planung der Datenfelder berücksichtigen:

- **Der Inhalt einer Spalte sollte nicht weiter zerlegbar sein**
  So sollten in einer Adressentabelle beispielsweise Vorname und Nachname oder Postleitzahl und Ort jeweils in eigenen Spalten erfasst werden, da sonst eine Sortierung nach Nachname oder Ort nicht möglich ist. Zudem verhindern Sie, dass Vor- und Nachname in beliebiger Reihenfolge eingegeben werden, also z. B. in der Spalte einmal Hans Moser und anschließend Weber Karl gespeichert ist.

  Außerdem lassen sich nachträglich die Inhalte mehrerer Spalten jederzeit zusammenfügen. Die Aufteilung einer Spalte ist dagegen in der Praxis wesentlich schwieriger und zudem fehleranfällig, da für die Trennung ein eindeutiges Zeichen benötigt wird. Denken Sie beispielsweise an Doppelnamen und oder dem Namen vorangestellte Titel.

- **Erfassen und speichern Sie keine Inhalte, die sich aus vorhandenen Feldern berechnen lassen**
  So lässt sich beispielsweise in einer Artikelbestandsliste der Lagerwert eines Artikels leicht aus Einzelpreis und Lagerbestand berechnen.

- **Vermeiden Sie Mehrfachspeicherung von Daten**
  Zum Beispiel ist es in einer Artikelbestandsliste überflüssig, zu jedem Artikel Name, Anschrift und Telefonnummer des jeweiligen Lieferanten zu speichern. Speichern Sie stattdessen hier nur eine eindeutige Lieferantennummer und legen Sie eine zweite Tabelle an, in der Sie der Lieferantennummer Firmenname und Anschrift zuordnen. Dies erleichtert auch nachträgliche Änderungen an einer Lieferantenadresse, da diese dann nur ein einziges Mal geändert werden muss. Zugriff auf die zugeordneten Informationen erhalten Sie dann über Verweise, z. B. SVERWEIS, oder über ein Datenmodell, das Sie mit Excel oder Power Pivot erstellen.

Siehe Kap. 7, Einführung in die Datenmodellierung.

- **Benötigen Sie ein Schlüsselfeld?**
  In den meisten Fällen ist es sinnvoll, in eine Tabelle zusätzlich ein so genanntes Schlüsselfeld einzubauen. Schlüsselfelder dienen dazu, einen Datensatz eindeutig zu identifizieren, dies kann z. B. die Artikelnummer oder die Kundennummer sein, da Nachname und Vorname auch mehrfach vorkommen können.

Regeln für Datenbanktabellen

Die Datenbank sollte sich in einem eigenen Arbeitsblatt der Excel-Arbeitsmappe befinden. Dagegen spielt es keine Rolle, ob die Auswertung in derselben oder einer gesonderten Arbeitsmappe erfolgt. Idealerweise beginnen Sie mit der Datentabelle in der ersten Zeile und Spalte. Beachten Sie außerdem die folgenden Regeln:

Keine leeren Zeilen und Spalten!

Die Datenbanktabelle sollte auf keinen Fall leere Zeilen und Spalten innerhalb des Datenbereichs aufweisen. Excel interpretiert leere Zeilen/Spalten als Ende der Datenbank und berücksichtigt dann bei Auswertungen unter Umständen nur einen Teil der Daten. Zusammenhängende Zellbereiche werden hingegen von Excel in der Regel automatisch erkannt und brauchen nicht extra markiert werden, es genügt, wenn eine beliebige einzelne Zelle innerhalb des Zellbereichs markiert ist.

- Die erste Zeile der Tabelle oder Datenbank muss eindeutige Spaltenüberschriften, die Feldnamen, enthalten.
- Ein Datensatz darf sich nicht über mehrere Zeilen erstrecken.
- Die Inhalte innerhalb einer Spalte bzw. eines Datenfeldes sollten vom selben Typ sein, da sonst Probleme beim Sortieren und Filtern auftauchen. Wurde z. B. die Postleitzahl einmal als Zahl und einmal als Zeichenfolge eingegeben, dann ordnet Excel beim Sortieren Zahlen vor Zeichenfolgen ein.

  Mit Hilfe von Gültigkeitsregeln lässt sich die Dateneingabe entsprechend überprüfen und steuern.

Gültigkeitsregeln, siehe Seite 35.

Im Bild unten als Beispiel eine Adressenliste: Einzelne leere Zellen, z. B. fehlende Telefonnummern stellen kein Problem dar, die Kundennummer dagegen ist zwingend erforderlich, da sie gleichzeitig als Schlüsselfeld vorgesehen ist.

Bild 2.1 Beispiel Adressenliste

	A	B	C	D	E	F	G	H	I	J	K	L
1	Kunden-Nr.	Nachname	Vorname	Anrede	Land	PLZ	Ort	Strasse	Telefon	Geburtsdatum	Rabatt	Kategorie
2	202	Kabelschacht	Alfred	Herr	DE	12345	Musterstadt	Holzweg 3	0171-555555	15.08.1978	10%	A
3	203	Müller	Frieda	Frau	DE	82024	Taufkirchen	Goethestr. 17		01.03.1984	0%	B
4	204	Nordhoff	Silke	Frau	DE	78464	Konstanz	Tuplenstr. 21	0150-7777777	23.04.1981	7%	A
5	208	Waldleitner	Georg	Herr	AT	4600	Wels	Dachsteinweg 5		03.11.1963	0%	A

2.2 Dynamische Tabellenbereiche nutzen

Ein häufiges Problem bei der Auswertung von Tabellen ist die Anpassung des Tabellenbereichs beim Hinzufügen neuer Datensätze. Dies lässt sich am einfachsten lösen, indem Sie den Zellbereich als Tabelle formatieren. Darunter versteht man in Excel nicht nur eine Formatierung des Zellbereichs, sondern Sie erzeugen eine dynamische Tabelle, deren Zellbereich beim Anfügen neuer Zeilen und/oder Spalten automatisch erweitert wird. Auch Formate und Formeln werden beim Anfügen neuer Daten übernommen. Dies ist äußerst nützlich, insbesondere wenn die Tabelle als Datengrundlage für Diagramme, Auswertungen oder Pivot-Tabellen dienen werden soll.

Was unterscheidet eine Tabelle von einem normalen Zellbereich?

Der Begriff „Tabelle" wird sogar von Excel nicht immer eindeutig verwendet, daher an dieser Stelle zunächst eine kurze Klarstellung:

Zellbereich

Eine Tabelle ist in Excel nicht immer gleich Tabelle. Wenn Sie, wie in Bild 2.1 oben, in einem Excel-Arbeitsblatt Spaltenüberschriften und Datensätze eingeben und die Tabelle mit Rahmenlinien, Füllfarben, Zahlenformaten usw. nach Ihren Vorstellungen versehen, dann behandelt Excel diese Tabelle als normalen Zellbereich.

Tabellenbereich, dynamische Tabellen

In älteren Excel-Versionen wurden dynamische Tabellenbereiche auch als Listen bezeichnet.

Wandeln Sie dagegen einen Zellbereich in einen Tabellenbereich um, so erhalten Sie eine dynamische oder intelligente Tabelle, d. h. einen Tabellenbereich, der beim Anfügen weiterer Zeilen und/oder Spalten automatisch erweitert wird und eine ganze Reihe weiterer Vorteile bietet:

- Sobald Sie unterhalb der Tabelle in eine leere Zeile klicken und hier einen weiteren Datensatz eingeben, wird der Tabellenbereich automatisch angepasst. Dies gilt auch beim Anfügen weiterer Spalten.
- Neue Datensätze erhalten das Format der jeweiligen Spalte und auch Formeln werden automatisch übernommen.

- Verwenden Sie in Formeln Bezüge auf einen solchen Tabellenbereich, so beziehen diese immer den gesamten Datenbereich ein, berücksichtigen also auch nachträglich hinzugefügte Datensätze und Spalten. Dies gilt auch für Auswertungen mit Pivot-Tabellen.
- Beim Sortieren und Filtern bezieht Excel grundsätzlich den gesamten Tabellenbereich mit ein.

> Um Verwechslungen mit normalen Zellbereichen zu vermeiden, verwendet dieses Buch für dynamische Tabellen den Begriff **Tabellenbereich**.

Zellbereich in einen Tabellenbereich umwandeln/Tabelle einfügen

Einen Tabellenbereich können Sie bereits mit dem Anlegen einer neuen Tabelle erzeugen, aber auch das nachträgliche Umwandeln ist jederzeit möglich.

Zellbereich umwandeln

Wenn Sie eine Tabelle als normalen Zellbereich erstellt haben, dann können Sie diesen jederzeit in einen Tabellenbereich umwandeln. Die Tabelle sollte mindestens die Spaltenüberschriften und einen ersten Datensatz umfassen. Idealerweise ist dieser auch bereits mit allen erforderlichen Zahlen- und Datumsformaten formatiert. Schrift- und sonstige Zellenformate sollten dagegen nicht verwendet werden, da diese dem Tabellenbereich automatisch zugewiesen werden.

1 Um den Zellbereich in einen Tabellenbereich umzuwandeln, markieren Sie eine beliebige Zelle innerhalb der Tabelle, im Bild unten A2, und klicken im Register *Einfügen* ▶ *Tabellen* auf *Tabelle* ❶ oder drücken Sie die Tasten **Strg**+**T**.

Bild 2.2 Klicken Sie auf Tabelle oder drücken Sie die Tastenkombination Strg+T

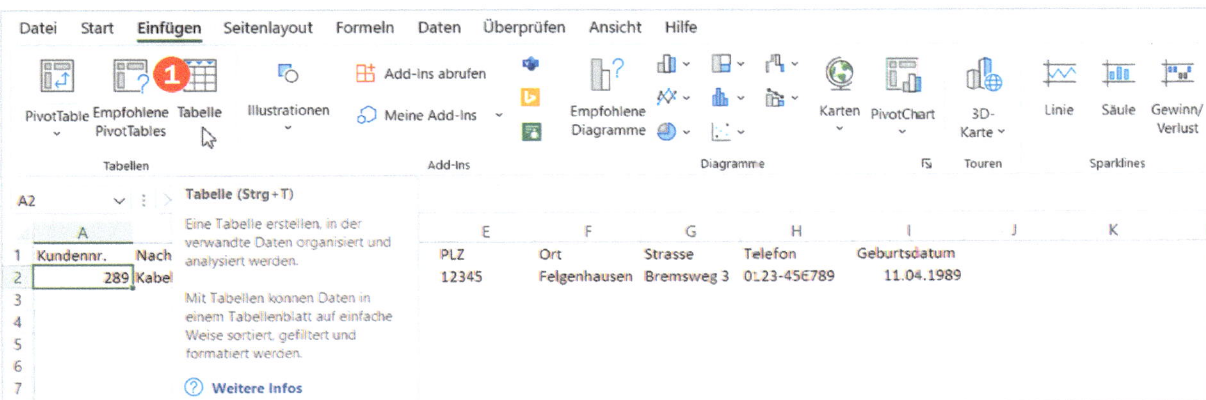

2 Das Fenster *Tabelle erstellen* öffnet sich; kontrollieren Sie anhand des gestrichelten Markierungsrahmens im Tabellenblatt ❷, ob der Zellbereich korrekt erkannt

wurde. Falls nicht, so klicken Sie in das Feld *Wo sind die Daten für die Tabelle?* ❸ und markieren im Tabellenblatt den Zellbereich einschließlich der Überschriften.

Achtung: Besitzt die Tabelle Überschriften in der ersten Zeile, dann muss unbedingt das Kontrollkästchen *Tabelle hat Überschriften* ❹ aktiviert sein, da Excel sonst eine zusätzliche Überschriftzeile hinzufügt. Klicken Sie dann auf *OK*.

Bild 2.3 Legen Sie den Tabellenbereich fest

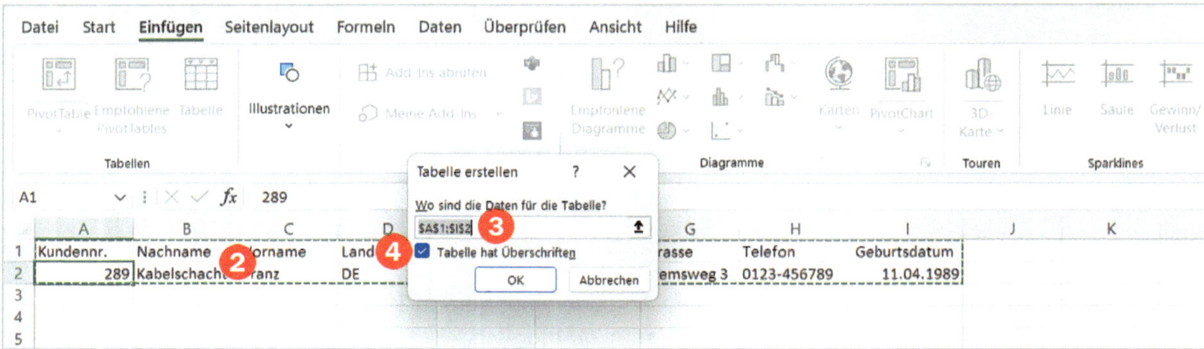

3 Der Zellbereich wird in einen Tabellenbereich umgewandelt und erhält gleichzeitig automatisch eine Formatierung. Die Farben richten sich nach dem aktuellen Design (Register *Seitenlayout* ▶ *Designs*), das Tabellenformat können Sie jederzeit ändern, siehe Seite 29. Außerdem haben die Spaltenüberschriften Schaltflächen mit einem Dropdown-Pfeil zum Filtern und Sortieren erhalten.

Bild 2.4 Der Zellbereich wurde in einem Tabellenbereich umgewandelt

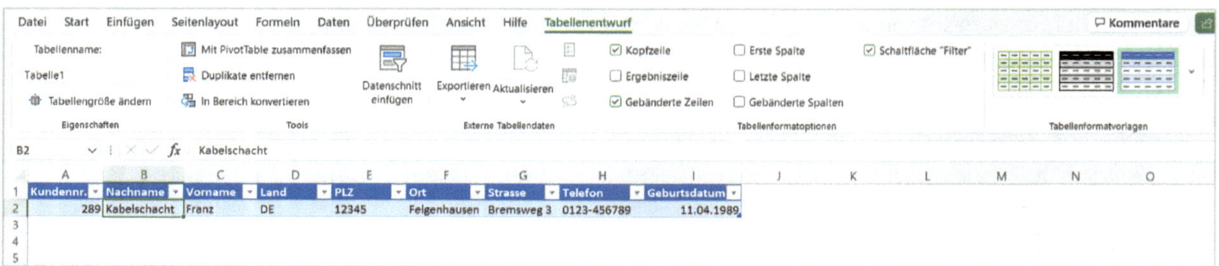

Als Alternative wandeln Sie einen Zellbereich in einen Tabellenbereich um, indem Sie im Register *Start* ▶ *Formatvorlagen* auf *Als Tabelle formatieren* klicken und dann eine Formatvorlage wählen.

Bild 2.5 Register Start: Als Tabelle formatieren und Formatvorlage wählen

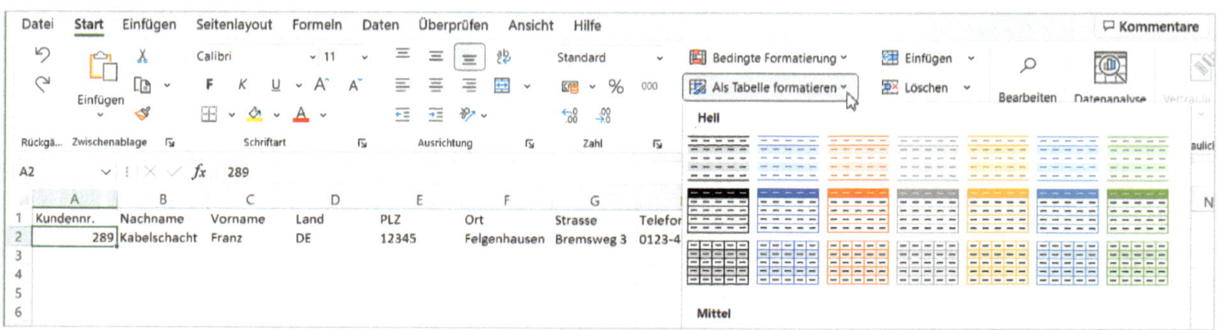

Tabelle vor der ersten Eingabe erstellen

Sie können mit den beiden oben genannten Methoden auch vor der ersten Eingabe einen Tabellenbereich erstellen. In diesem Fall markieren Sie die Zelle in der linken oberen Ecke Ihrer zukünftigen Tabelle, z. B. A1 und klicken auf *Einfügen* ▶ *Tabelle* bzw. *Start* ▶ *Als Tabelle formatieren*. In diesem Fall fügt Excel automatisch eine Überschriftzeile hinzu, das Kontrollkästchen *Tabelle hat Überschriften* muss also nicht zwingend aktiviert werden. Anschließend überschreiben Sie die erste Spaltenüberschrift und geben rechts davon die weiteren Spaltenüberschriften ein. Der Tabellenbereich wird automatisch erweitert, sobald Sie die Eingabe mit der **Eingabetaste**, der **Tab**-Taste oder einer Pfeiltaste abschließen.

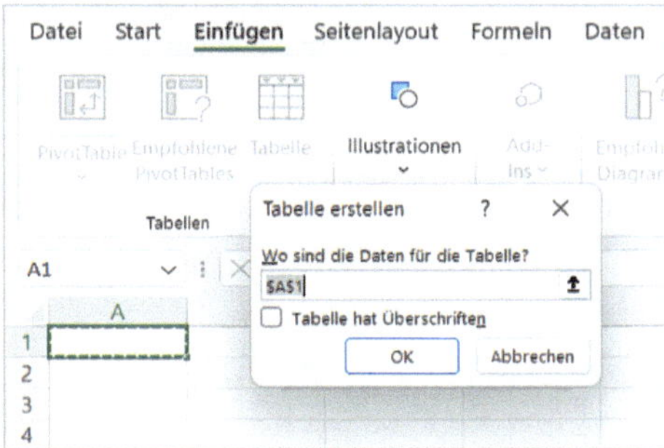

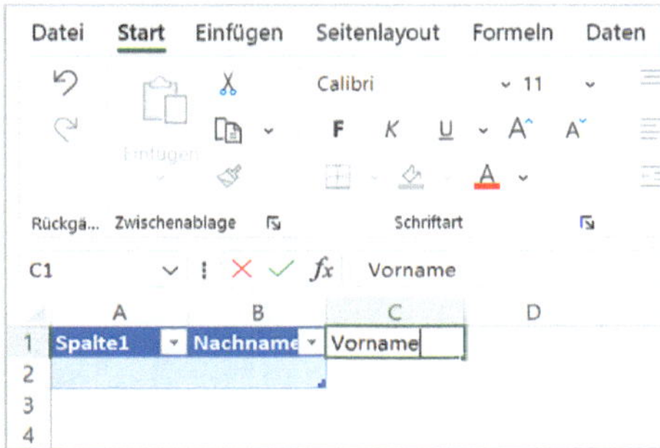

Bild 2.6 Markieren Sie die erste Zelle der Tabelle

Bild 2.7 Geben Sie die weiteren Spaltenüberschriften ein

Tabellenformat ändern

Zusammen mit der Tabelle stellt Excel im Menüband das Register *Tabellenentwurf* zur Verfügung, allerdings nur, wenn eine Zelle innerhalb der Tabelle markiert ist.

Wenn Sie ein anderes Tabellenformat wählen möchten, dann markieren Sie eine beliebige Zelle der Tabelle und öffnen im Register *Tabellenentwurf* ▶ *Tabellenformatvorlagen* mit Klick auf den Dropdown-Pfeil *Weitere* bzw. auf *Schnellformatvorlagen* den Vorlagenkatalog. Abwechselnde Zeilenfarben werden beim Anfügen neuer Datensätze automatisch fortgeführt.

Bild 2.8 Tabellenformat auswählen

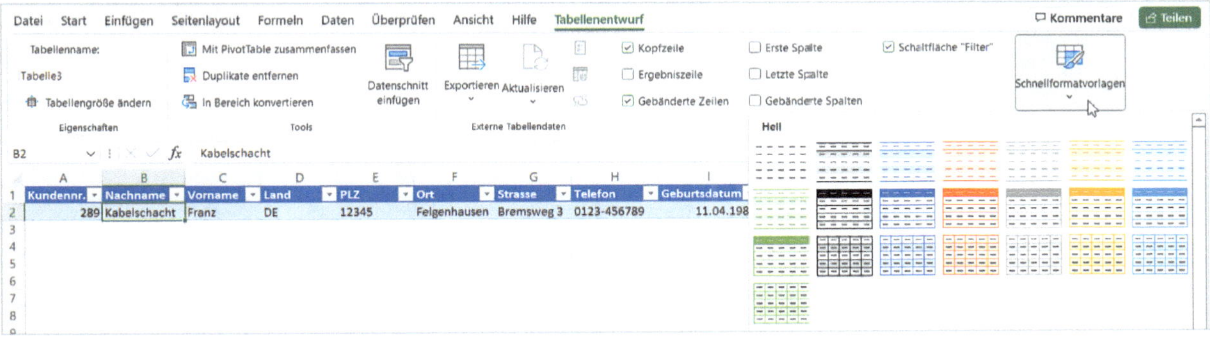

Tipp Formatierungen entfernen: Falls Sie eine Tabelle ohne Linien und sonstige Farbeffekte wünschen, dann wählen Sie im Katalog die erste Vorlage links oben aus.

Optionen für Tabellenformate

Über die Kontrollkästchen der Gruppe *Tabellenformatoptionen* steuern Sie, ob Sie besondere Formate, beispielsweise für die erste oder letzte Spalte oder abwechselnde Zeilenfarben (*Gebänderte Zeilen*) übernehmen möchten. Empfinden Sie die Filterschaltflächen als störend, dann deaktivieren Sie diese über das Kontrollkästchen *Schaltfläche „Filter“* oder über die Schaltfläche *Filter* im Register *Daten*.

Bild 2.9 Sonderformate übernehmen

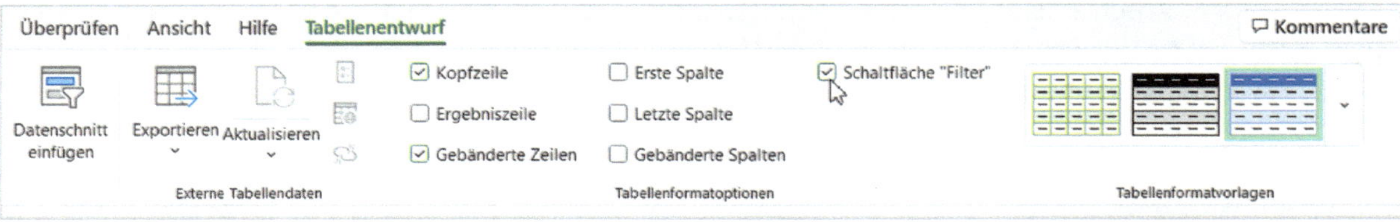

Datums- und Zahlenformate, die horizontale Ausrichtung in der Zelle und weitere Formate weisen Sie, wie gewohnt, über die Symbole im Register *Start* oder das Kontextmenü der rechten Maustaste und den Befehl *Zellen formatieren* zu.

Tabellenbereich manuell erweitern/verkleinern

Die Begrenzung des Tabellenbereichs ist in der rechten unteren Ecke des Bereichs in Form einer kleinen blauen Markierung sichtbar (Bild 2.10). Beim Hinzufügen neuer Daten am Ende der Tabelle erweitert sich der Bereich automatisch und alle Formate und Formeln werden in die neue Zeile übernommen. Dies gilt auch, wenn Sie nachträglich neue Spalten anfügen.

Sollte der Tabellenbereich trotzdem einmal nicht automatisch erweitert werden, so zeigen Sie mit der Maus in der rechten unteren Ecke auf die Markierung und erweitern den Bereich durch Ziehen mit gedrückter Maustaste in die gewünschte Richtung. Auf dieselbe Weise können Sie auch, falls nötig, den Tabellenbereich verkleinern.

Bild 2.10 Tabellenbereich erweitern

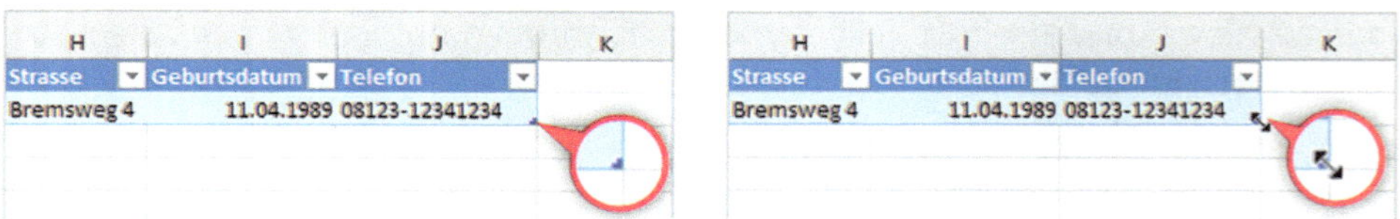

Ergebniszeile anzeigen

Mit dem Kontrollkästchen *Ergebniszeile* ❶ (*Tabellenentwurf* ▶ *Tabellenformatoptionen*) können Sie unterhalb der Tabelle eine zusätzliche Zeile für zusammenfassende Ergebnisse ein- und wieder ausblenden.

Meist ist diese Zeile zunächst leer. Um beispielsweise die Summe über eine Spalte anzuzeigen, klicken Sie in der Ergebniszeile unterhalb der betreffenden Spalte auf die Zelle und anschließend auf den Dropdown-Pfeil ❷. Wählen Sie dann die gewünschte

Funktion aus (siehe Bild unten). Leider erscheint im Tabellenblatt keinerlei Information über die verwendete Funktion, da Excel als Beschriftung immer nur *Ergebnis* anzeigt.

Bild 2.11 Wählen Sie eine Funktion

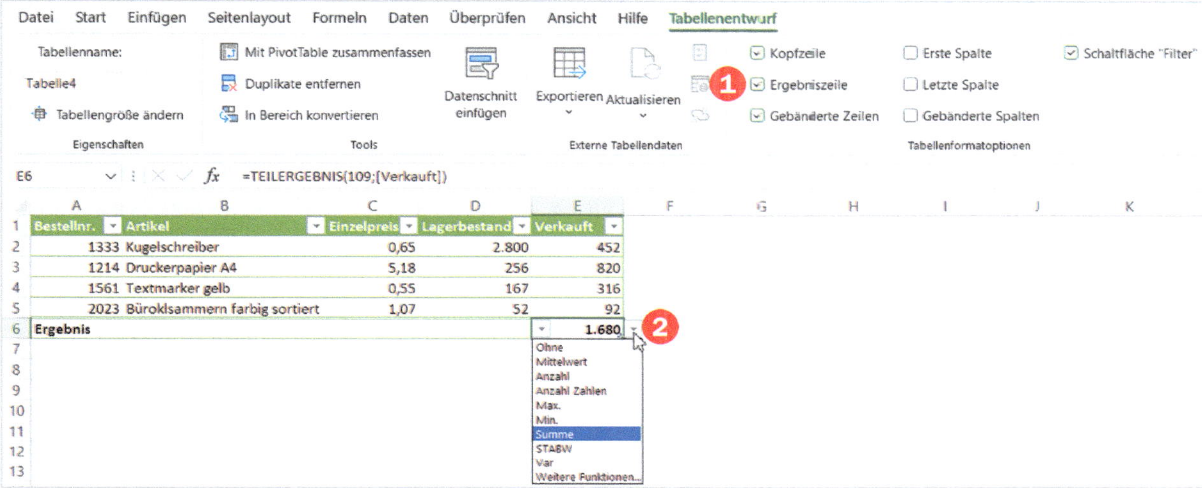

Hinweis: Die Ergebniszeile braucht vor der Eingabe weiterer Datensätze nicht ausgeblendet werden. Wenn Sie zum Hinzufügen weiterer Zeilen die letzte Zelle der Tabelle markieren und die **Tab**-Taste betätigen, dann wird die neue Zeile oberhalb der Ergebniszeile eingefügt. Neu hinzugefügten Werte werden automatisch in die Ergebnisse einbezogen.

Tabelle umbenennen

Jeder, als Tabellenbereich formatierter Zellbereich erhält automatisch einen Namen; die erste Tabelle der Arbeitsmappe *Tabelle1*, die nächste *Tabelle2* usw.. Diesen Namen können Sie für Bezüge auf den Tabellenbereich verwenden, z. B. in Formeln oder beim Erstellen einer Pivot-Tabelle. Sie sollten daher für die weitere Verwendung solchen Tabellen einen aussagefähigen Namen geben.

Dazu klicken Sie auf eine beliebige Zelle des Tabellenbereichs und im Register *Tabellenentwurf* ▶ *Eigenschaften* in das Feld *Tabellenname* ❶. Überschreiben Sie den vorhandenen Namen ❷ und schließen Sie mit der **Eingabetaste** ab.

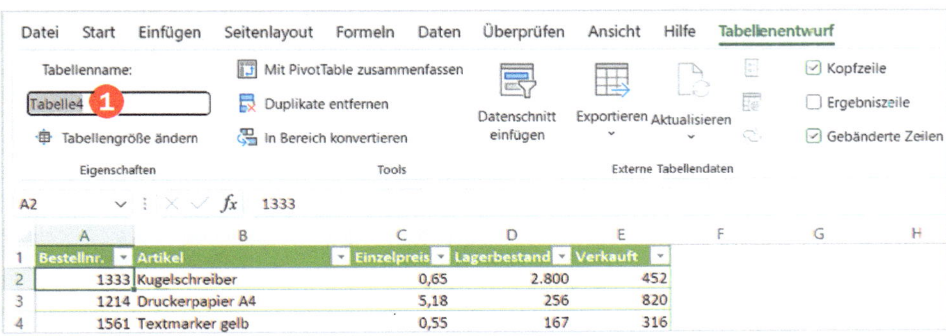

Bild 2.12 Tabellennamen ändern

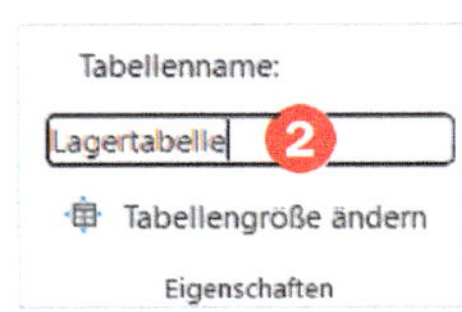

Für Namen von Tabellen gelten dieselben Regeln, wie für Namen von Zellen und Zellbereichen.

Tabellennamen besitzen, genau wie Namen für Zellbereiche, innerhalb der gesamten Arbeitsmappe Gültigkeit.

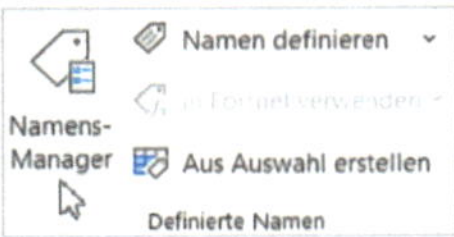

Beachten Sie folgende Regeln für Tabellennamen:

- Ein Tabellenname muss eindeutig sein, darf also in der Mappe nicht doppelt vorkommen. Excel unterscheidet dabei nicht zwischen Groß- und Kleinschreibung.
- Der Tabellenname darf maximal 255 Zeichen lang sein und mit Ausnahme des Unterstrichs keine Sonder- oder Leerzeichen enthalten.
- Der Name kann Buchstaben und Ziffern enthalten, muss aber mit einem Buchstaben beginnen.

Tipp: Einen Überblick über alle vorhandenen Tabellen- und Bereichsnamen erhalten Sie im Namens-Manager von Excel. Klicken Sie dazu im Register *Formeln* ▶ *Definierte Namen* auf die Schaltfläche *Namens-Manager*. Hier können Sie alle Namen kontrollieren und nach einem Klick auf die Schaltfläche *Bearbeiten* auch ändern. Im Gegensatz zu normalen Zellen- und Bereichsnamen kann allerdings der Name eines Tabellenbereichs weder gelöscht noch der Bezug auf den Zellbereich geändert werden.

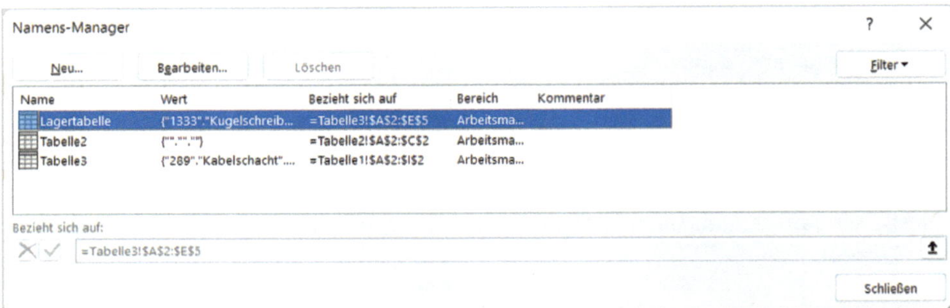

Bild 2.13 Tabellennamen im Namens-Manager bearbeiten

Tabelle in normalen Zellbereich konvertieren

Falls Sie einen Tabellenbereich zurück in einen normalen Zellbereich konvertieren möchten, dann klicken Sie auf eine beliebige Zelle innerhalb des Tabellenbereichs und im Register *Tabellenentwurf* ▶ *Tools* auf *In Bereich konvertieren*, oder verwenden aus dem Kontextmenü der rechten Maustaste den Befehl *Tabelle* - *In Bereich konvertieren*.

Sämtliche Formate bleiben beim Konvertieren in einen normalen Zellbereich erhalten!

Alle Daten, Formate und Formeln bleiben beim Konvertieren erhalten, strukturierte Verweise in Formeln werden in normale Zellbezüge umgewandelt. Wenn Sie auch die Tabellenformate, z. B. Linien und abwechselnde Zeilenfarben entfernen möchten, dann wählen Sie zuerst die Formatvorlage *Keine* (siehe oben) und konvertieren erst danach die Tabelle in einen normalen Zellbereich.

Bild 2.14 In normalen Bereich konvertieren

Strukturierte Verweise auf Tabellen und Tabellenelemente

Neben dem Tabellennamen für Verweise auf den gesamten Tabellenbereich können in Formeln auch Verweise auf bestimmte Elemente eines Tabellenbereichs eingesetzt werden. Diese unterscheiden sich etwas von normalen Zellbezügen und werden als strukturierte Verweise bezeichnet.

Strukturierte Verweise in Formeln

Wenn Sie in einem Tabellenbereich eine Spalte mit einer Formel berechnen, dann verwendet Excel automatisch strukturierte Verweise statt Zelladressen. Als Beispiel im Bild unten die Berechnung des Lagerwerts aus Einzelpreis und Lagerbestand.

1. Markieren Sie die erste Zelle der zu berechnenden Spalte, geben Sie das Gleichheitszeichen = ein und klicken Sie auf die erste benötigte Zelle, im Bild unten den Einzelpreis in C2. Excel fügt statt eines Zellbezugs den Feldnamen bzw. die Spaltenüberschrift in eckigen Klammern in der Schreibweise [@Einzelpreis] in die Formel ein.
2. Geben Sie dann den Operand * ein und klicken Sie auf die zweite Zelle, den Lagerbestand. Auch hier erhalten Sie einen Verweis in der Form [@Lagerbestand].
3. Nach Abschluss der Eingabe wird die Formel automatisch in die gesamte Spalte übernommen und Kopieren erübrigt sich.

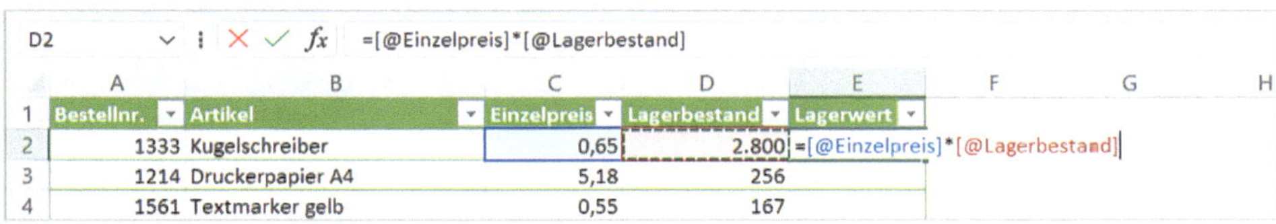

Bild 2.15 Formeleingabe in einem Tabellenbereich

Hinweis: Wurde dagegen ein Zellbereich mit Formeln nachträglich in einen Tabellenbereich umgewandelt, so behalten die Formeln ihre ursprüngliche Schreibweise und werden in dieser Form auch in neu angefügte Datensätze übernommen.

Verweise per Tastatur eingeben

Diese Schreibweise ist auch zu beachten, wenn Sie strukturierte Verweise per Tastatur in eine Formel eingeben möchten. Geben Sie daher zuerst die öffnende eckige Klammer [und danach das @-Zeichen ein. Excel öffnet eine Liste aller vorhandenen Feldnamen, aus der Sie den benötigten mit Doppelklick übernehmen können. Die schließende eckige Klammer muss dagegen wieder über die Tastatur eingegeben werden.

Zur Erklärung: das @-Zeichen steht für den jeweiligen Wert in der aktuellen Zeile und könnte ebenfalls aus der Liste übernommen werden (*Diese Zeile*).

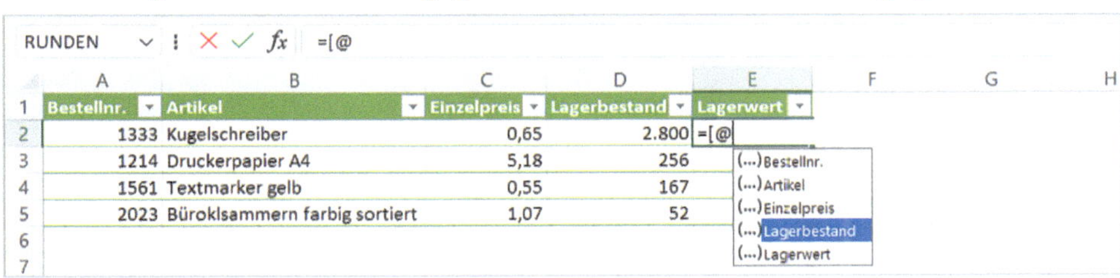

Bild 2.16 Strukturierte Verweise in Formel eingeben

Verweise auf Tabellenelemente

Strukturierte Verweise verwendet Excel auch in Formeln außerhalb des Tabellenbereichs, wenn sich diese auf Tabellendaten beziehen. In diesem Fall wird der Tabellenname vorangestellt; z. B. wird in einer beliebigen Zelle des Arbeitsblatts die Summe der Spalte *Lagerbestand* mit folgender Formel berechnet:

```
=SUMME(Lagertabelle[Lagerbestand])
```

Bild 2.17 Summe Lagerbestand mit strukturierten Verweisen berechnen

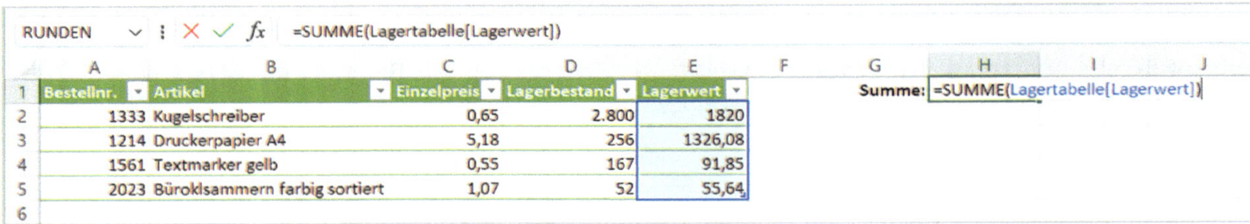

RUNDEN | =SUMME(Lagertabelle[Lagerwert])

	Bestellnr.	Artikel	Einzelpreis	Lagerbestand	Lagerwert		Summe:	=SUMME(Lagertabelle[Lagerwert])
2	1333	Kugelschreiber	0,65	2.800	1820			
3	1214	Druckerpapier A4	5,18	256	1326,08			
4	1561	Textmarker gelb	0,55	167	91,85			
5	2023	Büroklsammern farbig sortiert	1,07	52	55,64			

Achtung: *Lagertabelle* ist hier der Name des Tabellenbereichs und nicht des Arbeitsblatts!

Für Verweise auf bestimmte Elemente verwendet Excel zusätzlich zu Tabellenname und Feldname die folgenden Bezeichner. Diese stehen ebenfalls in eckigen Klammern und beginnen mit dem #-Zeichen.

Bezeichner	Verweist auf...	Beispiel
#Alle	die gesamte Tabelle, einschließlich Spaltenüberschriften und Daten	=ANZAHL2(Tabelle1[[#Alle];[Bestell-Nr.]]) liefert die Anzahl der Zellen der Spalte Bestell-Nr. einschließlich Überschriften
#Daten	nur die Datenzellen der Tabelle Wenn nur der Tabellenname angegeben wird, erhalten Sie dasselbe Ergebnis.	=ANZAHL2(Tabelle1[#Daten]) liefert die Anzahl der Zellen des Datenbereichs (ohne Überschriften)
#Kopfzeilen	die Kopfzeile mit den Spaltenüberschriften	gibt sämtliche Spaltenüberschriften zurück
#Ergebnisse	die Ergebniszeile, falls vorhanden	gibt die Ergebnisse aus der Ergebniszeile zurück
@ - Diese Zeile	die Daten der aktuellen Zeile	=SUMME(UmsatzQuartal[@[Januar]:[März]]) Berechnet die Zeilensumme über die Spalten Januar bis März wobei die Monate die Spaltenüberschriften bilden, siehe Bild unten.

Bild 2.18 Beispiel: Zeilensumme außerhalb des Tabellenbereichs berechnen

Quartalsumsatz = Tabellenname

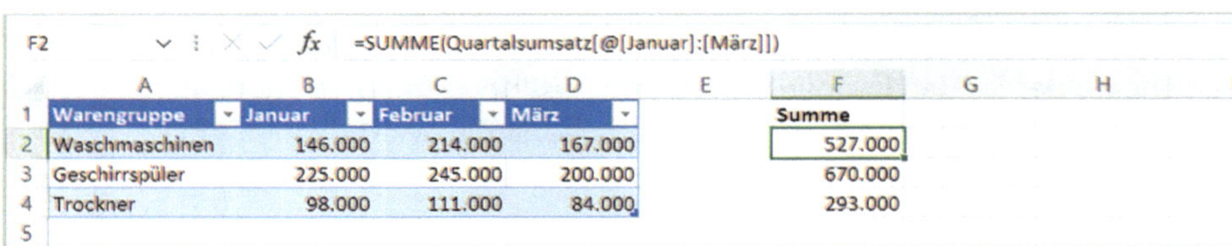

F2 | =SUMME(Quartalsumsatz[@[Januar]:[März]])

	Warengruppe	Januar	Februar	März		Summe
2	Waschmaschinen	146.000	214.000	167.000		527.000
3	Geschirrspüler	225.000	245.000	200.000		670.000
4	Trockner	98.000	111.000	84.000		293.000

Bild 2.19 Spaltenüberschriften ausgeben

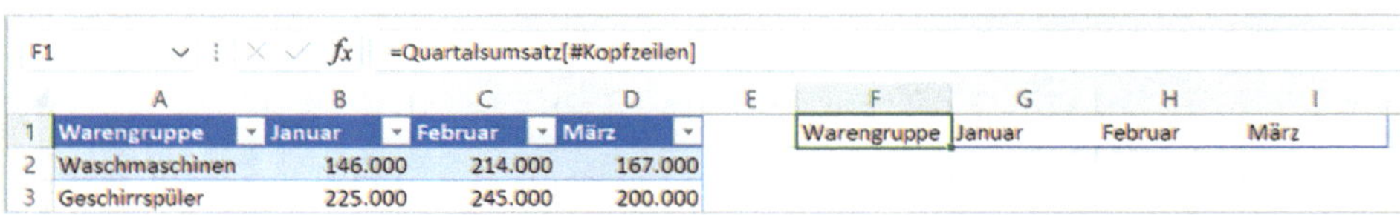

F1 | =Quartalsumsatz[#Kopfzeilen]

	Warengruppe	Januar	Februar	März		Warengruppe	Januar	Februar	März
2	Waschmaschinen	146.000	214.000	167.000					
3	Geschirrspüler	225.000	245.000	200.000					

2.3 Datenkontrolle während der Eingabe

Bei der Speicherung großer Datenmengen ist es wichtig, dass die Daten bei der Eingabe korrekt erfasst werden, da sich fehlerhafte Datensätze nachträglich nur schwer aufspüren und korrigieren lassen. Um Eingabefehler zu vermeiden, können Sie mit Hilfe der *Datenüberprüfung* für ausgewählte Zellen Regeln für zulässige Eingaben festlegen. Es spielt keine Rolle, ob es sich um einen normalen Zellbereich handelt oder einen Tabellenbereich (siehe oben). Folgende Möglichkeiten sind verfügbar:

- Beschränkung auf einen Wertebereich, wobei dieser auch mit einer Formel berechnet werden kann.
- Vorgabe eines Datentyps, z. B. Zahl oder Datum.
- Auswahl aus einer Liste (Dropdown-Liste).
- Zusätzlich können Sie eine Meldung definieren, die bei falschen bzw. nicht zulässigen Eingaben erscheint, und die weitere Vorgehensweise bei falschen Eingaben festlegen.

Die Werkzeuge dazu finden Sie im Register *Daten* ▶ *Datentools*. Klicken Sie hier auf das Symbol *Datenüberprüfung* oder auf den Dropdown-Pfeil des Symbols und auf *Datenüberprüfung...*.

Bild 2.20 Datenüberprüfung

> **Wichtig zu wissen!**
>
> Die Gültigkeitskriterien der Datenüberprüfung werden für Zellen festgelegt und wie Formeln behandelt. Wenn die Gültigkeitsprüfung die gesamte Tabellenspalte einbeziehen soll, dann haben Sie dazu folgende Möglichkeiten:
>
> - Entweder markieren Sie zuerst die betreffenden Zellen bzw. die gesamte Spalte und legen danach die Gültigkeitskriterien fest.
> - Oder markieren Sie zunächst die erste Zelle der Spalte, weisen dieser Gültigkeitskriterien zu und kopieren diese anschließend wie eine Formel mit Hilfe von *AutoAusfüllen* bzw. durch Ziehen mit gedrückter Maustaste auf die angrenzenden Zellen der Spalte
> - Wenn es sich um einen Tabellenbereich handelt, dann markieren Sie die vorhandenen Zellen und definieren die Datenüberprüfung für diese. Die Gültigkeitskriterien werden dann automatisch in neu hinzugefügte Zeilen dieser Spalte übernommen.

Wertebereich und Datentyp vorgeben

Markieren Sie die Zelle oder den Zellbereich und klicken Sie im Register *Daten* ▶ *Datentools* auf *Datenüberprüfung*. Im Dialogfenster *Datenüberprüfung* legen Sie im Register *Einstellungen* die Gültigkeitskriterien fest.

- Im Feld *Zulassen* wählen Sie den zulässigen Datentyp aus ❶.
- Das Feld *Daten* bietet mehrere Vergleichsoperatoren ❷ zur Auswahl an. Die dazugehörigen Vergleichswerte geben Sie darunter ein.
- Das Kontrollkästchen *Leere Zellen ignorieren* ❸ steuert, ob die Zelle auch leer bleiben darf. Deaktivieren Sie es, wenn eine Eingabe zwingend erforderlich ist.
- Das Kontrollkästchen *Änderungen auf alle Zellen mit den gleichen Einstellungen anwenden* ❹ bewirkt bei nachträglichen Änderungen, dass diese in allen Zellen mit diesen Gültigkeitskriterien wirksam werden. Beim Erstellen einer neuen Datenüberprüfung ist es dagegen inaktiv.

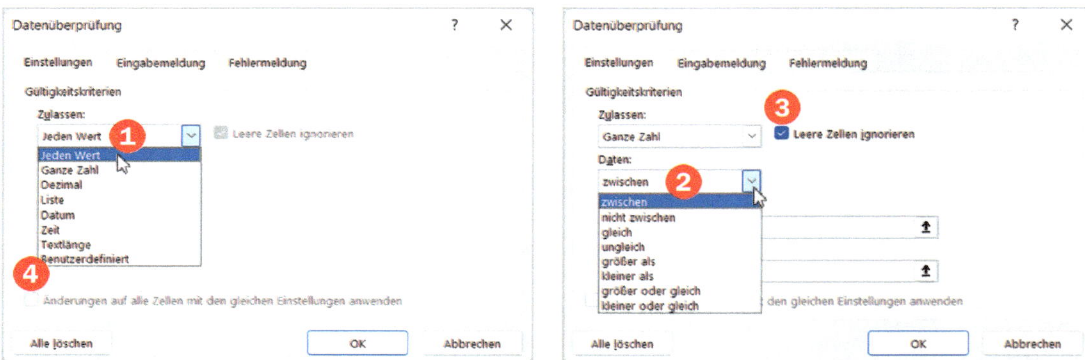

Bild 2.21 Gültigkeitskriterien festlegen

Beispiel: Die Bestellnummer muss eine vierstellige ganze Zahl sein
Markieren Sie die Spalte, im Bild unten Spalte A (A:A). Wählen Sie *Ganze Zahl* und den Vergleichsoperator *Zwischen*. Im Feld *Minimum* geben Sie als kleinsten Wert die Zahl 1000 und im Feld *Maximum* den größten zulässigen Wert 9999 ein.

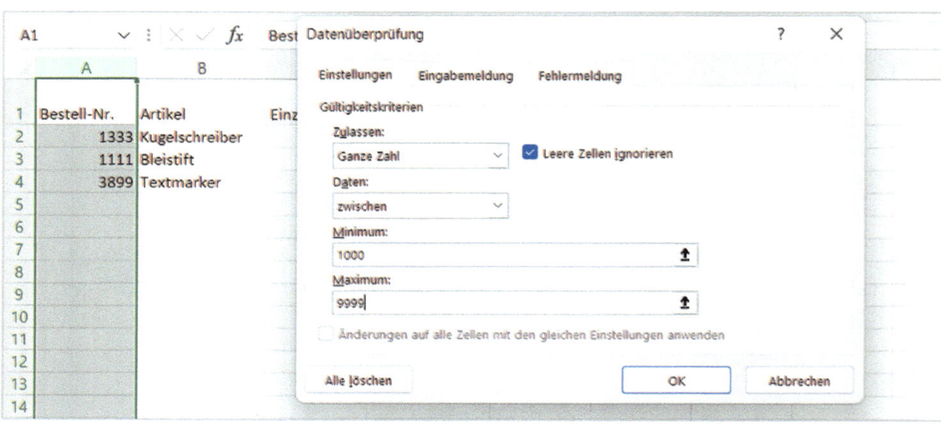

Bild 2.22 Datentyp und Wertebereich festlegen

Hinweis: Die Datenüberprüfung gilt nur für Neueingaben und Änderungen. Bereits bestehende Inhalte, wie die Spaltenüberschrift im Bild in A1, werden ignoriert.

Zellbezüge statt fester Werte

Statt fester Werte wie im Beispiel oben, sind auch Bezüge auf Zellen im selben oder einem anderen Arbeitsblatt der Mappe erlaubt. Beachten Sie aber, dass feste Zellbezüge erforderlich sein können, z. B. wenn Sie die Datenüberprüfung anschließend kopieren möchten.

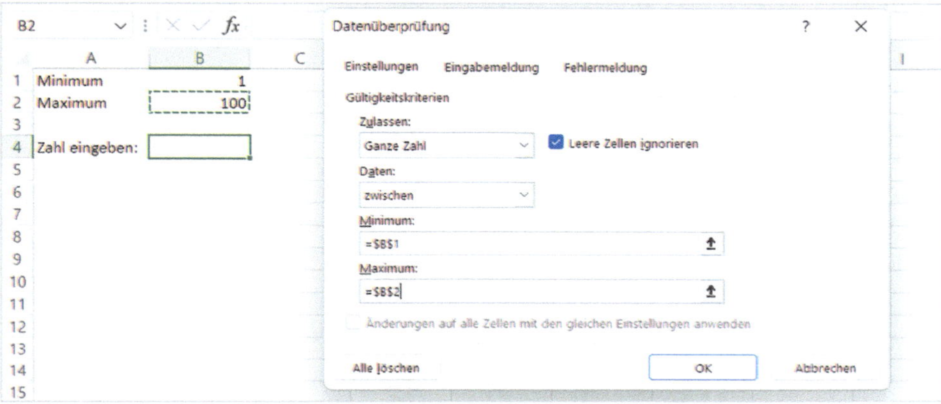

Bild 2.23 Vergleichswerte als Zellbezug

Datum einschränken

Ist die Eingabe eines Datums erforderlich, dann können Sie als Vergleichswert auch Datumsfunktionen einsetzen. Im Bild 2.24 darf beispielsweise das eingegebene Datum nicht größer als das aktuelle Datum plus 3 Tage sein.

Textlänge begrenzen

Mit der Auswahl *Textlänge* können Sie die Eingabe auf eine feste Anzahl Zeichen beschränken, im Bild 2.25 zwischen 1 und maximal 10 Zeichen.

Bild 2.24 Datumseingabe

Bild 2.25 Textlänge

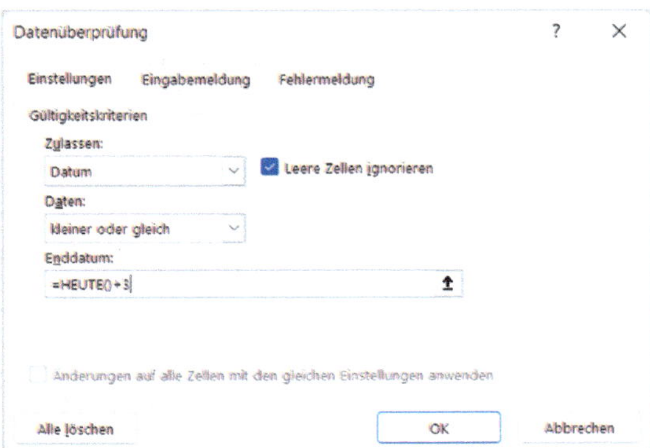

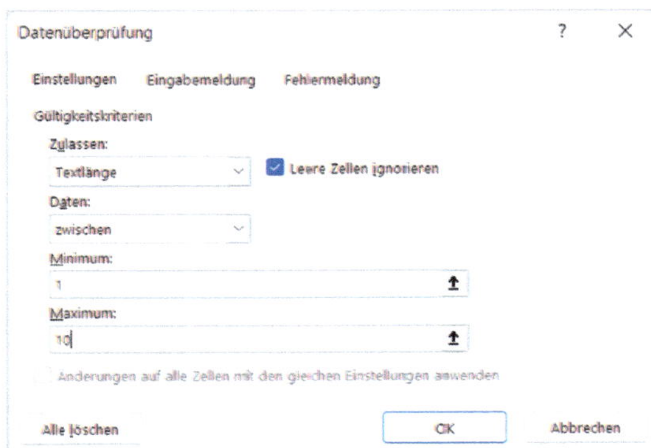

Regeln und Meldungen entfernen

Falls Sie bestehende Gültigkeitskriterien und Meldungen (siehe nächster Punkt) zur Datenüberprüfung löschen möchten, so markieren Sie die betreffenden Zellen, öffnen im Menüband, Register *Daten* ▶ *Datentools* mit Klick auf *Datenüberprüfung* das gleichnamige Fenster und klicken auf die Schaltfläche *Alle löschen*.

Meldungen ausgeben

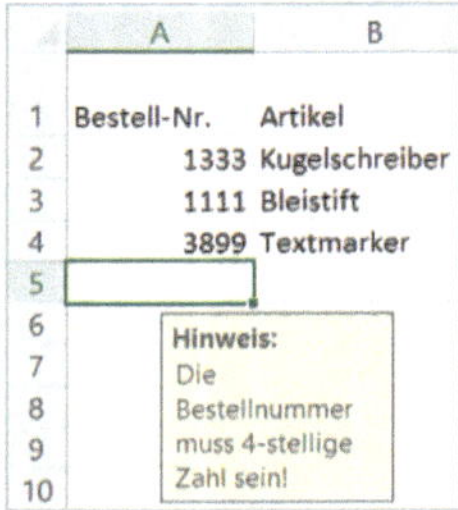

Bild 2.26 Eingabemeldung

Bild 2.27 Fehlermeldung

Eingabehinweise anzeigen

Im Register *Eingabemeldung* des Fensters *Datenüberprüfung* (Bild 2.26) können Sie optional einen kurzen Hinweistext für die Eingabe formulieren. Diese Meldung erscheint im Tabellenblatt, sobald auf die Zelle geklickt wird bzw. wenn die Zelle markiert ist.

Fehlermeldung und weitere Vorgehensweise bei nicht zulässigen Eingaben

Bei Eingaben, die nicht der festgelegten Regel entsprechen, erscheint eine Standardfehlermeldung. Da diese wenig aussagefähig ist, sollten Sie insbesondere für ungeübte Nutzer auch eine Meldung für Falscheingaben formulieren. Diese geben Sie im Register *Fehlermeldung* ein, siehe Bild 2.27. **Wichtig**: Der *Typ* steuert das Verhalten bei Eingabe eines nicht zulässigen Werts:

- *Stopp* verhindert, dass der Wert übernommen wird. Dieser wird entfernt und die Eingabe muss entweder mit einem zulässigen Wert wiederholt oder abgebrochen werden.
- *Warnung* zeigt die Fehlermeldung zusammen mit der Frage an, ob mit der Eingabe fortgefahren werden soll, und *Information* liefert nur die Fehlermeldung. **Achtung**: In beiden Fällen ist ein Beibehalten der ungültigen Eingabe möglich.

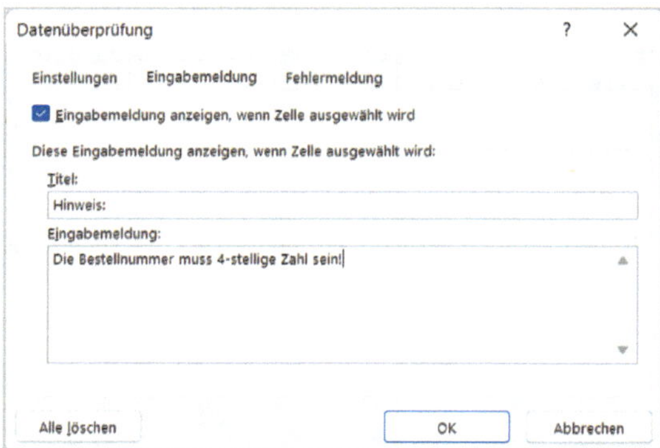

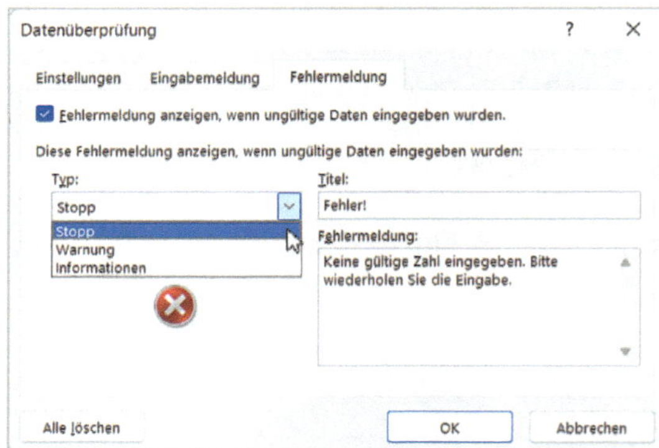

Die Eingabe auf die Auswahl aus einer Liste beschränken

Sie können die Eingabe auch auf bestimmte Werte einschränken, indem Sie eine Dropdown-Liste vorgeben. Die Werte einer solchen Liste sollten sich am besten in einem gesonderten Arbeitsblatt befinden. Sie können dann später dieses Tabellenblatt ausblenden und so unbeabsichtigte Änderungen anderer Benutzer verhindern.

Tipp: Wenn Sie die Liste später um weitere Elemente ergänzen möchten, dann sollten Sie diese als Tabellenbereich formatieren (Register *Start* ▶ *Als Tabelle formatieren*). Auf diese Weise werden auch nachträglich hinzugefügte Tabellenzeilen automatisch in der Dropdown-Liste berücksichtigt.

Beispiel: Bei der Eingabe von Artikeln soll der Hersteller aus einer Liste ausgewählt werden

Im ersten Schritt wird die Liste der Hersteller als Tabellenbereich formatiert: Klicken Sie in die Liste und im Register *Einfügen* auf *Tabelle* (oder im Register *Start* auf *Als Tabelle formatieren*). Aktivieren Sie das Kontrollkästchen *Tabelle hat Überschriften* ❶ und klicken Sie auf *OK*. Geben Sie danach dem Datenbereich einen aussagefähigen Namen: Markieren Sie die Hersteller (ohne Überschrift) ❷, klicken Sie in der Bearbeitungsleiste in das Namenfeld und geben Sie einen aussagekräftigen Namen ein ❸, z. B. Hersteller.

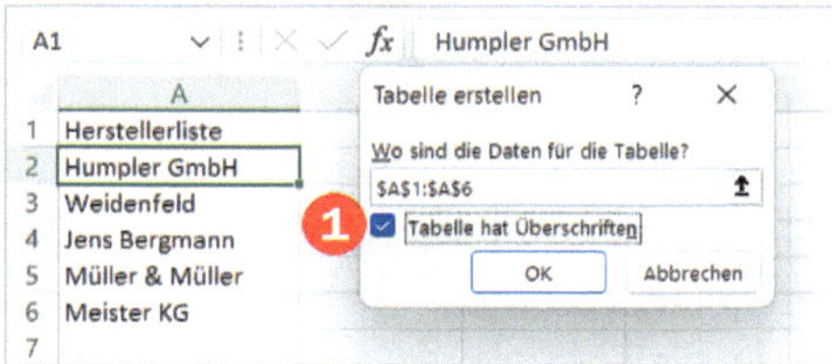

Bild 2.28 Tabellenbereich erstellen

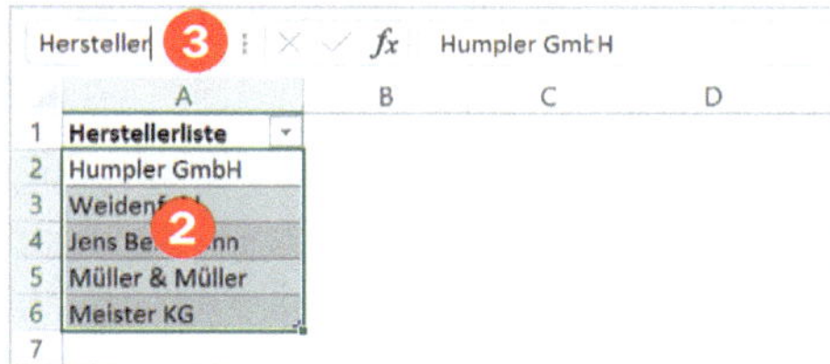

Bild 2.29 Tabelle umbenennen

Markieren Sie in der Artikeltabelle die Spalte D (*Hersteller*), klicken Sie auf *Datenüberprüfung* und wählen Sie im Register *Einstellungen*, Feld *Zulassen* den Eintrag *Liste* ❹ aus. **Achtung**: Das Kontrollkästchen *Zellendropdown* ❺ muss aktiviert sein, sonst erscheint der Dropdown-Pfeil nicht im Tabellenblatt! Im Feld *Quelle* geben Sie den Bereichsnamen zusammen mit einem Gleichheitszeichen ein ❻.

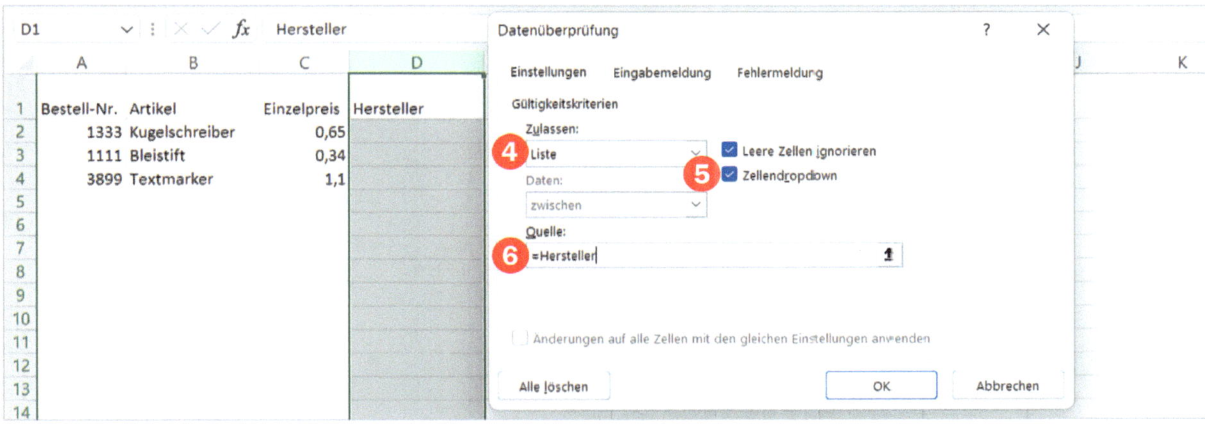

Bild 2.30 Wählen Sie Liste und geben Sie die Quelle an

Im Tabellenblatt erscheint nun neben der Zelle ein Dropdown-Pfeil, sobald die Zelle markiert wird. **Tipp**: Um unnötiges Klicken während der Eingabe zu vermeiden, können Sie die Liste auch mit den Tasten **Alt+Pfeil nach unten** öffnen. Die Auswahl erfolgt dann per Pfeiltaste und mit der **Eingabetaste** übernehmen Sie den markierten Wert.

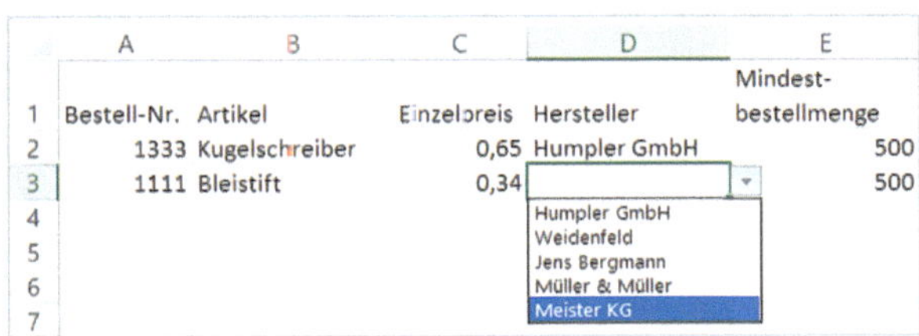

Hinweise: Die Liste darf nur eine einzige Spalte umfassen. Handelt es sich um eine Tabelle mit mehreren Spalten, dann dürfen Sie nur die benötigte Spalte angeben. Falls Sie statt Zellbezügen die zulässigen Einträge im Feld *Quelle* eintragen möchten, müssen Sie die Werte mit Semikolon (;) trennen, z. B. Januar;Februar;März;....

Zulässige Eingaben mit einer Formel berechnen

Wenn die zulässige Eingabe mithilfe einer Formel ermittelt werden soll, dann wählen Sie im Fenster *Datenüberprüfung* unter *Zulassen* den Eintrag *Benutzerdefiniert*. Geben Sie dann im Feld *Formel* die Formel zusammen mit einem Gleichheitszeichen ein.

> **Achtung: Die Formel muss als Ergebnis einen Wahrheitswert liefern**
>
> Die Datenüberprüfung akzeptiert ausschließlich Formeln, die als Ergebnis einen Wahrheitswert, also WAHR oder FALSCH, liefern.

Im Bild unten ein Beispiel: Bei der manuellen Eingabe von Bestellungen soll die jeweilige Mindestbestellmenge berücksichtigt werden: Die Bestellmenge in Spalte F muss größer oder gleich der Mindestbestellmenge sein, die Formel dazu: =F2>=E2

Bild 2.31 Zulässige Eingaben berechnen

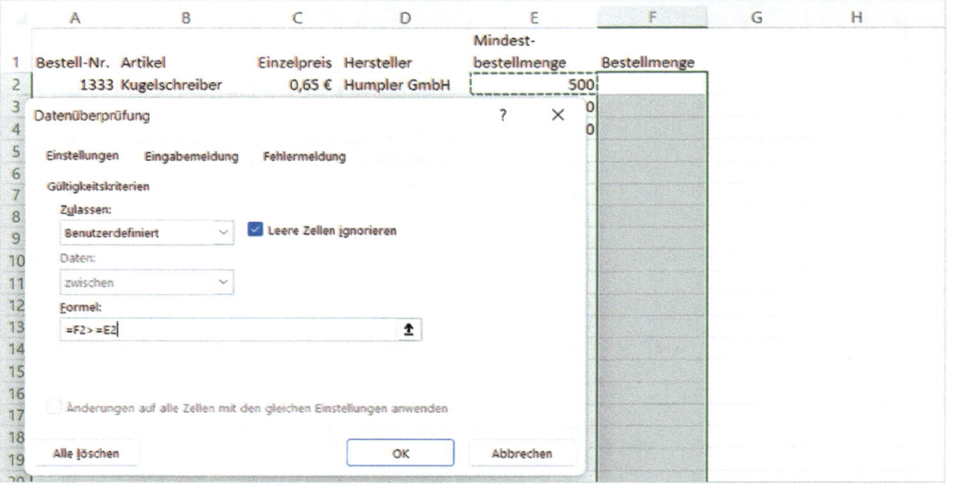

Tipps zur Datenüberprüfung

- **Änderungen der Datenüberprüfung übernehmen**: Wenn Sie nachträglich die Überprüfungseinstellungen ändern möchten, dann genügt es, wenn Sie diese für eine einzelne Zelle vornehmen. Aktivieren Sie dann das Kontrollkästchen *Änderungen auf alle Zellen mit den gleichen Einstellungen anwenden*.
- **Datenüberprüfung auf weitere Zellen ausweiten**: Der Zellbereich, für den eine Datenüberprüfung festgelegt wurde, lässt sich problemlos mit einer der beiden folgenden Methoden erweitern:
  - Entweder wie beim Kopieren einer Formel über das Kästchen *AutoAusfüllen* und Ziehen mit der Maus.
  - Oder markieren Sie den Zellbereich, den Sie in die Datenüberprüfung einschließen möchten, dabei muss mindestens eine der markierten Zellen be-

reits eine Datenüberprüfung enthalten. Klicken Sie auf *Datenüberprüfung* und bestätigen Sie die Rückfrage, ob die Datenüberprüfung auf die markierten Zellen erweitert werden soll mit *Ja*. Das Fenster *Datenüberprüfung* öffnet sich mit den Gültigkeitskriterien. Klicken Sie zum Übernehmen auf *OK*.

- **Nachträglich ungültige Daten kennzeichnen**: Sinnvollerweise sollten Kriterien zur Datenüberprüfung bereits vor der ersten Eingabe in die Tabelle festgelegt werden, da die Datenüberprüfung nur während der Eingabe erfolgt und bereits vorhandene Inhalte ignoriert.

  Falls Sie trotzdem erst nachträglich eine Datenüberprüfung einrichten, so können Sie alle vorhandenen Werte, die gegen die Kriterien verstoßen, optisch hervorheben und so leichter korrigieren. Markieren Sie dazu den Zellbereich, klicken Sie auf den Dropdown-Pfeil des Symbols *Datenüberprüfung* und wählen Sie *Ungültige Daten einkreisen* klicken. Mit *Gültigkeitskreise löschen* entfernen Sie die Kennzeichnung wieder.

Bild 2.32 Ungültige Daten einkreisen

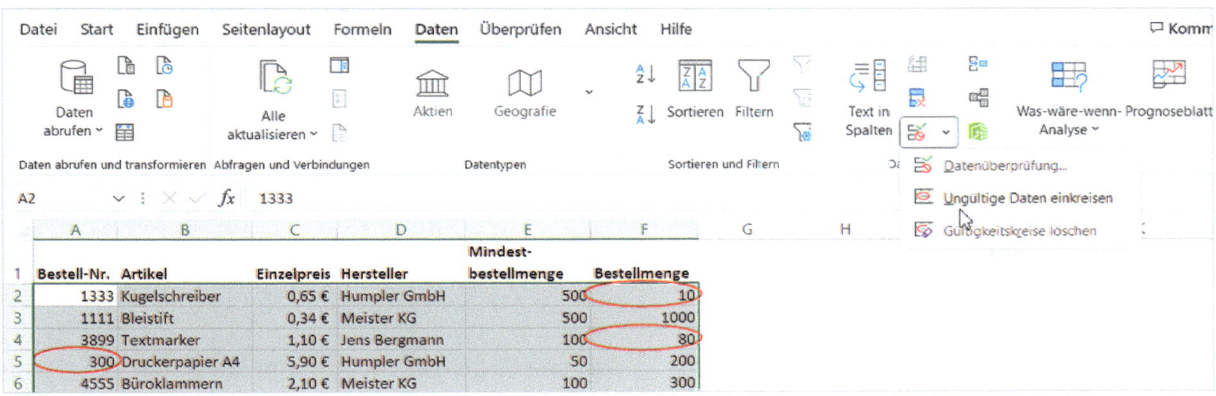

- **Zellen mit Regeln zur Datenüberprüfung markieren**: Klicken Sie im Register *Start* ▶ *Bearbeiten* auf *Suchen und Auswählen* und hier auf *Datenüberprüfung*. Excel markiert daraufhin alle Zellen im aktuellen Arbeitsblatt, für die eine Datenüberprüfung vorhanden ist, und Sie können nun beispielsweise für diese Zellen den Schreibschutz aufheben, wenn Sie anschließend das Tabellenblatt schützen möchten.

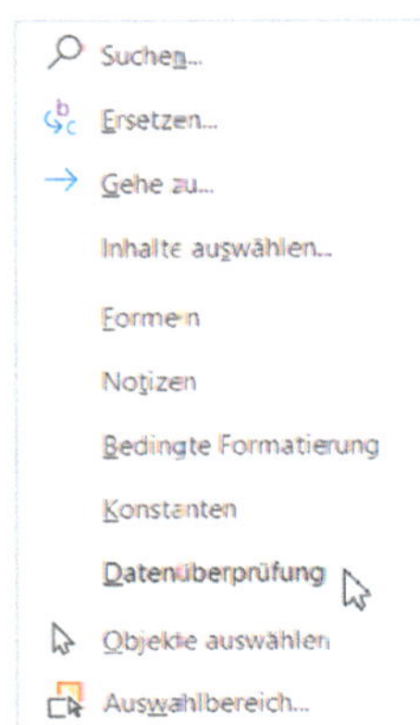

2.4 Tabellen sortieren

Was Sie beim Sortieren berücksichtigen sollten

- Excel unterstützt eine Sortierung nach Text, Zahlen und Datumswerten.
- Ein späteres Wiederherstellen der ursprünglichen Reihenfolge ist nur möglich, wenn eine Spalte mit entsprechenden Merkmalen vorhanden ist, beispielsweise Eingabedatum oder Kundennummer. Ist dies nicht der Fall, sollten Sie zuvor eine zusätzliche Spalte mit einer fortlaufenden Nummerierung einfügen.
- Spalten, die Sie als Sortierschlüssel verwenden, müssen einheitlich Werte vom selben Typ enthalten. So muss beispielsweise die Postleitzahl als Sortierschlüssel ausschließlich entweder als Text oder als Zahl gespeichert sein, da Excel grundsätzlich zuerst alle Zahlen und erst danach Text sortiert. Vorsicht auch bei Datumswerten, diese sollten einheitlich entweder mit oder ohne Uhrzeit vorliegen.
- **Achtung Formeln!** Wenn die Tabelle Formeln mit Bezügen auf andere Zeilen derselben Tabelle enthält, ist meist keine Sortierung möglich.
- Excel erkennt eine Überschriftzeile normalerweise automatisch. Enthält allerdings die Tabelle mehrere Überschriftzeilen oder bestehen die Spaltenüberschriften aus Zahlen bzw. werden Spaltenüberschriften aus anderen Gründen nicht korrekt erkannt, dann müssen Sie vor dem Sortieren den Tabellenbereich markieren und dürfen dabei nur eine einzige Überschriftzeile einbeziehen. Am besten verwenden Sie in solchen Fällen die benutzerdefinierte Sortierung, siehe weiter unten.
- Dasselbe gilt auch für zusammenfassende Ergebnisse in Zeilen, die sich unmittelbar unterhalb der letzten Tabellenzeile befinden und nicht in die Sortierung einbezogen werden dürfen.

Einfaches Sortieren nach einer einzigen Spalte

Tabellenbereich sortieren

Tabellenbereich, siehe Seite 26.

Wurde ein Zellbereich als Tabellenbereich formatiert, dann gestaltet sich die Sortierung einfach und Excel berücksichtigt automatisch den gesamten Tabellenbereich. Klicken Sie dazu in der Spaltenüberschrift der Spalte, nach der Sie sortieren möchten, auf den Dropdown-Pfeil (Filterschaltfläche), im Bild unten *Bestellnr*, und wählen Sie zwischen aufsteigender (*Von A bis Z sortieren*) und absteigender Sortierung.

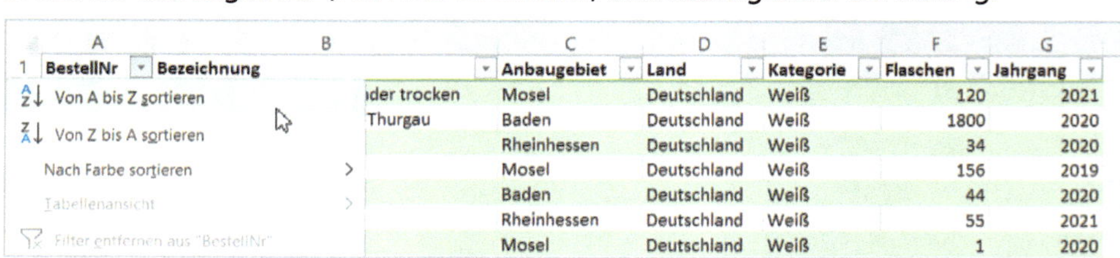

Bild 2.33 Sortieren über Filterschaltfläche

Alternativ klicken Sie in der Tabelle auf eine beliebige Zelle der betreffenden Spalte und danach...

- entweder im Menüband, Register *Start* ▶ *Bearbeiten* auf *Sortieren und Filtern*,
- oder im Register *Daten*, *Sortieren und Filtern*, auf die Symbole *Aufsteigend* oder *Absteigend* sortieren (Bild 2.34).

Bild 2.34 Sortierungen

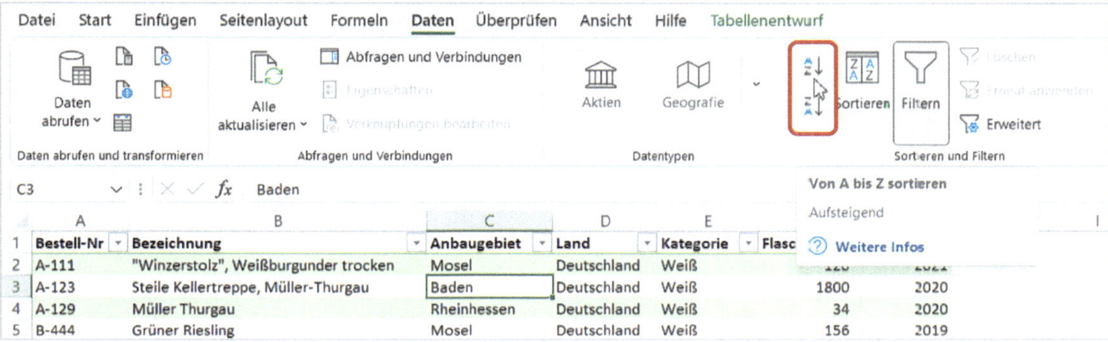

Vorhandene Sortierungen sind am zusätzlichen Pfeil auf der Filterschaltfläche schnell zu erkennen.

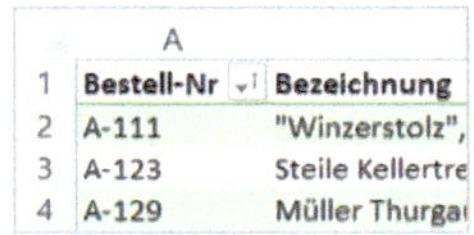

Normalen Zellbereich sortieren

Ähnlich gehen Sie vor, wenn Sie statt eines Tabellenbereichs einen normalen Zellbereich sortieren möchten. Für einfaches Sortieren nach einer einzigen Spalte, klicken Sie einfach auf eine beliebige Zelle in der betreffenden Spalte und verwenden zum Sortieren dieselben Befehle im Register *Start* oder Register *Daten*, siehe oben. Beachten Sie aber die folgenden Einschränkungen:

Enthält die Tabelle Leerzeilen, dann verwenden Sie besser *Benutzerdefiniertes Sortieren*.

- Die Tabelle darf keine Leerzeilen enthalten, da sonst die Sortierung hier endet.
- Markieren Sie nur eine Zelle innerhalb der betreffenden Spalte, nicht aber die gesamte Spalte, sonst erscheint die unten abgebildete Sortierwarnung.

Bild 2.35 So bitte nicht sortieren!

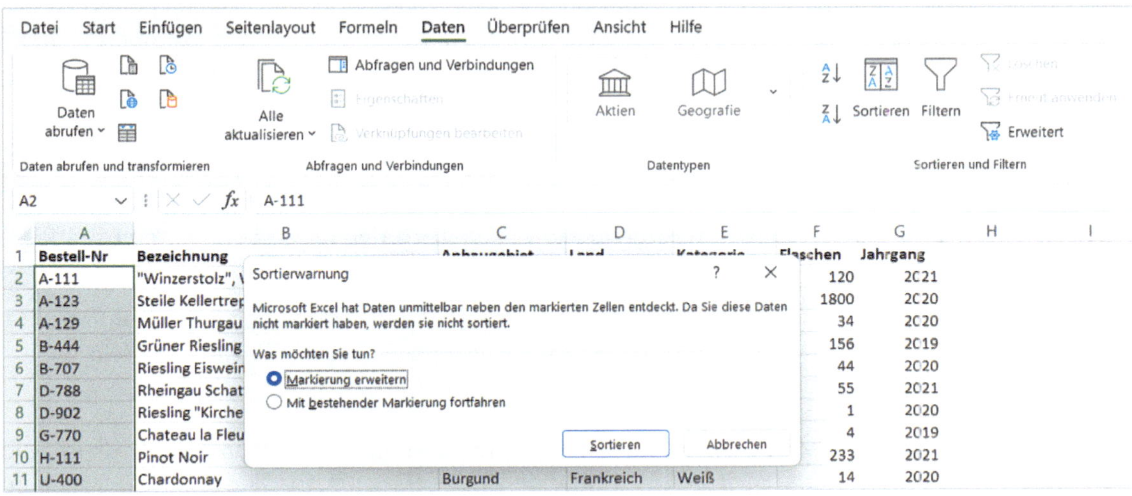

Falls eine Tabelle trotzdem einmal falsch sortiert wurde, so machen Sie die Sortierung unmittelbar danach wieder rückgängig. Ein späteres Wiederherstellen der ursprünglichen Tabelle ist nicht mehr möglich, sobald die Arbeitsmappe geschlossen und Änderungen gespeichert wurden.

So bitte nicht sortieren!

Markieren Sie niemals die Zellen einer einzigen Spalte. In diesem Fall werden nur die Werte innerhalb der Markierung sortiert, nicht aber die vollständigen Zeilen bzw. Datensätze. Zudem erscheint zuvor eine Sortierwarnung. Wenn Sie hier die Option *Markierung erweitern* wählen, dann können Sie anschließend mit Klick auf die Schaltfläche *Sortieren* mit der Sortierung fortfahren. Mit der Option *Mit bestehender Markierung fortfahren* erfolgt dagegen die Sortierung ausschließlich innerhalb der Markierung!

Tipp: Filterschaltflächen auch für normale Zellbereiche anzeigen

Auch für normale Zellbereiche können Sie die Filterschaltflächen zum Sortieren nutzen: Zum Anzeigen klicken Sie auf eine beliebige Zelle innerhalb der zu sortierenden Tabelle und danach im Register *Daten* auf *Filtern*. Auf demselben Weg blenden Sie die Filterschaltflächen auch wieder aus.

Bild 2.36 Filterschaltflächen ein- und ausblenden

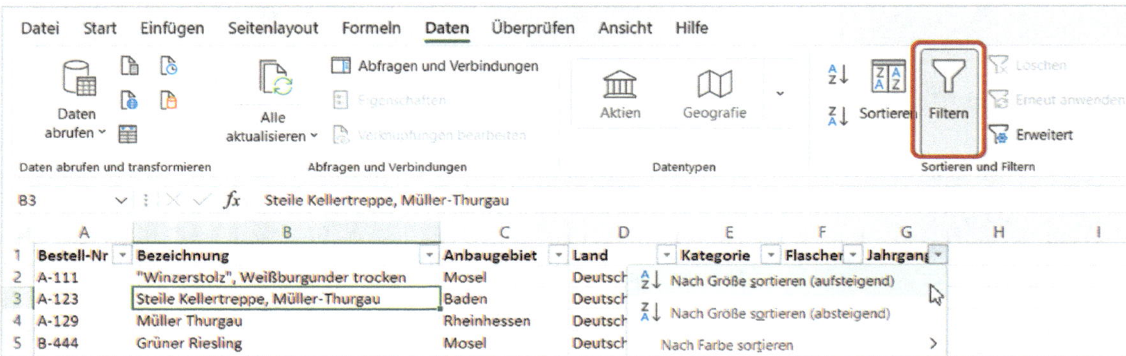

Erweiterte Sortiermöglichkeiten im Dialogfenster Sortieren

Wenn Sie nach mehreren Spalten oder nach Farben sortieren möchten, Ihre Tabelle mehrere Überschriftzeilen enthält oder aus anderen Gründen auf den oben angegebenen Wegen nicht korrekt sortiert wird, dann wählen Sie das benutzerdefinierte Sortieren im Dialogfenster *Sortieren*.

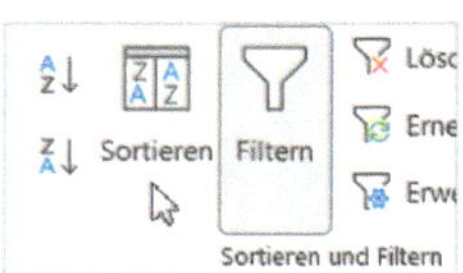

Bei Tabellenbereichen ist das Kontrollkästchen ausgegraut, da hier die Überschriften ohnehin feststehen.

1. Zum Öffnen klicken Sie auf eine beliebige Zelle innerhalb der zu sortierenden Tabelle und im Menüband, Register *Daten* ▶ *Sortieren und Filtern*, auf *Sortieren* ❶.
2. Excel markiert im Hintergrund automatisch den gesamten zusammenhängenden Tabellenbereich und öffnet das Fenster *Sortieren* (Bild 2.37).
3. Überprüfen Sie außerdem, ob eine vorhandene Überschriftzeile erkannt wurde, dazu muss das Kontrollkästchen *Daten haben Überschriften* aktiviert sein ❷.

Nach mehreren Spalten sortieren

Wenn Sie nach zwei oder mehr Spalten sortieren möchten, dann wählen Sie im Feld *Sortieren nach* die erste Spalte, hier die Spalte *Land* ❸. Die Einstellung *Zellwerte* im

Feld *Sortieren nach* kann beibehalten werden, unter *Reihenfolge* können Sie mit Klick auf den Pfeil die Reihenfolge *A bis Z* umkehren. Klicken Sie auf *Ebene hinzufügen* ④ und wählen Sie danach die zweite zu sortierende Spalte, hier *Anbaugebiet* ⑤. Das benutzerdefinierte Sortieren unterstützt bis zu 64 Sortierkriterien.

- Zum Entfernen einer Sortierung markieren Sie die betreffende Ebene und klicken auf die Schaltfläche *Ebene löschen* ⑥.
- Mit den Schaltflächen *Nach oben*/*Nach unten* ⑦ können Sie die markierte Sortierung jeweils eine Ebene höher oder tiefer stufen.

Bild 2.37 Sortierung nach mehreren Ebenen

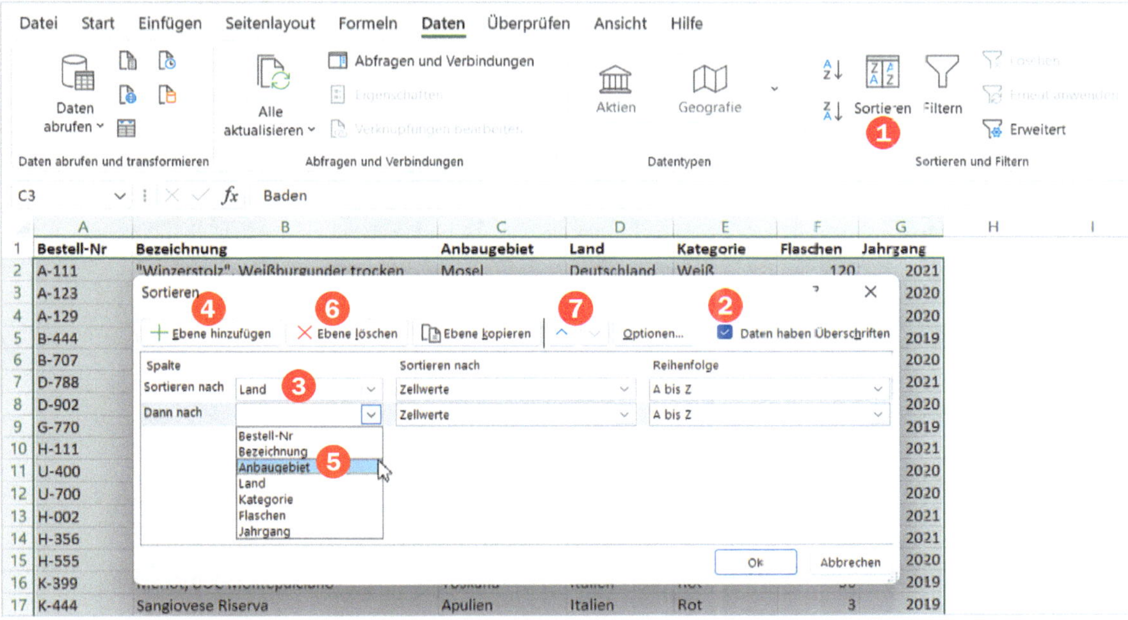

Tabelle mit mehreren Überschriftzeilen sortieren

Enthält Ihre Tabelle zwei oder mehr Überschriftzeilen oder unmittelbar unterhalb Summen oder andere Ergebnisse, dann markieren Sie den zu sortierenden Tabellenbereich entweder zusammen mit nur einer einzigen Überschriftzeile oder ohne Überschriften bevor Sie das Fenster *Sortieren* öffnen. Achten Sie auf das Kontrollkästchen *Daten haben Überschriften* und aktivieren bzw. deaktivieren Sie es entsprechend!

Zahlen als Überschriften werden von Excel nicht immer erkannt

Bestehen die Überschriften einer Tabellen ausschließlich aus Zahlen, z. B. Jahreszahlen, dann kann dies beim Sortieren Probleme bereiten, wenn diese von Excel nicht erkannt werden. In diesem Fall formatieren Sie entweder die Überschriften als Text oder verwenden ebenfalls die benutzerdefinierte Sortierung bzw. das Fenster *Sortieren*.

Nach Farben sortieren

Excel unterstützt auch das Sortieren nach Farben. Haben Sie in einer Tabelle Zellen in unterschiedlichen Farben formatiert, entweder manuell oder mit der bedingten Formatierung, dann können Sie auch nach Zellenfarben, Schriftfarben und Symbolen der bedingten Formatierung sortieren.

Zellensymbole werden von der bedingten Formatierung verwendet.

1 Öffnen Sie dazu das Dialogfenster *Sortieren*, siehe oben, und wählen Sie die entsprechende Spalte aus, in diesem Beispiel die *ModellNr* ❶. Klicken Sie dann unter *Sortieren nach* auf den Dropdown-Pfeil und wählen Sie *Zellenfarbe* ❷.

2 Klicken Sie dann auf den Dropdown-Pfeil *Reihenfolge* ❸. Es öffnet sich ein Auswahlfeld mit den vorhandenen Farben der ausgewählten Spalte, klicken Sie auf die Farbe, die an erster Stelle erscheinen soll, hier rot.

3 Für jede weitere Farbe klicken Sie auf *Ebene hinzufügen* ❹, wählen dieselbe Spalte und dazu die nächste Farbe.

Bild 2.38 Nach Farbe sortieren

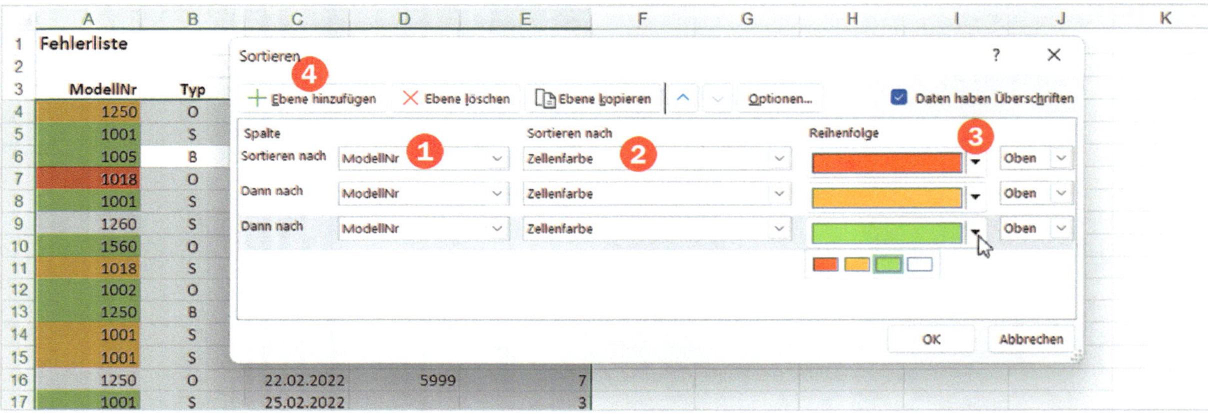

2.5 Filter einsetzen

Excel kennt verschiedene Möglichkeiten, um bestimmte Werte aus einer Tabelle herauszufiltern. Das Praktische dabei: Die gefilterten Werte lassen sich anschließend beliebig kopieren, z. B. in ein neues Tabellenblatt oder in eine neue Arbeitsmappe.

Filterschaltflächen benutzen (AutoFilter)

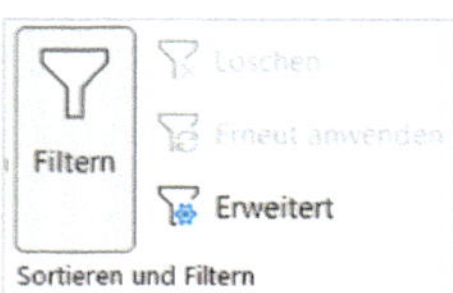

Der einfache oder AutoFilter besteht zunächst nur aus Filterschaltflächen in den Spaltenüberschriften (s. Seite 42), über die Sie schnell Filterkriterien auswählen können. Wurde ein Zellbereich als Tabellenbereich formatiert, dann sind die Filterschaltflächen meist automatisch sichtbar. Sie können diese aber auch im Register *Daten* mit der Schaltfläche *Filtern*, ein- und ausblenden oder im Register *Start* ▶ *Bearbeiten* über die Schaltfläche *Filtern und Sortieren*, Auswahl *Filtern*.

Zum Filtern klicken Sie auf die Filterschaltfläche derjenigen Spalte, nach der Sie filtern möchten, im Bild unten Land, und wählen die Filterkriterien anhand der Kontrollkästchen aus. Sie können auch nach mehreren Spalten filtern.

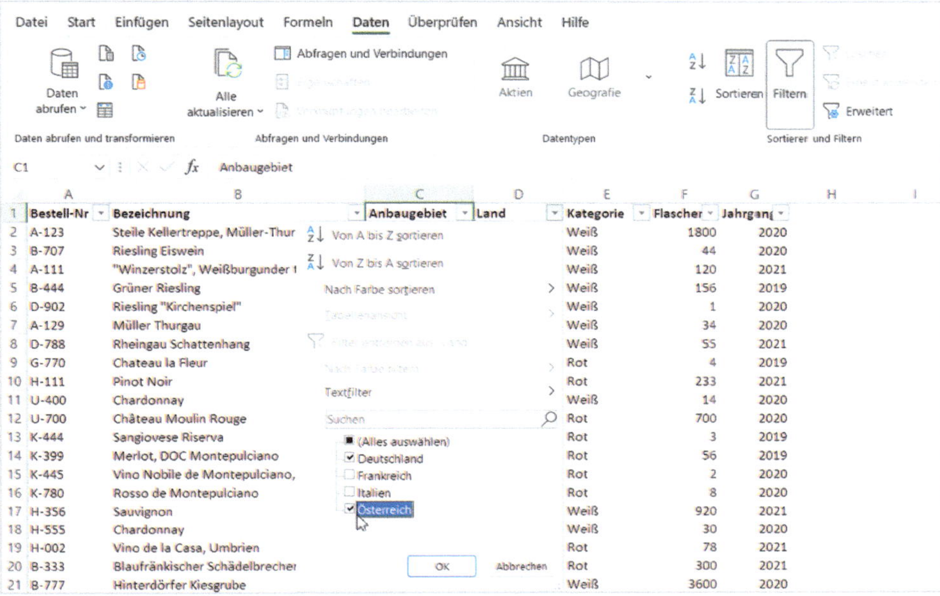

Bild 2.39 Beispiel: Nach Land filtern

Tipp: Am einfachsten deaktivieren Sie zunächst das Kontrollkästchen *(Alles auswählen)*, bevor Sie dann einzelne Kriterien aktivieren.

In Spalten mit umfangreichem Text können Sie auch das Eingabefeld *Suchen* benutzen, um Vorschläge für Filterkriterien zu erhalten.

Tipp: Die Filterschaltflächen aktiver Filter sind mit dem Filtersymbol gekennzeichnet und die verwendeten Kriterien werden als Infotext sichtbar, wenn Sie mit der Maus auf die Schaltfläche zeigen.

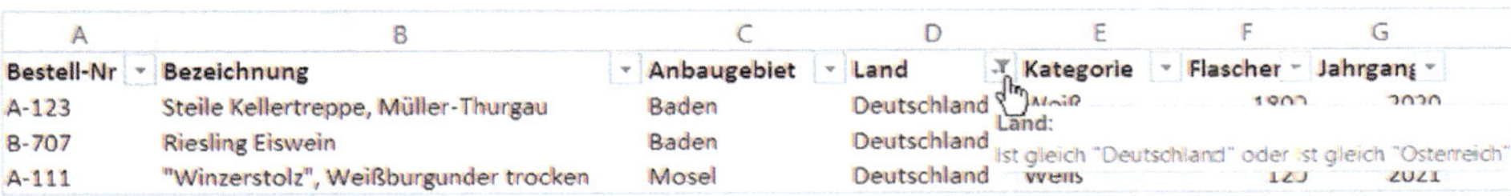

Bild 2.40 Filterkriterien werden beim Zeigen sichtbar

Filter entfernen

- Zum Entfernen des Filters aus einer Spalte klicken Sie auf den Dropdown-Pfeil der betreffenden Spaltenüberschrift und aktivieren entweder das Kontrollkästchen *(Alles auswählen)* oder klicken hier auf den Befehl *Filter löschen aus xxx*.
- Sollen alle Filter aus der Tabelle entfernt werden, so klicken Sie im Register *Daten*, Gruppe *Sortieren und Filtern*, auf *Löschen*.

Weitere Filtermöglichkeiten

Über die Filterschaltflächen sind, abhängig vom Datentyp der jeweiligen Spalte, mit *Textfilter*, *Zahlenfilter* und *Datumsfilter* noch zahlreiche weitere Möglichkeiten verfügbar, siehe Bild auf der nächsten Seite.

Tipp: Der Datumsfilter *Alle Datumswerte im Zeitraum* erlaubt die Auswahl eines Quartals oder Monats unabhängig vom Jahr und lässt sich beispielsweise einsetzen, um schnell zu filtern, wer in einem bestimmten Monat Geburtstag hat.

Bild 2.41 Textfilter, Zahlenfilter und Datumsfilter

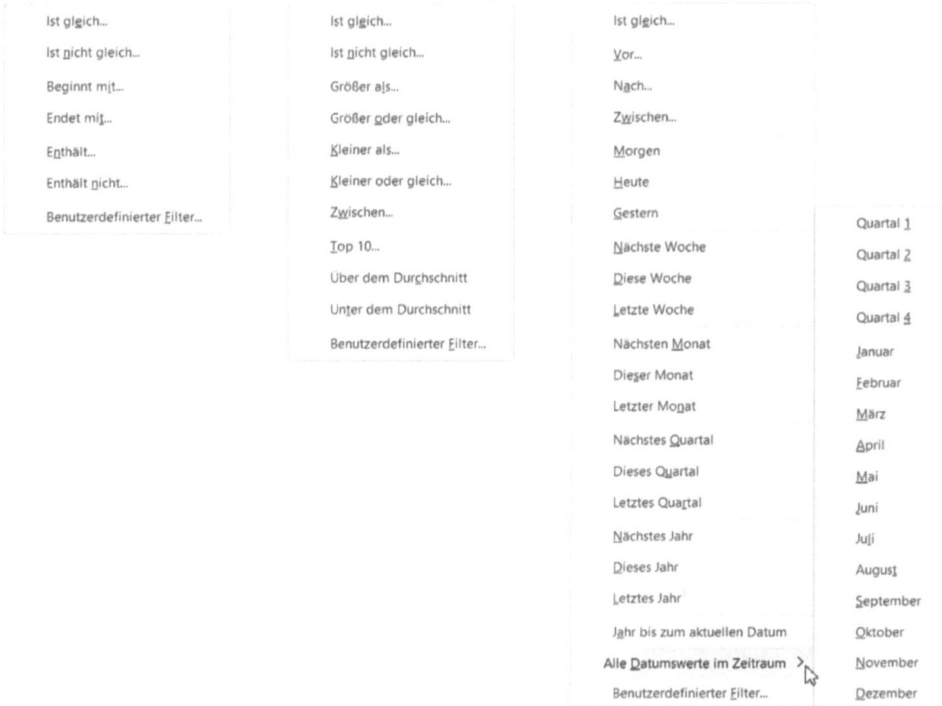

Tabelle anhand eines Kriterienbereichs filtern

Komplexe und/oder öfter benötigte Filterkriterien können auch in Form eines gesonderten Kriterienbereichs im Arbeitsblatt angegeben werden. Diese werden zusammen mit der Arbeitsmappe gespeichert und besitzen den Vorteil, dass sie jederzeit wieder verwendet werden können. Folgende Punkte sind beim Anlegen des Kriterienbereichs berücksichtigen:

- Der Kriterienbereich besteht aus mindestens zwei Zeilen, wobei die erste Zeile die Spaltenüberschriften enthält. Die Spaltenüberschriften müssen exakt mit den Überschriften der Tabelle übereinstimmen, daher kopieren Sie diese am besten. Ab der zweiten Zeile geben Sie für jede Spalte die Filterkriterien ein, wobei Sie auch mehrere Kriterien eingeben können. Nicht benötigte Spalten des Kriterienbereichs können Sie entfernen oder einfach leer lassen.
- Erstellen Sie den Kriterienbereich oberhalb oder unterhalb, nicht aber neben der Liste, da er sonst beim Filtern unter Umständen ausgeblendet wird. Am besten legen Sie den Kriterienbereich gleich in einem gesonderten Tabellenblatt an.

Folgende Operatoren und Platzhalter können verwendet werden:

>	größer als	<	kleiner als
>=	größer oder gleich	<=	kleiner oder gleich

=	gleich	<>	ungleich, nicht
*	Platzhalter für beliebige Zeichen	?	Platzhalter für genau 1 Zeichen

Als Beispiel sollen aus der Tabelle eines Weinlagers alle Weißweine aus Österreich oder Deutschland gefiltert werden, von denen noch 100 Flaschen oder mehr (Deutschland) bzw. 70 Flaschen und mehr (Österreich) vorhanden sind.

1 Kopieren Sie die Überschriften in den Kriterienbereich, dieser wurde in Bild 2.42 zur besseren Übersicht oberhalb der zu filternden Tabelle ab A1 angelegt. Nicht benötigte Spalten können auch weggelassen werden.

2 Geben Sie unterhalb der jeweiligen Überschrift die Filterkriterien wie in Bild 2.42 ein.

- Wenn ein Datensatz alle angegebenen Kriterien erfüllen muss, damit er berücksichtigt wird, dann müssen sich alle Kriterien in derselben Zeile nebeneinander befinden. Hier Land *Österreich*, Kategorie *weiß* und Flaschen *>=70*.
- Für das Land *Deutschland* gilt ebenfalls die Kategorie *weiß*, außerdem Flaschen *>=100*. Diese Kriterien geben Sie in der nächsten Zeile ein.

3 Klicken Sie dann auf eine beliebige Zelle innerhalb der Tabelle und im Menüband, Register *Daten* ▶ *Sortieren und Filtern* auf *Erweitert*.

4 Das Fenster *Spezialfilter* wird geöffnet. Kontrollieren Sie im Feld *Listenbereich* bzw. anhand des gestrichelten Rahmens im Tabellenblatt, ob der zu filternde Tabellenbereich korrekt erkannt wurde, andernfalls müssen Sie den Bereich (einschließlich der Spaltenüberschriften) manuell festlegen.

5 Klicken Sie in das Feld *Kriterienbereich* und markieren Sie mit der Maus den gesamten Kriterienbereich einschließlich der Überschriften.

6 Achten Sie darauf, dass die Option *Liste an gleicher Stelle filtern* ausgewählt ist und klicken Sie auf *OK*, um den Filter anzuwenden.

Mit Klick auf *Löschen* (*Daten* ▶ *Sortieren und Filtern*) heben Sie den Filter wieder auf.

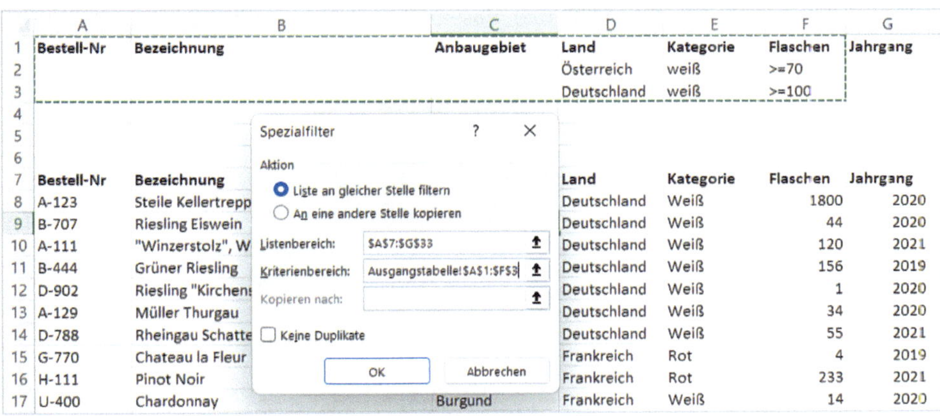

Bild 2.42 Kriterienbereich und Spezialfilter

Beachten Sie folgende Regeln für Filterkriterien

- Wenn ein Datensatz alle angegebenen Kriterien erfüllen muss, damit er berücksichtigt wird, dann müssen alle Kriterien in derselben Zeile **nebeneinander** stehen, z. B. Land *Österreich*, Kategorie *weiß* und Flaschen *>=70* wie in Bild 2.42.
- Genügt es, wenn eines der angegebenen Kriterien erfüllt ist, dann geben Sie die Kriterien in der betreffenden Spalte **untereinander** in einer weiteren Zeile an, hier die Länder *Österreich* und *Deutschland*. Allerdings müssen dann für das zweite Land auch die weiteren Kriterien nochmals angegeben werden, hier *Kategorie* und *Flaschen*. Würden Sie z. B. die Kategorie leer lassen, dann erhalten Sie für Deutschland auch Rotweine.
- Falls eine Spalte zwei oder mehr Bedingungen gleichzeitig erfüllen soll, dann fügen Sie die Spaltenüberschrift mehrmals in den Kriterienbereich ein. Beispiel: Der unten abgebildete Kriterienbereich filtert alle Weine, von denen zwischen 50 und 500 Flaschen auf Lager sind.

Bild 2.43 Zwei Bedingungen für eine Spalte

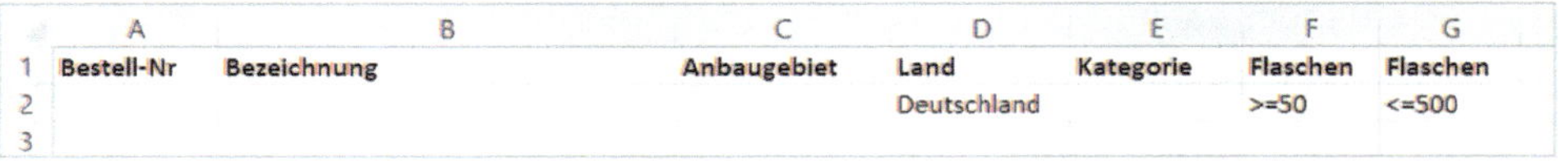

	A	B	C	D	E	F	G
1	Bestell-Nr	Bezeichnung	Anbaugebiet	Land	Kategorie	Flaschen	Flaschen
2				Deutschland		>=50	<=500
3							

> **Gefilterte Liste kopieren**
>
> Normalerweise wird eine Liste an gleicher Stelle gefiltert. Im Dialogfenster *Spezialfilter* findet sich aber auch mit der Option *An eine andere Stelle kopieren* eine Möglichkeit, die gefilterten Daten an eine andere Stelle zu kopieren. Leider ist das Einfügen der Kopie nur im selben Arbeitsblatt möglich, daher ist es in den meisten Fällen einfacher, wenn Sie die Liste zunächst an gleicher Stelle filtern und die gefilterte Liste anschließend in die Zwischenablage kopieren und dann an beliebiger Stelle einfügen.

Mit Datenschnitten filtern

Zellbereich als Tabelle formatieren, siehe Seite 27.

Optisch übersichtlicher und leicht bedienbar, vor allem auf Touchscreens, sind Filter mittels Datenschnitt. Beachten Sie aber, dass Datenschnitte nur für Tabellen zur Verfügung stehen, die als Tabellenbereich formatiert wurden.

1. Zum Einfügen von Datenschnitten klicken Sie in die Tabelle und im Register *Tabellenentwurf*, Gruppe *Tools*, auf *Datenschnitt einfügen* ❶.
2. Wählen Sie anschließend im Fenster *Datenschnitt auswählen* die Spalten aus, nach denen Sie filtern möchten, hier *Anbaugebiet*, *Land* und *Kategorie* ❷ und klicken Sie auf *OK*.

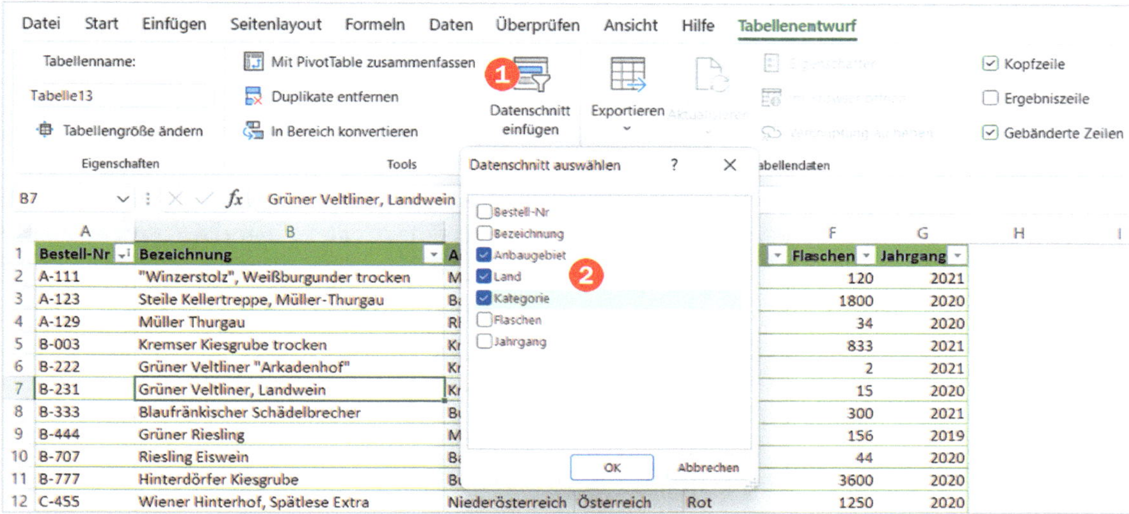

Bild 2.44 Datenschnitt auswählen

3 Excel fügt für jede der ausgewählten Spalten einen Datenschnitt ein, s. Bild 2.45. Diese können Sie anschließend wie Grafikobjekte durch durch Ziehen mit der Maus beliebig anordnen sowie vergrößern oder verkleinern.

4 Zum Filtern klicken Sie im Datenschnitt auf den gewünschten Inhalt, die Tabelle passt sich augenblicklich an.

Bild 2.45 Tabelle filtern

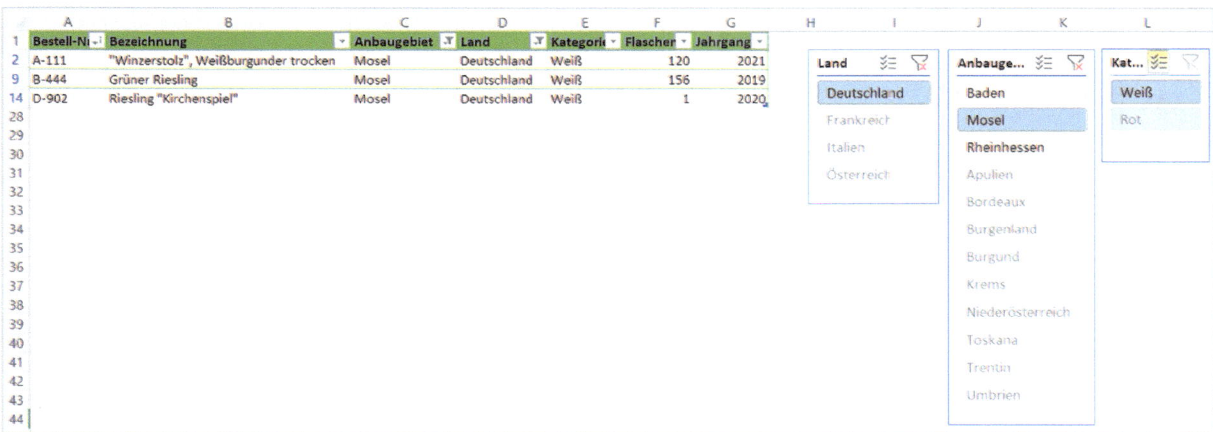

Mehrere Kriterien auswählen

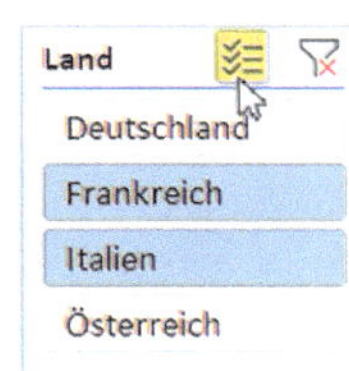

Wenn Sie in einem Datenschnitt mehrere Filterkriterien gleichzeitig aktivieren möchten, dann klicken Sie oben rechts auf das Symbol *Mehrfachauswahl* und klicken oder tippen anschließend die gewünschten Kriterien der Reihe nach an. Oder klicken Sie diese nacheinander mit gedrückter **Strg**-Taste an (Mehrfachmarkierung).

Filter löschen/Datenschnitt entfernen

- Um einen Filter aufzuheben, klicken Sie in der rechten oberen Ecke des Datenschnitts auf das Symbol *Filter löschen*.
- Wenn Sie einen Datenschnitt aus dem Tabellenblatt entfernen möchten, dann sollten Sie zunächst eventuell noch aktive Filter dieses Datenschnitts löschen, da diese nicht automatisch mit entfernt werden. Falls Sie allerdings das Löschen des Filters vergessen haben, können Sie diesen auch über die Filterschaltfläche der betreffenden Spalte oder das Symbol *Löschen* im Menüband, Register *Daten* aufheben.

Klicken Sie dann auf den Rahmen des Datenschnitts, dieser ist markiert und kann anschließend mit der **Entf**-Taste der Tastatur gelöscht werden. Oder klicken Sie mit der rechten Maustaste in den Datenschnitt und auf *„xxx" entfernen*.

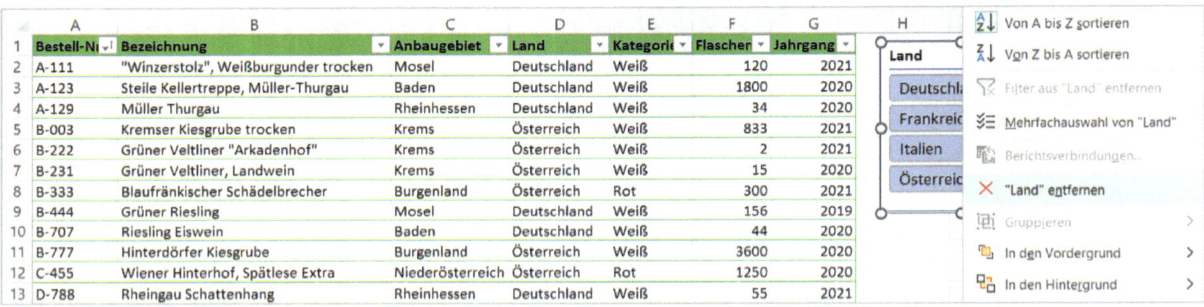

	A	B	C	D	E	F	G
1	Bestell-Nr	Bezeichnung	Anbaugebiet	Land	Kategorie	Flaschen	Jahrgang
2	A-111	"Winzerstolz", Weißburgunder trocken	Mosel	Deutschland	Weiß	120	2021
3	A-123	Steile Kellertreppe, Müller-Thurgau	Baden	Deutschland	Weiß	1800	2020
4	A-129	Müller Thurgau	Rheinhessen	Deutschland	Weiß	34	2020
5	B-003	Kremser Kiesgrube trocken	Krems	Österreich	Weiß	833	2021
6	B-222	Grüner Veltliner "Arkadenhof"	Krems	Österreich	Weiß	2	2021
7	B-231	Grüner Veltliner, Landwein	Krems	Österreich	Weiß	15	2020
8	B-333	Blaufränkischer Schädelbrecher	Burgenland	Österreich	Rot	300	2021
9	B-444	Grüner Riesling	Mosel	Deutschland	Weiß	156	2019
10	B-707	Riesling Eiswein	Baden	Deutschland	Weiß	44	2020
11	B-777	Hinterdörfer Kiesgrube	Burgenland	Österreich	Weiß	3600	2020
12	C-455	Wiener Hinterhof, Spätlese Extra	Niederösterreich	Österreich	Rot	1250	2020
13	D-788	Rheingau Schattenhang	Rheinhessen	Deutschland	Weiß	55	2021

Bild 2.46 Datenschnitt aus Tabellenblatt entfernen

2.6 Häufige Probleme in Datenbanken beheben

Textinhalte in mehrere Spalten aufteilen

Manchmal setzt sich eine Spalte aus zwei oder mehr Werten zusammen und macht somit eine gezielte Sortierung unmöglich. Zum Aufteilen in Spalten bietet Excel die Blitzvorschau und das Tool *Text in Spalten* an.

Aufteilen mit der Blitzvorschau

Eine einfache Möglichkeit ist die Blitzvorschau. Diese setzt ein einheitliches Trennzeichen zwischen den aufzuteilenden Inhalten, z. B. Leerzeichen oder Komma voraus und funktioniert so:

Geben Sie in einer freien Spalte rechts von der aufzuteilenden Spalte den ersten Teil, hier die Anrede ein. Beginnen Sie dann in der Zelle unterhalb mit der nächsten Anrede, nach Eingabe der ersten Zeichen zeigt die Blitzvorschau die übrigen Inhalte der Spalte an und brauchen zum Übernehmen nur die **Eingabetaste** betätigen. Genauso verfahren Sie mit den Vor- und den Nachnamen.

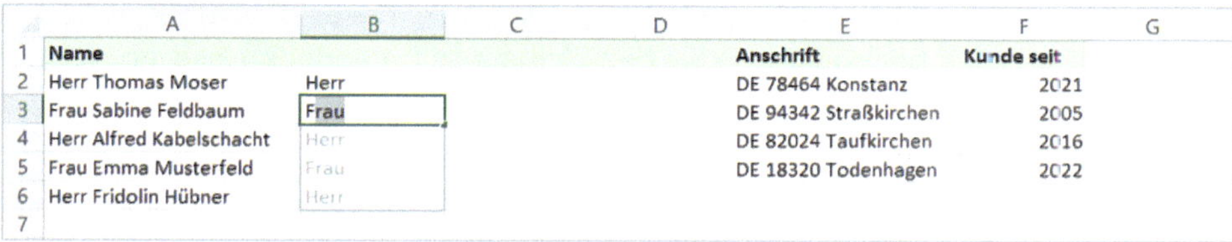

Bild 2.47 Namen mit der Blitzvorschau in Spalten aufteilen

Das Tool Text in Spalten

Komfortabler ist das Tool *Text in Spalten*. Auch hier ist ein einheitliches Trennzeichen Voraussetzung, allerdings sparen Sie im Gegensatz zur Blitzvorschau Tipparbeit.

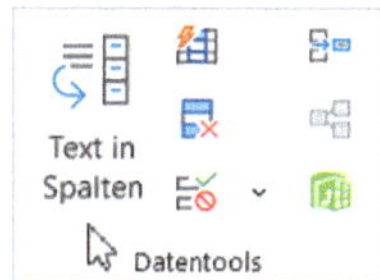

1. Markieren Sie die aufzuteilenden Inhalte und klicken Sie im Register *Daten* ▶ *Datentools* auf *Text in Spalten* ❶.
2. Excel startet einen kleinen Textkonvertierungs-Assistenten, der Sie durch die weiteren Schritte führt. Im ersten Schritt wählen Sie als Datentyp die Option *Getrennt* ❷ und klicken auf *Weiter*.
3. Im nächsten Schritt geben Sie das verwendete Trennzeichen an ❸, in diesem Beispiel Leerzeichen. Unterhalb können Sie anhand der Datenvorschau das Ergebnis vorab kontrollieren. Klicken Sie auf *Weiter*. Sollte das Trennzeichen nicht aufgeführt sein, so wählen Sie *Andere* und geben das Zeichen im Feld rechts daneben ein.

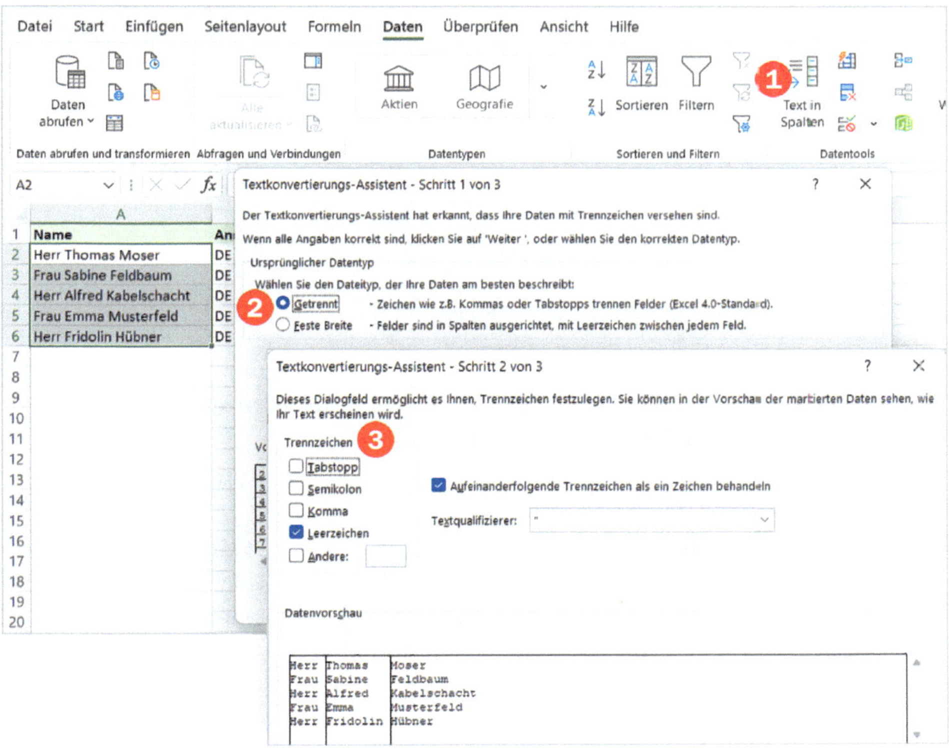

Bild 2.48 Datentyp wählen und Trennzeichen angeben

4 Im letzten Schritt können Sie, falls erforderlich, jeder der Spalten einen Datentyp zuweisen. Gleichzeitig müssen Sie den Zielbereich 4 angeben, d. h. ab welcher Stelle die neuen Spalten eingefügt werden sollen, hier ab D2. Klicken Sie zuletzt auf *Fertig stellen*.

Achtung: Wird kein Zielbereich angegeben, so fügt Excel die neuen Spalten an der bisherigen Stelle ein und die Inhalte angrenzender Zellen werden überschrieben.

Bild 2.49 Zielbereich wählen

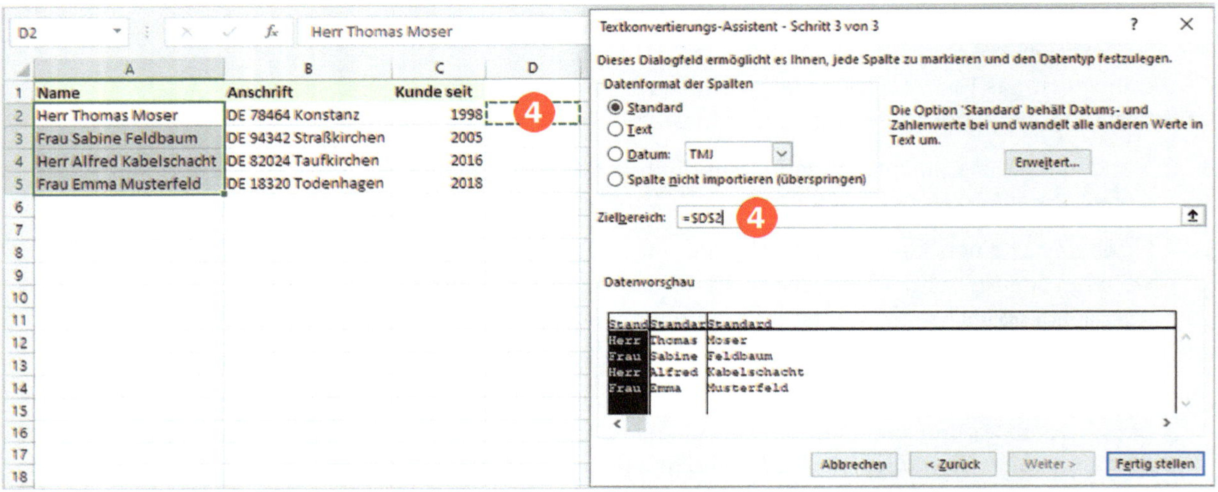

> **Tipp für den Einsatz in der Praxis**
>
> Was sich hier so einfach liest, kann in der Praxis erhebliche Probleme bereiten. Dies beginnt damit, dass nicht immer ein einheitliches Trennzeichen verwendet wird, beispielsweise wenn Telefonnummern nach Vorwahl und Rufnummer aufgeteilt werden sollen. In solchen Fällen empfiehlt es sich, zunächst mit Hilfe von Suchen und Ersetzen für ein einheitliches Trennzeichen zu sorgen.

Duplikate in Tabellen aufspüren und entfernen

Neben fehlerhaften Eingaben sind Duplikate, also irrtümlich doppelt erfasste Datensätze ein häufiges Problem in Datenbanken. Um sie aufzuspüren, gibt es verschiedene Möglichkeiten, jede hat ihre Vor- und Nachteile.

Symbol Duplikate entfernen

Eine einfache Möglichkeit finden Sie im Menüband, Register *Daten* in der Gruppe *Datentools*. Klicken Sie hier auf *Duplikate entfernen* und wählen Sie im nachfolgenden Dialogfenster aus, welche Spalten auf doppelte Werte überprüft werden sollen, im unten abgebildeten Beispiel sind dies alle Spalten mit Ausnahme der Kundennummer.

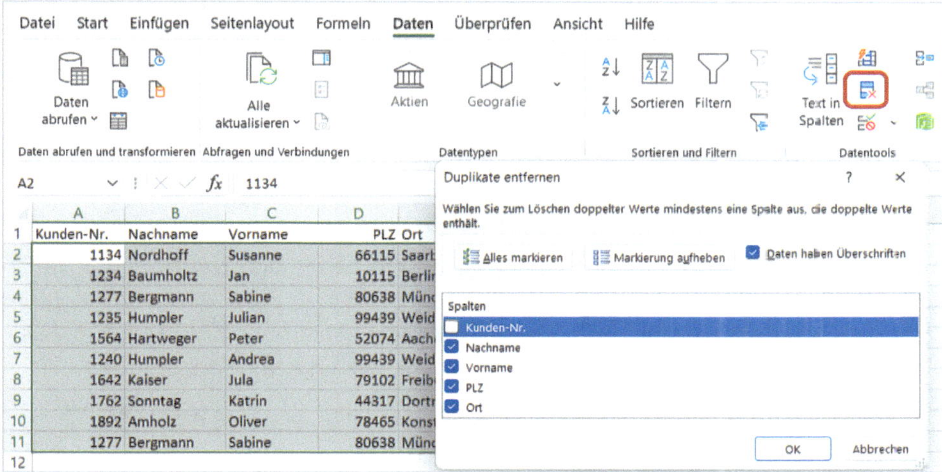

Bild 2.50 Duplikate entfernen

Achtung: Gefundene Duplikate werden ohne Rückfrage gelöscht!

Bei dieser Vorgehensweise haben Sie keinerlei Einfluss darauf, welcher der doppelt vorhandenen Datensätze entfernt wird, da die Duplikate sofort gelöscht werden. Erst danach erhalten Sie eine Meldung über die Anzahl der gelöschten Datensätze.

Duplikate mit dem erweiterten Filter kennzeichnen

Wenn Sie die Duplikate einstweilen nur kennzeichnen möchten, um sie dann manuell zu entfernen, dann bietet sich der erweiterte Filter an. Dazu gehen Sie wie folgt vor:

1. Vor der Verwendung des erweiterten Filters sollten Sie zuerst den gesamten Datenbereich der Tabelle markieren und mit einer auffälligen Schriftfarbe formatieren , z. B. rot. Ein Kriterienbereich wird nicht benötigt.
2. Rufen Sie dann den Filter auf (Register *Daten* ▶ *Sortieren und Filtern* ▶ *Erweitert*). Geben Sie keinen Kriterienbereich an, sondern aktivieren Sie das Kontrollkästchen *Keine Duplikate* (Bild 2.51).
3. Die Tabelle wird an gleicher Stelle gefiltert, wobei die Duplikate lediglich ausgeblendet sind. Formatieren Sie jetzt die gefilterte Tabelle wieder mit der ursprünglichen Schriftfarbe und entfernen Sie dann den Filter wieder.

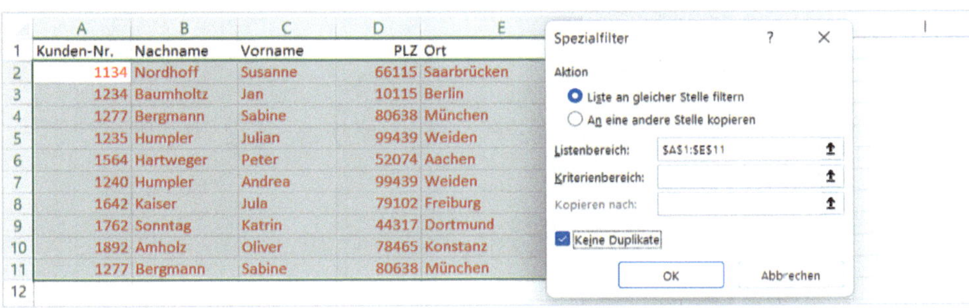

Bild 2.51 Duplikate mit Spezialfilter finden

4 Nach dem Entfernen des Filters erscheinen nur die Duplikate in roter Schrift und durch entsprechendes Sortieren lässt sich leicht kontrollieren, ob es sich um echte Duplikate handelt. Diese müssen anschließend manuell gelöscht werden.

5 **Nachteil**: Diese Methode bezieht alle Spalten mit ein. Ein doppelt vorhandener Kunde mit zwei unterschiedlichen Kundennummern wird nicht gefunden.

Duplikate mit der bedingten Formatierung hervorheben

Auch die bedingte Formatierung bietet das Hervorheben von Duplikaten an, allerdings nur für jeweils eine Spalte. Dazu markieren Sie die Spalte, klicken im Register *Start* auf *Bedingte Formatierung* und zeigen auf *Regeln zum Hervorheben von Zellen*. Klicken Sie auf *Doppelte Werte...* und wählen Sie anschließend eine Formatierung.

Bild 2.52 Bedingte Formatierung

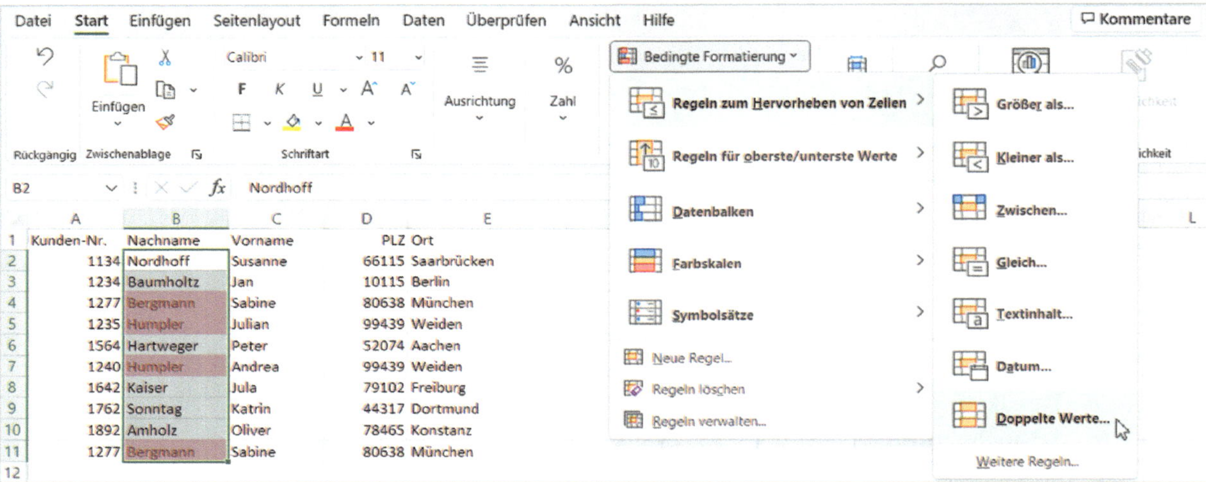

3 Datenimport aus Textdateien

In diesem Kapitel lernen Sie...

- CSV- und Textdateien mit Excel öffnen und mit Excel-Funktionen bereinigen
- Datenimport per Datenverbindung
- Verbindungen anzeigen, Verbindungsdaten exportieren

Das sollten Sie wissen

- Formeln und einfache Funktionen

3.1 Öffnen oder Datenverbindung?

Mit Excel lassen sich nicht nur Daten auswerten, die in einer Excel-Tabelle erfasst wurden. Auch Standardsoftware, egal ob es sich um eine Finanzbuchhaltung, ein Warenwirtschaftssystem oder einen anderen Einsatzzweck handelt, verfügt in der Regel über einen umfangreichen Datenbestand, aus dem sich mit Excel auf individuelle Fragestellungen zugeschnittene Auswertungen erstellen lassen. Die Frage lautet nur: Wie importieren Sie die Daten in eine Excel-Tabelle?

Ein gängiges Dateiformat zum Datenaustausch sind Textdateien mit der Dateinamenerweiterung .txt oder .csv. Fast jede Standardsoftware stellt eine Möglichkeit zum Export in eine Textdatei bereit, die dann mit Excel geöffnet werden kann.

- Handelt es sich um einen einmaligen Import, der die maximal zulässige Anzahl Zeilen eines Excel-Arbeitsblatts nicht übersteigt, dann öffnen Sie einfach die Textdatei mit Excel und speichern die Datei als Excel-Arbeitsmappe. Anschließend können Sie die Daten beliebig weiterverwenden.
- Handelt es sich dagegen um einen wiederkehrenden Importvorgang, weil Sie z. B. regelmäßig aktuelle Daten benötigen, dann ist der Import über eine Datenverbindung zur externen Datenquelle die bessere Lösung. Die Importschritte brauchen dann nur einmal ausgeführt werden, sie werden gespeichert und bei jeder Aktualisierung automatisch ausgeführt.

Leider ist es mit dem Import meist nicht getan, sondern die Daten müssen vor der eigentlichen Auswertung auch noch entsprechend aufbereitet werden. Wenn Sie die Textdatei geöffnet und als Excel-Arbeitsmappe gespeichert haben, dann stehen Ihnen zu diesem Zweck sämtliche Excel-Funktionen und Werkzeuge zur Verfügung. Bei wiederkehrenden Importen aus stets derselben Datenquelle ist dies allerdings zeitraubend und daher nicht zu empfehlen, hier bietet sich zusätzlich zur Datenverbindung eine Datenaufbereitung mit Power Query an, zu finden unter der Bezeichnung *Daten abrufen und transformieren*. Dieses Tool leistet auch gute Dienste, wenn die Ausgangsdaten in einem anderen Dateiformat, z. B. XML, vorliegen oder Sie direkt auf eine Datenbank zugreifen möchten, vorausgesetzt Sie verfügen über die erforderliche Berechtigung. Datenverbindungen haben gegenüber dem Datenaustausch durch einfaches Öffnen der Textdatei gleich mehrere Vorteile:

- Die Originaldaten bleiben unverändert, da in Excel nur eine Kopie eingefügt wird.
- Sie verfügen über stets aktuelle Daten, da sich die Tabelle und nachfolgende Auswertungen schnell mit einem einzigen Mausklick aktualisieren lassen.
- Datenverbindungen erlauben nicht nur den Zugriff auf Textdateien, sondern unterstützen auch zahlreiche andere Datenquellen, so dass Sie z. B. die Daten auch direkt aus einer Datenbank oder dem Web abrufen können.
- Datenverbindungen speichern neben den Importschritten auch sämtliche Datentransformationen und werden daher häufig auch als Abfragen bezeichnet.

3.2 Textdateien öffnen und konvertieren

Bei Textdateien handelt es sich um Dateien, die ausschließlich Zeichen, aber keinerlei Formatierungen enthalten. Die Werte der einzelnen Spalten werden mit einem genau definierten Trennzeichen getrennt. Meist sind dies Semikolon (;) oder Tab-Zeichen, allerdings sind auch andere Zeichen möglich. Text wird häufig zur eindeutigen Kennzeichnung zusätzlich in Anführungszeichen " " gesetzt. Die wichtigsten Textdateiformate sind:

Im Gegensatz zu formatierten Textdokumenten, die z. B. mit Microsoft Word erzeugt werden.

- Textdateien, bei denen die Werte bzw. Spalten durch Tabulatorzeichen getrennt sind. Diese Dateien haben die Dateinamenerweiterung .txt.
- Das CSV-Dateiformat, bei dem statt der Tabulatorzeichen ein Komma (im englischen Sprachraum) oder Semikolon (deutsch) als Trennzeichen verwendet wird.

CSV = comma separated values

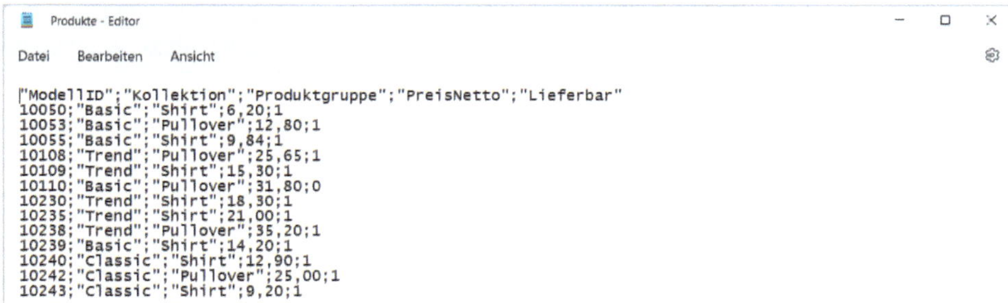


```
"ModellID";"Kollektion";"Produktgruppe";"PreisNetto";"Lieferbar"
10050;"Basic";"Shirt";6,20;1
10053;"Basic";"Pullover";12,80;1
10055;"Basic";"Shirt";9,84;1
10108;"Trend";"Pullover";25,65;1
10109;"Trend";"Shirt";15,30;1
10110;"Basic";"Pullover";31,80;0
10230;"Trend";"Shirt";18,30;1
10235;"Trend";"Shirt";21,00;1
10238;"Trend";"Pullover";35,20;1
10239;"Basic";"Shirt";14,20;1
10240;"Classic";"Shirt";12,90;1
10242;"Classic";"Pullover";25,00;1
10243;"Classic";"Shirt";9,20;1
```

Bild 3.1 Beispiel Textdatei (csv) mit Semikolon getrennt

CSV-Dateien öffnen

Dateien mit der Dateinamenerweiterung .csv sind im Datei-Explorer von Windows meist mit einem Excel-Dateisymbol versehen (siehe Bild unten). Das bedeutet, sie werden mit Doppelklick auf das Dateisymbol mit Excel geöffnet und bis auf wenige Ausnahmen werden dabei die Daten automatisch in Spalten angeordnet.

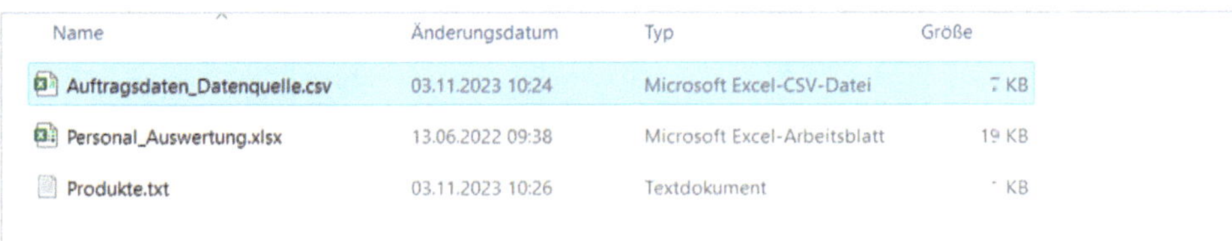

Bild 3.2 CSV-Dateien unterscheiden sich durch ihr Symbol von Textdateien (.txt)

Mögliche Probleme beim Öffnen

In Ausnahmefällen, z. B. wenn Kommas statt Semikolon als Trennzeichen verwendet werden, kann es vorkommen, dass beim Öffnen einer Datei im CSV-Format die Daten nicht korrekt in Spalten importiert werden, sondern sich in einer einzigen Spalte befinden. Weitere mögliche Fehlerquellen beim Öffnen: Ein Datum wird nicht als solches erkannt, Umlaute werden nicht korrekt dargestellt oder die führende 0 von Postleitzahlen entfernt, wenn Excel diese als Zahlen interpretiert. Nummern mit sehr vielen Stellen, z. B. Artikelnummern, werden außerdem von Excel manchmal in Exponentialschreibweise dargestellt und beispielsweise die Artikelnummer 100567800237 erscheint dann als 1,00568E+11.

In solchen Fällen importieren Sie die Daten am besten mit Power Query, s. nächstes Kapitel. Eine andere mögliche Alternative ist der Textkonvertierungs-Assistent von Excel. Dazu müssen Sie allerdings zuvor den Dateityp bzw. die Dateinamenerweiterung ändern, da der Assistent nur beim Öffnen einer Datei mit der Dateinamenerweiterung .txt startet, nicht aber, wenn die Datei die Dateinamenerweiterung .csv besitzt. So gehen Sie vor:

1 Öffnen Sie den Datei-Explorer von Windows, z. B. mit den Tasten **Windows+E**. Falls die Dateinamenerweiterungen nicht sichtbar sein sollten, so klicken Sie in der Menüleiste des Datei-Explorers (Windows 11) auf *Anzeigen* ▶ *Einblenden* und wählen *Dateinamenerweiterungen*.

2 Anschließend markieren Sie die betreffende Datei und klicken in der Menüleiste auf das Symbol *Umbenennen* (oder Rechtsklick und Symbol *Umbenennen*). Geben Sie nach dem Punkt die Endung *txt* statt *csv* ein und betätigen Sie die **Eingabetaste**. Die nachfolgende Warnung mit der Frage, ob Sie die Dateinamenerweiterung trotzdem ändern möchten, bestätigen Sie ausnahmsweise mit *Ja*.

Bild 3.3 Ändern Sie die Dateinamenerweiterung in txt.

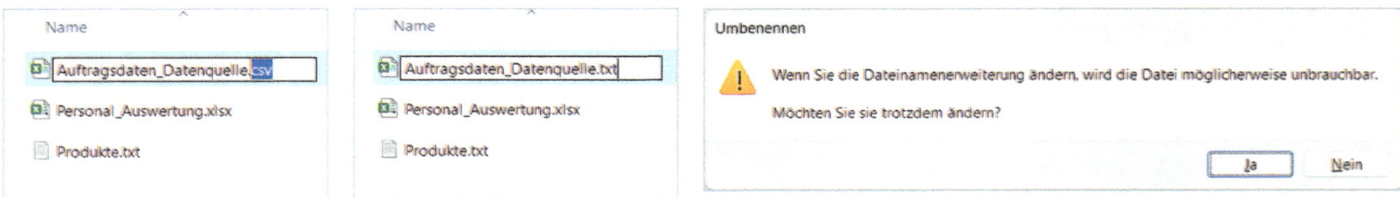

Starten Sie anschließend Excel, klicken Sie im Register *Datei* auf *Öffnen* und führen Sie dann die Schritte, wie im nächsten Punkt beschrieben, aus. Die Dateinamenerweiterungen können Sie, falls gewünscht, jederzeit auf dem oben beschriebenen Weg auch wieder ausblenden.

Textdatei (.txt) mit dem Textkonvertierungs-Assistent öffnen

Beim Öffnen von Textdateien mit der Dateinamenerweiterung .txt unterstützt Sie der Textkonvertierungs-Assistent von Excel. Dazu ist es erforderlich, dass Sie erst einmal Excel starten. Klicken Sie dann entweder auf der Startseite von Excel oder im Register *Datei* auf *Öffnen* und wählen Sie den Speicherort aus, z. B. mit Klick auf *Durchsuchen*.

1 **Achtung**: In der Standardeinstellung zeigt das Dialogfenster *Öffnen* ausschließlich Excel-Dateitypen (.xlsx, .xlsm usw.) an. Damit auch Textdateien sichtbar werden, klicken Sie auf *Dateityp* und wählen entweder *Textdateien* oder *Alle Dateien* aus, wie in Bild 3.4.

2 Markieren Sie dann die gewünschte Datei und klicken Sie auf *Öffnen*.

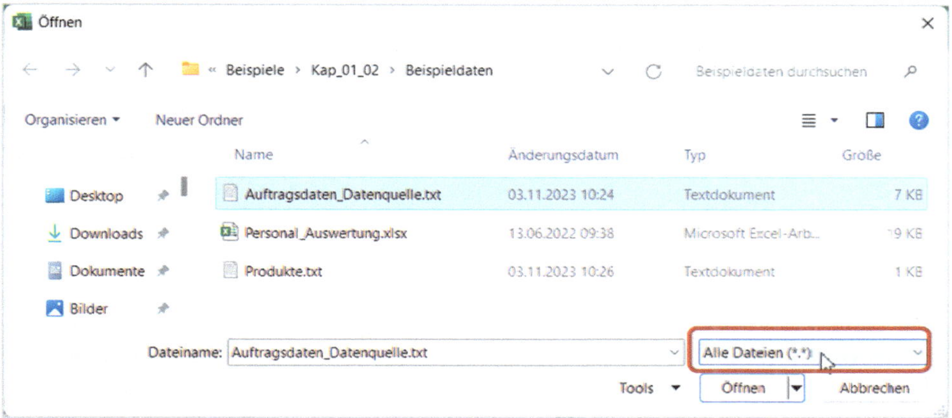

Bild 3.4 Dateityp Alle Dateien auswählen

3 Excel startet anschließend den *Textkonvertierungs-Assistent*, der Sie in Schritten durch den Import führt. Im ersten Schritt legen Sie den Datentyp fest und kontrollieren den verwendeten Zeichensatz:

- Wählen Sie unter *Ursprünglicher Datentyp* die Option *Getrennt*, wenn die Werte durch ein Trennzeichen (Komma, Semikolon, Tab-Zeichen usw.) getrennt sind. Dies ist auch der häufigste Typ.
- Der *Dateiursprung* legt den verwendeten Zeichensatz fest. Kontrollieren Sie die Vorschau auf die Datei: Wenn Umlaute wie Ä, Ö usw. korrekt dargestellt werden, dann können Sie die Standardeinstellung beibehalten. Verwendet dagegen das System, aus dem die Datei exportiert wurde, einen anderen Zeichensatz, z. B. UTF-8, so wählen Sie diesen hier aus.
- Geben Sie außerdem an, ab welcher Zeile der Import beginnen soll (standardmäßig ab Zeile 1) und ob die Daten Überschriften enthalten (Kontrollkästchen *Die Daten haben Überschriften*). Klicken Sie dann auf *Weiter*.

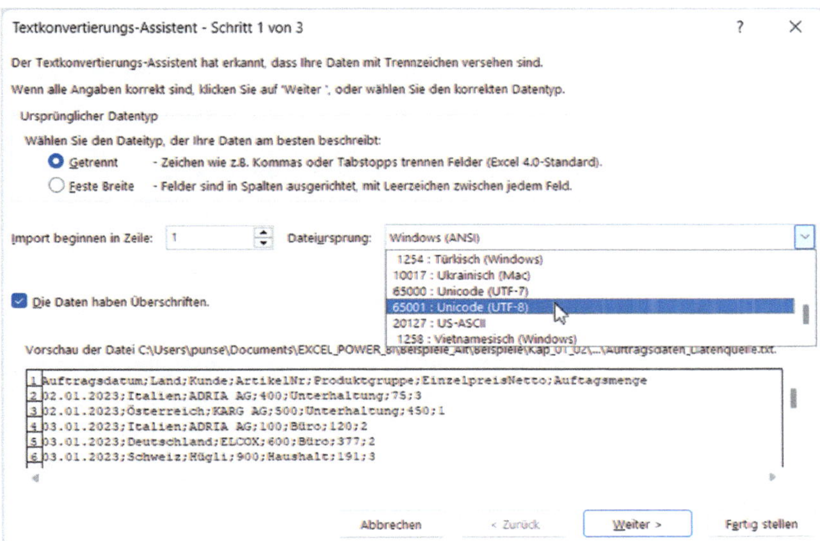

Bild 3.5 Textkonvertierung: Schritt 1

Auftragsdaten.Textdatei.txt

4 Im zweiten Schritt des Assistenten muss das verwendete Trennzeichen, meist Tabstopp oder Semikolon, festgelegt weren. Sollte das Zeichen hier nicht aufgeführt sein, so aktivieren Sie das Kontrollkästchen *Andere* und tragen das Zeichen im Feld daneben ein. Falls Texte zur besseren Unterscheidung in Anführungszeichen gesetzt sind, geben Sie dieses im Feld *Textqualifizierer* ein. Klicken Sie dann auf *Weiter*.

Bild 3.6 Trennzeichen festlegen

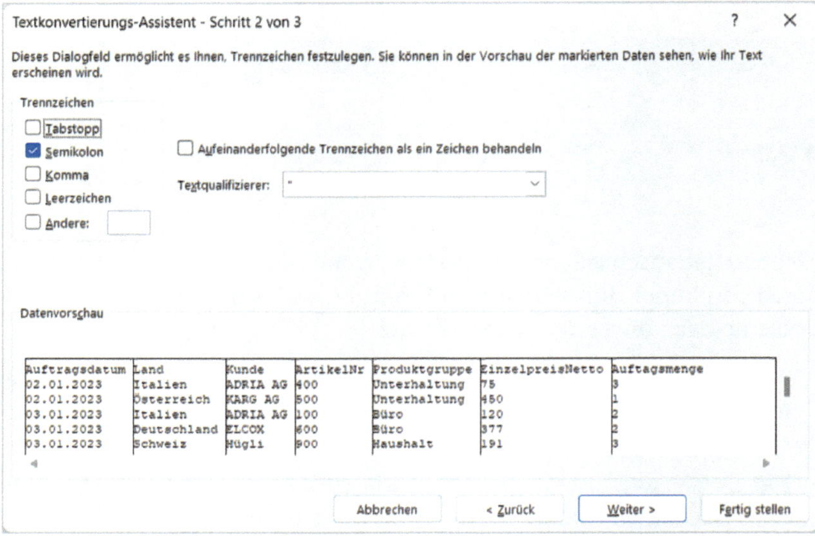

5 Im letzten Schritt können Sie für jede Spalte einzeln entscheiden, ob Sie diese importieren möchten, und das Datenformat festlegen.

- Klicken Sie in der Vorschau in die betreffende Spalte und wählen Sie das Datenformat. Die Option *Standard* behält Zahlen und Datumswerte bei und wandelt alle übrigen Werte in Text um. Falls die Spalte nicht benötigt wird, so klicken Sie auf *Spalte nicht importieren (überspringen)*.
- Handelt es sich um Postleitzahlen, dann sollten Sie unbedingt *Text* wählen, damit die führende 0 beibehalten wird.
- Falls Datumswerte in einer anderen Form vorliegen, z. B. Jahr, Monat, Tag, können Sie mit der Option *Datum* die Schreibweise auswählen.
- Wenn Sie alle Spalten im Standardformat übernehmen möchten, dann können Sie diesen Schritt auch übergehen und auf *Fertig stellen* klicken.

Länderspezifische Zahlenschreibweise konvertieren

Einige Anwendungen verwenden für Zahlen die angelsächsische Schreibweise. Das bedeutet, als Dezimalzeichen wird der Punkt und als Tausenderzeichen das Komma verwendet, also z. B. 5,300.00 statt 5.300,00. Dies führt bei nachfolgenden Auswertungen zu Problemen, da solche Zahlen von Excel als Text behandelt werden. Klicken Sie in solchen Fällen auf die Schaltfläche *Erweitert...* und ändern Sie die verwendeten Zeichen entsprechend (Bild 3.7).

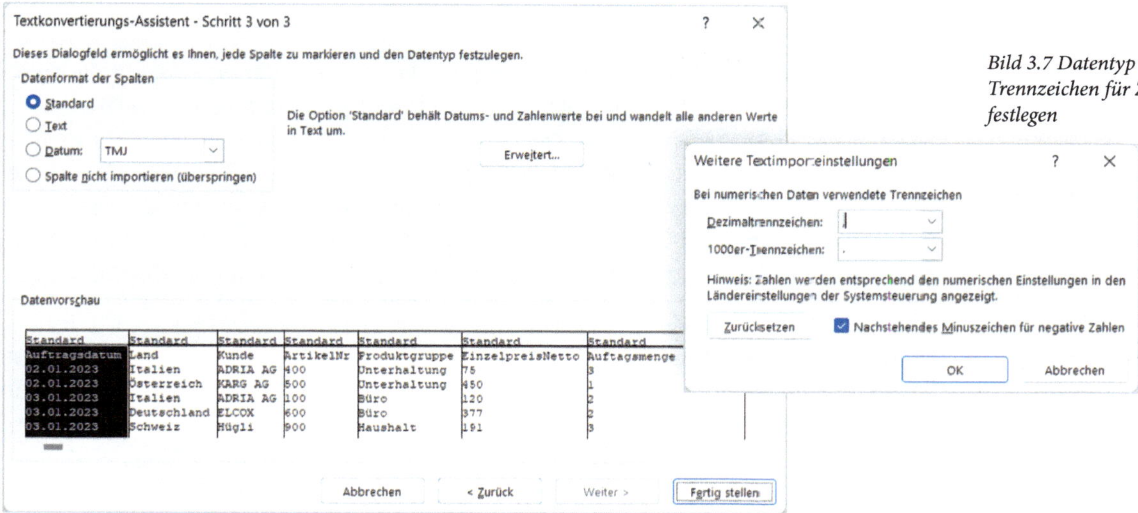

Bild 3.7 Datentyp und Trennzeichen für Zahlen festlegen

6 Klicken Sie abschließend auf *Fertig stellen*. Excel öffnet die Daten als Tabelle in einer Arbeitsmappe; da diese allerdings immer noch vom Dateityp Textdatei ist, sollte sie anschließend unbedingt über *Datei* ▶ *Speichern unter* als Excel-Arbeitsmappe gespeichert werden. Nachfolgend vorgenommene Formatierungen und Berechnungen werden sonst nicht gespeichert.

Der Nachteil dieser Vorgehensweise

Bei jeder Änderung der Quelldaten müssen Sie den Import erneut durchführen, die Tabelle neu formatieren und alle erforderlichen Formeln, z. B. zur Berechnung zusätzlicher Spalten, neu eingeben. Dieser Weg ist also nur beim einmaligen Import von Daten empfehlenswert.

Benötigen Sie dagegen stets aktuelle Daten, dann sollten Sie stattdessen die Daten per Datenverbindung aus der Datenquelle abrufen. In diesem Fall müssen Sie die Daten nur ein einziges Mal aufbereiten und können diese dann jederzeit und beliebig oft mit einem einzigen Mausklick aktualisieren. Wie Sie dabei vorgehen, erfahren Sie weiter unten auf Seite 72 und in Kapitel 4.

3.3 Datenbereinigung mit Excel-Funktionen

Näheres zum Thema Power Query finden Sie in den Kapiteln 4 und 5 dieses Buches.

Meist sind nach dem Öffnen von .txt- oder .csv-Dateien vor der eigentlichen Auswertung noch weitere Schritte notwendig, z. B. Umwandeln von Zahlen und Datumswerten oder Entfernen überflüssiger Zeichen. Die meisten dieser Aufgaben können Sie mit Excel-Funktionen erledigen, sinnvoll ist dies allerdings nur dann, wenn eine Textdatei mit Excel direkt geöffnet wurde. In allen anderen Fällen sollten Sie sich besser mit den Transformationsmöglichkeiten von Power Query befassen. Die nachfolgenden Methoden zur Behebung häufiger Probleme werden hier also nur der Vollständigkeit halber beschrieben.

Achtung: CSV-Dateien speichern keinerlei Formatierungen und Formeln! Wenn Sie eine CSV-Datei bearbeitet haben und Ihre Änderungen gespeichert werden sollen, dann müssen Sie die Datei als Excel-Arbeitsmappe (.xlsx) speichern.

Leerzeichen, Zeilenumbrüche und andere Steuerzeichen aus Text entfernen

Der Text importierter Tabellen enthält manchmal Zeilenumbrüche oder andere, unsichtbare Steuerzeichen. Mit der Funktion SÄUBERN bereinigen Sie Text von derartigen Zeichen. Überflüssige Leerzeichen vor oder nach dem eigentlichen Text dagegen lassen sich schnell mit der Funktion GLÄTTEN entfernen.

Bild 3.8 Zeilenumbrüche mit SÄUBERN entfernen

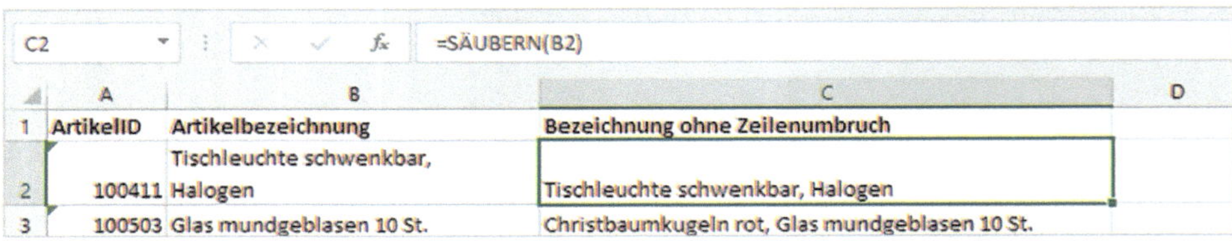

Bild 3.9 Leerzeichen mit GLÄTTEN entfernen

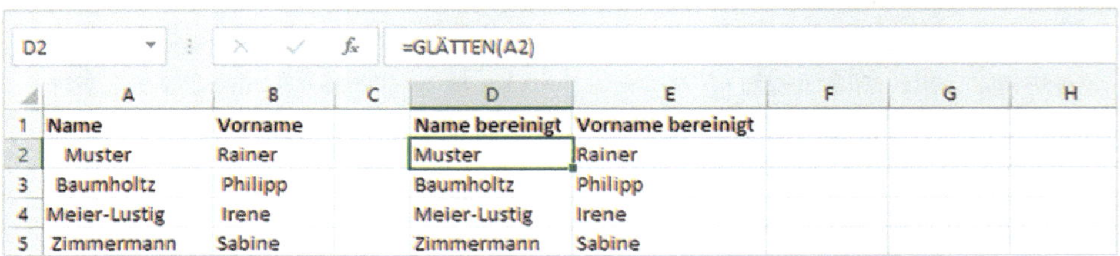

Einzelne Zeichen oder Zeichenfolgen ersetzen

Müssen einzelne Zeichen oder Zeichenfolgen ersetzt werden, dann verwenden Sie hierzu die Funktion ERSETZEN.

```
=ERSETZEN(Alter_Text;Erstes_Zeichen;Anzahl_Zeichen;Neuer_Text)
```

- *Alter_Text*: Zeichenfolge, in der Sie Zeichen ersetzen möchten.
- *Erstes_Zeichen*: Position, ab der Zeichen ersetzt werden sollen.
- *Anzahl_Zeichen*: die zu ersetzende Anzahl Zeichen innerhalb von *Alter_Text*.

- *Neuer_Text*: die neue Zeichenfolge. Die Anzahl der neuen Zeichen muss nicht mit der, unter *Anzahl_Zeichen* angegebenen Zahl übereinstimmen.

Beispiel: Sie möchten Telefonnummern so ändern, dass anstelle der beiden führenden Nullen das + Zeichen angezeigt wird, also z. B. +49 statt 0049.

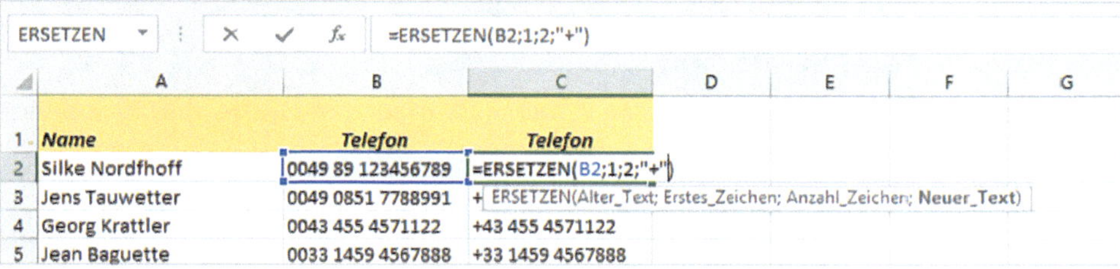
ERSETZEN =ERSETZEN(B2;1;2;"+")

	A	B	C
1	Name	Telefon	Telefon
2	Silke Nordfhoff	0049 89 123456789	=ERSETZEN(B2;1;2;"+")
3	Jens Tauwetter	0049 0851 7788991	+ ERSETZEN(Alter_Text; Erstes_Zeichen; Anzahl_Zeichen; Neuer_Text)
4	Georg Krattler	0043 455 4571122	+43 455 4571122
5	Jean Baguette	0033 1459 4567888	+33 1459 4567888

Bild 3.10 Beispiel ERSETZEN

Teilinformationen aus Spalten extrahieren

Unter Umständen enthält eine Spalte gleich mehrere Informationen. So können beispielsweise Artikelnummern aus Modell, Warengruppe und Farbe zusammengesetzt sein. Damit nach einem dieser Merkmale sortiert oder gefiltert werden kann, müssen Sie die benötigten Informationen herausziehen. Die Aufteilung erfolgt entweder anhand eines bestimmten Trennzeichens oder einer festen Zeichenlänge.

Zeichenfolgen anhand ihrer Position und Länge ermitteln

Besitzt die gesuchte Zeichenfolge eine feste Länge und beginnt an einer bestimmten Position, dann setzen Sie die Textfunktionen LINKS, RECHTS und TEIL ein, in Bild 3.11 einige Beispiele.

Funktion	Beschreibung und Syntax
LINKS	=LINKS(Text;Anzahl_Zeichen) Liefert aus der Zeichenfolge *Text* die angegebene Anzahl Zeichen, beginnend mit dem ersten Zeichen **links**.
RECHTS	=RECHTS(Text;Anzahl_Zeichen) Liefert aus der Zeichenfolge *Text* die angegebene Anzahl Zeichen, beginnend mit dem ersten Zeichen **rechts**.
TEIL	=TEIL(Text;Erstes_Zeichen;Anzahl_Zeichen) Liefert aus *Text* die angegebene Anzahl Zeichen, beginnend ab der, mit *Erstes_Zeichen* festgelegten Position. Damit erhalten Sie Zeichenfolgen, die sich innerhalb anderer Zeichenfolgen befinden.

Bild 3.11 Zeichenfolgen mit fester Länge

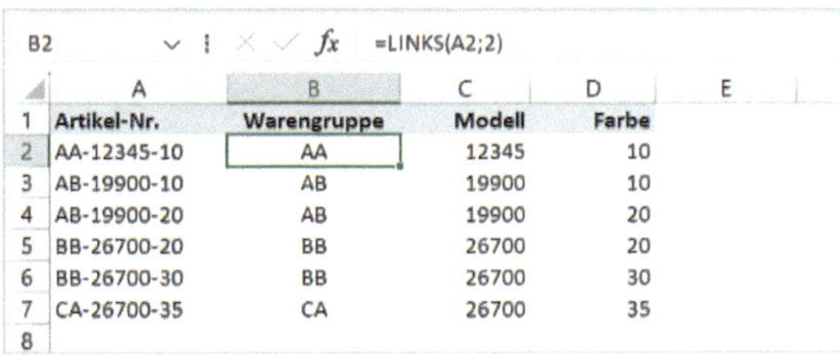
B2 =LINKS(A2;2)

	A	B	C	D
1	Artikel-Nr.	Warengruppe	Modell	Farbe
2	AA-12345-10	AA	12345	10
3	AB-19900-10	AB	19900	10
4	AB-19900-20	AB	19900	20
5	BB-26700-20	BB	26700	20
6	BB-26700-30	BB	26700	30
7	CA-26700-35	CA	26700	35
8				

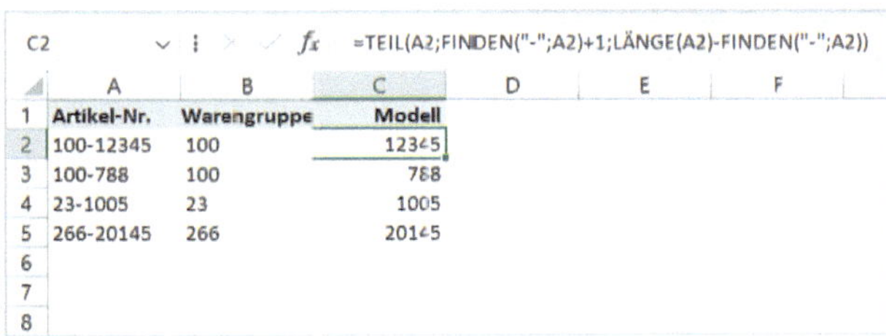
C2 =TEIL(A2;FINDEN("-";A2)+1;LÄNGE(A2)-FINDEN("-";A2))

	A	B	C
1	Artikel-Nr.	Warengruppe	Modell
2	100-12345	100	12345
3	100-788	100	788
4	23-1005	23	1005
5	266-20145	266	20145
6			
7			
8			

Bild 3.12 Position des Trennzeichens ermitteln mit FINDEN

Warengruppe, Modell und Farbe werden in Bild 3.11 mit folgenden Formeln ermittelt:

```
B2: = LINKS(A2;2)
C2: =TEIL(A2;4;5)
D2: =RECHTS(A2;2)
```

Hinweis: Auch mit dem Tool *Text in Spalten* (Register *Daten* ▶ *Datentools*) lässt sich der Inhalt einer Spalte aufteilen. Diese Vorgehensweise wurde bereits auf Seite 52 beschrieben, und Voraussetzung ist ebenfalls ein eindeutiges Trennzeichen.

Aufteilen anhand eines Trennzeichens

Ist dagegen die Länge der Zeichenfolge variabel, dann setzt die Aufteilung ein eindeutiges Trennzeichen, z. B. Leerzeichen, voraus.

- **Mit FINDEN die Position des Trennzeichens ermitteln**
  Mit FINDEN können Sie die Position des Trennzeichens ermitteln und anschließend die oben genannten Funktionen LINKS, RECHTS und TEIL einsetzen.

```
=FINDEN(Suchtext;Text;Erstes_Zeichen)
```

Suchtext ist das gesuchte Zeichen, hier das Trennzeichen, dieses muss in Anführungszeichen " " stehen. *Text* legt die zu durchsuchende Zeichenfolge fest und *Erstes_Zeichen* ist die Position, ab der die Suche im Text beginnen soll.

In Bild 3.12 werden Warengruppe und Modell mit folgenden Formeln berechnet, wobei außerdem die Länge der gesamten Zeichenfolge benötigt wird, dies erledigt die Funktion LÄNGE.

```
B2: =LINKS(A2;FINDEN("-";A2)-1))
C2: =TEIL(A2;FINDEN("-";A2)+1;LÄNGE(A2)-FINDEN("-";A2))
```

Nur in Microsoft 365 verfügbar!

- **Aufteilen mit TEXTVOR und TEXTNACH**
  Noch komfortabler geht's mit den beiden Funktionen TEXTVOR und TEXTNACH, diese stehen allerdings nur in Microsoft 365 zur Verfügung. Sie geben die Zeichen links bzw. vor oder rechts bzw. nach dem angegebenen Trennzeichen zurück, der Aufbau ist bei beiden identisch:

```
=TEXTVOR(text,delimiter,[instance_num], [match_mode], [if_not_found])
=TEXTNACH(text,delimiter,[instance_num], [match_mode], [if_not_found])
```

Argument	Beschreibung
text	Die Ausgangszeichenfolge
delimiter	Trennzeichen
instance_num [optional]	Instanz des Trennzeichens, d. h. beim wievielten Trennzeichen soll die Trennung erfolgen, 1, 2, 3 usw.? Standardwert = 1, mit -1 beginnt die Suche am Ende der Zeichenfolge.
match_mode [optional]	0 = Groß-/Kleinschreibung des Trennzeichens beachten (Standardwert) 1 = Groß-/Kleinschreibung ignorieren
if_not_found [optional]	Platzhaltertext für leere Ergebniszellen, als Standardwert wird #NV angezeigt.

Im Bild rechts ein Beispiel, wie Sie Text mit TEXTVOR und TEXTNACH in zwei Spalten aufteilen.

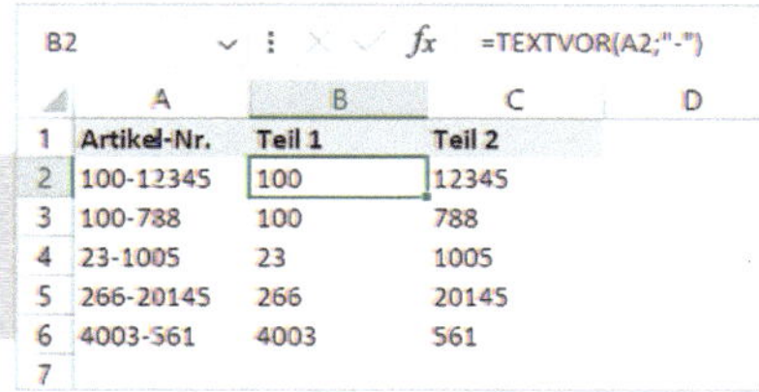


```
B2: =TEXTVOR(A2;"-")

C2: =TEXTNACH(A2;"-")
```

- **Längere Zeichenfolgen mit TEXTTEILEN aufteilen**
  Enthält die aufzuteilende Zeichenfolge gleich mehrere identische Trennzeichen, wie dies z. B. bei ISBN-Nummern der Fall ist, dann benutzen Sie am einfachsten die praktische Funktion TEXTTEILEN, in Bild 3.13 ein Beispiel.

Nur in Microsoft 365 verfügbar!

```
=TEXTTEILEN(text; col_delimiter; [row_delimiter]; [ignore_empty]; [match_mode]; [pad_with])
```

Argument	Beschreibung
text	Die Ausgangszeichenfolge
col_delimiter	Trennzeichen, wenn die Aufteilung in **Spalten** erfolgen soll
row_delimiter [optional]	Trennzeichen, wenn die Aufteilung in **Zeilen** erfolgen soll
ignore_empty [optional]	WAHR = Aufeinanderfolgende Trennzeichen ignorieren FALSCH (Standardwert) = Leere Zelle ausgeben
match_mode [optional]	0 = Groß-/Kleinschreibung des Trennzeichens beachten (Standardwert) 1 = Groß-/Kleinschreibung ignorieren
pad_with [optional]	Platzhaltertext für leere Ergebniszellen, als Standardwert wird #NV angezeigt

Achtung: Der Ausgabebereich wird bei dieser Funktion automatisch um die entsprechende Anzahl Zellen erweitert. Daher muss unbedingt sichergestellt sein, dass die rechts angrenzenden Spalten leer sind, sonst erscheint der Fehler #ÜBERLAUF!

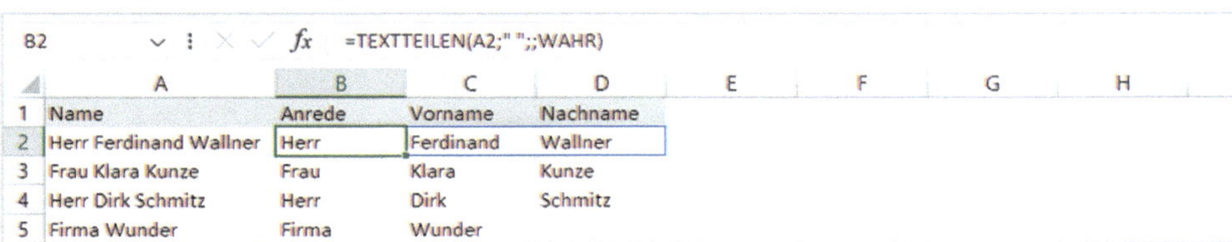

Bild 3.13 Text anhand mehrerer Trennzeichen aufteilen

Teile aus Datumswerten

Handelt es sich um ein Datum, dann lassen sich Jahr, Monat und Tag mit den Funktionen JAHR, MONAT oder TAG extrahieren. Die Kalenderwoche eines Datums ermitteln Sie mit der Funktion ISOKALENDERWOCHE.

Funktion	Beschreibung	Beispiel	Ergebnis
TAG(Datum)	Liefert aus einem Datum den Tag als Zahl	=TAG(23.01.2024)	23

Funktion	Beschreibung	Beispiel	Ergebnis
MONAT(Datum)	Liefert aus einem Datum den Monat als Zahl	=MONAT(23.01.2024)	1
JAHR(Datum)	Liefert aus einem Datum das Jahr als Zahl	=JAHR(23.01.2024	2024
ISOKALENDERWOCHE(Datum)	Liefert aus einem Datum die Kalenderwoche nach dem europäischen Wochennummerierungssystem	16.01.2024	3

Die Inhalte mehrerer Spalten aneinanderfügen

Zum Aneinanderfügen von Zeichenfolgen kennt Excel gleich mehrere Möglichkeiten. Auch Zahlen lassen sich auf diese Weise miteinander verketten, allerdings behandelt dann Excel das Ergebnis als Text.

Excel stellt die folgenden Möglichkeiten zur Verfügung. Beachten Sie, dass in vielen Fällen noch ein zusätzliches Trennzeichen dazwischen eingefügt werden muss, z. B. jeweils ein Leerzeichen zwischen Anrede, Vorname und Nachname.

Funktion	Besonderheiten
&-Operator	Eignet sich, um schnell zwei oder drei Zeichenfolgen aneinanderzufügen.
TEXTKETTE(Text1;Text2;Text3;...)	Verknüpft die angegebenen Inhalte, wobei zu verkettende Zellen auch als Zellbereich, z. B. A2:D2, angegeben werden können, falls keine zusätzlichen Zeichen dazwischen benötigt werden. Hinweis: Denselben Aufbau besitzt auch die ältere Funktion VERKETTEN, die nur noch aus Kompatibilitätsgründen vorhanden ist und nach Empfehlung von Microsoft nicht mehr verwendet werden sollte.
TEXTVERKETTEN(Trennzeichen;Leer_ignorieren; Text1;Text2;...)	Diese Funktion bietet sich an, wenn mehrere Zeichenfolgen immer mit demselben Zeichen dazwischen, z. B. Leerzeichen, verkettet werden sollen, da das Trennzeichen nur einmal angegeben werden muss.

Beispiele

- **Verketten mit dem kaufmännischen &-Zeichen**
  Im einfachsten Fall fügen Sie in einer Formel die einzelnen Zeichenfolgen mit dem kaufmännischen &-Operator aneinander. Für das Beispiel in Bild 3.14 lautet die Formel in D2: =C2&" "&B2&" "&A2

- **Die Funktion TEXTKETTE**
  Dasselbe Ergebnis erzielen Sie auch mit den Funktionen TEXTKETTE (Bild 3.15) und VERKETTEN. Beide finden Sie in der Kategorie *Text* (Register *Formeln*), die Syntax ist identisch, hier die Funktion TEXTKETTE.

```
=TEXTKETTE(Text1;Text2;Text3;...)
```

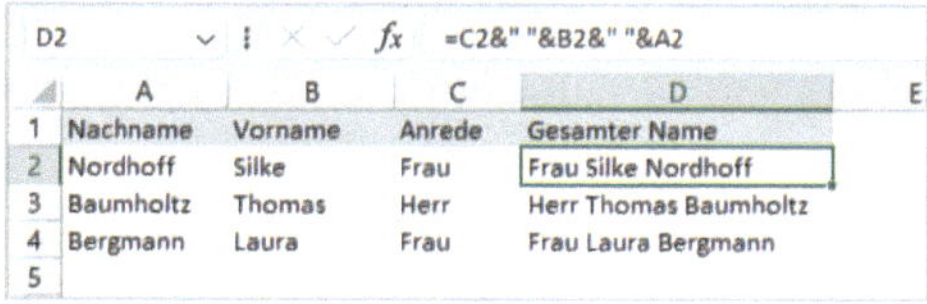

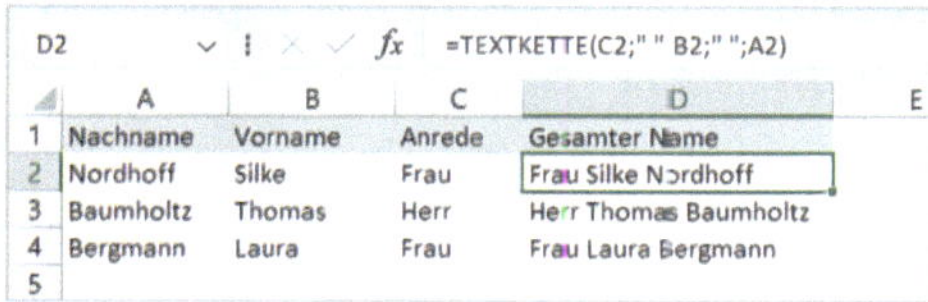

Bild 3.14 Verketten mit dem &-Operator

Bild 3.15 Funktion TEXTKETTE.

Tipp: Werden keine weiteren Zeichen dazwischen benötigt, dann können Sie mit der Funktion TEXTKETTE auch einen Zellbereich, z. B. A2:D2 wie im Bild, angeben und so Tipparbeit sparen.

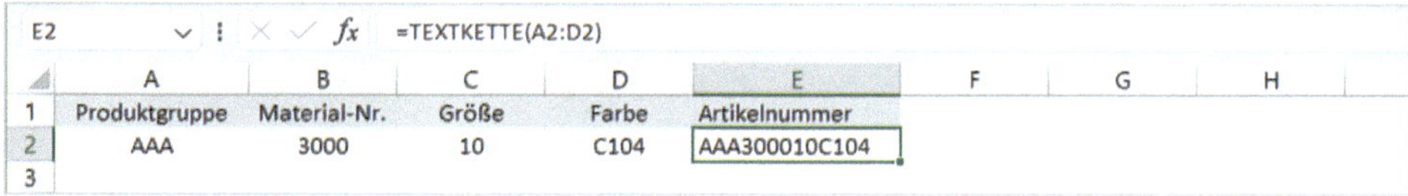

Bild 3.16 Die Funktion TEXTKETTE mit Bereichsangabe

Die Funktion TEXTVERKETTEN

Die Funktion TEXTVERKETTEN bietet sich an, wenn mehrere Zeichenfolgen immer mit demselben Zeichen dazwischen verkettet werden sollen. Sie bietet gegenüber TEXTKETTE und dem &-Operator einige Vorteile:

- Sie brauchen das Trennzeichen nur einmal einzugeben.
- Aus leeren Zellen resultierende überflüssige Trennzeichen lassen sich mit dem Parameter *Leer_ignorieren* vermeiden (WAHR = leere Zellen ignorieren).

```
=TEXTVERKETTEN(Trennzeichen;Leer_ignorieren;Text1;Text2;...)
```

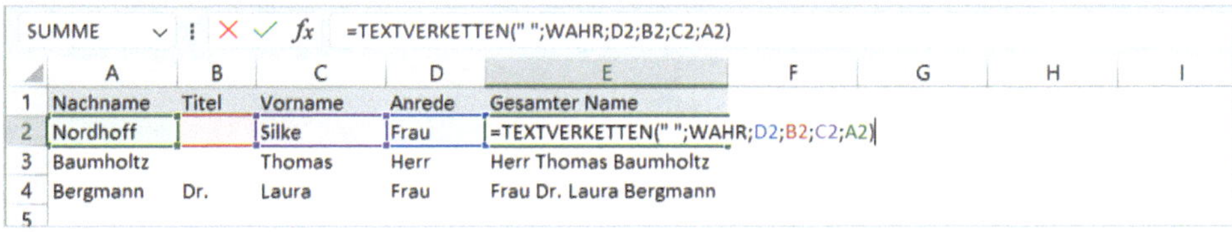

Bild 3.17 Beispiel: Mit TEXTVERKETTEN überflüssige Trennzeichen vermeiden

Als Text gespeicherte Zahlen umwandeln

Ein häufiges Problem sind als Text gespeicherte Zahlen, da mit diesen keine Berechnungen möglich sind. Falls die Ursache in der länderabhängigen Schreibweise (Punkt statt Komma) liegt, sollten Sie diese, wenn möglich, bereits mit dem Textkonvertierungs-Assistent umwandeln. Daneben gibt es aber auch noch andere Fälle, hier einige der wichtigsten Methoden.

Automatische Fehlererkennung von Excel

Im einfachsten Fall sind Zellen, die als Text gespeicherte Zahlen enthalten, mit einem grünen Dreieck gekennzeichnet. Sobald Sie eine dieser Zellen markieren, erscheint außerdem eine, mit einem Ausrufezeichen versehene Schaltfläche, die Sie auf einen Fehler hinweist und beim Anklicken verschiedene Lösungen und Hilfen anbietet.

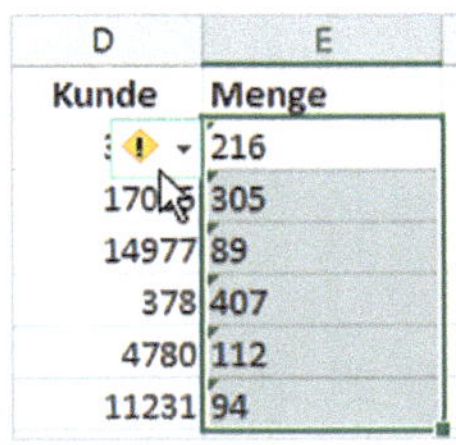

Dazu markieren Sie alle Zellen der betreffenden Spalte und klicken auf das Fehlersymbol. Wenn der Hinweis *Als Text gespeicherte Zahlen* erscheint, dann klicken Sie auf *In eine Zahl umwandeln*.

Bild 3.18 In Zahl umwandeln

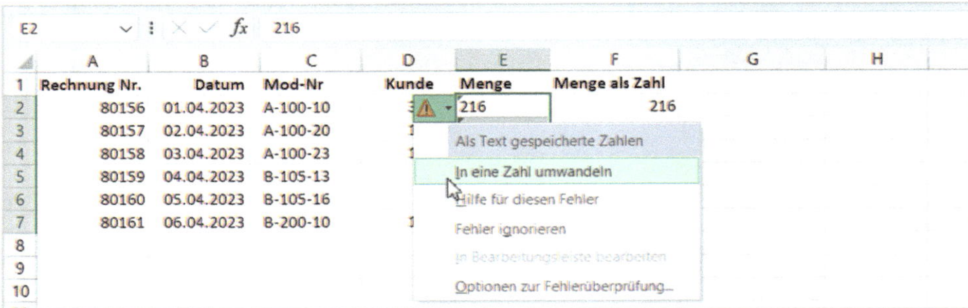

Mit der Funktion WERT in eine Zahl umwandeln

Sollte die Fehlererkennung von Excel nicht angeboten werden, können Sie als Alternative die Funktion WERT einsetzen. Diese wandelt ein als Text angegebenes Argument oder den Inhalt einer Zelle in eine Zahl um, im letzteren Fall benötigen Sie dazu allerdings eine zusätzliche Hilfsspalte. Die Syntax ist einfach:

```
=WERT(Text)
```

Bild 3.19 Die Funktion WERT verwenden

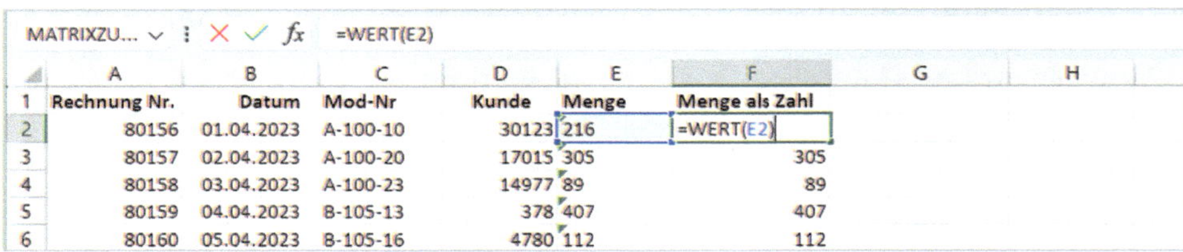

Mit 1 multiplizieren

Als weitere Möglichkeit können Sie auch als Text gespeicherte Zahlen mit 1 multiplizieren. Wenn Sie auch noch die zusätzliche Hilfsspalte vermeiden möchten, dann nehmen Sie die Zwischenablage zu Hilfe. So gehen Sie vor:

1. Geben Sie in eine beliebige Zelle die Zahl 1 ein, markieren Sie diese Zelle und kopieren Sie den Inhalt mit **Strg**+**C** in die Zwischenablage ❶. **Hinweis**: Diese Zahl können Sie später wieder löschen, da sie nur zum Kopieren benötigt wird.
2. Markieren Sie den Zellbereich mit den umzuwandelnden Zahlen, im Bild unten E2:E7 ❷.
3. Klicken Sie im Menüband, Register *Start* ▶ *Zwischenablage* auf den Dropdown-Pfeil der Schaltfläche *Einfügen* und auf *Inhalte einfügen...* ❸.
4. Wählen Sie im gleichnamigen Fenster unter *Vorgang* die Option *Multiplizieren* ❹ und klicken Sie auf *OK*.

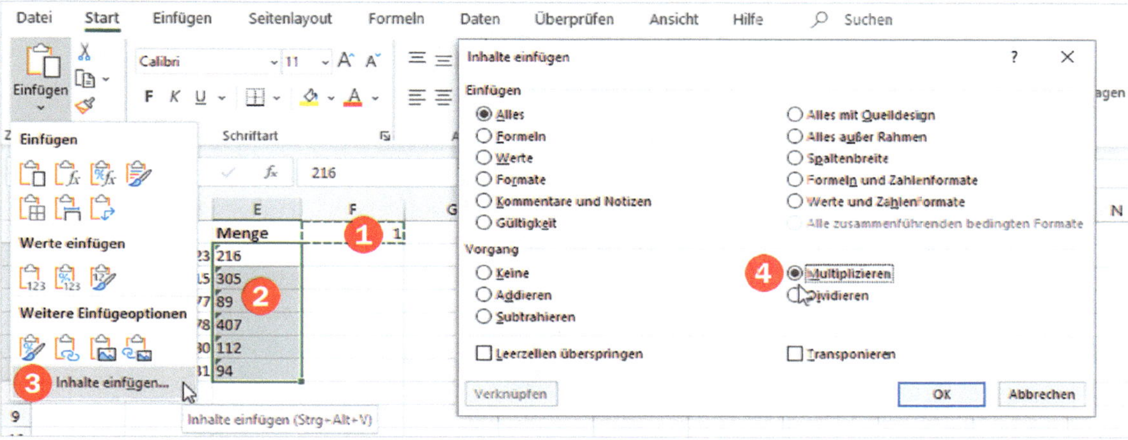

Bild 3.20 Als Text gespeicherte Zahlen über die Zwischenablage mit 1 multiplizieren

Länderabhängige Zahlen aus Text konvertieren

Häufig bereitet bei importierten Daten die unterschiedliche länderspezifische Schreibweise von Zahlen Probleme. So wird im angelsächsischen Raum als Dezimaltrennzeichen der Punkt und als Tausenderzeichen das Komma verwendet, also z. B. 1,789.25 statt 1.789,25. Manchmal enthalten Zahlen auch ein Leerzeichen als Tausenderzeichen, z. B. 1 000. Beide Schreibweisen werden von Excel als Text behandelt und somit sind keine Berechnungen möglich. Leider versagt in solchen Fällen auch die automatische Fehlererkennung von Excel, so dass Sie den Text auf andere Weise in eine Zahl konvertieren müssen.

Abhilfe schafft die Funktion ZAHLENWERT (Kategorie *Text*) mit folgender Syntax, wobei als Dezimal- und Gruppentrennzeichen das im ursprünglichen Zahlenformat verwendete Zeichen angegeben werden muss.

```
=ZAHLENWERT (Text;Dezimaltrennzeichen;Gruppentrennzeichen)
```

Ein weiterer Vorteil: Die Funktion ZAHLENWERT ignoriert Leerzeichen, auch wenn sich diese innerhalb von Zahlen befinden, so dass sich mit ihrer Hilfe auch Leerzeichen aus Zahlen entfernen lassen, wie im Bild unten.

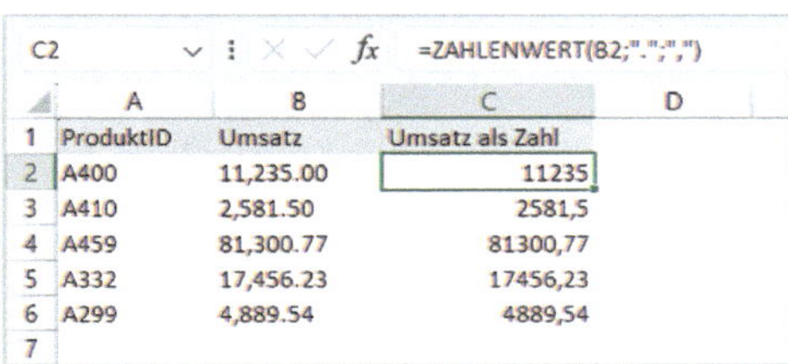

C2 =ZAHLENWERT(B2;".";",")

	A	B	C	D
1	ProduktID	Umsatz	Umsatz als Zahl	
2	A400	11,235.00	11235	
3	A410	2,581.50	2581,5	
4	A459	81,300.77	81300,77	
5	A332	17,456.23	17456,23	
6	A299	4,889.54	4889,54	
7				

Bild 3.21 Zahlen konvertieren

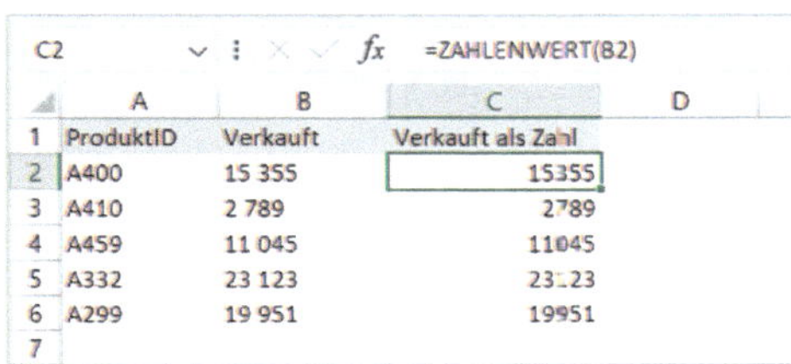

C2 =ZAHLENWERT(B2)

	A	B	C	D
1	ProduktID	Verkauft	Verkauft als Zahl	
2	A400	15 355	15355	
3	A410	2 789	2789	
4	A459	11 045	11045	
5	A332	23 123	23123	
6	A299	19 951	19951	
7				

Bild 3.22 Leerzeichen entfernen

3.4 Daten per Datenverbindung abrufen

Wie funktionieren Datenverbindungen?

Die Daten einer Excel-Arbeitsmappe müssen nicht zwangsläufig in dieser gespeichert sein, sondern können sich auch in einer anderen Datei und/oder an einem Speicherort befinden, z. B. in einer Textdatei oder im Web. In solchen Fällen wird die externe Datenquelle über eine Datenverbindung mit der Arbeitsmappe verbunden. Diese ruft eine Kopie der Quelldaten ab, die dann in die Arbeitsmappe eingefügt wird. Datenverbindungen sind also eigentlich Informationen, die den Zugriff auf die externe Datenquelle, z. B. Speicherort, Anmeldung usw. beschreiben, und kommen zum Einsatz, wenn Sie beim Aktualisieren die neuesten Daten aus der externen Datenquelle abrufen. Die Verbindungsinformationen werden in der Standardeinstellung zusammen mit der Excel-Arbeitsmappe gespeichert, können bei Bedarf aber auch in eine Verbindungsdatei mit der Dateinamenerweiterung .odc (Office Data Connection) exportiert werden.

Eine Datenverbindung kann beim Öffnen der Arbeitsmappe deaktiviert sein

Eine Verbindung zu einer externen Datenquelle stellt stets auch ein potentielles Sicherheitsrisiko dar. Möglicherweise ist daher eine Datenverbindung beim Öffnen einer Arbeitsmappe zunächst deaktiviert und eine entsprechende Sicherheitswarnung erscheint. Dann muss die Datenverbindung erst über eine Schaltfläche in der Meldungsleiste aktiviert werden.

Vorteile von Datenverbindungen

Seit der Version 2016 verfügt Excel unter der Bezeichnung Power Query bzw. *Daten abrufen und transformieren* über ein komfortables Werkzeug, mit dem Sie mittels einer Abfrage externe Daten nicht nur abrufen, sondern auch gleichzeitig für nachfolgende Auswertungen aufbereiten können. Als Datenquelle werden fast alle gängigen Datei und Servertypen unterstützt. Verbindungen und Abfragen haben zahlreiche Vorteile:

- **Der wichtigste Punkt**: Sie arbeiten in der Excel-Arbeitsmappe stets mit einer Kopie der Quelldaten, die Originaldaten bleiben in jedem Fall unverändert.
- Die Daten lassen sich schnell mit einem Mausklick aktualisieren.
- Die Aufbereitung der Daten wird nur ein einziges Mal vorgenommen, z. B. die Berechnung weiterer Spalten oder das Entfernen nicht benötigter Daten. Excel speichert alle Arbeitsschritte als Abfrage und führt diese bei jeder Aktualisierung automatisch erneut aus.
- Umfangreiche Datenmengen müssen nicht zwingend in die Excel-Arbeitsmappe eingefügt werden; wenn weitere Auswertungen mit Pivot-Tabellen erfolgen, können diese auch direkt auf die Abfrage zugreifen.

Einfaches Abrufen von Daten aus externen Datenquellen

Power Query, bzw. *Daten abrufen und transformieren* unterstützt eine Vielzahl unterschiedlicher Datenquellen und erlaubt umfangreiche Bearbeitungen. Daher bezeichnet Excel auch das, von Power Query zurückgegebene, Ergebnis als Abfrage, Anwendern die mit Datenbanken vertraut sind, dürfte dieser Begriff bekannt sein.

Um die Daten mittels einer Datenverbindung aus einer externen Datenquelle abzurufen und ohne weitere Bearbeitung in die aktuelle Excel-Arbeitsmappe einzufügen, gehen Sie wie folgt vor.

> **Achtung**: Der nachfolgend beschriebene Weg eignet sich nur für Daten, die keinerlei Konvertierung, z. B. von Zahlen, erfordern. Wie Sie beispielsweise Zahlen und Datumswerte in länderspezifischer Schreibweise anschließend im Abfrage-Editor von Power Query konvertieren, lesen Sie detailliert im nächsten Kapitel.

- Klicken Sie im Menüband auf das Register *Daten* und in der Gruppe *Daten abrufen und transformieren* auf *Daten abrufen* (Bild 3.23) und wählen Sie den Datentyp Ihrer Datenquelle. Handelt es sich bei dieser um eine Textdatei, so können Sie stattdessen auch auf das Symbol *Aus Text/CSV* klicken (Bild 3.24).

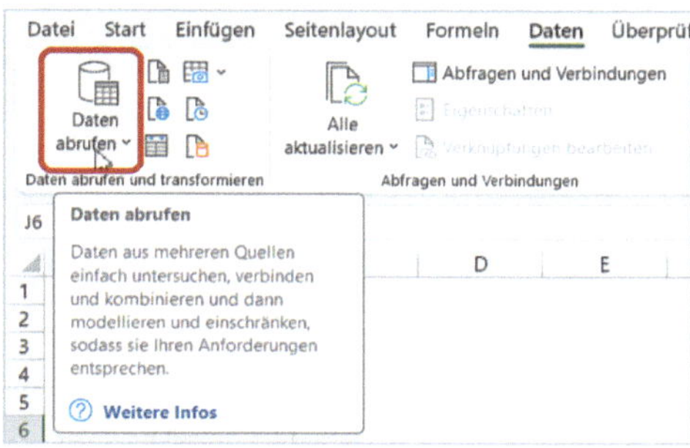

Bild 3.23 Daten abrufen

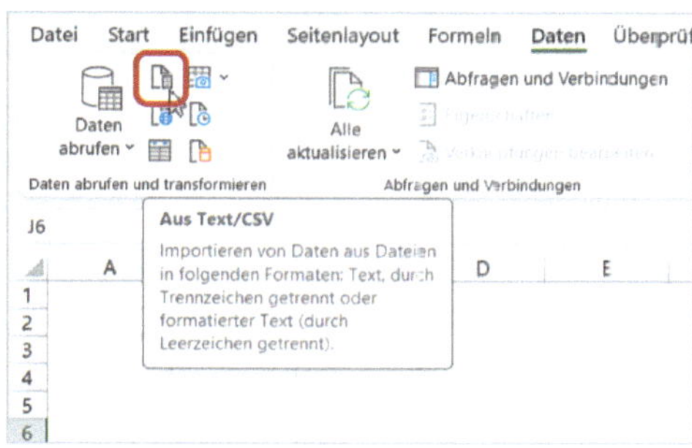

Bild 3.24 Aus Text/CSV

Power Query unterstützt zahlreiche Datenquellen und fast alle gängigen Datenbanken, im Bild rechts ein kleiner Auszug, darunter ...

- Excel-Arbeitsmappen und Tabellen
- Text-Dateien (.csv und .txt)
- XML, Web-Tabellen bzw. HTML-Dateien
- ODBC Datenquellen
- Gängige Datenbanktypen, darunter Access-Datenbanken, Microsoft SQL Server, Oracle, MySQL, PostgeSQL, Azure, SAP HANA Datenbank usw.
- Webdatenbanken, Microsoft Azure, SharePoint und Microsoft Exchange sowie aus Power BI.

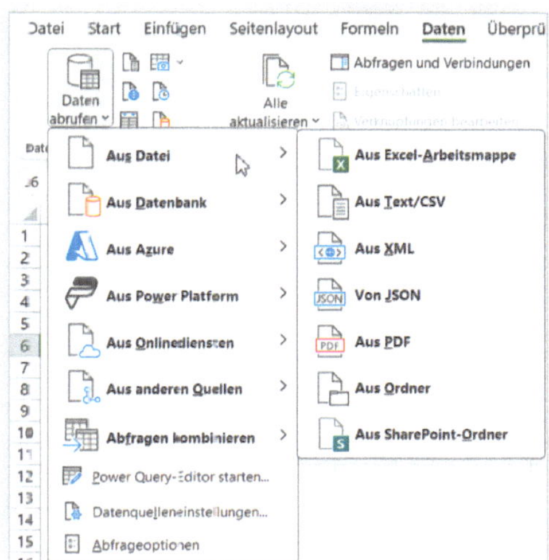

Bild 3.25 Unterstützte Datenquellen (Auszug)

Beispiel: Daten aus Textdatei (.txt oder .csv) importieren

Als Beispiel der Datenimport aus einer CSV-Datei:

1 Klicken Sie im Register *Daten* ▶ *Daten abrufen und transformieren* auf *Aus Text/CSV* oder auf *Daten abrufen* ▶ *Aus Datei* ▶ *Aus Text/CSV* (Bild 3.24). Wählen Sie im nachfolgenden Fenster *Daten importieren* die Datei aus und klicken Sie auf die Schaltfläche *Importieren*.

Bild 3.26 Datei auswählen

Export_Filialen.txt

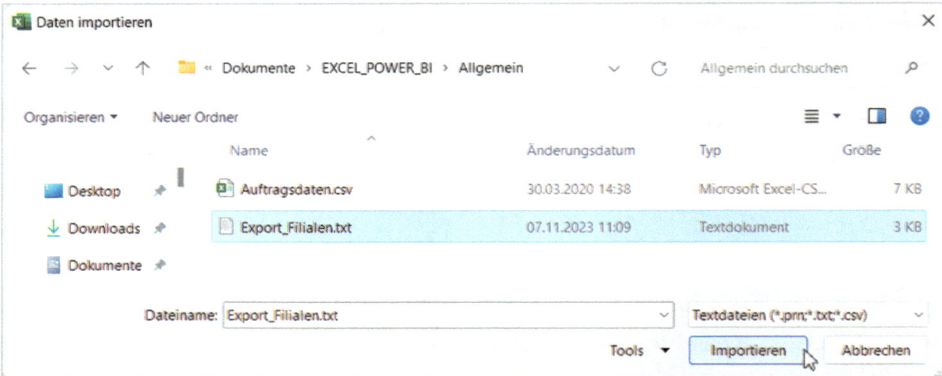

2 Excel stellt eine Verbindung zur Datenquelle her, dies kann je nach Dateiumfang einige Sekunden dauern. Anschließend öffnet sich ein gesondertes Fenster mit einer Vorschau auf die Daten (Bild unten).

Bild 3.27 Vorschau auf die Daten

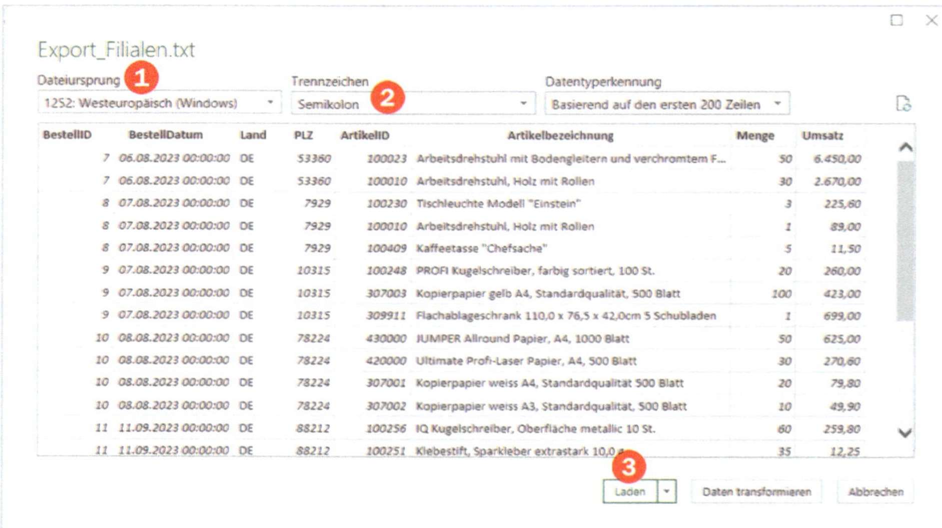

Hinweis: Mit *Daten transformieren* öffnet sich dagegen der Power Query-Editor und Sie können die Daten vor dem Einfügen aufbereiten, z. B. den Datentyp ändern. Näheres hierzu im nächsten Kapitel.

- Die Codierung bzw. der Zeichensatz der Quelldatei wird meist automatisch erkannt, hier *Westeuropäisch (Windows)*. Sollten allerdings in der Vorschau Umlaute (ä, ö, usw.) nicht korrekt dargestellt werden, dann müssen Sie den verwendeten Zeichensatz im Feld *Dateiursprung* ❶ manuell auswählen, z. B. die häufig verwendete Codierung *Unicode (UTF-8)*.

- Im Feld daneben ❷ kontrollieren und ändern Sie das verwendete Trennzeichen, hier Semikolon.
- Die Erkennung des Datentyps jeder Tabellenspalte, also Text, Zahl oder Datum, erfolgt automatisch, in der Standardeinstellung zieht Power Query dazu die ersten 200 Datensätze heran (*Basierend auf den ersten 200 Zeilen*). Falls der Datentyp nicht korrekt erkannt wird, können Sie diesen jederzeit im Abfrage-Editor ändern, näheres hierzu im nächsten Kapitel.

3 Mit Klick auf *Laden* ❸ werden anschließend die Daten abgerufen und in einem neuen Tabellenblatt mit dem Namen der Datenquelle eingefügt. Auch dieser Vorgang kann etwas dauern. Gleichzeitig öffnet sich meist am rechten Rand des Excel-Fensters der Bereich *Abfragen und Verbindungen* (Bild 3.28).

Daten aus einer Verbindung oder Abfrage werden beim Einfügen in die Arbeitsmappe automatisch als Tabellenbereich formatiert, siehe Kapitel 2.2 auf Seite 26 ff. und Sie können anschließend die Inhalte weiter nach Belieben formatieren, z. B. im Währungsformat.

Bild 3.28 Die abgerufenen Daten im Tabellenblatt

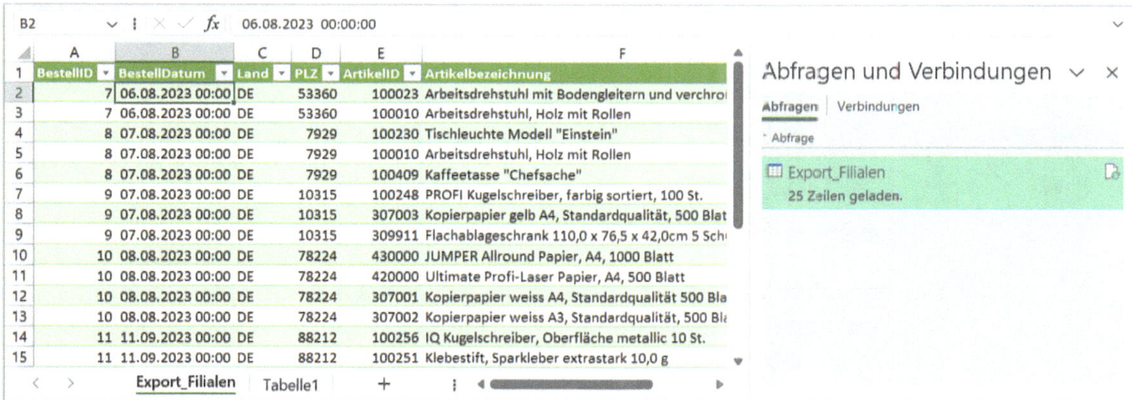

Daten aus Verbindung aktualisieren

Daten aktualisieren: **Alt+F5**

Falls Sie geänderte Daten aus der Datenquelle erneut abrufen möchten, müssen Sie die importierte Tabelle aktualisieren. Dies passiert nicht automatisch, sondern muss manuell vorgenommen werden. Dazu klicken Sie im Menüband, Register *Daten* ▶ *Abfragen & Verbindungen* auf *Alle Aktualisieren*. Dasselbe Symbol finden Sie auch im Register *Tabellenentwurf* des Menübands in der Gruppe *Externe Tabellendaten*.

Bild 3.29 Daten aktualisieren

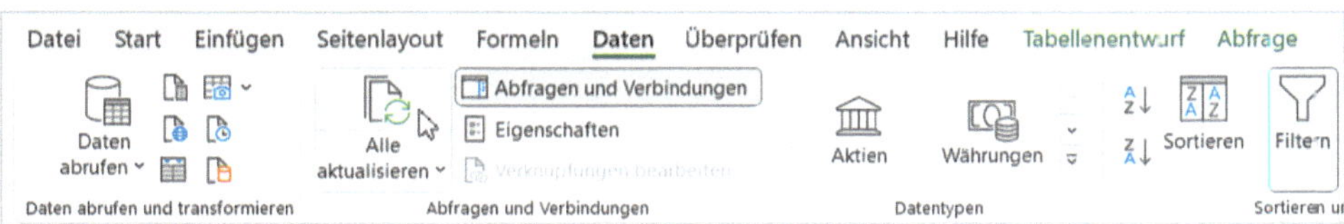

Alternativen: Die Tastenkombination **Alt+F5** oder Rechtsklick in den Tabellenbereich und Befehl *Aktualisieren*.

Sicherheitseinstellungen beim Öffnen der Mappe

Beim ersten Öffnen einer Arbeitsmappe, die eine Verbindung oder Abfrage zu externen Daten enthält, werden von Excel aus Sicherheitsgründen alle Verbindungen deaktiviert und es erscheint die unten abgebildete Sicherheitswarnung.

- Wenn Sie der Datenquelle vertrauen, dann müssen Sie auf die Schaltfläche *Inhalt aktivieren* klicken, um die Datenverbindung zu aktivieren. Erst dann können die Daten aktualisiert werden. Anschließend wird diese Arbeitsmappe als vertrauenswürdig eingestuft und beim nächsten Öffnen erscheint keine Warnung mehr.
- Falls Sie bei einer deaktivierten Verbindung die Daten zu aktualisieren versuchen, erscheint ebenfalls eine Sicherheitswarnung und eine Aktualisierung ist erst möglich, wenn Sie auf *OK* klicken.

Bild 3.30 Sicherheitswarnung beim Öffnen

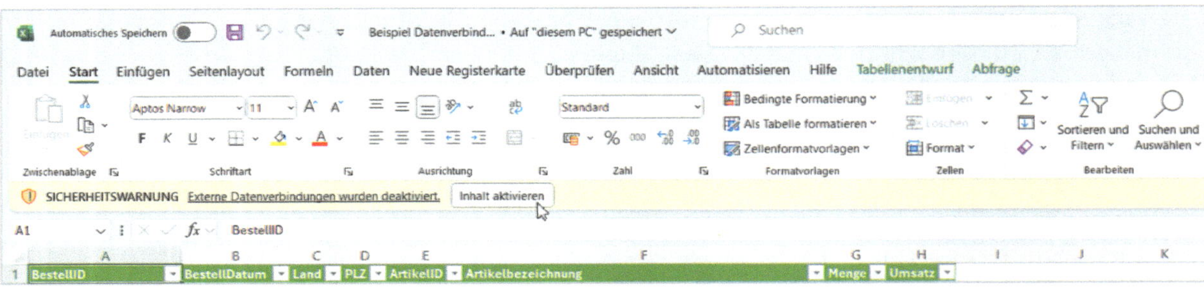

Verbindung aufheben

Sie können die Verbindung oder Abfrage jederzeit aus der Arbeitsmappe entfernen. Die importierten Daten werden dadurch nicht gelöscht, sondern nur von der Datenquelle getrennt, können also nicht mehr aktualisiert werden.

- Klicken Sie dazu an eine beliebige Stelle der Tabelle und im Menüband, Register *Abfrage* auf das Symbol *Löschen* ❶.
- Als zweite Möglichkeit können Sie auch im Menüband, Register *Tabellenentwurf* ► *Externe Tabellendaten* auf *Verknüpfung aufheben* ❷ klicken.

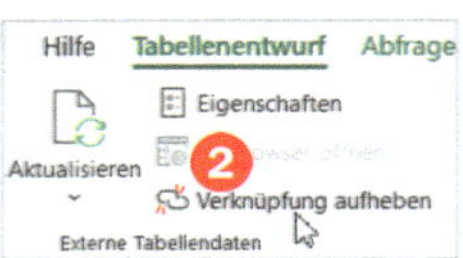

Bild 3.31 Datenverbindung entfernen/aufheben

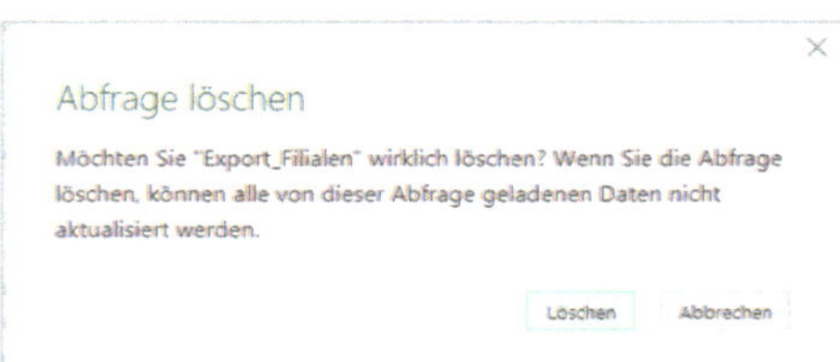

In beiden Fällen erscheint danach eine Rückfrage, die Sie darauf aufmerksam macht, dass durch das Entfernen der Abfrage die Daten nicht mehr aktualisiert werden können. Erst mit Klick auf die Schaltfläche *Löschen* bzw. *OK* wird die Abfrage aus der Mappe endgültig entfernt.

Abfragen und Verbindungen anzeigen

Sämtliche Abfragen und Verbindungen der aktuellen Arbeitsmappe verwalten Sie im Aufgabenbereich *Abfragen und Verbindungen*. Sollte der Aufgabenbereich nicht sichtbar sein, so klicken Sie zum Anzeigen im Menüband, Register *Daten* auf *Abfragen und Verbindungen* ❶. Wählen Sie anschließend im Aufgabenbereich das Register *Abfragen* ❷, so sehen Sie hier alle in der aktuellen Arbeitsmappe vorhandenen Abfragen bzw. Verbindungen und deren Status ❸. Per Rechtsklick auf eine Abfrage können Sie diese über die Befehle des Kontextmenüs verwalten.

Bild 3.32 Aufgabenbereich Abfragen und Verbindungen anzeigen

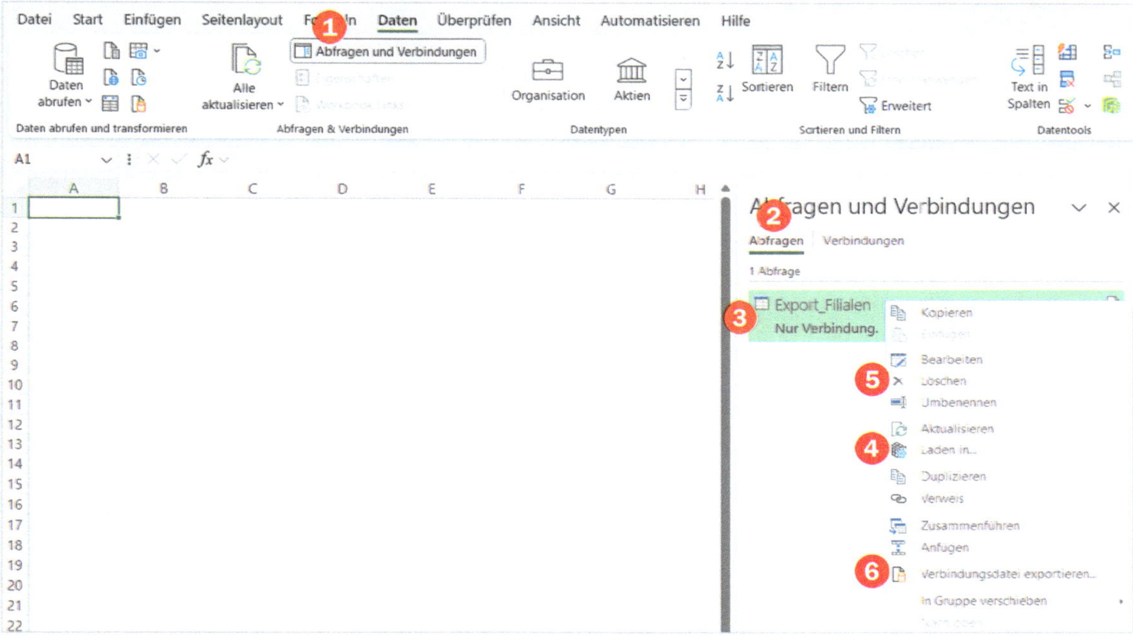

Daten aus Verbindung erneut einfügen

Wenn Sie die Tabelle oder das Tabellenblatt mit den importierten Daten aus der Arbeitsmappe entfernen, so bleibt die Verbindung erhalten und die Abfrage erhält den Status *Nur Verbindung* (s. Bild 3.32 oben). Das bedeutet, die Daten können aus der externen Datenquelle jederzeit wieder eingefügt werden.

Bild 3.33 Fenster Daten importieren - Format auswählen

Klicken Sie dazu mit der rechten Maustaste auf die Abfrage und auf *Laden in...* ❹. Wählen Sie im nachfolgenden Fenster das Format *Tabelle* sowie die Stelle, ab der die Daten eingefügt werden sollen und klicken Sie auf *OK*.

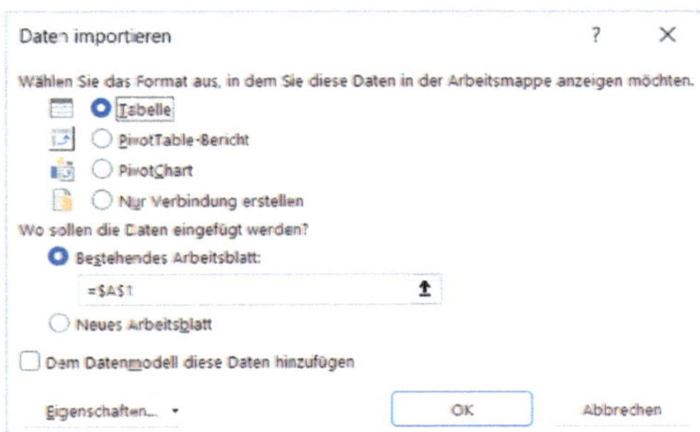

Tipp: Der Befehl *Löschen* ❺ entfernt die Verbindung/Abfrage ebenfalls aus der Abeitsmappe und mit *Verbindungsdatei exportieren* ❻ können Sie bei Bedarf die Verbindungsinformationen in eine Datei exportieren, siehe nächster Punkt.

Verbindungsdaten für weitere Verwendung in eine Datei exportieren

Falls Sie die Datenverbindung zur externen Quelle auch in anderen Arbeitsmappen nutzen oder die Datenverbindung anderen Personen zur Verfügung stellen möchten, können Sie die Informationen in eine Verbindungsdatei exportieren. Diese erhält die Dateinamenerweiterung .odc (Office Data Connection) und kann anschließend auch aus anderen Excel-Arbeitsmappen heraus zum Herstellen einer Verbindung genutzt werden.

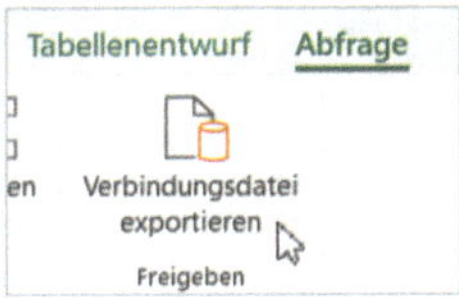

Verbindungsdaten exportieren

Klicken Sie dazu in den Tabellenbereich und im Menüband, Register *Abfrage* auf *Verbindungdatei exportieren*. Geben Sie im nächsten Schritt einen aussagefähigen Dateinamen ein und wählen Sie den Speicherort, z. B. auf einem freigegebenen Netzlaufwerk, wenn auch andere Personen auf die Datenverbindung zugreifen sollen. Wird hier nichts angegeben, so erhält die Verbindungsdatei den Namen der Datenquelle und wird im Ordner *Meine Datenquellen* gespeichert.

Verwenden der Datenverbindungsdatei

Um aus einer anderen Arbeitsmappe heraus eine Datenverbindung mithilfe der gespeicherten Datenverbindungsdatei herzustellen, klicken Sie im Menüband, Register *Daten* ► *Daten abrufen und transformieren* auf *Vorhandene Verbindungen*.

Das nachfolgende gleichnamige Fenster zeigt nun alle vorhandenen Verbindungsdateien im Netzwerk und auf dem Computer d. h. im Ordner *Meine Datenquellen* gespeicherten Dateien an.

Bild 3.34 Verbindungsdatei auswählen

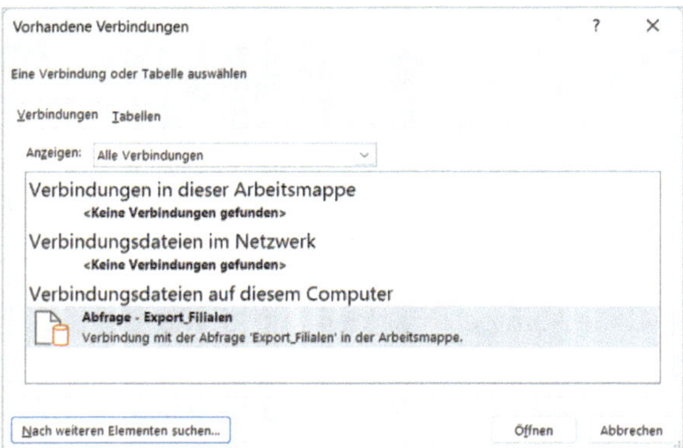

Befindet sich die gesuchte Verbindungsdatei darunter, so klicken Sie diese an und danach auf *Öffnen*.

Andernfalls klicken Sie auf die Schaltfläche *Nach weiteren Elementen suchen...*, wählen im Fenster *Datenquelle auswählen* Speicherort und Datei aus und klicken hier auf *Öffnen*.

Alternativ öffnen Sie im Datei-Explorer von Windows die Verbindungsdatei mit Doppelklick. Falls anschließend ein Sicherheitshinweis erscheint, dann wurde die Datenverbindung gesperrt. Wenn Sie der Datenquelle vertrauen und die Datenverbindung aktivieren möchten, dann klicken Sie auf *Aktivieren*.

4 Einführung Power Query

In diesem Kapitel lernen Sie...

- Textdateien, XML-Dateien, Excel-Arbeitsmappen und Datenbanken als Datenquelle
- Daten aus dem Web abrufen
- Importschritte kontrollieren, Datentypen konvertieren
- Daten an Excel oder das Datenmodell übergeben
- Daten aus Abfrage aktualisieren
- Abfragen und Verbindungen verwalten

Das sollten Sie wissen

- Tabellenbereiche erstellen und nutzen

4.1 Wozu kann Power Query eingesetzt werden?

In vielen Fällen ist es mit einem einfachen Datenimport, wie im vorhergehenden Kapitel beschrieben, noch nicht getan, sondern die nachfolgenden Auswertungen erfordern noch weitere Vorbereitungen, hier nur einige Beispiele:

- Zahlen und Datumswerte liegen nicht in der gewünschten Form vor, sondern müssen erst in die richtige Schreibweise, beispielsweise Komma statt Punkt als Dezimaltrennzeichen, konvertiert werden.
- Die Auswertung erfordert weitere Spalten, die erst berechnet werden müssen, z. B. Jahr, Monat oder Kalenderwoche aus Datumswerten.
- Die benötigten Daten verteilen sich auf mehrere Tabellen und müssen erst zusammengeführt werden.
- Die Auswertung bzw. Zusammenfassung erfolgt mit Pivot-Tabellen, die Ausgangsdaten selbst werden jedoch in der Arbeitsmappe nicht benötigt und/oder sind zu umfangreich für ein Excel-Arbeitsblatt. Außerdem wird die Arbeitsmappe durch große Datenmengen sehr langsam.
- Die Ausgangsdaten werden von der IT-Abteilung bereitgestellt und weitergegeben. Wenn sich die Anforderungen an die Auswertung ändern, weil z. B. weitere Informationen benötigt werden, dann müssen die Ausgangsdaten von der IT-Abteilung entsprechend angepasst werden und dies nimmt meist einige Zeit in Anspruch.

Hinweis: Bei umfangreichen Datenbeständen oder Daten aus verschiedenen Quellen kann es sinnvoll sein, nur den Import mit Power Query zu erledigen und die Berechnungen mit Power Pivot zu erledigen. Näheres in Kapitel 8.

Ein Fall, den Sie vielleicht kennen: Sie beziehen für eine Auswertung, z. B. in Form einer Pivot-Tabelle, Daten aus einer Datenbank oder Textdatei. Da in der Auswertung stets aktuelle Informationen benötigt werden, ist ein regelmäßiges Aktualisieren erforderlich. Leider sind die Daten ungünstig aufgebaut, d. h. Sie müssen weitere Felder berechnen und/oder nicht benötigte Datensätze herausfiltern.

Beinhaltet eine Datenverbindung auch eine Datentransformation, so wird diese beim Export ebenfalls berücksichtigt, siehe Seite 78.

In allen genannten Fällen sollten Sie sich mit Power Query bzw. *Daten abrufen und transformieren* näher befassen. Power Query ist ein Werkzeug, das nicht nur externe Daten per Datenverbindung importiert, sondern die Daten in Form einer Abfrage auch für Berichte und Auswertungen aufbereitet. Die Vorteile kurz zusammengefasst:

- Power Query entlastet Sie von wiederkehrenden Arbeitsschritten bei der Datenaufbereitung. Sie rufen nicht nur Daten aus einer Datenquelle ab, sondern erzeugen im dazugehörigen Power Query-Editor eine Abfrage, in der Sie auch gleich die benötigten Spalten und Datensätze auswählen, weitere Spalten berechnen und nicht benötigte Datensätze herausfiltern. Diese Abfrage wird gespeichert und bei einer Änderung der Ausgangsdaten bzw. beim Aktualisieren wird die Abfrage erneut ausgeführt, eine manuelle Neuberechnung ist nicht erforderlich.
- Da die Abfrage schnell angepasst werden kann, wenn weitere Informationen benötigt werden, führt dies neben der Entlastung der IT-Abteilung zu einer größeren Flexibilität.

- Darüber hinaus eignet sich Power Query auch, um Daten aus unterschiedlichen Quellen zusammenzuführen. Funktionen wie SVERWEIS bzw. XVERWEIS werden dadurch unter Umständen überflüssig.

Power Query kann unter anderem auf die folgenden Datenquellen zugreifen:

- Excel-Arbeitsmappen und Tabellen,
- Textdateien (.txt und .csv),
- XML- und HTML-Dateien,
- ODBC-Verbindungen,
- gängige Datenbanktypen, darunter Access-Datenbanken, Microsoft SQL Server, Oracle, MySQL, PostgeSQL, SAP HANA Datenbank und
- Webdatenbanken, sowie Microsoft Azure und SharePoint-Listen.

4.2 Daten aus Textdatei per Abfrage importieren

Daten in den Power Query-Editor laden

Als erstes einfaches Beispiel erstellen wir eine Abfrage, die Daten aus einer CSV-Datei importiert, im Power Query-Editor aufbereitet und in die aktuelle Excel-Arbeitsmappe einfügt. Im Bild unten ein Auszug der Datei.

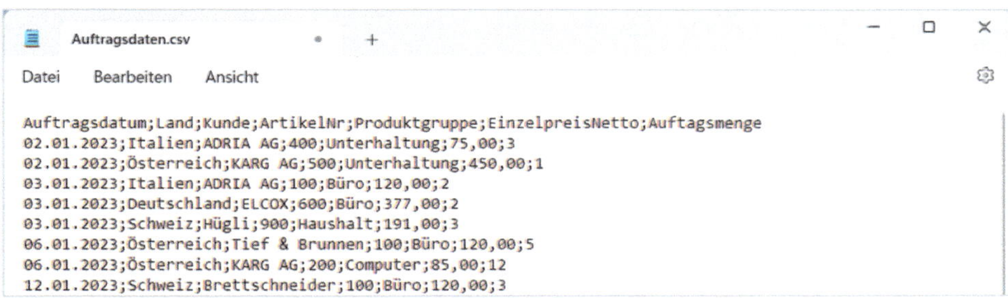


```
Auftragsdatum;Land;Kunde;ArtikelNr;Produktgruppe;EinzelpreisNetto;Auftagsmenge
02.01.2023;Italien;ADRIA AG;400;Unterhaltung;75,00;3
02.01.2023;Österreich;KARG AG;500;Unterhaltung;450,00;1
03.01.2023;Italien;ADRIA AG;100;Büro;120,00;2
03.01.2023;Deutschland;ELCOX;600;Büro;377,00;2
03.01.2023;Schweiz;Hügli;900;Haushalt;191,00;3
06.01.2023;Österreich;Tief & Brunnen;100;Büro;120,00;5
06.01.2023;Österreich;KARG AG;200;Computer;85,00;12
12.01.2023;Schweiz;Brettschneider;100;Büro;120,00;3
```

Bild 4.1 Die Ausgangsdaten im Editor

Auftragsdaten.csv

1 Klicken Sie im Menüband, Register *Daten* ▶ *Daten abrufen und transformieren* auf *Aus Text/CSV* oder auf *Daten abrufen* ▶ *Aus Datei* ▶ *Aus Text/CSV* (Bild 4.2).

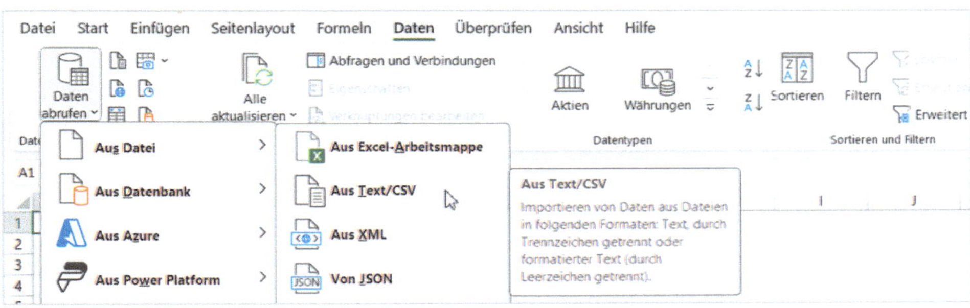

Bild 4.2 Daten abrufen - Aus Text/CSV

2 Wählen Sie im nachfolgenden Fenster *Daten importieren* die Datei aus und klicken Sie auf die Schaltfläche *Importieren*. Danach wird eine Verbindung zur Datenquelle hergestellt, dies kann je nach Umfang einige Sekunden dauern.

3 Anschließend erhalten Sie in einem weiteren Fenster eine Vorschau auf die Daten. Kontrollieren Sie, ob Zeichensatz ❶ und Trennzeichen ❷ korrekt erkannt wurden und korrigieren Sie diese bei Bedarf. Wenn dagegen Datumswerte, wie im Bild unten, oder Dezimalzahlen nicht richtig angezeigt werden, ist dies kein Problem. Damit befassen Sie sich anschließend im Power Query-Editor näher.

4 Um die Daten im Power Query-Editor weiter zu bearbeiten, klicken Sie auf die Schaltfläche *Daten transformieren* ❸.

Bild 4.3 Vorschau auf die zu importierenden Daten

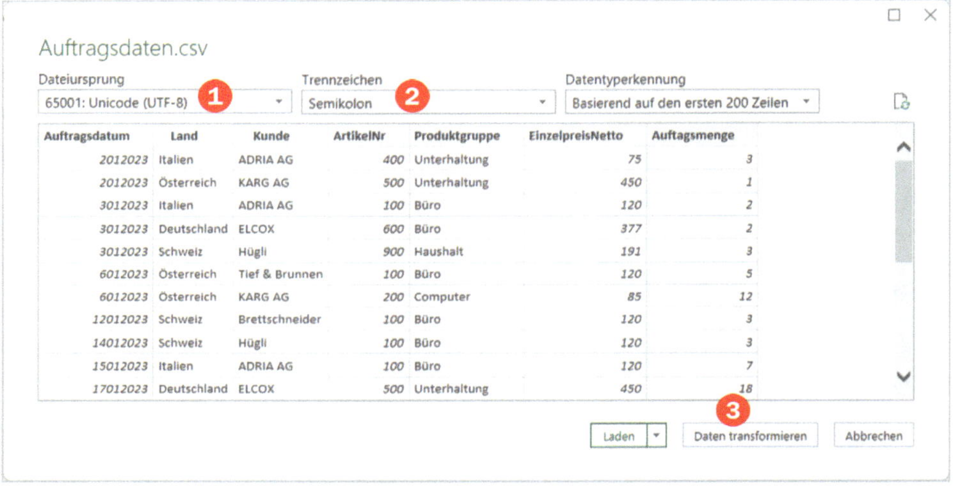

So finden Sie sich im Power Query-Editor zurecht

Die Daten werden anschließend in den Power Query-Editor geladen. Dieser öffnet sich in einem gesonderten Fenster und verfügt über ein eigenes Menüband mit den Registern *Datei*, *Start*, *Transformieren*, *Spalte hinzufügen* und *Ansicht*.

- Der Bereich *Abfragen* am linken Rand des Power Query-Editors zeigt alle geladenen Abfragen an ❶. Die aktuelle Abfrage hat automatisch den Namen der Datenquelle erhalten. Mit dem Pfeil ❷ erweitern und reduzieren Sie diesen Bereich.
- In der Mitte sehen Sie eine Vorschau auf die importierten Daten ❸. Alle Bearbeitungen und Formatierungen, die im Power Query-Editor vorgenommen werden, haben keinerlei Auswirkungen auf die Quelldaten.
- Am rechten Rand des Fensters sollte der Aufgabenbereich *Abfrageeinstellungen* ❹ sichtbar sein. Hier sind in der Liste *ANGEWENDETE SCHRITTE* alle bisher erfolgten Bearbeitungsschritte aufgeführt.

> **Achtung: Während Power Query geöffnet ist, bleibt Excel selbst inaktiv!**
> Solange der Power Query-Editor geöffnet ist, sind die aktuelle Arbeitsmappe und alle übrigen Instanzen von Excel gesperrt. Ein Wechsel zur Arbeitsmappe bzw. Weiterarbeiten im Tabellenblatt ist erst möglich, nachdem der Power Query-Editor geschlossen wurde. Was beim Schließen zu beachten ist, lesen Sie weiter unten nach.

Bild 4.4 Vorschau auf die Daten im Power Query-Editor

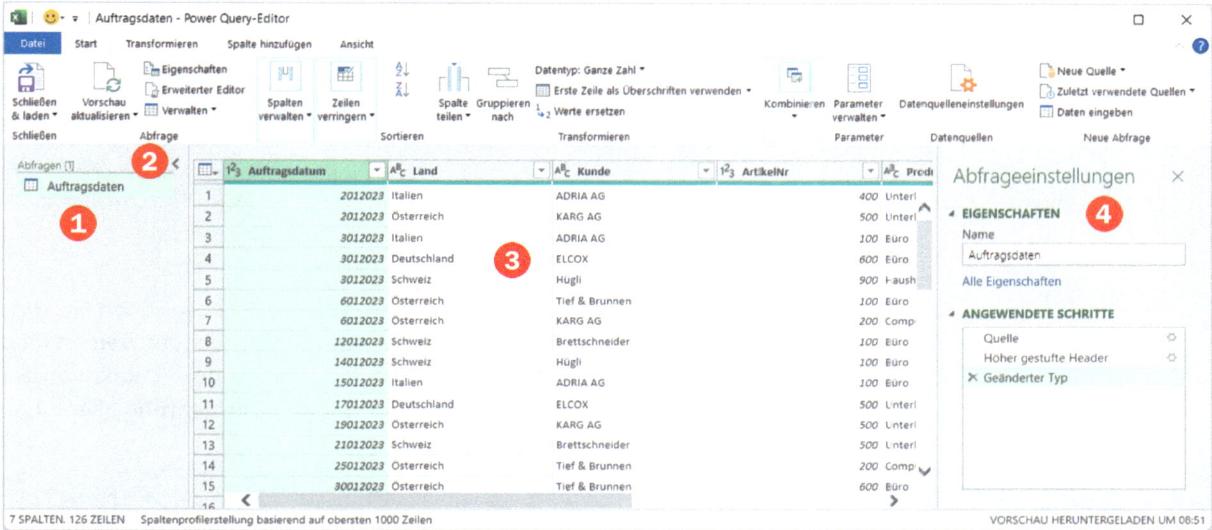

Aufgabenbereich Abfrageeinstellungen anzeigen

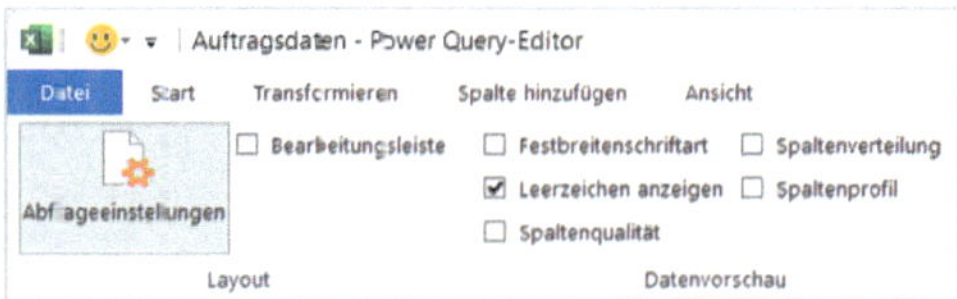

Falls der Aufgabenbereich *Abfrageeinstellungen* nicht sichtbar sein sollte oder versehentlich geschlossen wurde, so klicken Sie zum Einblenden im Menüband des Power Query-Editors auf das Register *Ansicht* und hier auf *Abfrageeinstellungen*.

Importschritte kontrollieren oder entfernen

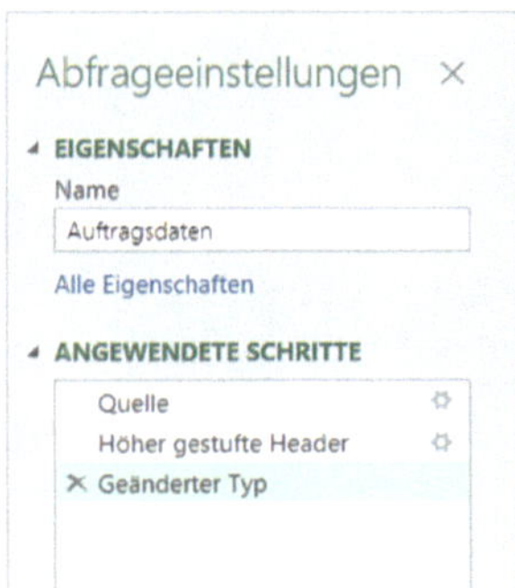

Bereits beim Laden in den Abfrage-Editor haben die importierten Daten automatisch erste Transformationen bzw. Veränderungen erfahren. Die Datenquelle wurde ausgewählt (*Quelle*), die erste Zeile als Überschriften festgelegt (*Höher gestufte Header*) und jeder Spalte ein Datentyp zugewiesen (*Geänderter Typ*). Jeden dieser Schritte finden Sie in chronologischer Reihenfolge von oben nach unten im Aufgabenbereich *Abfrageeinstellungen* in der Liste *ANGEWENDETE SCHRITTE*.

Die angewendeten Schritte sind in Power Query ein wichtiges Werkzeug zur Datenaufbereitung und Kontrolle. Hier werden nicht nur alle bisher ausgeführten Bearbeitungsschritte aufgelistet, Sie können auch jeden einzelnen Schritt nachträglich kontrollieren, ändern oder löschen. Das Rückgängigmachen von Aktionen wird dagegen von Power Query nicht unterstützt.

Bearbeitungsschritt anzeigen

1 Wenn Sie auf einen der Schritte klicken, dann zeigt die Vorschau die Daten **nach** diesem Schritt an. Klicken Sie auf den ersten Schritt *Quelle* ❶, wie im Bild unten, dann sehen Sie die Tabelle unmittelbar nach dem Einlesen aus der externen Datenquelle. Die Spalten haben noch keine Überschriften, sondern sind mit *Column1*, *Column2* usw. beschriftet.

Bild 4.5 Die importierten Daten ohne Spaltenüberschriften

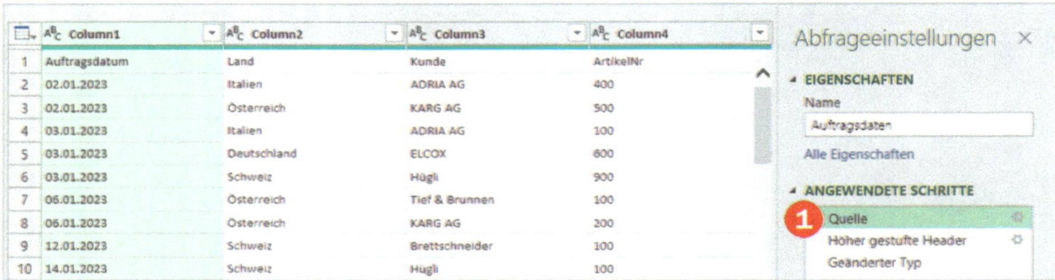

2 Klicken Sie auf den nächsten Schritt *Höher gestufte Header* ❷, so sehen Sie, dass die Werte der ersten Zeile jetzt als Spaltenüberschriften verwendet werden (Bild 4.6). Allerdings sind alle Spalten vom Datentyp *Text*, am Symbol A^B_C links von der jeweiligen Spaltenüberschrift und an der linksbündigen Ausrichtung aller Inhalte leicht zu erkennen.

Bild 4.6 Erste Zeile als Spaltenüberschriften verwenden

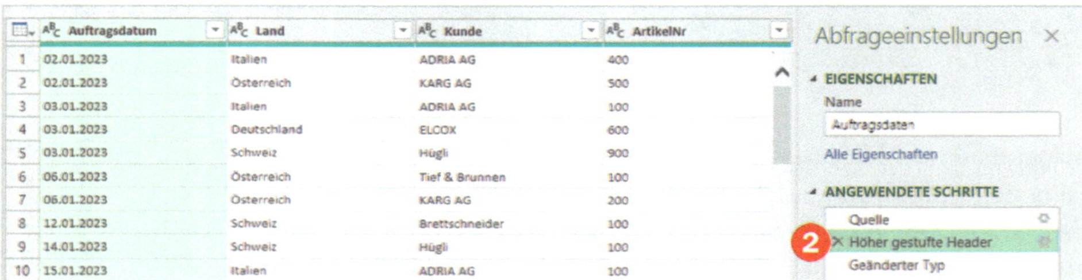

3 Der Schritt *Geänderter Typ* ❸ bedeutet, jeder Spalte wurde automatisch ein Datentyp zugewiesen, das Resultat sehen Sie, wenn Sie auf diesen Schritt klicken.

Vergleichen Sie die Daten in Bild 4.7 mit der Tabelle in Bild 4.6, so sehen Sie, dass Zahlen nun den Datentyp *Zahl* 1²3 erhalten haben. Allerdings wurde dieser Datentyp auch der Spalte Auftragsdatum zugewiesen, was zur Folge hat, dass hier die Datumswerte nicht mehr korrekt angezeigt werden. Hier ist also eindeutig der falsche Datentyp die Ursache.

Bild 4.7 Die Daten nach der automatischen Typerkennung

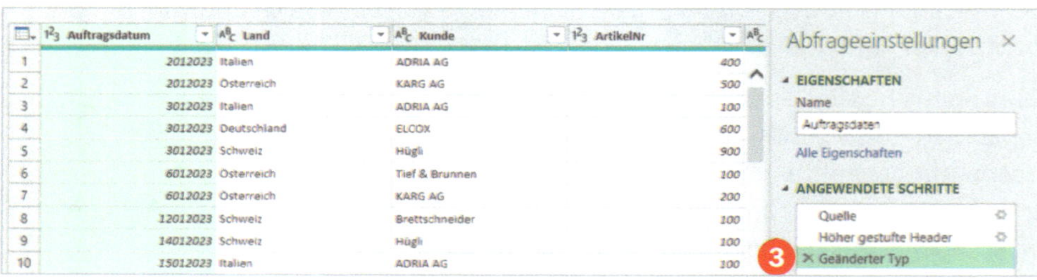

Achtung: Besonders beim Import aus Textdateien erhält nicht jede Spalte automatisch den richtigen Datentyp, z. B. werden manchmal Dezimalzahlen fälschlicherweise als Text und Datumswerte als Zahl interpretiert. Kontrollieren Sie daher unbedingt die Datentypen aller Spalten und löschen Sie bei falsch erkannten Datentypen den dazugehörigen Importschritt. Danach legen Sie für jede Spalte manuell den richtigen Datentyp fest. Wie Sie dabei vorgehen, lesen Sie im nächsten Punkt.

Den Bearbeitungsschritt Geänderter Typ löschen

Wenn, wie im hier verwendeten Beispiel die automatische Erkennung des Datentyps versagt, dann könnten Sie theoretisch den Datentyp der betreffenden Spalte nachträglich wieder ändern, siehe weiter unten. Da dies aber nicht immer funktioniert, z. B. kann ein Datum, das in den Datentyp *Zahl* konvertiert wurde, nicht mehr in ein Datum umgewandelt werden und beim Umwandeln des Typs *Ganze Zahl* in *Dezimalzahl* gehen Nachkommastellen verloren, ist es besser wenn Sie gleich den gesamten, automatisch erfolgten Bearbeitungsschritt *Geänderter Typ* entfernen.

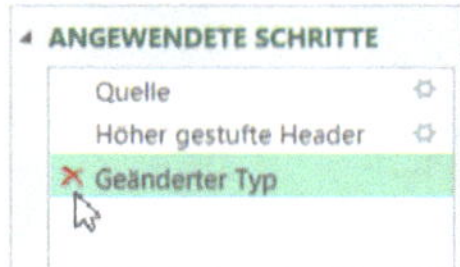

1 Zeigen oder klicken Sie in der Liste *ANGEWENDETE SCHRITTE* auf den betreffenden Schritt, hier *Geänderter Typ*.

2 Links davon erscheint das Symbol *Löschen* ✕ und ein Klick auf dieses Symbol entfernt alle, mit diesem Schritt vorgenommenen Bearbeitungen. Das bedeutet, sämtliche Spalten sind nun wieder vom Datentyp *Text*.

> **Beachten Sie beim Löschen von Bearbeitungsschritten**
>
> Statt rückgängig zu machen, müssen Sie im Abfrage-Editor einen angewendeten Schritt löschen. Dies muss nicht unbedingt der letzte sein, es kann auch ein beliebiger Schritt gelöscht werden. Die nachfolgenden Schritte werden dadurch nicht entfernt, allerdings können durch das Löschen Folgefehler entstehen.
>
> **Achtung:** Das Entfernen von Bearbeitungsschritten kann nicht rückgängig gemacht werden!

Datentypermittlung deaktivieren

Neben der Festlegung von Zeichensatz und Trennzeichen (s. Bild 4.3 auf Seite 82) können Sie auch bereits vor dem eigentlichen Datenimport die Datentypzuweisung deaktivieren. Klicken Sie dazu in das Feld *Datentyperkennung* und wählen Sie *Datentypen nicht ermitteln*. Beachten Sie aber, dass infolgedessen auch die erste Zeile nicht als Überschriftzeile verwendet wird (Höher gestufte Header). Dies müssen Sie dann manuell erledigen, siehe weiter unten.

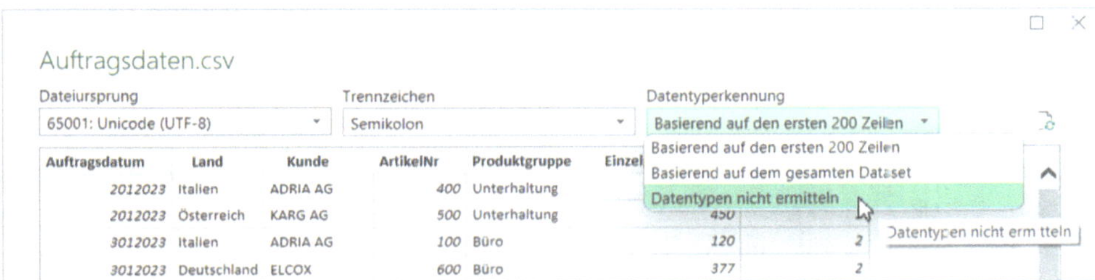

Bild 4.8 Datentypen nicht ermitteln

Datentypen ändern

Insbesondere im Hinblick auf die Berechnung weiterer Spalten ist der Datentyp wichtig, da mathematische Berechnungen Zahlen erfordern und Teile eines Datums nur aus einem gültigen Datum ermittelt werden können. Falls Datentypen nicht richtig erkannt wurden, entfernen Sie am besten unmittelbar nach dem Laden in den Power Query-Editor die automatische Typzuweisung, siehe Seite 85. Danach weisen Sie jeder Spalte den richtigen Datentyp zu.

Den Datentyp einer Spalte erkennen Sie am Symbol ❶ links von der Spaltenüberschrift, im Bild ist beispielsweise die Spalte *Auftragsmenge* vom Typ *Ganze Zahl*. Oder markieren Sie mit Klick auf die Überschrift die gesamte Spalte und werfen Sie im Register *Start* ▶ *Transformieren* einen Blick auf das Feld *Datentyp* ❷.

Bild 4.9 Datentypen kontrollieren

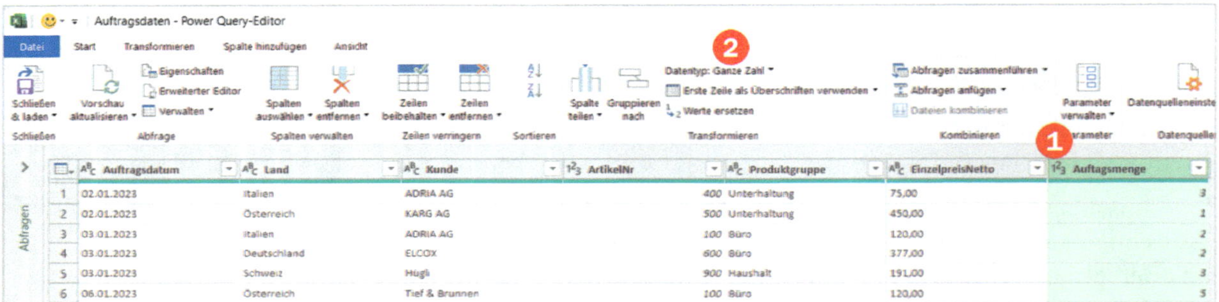

- Zum Ändern des Datentyps klicken Sie auf das Datentyp-Symbol in der Überschrift der betreffende Spalte und dann in der Liste auf den korrekten Datentyp, im Bild unten *Dezimalzahl* oder *Währung*.
- Oder klicken Sie in die Überschrift der Spalte und wählen dann im Menüband, Register *Start* über das Feld *Datentyp* ❷ (Bild 4.9) den Datentyp aus.

Bild 4.10 Datentyp ändern

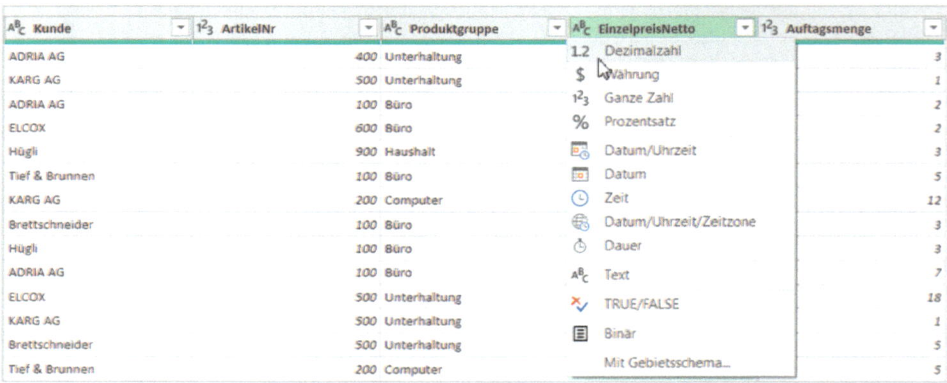

Dezimalzahl oder Währung? Wenn es sich um Beträge handelt, wie in diesem Beispiel, dann wählen Sie am besten den Datentyp *Währung*. Die Zahlen erhalten dadurch automatisch zwei Nachkommastellen, jedoch keinerlei Formatierung mit einem Währungssymbol.

Neuer Schritt oder Typkonvertierung ersetzen?

Falls der Datentyp einer Spalte schon einmal geändert wurde, z. B. durch die automatische Datentypermittlung beim Laden in den Power Query-Editor, dann erscheint die unten abgebildete Rückfrage und macht Sie auf eine vorhandene Typenkonvertierung aufmerksam.

Bild 4.11 Automatische Typenkonvertierung ersetzen oder neuen Schritt hinzufügen?

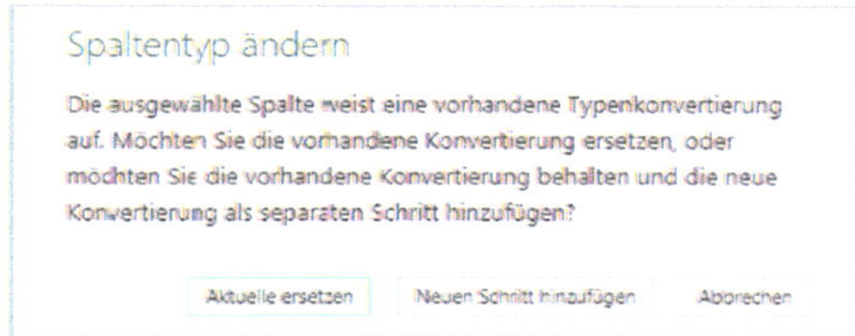

- Soll Ihre Änderung als weiterer Schritt der Liste der angewendeten Schritte hinzugefügt werden, dann klicken Sie auf *Neuen Schritt hinzufügen*. Auf diese Weise lässt sie sich bei Bedarf auch leichter wieder entfernen.
- Wenn dagegen eine vorhandene (automatische) Typenkonvertierung durch die neue Typänderung ersetzt werden soll, z. B. bei falsch erkannten Datumswerten, dann wählen Sie *Aktuelle ersetzen*.

Hinweise zum Konvertieren von Datumswerten und Zahlen

Datum trotz korrekter Schreibweise nicht erkannt

Datumswerte werden insbesondere beim Import aus Textdateien trotz korrekter Schreibweise, z. B. 23.04.2023 nicht immer richtig erkannt und erhalten dann aufgrund des Trennzeichens Punkt automatisch entweder den Datentyp *Ganze Zahl* ❶ wie im hier verwendeten Beispiel oder *Dezimalzahl*.

Beim Versuch, anschließend den Datentyp mit der oben beschriebenen Methode in ein Datum zu ändern, erhalten Sie aber nicht immer das gewünschte Ergebnis, sondern manchmal auch ein falsches Datum oder Fehler ❷, wie im Bild unten. In diesem Fall müssen Sie zuerst die automatische Typkonvertierung entfernen (s. Seite 85), dadurch ist die Datumsspalte vom Typ *Text* und erhält wieder das ursprüngliche Aussehen ❸. Anschließend können Sie den Datentyp der Spalte problemlos in *Datum* ändern ❹.

Bild 4.12 Als Zahl vorliegende Datumswerte in den Typ Datum umwandeln, bringt nicht das gewünschte Ergebnis

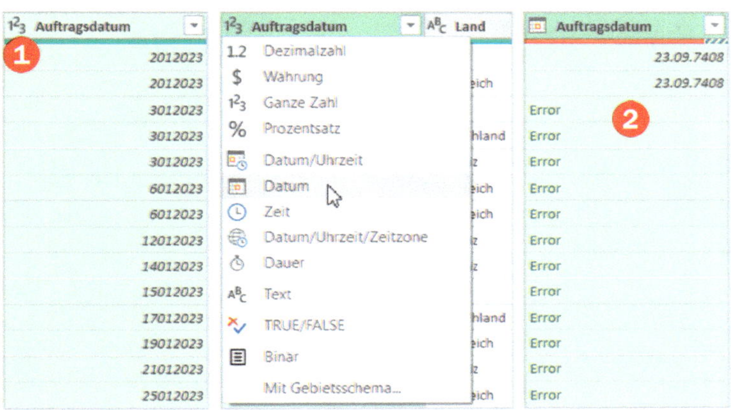

Bild 4.13 Nach dem Entfernen der automatischen Typkonvertierung ist das Datum vom Typ Text und kann nun in ein Datum geändert werden

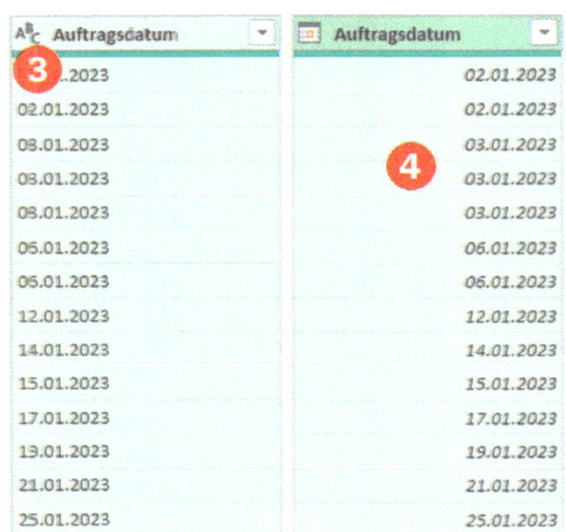

> Wenn Sie nach dem Laden in den Power Query-Editor feststellen, dass Datumswerten und/oder Dezimalzahlen der falsche Datentyp zugewiesen wurde, dann entfernen Sie am besten die gesamte automatische Typenkonvertierung. Dadurch erhält jede Spalte wieder das ursprüngliche Aussehen und ist zunächst vom Typ Text. Anschließend weisen Sie jeder Spalte, mit Ausnahme von Textspalten, manuell einen Datentyp zu.
>
> Haben dagegen Datumswerte erst einmal den falschen Datentyp, z. B. Dezimalzahl, erhalten, dann lässt sich daraus das ursprüngliche Datum nicht in jedem Fall wiederherstellen. Gleiches gilt auch für falsch konvertierte Zahlen, siehe unten.

Datum und Zahlen mit Gebietsschema konvertieren

Datumswerte und Zahlen, die in abweichender länderspezifischer Schreibweise vorliegen, z. B. 2023/01/23 bzw. in der Form JJJJ/MM/TT oder MM-TT-JJJJ werden auch beim Umwandeln aus Text in den Datentyp *Datum* nicht korrekt erkannt. In solchen Fällen können Sie das Datum anhand eines Gebietsschemas konvertieren. Gleiches gilt auch für Zahlen, die als Dezimalzeichen z. B. Punkt statt Komma und als Tausendertrennzeichen ein Komma verwenden. Abhilfe schafft auch hier die Umwandlung mittels Gebietsschema.

Achtung: In beiden Fällen müssen Sie eventuell ebenfalls zuerst eine automatisch erfolgte Typzuweisung entfernen.

Beispiel: Punkt statt Komma als Dezimaltrennzeichen

Im unten abgebildeten Beispiel liegt der Umsatz mit Komma als Tausendertrennzeichen und Punkt als Dezimaltrennzeichen vor. Die Spalte wurde in diesem Fall mit dem Datentyp *Text* in den Power Query-Editor geladen, eine automatische Typkonvertierung ist nicht erfolgt. Es kann aber auch vorkommen, dass der Punkt als Tausenderpunkt interpretiert wird und die Spalte den Typ *Zahl* erhält, dann müssen Sie die automatische Typzuweisung vorher entfernen.

- Klicken Sie auf das Datentyp-Symbol der Spalte *UmsatzNetto* und wählen Sie *Mit Gebietsschema....*

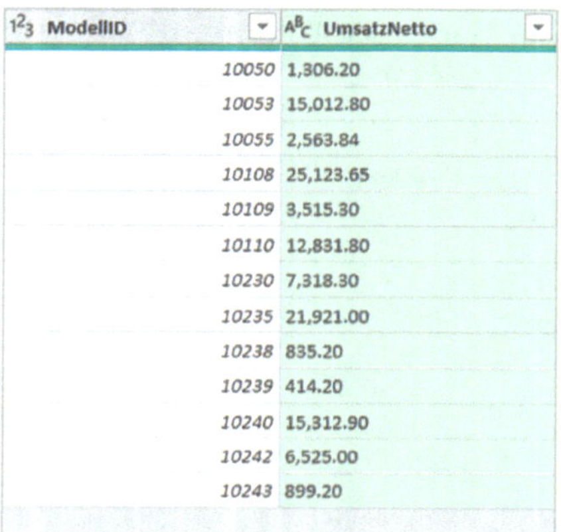

Bild 4.14 Umsätze mit Punkt statt Komma als Text

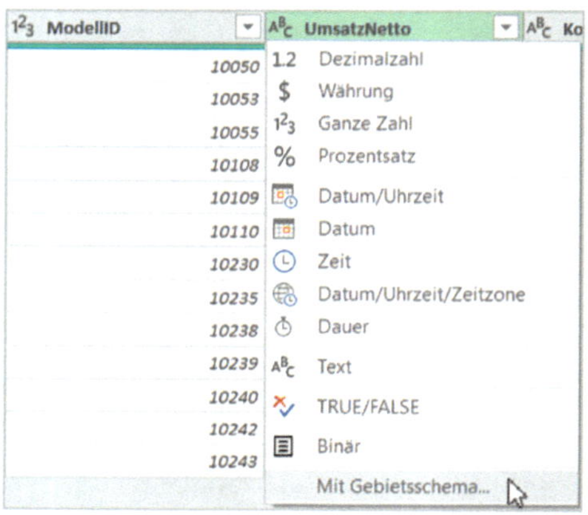

Bild 4.15 Klicken Sie auf Mit Gebietsschema...

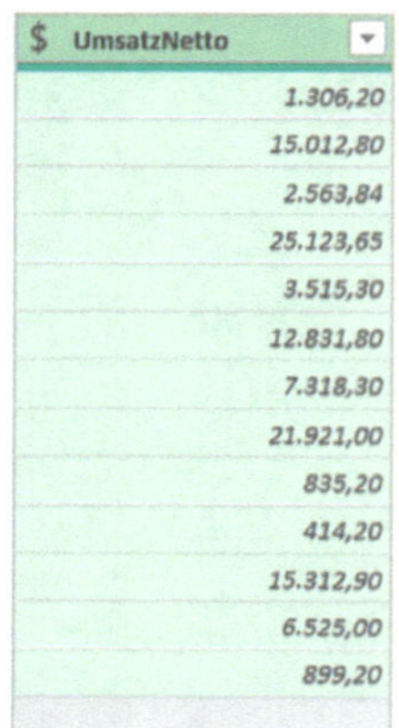

Bild 4.16 Das Ergebnis

Im Fenster *Typ mit Gebietsschema ändern* (Bild 4.17) wählen Sie dann den passenden Datentyp, hier *Währung* und im Feld *Gebietsschema* die verwendete länderspezifische Schreibweise, im Bild *Englisch (USA)*. Klicken Sie dann auf *OK*, die Beträge sollten anschließend richtig angezeigt werden, wie im Bild 4.16 oben.

Genauso verfahren Sie auch mit Datumswerten, die aufgrund ihrer Schreibweise nicht korrekt erkannt wurden.

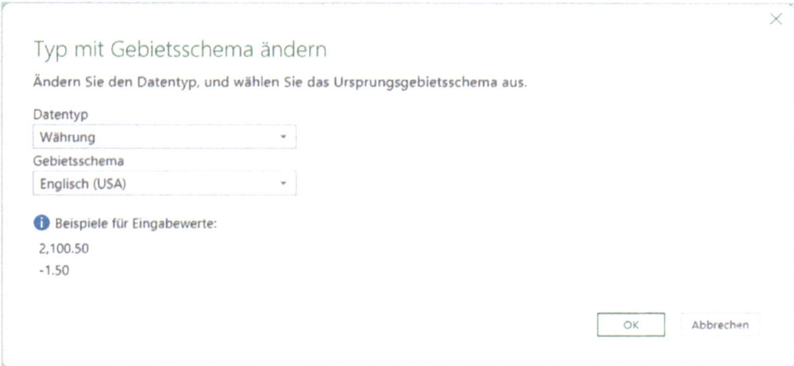

Bild 4.17 Datentyp mit Gebietsschema ändern

Power Query-Editor schließen

Wie bereits erwähnt, sind die aktuelle Arbeitsmappe und alle übrigen Instanzen von Excel gesperrt, solange der Power Query-Editor geöffnet ist. Im letzten Schritt beenden Sie also den Editor und übernehmen die Daten in die aktuelle Arbeitsmappe.

- Klicken Sie dazu im Power Query-Editor auf das Register *Start* und hier auf *Schließen & laden* ❶.
- Stattdessen können Sie auch einfach das Fenster der Power Query-Editors schließen ❷, damit Ihre Änderungen gespeichert werden, müssen Sie in diesem Fall die nachfolgende Rückfrage mit *Beibehalten* beantworten.

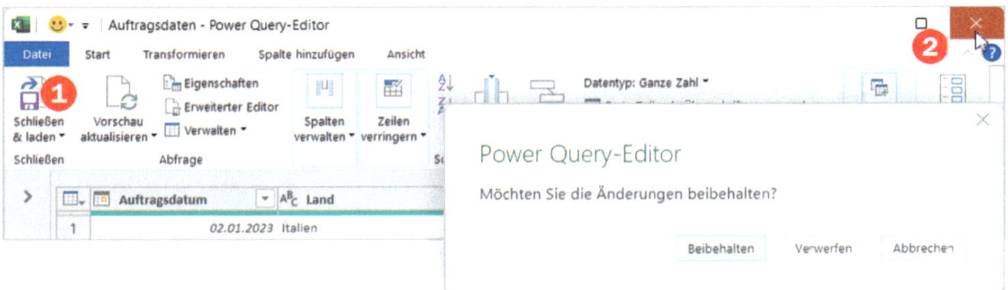

Bild 4.18 Power Query-Editor schließen

Hinweis: Die Daten müssen nicht zwingend in ein Tabellenblatt eingefügt werden. Wenn die Datenquelle sehr viele Daten umfasst und/oder die Einzeldatensätze nicht benötigt werden, sondern nur eine Zusammenfassung, dann kann auch nur eine Verbindung erstellt werden. Näheres hierzu lesen Sie im nächsten Punkt

4.3 Abfragedaten übernehmen

Abfragedaten in die Arbeitsmappe laden oder nur Verbindung erstellen

Beim ersten Schließen des Power Query-Editors können Sie entscheiden, wie Sie mit den Daten weiter verfahren, d. h. ob Sie die Daten als Tabelle in die Arbeitsmappe laden oder nur die Abfrage oder Verbindung zur Datenquelle speichern möchten.

- **Daten als Tabelle in die Arbeitsmappe einfügen**
  In der Standardeinstellung, bzw. mit Klick auf das Symbol *Schließen & laden* im Menüband werden die Daten sofort und ohne weitere Rückfrage in ein neues Tabellenblatt der aktuellen Arbeitsmappe eingefügt.

  Beim Klick auf das Symbol *Schließen* des Power Query-Editor Fensters, erscheint eine Meldung, ob Sie die Änderungen beibehalten oder verwerfen möchten (Bild 4.18). Mit *Beibehalten* werden die Daten ebenfalls in die Arbeitsmappe geladen.

- **Das Fenster Daten importieren öffnen**
  Wenn Sie dagegen statt Einfügen der Daten nur die Verbindung zur Datenquelle in der Arbeitsmappe speichern oder weitere Optionen erhalten möchten, dann klicken Sie zum Beenden des Power Query-Editors entweder im Menüband, Register *Start* auf den Dropdown-Pfeil der Schaltfläche *Schließen & laden* oder auf das Register *Datei*, wie in Bild 4.19. In beiden Fällen haben Sie die Wahl zwischen *Schließen & laden* und *Schließen & laden in...*.

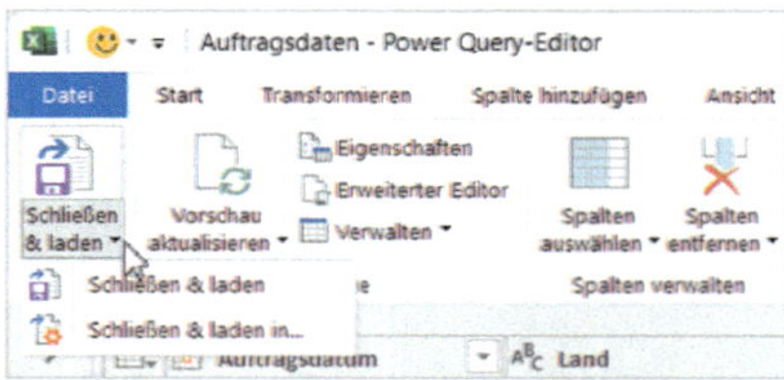

Bild 4.19 Schaltfläche Schließen und laden

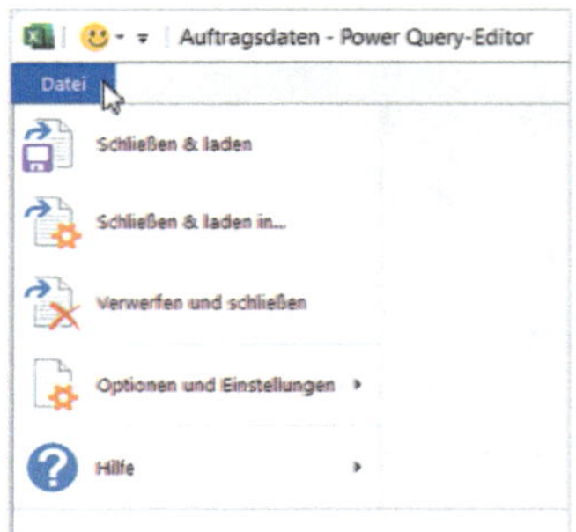

Bild 4.20 Register Datei - Schließen und laden

- **Schließen & laden** fügt die Tabelle in die Arbeitsmappe ein, siehe oben.
- **Schließen & laden in...** öffnet dagegen das Fenster *Daten importieren* mit verschiedenen Optionen und Sie können wählen, ob und wie die Daten in die Arbeitsmappe eingefügt werden.

Diese Wahlmöglichkeit gilt nur beim ersten Schließen des Power Query-Editors

Die Möglichkeit der Wahl zwischen *Schließen & laden* und *Schließen & laden in...* besteht nur, wenn Sie den Power Query-Editor zum ersten Mal beenden. Bei jedem weiteren Öffnen und Beenden des Power Query-Editors wird die gewählte Einstellung beibehalten und es erscheint nur noch die Rückfrage, ob Sie Änderungen speichern oder verwerfen möchten. Wie Sie trotzdem auch nachträglich noch diese Einstellung ändern, erfahren Sie weiter unten auf Seite 95.

Das Fenster Daten importieren (Schließen & laden in...)

Mit *Schließen und laden in...* öffnet sich das Fenster *Daten importieren* mit folgenden Optionen (Bild 4.21):

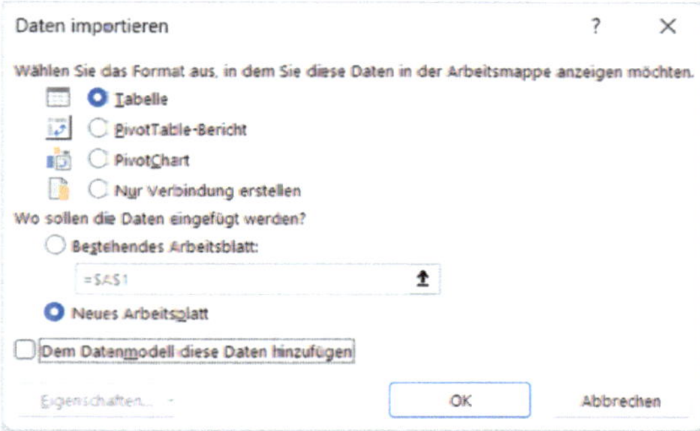

Bild 4.21 Daten importieren

- **Tabelle**: Die Option *Tabelle* ist die Standardeinstellung, nur haben Sie hier zusätzlich die Wahl zwischen neuem und bestehendem Arbeitsblatt.
- **PivotTable-Bericht und PivotChart**: Mit den Optionen *PivotTable-Bericht* und *PivotChart* erstellt Excel anschließend im Tabellenblatt eine Tabelle bzw. ein Diagramm, in denen Sie die Daten zusammenfassen und beliebig anordnen können, Näheres hierzu lesen Sie in Kapitel 6. Die Einzeldatensätze werden dazu nicht benötigt und daher auch nicht in die Excel-Arbeitsmappe eingefügt, dies verringert den Speicherumfang der Arbeitsmappe erheblich.
- **Nur Verbindung erstellen**: Alternativ können Sie stattdessen auch *Nur Verbindung erstellen* wählen und diese später beim Erstellen einer Pivot-Tabelle als Datenquelle verwenden. Die Verbindung speichert nicht nur die Zugriffsinformationen auf die Datenquelle, sondern auch sämtliche Bearbeitungen, die im Power Query-Editor vorgenommen wurden.

In diesem Fall wählen Sie beim Erstellen der Pivot-Tabelle *Aus externer Datenquelle*.

- **Dem Datenmodell der Arbeitsmappe hinzufügen**: Wenn Sie später in einer Pivot-Tabelle Abfragedaten aus mehreren Datenquellen miteinander kombinieren oder mit Power Pivot weiter aufbereiten möchten, dann müssen Sie das Kontrollkästchen *Dem Datenmodell diese Daten hinzufügen* aktivieren.

Daten einfügen oder nur Verbindung?

Ob die Daten als Tabelle in die Arbeitsmappe eingefügt werden sollen oder ob Sie besser nur eine Verbindung zur Datenquelle erstellen, hängt von verschiedenen Faktoren ab.

- Eine reine Verbindung ohne Einfügen der Daten bietet sich für eine anschließende Auswertung mit Pivot-Tabellen an, wenn die eigentlichen Ausgangsdaten nicht benötigt werden. Dies verringert bei umfangreichen Tabellen der Speicherplatzbedarf der Arbeitsmappe erheblich und beschleunigt das Öffnen.
- Ein weiterer Vorteil: Aufgrund der begrenzen Anzahl Zeilen können in ein Excel-Tabellenblatt maximal 1.048.576 Datensätze eingefügt werden. Bei einer Verbindung spielt diese Beschränkung keine Rolle, die Datenquelle kann also auch wesentlich mehr Datensätze umfassen.

Tipp: Falls Sie die Daten versehentlich bereits in die Arbeitsmappe eingefügt haben und später feststellen, dass eigentlich eine Verbindung ausreicht, dann löschen Sie einfach das Tabellenblatt mit den Daten. Die Verbindung bleibt erhalten.

Abfragen und Verbindungen in der Arbeitsmappe verwalten

Beim Laden in die Arbeitsmappe werden die Daten in der Standardeinstellung in einem neuen Tabellenblatt eingefügt und als Tabellenbereich formatiert. Gleichzeitig erscheinen rechts der Aufgabenbereich *Abfragen und Verbindungen* mit den Registern *Abfragen* und *Verbindungen* ❶ und im Menüband das zusätzliche Register *Abfrage* ❷.

Klicken Sie im Aufgabenbereich *Abfragen und Verbindungen* auf das Register *Abfragen*, so sehen Sie die Namen aller Abfragen der aktuellen Arbeitsmappe und deren Status (*x Zeilen geladen* oder *Nur Verbindung*).

Bild 4.22 Die Daten aus der Abfrage im Tabellenblatt

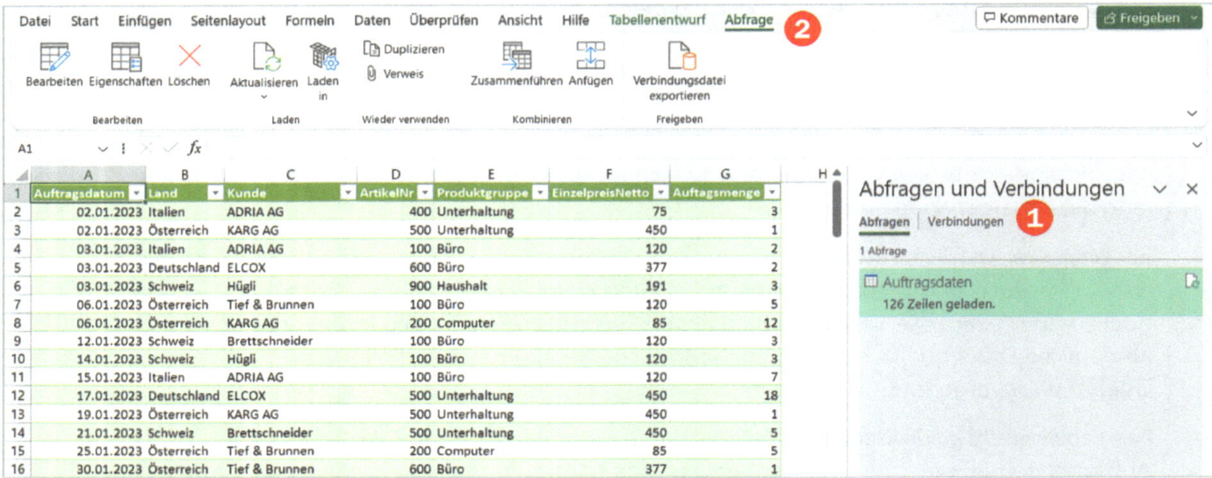

Hinweis: Lassen Sie sich hier nicht von der Bezeichnung „Verbindungen" irritieren: Im Register *Verbindungen* des Aufgabenbereichs erscheinen nur Verbindungen, die dem Datenmodell hinzugefügt wurden. Näheres hierzu in Kap. 8.

Aufgabenbereich Abfragen und Verbindungen anzeigen

Sollte der Aufgabenbereich *Abfragen und Verbindungen* nicht sichtbar sein, so klicken Sie zum Anzeigen im Menüband, Register *Daten* auf *Abfragen und Verbindungen*.

Bild 4.23 Aufgabenbereich anzeigen

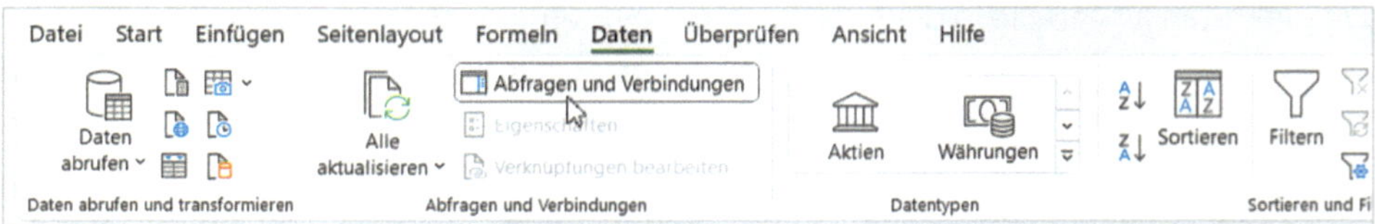

Sicherheitseinstellungen beim Öffnen

Wie bei allen Verbindungen zu externen Daten werden beim ersten Öffnen der Arbeitsmappe aus Sicherheitsgründen alle Verbindungen deaktiviert und es erscheint die unten abgebildete Sicherheitswarnung. Klicken Sie auf *Inhalt aktivieren*, um die Verbindung wiederherzustellen, damit die Daten aktualisiert werden können.

Anschließend wird diese Arbeitsmappe als vertrauenswürdig eingestuft und beim nächsten Öffnen erscheint keine Warnung mehr. Wenn Sie allerdings die Datei umbenennen oder an einen anderen Ort verschieben, müssen Sie beim nächsten Öffnen die Inhalte bzw. Datenverbindungen erneut aktivieren.

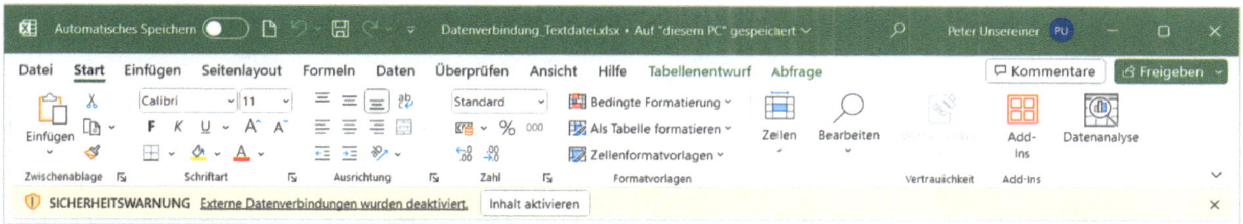

Bild 4.24 *Beim ersten Öffnen erscheint eine Sicherheitswarnung. Klicken Sie auf Inhalt aktivieren*

Abfrage erneut öffnen

Wenn Sie die Abfrage erneut im Power Query-Editor anzeigen und bearbeiten möchten, dann klicken Sie entweder im Aufgabenbereich *Abfragen und Verbindungen* doppelt auf die Abfrage oder im Menüband, Register *Abfrage* auf *Bearbeiten*.

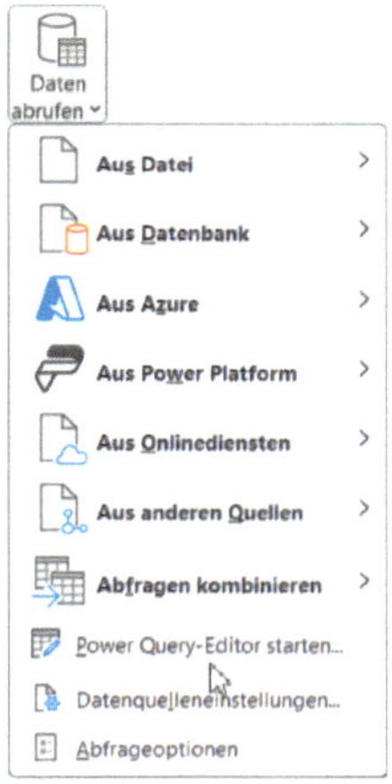

Tipp: Sollte das Register *Abfrage* nicht sichtbar sein, so können Sie den Power Query-Editor auch über das Register *Daten* öffnen. Klicken Sie auf *Daten abrufen* und auf *Power Query-Editor starten...*. Diese Methode funktioniert sogar, wenn die aktuelle Arbeitsmappe keine Abfrage enthält.

Daten aktualisieren

Die Daten aus einer Abfrage oder einer Verbindung müssen in der Standardeinstellung manuell aktualisiert werden. Gelegenheit dazu haben Sie gleich an mehreren Stellen:

- Menüband, Register *Daten* ▶ *Alle aktualisieren* ❶ (Bild 4.25) oder Register *Abfrage* und Schaltfläche *Aktualisieren*.
- Tastenkombination **Alt**+**F5**.
- Oder klicken Sie im Aufgabenbereich *Abfragen und Verbindungen* neben der jeweiligen Abfrage auf das Symbol *Aktualisieren* ❷.
- Oder Rechtsklick in den Tabellenbereich und Befehl *Aktualisieren*.

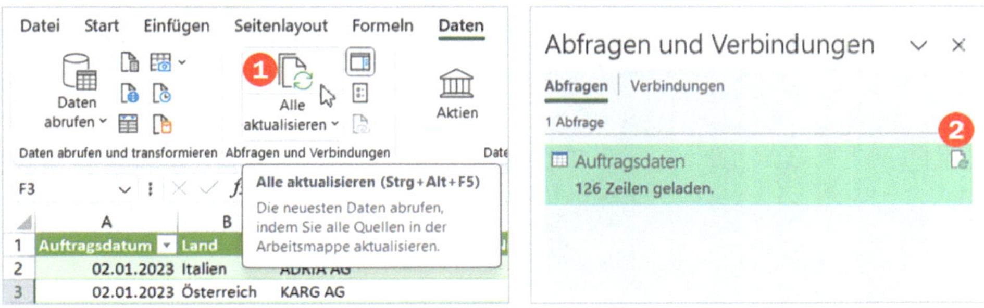

Bild 4.25 *Tabelle aktualisieren*

Automatisches Anpassen der Spaltenbreite und weitere Tabelleneigenschaften

Das Verhalten der Tabelle beim Aktualisieren, z. B. automatisches Anpassen der Spaltenbreite usw. steuern Sie über die Tabelleneigenschaften. Zum Öffnen klicken Sie an eine beliebige Stelle des Tabellenbereichs und im Menüband, Register *Daten* ▶ *Abfragen und Verbindungen* auf *Eigenschaften* ❶ oder klicken Sie im Register *Tabellenentwurf* auf *Eigenschaften*. Im Dialogfenster *Externe Dateneigenschaften* haben Sie folgende Möglichkeiten:

- Damit Sie nicht nach jeder Aktualisierung die Spaltenbreiten erneut anpassen müssen, können Sie unter *Datenformatierung und Layout* ❷ das automatische Anpassen der Spaltenbreite deaktivieren. Über weitere Kontrollkästchen entscheiden Sie, ob Sortierung und Zellformatierungen beibehalten werden.
- Die Optionen *Wenn sich die Anzahl der Zeilen im Datenbereich beim Aktualisieren ändert* ❸ unterscheiden, ob bei neu hinzugekommenen Daten nur Zellen oder ganze Zeilen eingefügt werden und haben nur Auswirkungen, wenn sich unmittelbar neben oder unter dem Tabellenbereich weitere Daten, z. B. Auswertungen befinden.

Bild 4.26 Externe Dateneigenschaften

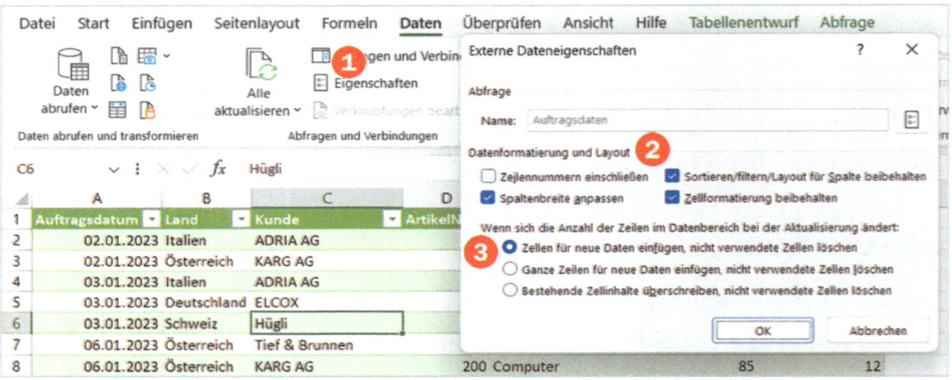

Bild 4.27 Abfrageeigenschaften

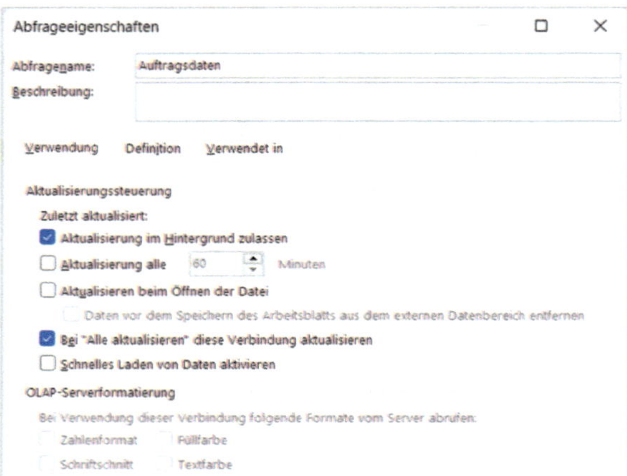

Tipp: Automatisches Aktualisieren beim Öffnen

In den *Abfrageeigenschaften* können Sie dagegen bei Bedarf steuern, ob die Daten beim Öffnen der Arbeitsmappe oder in bestimmten Zeitintervallen automatisch aktualisiert werden sollen. Klicken Sie dazu im Menüband auf das Register *Abfrage* und auf *Eigenschaften*.

Aktivieren Sie dann im Fenster *Verbindungseigenschaften* das Kontrollkästchen *Aktualisieren beim Öffnen der Datei*. Sollen die Daten regelmäßig in bestimmten Zeitintervallen automatisch aktualisiert werden, dann aktivieren Sie auch noch das Kontrollkästchen *Aktualisierung alle* und geben im Feld daneben das Intervall in Minuten an.

Daten löschen und erneut laden, Abfrage löschen

Wenn Sie das Tabellenblatt mit den Daten der Abfrage aus der Arbeitsmappe löschen, bleibt die zugrundeliegende Abfrage bzw. Verbindung trotzdem erhalten und Sie können die Daten jederzeit erneut in eine Tabelle laden. Im Aufgabenbereich *Abfragen und Verbindungen* wird die Abfrage nach wie vor angezeigt, aber mit dem Zusatz *Nur Verbindung*, wie in Bild 4.28.

Daten aus Abfrage erneut laden

Falls nur eine Verbindung besteht und Sie die Daten nachträglich in die Arbeitsmappe laden möchten, so klicken Sie im Arbeitsbereich *Abfragen und Verbindungen* (Einblenden über *Daten* ▶ *Abfragen und Verbindungen*, s. Seite 92) mit der rechten Maustaste auf die Abfrage und auf *Laden in...* ❶. Anschließend wählen Sie im Fenster *Daten importieren* die Option *Tabelle* ❷.

Bild 4.28 Daten aus Abfrage laden

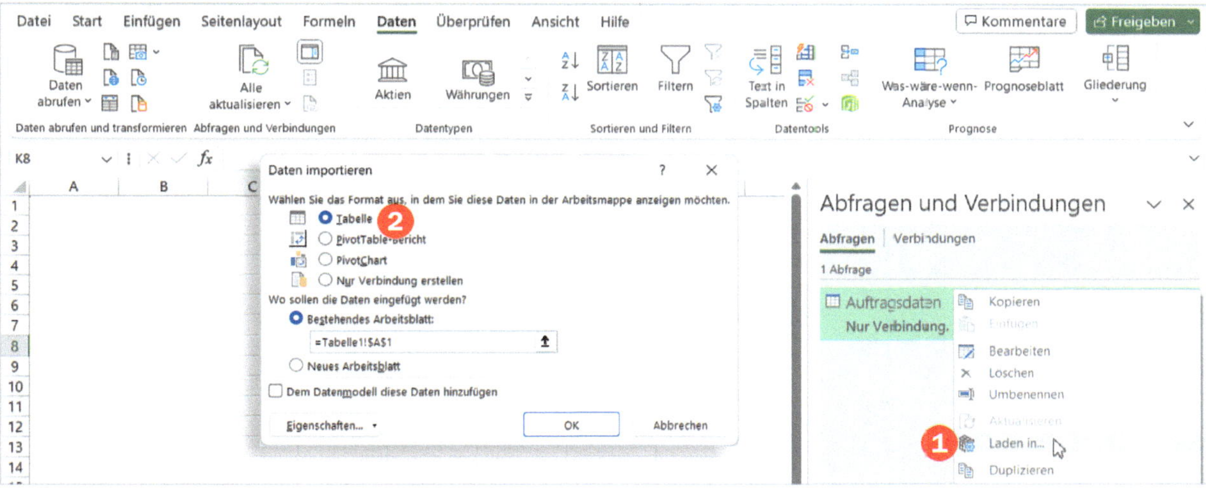

Abfrage löschen

Umgekehrt können Sie auch die Abfrage löschen, dann bleiben die Daten in der Arbeitsmappe zwar erhalten, können aber nicht mehr aktualisiert werden. Klicken Sie dazu im Aufgabenbereich *Abfragen und Verbindungen* mit der rechten Maustaste auf die Abfrage und auf *Löschen* und bestätigen Sie die Rückfrage mit *Löschen*. Falls sichtbar, können Sie auch im Register *Abfrage* auf *Löschen* klicken.

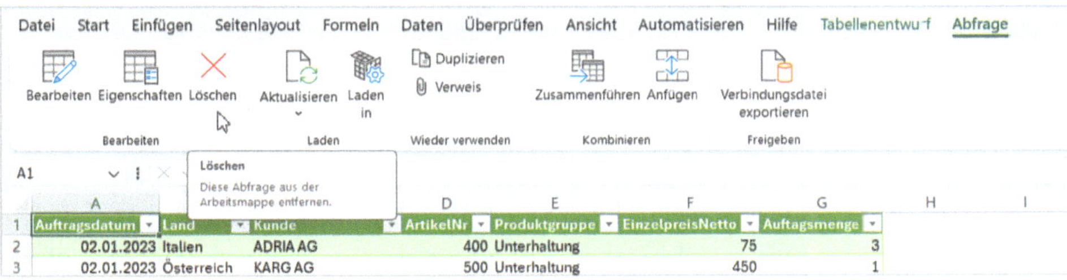

Bild 4.29 Abfrage aus der Arbeitsmappe entfernen

4.4 Datenbanken, Excel-Tabellen usw. als Datenquelle

Neben Text- bzw. CSV-Dateien unterstützt Power Query eine Vielzahl weiterer Datenquellen. Da hier aus Platzgründen nicht alle beschrieben werden können, betrachten wir nur einige der gängigsten.

Daten aus einer Datenbank abrufen

Sie können Daten auch ohne Umweg über eine Textdatei direkt aus einer Datenbank abrufen, dies setzt in der Regel allerdings voraus, dass Sie auch über die notwendigen Berechtigungen verfügen. Dazu klicken Sie im Menüband, Register *Daten* ▶ *Daten abrufen und transformieren* auf *Daten abrufen* ▶ *Aus Datenbank* und wählen den entsprechenden Datenbanktyp.

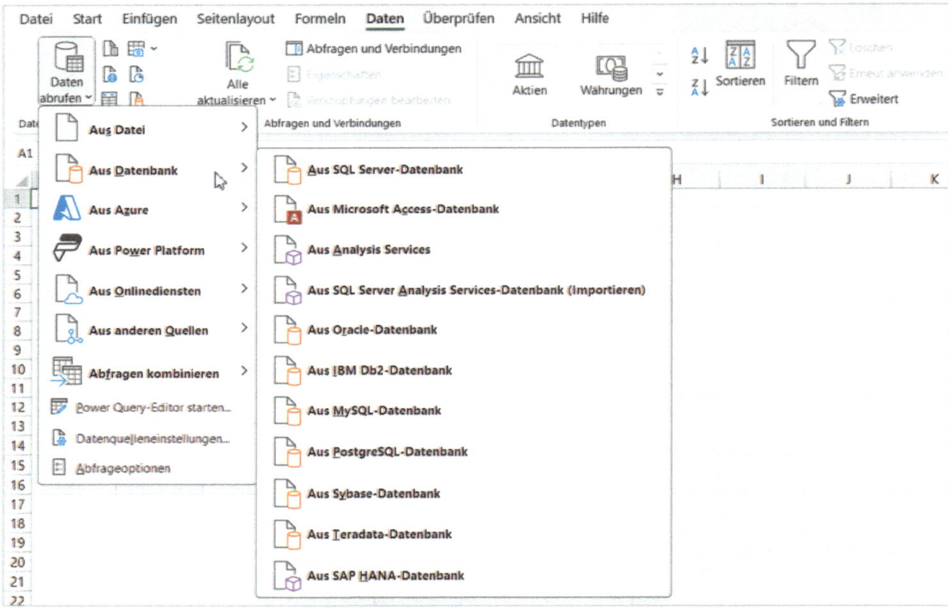

Bild 4.30 Wählen Sie Ihren Datenbanktyp, z. B. Microsoft Access oder SQL Server-Datenbank

Access-Datenbank

Befinden sich die Daten in einer Access-Datenbank, so klicken Sie auf *Aus Microsoft Access-Datenbank*, eine besondere Anmeldung ist hier in der Regel nicht erforderlich. Wählen Sie dann die Datenbankdatei aus und klicken Sie auf *Importieren*.

Microsoft SQL Server und MySQL-Datenbank

Handelt es sich um eine Microsoft SQL Server oder MySQL-Datenbank, so geben Sie im nächsten Schritt den Servernamen ein und klicken auf *OK*. Da der Zugriff auf eine SQL Server-Datenbank entsprechende Zugriffsrechte erfordert, müssen Sie sich im nächsten Schritt anmelden. Ob dazu die Windows Anmeldeinformationen oder ein Microsoft-Konto verwendet werden können oder eine gesonderte Anmeldung erforderlich ist, erfahren Sie vom Serveradministrator. Klicken Sie also je nach Anmeldung auf *Windows*, *Microsoft-Konto* oder *Datenbank*, geben falls nötig, Benutzername und Kennwort ein und klicken auf *Verbinden*.

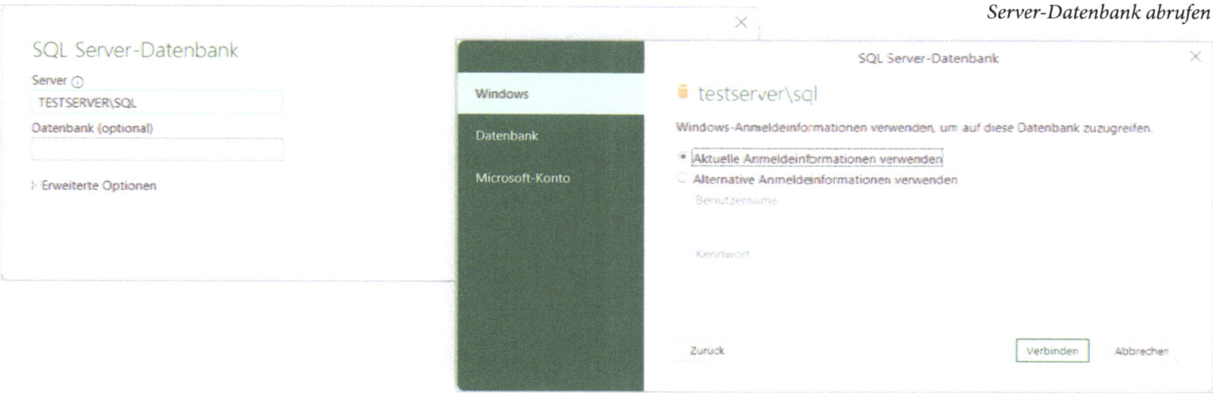

Bild 4.31 Daten aus SQL Server-Datenbank abrufen

Achtung: Unter Umständen sind zusätzliche Treiber erforderlich!
Der Zugriff auf Microsoft Datenbanken, z. B. Microsoft SQL-Server ist in der Regel problemlos möglich. Eine Verbindung zu einer MySQL-Datenbank erfordert dagegen die Installation des Oracle MySQL Connector/NET-Pakets auf Ihrem Gerät. Falls dieses noch nicht installiert ist, so erscheint nach der Auswahl *MySQL-Datenbank* eine entsprechende Meldung. Klicken Sie auf *Weitere Informationen*, so gelangen Sie zur Seite des Microsoft Supports und können hier über einen Link den passenden ODBC-Treiber für MySQL herunterladen.

ODBC = Open Database Connectivity

> **Manche Datenbanktypen erfordern die Installation eines entsprechenden Treibers**
> Der Zugriff auf Datenbanktypen anderer Anbieter, z. B. Oracle usw., setzt in der Regel voraus, dass ein entsprechender Treiber auf Ihrem Gerät installiert ist. Andernfalls erscheint nach Auswahl des Datenbanktyps eine entsprechende Meldung. Klicken Sie auf *Weitere Informationen*, so gelangen Sie zur Seite des Microsoft Supports, wo Sie nicht nur weitere Informationen erhalten, sondern auch einen Link, über den Sie den notwendigen Treiber herunterladen können.

Datenquelle im Navigator auswählen

Datenbanken umfassen in der Regel mehrere Tabellen und Abfragen bzw. Sichten, die als Datenquelle verwendet werden können. Im Gegensatz zum Import aus einer Textdatei öffnet sich daher nach erfolgreicher Anmeldung der *Navigator* (Bild 4.32) und listet ❶ alle Elemente der ausgewählten Datenbank auf, in diesem Beispiel der Access-Datenbank *Warenwirtschaft*. Rechts erhalten Sie eine Vorschau ❷ auf den Inhalt des markierten Elements und mit Klick auf die Schaltfläche *Daten transformieren* laden Sie das ausgewählte Element in den Power Query-Editor.

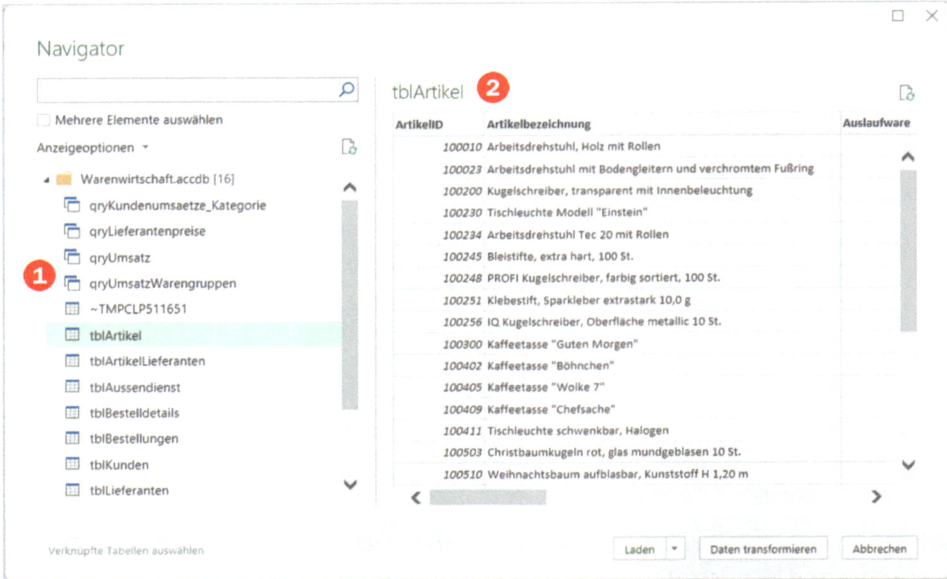

Bild 4.32 Datenquelle im Navigator auswählen

Ob es sich bei einem Element um eine Tabelle oder Abfrage bzw. Sicht handelt, erkennen Sie am Symbol. Die meisten Datenbankentwickler stellen dem Elementnamen auch eine Kennung voran, an der sich der Typ erkennen lässt, z. B. tbl für Tabelle/Table und qry für Abfrage, engl. Query.

Beachten Sie bei kennwortgesicherten Datenbanken

Greift eine Datenverbindung auf eine kennwortgesicherte Datenbank zu, so werden Benutzername und Kennwort ebenfalls in der Datenverbindung und damit zusammen mit der Excel-Mappe gespeichert. Aus Sicherheitsgründen sollten Sie daher auch die Arbeitsmappe mit einem Kennwort absichern.

Excel-Tabellen als Datenquelle

Eine umfangreiche Excel-Datentabelle und darauf aufbauende Pivot-Tabellen in derselben Arbeitsmappe können den Speicherplatzbedarf unter Umständen erheblich vergrößern und für längere Ladezeiten sorgen. In solchen Fällen kann es nützlich sein, wenn Sie die Auswertung in einer gesonderten Arbeitsmappe vornehmen und mit Power Query auf die Arbeitsmappe als Datenquelle zugreifen. Zudem erlaubt Power Query das Zusammenführen und Aneinanderfügen von Daten, auch aus mehreren Tabellen und kann beispielsweise statt SVERWEIS und Konsolidieren eingesetzt werden.

Power Query unterstützt in Arbeitsmappen den Zugriff auf Arbeitsblätter, benannte Zellbereiche und Tabellenbereiche (siehe Kapitel 2.2). Beachten Sie dabei folgendes:

- Tabellenbereiche bzw. als Tabelle formatierte Daten sollten Sie zwecks besserer Übersicht zuvor mit einem aussagefähigen Namen versehen.
- Beginnt die Ausgangstabelle in der ersten Zeile und Spalte eines Arbeitsblatts, kann auch das Arbeitsblatt problemlos als Datenquelle ausgewählt werden.
- In beiden Fällen werden nachträglich neu angefügte Zeilen beim Aktualisieren automatisch berücksichtigt.

Je nachdem, ob sich die Datentabelle in derselben oder in einer anderen Arbeitsmappe befindet, unterscheidet sich die Vorgehensweise etwas.

- **Die Daten befinden sich in einer externen Arbeitsmappe**
  Zum Erstellen der Abfrage klicken Sie im Menüband, Register *Daten* auf *Daten abrufen* ▶ *Aus Datei* und auf *Aus Excel-Arbeitsmappe*. Wählen Sie die Arbeitsmappe aus und klicken Sie auf *Importieren*.

- **Eine Abfrage in derselben Mappe wie die Datenquelle erstellen**
  Falls sich die Datenquelle in derselben Arbeitsmappe befindet, dann klicken Sie auf eine beliebige Zelle dieser Tabelle und benutzen im Register *Daten* ▶ *Daten Abrufen und Transformieren* die Schaltfläche *Aus Tabelle/Bereich* (s. Bild unten).

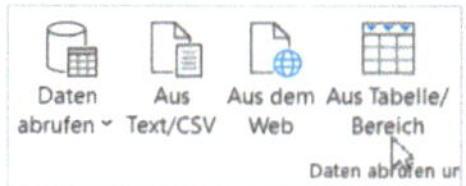

Bild 4.33 Klicken Sie in die Tabelle und auf Aus Tabelle

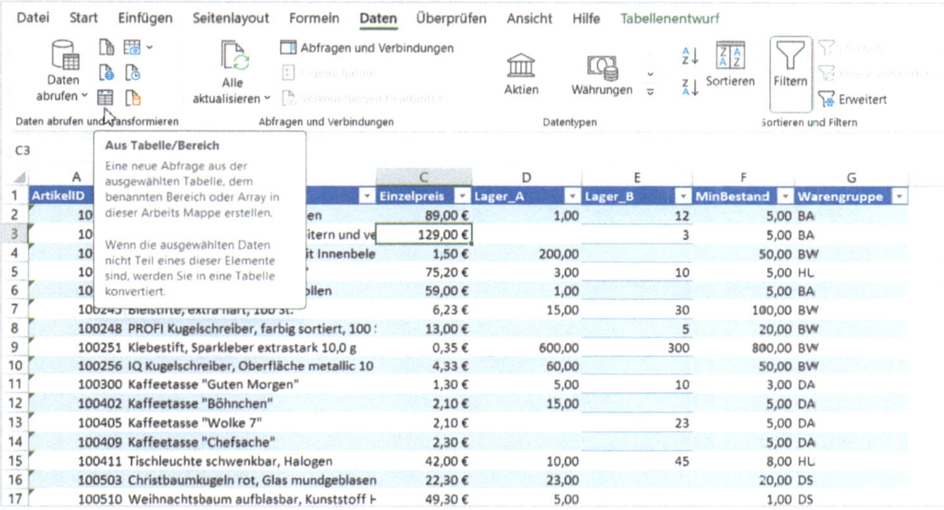

Lagerliste.xlsx

Achtung: In diesem Fall setzt Power Query voraus, dass es sich um einen Tabellenbereich handelt. Sollte dies nicht der Fall sein, wird der Zellbereich zuvor in einen Tabellenbereich umgewandelt und Sie müssen angeben, ob die Tabelle Überschriften enthält.

Tabellenbereiche (siehe Als Tabelle formatieren, Kapitel 2.2)

Element im Navigator auswählen

Wie bei Datenbanken, öffnet sich auch beim Abrufen aus einer Excel-Arbeitsmappe anschließend der Navigator und listet sämtliche Datenquellen der Arbeitsmappe auf. Dazu zählen Arbeitsblätter ❶, Tabellenbereiche ❷ und sonstige benannte Zellbereiche ❸, diese unterscheiden sich im Navigator nur durch ihr Symbol (Bild 4.34). Die oberste Ebene bildet die Excel Arbeitsmappe.

Klicken Sie auf eine Datenquelle, um rechts eine Vorschau zu erhalten und mit Klick auf die Schaltfläche *Daten transformieren* laden Sie die Daten der markierten Datenquelle in den Power Query-Editor.

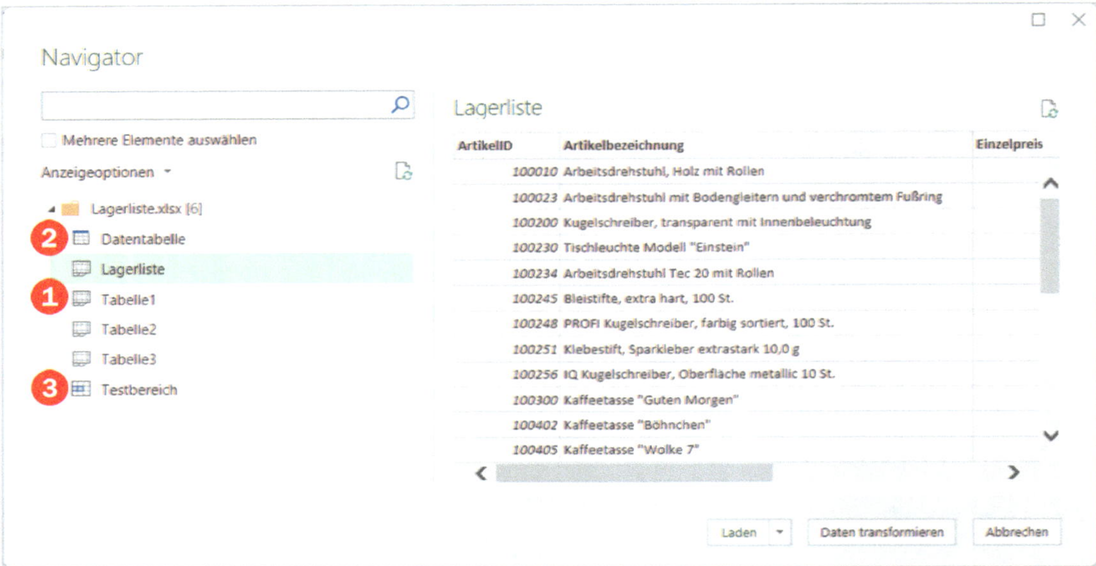

Bild 4.34 Der Navigator listet alle verfügbaren Datenquellen der Arbeitsmappe auf

Daten aus dem Web abrufen

Power Query unterstützt auch Webabfragen, über die Sie auf externe Daten im HTML-Dateiformat einer Webseite im Intranet oder Internet zugreifen können, z. B. auf aktuelle Börsenkurse oder Wetterdaten. Die Daten im Web können in Tabellenform oder als Text vorliegen. Erforderlich ist nur die genaue URL der Webseite.

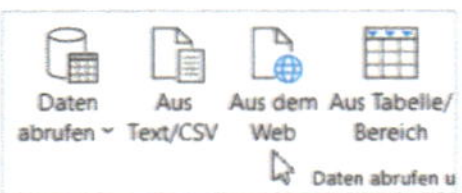

1 Klicken Sie im Menüband, Register *Daten* ▶ *Abrufen und Transformieren* auf *Daten abrufen*. Wählen Sie *Aus anderen Quellen* und klicken Sie auf *Aus dem Web* oder klicken Sie in der Gruppe *Daten abrufen und transformieren* auf die Schaltfläche *Aus dem Web*.

2 Im nachfolgenden Fenster geben Sie URL der Webseite ein , hier als Beispiel Wikipedia mit allgemeinen Informationen und Daten über Deutschland und klicken auf *OK*.

Bild 4.35 Webabfrage: URL eingeben

Bild 4.36 Zugriff auf Webinhalte und Anmeldung

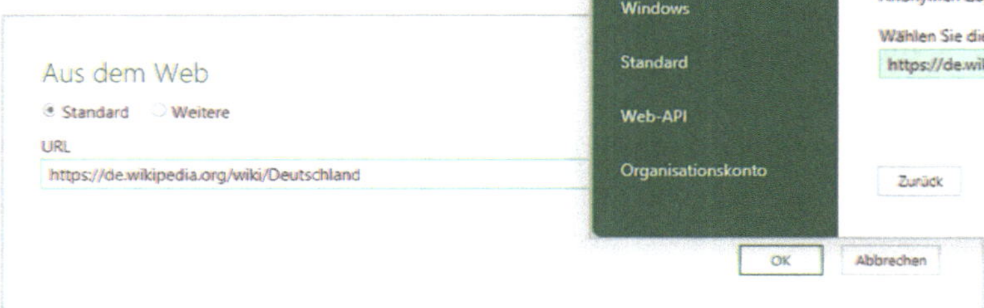

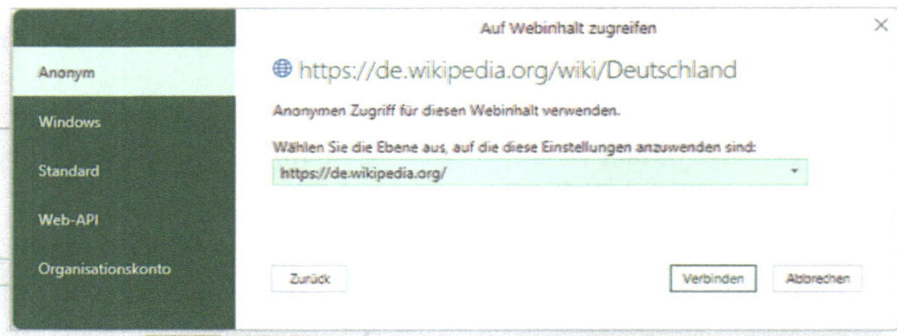

Tipp: Wenn Sie die genaue URL nicht kennen, dann benutzen Sie zunächst im Browser einen Suchdienst, z. B. Google oder Bing zur Suche nach der gewünschten Information. Haben Sie die Webseite mit den gewünschten Daten vor sich, dann klicken Sie in die Adresszeile des Browsers, kopieren Sie die Adresse mit **Strg+C** in die Zwischenablage und fügen diese im Feld *URL* ein.

3 Eventuell müssen Sie im nächsten Schritt noch angeben, wie der Zugriff auf die Webinhalte erfolgen soll (Bild 4.36). Handelt es sich um ein allgemein zugängliches kostenloses Angebot im Web, dann wählen Sie *Anonym*. Im Intranet erfolgt die Anmeldung entweder per Windows Anmeldung oder mit einem gesonderten Kennwort (Auswahl *Standard*), für den Zugriff auf SharePoint benötigen Sie ein Organisationskonto.

Hinweis: Im Gegensatz zu SharePoint ist der Zugriff auf kennwortgesicherte Daten im Web, z. B. Bankdaten aus Sicherheitsgründen meist nicht möglich.

Nach dem Klick auf *Verbinden* wird die Verbindung hergestellt, dies kann einige Sekunden dauern.

4 Anschließend öffnet sich der Navigator und listet sämtliche Inhalte der Webseite auf (Bild unten). Klicken Sie auf eine Tabelle ❶, um deren Inhalt in der Vorschau zu sehen, dabei haben Sie die Wahl zwischen der Anzeige der reinen Daten in der Tabellenansicht ❷ und der formatierten Anzeige in der Webansicht ❸.

Tipp: Mit der Auswahl *Document* und der Ansicht *Webansicht* sehen Sie die gesamte Webseite und erhalten so einen besseren Überblick.

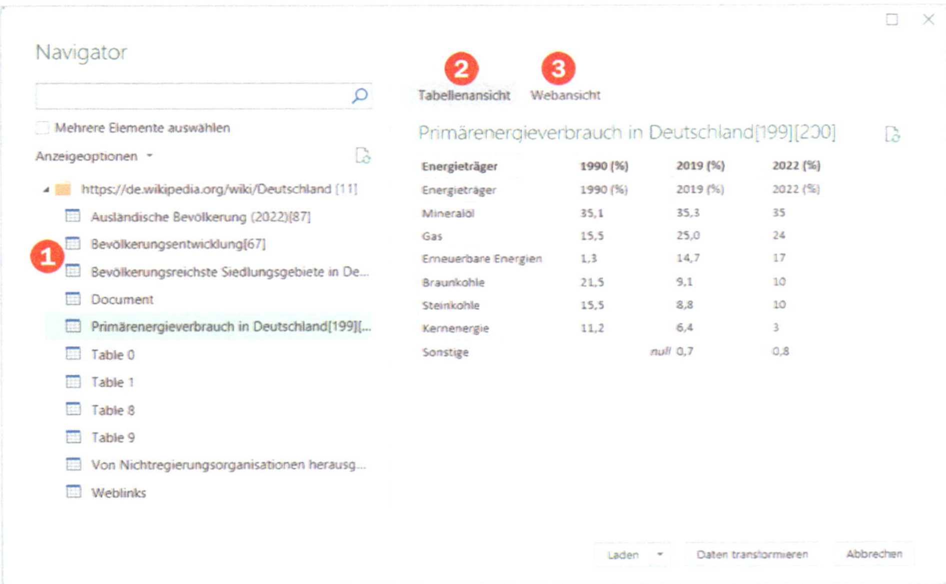

Bild 4.37 Klicken Sie auf Webansicht, um eine Vorschau zu erhalten

Quelle: wikipedia.de

5 Klicken Sie auf die Tabelle mit den gewünschten Daten, hier *Primärenergieverbrauch Deutschland*, kontrollieren Sie den Inhalt in der Vorschau und klicken Sie dann entweder auf *Laden* oder *Daten transformieren*, wenn Sie die Daten im Abfrage-Editor noch weiter bearbeiten möchten, z. B. um Zahlen mit dem korrekten Zahlenformat zu versehen oder überzählige Zeilen und/Spalten zu entfernen.

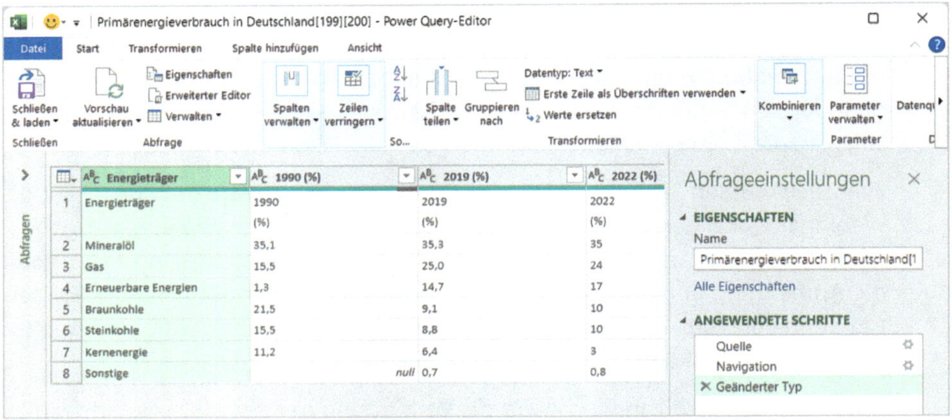

Bild 4.38 Die Daten im Abfrage-Editor

Hinweise

- Viele Webseiten verwenden auch Bilder und Symbole in Tabellen. Da diese im Power Query-Editor nicht dargestellt werden können, erhalten Sie in solchen Fällen entsprechend leere Spalten und/oder Zeilen, die Sie anschließend im Power Query-Editor problemlos entfernen können.
- Ein Zugriff auf Daten, die sich auf einem FTP-Server befinden, ist mit Power Query derzeit leider nicht möglich.

Daten aus XML-Dateien importieren

Neben Text- und csv-Dateien unterstützt Power Query auch den Import aus XML-Dateien. Bei XML-Dateien handelt es sich um Textdateien, in denen die Daten hierarchisch strukturiert dargestellt werden, wie in Bild 4.39.

Als Beispiel soll diese Tabelle mit einfachen Artikeldaten mittels Power Query importiert werden.

Bild 4.39 Beispiel XML-Datei

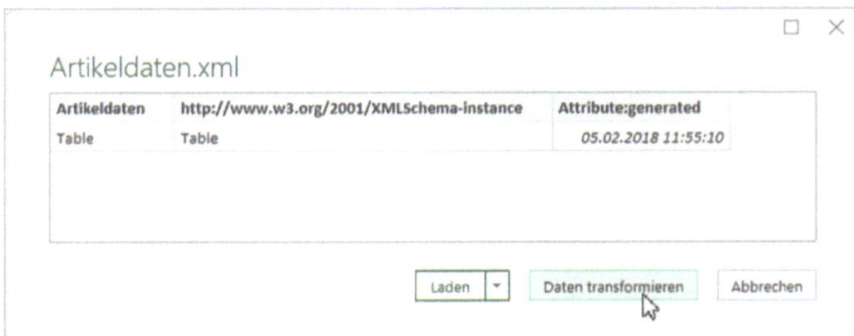

Bild 4.40 XML-Daten im Abfrage-Editor bearbeiten

Info: XML ist die Abkürzung von Extensible Markup Language. XML ist ein ebenfalls weit verbreitetes Dateiformat zum Datenaustausch zwischen Systemen.

1 Klicken Sie im Menüband, Register *Daten* ▶ *Daten abrufen und transformieren* auf *Daten abrufen* ▶ *Aus Datei* und auf *Aus XML*. Wählen Sie die XML-Datei aus und klicken Sie auf *Importieren*.

Artikeldaten.xml

2 Im nächsten Fenster erhalten Sie eine etwas andere Vorschau auf den Inhalt, s. Bild 4.40, klicken Sie auf *Daten transformieren*.

3 Die Tabelle erscheint anschließend im Abfrage-Editor und umfasst scheinbar nur eine einzige Zeile (Bild 4.41). Um die Tabelle zu erweitern, klicken Sie in der Spalte mit dem Eintrag *Table*, im Beispiel unten die erste Spalte mit der Überschrift *Artikeldaten* neben der Spaltenüberschrift, auf die Schaltfläche mit den beiden auseinander weisenden Pfeilen (*Erweitern*). **Achtung**: Die zweite Spalte mit der Überschrift *http://...* zeigt diese Schaltfläche ebenfalls an. Diese beinhaltet einen Verweis auf das verwendete Datenschema und kann ignoriert werden.

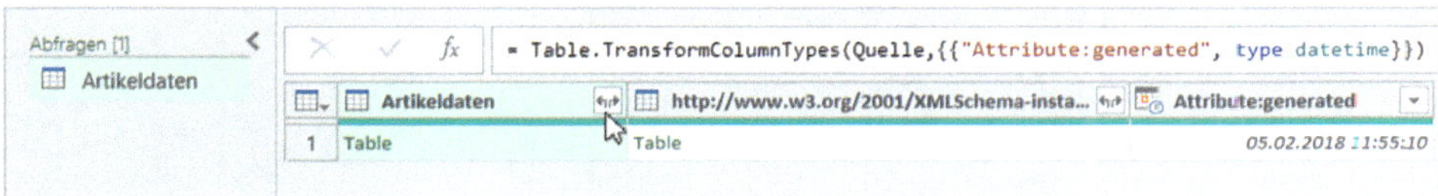

Bild 4.41 Klicken Sie zum Erweitern auf die Schaltfläche

4 Es öffnet sich eine Liste mit allen Spalten der eigentlichen Tabelle. Falls Sie nicht alle Spalten benötigen, benutzen Sie die Kontrollkästchen zur Auswahl. Das Kontrollkästchen *Ursprünglichen Spaltennamen als Präfix verwenden* ist nur sinnvoll bei eventuell mehrfach vorkommenden Spaltenüberschriften und kann hier deaktiviert werden. Klicken Sie dann auf *OK*.

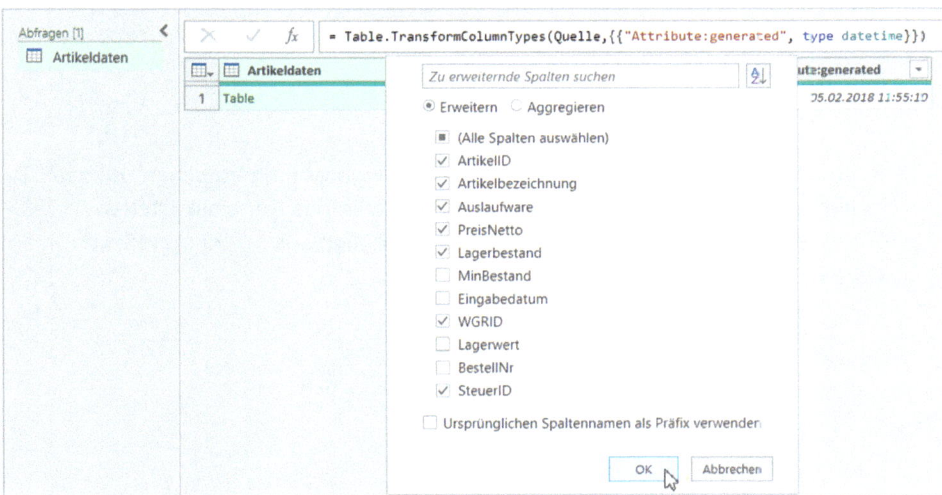

Bild 4.42 Wählen Sie die benötigten Spalten aus

5 Anschließend können Sie die Tabelle wie gewohnt bearbeiten, allerdings umfasst das hier verwendete Beispiel nur drei Datensätze. Löschen Sie die nicht benötigten Spalten, im Bild unten die beiden ganz rechts, und kontrollieren bzw. ändern Sie unbedingt die Datentypen der übrigen Spalten.

	ArtikelID	Artikelbezeichnung	Ausla...	PreisN...	Lagerbes...	WG...	http://...	Attribute:gener...
1	100010	Arbeitsdrehstuhl	0	89	1	BA	Table	05.02.2018 11:55:10
2	100234	Tischleuchte	1	59	1	BA	Table	05.02.2018 11:55:10
3	309911	Flachablageschrank 110,0 x 76,5 x 42,0cm 5 Schubladen	0	699	0	BA	Table	05.02.2018 11:55:10

Bild 4.43 Die Tabelle erscheint im Abfrage-Editor und kann weiter bearbeitet werden

XML-Dateien mit mehreren Tabellen

XML-Dateien können auch zwei und mehr Tabellen umfassen. Als Beispiel im Bild unten Bestellungen mit den dazugehörigen Bestellposten. Jeder Bestellung (*Orders*) sind mehrere Einzelposten (*ListOrderItems*) zugeordnet.

Bild 4.44 XML-Datei mit zwei hierarchischen Tabellen

Auftragsdaten.xml

```
<Dataroot xmlns:od="urn:schemas-microsoft-com:officedata">
  <Orders>
    <Order>
      <OrderID>410-995</OrderID>
      <Datum>20240123</Datum>
      <Kunde>
        <OrderID>410-995</OrderID>
        <KundeName>Werner Meister</KundeName>
        <PLZ>12345</PLZ>
        <KundeOrt>Musterhausen</KundeOrt>
        <Adresse1>Bremsweg 12</Adresse1>
      </Kunde>
    </Order>
  </Orders>
  <ListOrderItems>
    <OrderID>410-995</OrderID>
    <OrderItems>
      <OrderItem>
        <PostenId>1</PostenId>
        <ArtikelId>4711</ArtikelId>
        <Preis>16,80</Preis>
        <ArtikelText>Kaffeetasse</ArtikelText>
      </OrderItem>
      <OrderItem>
        <PostenId>2</PostenId>
        <ArtikelId>5789</ArtikelId>
        <Preis>8,20</Preis>
        <ArtikelText>Kugelschreiber</ArtikelText>
      </OrderItem>
    </OrderItems>
  </ListOrderItems>
```

1 Beim Import dieser Datei erhalten Sie im Navigator eine Vorschau auf zwei Tabellen. Da beide benötigt werden, aktivieren Sie das Kontrollkästchen *Mehrere Elemente auswählen* ❶ und wählen beide Tabellen aus ❷. Klicken Sie dann auf *Daten transformieren*.

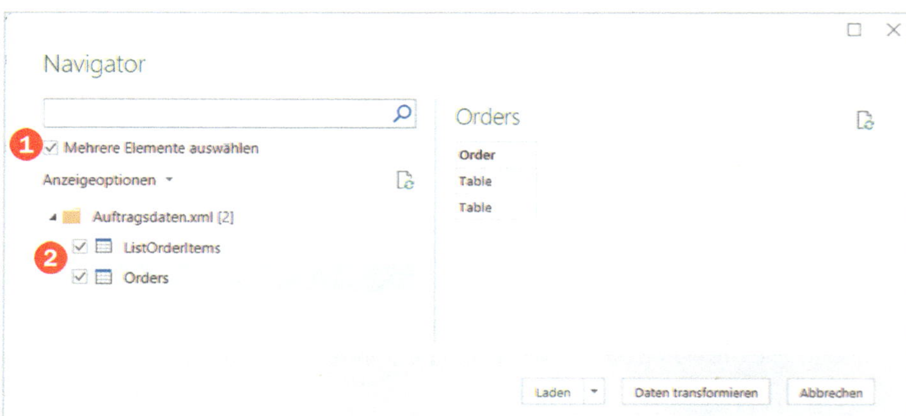

Bild 4.45 Wählen Sie im Navigator beide Tabellen aus

2 Aufgrund des hierarchischen Aufbaus müssen Sie im Power Query-Editor anschließend die Tabellen an ihren Knoten erweitern. Wählen Sie links im Abfragebereich eine Tabelle aus, hier *Orders* ❸ und erweitern Sie diese Tabelle, indem Sie neben der Spaltenüberschrift auf das Symbol *Erweitern* klicken ❹ und die benötigten Spalten auswählen ❺.

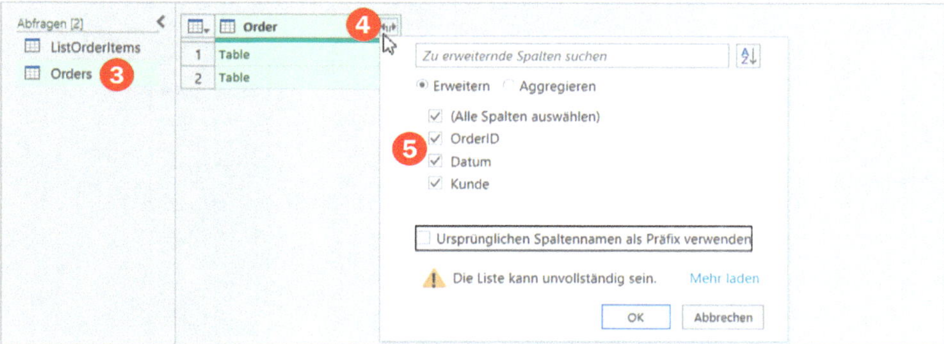

Bild 4.46 Erweitern Sie die Spalte Order

3 Die Spalte *Kunde* weist statt eines Namens den Eintrag *Table* auf, d. h. hier verbirgt sich eine weitere untergeordnete Tabelle. Klicken Sie hier wieder auf das Symbol *Erweitern* und aktivieren Sie sämtliche Adressdaten, wie im Bild unten

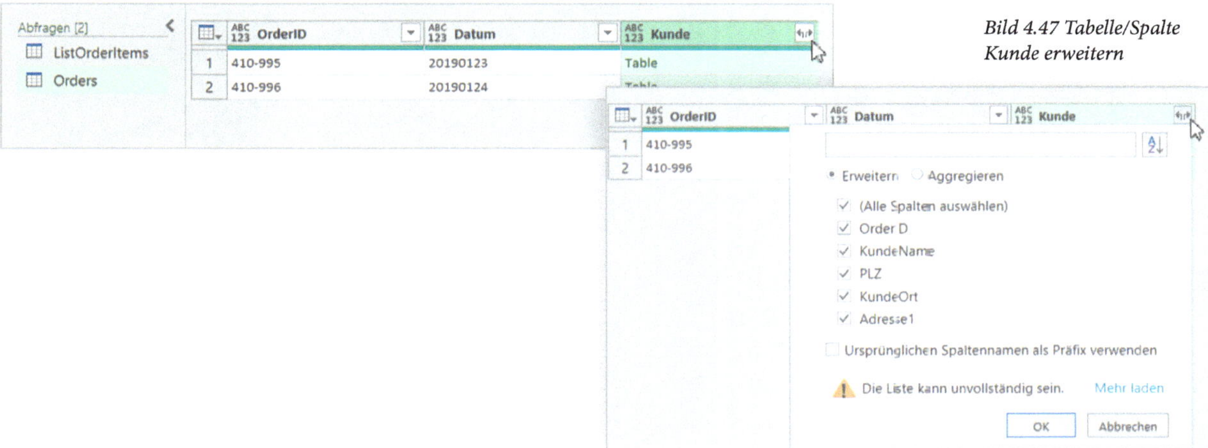

Bild 4.47 Tabelle/Spalte Kunde erweitern

4 Die zweite Abfrage *ListOrderItems* beinhaltet die Einzelposten jeder Bestellung. Damit diese einer Bestellung zugeordnet werden können, enthält die Abfrage ebenfalls die Spalte *OrderID*. Wählen Sie die Abfrage *ListOrderItems* aus und erweitern Sie hier die Spalte *OrderItems* um alle Felder (Bild 4.48). Möglicherweise müssen Sie das Ergebnis noch ein weiteres Mal erweitern.

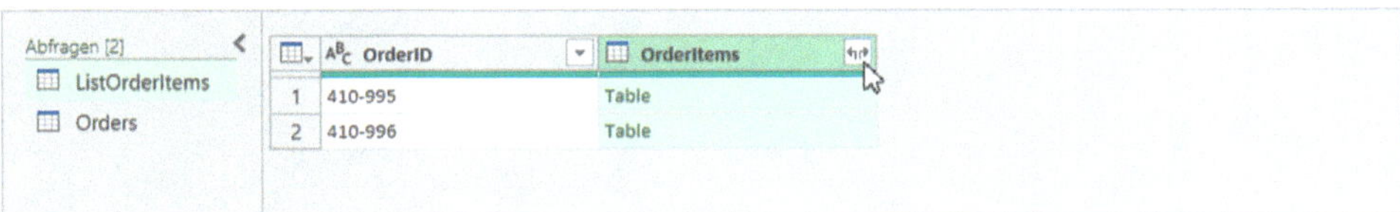

Bild 4.48 Erweitern Sie die Spalte OrderItems

Als Ergebnis erhalten Sie zwei eigenständige Tabellen, die Sie anschließend im Abfrage-Editor auch noch zusammenführen können, siehe Seite 151 ff.

Sie können aber auch die Tabellen dem Datenmodell der Arbeitsmappe hinzufügen (Dialogfenster *Laden in*) und das Datenmodell entweder mit Excel oder Power Pivot weiter bearbeiten. Näheres hierzu lesen Sie in den Kapiteln 7 und 8.

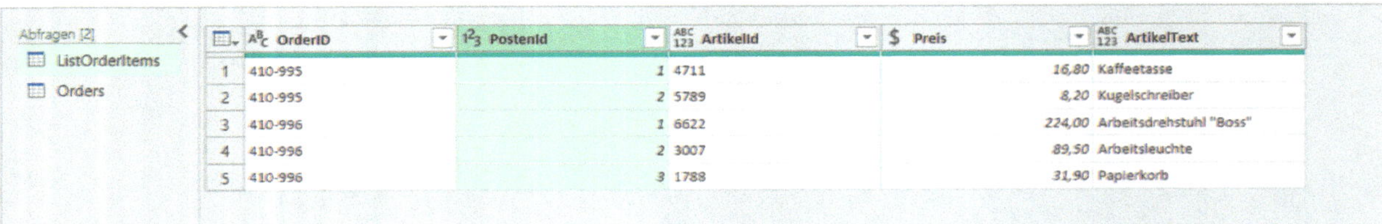

	OrderID	PostenId	ArtikelId	Preis	ArtikelText
1	410-995	1	4711	16,80	Kaffeetasse
2	410-995	2	5789	8,20	Kugelschreiber
3	410-996	1	6622	224,00	Arbeitsdrehstuhl "Boss"
4	410-996	2	3007	89,50	Arbeitsleuchte
5	410-996	3	1788	31,90	Papierkorb

Bild 4.49 Das Ergebnis

5 Erweiterte Abfragen mit Power Query

In diesem Kapitel lernen Sie...

- Elemente des Power Query-Editors
- Bearbeitungschritte kontrollieren und ändern
- Datentypen kontrollieren und ändern
- Spalten berechnen
- Zeilen entfernen, Daten filtern
- Daten aus mehreren Tabellen aneinanderfügen oder zusammenführen
- Einführung in die Power Query M-Formelsprache

Das sollten Sie wissen

- Excel-Tabellenbereiche erstellen
- Berechnungen mit Formeln und Funktionen

5.1 Grundlegende Arbeitstechniken im Power Query-Editor

Neben den Datentypen bietet der Power Query-Editor noch wesentlich mehr Bearbeitungsmöglichkeiten: Sie können z. B. Spalten löschen, neue hinzufügen bzw. berechnen und umbenennen sowie Datensätze gruppieren oder filtern.

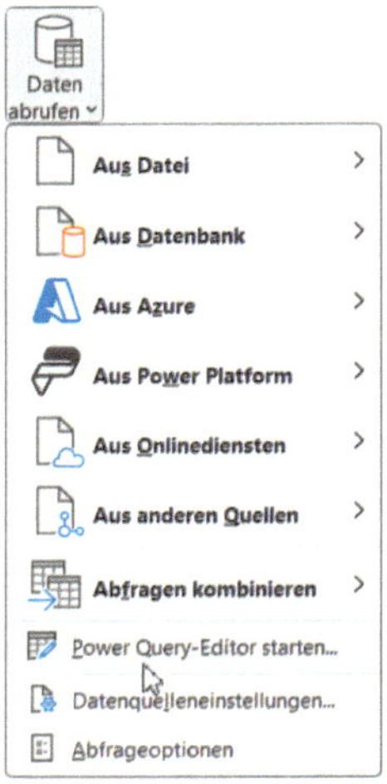

Power Query-Editor öffnen

Sie öffnen den Editor, indem Sie beim Erstellen einer neuen Abfrage nach Auswahl der Datenquelle im Navigator auf *Daten transformieren* klicken (s. Seite 81). Zum nachträglichen Öffnen einer bereits vorhandenen Abfrage genügt im Aufgabenbereich *Abfragen und Verbindungen* ein Doppelklick auf die Abfrage oder klicken Sie im Menüband, Register *Daten* auf *Daten abrufen* und auf *Power Query-Editor starten*.

Tipp: Abfrage-Infos anzeigen

Informationen zur Abfrage erhalten Sie, wenn Sie im Aufgabenbereich *Abfragen und Verbindungen* mit der Maus kurz auf der Abfrage verweilen. Und mit Klick auf *BEARBEITEN* öffnen Sie ebenfalls den Editor. Zum Ausblenden der Informationen zeigen Sie mit der Maus entweder an eine beliebige andere Stelle oder klicken im Infoblatt auf *IN ARBEITSBLATT ANZEIGEN*.

Mit Klick auf *LÖSCHEN* können Sie nach einer Rückfrage die Verbindung bzw. Abfrage löschen. Damit bleiben zwar im Tabellenblatt die Daten erhalten, werden aber nicht mehr aktualisiert.

Bild 5.1 Abfrage-Infos anzeigen

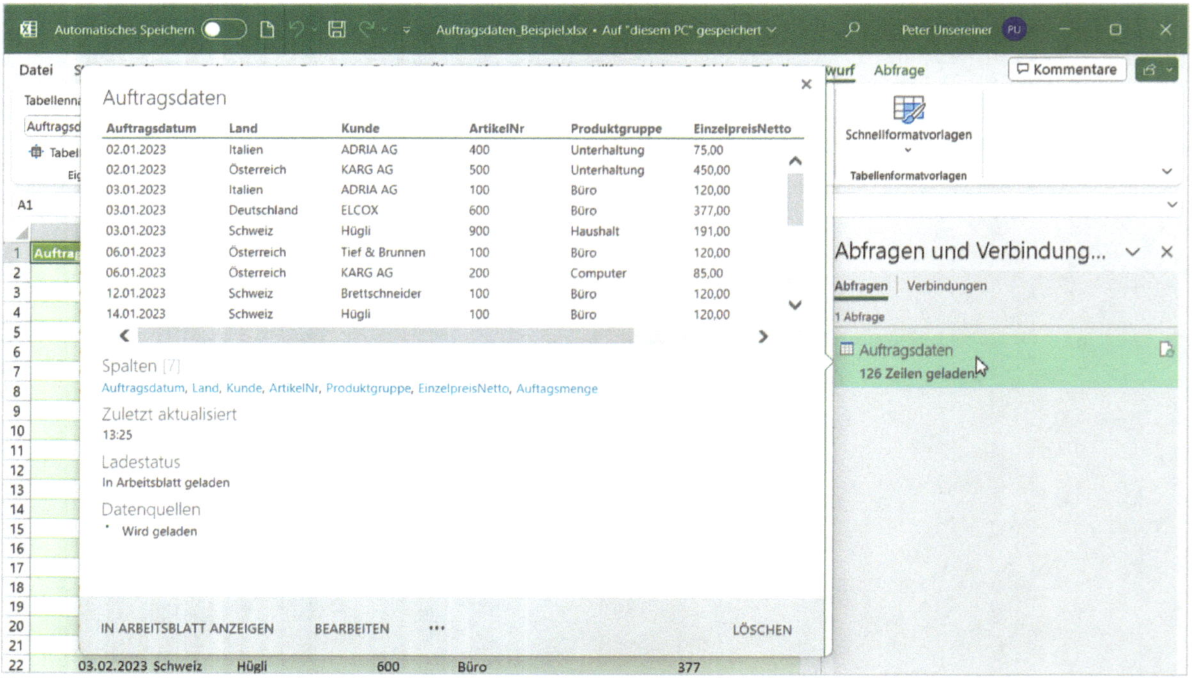

Bildschirmelemente

Der Abfrage-Editor wird in einem gesonderten Fenster geöffnet, siehe Bild unten, und verfügt über ein eigenes Menüband ❶ mit den Registern *Datei*, *Start*, *Transformieren*, *Spalte hinzufügen* und *Ansicht*.

Am linken Rand des Fensters schließt und öffnet ein Klick auf den Pfeil ❷ den Bereich *Abfragen*. Dieser zeigt alle Abfragen der Arbeitsmappe an und erlaubt einen schnellen Wechsel durch Anklicken. Rechts befindet sich der Aufgabenbereich *Abfrageeinstellungen* ❸ mit den Eigenschaften bzw. dem Namen der aktuellen Abfrage und allen bisher angewendeten Bearbeitungsschritten. Zum Schließen des Power Query-Editors klicken Sie auf das Symbol *Schließen* ❹ oder auf *Schließen & laden* ❺.

Bild 5.2 Der Power Query-Editor

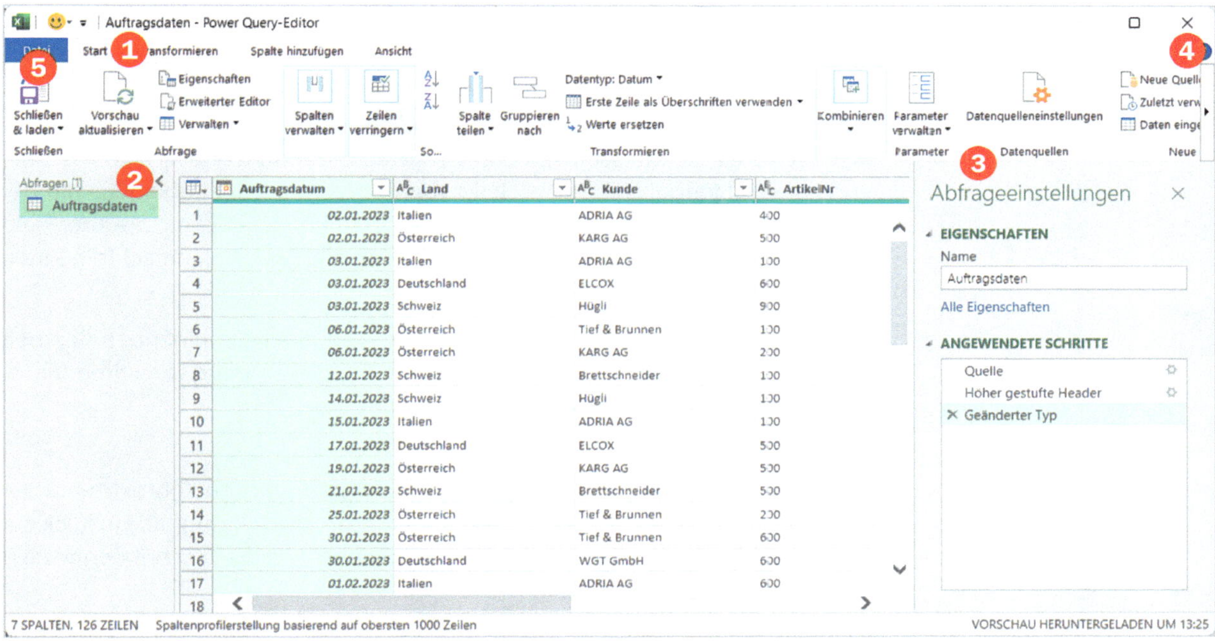

Aufgabenbereich Abfrageeinstellungen anzeigen

Die Liste *Angewendete Schritte* ist ein unverzichtbares Werkzeug von Power Query. Sie erhalten hier nicht nur einen Überblick über alle bisher erfolgten Bearbeitungen bzw. Transformationen, sondern können einen Arbeitsschritt auch wieder löschen oder nachträglich ändern. Sollte der Aufgabenbereich nicht sichtbar sein, so klicken Sie zum Einblenden im Menüband des Power Query-Editors auf das Register *Ansicht* und hier auf die Schaltfläche *Abfrageeinstellungen*.

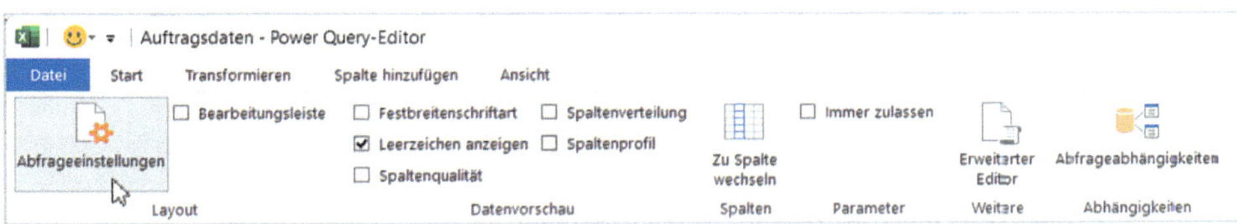

Bild 5.3 Aufgabenbereich Abfrageeinstellungen anzeigen

Bearbeitungsschritte kontrollieren und ändern

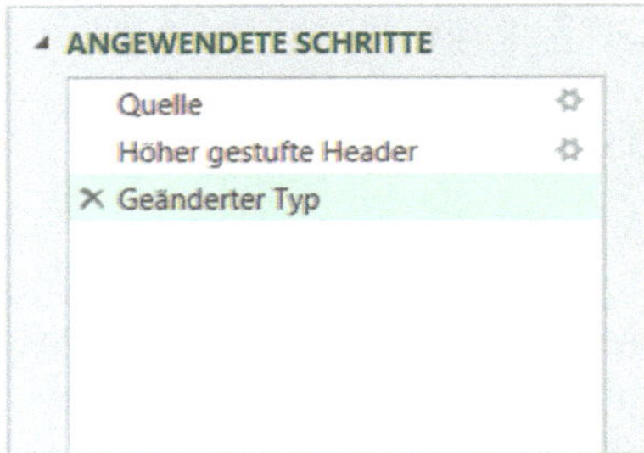

Wichtigstes Hilfsmittel im Power Query-Editor ist die Liste *Angewendete Schritte* im Aufgabenbereich *Abfrageeinstellungen*. Hier werden in chronologischer Reihenfolge von oben nach unten alle erfolgten Transformationsschritte aufgelistet und Sie können jeden einzelnen Schritt kontrollieren, nachträglich ändern und bei Bedarf auch ganz löschen.

- **Ergebnis kontrollieren**
  Klicken Sie direkt auf einen Bearbeitungsschritt, so sehen Sie links in der Datentabelle das Ergebnis nach diesem Schritt.

- **Arbeitsschritt löschen**
  Wenn Sie einen Schritt rückgängig machen möchten, dies muss nicht zwingend der letzte Arbeitsschritt sein, dann zeigen Sie auf die Aktion und klicken anschließend auf das Symbol *Löschen* ✕ links von der Aktion. Oder klicken Sie mit der rechten Maustaste auf die Aktion und dann auf *Löschen*. Beachten Sie aber, dass das Entfernen eines Transformationsschritts Folgefehler bei den nachfolgenden Schritten nach sich ziehen kann.

  Tipp: Wenn Sie ab einem bestimmten Schritt auch alle nachfolgenden Bearbeitungsschritte löschen möchten, dann klicken Sie diesen mit der rechten Maustaste an und wählen den Befehl *Bis zum Ende löschen*.

- **Bearbeitungsschritt ändern**
  Einige Schritte sind mit diesem Symbol ⚙ versehen und im Kontextmenü der rechten Maustaste ist der Befehl *Einstellungen bearbeiten* verfügbar. Ein Klick auf diesen Befehl oder das Symbol erlaubt Änderungen an diesem Schritt, ohne dass dieser zuvor gelöscht werden muss.

- **Reihenfolge ändern**
  Wenn Sie versehentlich nachträglich eine Bearbeitung an der falschen Stelle eingefügt haben, dann können Sie diesen Schritt über das Kontextmenü und die Befehle *Nach oben* und *Nach unten* verschieben und z. B. ans Ende stellen.

> **Achtung**: Jeder neue Bearbeitungsschritt wird automatisch nach dem markierten Schritt eingefügt. Markieren Sie daher nach der Kontrolle einzelner Schritte wieder den letzten Schritt, bevor Sie mit der Bearbeitung fortfahren. Nachträglich dazwischen eingefügte Schritte können in den nachfolgenden zu Fehlern führen.

Bearbeitungsschritt als M-Code anzeigen

Ein kleine Einführung in die M-Sprache finden Sie auf Seite 161.

Sämtliche Bearbeitungen erfolgen im Power Query-Editor in einer speziellen Programmiersprache, genannt M-Formelsprache oder kurz Power Query M. Wenn Sie den dazugehörigen M-Befehl eines Bearbeitungsschritts anzeigen möchten, dann klicken Sie im Menüband auf das Register *Ansicht* und aktivieren das Kontrollkästchen *Bearbeitungsleiste* ❶. Auf demselben Weg blenden Sie die Leiste auch wieder aus.

Bild 5.4 Bearbeitungsleiste anzeigen

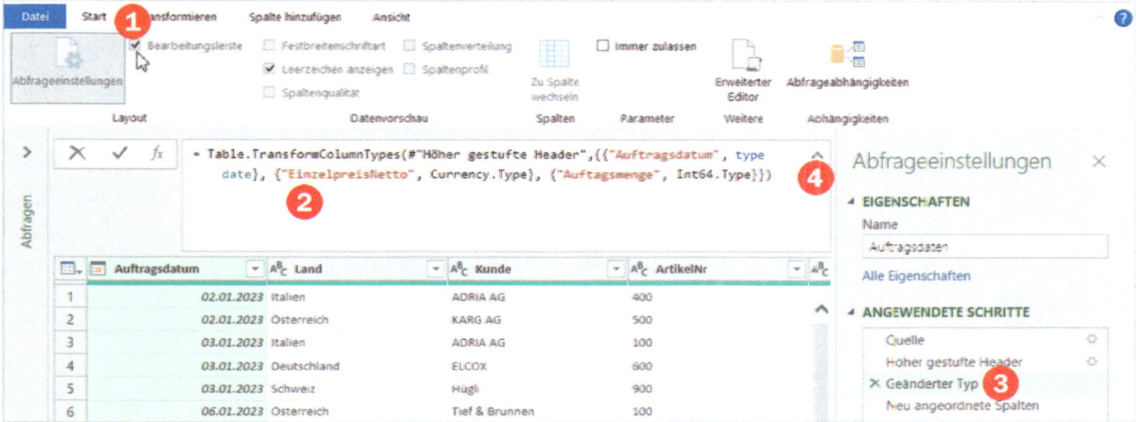

❷ Die Bearbeitungsleiste mit dem markierten Schritt ❸ in der M-Sprache.

❹ Mit Klick auf diesen Pfeil erweitern und verkleinern Sie die Bearbeitungsleiste.

Mögliche Importprobleme beheben/Datenquelle ändern

Kontrollieren Sie nach dem Laden in den Power Query Editor die Datentabelle:

- Wurden die Spaltenüberschriften erkannt?
- Werden Umlaute (ä, ü, usw.) und Sonderzeichen korrekt dargeste lt?
- Werden Zahlen und Datumswerte richtig angezeigt?

Falls nicht, so können Sie anhand der Liste der angewendeten Schritte (s. Seite 110) jeden der bisher erfolgten Importschritte zurückverfolgen und bei Bedarf ändern oder löschen. Wie Sie bei Zahlen und Datumswerten vorgehen, lesen Sie Seite 115 nach.

Spaltenüberschriften nicht erkannt?

Manchmal wird beim Import die erste Zeile nicht als Überschriftzeile erkannt. In solchen Fällen klicken Sie im Power Query-Editor, Register *Start* ▶ *Transformieren* auf *Erste Zeile als Überschriften verwenden* (Bild 5.5). Falls dagegen bei nicht vorhandenen Überschriften fälschlicherweise die erste Datenzeile als Überschriftzeile interpretiert wurde, so wählen Sie stattdessen *Überschriften als erste Zeile verwenden*.

Bild 5.5 Erste Zeile als Überschriften

Trennzeichen und Zeichensatz/Codierung ändern

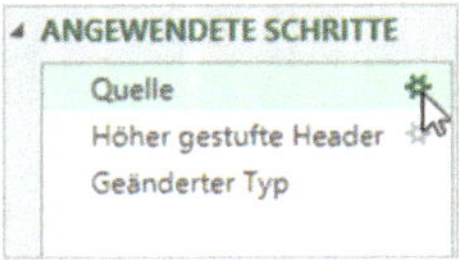

Wenn Umlaute und Sonderzeichen nicht richtig dargestellt werden, dann müssen Sie einen anderen Zeichensatz wählen, gebräuchlich sind beispielsweise UTF-8 und Westeuropäisch (Windows). Oder stellen Sie nachträglich fest, dass das falsche Trennzeichen verwendet wurde? In beiden Fällen ändern Sie dies über die Datenquelle, klicken Sie daher in der Liste *Angewendete Schritte* auf das Symbol ⚙ neben *Quelle*.

Im nachfolgenden Fenster können Sie nicht nur im Feld *Dateiursprung* den Zeichensatz ändern, sondern im Bedarfsfall auch ein anderes Trennzeichen wählen. Im Feld *Dateipfad* sehen Sie die aktuelle Datenquelle, diese können Sie mit Klick auf die Schaltfläche *Durchsuchen* ändern. Den passenden Dateityp wählen Sie im Feld *Datei öffnen als* aus.

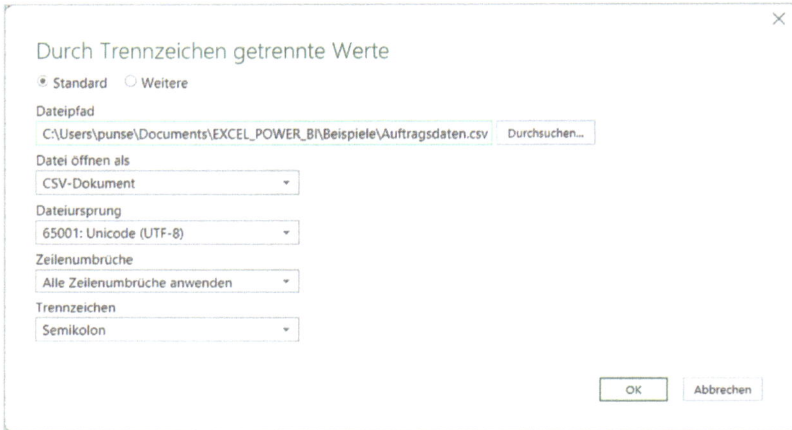

Bild 5.6 Datenquelle, Zeichensatz und Trennzeichen ändern

Datenquelle ändern

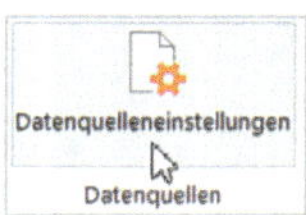

Falls die Datenquelle gelöscht, nachträglich an einen anderen Speicherort verschoben oder umbenannt wurde, so erscheint beim Öffnen der Excel-Arbeitsmappe eine entsprechende Fehlermeldung. Um die Datenquelle erneut auszuwählen, verwenden Sie eine der folgenden Methoden:

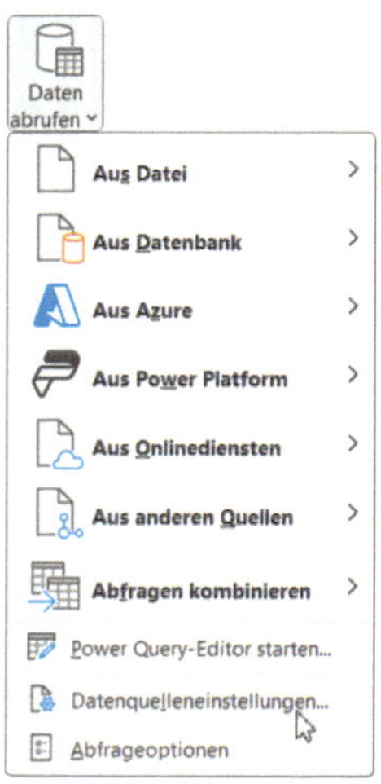

- Im Power Query-Editor klicken Sie in der Liste *Angewendete Schritte* beim ersten Schritt *Quelle* auf das Symbol *Einstellungen bearbeiten* ⚙ (s. oben) und wählen danach bei *Dateipfad* mit Klick auf die Schaltfläche *Durchsuchen* (Bild 5.6) die neue Datenquelle aus.
- Oder klicken Sie im Register *Start* auf *Datenquelleneinstellungen*. Achten Sie im nachfolgenden Fenster darauf, dass die Option *Datenquellen in der aktuellen Arbeitsmappe* ❶ ausgewählt ist, markieren Sie die Datenquelle ❷ und klicken Sie auf die Schaltfläche *Quelle ändern...* ❸.
- Ein Ändern der Datenquelle ist auch aus der Excel-Arbeitsmappe heraus möglich: Dazu klicken Sie im Menüband, Register *Daten* ▶ *Daten abrufen und transformieren* auf *Daten abrufen* und auf *Datenquelleneinstellungen*. Klicken Sie dann ebenfalls auf die Datenquelle und auf *Quelle ändern...* siehe oben.

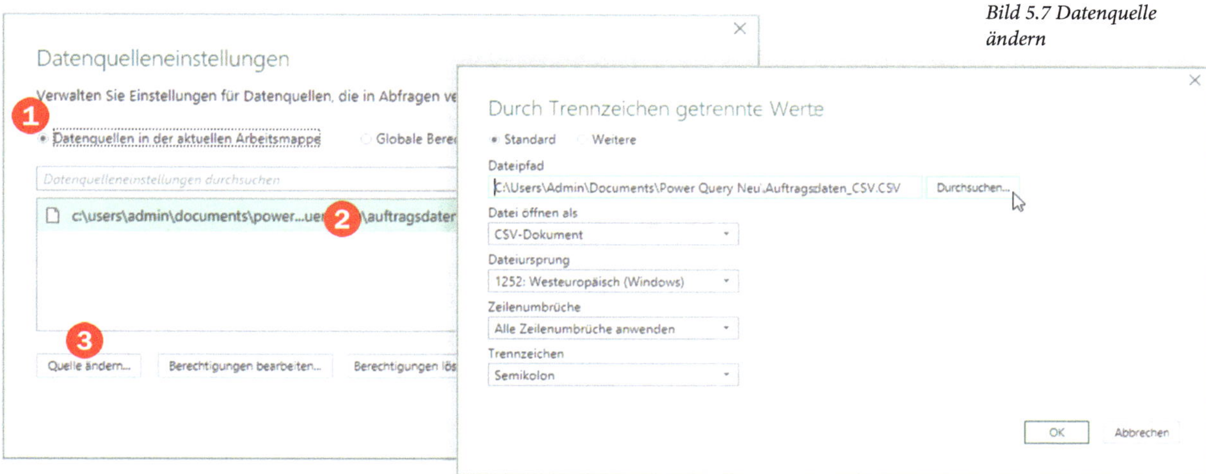

Bild 5.7 Datenquelle ändern

Spalten umbenennen, verschieben oder entfernen

Nicht benötigte Spalten markieren und entfernen

Viele Datenquellen enthalten Daten, die in der Auswertung nicht benötigt werden. Diese Spalten können problemlos entfernt werden, zumal dieser Schritt jederzeit wieder gelöscht werden kann. Zum vorherigen Markieren der betreffenden Spalte genügt ein Klick in die Überschrift. Falls Sie gleich mehrere Spalten markieren möchten, so klicken Sie die weiteren mit gleichzeitig gedrückter **Strg**-Taste an.

Spalte markieren: Klick in die Überschrift

Mehrfachmarkierung: Anklicken mit gedrückter Strg-Taste

- **Aktuelle Spalte entfernen:** Klicken Sie in die Überschrift der betreffenden Spalte, im Bild unten *BestellID*, und im Menüband, Register *Start* ▶ *Spalten verwalten* auf *Spalten entfernen* ❶.
- **Alle Spalten mit Ausnahme der markierten Spalte entfernen:** Klicken Sie auf den Dropdown-Pfeil *Spalten entfernen* und wählen Sie *Andere Spalten entfernen*.
- **Tipp Spalten auswählen:** Falls Sie gleich mehrere Spalten auswählen und entfernen möchten, dann klicken Sie stattdessen auf *Spalten auswählen* ❷ (Bild 5.8). Es öffnet sich ein gesondertes Fenster und Sie brauchen nur die Kontrollkästchen der zu entfernenden Spalten deaktivieren.

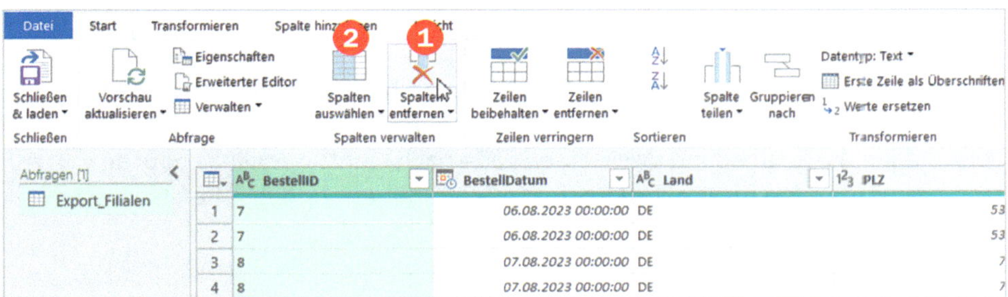

Bild 5.8 Spalte entfernen

Entfernte Spalten wieder anzeigen

Entfernte Spalten können mit der Schaltfläche *Spalten auswählen* und Aktivieren der Kontrollkästchen jederzeit wieder hinzugefügt werden. Oder löschen Sie einfach den dazugehörigen Bearbeitungsschritt.

Spalten umbenennen

Zum Umbenennen einer Spalte genügt ein Doppelklick in die Spaltenüberschrift und Sie können diese überschreiben ❶. Alternativ finden Sie im Menüband den Befehl *Umbenennen* ❷ im Register *Transformieren*. Oder klicken Sie mit der rechten Maustaste in die Überschrift und auf den Befehl *Umbenennen*.

Bild 5.9 Beispiel: Spalte umbenennen

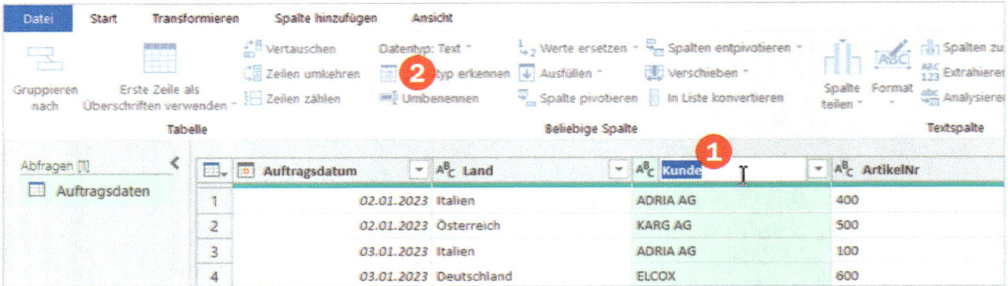

Spalten verschieben

Die Spalten lassen sich in beliebiger Reihenfolge anordnen: Klicken Sie in die Überschrift der Spalte und ziehen Sie anschließend die Spalte mit der Maus nach rechts oder links an die gewünschte Stelle, als Beispiel im Bild unten die Spalte *Land*.

Bild 5.10 Ziehen Sie die Spaltenüberschrift an die gewünschte Stelle

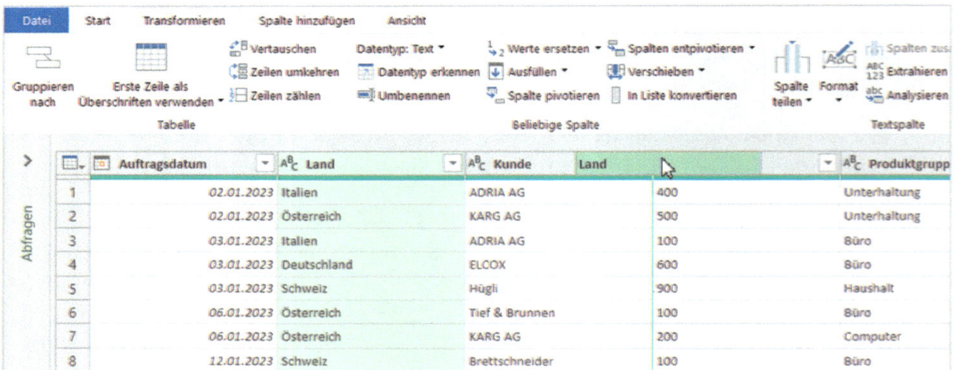

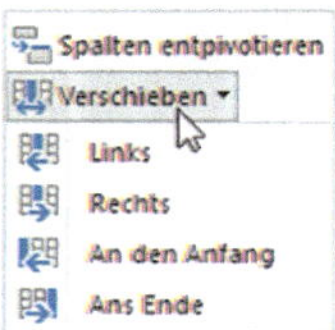

Oder markieren Sie mit einem Klick auf die Überschrift die zu verschiebende Spalte, klicken im Menüband, Register *Transformieren* ► *Beliebige Spalte* auf *Verschieben* und verschieben die Spalte dann um je eine Spalte nach rechts oder links oder an den Anfang bzw. das Ende. Oder Rechtsklick in die Spaltenüberschrift und Befehl *Verschieben*.

Spalteninhalte auf Fehler prüfen

Eine nützliche Option ist die Möglichkeit, für jede Spalte anzuzeigen, ob diese gültige Daten oder Fehler und leere Zellen enthält. Klicken Sie dazu im Menüband des Power Query-Editors auf das Register *Ansicht* und aktivieren Sie das Kontrollkästchen *Spaltenqualität*.

Damit erscheint unterhalb jeder Spaltenüberschrift eine Zusammenfassung über gültige Daten, Fehler und leere Werte in der jeweiligen Spalte. Auf dem selben Weg blenden Sie die Anzeige auch wieder aus, falls Sie diese als störend empfinden.

Bild 5.11 Spaltenqualität anzeigen

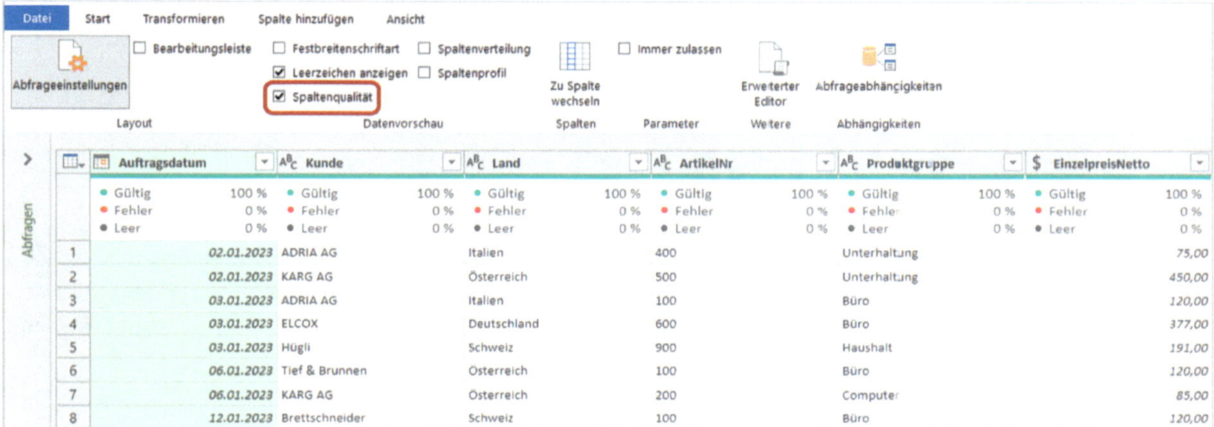

Datentypen kontrollieren und ändern

Insbesondere beim Import aus Text- bzw. CSV-Dateien wird bei Datumswerten und Zahlen der Datentyp nicht immer korrekt erkannt. Kontrollieren Sie daher unbedingt nach dem Laden in den Power Query-Editor die Datentypen aller Spalten und ändern Sie diese bei Bedarf. Dieser Schritt lässt sich später nur schwer korrigieren, da er meist Folgefehler nach sich zieht. Sie erkennen den Datentyp am Symbol links von der jeweiligen Überschrift.

Datentyp ändern

Zum Ändern des Datentyps klicken Sie auf das Datentyp-Symbol ❶ in der Überschrift der betreffende Spalte und dann auf den gewünschten Datentyp. Oder wählen Sie im Menüband, Register *Start* ▶ *Transformieren* im Feld *Datentyp* ❷ einen Datentyp aus. Oder klicken Sie mit der rechten Maustaste in die Spaltenüberschrift und auf *Typ ändern*.

Bild 5.12 Datentyp ändern

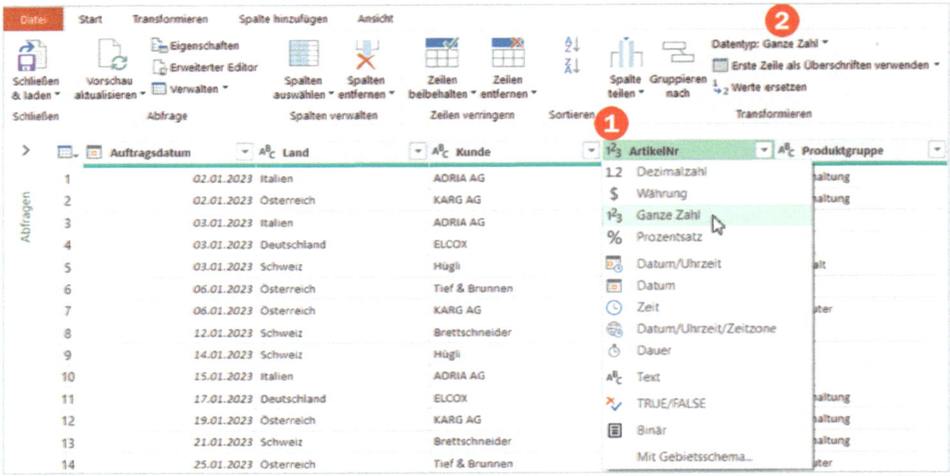

Der Datentyp *Währung* ist nicht zu verwechseln mit Excel-Zahlenformaten mit Währungssymbol!

Welcher Datentyp für Dezimalzahlen?

Für Dezimalzahlen können die Datentypen *Dezimalzahl* und *Währung* verwendet werden. Diese unterscheiden sich nur hinsichtlich der Genauigkeit, mit der Dezimalzahlen gespeichert werden. *Dezimalzahl* speichert Zahlen mit max. 15 Stellen Genauigkeit, während *Währung* eine feste Position für das Dezimalzeichen, nämlich vier Nachkommastellen, besitzt und somit für Beträge völlig ausreichend ist.

Mögliche Probleme beim Ändern

Die automatische Datentypzuweisung finden Sie in der Liste *Angewendete Schritte* als *Geänderter Typ*.

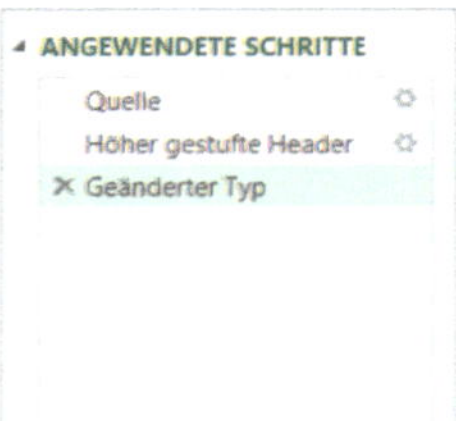

Je nach Datenquelle wird meist beim Laden in den Power Query-Editor die automatische Datentyperkennung aktiv (*Geänderter Typ*). Hierbei kann es jedoch zu Fehlern kommen, die Sie auf unterschiedlichen Wegen beheben können. Die genaue Vorgehensweise hängt von den Ausgangsdaten ab, hier einige Tipps:

- Wurde der Inhalt einer Spalte als Zahl mit der richtigen Anzahl Dezimalstellen erkannt, so ist in der Regel ein nachträgliches Ändern des Datentyps in den Typ *Dezimalzahl*, *Währung* oder *Ganze Zahl* problemlos möglich.

  Hinweis: Falls Dezimalzahlen nicht richtig dargestellt werden, weil z. B. die Ausgangsdaten Punkt statt Komma als Dezimaltrennzeichen verwenden, so benötigen Sie zum Ändern des Datentyps das passende Gebietsschema, die genaue Vorgehensweise finden Sie auf der nächsten Seite.

- Auch Datumswerte, die zunächst entweder den Typ *Ganze Zahl* oder *Text* erhalten haben, können häufig nachträglich in den Typ *Datum* oder *Datum/Uhrzeit* geändert werden. Andernfalls benötigen Sie auch hier ein Gebietsschema.

In allen Fällen erscheint beim Ändern des Datentyps die Frage, ob Sie die vorhandene Typkonvertierung ersetzen oder Ihre Änderung als neuen Schritt hinzufügen möchten. Klicken Sie auf *Aktuelle ersetzen*, so wird der automatisch zugewiesene Datentyp für diese Spalte durch den neuen Datentyp ersetzt.

Datentyp mit Gebietsschema ändern

Ein einfaches Ändern des Datentyps, wie oben beschrieben, funktioniert nicht bei Zahlen und Datumswerten, die in länderspezifischer Schreibweise vorliegen und z. B. den Punkt als Dezimalzeichen und das Komma als Tausendertrennzeichen verwenden. In solchen Fällen ändern Sie den Datentyp anhand eines Gebietsschemas. Zuvor muss aber unbedingt die automatische Datentypzuweisung nach dem Laden entfernt werden.

Hinweis: Auch Zahlen mit Leerzeichen (Österreich) oder Apostroph (Schweiz) als Tausendertrennzeichen können Sie mit Gebietsschema konvertieren.

Automatische Datentyperkennung entfernen

Um die gesamte, automatisch erfolgte Typzuweisung zu entfernen, klicken Sie in der Liste *Angewendete Schritte* beim Bearbeitungsschritt *Geänderter Typ* (Schritt 2 oder 3 nach dem Laden) auf das Symbol *Löschen*. Danach sind wieder alle Spalten vom Datentyp *Text*, zu erkennen am Symbol ABC in der Spaltenüberschrift.

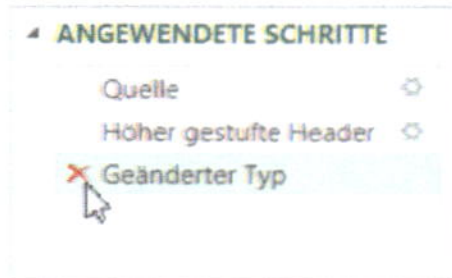

Dezimalzahlen mit Punkt statt Komma konvertieren

1 Klicken Sie auf das Datentyp-Symbol der betreffenden Spalte, im Bild *EinzelpreisNetto* und auf *Mit Gebietsschema…*.

2 Im Fenster *Typ mit Gebietsschema ändern* wählen Sie dann den passenden Datentyp, hier *Währung* und im Feld *Gebietsschema* die länderspezifische Schreibweise, z. B. *Englisch (USA)* oder *Englisch (Deutschland)*. Klicken Sie zuletzt auf *OK*.

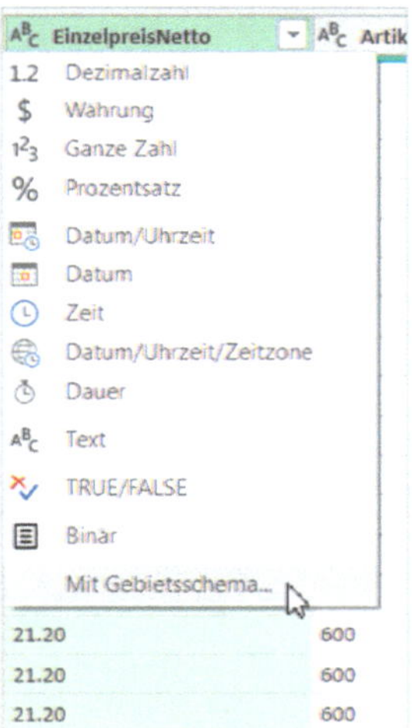

Bild 5.13 Klicken Sie auf Mit Gebietsschema

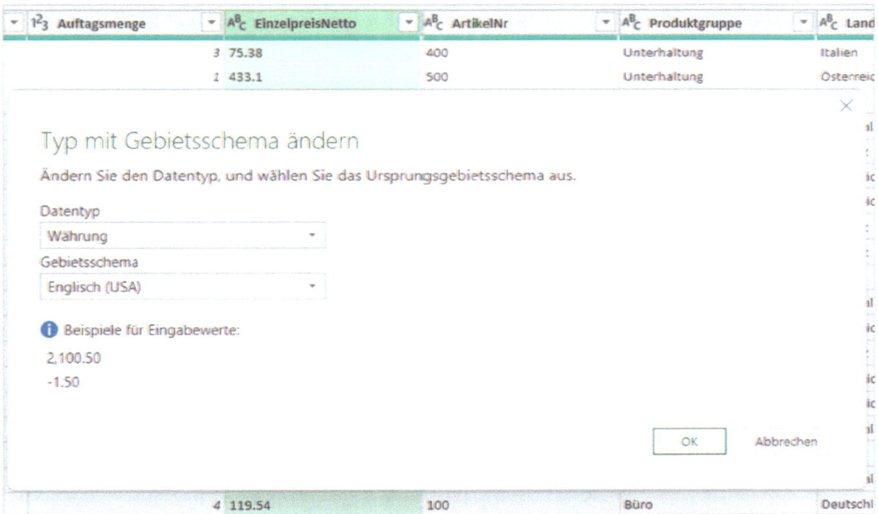

Bild 5.14 Wählen Sie Datentyp und Gebietsschema

Eine Typänderung mit Gebietsschema erkennen Sie in den angewendeten Schritten am Zusatz *mit Gebietsschema* und mit Klick auf das dazugehörige Symbol *Bearbeiten* können Sie das Gebietsschema jederzeit wieder ändern.

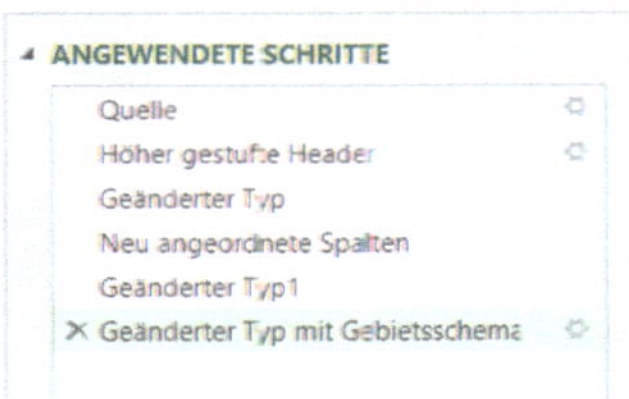

Datumswerte mit Gebietsschema ändern

Auch Datumswerte in länderspezifischer Schreibweise, z. B. 01/18/2024, lassen sich mit Hilfe eines Gebietsschemas in ein gültiges Datum konvertieren. In diesem Fall wählen Sie zusammen mit dem Gebietsschema den Datentyp *Datum* aus.

Andere Schreibweisen von Datum und Uhrzeit in gültiges Datum umwandeln

Enthalten Ihre Ausgangsdaten Datums- und Uhrzeitangaben in völlig anderer Schreibweise, z. B. den 21.05.2024 13:20 in der Form 202405211320 (JJJJMMTTssmm), dann müssen Sie das Datum mit Hilfe einer Formel zunächst in die korrekte Datumsschreibweise bringen, damit es anschließend in den Datentyp *Datum* umgewandelt werden kann. Näheres zu benutzerdefinierten Spalten und Formeln finden Sie auf Seite 135.

Beispiel: Datentyp mit Gebietsschema ändern

Als Beispiel sollen Daten aus einer CSV-Datei importiert werden, in Bild 5.15 ein Ausschnitt der Datenquelle als Excel-Tabelle, alle Zahlen verwenden den Punkt als Dezimaltrennzeichen.

Bild 5.15 Die Datenquelle als Excel-Tabelle

Rechnungen.csv
(Ordner Kap_05)

	A	B	C	D	E	F	G	H	I	J
1	RechnungNr	Rechnungsdatum	Kunde	Auftagsmenge	EinzelpreisNetto	Umsatz	ArtikelNr	Produktgruppe	Land	
2	2023-5001	02.01.2023 00:00	ADRIA AG	3.00	75.38	226.14	400	Unterhaltung	Italien	
3	2023-5002	02.01.2023 00:00	KARG AG	1.00	433.10	433.10	500	Unterhaltung	Österreich	
4	2023-5003	03.01.2023 00:00	ADRIA AG	2.00	119.54	239.08	100	Büro	Italien	
5	2023-5004	03.01.2023 00:00	ELCOX	2.00	255.56	511.13	600	Büro	Deutschland	
6	2023-5005	03.01.2023 00:00	Hügli	3.00	67.27	201.83	900	Haushalt	Schweiz	
7	2023-5006	06.01.2023 00:00	Tief & Brunnen	5.00	119.54	597.70	100	Büro	Österreich	
8	2023-5007	06.01.2023 00:00	KARG AG	12.00	134.72	1616.64	200	Computer	Österreich	
9	2023-5008	12.01.2023 00:00	Brettschneider	3.00	119.54	358.62	100	Büro	Schweiz	
10	2023-5009	14.01.2023 00:00	Hügli	3.00	119.54	358.62	100	Büro	Schweiz	
11	2023-5010	15.01.2023 00:00	ADRIA AG	7.00	119.54	836.78	100	Büro	Italien	

Beim Laden in den Power Query-Editor wurden die Zahlen zwar als solche erkannt, allerdings aufgrund der Fehlinterpretation des Punktes als Tausendertrennzeichen als *Ganze Zahl* eingestuft ❶. Nachträgliches Ändern des Datentyps funktioniert hier nicht, da die Dezimalstellen bereits verlorengegangen sind. Sie müssen also erst einmal die automatisch erfolgte Typkonvertierung (*Geänderter Typ*) entfernen ❷, siehe vorherige Seite.

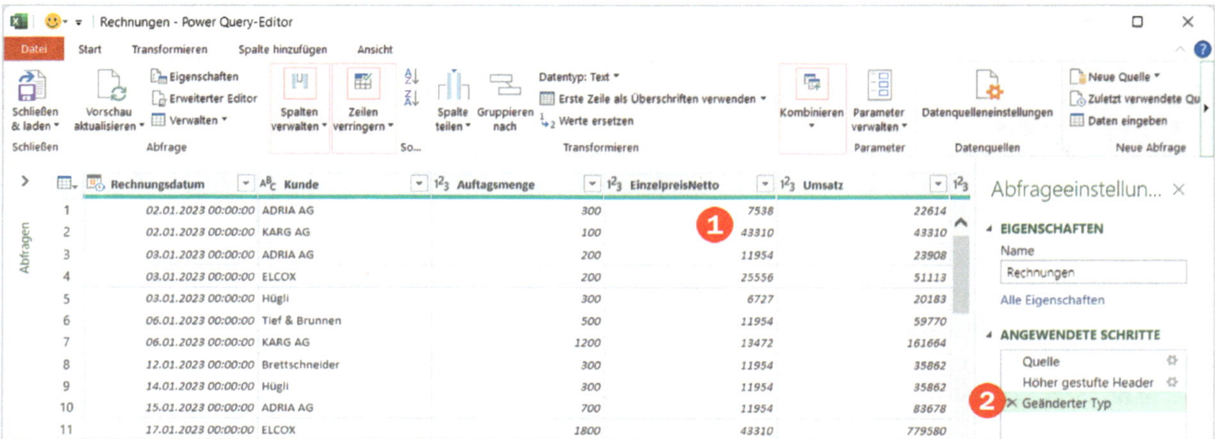

Markieren Sie danach die Spalten *Auftragsmenge*, *EinzelpreisNetto* und *Umsatz* ❸ indem Sie mit gedrückter **Strg**-Taste auf das Datentypsymbol der jeweiligen Spalte klicken und wählen Sie *Mit Gebietsschema...* ❹. Wählen Sie anschließend den Datentyp *Währung* und das Gebietsschema *Englisch (USA)* aus und klicken Sie auf *OK*.

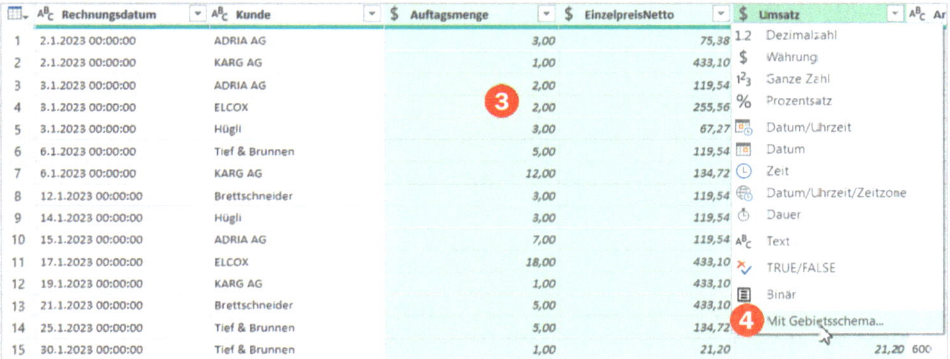

Bild 5.16 Beispiel: Datentyp mit Gebietsschema ändern

Datentyp Rechnungsdatum ändern

Da mit dem Entfernen der automatischen Datentypänderung auch der Datentyp der Spalte *Rechnungsdatum* entfernt bzw. auf den Typ *Text* zurückgesetzt wurde, müssen Sie für diese Spalte den Datentyp neu festlegen. **Achtung**: Wenn ein Datum zusammen mit der Uhrzeit als Text vorliegt, wie in diesem Beispiel, letztere aber nicht benötigt wird, dann müssen Sie trotzdem zunächst den Datentyp *Datum/Uhrzeit* wählen, wie in Bild 5.17. Erst im zweiten Schritt kann dann der Datentyp in *Datum* geändert werden.

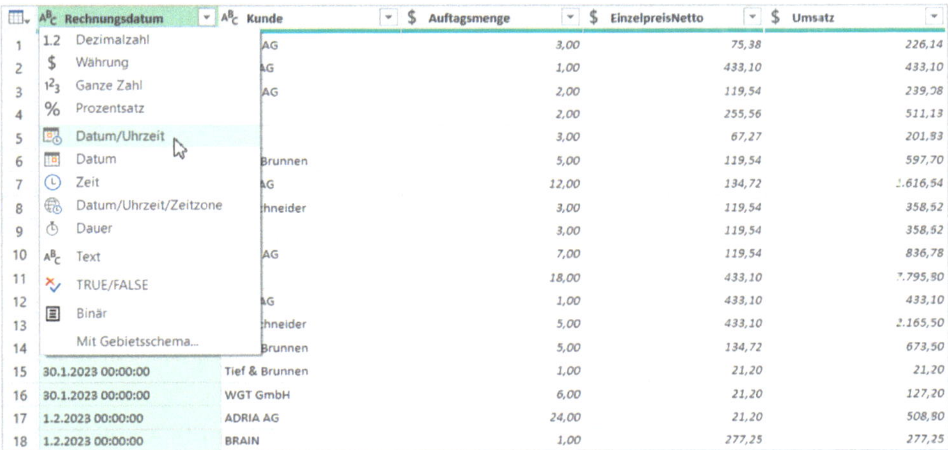

Bild 5.17 Datentyp Datum/Uhrzeit

Hinweis: Beim Import erhalten Datumswerte häufig den Datentyp *Datum/Uhrzeit*, auch wenn die Spalte in der Ausgangstabelle keine Uhrzeitangaben enthält. Wenn die Uhrzeit nicht benötigt wird, dann sollten Sie den Datentyp in *Datum* ändern.

5.2 Spalten transformieren

Neue Spalte hinzufügen oder bestehende Spalte ändern (transformieren)?

Power Query unterscheidet bei der Berechnung von Spalten zwischen dem Hinzufügen neuer Spalten und dem Umwandeln bzw. Ersetzen vorhandener Spalten.

- **Neue Spalte hinzufügen**
  Um eine zusätzliche Spalte zu berechnen, klicken Sie im Menüband auf das Register *Spalte hinzufügen* (Bild unten) und benutzen die Schaltflächen und Symbole dieses Registers.

Bild 5.18 Register Spalte hinzufügen

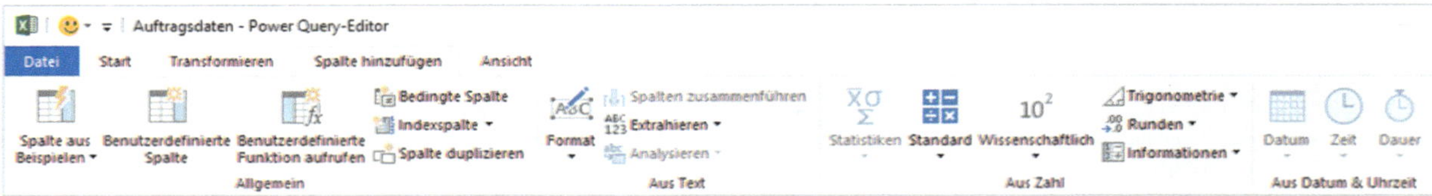

- **Spaltenwerte ersetzen**
  Wird dagegen der ursprüngliche Spalteninhalt nicht mehr benötigt, dann können Sie die Inhalte auch durch berechnete Werte ersetzen lassen. Dazu klicken Sie auf das Register *Transformieren* und verwenden die Befehle in den Gruppen *Textspalte*, *Zahlenspalte* und *Datums- & Uhrzeitspalte*, siehe Bild unten.

Bild 5.19 Register Transformieren

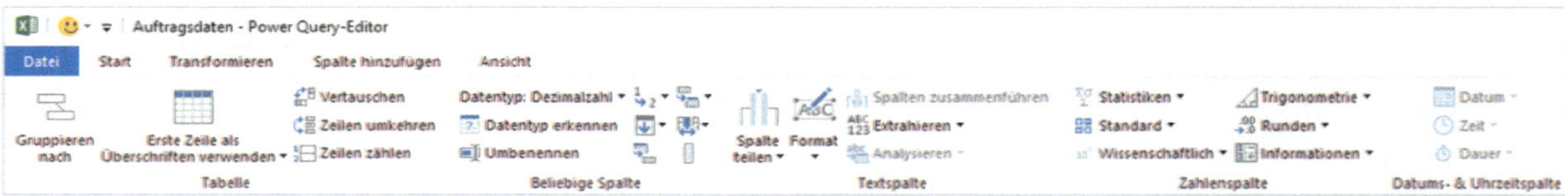

> Überlegen Sie bei der Berechnung von Spalten, ob die Ausgangsspalte weiterhin benötigt wird, und wählen Sie dementsprechend im Menüband entweder das Register *Spalte hinzufügen* oder *Transformieren*. Die in den jeweiligen Registern angebotenen Berechnungsmöglichkeiten unterscheiden sich kaum.

Achtung: ISO-Kalenderwochen werden von Power Query nicht unterstützt, diese müssen Sie entweder berechnen oder mit Hilfe einer Zusatzkalendertabelle ermitteln. Näheres hierzu finden Sie am Ende dieses Kapitels auf Seite 167.

Power Pivot dagegen verfügt über die passende Funktion!

Datumsinformationen extrahieren

Häufig enthalten die Ausgangsdaten ein Tagesdatum, nachfolgende Auswertungen erfordern aber meist Datumseinheiten wie Monate, Quartale und Jahre. Power Query bietet zu diesem Zweck im Menüband über die Schaltfläche *Datum* die wichtigsten Einheiten an, vorausgesetzt die betreffende Spalte ist von Typ *Datum*.

Achtung: Das Symbol *Datum* findet sich sowohl im Register *Spalte hinzufügen* als auch im Register *Transformieren*. Welches Sie verwenden, hängt davon ab, ob Sie eine neue Spalte hinzufügen oder die bestehende Spalte umwandeln, d. h. transformieren möchten, siehe oben.

Monat als Spalte hinzufügen

Datenquelle: **Rechnungen.csv**

1 Um im Bild unten aus dem Rechnungsdatum eine zusätzliche Spalte mit dem Monat zu erzeugen, klicken Sie in die Überschrift dieser Spalte ❶ und anschließend auf das Register *Spalte hinzufügen* ❷.

2 Klicken Sie in der Gruppe *Aus Datum & Uhrzeit* auf *Datum* ❸, danach auf *Monat* und wählen Sie zwischen *Monat*, d. h. Monat als Zahl und *Name des Monats*, z. B. Januar (Bild unten). Für eine spätere Sortierung können Sie den Monat auch in zwei gesonderten Spalten, einmal als Zahl und einmal als Text hinzufügen.

Bild 5.20 Monat aus Auftragsdatum als neue Spalte hinzufügen

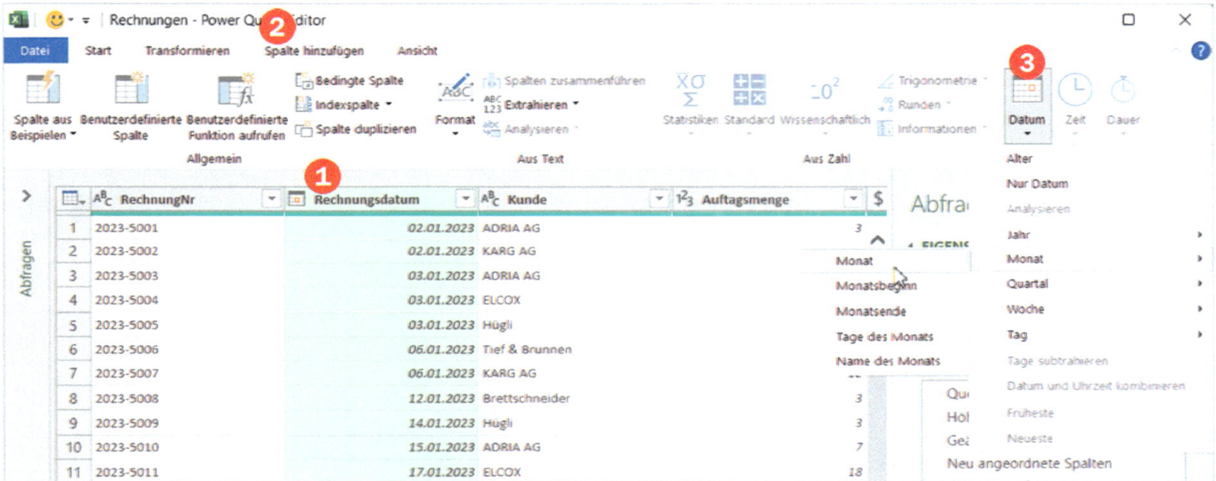

Quartale und Jahre als Spalten hinzufügen

Genauso gehen Sie vor, wenn Sie Quartale oder Jahre als weitere Spalten benötigen. Klicken Sie in die Überschrift der Spalte *Rechnungsdatum* und wählen Sie im Menüband, Register *Spalte hinzufügen* ▶ *Datum* ▶ *Quartal* ▶ *Quartal des Jahres*. Um anschließend noch das Jahr zu erhalten, klicken Sie erneut auf *Datum* und wählen *Jahr*. **Achtung**: Die Auswahl *Woche* liefert nur die Woche des Jahres, nicht aber die ISO-Kalenderwoche. Diese muss berechnet werden, Details hierzu Seite 167.

Bild 5.21 Spalte mit Quartal erstellen

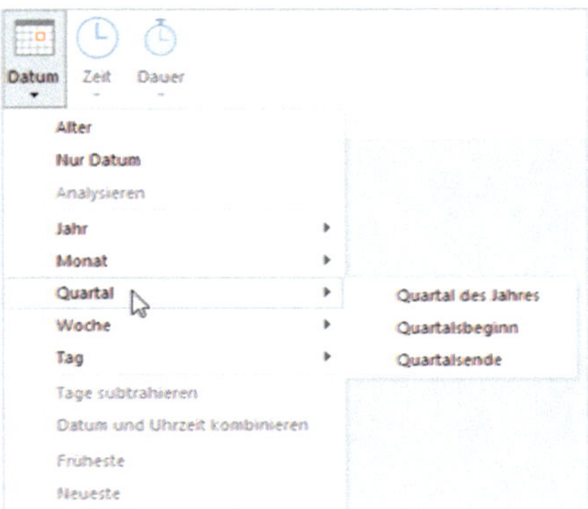

Bild 5.22 Die Spalten Monat, Monatsname, Quartal und Jahr

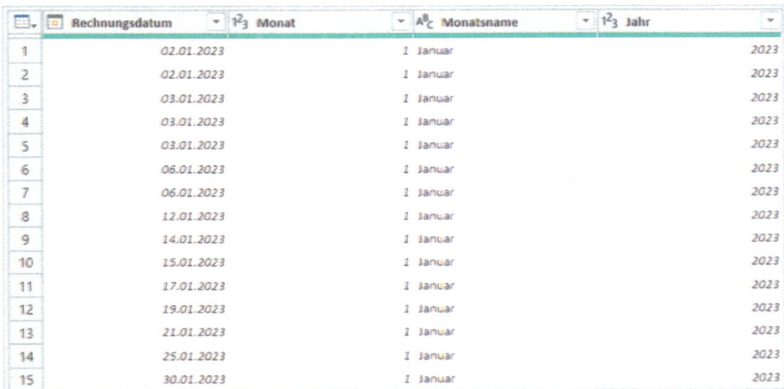

	Rechnungsdatum	Monat	Monatsname	Jahr
1	02.01.2023	1	Januar	2023
2	02.01.2023	1	Januar	2023
3	03.01.2023	1	Januar	2023
4	03.01.2023	1	Januar	2023
5	03.01.2023	1	Januar	2023
6	06.01.2023	1	Januar	2023
7	06.01.2023	1	Januar	2023
8	12.01.2023	1	Januar	2023
9	14.01.2023	1	Januar	2023
10	15.01.2023	1	Januar	2023
11	17.01.2023	1	Januar	2023
12	19.01.2023	1	Januar	2023
13	21.01.2023	1	Januar	2023
14	25.01.2023	1	Januar	2023
15	30.01.2023	1	Januar	2023

Neu hinzugefügte Spalten umbenennen und verschieben
Neue Spalten werden nach der letzten Tabellenspalte eingefügt und erhalten automatisch einen Namen. Kontrollieren Sie anschließend den Datentyp und ändern Sie diesen bei Bedarf. Außerdem können Sie die neu hinzugefügten Spalten beliebig umbenennen und verschieben, siehe Seite 113.

Spalten mit einer Formel berechnen

Auch Berechnungen mit Formeln sind in Power Query möglich. Die Formel wird zusammen mit der Abfrage gespeichert und beim Aktualisieren automatisch neu berechnet. Sie sparen also wiederkehrende Berechnungen im Excel-Arbeitsblatt.

Die Power Query M-Formelsprache

Power Query basiert auf einer eigenen Sprache, der Power Query M-Sprache, kurz M-Code. Diese umfasst neben einer speziellen Abfragesprache auch eine Formelsyntax, die sich in vielerlei Hinsicht von VBA, SQL oder von Excel-Formeln unterscheidet. Neben einfachen Formeln werden auch zahlreiche Funktionen unterstützt. Eine kleine Einführung in die M-Sprache finden Sie in diesem Buch auf Seite 161 ff.

Viele gängige Berechnungen sind aber auch über Symbole im Menüband verfügbar und lassen sich auch ohne genauere Kenntnisse der M-Sprache durchführen.

Formel im Fenster Benutzerdefinierte Spalte berechnen

1 Um das Fenster zur Formeleingabe zu öffnen, klicken Sie im Register *Spalte hinzufügen* ▶ *Allgemein* auf *Benutzerdefinierte Spalte* ❶.

2 Geben Sie im Feld *Neuer Spaltenname* den Namen der neuen Spalte ein ❷ und darunter nach dem Gleichheitszeichen die Formel ❸.

Achtung: Spaltennamen müssen eindeutig sein, d. h. der gewählte Spaltenname darf nicht bereits in der Tabelle bzw. Abfrage vorhanden sein. Andernfalls erscheint eine entsprechende Fehlermeldung.

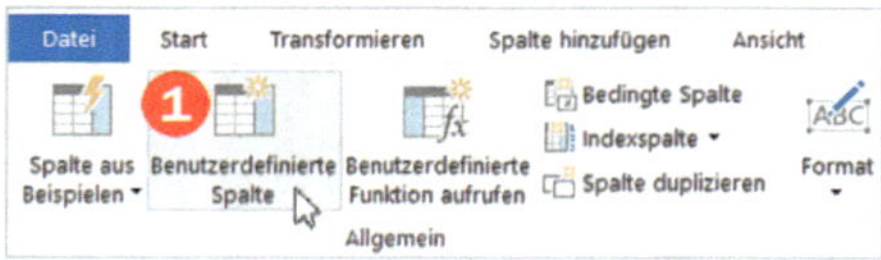

Bild 5.23 Klicken Sie auf Benutzerdefinierte Spalte

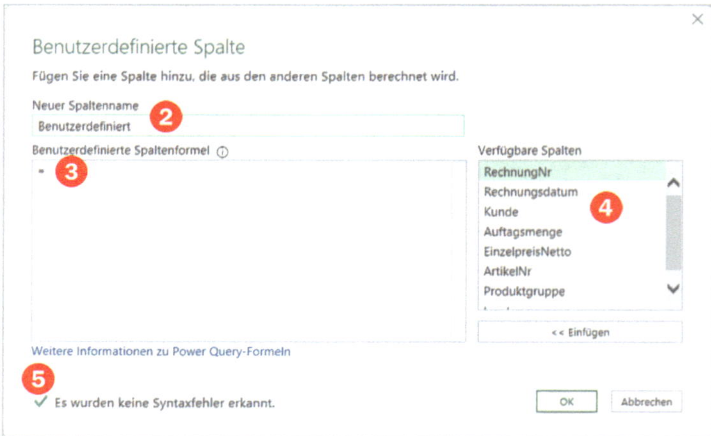

Bild 5.24 Formel eingeben

3 Die Spalten der aktuellen Abfrage ❹ können entweder mit Doppelklick oder Klick auf die Schaltfläche *Einfügen* in die Formel eingefügt werden. Sollte die Formel einen Fehler enthalten, so erscheint hier ❺ ein entsprechender Hinweis.

Beachten Sie bei der Formeleingabe

- Spaltennamen in Formeln müssen in eckigen Klammern [] stehen. Am besten fügen Sie die Spaltennamen aus der Liste *Verfügbare Spalten* ❹ ein, entweder mit Doppelklick oder über die Schaltfläche *<<Einfügen*, dann werden die Klammern automatisch hinzugefügt.
- Während der Eingabe erfolgt eine automatische Syntaxprüfung der Formel. Bei Fehlern erscheint hier eine Warnung ❺ und mit Klick auf *Fehler anzeigen* wird der Fehler in der Formel markiert.
- Zeichenfolgen, die Sie in Formeln vorgeben, z. B. beim Verketten, müssen in Anführungszeichen " " eingegeben werden.
- **Achtung**: Dezimalzahlen in Formeln müssen hier mit Punkt statt Komma als Dezimaltrennzeichen eingegeben werden, z. B. [EinzelpreisNetto] * 0.5 wenn Sie den halben Preis berechnen möchten.

Beispiel: Umsatz als neue Spalte berechnen

Als Beispiel berechnen wir für die Daten des hier verwendeten Beispiels aus den Spalten *Einzelpreis* und *Auftragsmenge* den Umsatz (Bild 5.25).

Datenquelle:
Rechnungen.csv

1 Klicken Sie im Menüband auf das Register *Spalte hinzufügen* und hier auf *Benutzerdefinierte Spalte*.

2 Die Spalte erhält den Namen *Umsatz*. Unterhalb geben Sie nach dem Gleichheitszeichen die folgende Formel ein. Die Spaltennamen fügen Sie am einfachsten mit Doppelklick aus der Liste in die Formel ein.

= [EinzelpreisNetto]*[Auftragsmenge]

3 Kontrollieren Sie, ob kein Fehler vorliegt und klicken Sie auf *OK*.

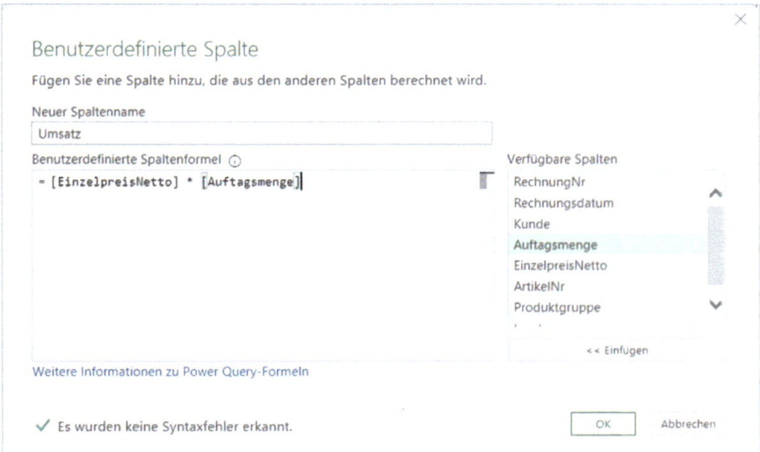

Bild 5.25 Beispiel Umsatz berechnen

4 **Achtung**: Berechnete Spalten erhalten manchmal zunächst keinen Datentyp bzw. *Beliebig*. Um spätere Folgefehler zu vermeiden, sollten Sie unbedingt den Datentyp der Spalte kontrollieren und ggf. ändern.

Bild 5.26 Die berechnete Spalte

	Kunde	Auftagsmenge	EinzelpreisNetto	Umsatz	ArtikelNr
1	ADRIA AG	3	75,38	226,14	400
2	KARG AG	1	433,10	433,10	500
3	ADRIA AG	2	119,54	239,08	100
4	ELCOX	2	255,57	511,13	600
5	Hügli	3	67,28	201,83	900
6	Tief & Brunnen	5	119,54	597,70	100
7	KARG AG	12	134,72	1.616,64	200
8	Brettschneider	3	119,54	358,62	100

Berechnungen mit Standard-Rechenoperationen

Statt Eingabe einer Formel können Sie in vielen Fällen auch eine Standard-Rechenoperation verwenden, um den Inhalt der aktuellen Spalte mit einem festen Wert oder dem Inhalt einer anderen Spalte zu multiplizieren, dividieren, addieren, subtrahieren usw.. Klicken Sie dazu in die betreffende Spalte und im Register *Spalte hinzufügen* ▶ *Aus Zahl* auf *Standard*. Wählen Sie eine Rechenoperation, z. B. *Multiplizieren* und geben Sie im nachfolgenden Fenster entweder einen Wert ein oder wählen Sie eine Spalte aus.

- **Festen Wert eingeben**: Wenn Sie die Rechenoperation mit einem festen Wert durchführen möchten, z. B. Multiplikation mit 0,05, dann geben Sie diesen einfach in das Feld ein ❶.

  Achtung: Im Gegensatz zur Benutzerdefinierten Spalte (s. oben) können hier Dezimalzahlen mit einem Komma als Dezimalzeichen eingegeben werden.

- **Andere Spalte wählen**: Wird für die Rechenoperation dagegen der Wert einer anderen Spalte benötigt, dann klicken Sie auf das Symbol *Wert* ❷ links vom Eingabefeld und wählen *Werte einer Spalte verwenden* statt *Wert eingeben*. Anschließend wählen Sie im Feld daneben die Spalte aus ❸.

Nachdem Sie auf *OK* geklickt haben, sollten Sie die neu berechnete Spalte noch umbenennen, da diese zunächst nur die Bezeichnung der Rechenoperation erhalten hat.

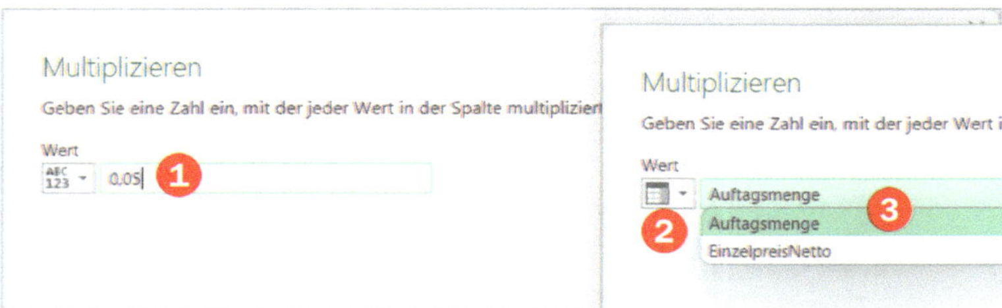

Bild 5.27 Spalte mit einem festen Wert multiplizieren

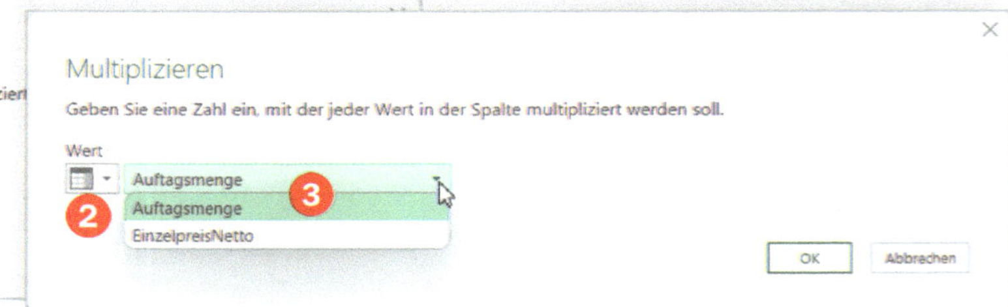

Bild 5.28 Spalte mit einer anderen Spalte multiplizieren

Die Berechnung des Umsatzes aus dem vorangegangenen Beispiel von Seite 123 ist also auch auf diesem Weg mit der Standard-Rechenoperation *Multiplizieren* möglich.

Beispiel 1: Provision berechnen

Als Beispiel berechnen wir aus dem soeben berechneten Umsatz in einer weitere Spalte die Provision in Höhe vom 5 %. Klicken Sie in die Spalte *Umsatz* und im Register *Spalte hinzufügen* ▶ *Standard* auf *Multiplizieren*. *Wert eingeben* ist standardmäßig bereits ausgewählt, geben Sie im Feld daneben 0,05 ein und klicken Sie auf *OK*. Zuletzt benennen Sie die Spalte noch um in *Provision*.

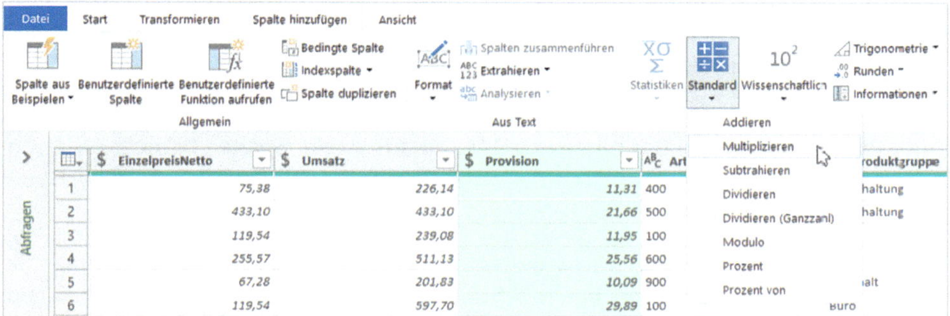

Bild 5.29 Beispiel: Provision berechnen

Beispiel 2: Umwandeln in negative Zahlen

Negative Zahlen.xlsx

Nehmen wir als Beispiel an, eine Tabelle enthält unter anderem auch eine Spalte mit Gutschriftbeträgen und Sie möchten diese als negative Zahlen darstellen. Dazu multiplizieren Sie am einfachsten die Werte der Spalte mit -1.

1. Markieren Sie die betreffende Spalte, in Bild 5.30 *Gutschrift*.
2. Da in diesem Fall die Spalte umgewandelt (transformiert) werden soll, klicken Sie im Menüband auf das Register *Transformieren* und hier auf *Standard* ▶ *Multiplizieren*.
3. Geben Sie im Feld *Wert* die Zahl -1 ein und klicken Sie auf *OK*.

Hinweis: Die Spalten *Gutschrift* und *Rechnungsbetrag* enthalten in diesem Beispiel auch leere Zellen, in diesen wird *null* angezeigt. Darauf weist auch der schwarze Balken unterhalb der Überschrift hin und über das Register *Ansicht*, Kontrollkästchen *Spaltenqualität* können Sie bei Bedarf die Details in einer zusätzlichen Zeile einblenden (s. Seite 115). Bei der hier durchgeführten Rechenoperation spielen Nullwerte keine Rolle, andere Berechnungen erfordern dagegen gültige Zahlen, dann müssen Sie die Nullwerte durch 0 ersetzen. Wie Sie dabei vorgehen, lesen Sie auf Seite 129.

Bild 5.30 Transformieren: Spalte mit -1 multiplizieren

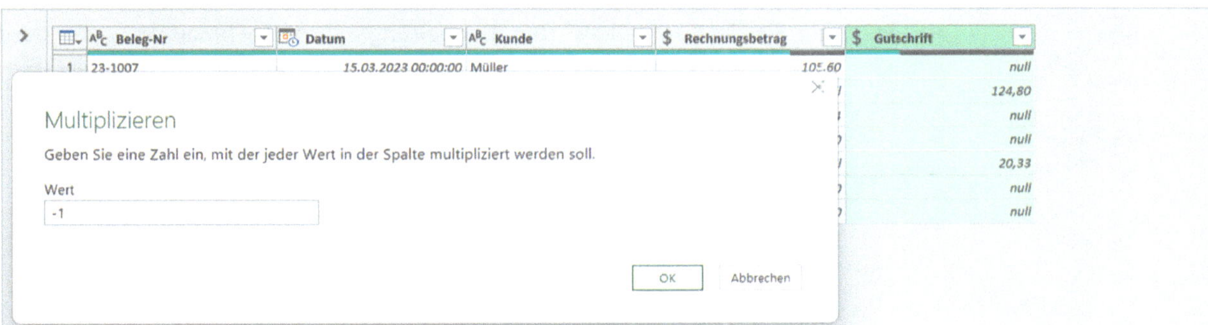

Prozentanteile berechnen

Die Standardoperationen über das Symbol *Standard* (s. vorhergehender Punkt) beinhalten auch zwei Möglichkeiten der Prozentrechnung.

- **Prozentanteile berechnen**
  Um für eine Spalte Prozentanteile, z. B. 10 % zu berechnen, klicken Sie auf *Standard* ▶ *Prozent* und geben im nachfolgenden Fenster den zu berechnenden Prozentsatz als Zahl ein, z. B. 10. Die Provision aus dem Beispiel oben ließe sich also auch auf diesem Weg berechnen.
- **Prozentuales Verhältnis zweier Spalten berechnen**
  Wenn Sie dagegen das prozentuale Verhältnis zweier Spalten berechnen möchten, beispielsweise die prozentuale Veränderung des Umsatzes im Vergleich zum Vorjahr, dann wählen Sie *Prozent von*.

Beispiel Umsatzveränderung gegenüber dem Vorjahr: Klicken Sie in die Spalte, deren Inhalt Sie mit der anderen Spalte vergleichen möchten, im Bild unten das Jahr *2023* und dann im Menüband, Register *Spalte hinzufügen* (oder *Transformieren*) ▶ *Standard* auf *Prozent von*. Wählen Sie *Werte einer Spalte verwenden* und daneben die zweite Spalte, hier *2022* aus und klicken Sie auf *OK*.

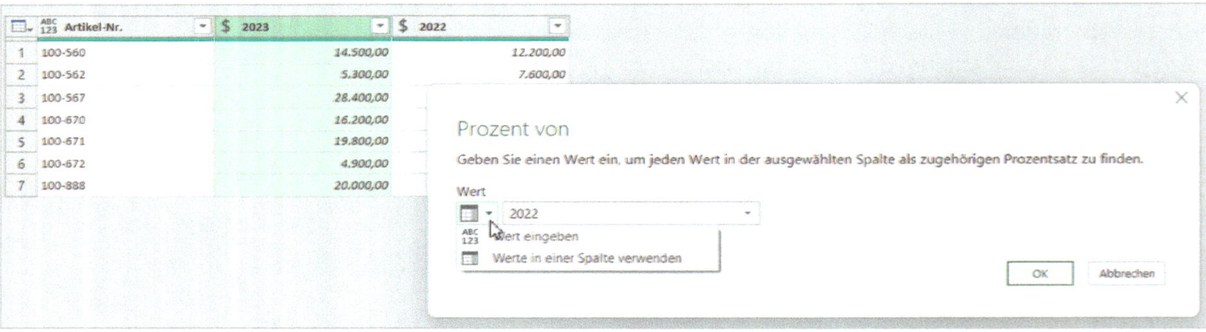

Bild 5.31 Prozentuale Umsatzveränderung berechnen

Formel nachträglich anzeigen und ändern

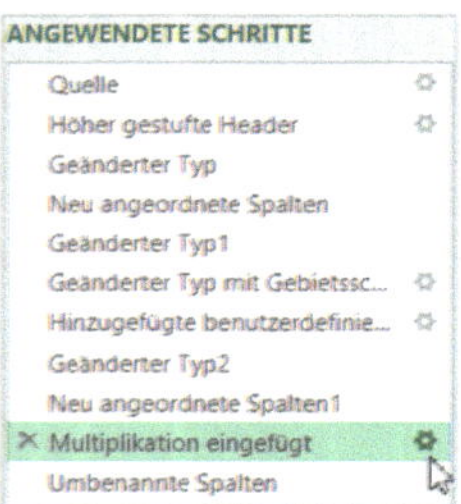

Sowohl das Hinzufügen einer neuen Spalte als auch die Transformation einer bestehenden Spalte werden in der Liste *Angewendete Schritte* dokumentiert. Dabei spielt es keine Rolle, ob Sie eine Formel eingegeben oder eine Standardoperation verwendet haben. Wenn Sie die Formel bzw. den Bearbeitungsschritt nochmals anzeigen oder korrigieren möchten, dann klicken Sie in der Liste *Angewendete Schritte* beim entsprechenden Schritt *Hinzugefügte benutzerdefinierte Spalte* bzw. *Multiplikation eingefügt* o. ä. auf das Symbol *Bearbeiten* ⚙. Oder klicken Sie mit der rechten Maustaste auf diesen Schritt und auf *Einstellungen bearbeiten*.

Zahlen runden

Nützlich kann in manchen Fällen auch das Runden von Zahlen sein. Wenn dabei die Spalte gleichzeitig umgewandelt werden soll, dann klicken Sie dazu auf das Register *Transformieren* und hier in der Gruppe *Zahlenspalte* auf *Runden*. Wählen Sie zwischen *Aufrunden*, *Abrunden* oder klicken Sie auf *Runden…*, wenn Sie die genaue Anzahl Dezimalstellen angeben möchten.

Bild 5.32 Dezimalzahlen runden

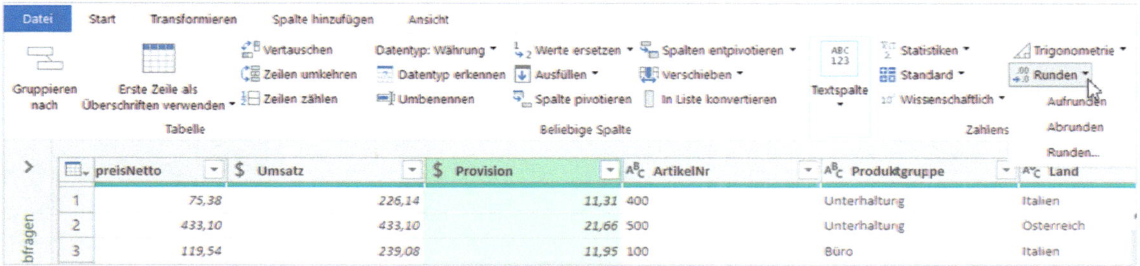

Datensätze sortieren, mit einer fortlaufenden Nummerierung versehen (Index)

Datensätze sortieren

Zum Sortieren der Datensätze benutzen Sie wie in Excel den Pfeil rechts von der Überschrift (Filterschaltfläche) der betreffenden Spalte und wählen zwischen aufsteigender und absteigender Sortierung. Eine vorhandene Sortierung erkennen Sie am Pfeil der Schaltfläche und mit der Auswahl *Sortierung löschen* ist eine Sortierung schnell wieder entfernt.

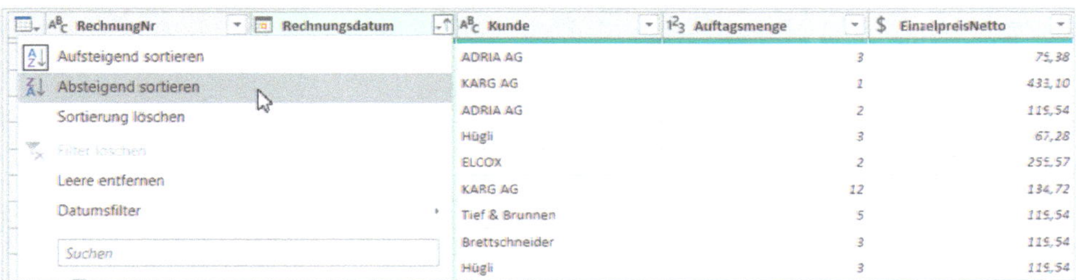

Bild 5.33 Datensätze sortieren

Fortlaufende Nummerierung hinzufügen (Indexspalte)

Falls Sie zusätzlich eine fortlaufende Nummerierung aller Datensätze Ihrer Tabelle benötigen, so fügen Sie einfach eine Indexspalte hinzu. Dazu klicken Sie im Menüband, Register *Spalte hinzufügen* ▶ *Allgemein* auf *Indexspalte*.

Achtung: Wenn nichts anderes angegeben wird, dann beginnt der Index mit 0, d. h. der erste Datensatz erhält die Nummer 0. Möchten Sie dagegen, wie allgemein üblich, mit 1 beginnen, dann klicken Sie auf den Dropdown-Pfeil *Indexspalte* und wählen *Von 1*.

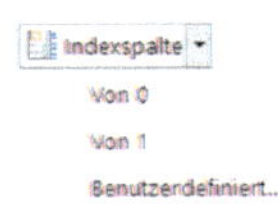

Bild 5.34 Indexspalte hinzufügen und mit 1 beginnen

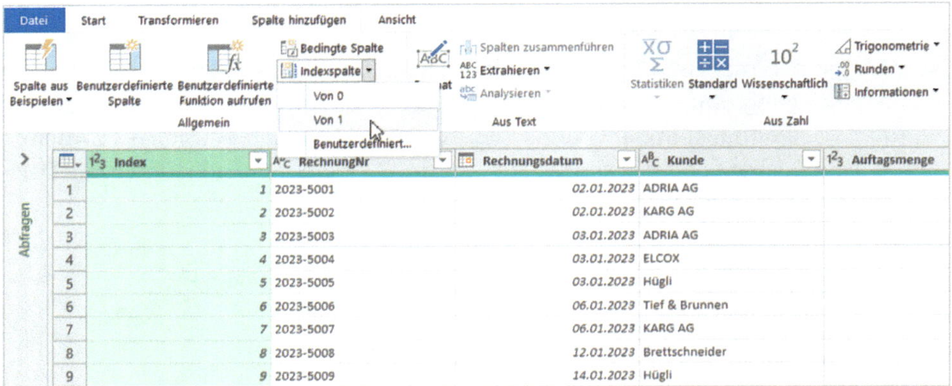

Tipp: Die Indexspalte wird zunächst nach der letzten Spalte eingefügt. Wenn Sie diese schnell an den Tabellenanfang verschieben möchten, dann klicken Sie in diese Spalte, danach im Menüband, Register *Transformieren* auf *Verschieben* und wählen *An den Anfang*.

Führende Leerzeichen und nicht druckbare Zeichen entfernen

Manche Spalten, insbesondere vom Datentyp *Text* enthalten unter Umständen führende Leerzeichen ❶, die ein korrektes Sortieren verhindern. Außerdem können Zeilenumbrüche ❸, Tab-Zeichen oder andere unsichtbare Zeichen enthalten sein, wie im Beispiel in Bild 5.35.

Bild 5.35 Führende Leerzeichen entfernen

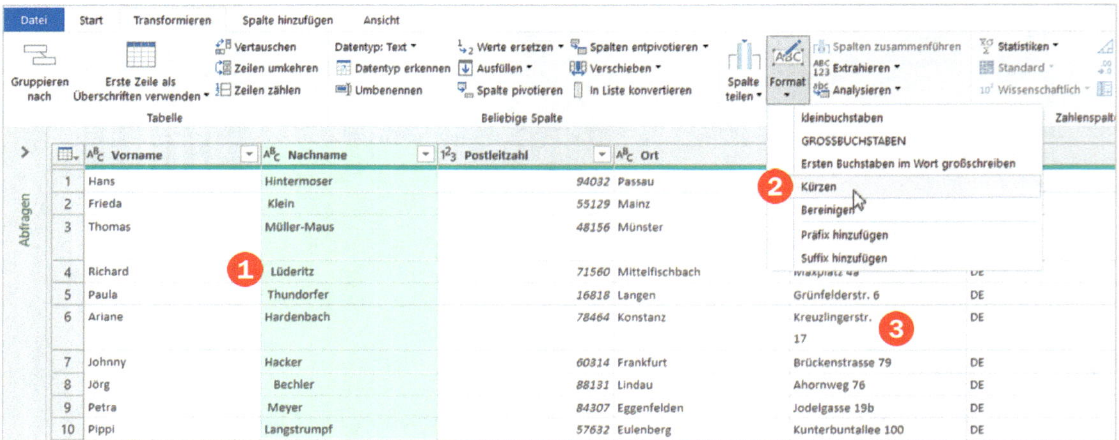

Namensliste.xlsx

Um aus der Spalte *Nachname* die führenden und eventuell auch nachfolgenden Leerzeichen zu entfernen, klicken Sie in die Spalte und im Menüband, Register *Transformieren* auf *Format*. Wählen Sie *Kürzen* ❷; mit *Bereinigen* entfernen Sie dagegen nicht druckbare Zeichen, z. B. Zeilenumbrüche ❸, hier in der Spalte *Straße*.

Inhalte ersetzen

Die Funktion Suchen und Ersetzen dürfte den meisten Anwendern bekannt sein. Sie existiert auch in Power Query und lässt sich beispielsweise einsetzen, um fehlerhafte bzw. nicht zulässige Daten der Datenquelle durch gültige Werte zu ersetzen.

Probleme durch Nullwerte in Formeln

Power Query kann keine Rechenoperationen mit leeren Werten, sogenannten Nullwerten durchführen. Enthält ein Datensatz in einer, zur Berechnung herangezogenen Spalte statt einer Zahl eine leere Zelle, so erscheint als Ergebnis die Anzeige *null*. Dem lässt sich aber leicht durch Ersetzen abhelfen.

> **Achtung: Null ist nicht gleich 0!**
>
> Nullwerte dürfen nicht verwechselt werden mit der Zahl 0! Mit der Zahl 0 sind bis auf Division Rechenoperationen möglich, nicht aber mit leeren Zellen.

Tipp: Ob eine Spalte leere Zellen enthält, erkennen Sie am schwarzen Balken unterhalb der Spaltenüberschrift oder wenn Sie im Register *Ansicht* das Kontrollkästchen *Spaltenqualität* aktivieren.

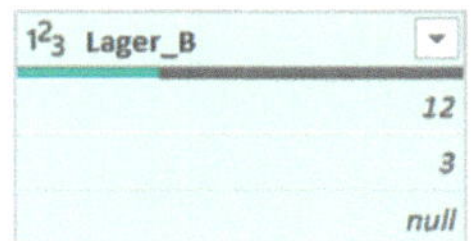

Bild 5.36 Werte ersetzen

Wenn Sie beispielsweise in der unten abgebildeten Tabelle die Werte der Spalten *Lager_A* und *Lager_B* addieren, erhalten Sie nur für diejenigen Zeilen ein Ergebnis, die in beiden Spalten Werte enthalten, also nicht leer sind. Um für alle Datensätze ein Ergebnis zu erhalten, müssen Sie die Nullwerte durch die Zahl 0 ersetzen.

1. Markieren Sie dazu mit einem Klick in die Überschrift die betreffende Spalte, hier *Lager_A* ❶ und klicken Sie im Register *Transformieren* ▶ *Beliebige Spalte* auf *Werte ersetzen* ❷.
2. Geben Sie im Feld *Zu suchender Wert* null ein und im Feld *Ersetzen durch* die Zahl 0 ❸ und klicken Sie auf *OK*. Wiederholen Sie diesen Schritt für die Spalte *Lager_B*.

Bild 5.37 null ersetzen durch die Zahl 0

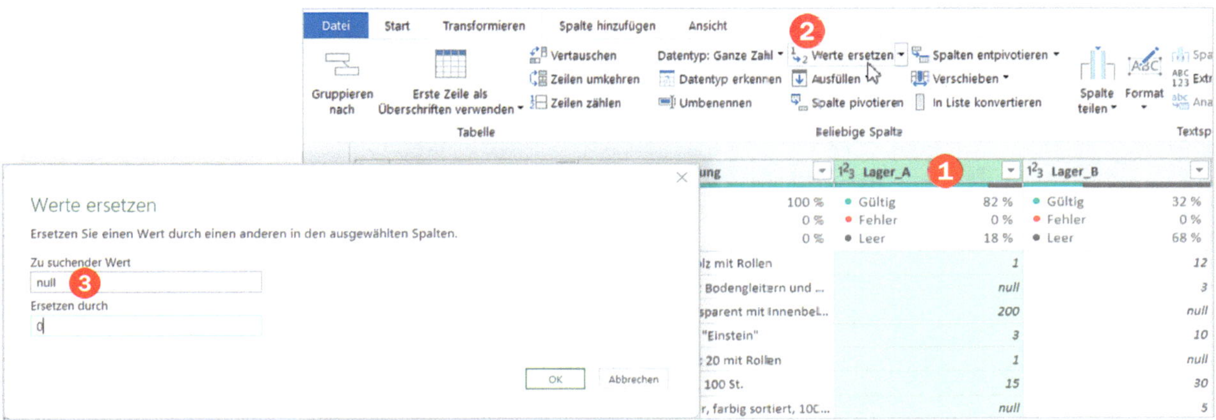

Tipps und Hinweise

- Wenn Sie die Spalten bereits addiert haben, dann fügen Sie diese beiden Schritte unmittelbar vor der Addition ein oder verschieben den Schritt nachträglich an diese Position. Auf diese Weise brauchen Sie die Formel nicht erneut eingeben.

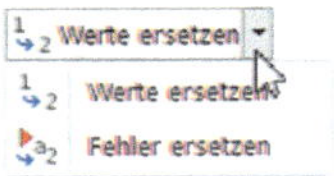

- **Fehlerwerte ersetzen**: Mit Klick auf den Dropdown-Pfeil der Schaltfläche *Werte ersetzen*, erhalten Sie auch die Möglichkeit, Fehlerwerte in der Spalte zu ersetzen.

Bild 5.38 Ergebnis

Lagerliste_Ersetzen.xlsx

	ArtikelID	Artikelbezeichnung	Lager_A	Lager_B	Einzelpreis
	Gültig 100 %	Gültig 100 %	Gültig 100 %	Gültig 100 %	Gültig
	Fehler 0 %	Fehler 0 %	Fehler 0 %	Fehler 0 %	Fehler
	Leer 0 %	Leer 0 %	Leer 0 %	Leer 0 %	Leer
1	100010	Arbeitsdrehstuhl, Holz mit Rollen	1	12	
2	100023	Arbeitsdrehstuhl mit Bodengleitern und ...	0	3	
3	100200	Kugelschreiber, transparent mit Innenbel...	200	0	
4	100230	Tischleuchte Modell "Einstein"	3	10	
5	100234	Arbeitsdrehstuhl Tec 20 mit Rollen	1	0	

Leerzeichen und andere Sonderzeichen in Zahlen entfernen oder ersetzen

Die Methode *Kürzen* (s. Seite 128) entfernt ausschließlich führende oder nachfolgende Leerzeichen, nicht aber Leerzeichen, die in Zahlen als Tausendertrennzeichen verwendet werden. Manchmal dient auch ein geschütztes Leerzeichen oder ein anderes Zeichen als Tausendertrennzeichen und verhindert ein Umwandeln in den Datentyp Zahl, wie im Bild unten.

Bild 5.39 Zahlen mit Leerzeichen als Tausenderzeichen

	Artikel-Nr.	Januar	Februar	März	April
1	100-560	12 260	14 507	13 699	14 721
2	100-562	7 145	8 900	10 408	9 645
3	100-567	26 235	28 644	30 490	41 566
4	100-670	18 503	16 200	9 702	12 633
5	100-671	20 500	21 945	20 608	19 465
6	100-672	5 641	8 530	10 394	10 716

Als Abhilfe wählen Sie zwischen den folgenden Möglichkeiten

- **Zahlen mit Gebietsschema umwandeln**
  Wenn Sie die Zahlen einem Land zuordnen können, z. B. Polen oder Österreich, dann brauchen Sie die Spalte nur mit dem passenden Gebietsschema *Deutsch (Österreich)* oder *Polnisch (Polen)* in den Datentyp *Währung* oder *Ganze Zahl* umwandeln. Diese Methode funktioniert auch, wenn es sich, wie in der Schweiz üblich, beim Trennzeichen um ein Hochkomma bzw. Apostroph ' handelt.

Datentyp mit Gebietsschema konvertieren, s. Seite 117.

- **Trennzeichen ersetzen**
  Handelt es sich dagegen um ein weniger gebräuchliches Trennzeichen zur Zifferngruppierung oder ist Ihnen das Gebietsschema nicht bekannt, dann können Sie als Alternative auch das betreffende Zeichen ersetzen lassen. Dazu gehen Sie wie folgt vor:

  Klicken Sie in die betreffende Spalte und im Register *Start* ▸ *Transformieren* auf *Werte ersetzen*. Geben Sie im Feld *Zu suchender Wert* das Trennzeichen, z. B. ein einfaches Leerzeichen ein. Das Feld *Ersetzen durch* kann entweder leer bleiben, oder geben Sie hier einen Punkt ein. In beiden Fällen sollte sich anschließend der Datentyp der Spalte problemlos in eine Zahl ändern lassen.

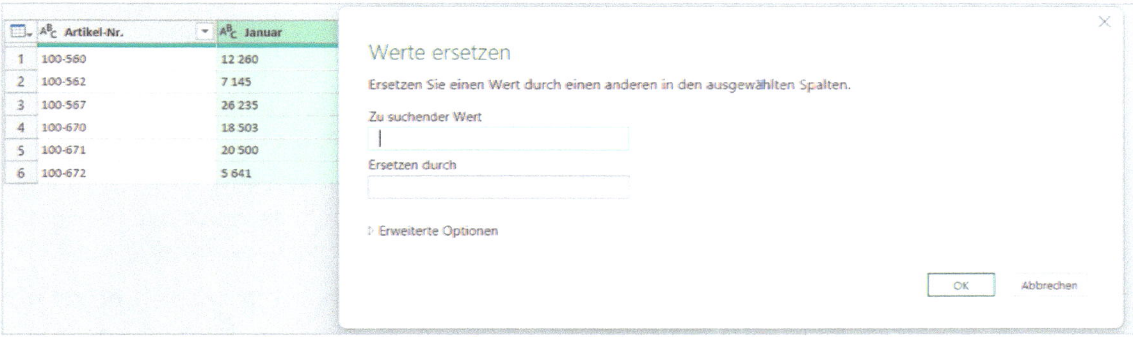

Bild 5.40 Leerzeichen in Zahlen suchen

Geschützte Leerzeichen und andere Sonderzeichen ersetzen oder entfernen

Die oben genannte Methode funktioniert allerdings nicht mit geschützten Leerzeichen. In solchen Fällen greifen Sie zu einem kleinen Trick zum Suchen und Entfernen oder Ersetzen.

- Klicken Sie auf eine beliebige Zelle in der betreffenden Spalte, bevor Sie auf *Werte ersetzen* klicken. Dadurch erscheint im Feld *Zu suchender Wert* deren Inhalt, in Bild 5.41 die Zahl mit der Nummer des verwendeten Zeichens, diese beginnt mit #, z. B. *#(00A0)*.

  Löschen Sie im Feld *Zu suchender Wert* bis auf die Zeichennummer *#(00A0)* alle übrigen Bestandteile der Zahl oder des Zellinhalts, lassen Sie das Feld *Ersetzen durch* leer und klicken Sie auf *OK*. Handelt es sich um eine Zahl, können Sie im Feld *Ersetzen durch* auch das korrekte Trennzeichen, z. B. Punkt eingeben.

- Wenn das Zeichen bekannt ist, z. B. Geschützes Leerzeichen oder Tab-Zeichen, dann können Sie auch so vorgehen: Klicken Sie in das Feld *Zu suchender Wert* und klicken Sie auf *Erweiterte Optionen*. Aktivieren Sie das Kontrollkästchen *Durch Sonderzeichen ersetzen*, klicken Sie auf die Schaltfläche *Sonderzeichen einfügen* und wählen Sie das Zeichen, hier *Geschütztes Leerzeichen* aus (Bild 5.42).

Bild 5.41 Zu suchendes Zeichen anzeigen

Bild 5.42 Oder Geschützes Leerzeichen als Sonderzeichen einfügen

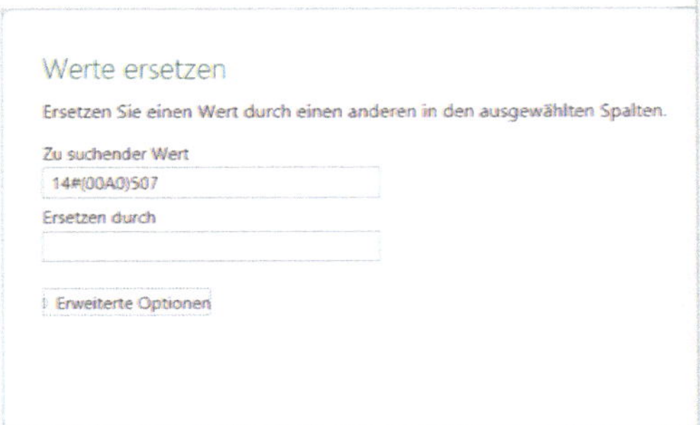

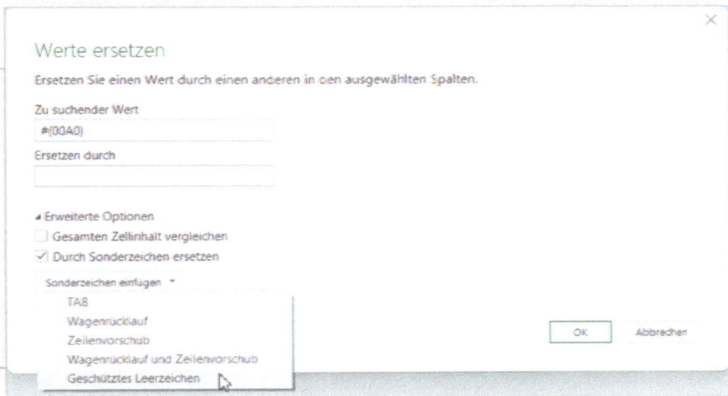

Spalteninhalte miteinander verketten

Sie können auch Zeichenfolgen aus zwei und mehr Spalten miteinander verketten. Als Beispiel soll in der unten abgebildeten Tabelle die Warengruppe mit einem Bindestrich der Artikelnummer vorangestellt werden.

1 Dazu markieren Sie zunächst beide Spalten, indem Sie die Spaltenüberschriften mit gedrückter **Strg**-Taste anklicken ❶ und ❷. Anschließend klicken Sie im Register *Transformieren* oder *Spalte hinzufügen* auf *Spalten zusammenführen* ❸.

Achtung: Die Reihenfolge, in der die Zeichenfolgen verkettet werden, richtet sich nach der Reihenfolge der Markierung und nicht nach der Spaltenreihenfolge in der Tabelle. Wenn wie hier, die *Warengruppe* vorangestellt werden soll, dann markieren Sie zuerst diese Spalte und danach die *ArtikelID* als zweite Spalte.

Bild 5.43 Spalten zusammenführen

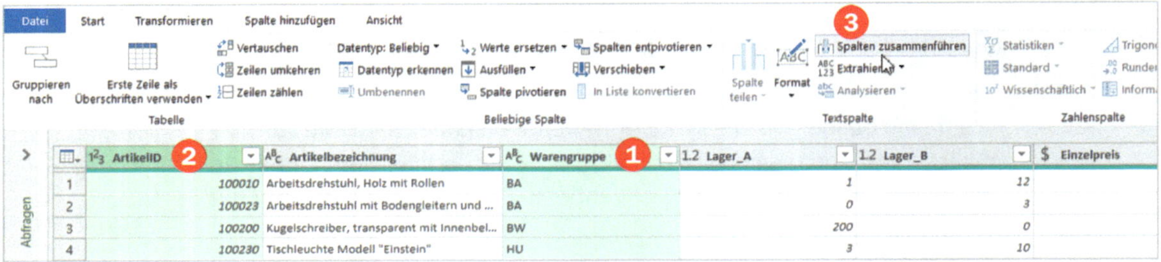

2 Im Fenster *Spalten zusammenführen* wählen Sie anschließend ein Trennzeichen, im Bild *Benutzerdefiniert* mit Bindestrich, und geben den Spaltennamen ein.

Wurden die Spalten über das Register *Transformieren* zusammengeführt, so erscheint anschließend in der Tabelle nur noch die Ergebnisspalte statt der ursprünglichen Spalten, wie in Bild 5.44.

Bild 5.44 Trennzeichen und Spaltenname festlegen

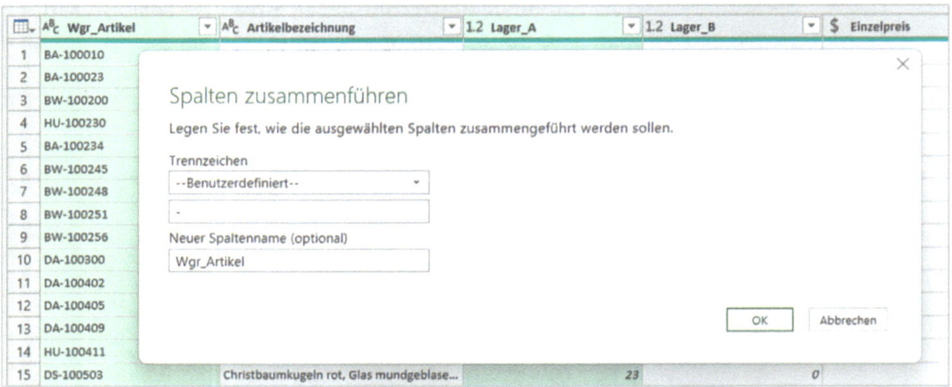

Tipp: Präfix oder Suffix hinzufügen

Soll einer Spalte eine fest vorgegebene Zeichenfolge vorangestellt oder am Ende hinzugefügt werden, so erledigen Sie dies über das Register *Transformieren*, Schaltfläche *Format* und die Auswahl *Präfix* oder *Suffix*. Sollen beispielsweise der Artikelnummer,

wie in Bild 5.45, Bindestrich und der Buchstabe A hinzugefügt werden, so klicken Sie in die betreffende Spalte, danach im Menüband, Register *Transformieren* auf *Format* ▶ *Suffix hinzufügen* und geben im nachfolgenden Fenster die Zeichen ein.

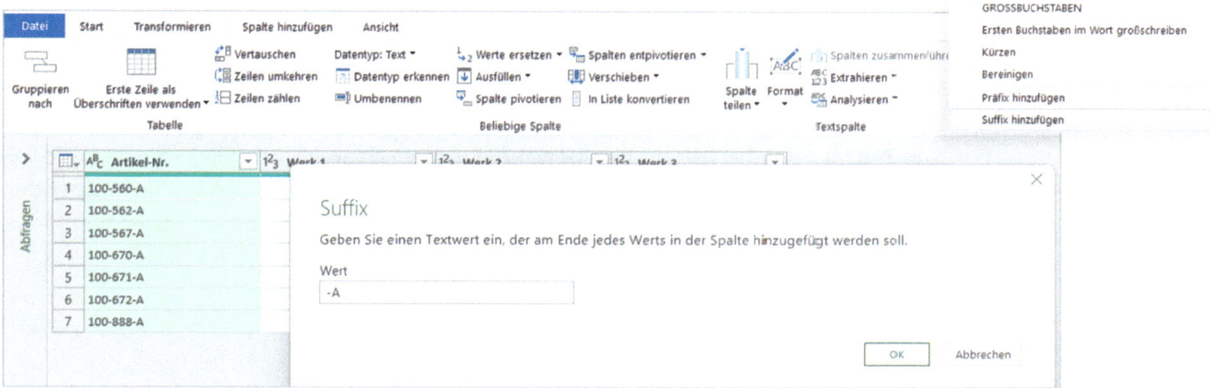

Bild 5.45 Suffix hinzufügen

Spalten aufteilen oder Inhalte extrahieren

Umgekehrt kann der Inhalt einer Spalte auch in mehrere Spalten aufgeteilt werden, bzw. Teile einer Spalte extrahiert werden. Power Query stellt hierzu über die Schaltfläche *Spalte teilen* (Register *Start* oder *Transformieren* ▶ *Textspalte*) die folgenden Möglichkeiten zur Verfügung.

- Nach Trennzeichen teilen
- Nach einer bestimmten Anzahl Zeichen, z. B. nach den ersten 4 Zeichen
- Anhand der Position, z. B. ab der 10. Stelle
- Nach einem Wechseln von Klein- zu Großbuchstaben und umgekehrt
- Nach einem Wechsel von Ziffer zu Nicht-Ziffer und umgekehrt

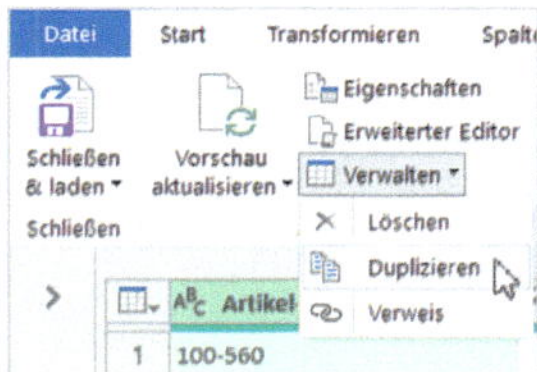

Tipp: Wenn Sie die ursprüngliche Spalte beibehalten wollen, dann duplizieren Sie die Spalte vorher, indem Sie im Register *Start* auf *Verwalten* und auf *Duplizieren* klicken.

Nach Trennzeichen teilen

Soll die Aufteilung anhand eines Trennzeichens, z. B. Bindestrich oder Leerzeichen erfolgen, dann klicken Sie in die betreffende Spalte hier *Artikel-Nr.*, danach im Register *Start* oder *Transformieren* auf *Spalte teilen* und wählen *Nach Trennzeichen.*

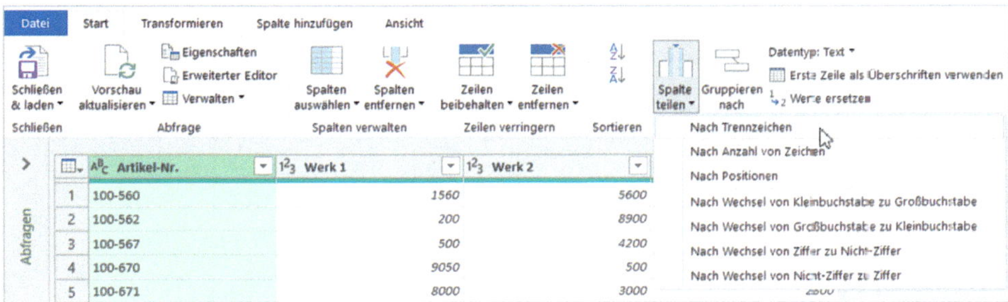

Bild 5.46 Spalte teilen

Eine mögliche Alternative ist die Funktion Extrahieren, Näheres hierzu weiter unten auf Seite 134.

Auch die benutzerdefinierte Angabe mehrerer Zeichen ist möglich.

Wählen Sie anschließend entweder das verwendete Trennzeichen ❶, z. B. Komma oder Semikolon aus oder wählen Sie *Benutzerdefiniert* und geben Sie das Zeichen unterhalb ein, hier Bindestrich. Falls das Trennzeichen in der Spalte mehrmals vorkommt, können Sie außerdem angeben, wie die Aufteilung erfolgen soll ❷.

Nach Anzahl Zeichen teilen

Wenn Sie eine Spalte nach Anzahl Zeichen aufteilen möchten, z. B. weil nur die ersten drei Zeichen der Bestellnummer benötigt werden, dann klicken Sie in die betreffende Spalte, danach auf *Spalte teilen* ▶ *Nach Anzahl Zeichen* und geben im nachfolgenden Fenster die Anzahl ein. Wählen Sie außerdem, ob eine einmalige Aufteilung von links oder rechts erfolgen soll oder wiederholt, z. B. nach jedem dritten Zeichen.

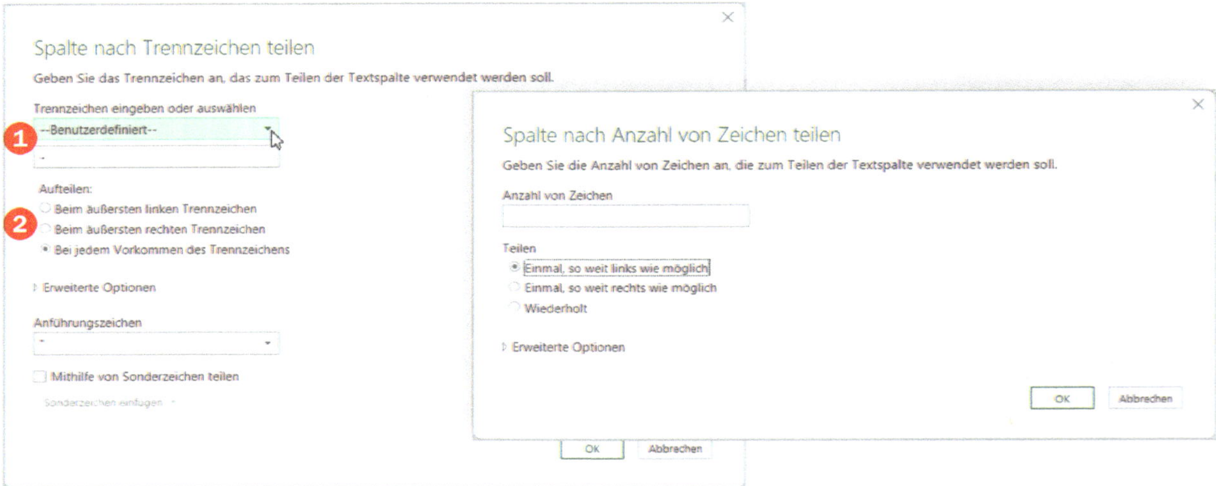

Bild 5.47 Spalte nach Trennzeichen teilen

Bild 5.48 Spalte nach Anzahl Zeichen teilen

Alternative: Zeichen extrahieren

Eine mögliche Alternative zum Teilen von Spalten ist das Extrahieren einer Zeichenfolge. Den Befehl dazu finden Sie im Menüband sowohl im Register *Transformieren* als auch im Register *Spalte hinzufügen*. Hier haben Sie die Möglichkeit, eine bestimmte Anzahl der ersten oder letzten Zeichen oder Text vor, nach oder zwischen Trennzeichen auszugeben.

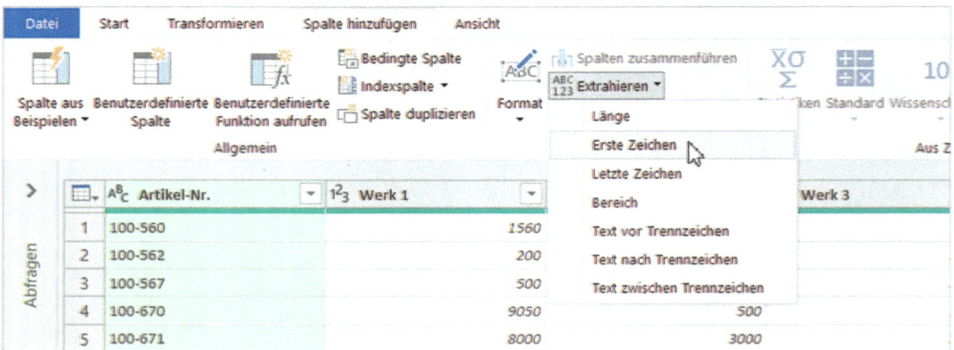

Bild 5.49 Zeichenfolgen extrahieren

Info: Die Auswahl *Länge* gibt die Anzahl Zeichen aus.

Spalten nach Position aufteilen

Artikelnummern enthalten neben der eigentlichen Nummer manchmal noch weitere Merkmale, z. B. Farbe und Größe. In solchen Fällen leistet das Aufteilen der Spalte nach Position gute Dienste.

Beispiel: Datumsangaben nach Position teilen

Als Beispiel in Bild 5.50 eine Tabelle, in der Datum und Uhrzeit von Messdaten ohne Trennzeichen erfasst wurden. Um daraus ein gültiges Datum zu erhalten, muss zunächst die Spalte entsprechend aufgeteilt werden. Dazu wählen Sie *Spalte teilen* ▶ *Nach Positionen* und geben dann die Positionen mit Komma getrennt ein. In diesem Beispiel ist das Jahr vierstellig und Monat, Tag, Stunde und Minute jeweils zweistellig, also 0, 4, 6, 8, 10. Die Angabe 0 ist erforderlich, wenn die Aufteilung ab der ersten Stelle beginnen soll.

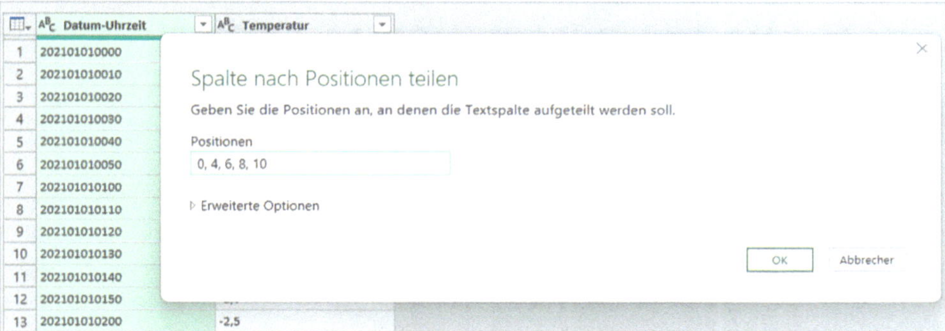

Bild 5.50 Datumsangaben nach Positionen aufteilen

Messwerte.csv

Achtung: Die Spalte Datum-Uhrzeit darf nicht in Ganze Zahl konvertiert werden, da sonst die Exponentialschreibweise erscheint!

Wenn Sie anschließend die Spalten Tag, Monat und Jahr markieren und mit Punkt als Trennzeichen zusammenführen, können Sie anschließend die Spalte in den Datentyp Datum umwandeln. Genauso können Sie auch mit der Uhrzeit verfahren.

Achtung: Bei Ziffernfolgen, wie in diesem Beispiel, besteht die Gefahr, dass die Ergebnisspalten automatisch den Datentyp *Zahl* erhalten und dadurch führende Nullen entfernt werden. Wenn Sie dies nicht wünschen, dann löschen Sie anschließend die Schritt *Geänderter Typ*.

Bild 5.51 Jahr, Monat, Tag, Stunde und Minute in Spalten aufgeteilt

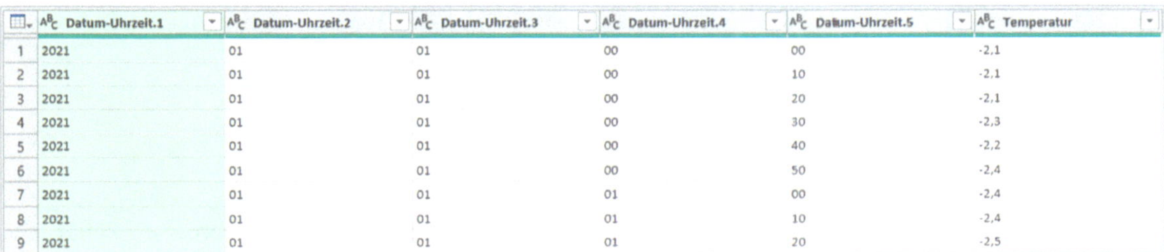

	Datum-Uhrzeit.1	Datum-Uhrzeit.2	Datum-Uhrzeit.3	Datum-Uhrzeit.4	Datum-Uhrzeit.5	Temperatur
1	2021	01	01	00	00	-2,1
2	2021	01	01	00	10	-2,1
3	2021	01	01	00	20	-2,1
4	2021	01	01	00	30	-2,3
5	2021	01	01	00	40	-2,2
6	2021	01	01	00	50	-2,4
7	2021	01	01	01	00	-2,4
8	2021	01	01	01	10	-2,4
9	2021	01	01	01	20	-2,5

Straße und Hausnummer teilen

Mit *Spalte teilen* und der Auswahl *Nach Wechsel von Ziffer zu Nicht-Ziffer* lassen sich beispielsweise Straße und Hausnummer schnell in zwei Spalten aufteilen (Bild 5.52).

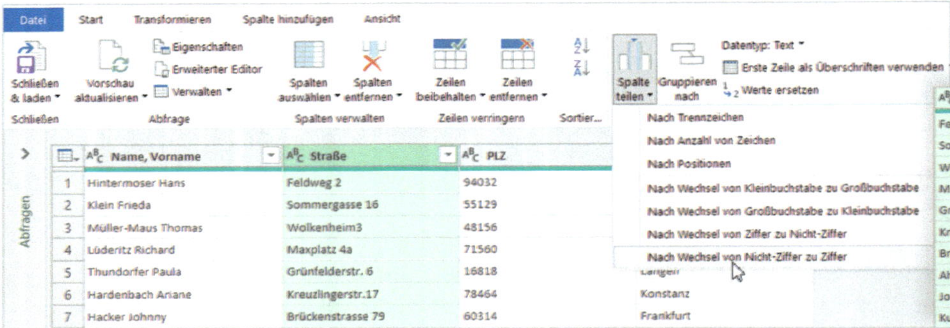

Bild 5.52 Straße und Hausnummer trennen

Bild 5.53 Das Ergebnis

5.3 Zeilen entfernen/Datensätze filtern

Zeilen entfernen

Am Tabellenanfang oder -ende entfernen

Export_Filialen.txt

Manchmal weist eine importierte Tabelle am Tabellenanfang oder -ende Leerzeilen auf oder Zeilen mit Zusatzinformationen, deren Inhalt nicht benötigt wird. Um diese zu entfernen, klicken Sie im Menüband, Register *Start* ▶ *Zeilen verringern* auf *Zeilen entfernen* und auf den gewünschten Befehl, im Bild unten *Erste Zeilen entfernen*. Anschließend geben Sie im nachfolgenden Dialogfenster die Anzahl der zu entfernenden Zeilen ein. Genauso verfahren Sie auch, um eine bestimmte Anzahl Zeilen am Tabellenende zu entfernen.

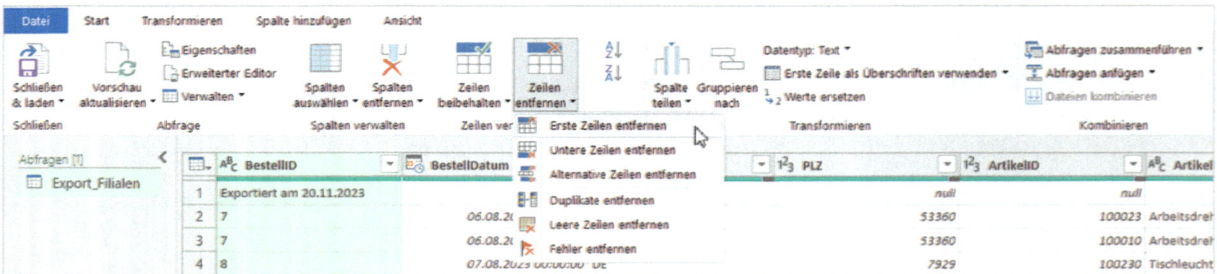

Bild 5.54 Zeilen entfernen

Weitere Möglichkeiten

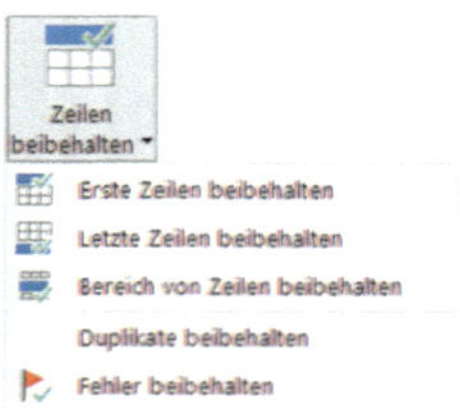

- **Leerzeilen und Duplikate entfernen**: Auch Leerzeilen, d. h. komplett leere Zeilen und doppelt vorhandene Datensätze lassen sich auf diese Weise schnell entfernen: Klicken Sie auf *Zeilen entfernen* (Bild 5.54) und wählen Sie *Leere Zeilen entfernen* bzw. *Duplikate entfernen*.
- **Zeilen beibehalten**: Mit Klick auf *Zeilen beibehalten* können Sie umgekehrt auch angeben, wie viele Zeilen Sie am Tabellenanfang oder -ende beibehalten möchten.

Stichprobe: Nur jede n-te Zeile auswählen

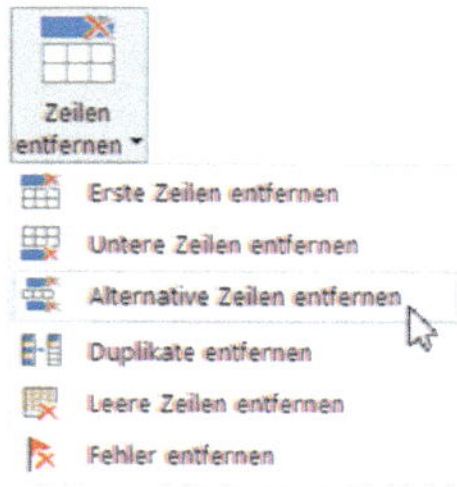

Sie möchten aus einer umfangreichen Datenquelle nur bestimmte Zeilen, z. B. jede 10. Zeile beibehalten und den Rest entfernen? Auch das wird von Power Query unterstützt und kann außerdem den Speicherplatzbedarf der Excel-Arbeitsmappe erheblich verringern. Klicken Sie dazu ebenfalls im Register *Start* des Menübands auf *Zeilen entfernen* (s. oben) und wählen Sie *Alternative Zeilen entfernen*. Anschließend geben Sie ein Muster vor, welche Zeilen Sie entfernen und behalten möchten.

Messwerte_Stichprobe.xlsx

Datenquelle: Messwerte.csv

Hier ein Beispiel mit Wetterdaten, die in Intervallen von 10 Minuten vorliegen (Bild 5.55), Sie benötigen daraus aber nur 1 Wert pro Stunde, also jeden 6. Wert. Klicken Sie auf *Zeilen entfernen* und auf *Alternative Zeilen entfernen*. Im nachfolgenden Dialogfenster legen Sie dann folgende Vorgaben fest: Wenn Sie die erste Zeile beibehalten möchten, dann geben Sie im Feld *Erste zu entfernende Zeile* 2 ein. Danach sollen jeweils 5 Zeilen entfernt werden, diese Zahl geben Sie im Feld *Anzahl zu entfernender Zeilen* ein und die Zahl *Beizubehaltende Zeilen* ist in diesem Beispiel 1.

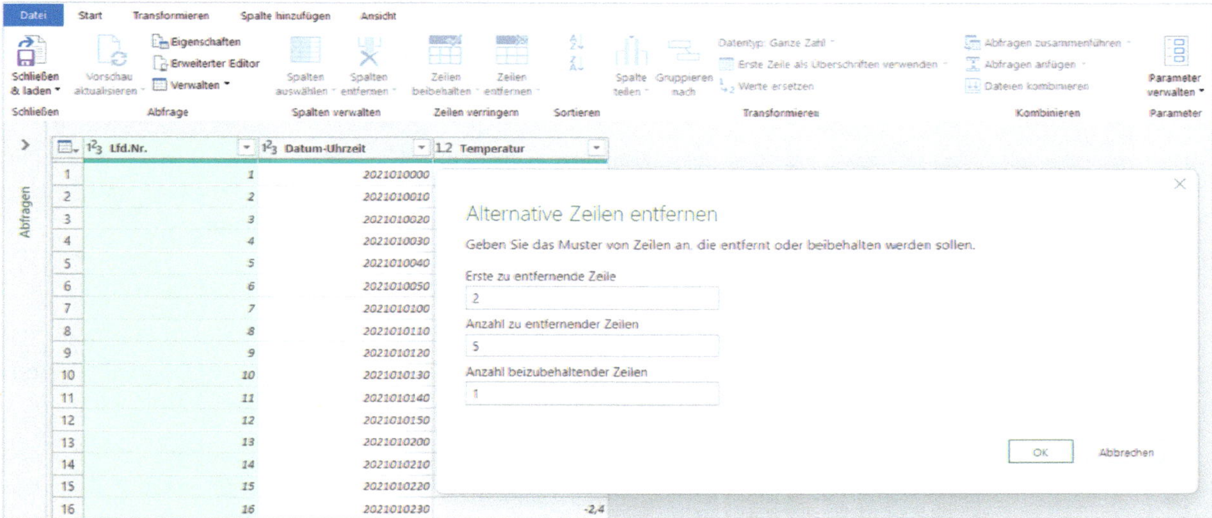

Bild 5.55 Beispiel: Jede 6. Zeile beibehalten

Datensätze auswählen/filtern

Filter erlauben es, Datensätze anhand genauer Kriterien zu entfernen, z. B. gelöschte Rechnungsposten. Genau wie Excel unterstützt auch Power Query zwei Fi termöglichkeiten: den einfachen AutoFilter mittels Kontrollkästchen und das Dialogfenster *Filtern*. Die Verwendung mehrerer Filterkriterien ist in beiden Fällen möglich.

Die nachfolgenden Beispiele zum Filtern von Datensätzen basieren auf der Datei

Export_Umsatz.csv

> **Wichtig für anschließende Auswertungen**
>
> Über Filter ausgeschlossene Datensätze fließen nicht in nachfolgende Auswertungen ein. Sie werden also z. B. in die Gesamtsummen von Pivot-Tabellen nicht einbezogen.

Einfache Filter (Autofilter)

Hier ein Beispiel mit Umsätzen, aus dem gelöschte Rechnungsposten entfernt werden sollen. Die Spalte *Geloescht* ist vom Datentyp *TRUE/FALSE* bzw. Ja/Nein, ein in Datenbanken für derartige Werte üblicher Typ. Statt TRUE und FALSE werden häufig auch die Werte 0 (FALSE) und 1 (TRUE) verwendet ❶, wie hier.

Bild 5.56 Datensätze filtern

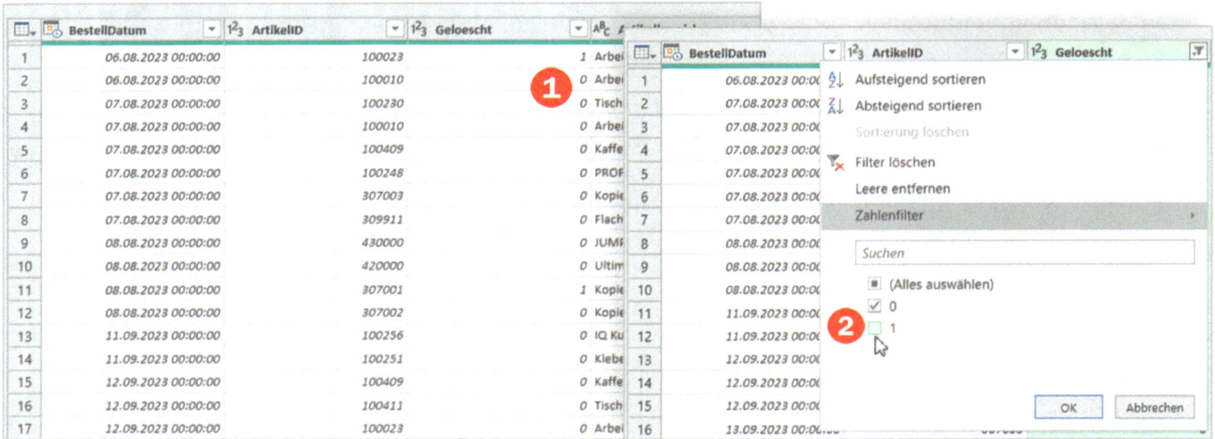

- Um die gelöschten Datensätze (Gelöscht = TRUE bzw. 1) auszuschließen, klicken Sie auf den Dropdown-Pfeil der Spaltenüberschrift, deaktivieren das Kontrollkästchen vor den zu entfernenden Werten ❷ und klicken auf *OK*.

Weitere Filtermöglichkeiten

Siehe Kapitel 2.5.

Neben den Kontrollkästchen des Autofilters stehen, je nach Datentyp, mit Text-, Datums- und Zahlen- und Logische Filter noch weitere Filter zur Verfügung. Diese unterscheiden sich nicht von den Filtermöglichkeiten in Excel-Tabellen.

Beispiel Textfilter: Um z. B. alle Zeilen herauszufiltern, deren Artikelbezeichnung die Zeichenfolge „papier" enthält, klicken Sie auf den Pfeil der Spaltenüberschrift *Artikelbezeichnung*, danach auf *Textfilter* und wählen *Enthält....* Geben Sie danach im Fenster *Zeilen filtern* das Filterkriterium „papier" ein ❶ und klicken Sie auf *OK*.

Bild 5.57 Beispiel Textfilter

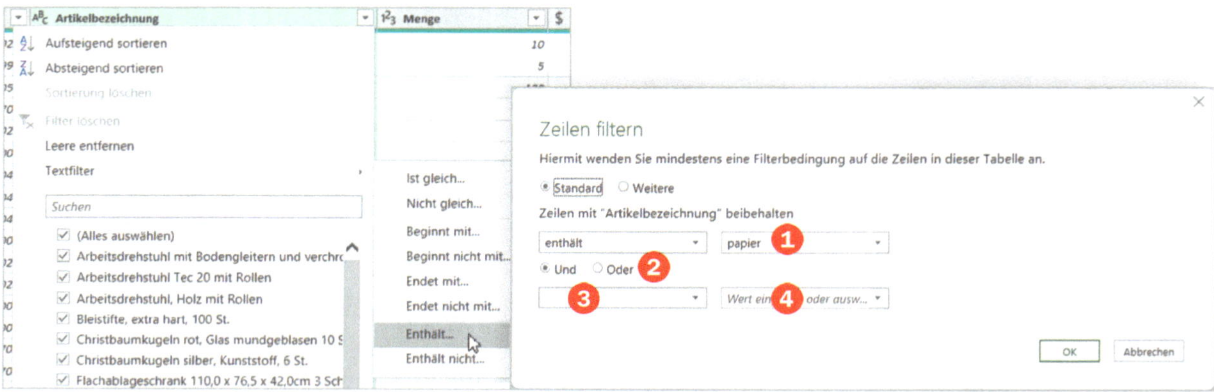

Zwei Filterkriterien derselben Spalte

Wenn Sie auf eine Spalte zwei Filterkriterien anwenden möchten, dann wählen Sie unterhalb, ob ein Datensatz beide Kriterien erfüllen muss (*Und*) oder nur eine Bedingung (*Oder*) ❷. Klicken Sie dann in das Feld ❸, wählen Sie einen Vergleichsoperator, z. B. *beginnt mit* und geben Sie im Feld daneben ❹ die nächste gesuchte Zeichenfolge ein.

Mehrere Filterkriterien kombinieren

Wenn Sie noch mehr Filterkriterien, auch aus verschiedenen Spalten, benötigen, dann klicken Sie im Dialogfenster *Zeilen filtern* auf die Option *Weitere* ❶ (Bild 5.58). Anschließend wählen Sie jeweils *Spalte* ❷ und *Operator* ❸ aus, z. B. Warengruppe (*WGRID*) und *ist gleich* und geben im Feld *Wert* ❹ den entsprechenden Vergleichswert ein. Ob ein Datensatz alle Kriterien oder nur eines davon erfüllen muss, wählen Sie in der Spalte *Und/Oder* aus.

Falls Sie mehr als zwei Kriterien festlegen möchten, so klicken Sie auf *Klausel hinzufügen* ❺. Nicht mehr benötigte Filterkriterien löschen Sie mit Klick auf die drei Punkte ❻ und den Befehl *Löschen*.

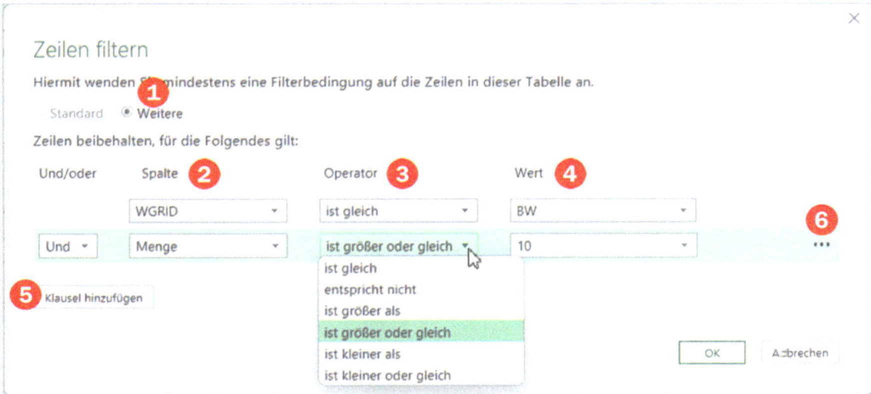

Bild 5.58 Weitere Filter

Beispiel: Ein bestimmtes Quartal des aktuellen Jahres herausfiltern

Spalten vom Typ *Datum* oder *Datum/Uhrzeit* können je nach Datentyp mit dem *Datumsfilter* oder *Datums-/Zeitfilter* auch nach verschiedenen Datumseinheiten gefiltert werden. Um z. B. um alle Rechnungen des dritten Quartals des aktuellen Jahres herauszufiltern, klicken Sie auf den Dropdown-Pfeil der Spalte *BestellDatum*, danach auf *Datums-/Zeitfilter*, wählen *Jahr* und klicken auf *Dieses Jahr*.

Klicken Sie danach erneut auf den Dropdown-Pfeil derselben Spalte, wählen wieder *Datums-/Zeitfilter*, danach *Quartal* und hier *Quartal 3*.

Hinweis: Sollte sich keine passende Filtermöglichkeit finden, so klicken Sie auf *Benutzerdefinierter Filter...*. Dadurch öffnet sich das oben abgebildete Fenster *Zeilen filtern*.

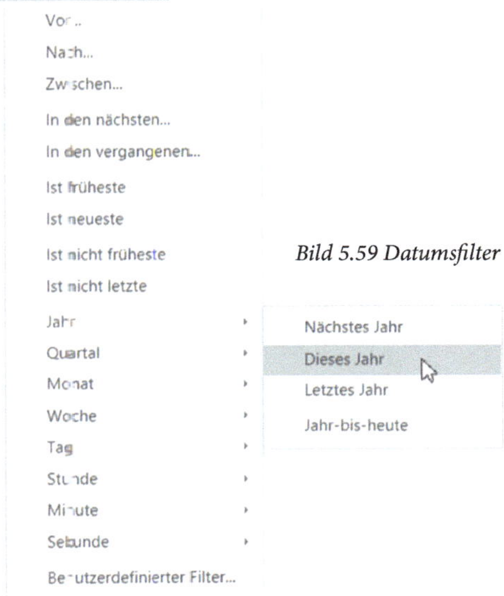

Bild 5.59 Datumsfilter

Filter löschen

Wie in gefilterten Excel-Tabellen erkennen Sie Filter auch im Abfrage-Editor am Filtersymbol der Spaltenüberschrift (Bild 5.60). Mit Klick auf die Filterschaltfläche und dem Befehl *Filter löschen* entfernen Sie alle vorhandenen Filter aus der betreffenden Spalte. Alternativ löschen Sie den Schritt *Gefilterte Zeilen* in der Liste *Angewendete Schritte* (Bild 5.62). Hier können Sie bei mehreren Filterbedingungen auch gezielt jeden einzelnen Filter löschen.

Tipp: Falls Sie nicht genau wissen, um welchen Filter es sich handelt, so klicken Sie auf das Symbol *Bearbeiten* rechts vom jeweiligen Schritt. Damit öffnet sich das Fenster *Zeilen filtern*, s. oben und Sie können bei Bedarf den Filter auch nachträglich ändern.

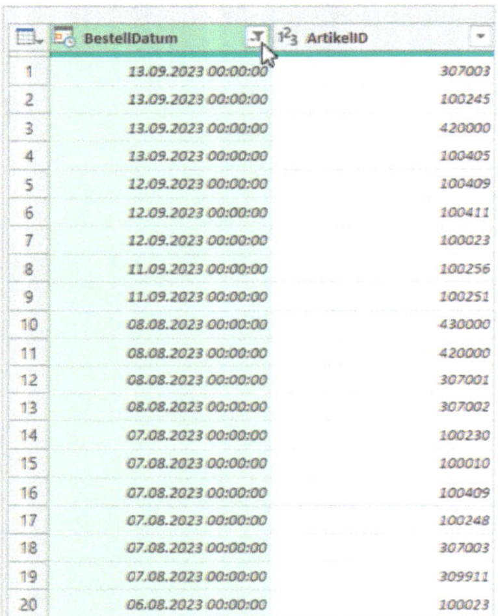

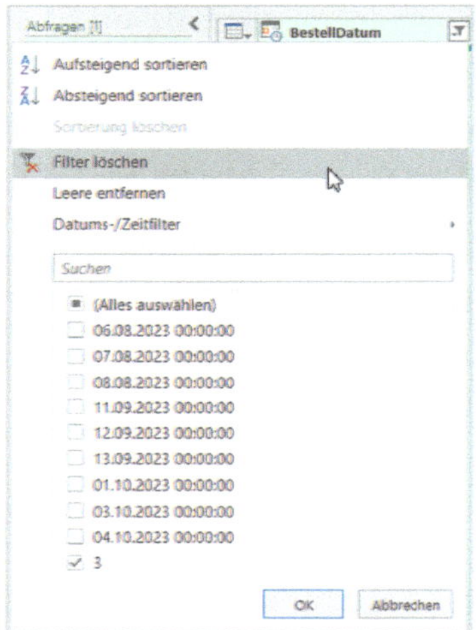

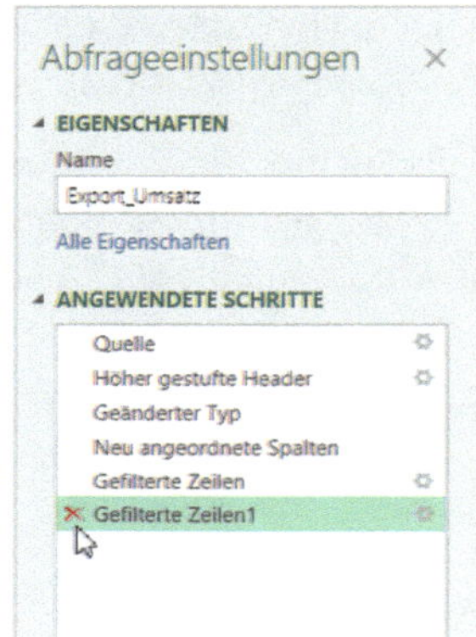

Bild 5.60 Gefilterte Spalten erkennen Sie am Symbol der Filterschaltfläche

Bild 5.61 Alle Filter aus Spalte löschen

Bild 5.62 Den Schritt Gefilterte Zeilen löschen

5.4 Abfragen und Datenquellen verwalten, Abfrageoptionen

Abfrage umbenennen

Neue Abfragen erhalten standardmäßig den Namen der Datenquelle auf der sie basieren, Sie können jedoch jederzeit den Namen einer Abfrage ändern. Wenn z. B. die Arbeitsmappe gleich mehrere Abfragen enthält, dann erhalten Sie unter Umständen mit eindeutigen Namen einen besseren Überblick. Dazu haben Sie gleich drei verschiedene Möglichkeiten (Bild 5.63):

- Klicken Sie im Register *Start* des Menübands auf *Eigenschaften* ❶ und ändern Sie dann im nachfolgenden Fenster *Abfrageeigenschaften* den Namen ❷. Optional können Sie hier zusätzlich eine kurze Beschreibung ❸ hinterlegen.
- Oder klicken Sie im Aufgabenbereich *Abfrageeinstellungen* unter *Eigenschaften* in das Feld *Name* ❹ und ändern hier den Namen.

- Oder doppelklicken Sie einfach im Abfragebereich auf den Namen der Abfrage ❺: Überschreiben Sie dann den markierten Namen und schließen Sie mit der **Eingabetaste** ab.

Bild 5.63 Abfrage umbenennen

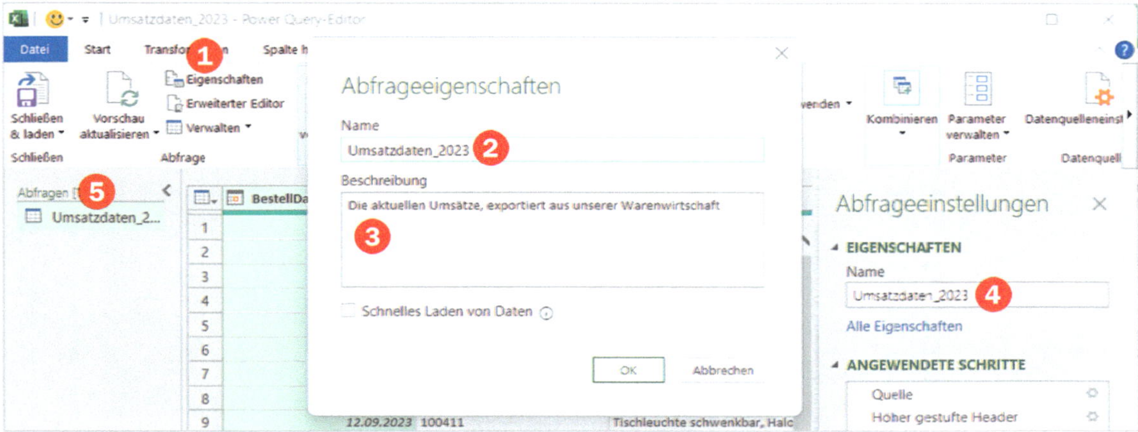

Eine Abfrage als Datenquelle für eine weitere Abfrage verwenden

Verweis auf eine Abfrage erstellen

Bei großen Datenmengen und unterschiedlichen Anforderungen an die Daten kann auch eine vorhandene Abfrage als Datenquelle verwendet werden. Zum Beispiel, wenn Sie einmal alle Datensätze und für eine andere Auswertung nur gefilterte Datensätze benötigen. Dazu erstellen Sie eine Abfrage, die auf einer vorhandenen Abfrage basiert und deren Werte verwendet, so gehen Sie vor:

1 Öffnen Sie die Ausgangsabfrage im Power Query-Editor. Klicken Sie im Register *Start* ▶ *Abfrage* auf *Verwalten* und wählen Sie *Verweis*. Damit erstellen Sie eine neue Abfrage, die auf die aktuelle Abfrage verweist.

Alternative: Rechtsklick im Abfragebereich auf die betreffende Abfrage und Befehl *Verweis*.

2 Im Abfragebereich am linken Rand des Editors erscheint die neue Abfrage. Sie erhält automatisch den Namen der Abfrage, auf der die neue Abfrage basiert mit dem Zusatz *(2)*, hier *Rechnungen(2)*. Den Namen können Sie jederzeit ändern, s. oben und durch Anklicken wechseln Sie zwischen den beiden Abfragen. Die aktuelle Abfrage ist farbig hervorgehoben.

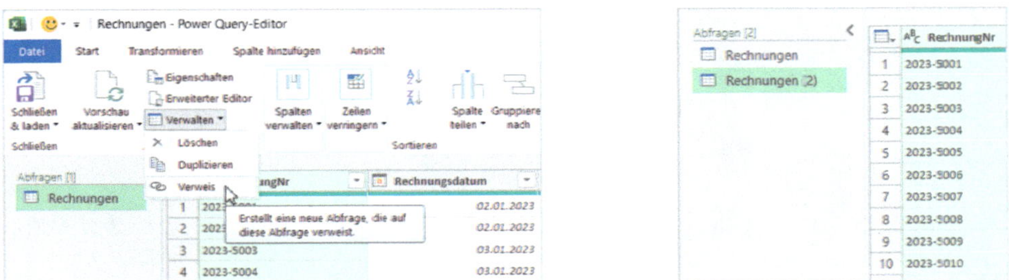

Bild 5.64 Eine neue Abfrage basierend auf der aktuellen Abfrage erstellen

Abfrage kopieren/duplizieren

Alternativ könnten Sie eine Abfrage mit dem Befehl *Duplizieren* auch kopieren. Diese Methode hat allerdings einen gravierenden Nachteil: Sie erhalten zwei getrennte Abfragen, was die Aktualisierung insbesondere großer Datenmengen verlangsamt.

Nützliche Grundeinstellungen des Abfrage-Editors

Das Verhalten des Power Query-Editors lässt sich in den Abfrageoptionen beeinflussen. Zum Öffnen klicken Sie im Editor auf das Register *Datei* ▶ *Optionen und Einstellungen* und auf *Abfrageoptionen*.

Bild 5.65 Abfrageoptionen öffnen

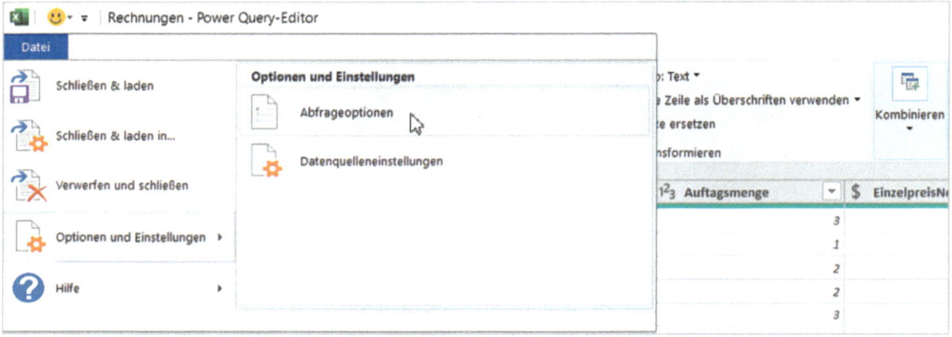

Allgemeine Einstellungen, Editoreinstellungen

In der Standardeinstellung erscheint eine Abfragevorschau, wenn Sie im Excel-Arbeitsblatt im Aufgabenbereich *Abfragen* auf eine Abfrage zeigen. Sollte dies nicht der Fall sein oder möchten Sie die Vorschau ausschalten, so klicken Sie in den Abfrageoptionen auf *Allgemein* ❶ und aktivieren oder deaktivieren das Kontrollkästchen *Abfragevorschau* ❷.

Bild 5.66 Allgemein und Editoreinstellungen

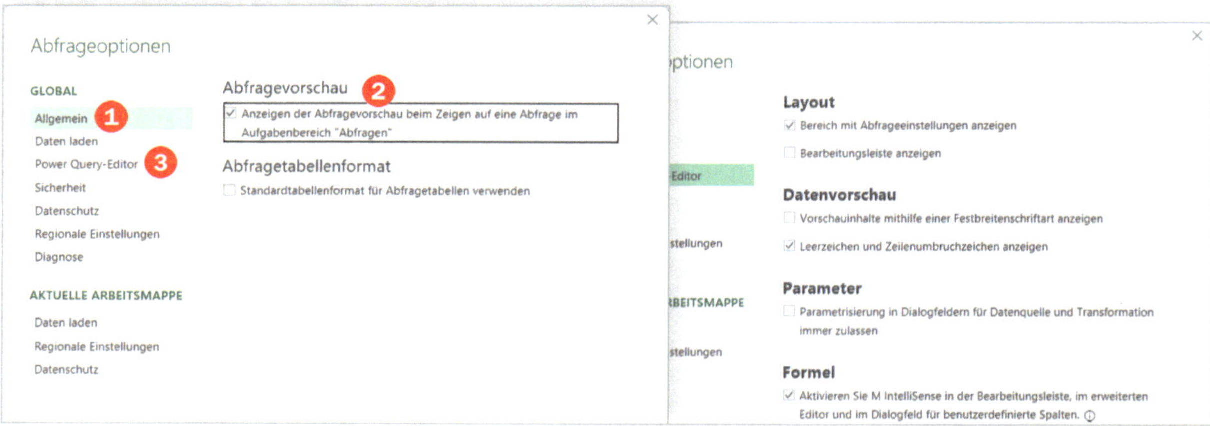

Verschiedene Voreinstellungen zur Anzeige können Sie treffen, wenn Sie in den Abfrageoptionen auf *Power Query-Editor* ❸ klicken.

- **Aufgabenbereich Abfrageeinstellungen und Bearbeitungsleiste anzeigen:** Ob beim Öffnen des Power Query-Editors der Aufgabenbereich *Abfrageeinstellungen* und die Bearbeitungsleiste mit dem Befehl der M-Sprache automatisch erscheinen, steuern Sie unter *Layout*.
- **Datenvorschau steuern:** Manche Anwender bevorzugen zur Anzeige eine Schriftart mit fester Zeichenbreite, z. B. Courier, um etwa Zahlen besser abschätzen zu können. In diesem Fall aktivieren Sie unter *Datenvorschau* das Kontrollkästchen *Vorschauinhalte mithilfe einer Festbreitenschrift anzeigen*. Die Anzeige von *Leerzeichen und Zeilenumbrüchen* sollte aktiviert sein, damit führende Leerzeichen schnell erkannt werden.
- **Hilfe bei der Formeleingabe:** Unter *Formel* sorgt das aktivierte Kontrollkästchen dafür, dass die Formeleingabe durch verschiedene Hilfen unterstützt wird.

Standardeinstellung beim Laden der Daten

- **Einstellungen zur Typerkennung**: Falls Sie die automatische Typerkennung beim Laden dauerhaft deaktivieren möchten, so klicken Sie in den Abfrageoptionen auf *Daten laden* und wählen unter *Typerkennung* ❶ die passende Option (Bild 5.67). Achtung: Dadurch deaktivieren Sie auch das automatische Erkennen und Höherstufen der Spaltenüberschriften.
- **Laden in Arbeitsmappe**: Beim Schließen des Power Query-Editors werden in der Standardeinstellung die Daten der Abfrage bzw. aller Abfragen automatisch in die Arbeitsmappe geladen. Abweichend davon können Sie über *Schließen & laden in...* auch nur eine Verbindung oder eine Pivot-Tabelle erstellen bzw. für das spätere Erstellen einer Pivot-Tabelle die Daten dem Datenmodell der Mappe hinzufügen. Wenn Sie das Laden in das Datenmodell als Standardeinstellung festlegen möchten, dann wählen Sie unter *Standardeinstellungen zum Laden von Abfragen* die benutzerdefinierte Standardeinstellung *In Datenmodell laden* ❷.

Hinweis: Die unten abgebildeten Einstellungen gelten global, d. h. für alle Abfragen. Falls die Einstellungen nur für die aktuelle Mappe gelten sollen, so wählen Sie unter *Aktuelle Arbeitsmappe* den betreffenden Punkt ❸ aus.

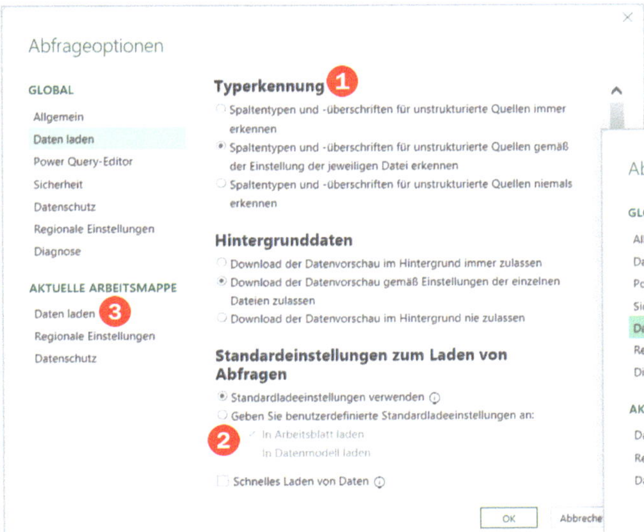

Bild 5.67 Typerkennung und Laden in Arbeitsmappe

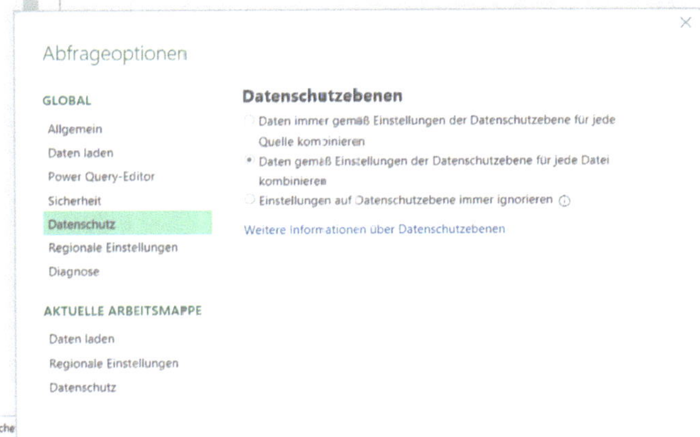

Bild 5.68 Datenschutz

Datenschutzeinstellungen

Verwendet eine Abfrage Daten aus mehreren verschiedenen Datenquellen, so kann unter *Datenschutz* die Verwendung von Datenschutzebenen geregelt werden (Bild 5.68). Die Datenschutzebene der Datenquelle legen Sie mit den Anmeldeinformationen fest, siehe weiter unten. Auch diese Einstellung kann global oder für die aktuelle Arbeitsmappe festgelegt werden.

Standardsprache und Gebietsschema

In den Abfrageoptionen finden Sie unter *Aktuelle Arbeitsmappe* noch den Punkt *Regionale Einstellungen*. Hier können Sie bei Bedarf das Gebietsschema ändern, das ansonsten aus den Windows-Einstellungen übernommen wird. Die *Regionalen Einstellungen* unter *Global* dagegen erlauben alternativ englische Bezeichnungen für die automatisch generierten Schrittnamen in der Liste *Angewendete Schritte*.

Datenquelle und Anmeldeinformationen verwalten

Zahlreiche Datenquellen, z. B. Datenbanken, erfordern neben der Angabe des Servers auch eine Anmeldung mit Benutzername und Kennwort. Um diese Informationen im Bedarfsfall zu ändern, klicken Sie im Power Query-Editor, Register *Start*, auf *Datenquelleneinstellungen* (Bild 5.69). Oder klicken Sie in Excel im Menüband, Register *Daten* auf *Daten abrufen* und auf *Datenquelleneinstellungen...*.

Bild 5.69 Power Query-Editor: Datenquelleneinstellungen

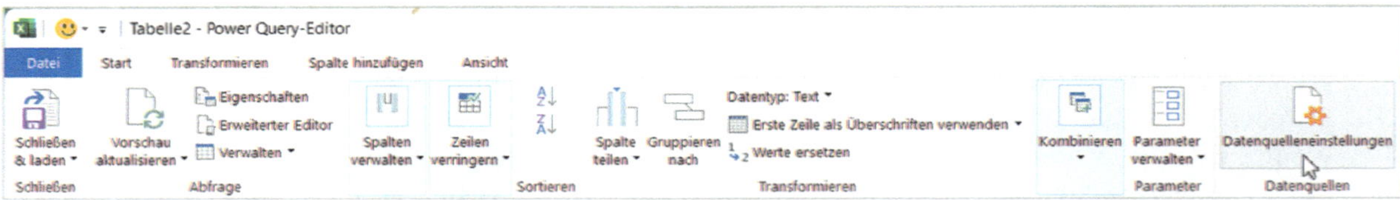

Andere Datenquelle wählen

Um eine andere Datenquelle zu wählen, markieren Sie im Fenster *Datenquelleneinstellungen* die Datenquelle ❶, klicken auf *Quelle ändern...* ❷ und geben hier die neue Datenquelle eine oder klicken auf *Durchsuchen* ❸ (Bild 5.70).

Bild 5.70 Datenquelle ändern

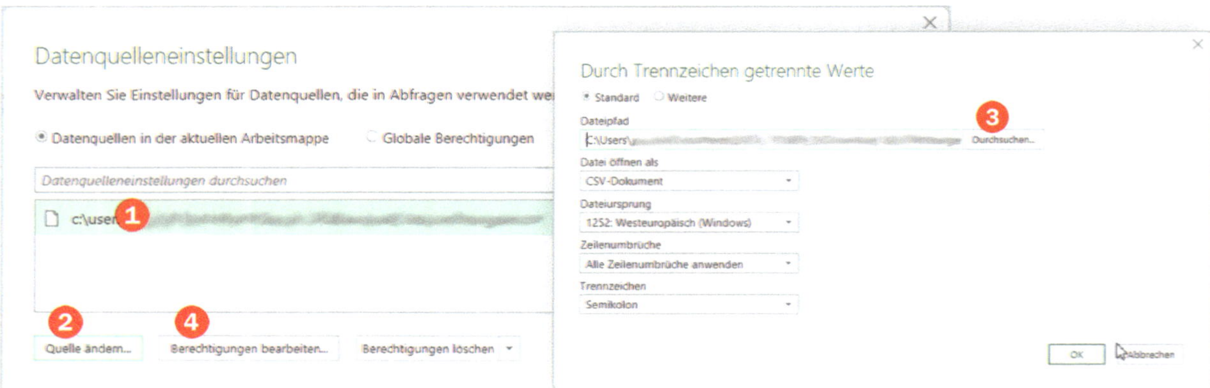

Anmeldeinformationen ändern oder löschen

1 Erfordert der Zugriff auf die Datenquelle eine Authentifizierung, dann können Sie diese im Bedarfsfall ebenfalls ändern oder auch löschen: Markieren Sie dazu im Fenster *Datenquelleneinstellungen* die betreffende Datenquelle und klicken Sie auf *Berechtigungen bearbeiten...* ❹ (Bild 5.70).

2 Zum Ändern klicken Sie unter *Anmeldeinformationen* auf *Bearbeiten* ❺, anschließend können Sie die Art der Anmeldung ändern und Benutzername und Kennwort eingeben ❻. Ein Klick auf *Löschen* ❼ entfernt dagegen die Anmeldeinformationen.

Bild 5.71 Benutzername und Kennwort verwalten/ändern

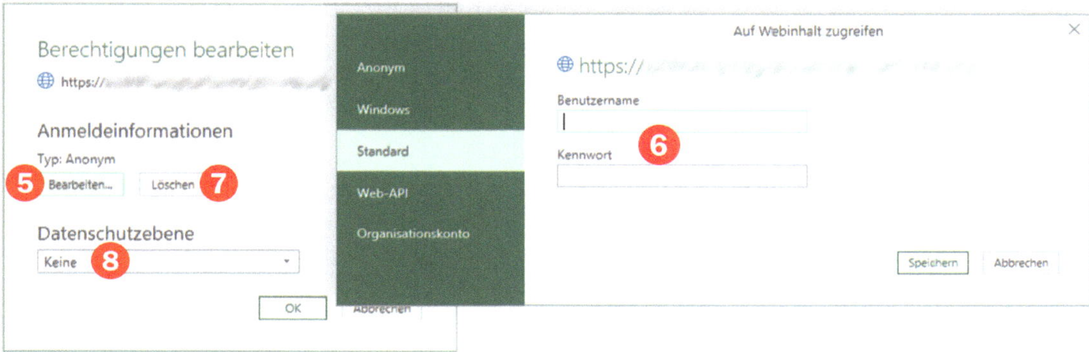

Datenschutzebene wählen

Im Fenster *Berechtigungen bearbeiten*, s. Bild oben, können Sie bei Bedarf auch eine Datenschutzebene ❽ wählen. Die Datenschutzebene legt beim Zugriff auf Daten aus mehreren Datenquellen den gegenseitigen Schutz bzw. den zulässigen gegenseitigen Informationsaustausch fest.

- Die Einstellung *Privat* isoliert die Datenquelle vollständig von anderen Datenquellen und sollte für vertrauliche Inhalte gewählt werden.
- Als *Öffentlich* eingestufte Datenquellen erlauben jedem Einblick in die Daten.
- Eine *Organisationsweite* Datenquelle ist von öffentlichen Datenquellen isoliert, erlaubt aber den Zugriff innerhalb einer Organisation und kann beispielsweise für SharePoint oder Intranetseiten verwendet werden.

5.5 Weitere Abfragetechniken

Datensätze zusammenfassen/gruppieren

Power Query kann auch Auswertungen über Gruppen liefern und dadurch manche nachfolgenden Auswertungen in der Excel Arbeitsmappe überflüssig machen. Nützlich ist eine Gruppierung auch bei umfangreichen Datenquellen, wenn nur eine Zusammenfassung benötigt wird.

> **Achtung bei nachfolgenden Auswertungen mit Pivot-Tabellen!**
>
> Für eine anschließende Auswertung mit einer Pivot-Tabelle ist keine Gruppierung erforderlich. Unter Umständen kann es dadurch sogar zu falschen Ergebnissen kommen.

Datenquelle: **Rechnungen.csv**

s. vorhergehende Beispiele

Beispiel: Umsatzsummen pro Kunde und Monat

In der Abfrage *Rechnungen* (siehe vorhergehende Beispiele) bildet jede Ausgangsrechnung einen Datensatz. Benötigt wird aber eigentlich nur die Umsatzsumme pro Kunde und Monat. Um die ursprüngliche Abfrage *Rechnungen* nicht anzutasten, erstellen wir zunächst einen Verweis auf die Abfrage und benennen diesen um in *Kundenumsatz* (siehe Seite 141).

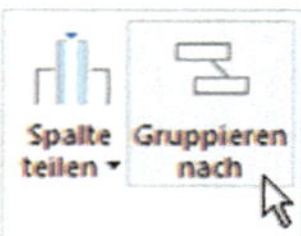

1 Markieren Sie die soeben erstellte Abfrage *Kundenumsatz* ❶ und klicken Sie im Menüband des Power Query-Editors im Register *Start* ▶ *Transformieren* auf *Gruppieren nach* ❷.

2 Wählen Sie dann im Feld *Gruppieren nach* zuerst die Spalte *Kunde* ❸ aus. Unter *Neuer Spaltenname* geben Sie *UmsatzKunde* ein ❹, im Feld *Vorgang* wählen Sie *Summe* und daneben die Spalte *Umsatz* aus.

Bild 5.72 Gruppieren nach

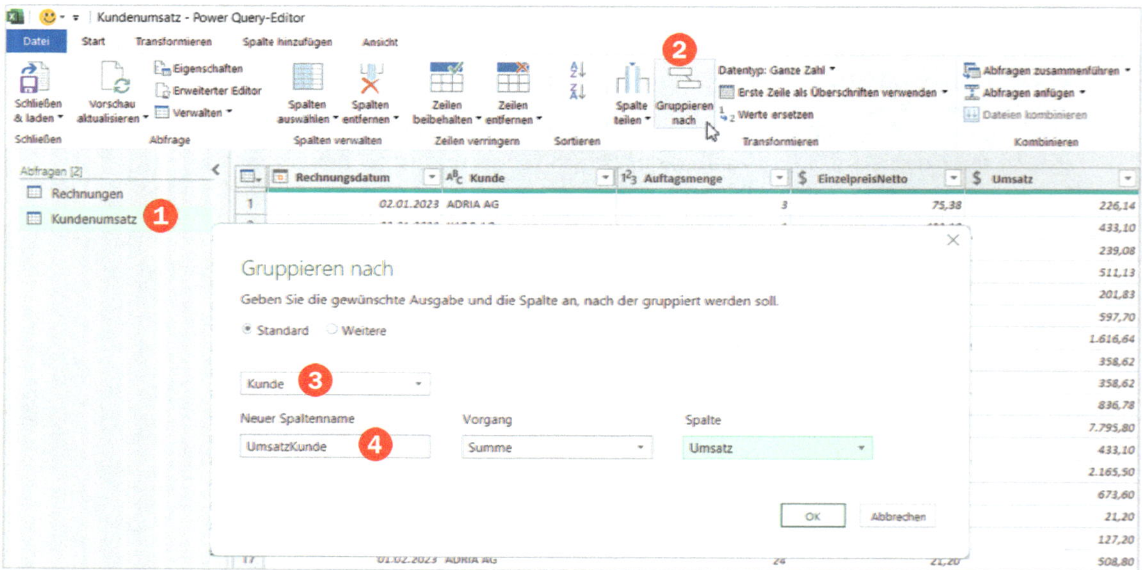

3 Um eine zweite Gruppierung nach Monaten hinzuzufügen, klicken Sie auf *Weitere* ❺. Klicken Sie auf *Gruppierung hinzufügen* ❻, wählen Sie die Spalte *Monat* aus ❼ und klicken Sie abschließend auf *OK*.

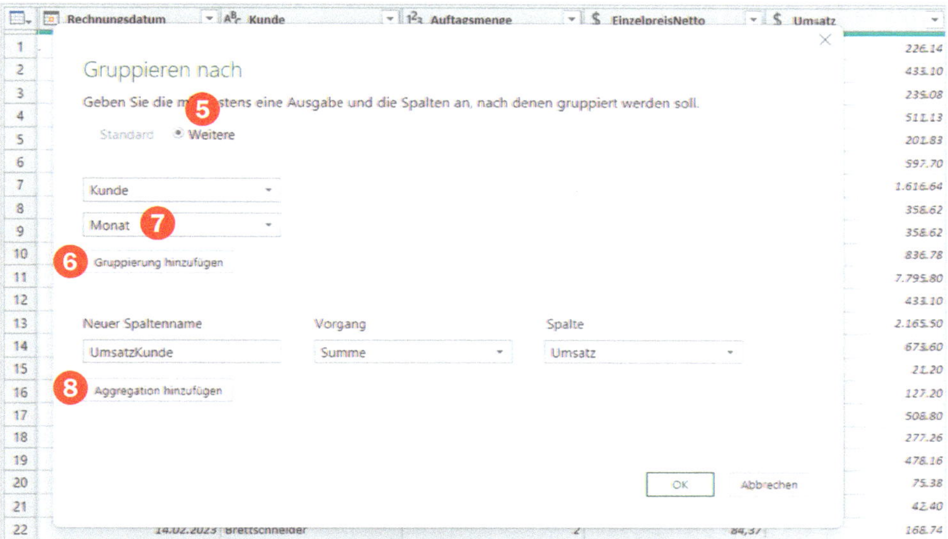

Bild 5.73 Gruppierung hinzufügen

Hinweis: Die Spalten *Umsatz* und *Monat* stammen in diesem Beispiel nicht aus der Datenquelle, sondern wurden berechnet, s. Seite 120 und Seite 122.

Weitere Werte berechnen

Falls Sie neben der Umsatzsumme noch weitere Werte auf Kundenebene berechnen möchten, z. B. den durchschnittlichen Umsatz je Kunde, dann klicken Sie auf *Aggregation hinzufügen* ❽. Geben Sie einen Spaltennamen ein und wählen Sie im Feld *Vorgang* eine weitere Zusammenfassung, hier *Mittelwert*. Berechnet wird der Wert wieder für die Spalte *Umsatz*.

Bild 5.74 Das Ergebnis

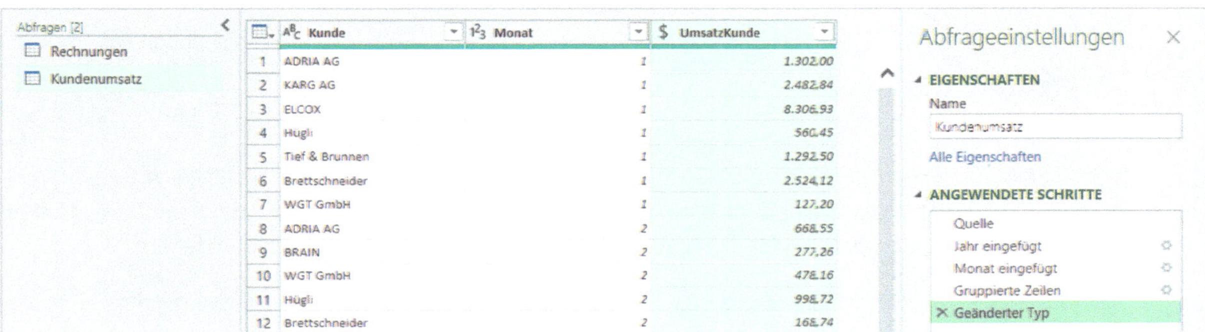

Eine Kreuztabelle erzeugen

Übersichtlicher ist die Tabelle in Bild 5.74 als sogenannte Kreuztabelle, d. h. wenn neben den Kunden als Zeilenbeschriftungen (wie im Bild) die Monate als Spaltenüberschriften verwendet werden. Auch dies ist mit Power Query möglich.

Achtung: Power Query berücksichtigt im Gegensatz zu Pivot-Tabellen, die im Arbeitsblatt erstellt werden, nur eine einzige Wertespalte, in diesem Beispiel die Spalte *UmsatzKunde*. Wenn Sie zusätzlich den durchschnittlichen Umsatz je Kunde hinzugefügt haben, siehe oben, dann müssen Sie diese Spalte zuvor entfernen.

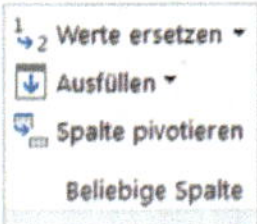

1 Klicken Sie in die Spalte, aus deren Inhalten die Spalten bzw. Spaltenüberschriften gebildet werden sollen, in diesem Beispiel *Monat* ❶, und klicken Sie im Menüband, Register *Transformieren* ▶ *Beliebige Spalte* auf *Spalte pivotieren* ❷.

2 Im nachfolgenden Fenster wählen Sie als *Wertespalte* die Spalte *UmsatzKunde* aus ❸ und kontrollieren unter *Erweiterte Optionen* die *Aggregatwertfunktion* ❹: In den meisten Fällen ist *Summe* bereits ausgewählt und kann in diesem Beispiel beibehalten werden.

Bild 5.75 Markierte Spalte pivotieren

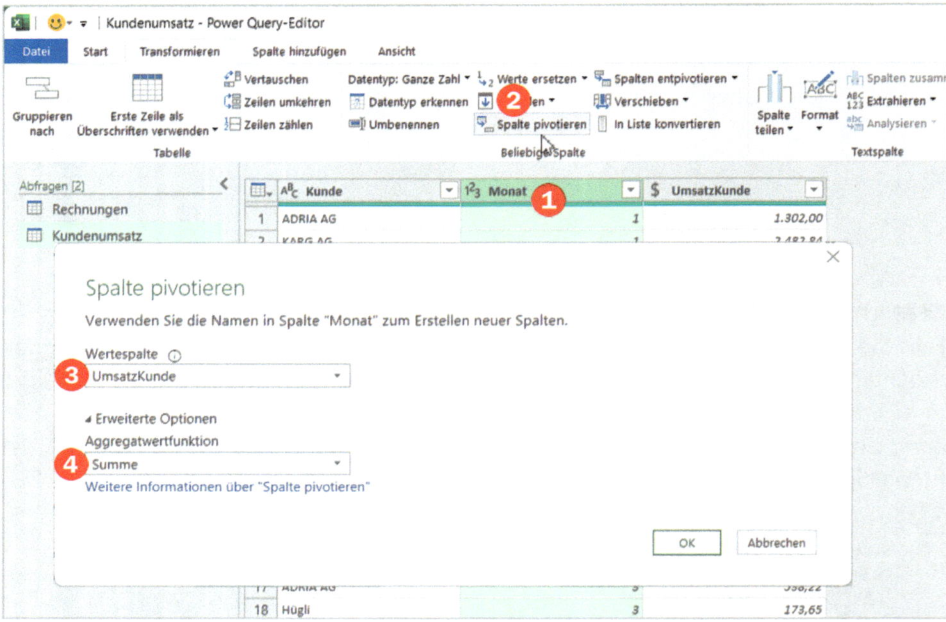

Anschließend brauchen Sie die Tabelle eigentlich nur noch in ein Excel-Arbeitsblatt laden. Leere Werte, also nicht vorhandene Umsätze werden im Abfrage-Editor mit dem Wert *null* angezeigt, erscheinen aber im Excel-Arbeitsblatt als leere Zellen.

Bild 5.76 Die fertige Kreuztabelle (Ausschnitt)

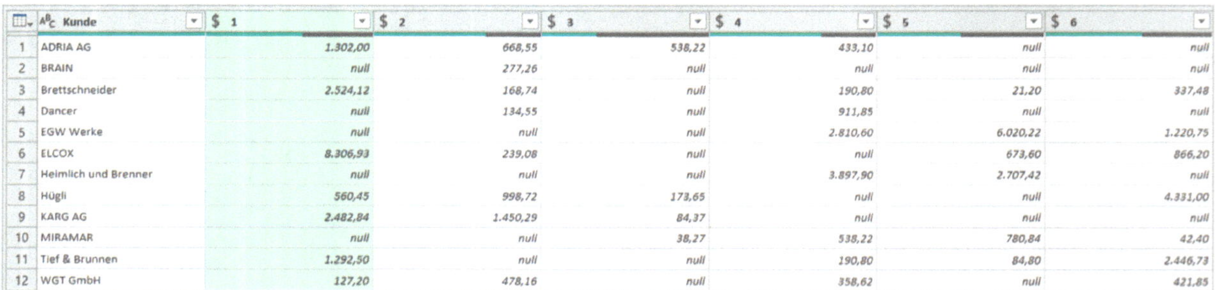

	Kunde	1	2	3	4	5	6
1	ADRIA AG	1.302,00	668,55	538,22	433,10	null	null
2	BRAIN	null	277,26	null	null	null	null
3	Brettschneider	2.524,12	168,74	null	190,80	21,20	337,48
4	Dancer	null	134,55	null	911,85	null	null
5	EGW Werke	null	null	null	2.810,60	6.020,22	1.220,75
6	ELCOX	8.306,93	239,08	null	null	673,60	866,20
7	Heimlich und Brenner	null	null	null	3.897,90	2.707,42	null
8	Hügli	560,45	998,72	173,65	null	null	4.331,00
9	KARG AG	2.482,84	1.450,29	84,37	null	null	null
10	MIRAMAR	null	null	38,27	538,22	780,84	42,40
11	Tief & Brunnen	1.292,50	null	null	190,80	84,80	2.446,73
12	WGT GmbH	127,20	478,16	null	358,62	null	421,85

Daten entpivotieren

Umgekehrt kommt es in der Praxis nicht selten vor, dass die Ausgangsdaten in Form einer Kreuztabelle vorliegen. Eine nachfolgende Auswertung mit PivotTable und/oder PivotChart setzt jedoch die Zahlen mit einer eindeutigen Überschrift und in einer einzigen Spalte untereinander voraus.

Im unten abgebildeten Beispiel verteilen sich die monatlichen Verkaufszahlen der Artikel auf 12 Spalten. Kopieren der Tabelle und Transponieren beim Einfügen stellt keine Lösung dar, da dadurch nur Zeilen und Spalten vertauscht werden.

Bild 5.77 Die Ausgangsdaten als Kreuztabelle im Tabellenblatt

	A	B	C	D	E	F	G	H	I	J	K	L	M	N
1	Artikel	Januar	Februar	März	April	Mai	Juni	Juli	August	September	Oktober	November	Dezember	
2	A-100	175	230	250	450	300	250	60	40		150	280	300	
3	A-101	200	220	150	90	150	10		170	220	230	140	250	
4	A-102		300	310	450	500	600	150		20	200	300	150	
5	A-103	95	80	75	20									
6	B-202	800	650	920	1.500	1.200	950	780	890	1.100	1.230	1.400	1.100	

Entpivotieren.xlsx

Um ein zeitraubendes Umstellen der Werte, entweder durch Kopieren oder mit Hilfe von Formeln zu vermeiden, benutzen Sie die Funktion *Entpivotieren* von Power Query.

1 Dazu laden Sie zunächst die Excel-Tabelle in den Power Query-Editor: Klicken Sie im Arbeitsblatt an eine beliebige Stelle der Ausgangstabelle und im Menüband, Register *Daten* ▶ *Abrufen und transformieren* auf *Aus Tabelle/Bereich*.

2 Falls die Tabelle nicht als Tabellenbereich formatiert wurde, öffnet sich das Fenster *Tabelle erstellen* und fordert Sie auf, den Bereich festzulegen. Kontrollieren Sie, ob der Bereich richtig erkannt wurde, aktivieren Sie das Kontrollkästchen *Tabelle hat Überschriften* und klicken Sie auf *OK*.

3 Die Tabelle wird in den Abfrage-Editor geladen. Klicken Sie auf die Überschrift der Spalte die Sie beibehalten möchten, in diesem Fall *Artikel* und klicken Sie im Register *Transformieren* ▶ *Beliebige Spalte* auf den Pfeil der Schaltfläche *Spalten entpivotieren*. Wählen Sie hier *Andere Spalten entpivotieren*.

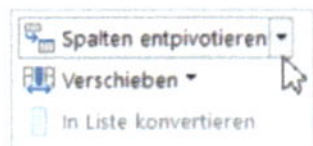

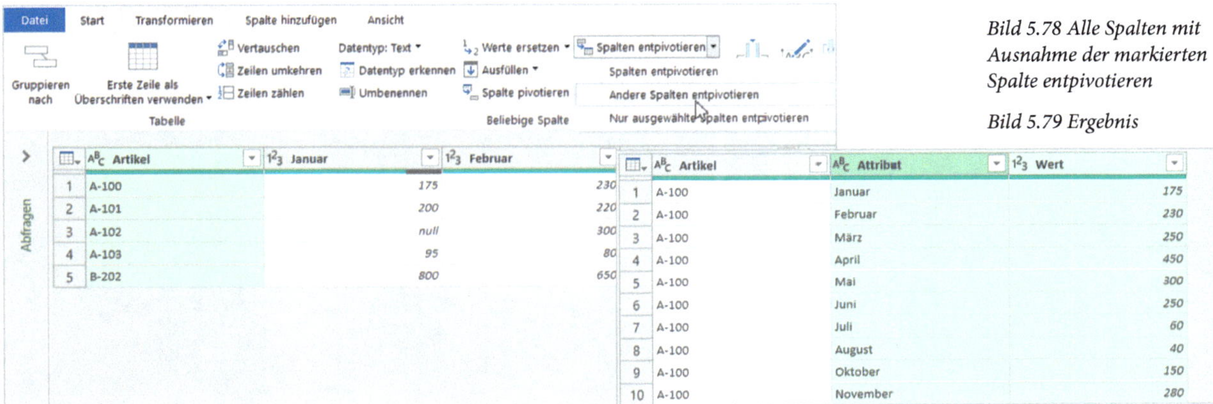

Bild 5.78 Alle Spalten mit Ausnahme der markierten Spalte entpivotieren

Bild 5.79 Ergebnis

Alternativ könnten Sie natürlich stattdessen auch alle Monatsspalten markieren, indem Sie in die Spaltenüberschrift *Januar* und dann mit gedrückter **Umschalt**-Taste in die Spaltenüberschrift *Dezember* klicken (Mehrfachmarkierung) und anschließend den Befehl *Spalten entpivotieren* verwenden.

4 Das Ergebnis sieht aus, wie in Bild 5.79. Die neuen Spalten haben zunächst die Überschriften *Attribut* und *Wert* erhalten. Benennen Sie die Spalten mit Doppelklick in die jeweilige Überschrift um in *Monat* und *Verkaufszahlen*.

5.6 Daten aus mehreren Tabellen kombinieren

Datenmodelle, s. Kapitel 7 und PowerPivot, s. Kapitel 8.

Power Query unterstützt im Gegensatz zu Power Pivot zwar keine Datenmodelle, trotzdem können Sie auch im Power Query-Editor Daten aus mehreren Tabellen kombinieren. Power Query unterscheidet zwischen den beiden folgenden Möglichkeiten:

- Daten aus zwei oder mehr Tabellen mit identischem Aufbau **aneinanderfügen**.
- Daten aus zwei Tabellen über ein gemeinsames Feld **zusammenführen** und ergänzen (etwa statt SVERWEIS).

Mehrere Elemente derselben Datenquelle auswählen

Wenn sich alle benötigten Tabellen oder Sichten in derselben Datenquelle bzw. Datei befinden, dann brauchen Sie zum Laden in den Editor im Navigator nur das Kontrollkästchen *Mehrere Elemente auswählen* aktivieren ❶ und anschließend über die Kontrollkästchen ❷ alle benötigten Elemente auswählen, wie im Bild unten.

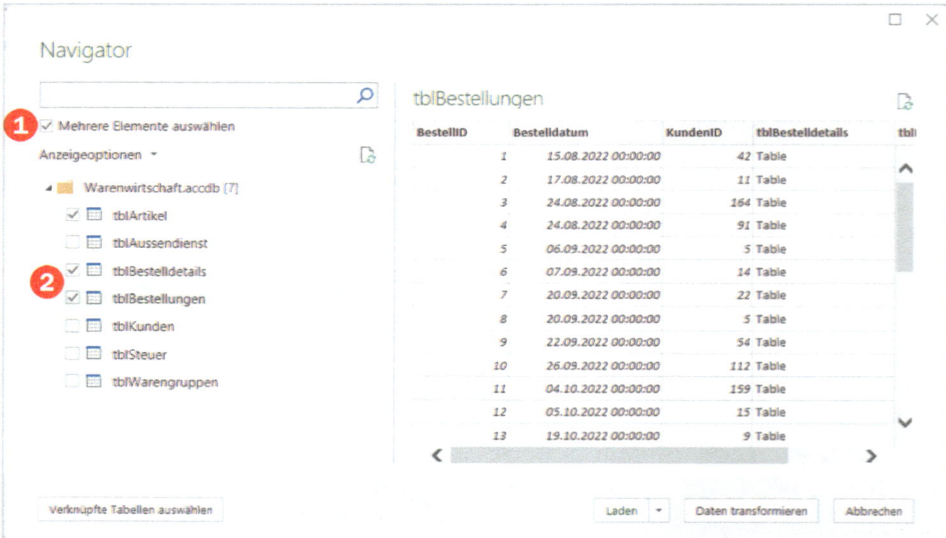

Bild 5.80 Mehrere Elemente der Datenquelle auswählen (Access-Datenbank)

Warenwirtschaft.accdb

Klicken Sie auf *Daten transformieren*, so erstellt Power Query für jede Datenquelle eine gesonderte Abfrage und listet diese links im Abfragebereich auf ❸.

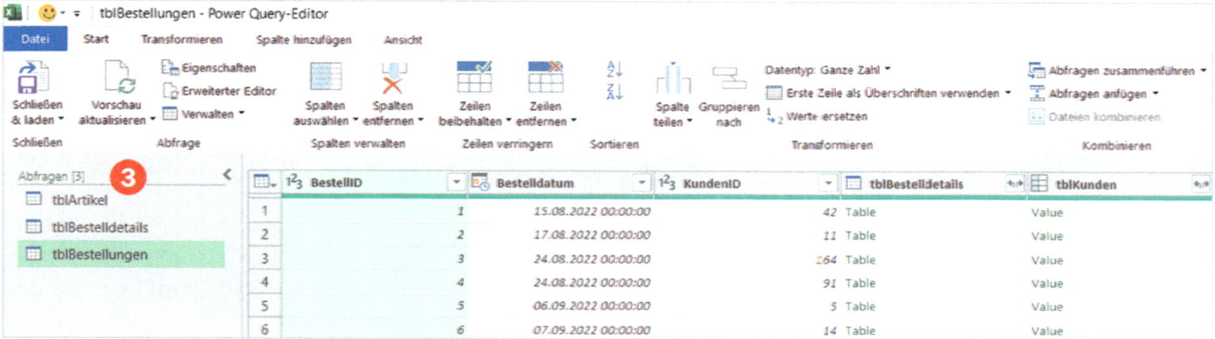

Bild 5.81 Die ausgewählten Elemente im Abfrage-Editor

Daten aus zwei Tabellen zusammenführen (statt SVERWEIS)

Die Aufgabenstellung dürfte vielen Excel-Anwendern in der einen oder anderen Form bekannt sein: Sie müssen für eine Auswertung eine Tabelle um Informationen aus einer zweiten Tabelle ergänzen. Dies setzt voraus, dass in beiden Tabellen ein Feld mit einem gemeinsamen Merkmal vorhanden ist und meist kommt dann die Excel-Funktion SVERWEIS (oder je nach Version auch XVERWEIS) zum Einsatz.

Hier als Beispiel eine Personalauswertung über Arbeitszeiten und Kostenstellen für den Monat Januar. Die Daten befinden sich in zwei verschiedenen Datenquellen, wobei die Personalnummer in beiden vorhanden ist.

Ordner Personal: **Personaldaten.xlsx**

Personal_Abrechnung.xlsx

- Die Arbeitszeiten vom Januar wurden zusammen mit der Personalnummer erfasst und befinden sich in einer gesonderten Datei, hier in einer Excel-Arbeitsmappe mit dem Namen Personal_Abrechnung.xlsx, Blatt *Januar* (Bild 5.82).
- In einer zweiten Excel-Arbeitsmappe mit dem Namen Personaldaten.xlsx liegen zusammen mit der Personalnummer auch die Namen, Kostenstellen und Arbeitsstellen (Standort) vor (Bild 5.83).

Bild 5.82 Personal_Abrechnung.xlsx

	A	B	C	D
1	**Arbeitszeitauswertung**			
2	Monat:	Januar		
3				
4	**Personal-Nr.**	**Istzeit**		
5	75	160		
6	76	148		
7	77	171		
8	79	120		
9	80	68		
10	81	158		
11	83	160		
12	84	163		
13	86	159		
14	87	122		
15	89	130		
16	90	140		
17	91	60		
18	92	120		
19	93	160		
20				

Januar

Bild 5.83 Personaldaten.xlsx

	A	B	C	D	E	F	G
1	**Personal-Nr.**	**Nachname**	**Vorname**	**Kostenstelle**	**Abteilung**	**Eintrittsdatum**	**Standort**
2	75	Moser	Karl	500	Lager	01.05.2011	München
3	76	Kabelschacht	Alfred	100	Zentrale	15.03.2015	Regensburg
4	77	Hinterleitner	Sandra	100	Zentrale	12.07.2022	München
5	79	Thomas	Sabine	200	Einkauf	01.01.2016	Ulm
6	80	Baumholtz	Philipp	100	Zentrale	23.07.2013	Ulm
7	81	Muster	Tobias	500	Lager	18.11.2012	München
8	83	Nordhoff	Silke	400	Vertrieb	01.03.2020	Regensburg
9	84	Leutz	Sven	400	Vetrieb	19.02.2003	Regensburg
10	86	Mumpitz	Nicole	300	EDV	21.06.2015	Ulm
11	87	Rumpenhorst	Walter	300	EDV	01.09.2009	Pfarrkirchen
12	89	Weber	Wolfgang	200	Einkauf	07.04.2003	Pfarrkirchen
13	90	Pförtner	Max	200	Einkauf	15.05.2014	Ulm
14	91	Wiesenbrecht	Kurt	400	Vetrieb	04.07.2023	Pfarrkirchen
15	92	Schulz	Emma	100	Zentrale	01.03.2017	München
16	93	Dörfler	Jasmin	100	Zentrale	15.06.2022	Regensburg
17							

Personalliste

Datenquellen nacheinander in den Power Query-Editor laden

1. Die Auswertung erfolgt in einer gesonderten Arbeitsmappe. Öffnen Sie daher eine neue leere Arbeitsmappe und speichern Sie diese unter dem Namen *Personal_Auswertung.xlsx*. Klicken Sie dann im Menüband, Register *Daten* ▶ *Daten abrufen und transformieren* auf *Daten abrufen* ▶ *Aus Datei* ▶ *Aus Excel-Arbeitsmappe* und importieren Sie die Datei *Personaldaten.xlsx*.

2. Wählen Sie im Navigator das Tabellenblatt *Personalliste* aus und klicken Sie auf *Daten transformieren*, um die Daten in den Abfrage-Editor zu laden. Kontrollieren Sie, ob die Datentypen und die Spaltenüberschriften korrekt erkannt wurden und ändern Sie ggf. diesen Bearbeitungsschritt.

3. Um die zweite Tabelle hinzuzufügen, klicken Sie im Power Query-Editor, Register *Start* ▶ *Neue Abfrage* auf *Neue Quelle*. Wählen Sie *Datei* ▶ *Excel-Arbeitsmappe*, danach die Arbeitsmappe *Personal_Abrechnung* und anschließend im Navigator das Tabellenblatt *Januar* aus und klicken Sie auf *OK*.

Bild 5.84 Fügen Sie die zweite Abfrage hinzu

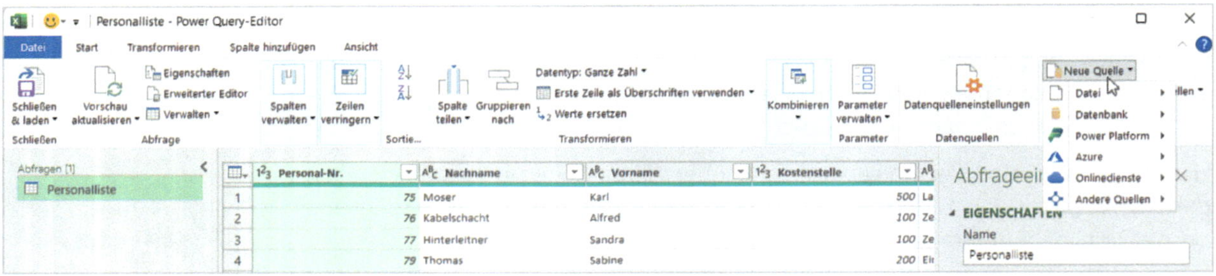

4. Entfernen Sie in dieser Abfrage zunächst die beiden überflüssigen Zeilen oberhalb der Tabelle, indem Sie auf *Start* ▶ *Zeilen verringern* ▶ *Zeilen entfernen* klicken. Wählen Sie *Erste Zeilen entfernen* ❶ und geben Sie im nachfolgenden Fenster die Zahl 2 ein (Überschriften werden nicht eingerechnet).

Bild 5.85 Überflüssige Zeilen entfernen, erste Zeile als Überschriften

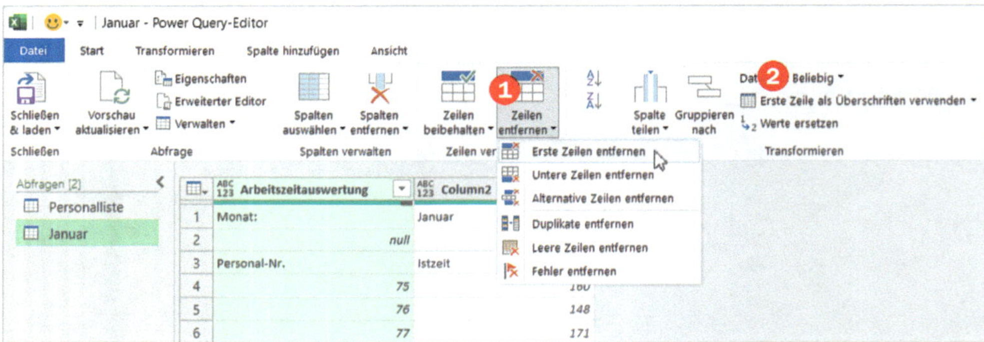

5. Nun benötigen Sie noch Spaltenüberschriften. Dazu klicken Sie im Register *Start* auf *Erste Zeile als Überschriften verwenden* ❷.

6. Eventuell mit importierte leere Spalten (Spalteninhalt *null*) entfernen Sie, indem Sie diese Spalte markieren und anschließend auf *Spalten entfernen* klicken.

Tabellen zusammenführen

Nun sind die Vorarbeiten abgeschlossen und Sie können die Tabellen zusammenführen. Power Query bietet hierzu zwei Möglichkeiten an:

- Sie können die aktuelle Abfrage um Felder der zweiten Abfrage ergänzen,
- oder Sie erzeugen eine neue Abfrage und führen hier beide zusammen.

Die zweite Methode hat den Vorteil, dass keine der beiden ursprünglichen Abfragen verändert wird und kommt daher in diesem Beispiel zum Einsatz.

1 Klicken Sie im Register *Start* ▶ *Kombinieren* auf den Dropdown-Pfeil *Abfragen zusammenführen* ❶ und wählen Sie *Abfragen als neue Abfrage zusammenführen*.

Ein Klick direkt auf die Schaltfläche oder die Auswahl *Abfragen zusammenführen* erweitert dagegen die aktuelle Abfrage.

Bild 5.86 Abfragen als neue Abfrage zusammenführen

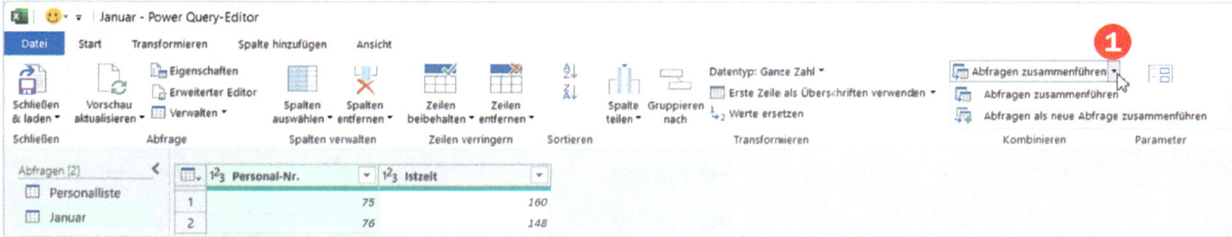

2 Im nachfolgenden Fenster *Zusammenführen* ist die aktuelle Abfrage *Januar* ❷ (Bild 5.87) als erste Abfrage bereits ausgewählt. Klicken Sie unterhalb der Vorschau auf den Pfeil, um die zweite Abfrage *Personalliste* auszuwählen ❸.

Bild 5.87 Wählen Sie übereinstimmende Spalten und Join-Art

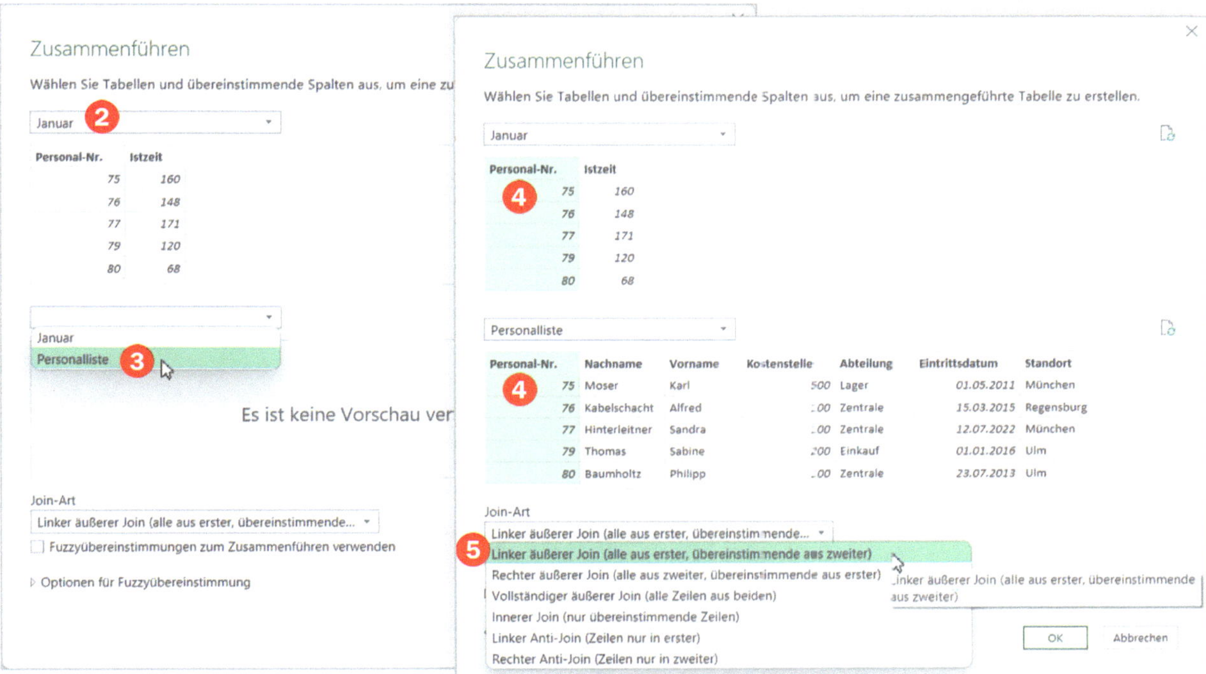

3 Anschließend legen Sie die übereinstimmenden Spalten fest: Klicken Sie in jeder der beiden Tabellen in die Spalte *Personal-Nr.* ❹, diese sind nun markiert.

4 Zuletzt müssen Sie noch die Art der Verbindung (Join) wählen. Klicken Sie auf den Pfeil und auf *Linker äußerer Join (alle aus erster, übereinstimmende aus zweiter)* ❺ und klicken Sie auf *OK*.

Erklärung: *Linker äußerer Join* bedeutet, alle Zeilen der ersten Abfrage (*Januar*) werden berücksichtigt, aus der zweiten Abfrage *Personalliste* dagegen nur Mitarbeiter, deren Personalnummern auch in der ersten Abfrage vorhanden sind. Die Auswahl *alle aus zweiter, übereinstimmende aus erster* würde dagegen grundsätzlich alle Mitarbeiter der Personalliste liefern, auch wenn diese in der Abrechnung nicht enthalten sind und somit nicht benötigt werden.

5 Das Ergebnis erscheint im Abfragebereich als weitere Abfrage, zunächst mit dem Namen *Zusammenführen1* ❻, kann jedoch jederzeit umbenannt werden. Sie enthält alle Spalten der ersten Abfrage, als weitere Spalte ist ein Verweis auf die Abfrage *Personalliste* mit dem Inhalt *Table* ❼ hinzugekommen. Klicken Sie in der Überschrift dieser Spalte auf das Symbol mit den beiden auseinander weisenden Pfeilen [↔], um die Tabelle um Spalten aus der zweiten Tabelle zu erweitern.

6 Anschließend wählen Sie alle, aus dieser Abfrage benötigten, Spalten aus ❽ und klicken auf *OK* (Bild 5.89). Die Option *Ursprünglichen Spaltennamen als Präfix verwenden* vermeidet Konflikte bei doppelt vorhandenen Spaltennamen, sie ist für dieses Beispiel nicht erforderlich und kann daher deaktiviert werden.

Bild 5.88 Die neue zusammengeführte Abfrage

Bild 5.89 Wählen Sie die benötigten Spalten aus

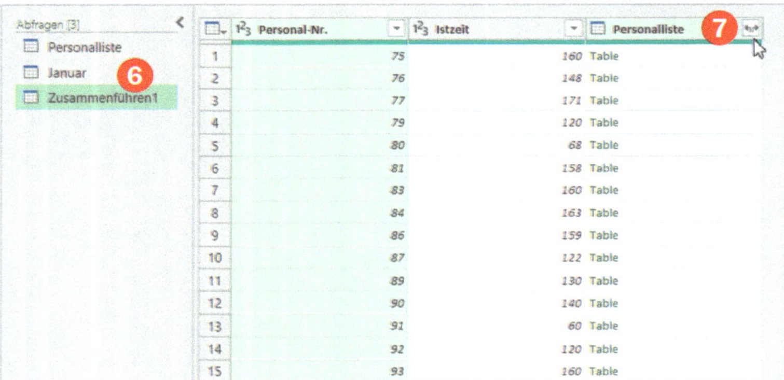

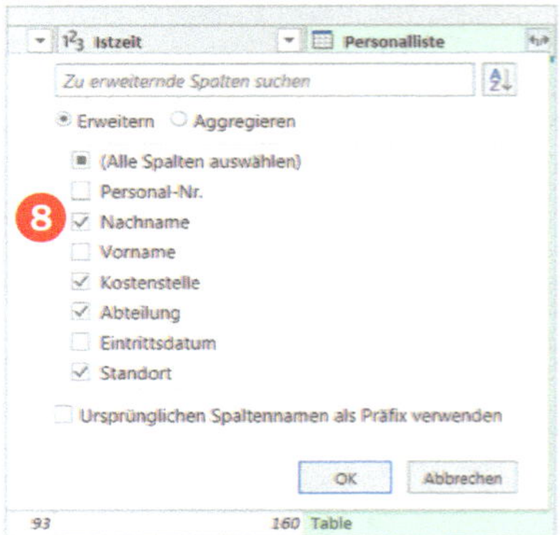

Bild 5.90 Wählen Sie Nur Verbindung

7 Klicken Sie anschließend im Menüband des Power Query-Editors auf *Datei* und auf *Schließen & laden in...* oder klicken Sie im Register *Start* auf den Pfeil der Schaltfläche *Schließen & laden* und wählen hier *Schließen & laden in....* Wählen Sie die Option *Nur Verbindung erstellen*. Falls Sie die Daten später mit

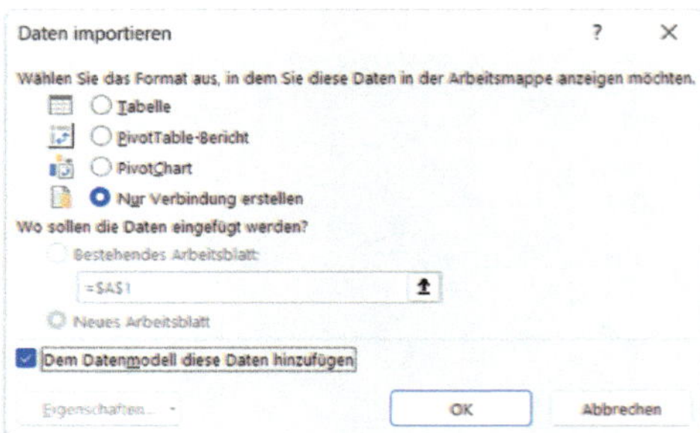

Power Pivot weiter bearbeiten möchten, aktivieren Sie auch noch das Kontrollkästchen *Dem Datenmodell diese Daten hinzufügen*. Klicken Sie zuletzt auf *Laden*.

> **Achtung bei mehreren Abfragen!**
>
> Wenn Sie in der Arbeitsmappe mehrere Abfragen erstellt haben, dann sollten Sie unbedingt *Nur Verbindung erstellen* wählen, da mit der Auswahl *Tabelle* stets alle vorhandenen Abfragen in die Arbeitsmappe geladen werden. Sollten Sie später doch noch eine Abfrage in der Mappe benötigen, können Sie diese auch nachträglich über den Aufgabenbereich *Arbeitsmappenabfragen* laden.

Dateien aus Ordner importieren und aneinanderfügen

Vielleicht kennen Sie auch diese Ausgangssituation: Sie erhalten regelmäßig von verschiedenen Stellen die aktuellen Zahlen jeweils in einer gesonderten Datei und müssen diese für eine zusammenfassende Auswertung erst einmal aneinanderfügen. Statt diverser umständlicher Kopiervorgänge bzw. „Copy & Paste" stellt Power Query auch in solchen Fällen die bessere Lösung dar, da Sie später bei geänderten Ausgangsdaten nur die Abfrage aktualisieren brauchen.

Das Tool *Konsolidieren*, in Excel seit langem vorhanden, lässt sich nur auf Excel-Arbeitsmappen anwenden und eignet sich nicht, wenn die Daten regelmäßig aktualisiert werden.

Mit Power Query lassen sich problemlos Daten aus mehreren Dateien importieren und aneinanderfügen. Es spielt keine Rolle, ob es sich bei der Datenquelle um Textdateien (.txt oder .csv), Excel-Arbeitsmappen oder andere Datentypen handelt. Am interessantesten ist die Möglichkeit des Imports aus einem Ordner. Allerdings sind die folgenden Vorgaben zu beachten:

- Alle Dateien müssen identisch aufgebaut sein.
- Alle zu importierenden Dateien müssen sich im selben Ordner befinden und der Ordner darf darüber hinaus keine anderen Dateien enthalten.
- Falls der Dateiinhalt keine Rückschlüsse auf Herkunft und Zeitraum enthält, sollte dies aus den Dateinamen hervorgehen. Sich ändernde Dateinamen sollten aber immer gleich aufgebaut sein z. B. Stuttgart_01_2024.

Beispiel monatliche Verkaufszahlen

Bild 5.91 Beispiel: die Datei Köln_01_2020

Angenommen, Sie erhalten monatlich von jeder Filiale die Verkaufszahlen. Diese sollen anschließend zusammengefasst und ausgewertet werden. Die Verkaufsberichte liegen als csv-Datei im Ordner *Verkaufszahlen* vor.

Jede Datei enthält die Spalten *Modell* und *Menge* (siehe Bild). Der Dateiname setzt sich zusammen aus dem Namen der Filiale, Auswertungsmonat und Jahr und alle Dateien befinden sich im selben Ordner

Ordner Verkaufszahlen

1 Klicken Sie in derjenigen Arbeitsmappe, in der Sie die Daten zusammenführen möchten, im Menüband auf das Register *Daten* ▶ *Daten abrufen und transformieren* ▶ *Daten abrufen* ▶ *Aus Datei* und auf *Aus Ordner* ❶.

2 Wählen Sie im Fenster *Durchsuchen* den Ordner aus und klicken Sie auf *Öffnen*.

3 Im nächsten Fenster werden alle Dateien dieses Ordners aufgelistet. Klicken Sie auf die Schaltfläche *Kombinieren* ❷ und auf *Kombinieren und transformieren*, um die Daten in einer Abfrage miteinander zu kombinieren und im Power Query-Editor weiter zu bearbeiten.

Bild 5.92 Dateien aus Ordner importieren

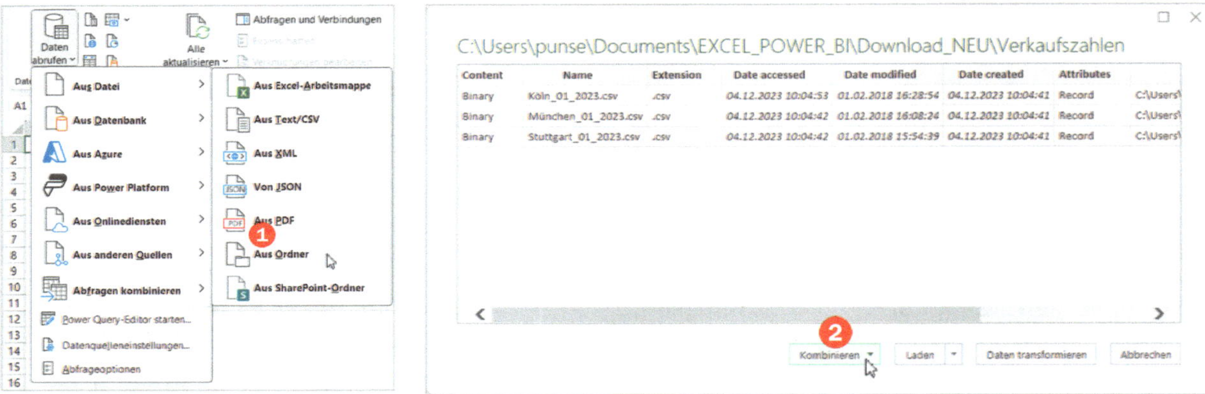

4 Vor dem Laden in den Editor erhalten Sie eine Vorschau auf die Daten. Dazu klicken Sie in das Feld *Beispieldatei* und wählen nacheinander die Dateien aus ❸. Unterhalb können Sie für jede Datei Codierung (*Dateiursprung*) und Trennzeichen gesondert festlegen. Klicken Sie abschließend auf *OK*.

Bild 5.93 Kontrolle und Vorschau auf die Dateien

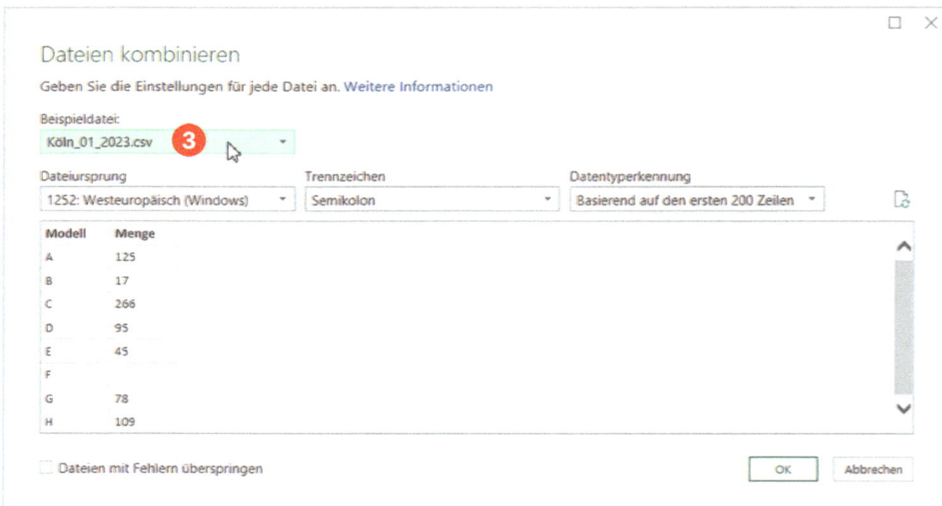

5 Nach einigen Sekunden öffnet sich der Power Query-Editor und im Abfragebereich erscheinen gleich mehrere Abfragen. Die Abfragen der Gruppe *Hilfsprogrammabfragen* dokumentieren den Importablauf, das eigentliche Ergebnis finden Sie dagegen unter dem Namen des Herkunftordners, hier *Verkaufszahlen* ❹, in der Gruppe *Andere Abfragen*. Diese Abfrage enthält untereinander die Inhalte sämtlicher Dateien, am Inhalt der ersten Spalte *Source.Name* erkennen Sie die Herkunft.

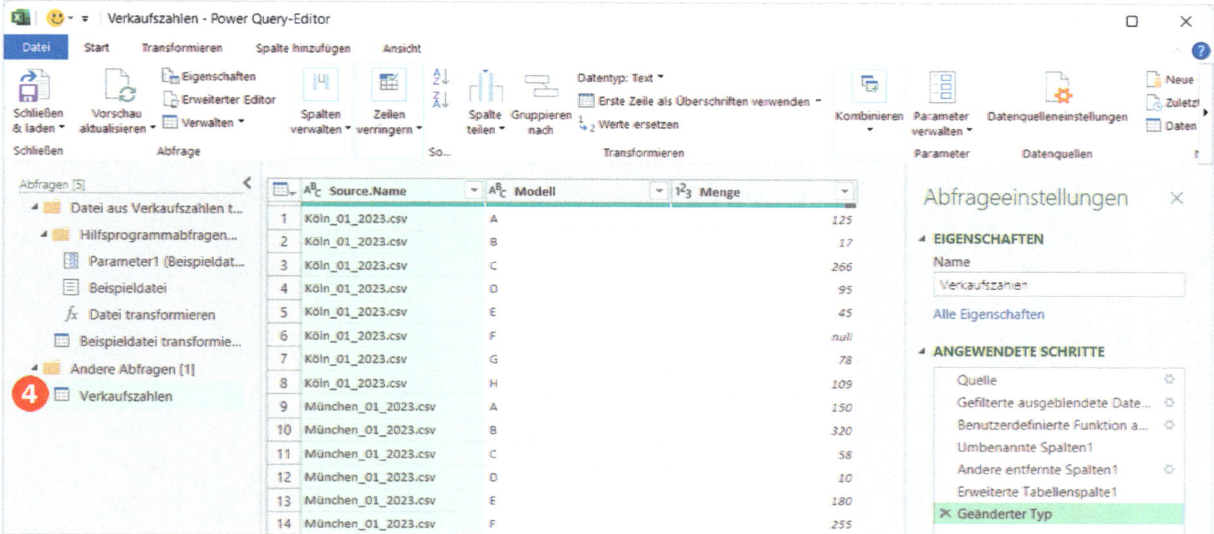

Bild 5.94 Die Abfrage Verkaufszahlen enthält alle Dateiinhalte des Ordners

Achtung: nicht alle Tabellen werden als Arbeitsblatt benötigt!

Da in diesem Fall beim Laden gleich mehrere Abfragen erzeugt wurden, sollten Sie die Abfragen beim Schließen des Editors nicht in die Arbeitsmappe laden, sondern zunächst nur eine Verbindung erstellen. Andernfalls erhalten Sie eine Menge überflüssiger Tabellen in der Mappe.

Weitere Informationen aus dem Namen der Datenquelle extrahieren

Beim Zusammenführen wurde automatisch die Spalte *Source.Name* mit dem Dateinamen hinzugefügt. Wenn der Dateiname, wie in diesem Beispiel, weitere nützliche Zusatzinformationen liefert, dann können diese extrahiert werden. Natürlich unter der Voraussetzung, dass ein eindeutiges Trennzeichen, in diesem Fall Unterstrich _ vorhanden ist und der Aufbau auch beim Aktualisieren der Dateiinhalte gleich bleibt.

1 Um den Namen der Filiale zu erhalten, markieren Sie mit einem Klick in die Überschrift die Spalte *Source.Name* und klicken dann im Register *Spalte hinzufügen* auf *Extrahieren* und auf *Text vor Trennzeichen*. Geben Sie das erste verwendete Trennzeichen _ ein und klicken Sie auf *OK*.

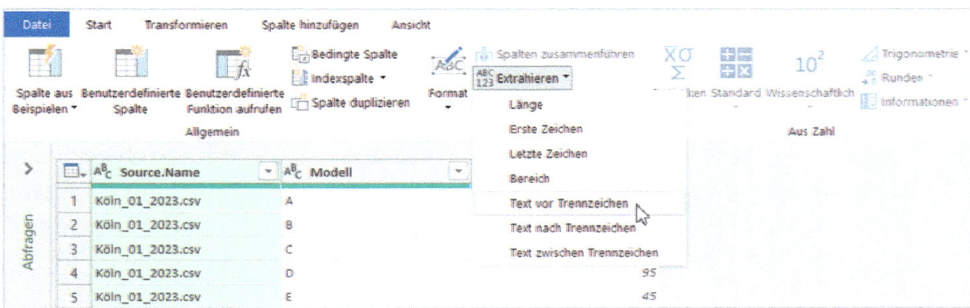

Bild 5.95 Text vor Trennzeichen extrahieren

Alternativ können Sie auch die Funktion *Spalte teilen* (Register *Transformieren* ▶ *Textspalte*) verwenden, s. Seite 133.

2 Zum Extrahieren des Monats wählen Sie *Text zwischen Trennzeichen* und geben als Start- und Endtrennzeichen jeweils den Unterstrich an.

3 Auch der dritte Teil des Dateinamens, das Jahr, kann mit der Auswahl *Text zwischen Trennzeichen* ermittelt werden, da dieser mit dem Punkt der Dateinamenerweiterung endet. Geben Sie als Starttrennzeichen wieder den Unterstrich _ ein und als Endtrennzeichen den Punkt.

Damit der erste Unterstrich übersprungen wird, klicken Sie auf *Erweiterte Optionen* ❶ und geben im Feld *Anzahl von Starttrennzeichen, die übersprungen werden sollen* die Zahl 1 ein ❷.

Bild 5.96 Text zwischen Trennzeichen - erweiterte Optionen

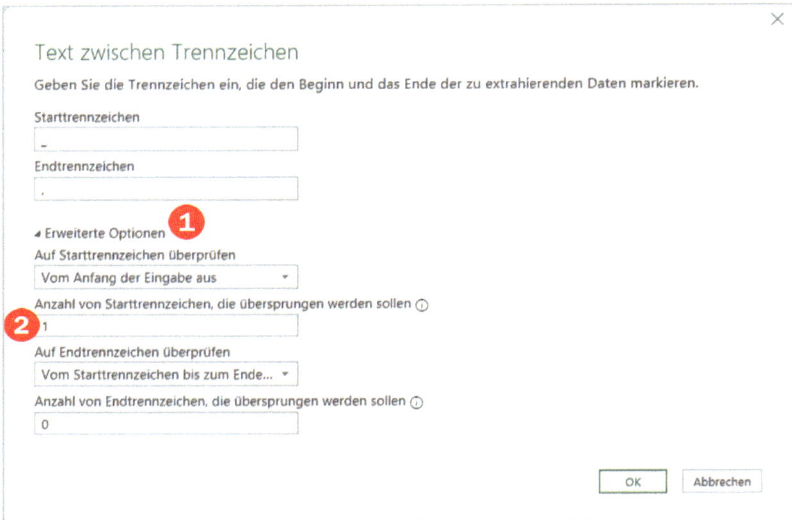

4 Zuletzt benennen Sie die Spalten um. Die Spalte *Source.Name* wird nicht mehr benötigt und kann im letzten Schritt entfernt werden.

Bild 5.97 Das Ergebnis

	Modell	Menge	Filiale	Monat	Jahr
1	A	125	Köln	1	2023
2	B	17	Köln	1	2023
3	C	266	Köln	1	2023
4	D	95	Köln	1	2023
5	E	45	Köln	1	2023
6	F	null	Köln	1	2023
7	G	78	Köln	1	2023
8	H	109	Köln	1	2023
9	A	150	München	1	2023
10	B	320	München	1	2023
11	C	58	München	1	2023

5 Klicken Sie abschließend auf *Datei* und auf *Schließen & laden in...*. Wählen Sie die Option *Nur Verbindung erstellen*; für eine anschließende Auswertung mit Power Pivot müssen Sie auch noch das Kontrollkästchen *Dem Datenmodell diese Daten hinzufügen* aktivieren.

Daten importieren und manuell aneinanderfügen

Wenn der Datenimport aus einem Ordner, wie oben beschrieben, nicht möglich ist, dann können die Dateien auch nacheinander einzeln in den Power Query-Editor geladen und anschließend manuell aneinandergefügt werden.

Die Daten für dieses Beispiel befinden sich in den Excel-Arbeitsmappen Verkauf_Vilshofen.xlsx und Verkauf_Landau.xlsx jeweils im Blatt *Tabelle 1* (im Bild unten ein Beispiel). Auch diese Tabellen sind identisch aufgebaut und erfüllen somit die Voraussetzung für ein Aneinanderfügen.

Bild 5.98 Eine der beiden Beispieltabellen

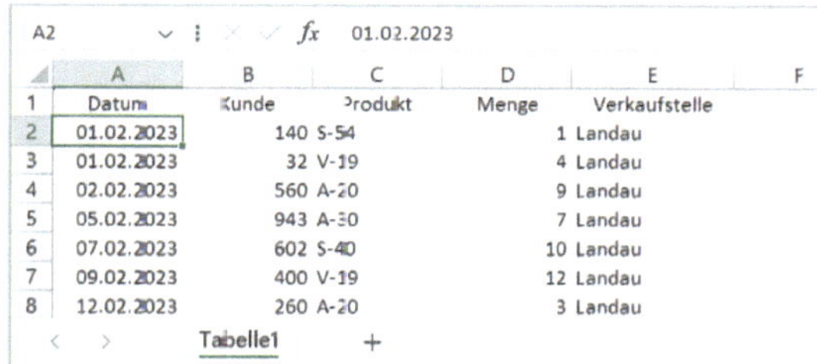

1 Klicken Sie im Register *Daten* ▶ *Daten abrufen und transformieren* auf *Daten abrufen* ▶ *Aus Datei* und auf *Aus Arbeitsmappe*. Importieren Sie die erste Arbeitsmappe, wählen Sie im Navigator das Blatt *Tabelle 1* aus und klicken Sie auf *Daten transformieren*.

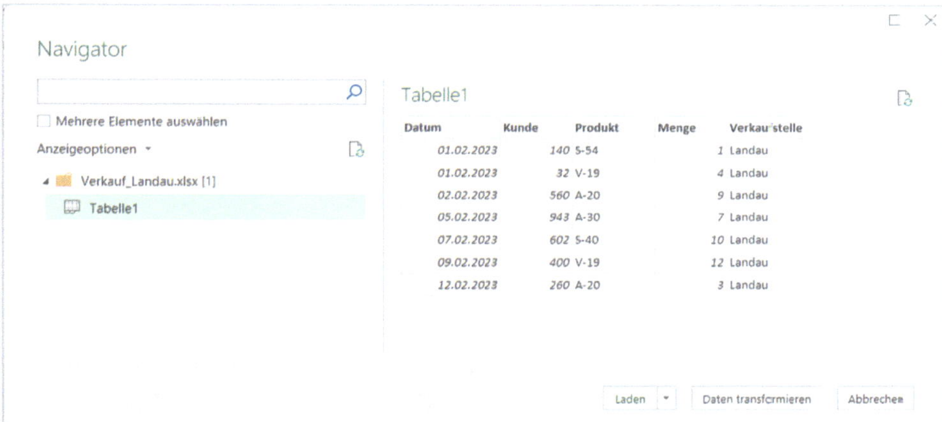

Bild 5.99 Die Tabelle im Navigator

Ordner Verkauf_Beispiel2

2 Zum Laden der Daten aus der zweiten Arbeitsmappe klicken Sie im Power Query-Editor, Register *Start* ▶ *Neue Abfrage* auf *Neue Quelle* ▶ *Datei* ▶ *Excel-Arbeitsmappe*, wählen die zweite Arbeitsmappe und klicken auf *Importieren*. Anschließend wählen Sie ebenfalls das Blatt *Tabelle 1* aus und klicken auf *OK*.

3 Da die Abfragen die Namen der Tabellenblätter erhalten, sollten Sie für eine bessere Übersicht unbedingt beide Abfragen umbenennen, z. B. mit dem Namen der Datenquelle wie in Bild 5.100 ❶.

4 Klicken Sie dann im Register *Start* ▶ *Kombinieren* auf den Pfeil der Schaltfläche *Abfragen anfügen* ❷ und auf *Abfragen als neu anfügen*.

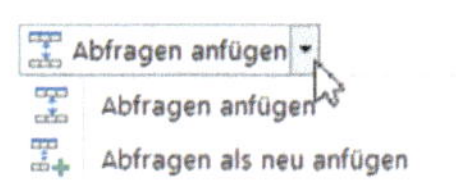

Hinweis: Genau wie beim Zusammenführen von Daten, haben Sie auch beim Aneinanderfügen die Wahl: Sie können eine Abfrage entweder an die aktuelle Abfrage anfügen (Befehl *Abfragen anfügen*) oder beide in einer neuen Abfrage aneinanderfügen (Befehl *Abfragen als neu anfügen*).

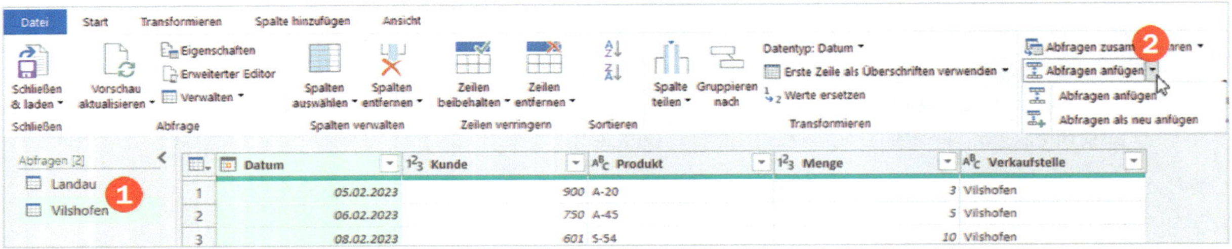

Bild 5.100 Abfragen anfügen

5 Im Dialogfenster *Anfügen* ist die aktuelle Tabelle als *Erste Tabelle* bereits ausgewählt. Klicken Sie in das Feld *Zweite Tabelle* und wählen Sie hier die zweite Abfrage aus ❸.

Falls mehr als zwei Tabellen aneinandergefügt werden sollen, müssen Sie zuvor die Option *Drei oder mehr Tabellen* ❹ wählen.

Bild 5.101 Wählen Sie die anzufügende Tabelle aus

Wenn die Abfragen in einer neuen Abfrage aneinandergefügt wurden, so erhält diese automatisch den Namen *Anfügen1*, kann aber jederzeit umbenannt werden.

Achtung: Da normalerweise in der Arbeitsmappe nur das Ergebnis, nämlich die aneinandergefügten Daten, benötigt wird, sollten Sie auch hier über *Schließen & laden in…* zunächst nur eine Verbindung erstellen und anschließend aus dem Arbeitsblatt heraus über den Aufgabenbereich *Abfragen und Verbindungen* ausschließlich die Ergebnistabelle laden.

Abfragen im Excel-Arbeitsblatt zusammenführen

Das Zusammenführen und Aneinanderfügen von Daten aus mehreren Datenquellen ist auch im Excel-Arbeitsblatt möglich, vorausgesetzt die benötigten Abfragen sind bereits vorhanden. Es spielt keine Rolle, ob diese in die Arbeitsmappe geladen wurden oder ob nur eine Verbindung besteht.

1 Klicken Sie dazu im Menüband, Register *Daten* ▶ *Daten abrufen und transformieren* auf *Daten abrufen*, danach auf *Abfragen kombinieren* und wählen Sie zwischen *Zusammenführen* und *Anfügen* (Bild unten).

Anschließend wählen Sie wieder die Abfragen sowie beim Zusammenführen die Art der Verbindung (*Join-Art*) aus, siehe Seite 153. In beiden Fällen wird hier durch Kombinieren eine neuen Abfrage erzeugt. Nachdem Sie auf *OK* geklickt haben, öffnet sich der Power Query-Editor mit dem Ergebnis.

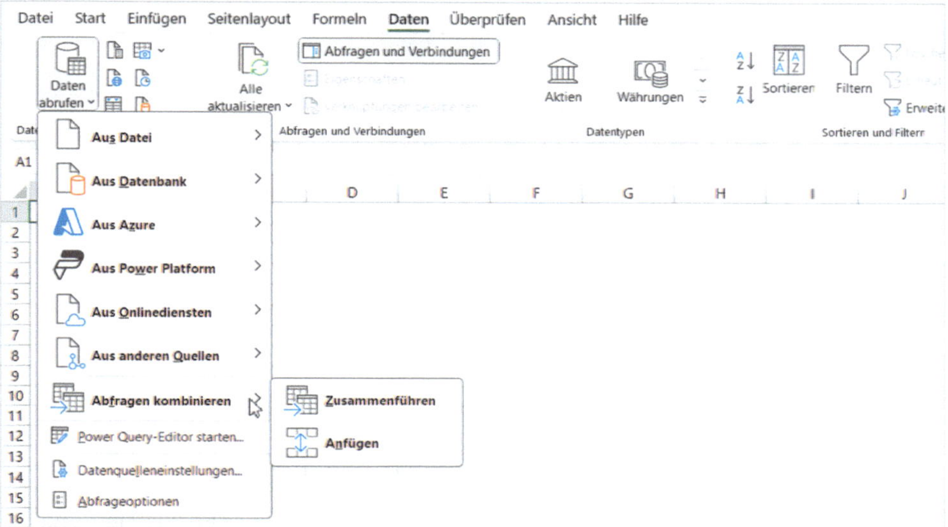

Bild 5.102 Abfragen kombinieren

5.7 Einführung in die Power Query M-Formelsprache

Wie bereits erwähnt, verwendet Power Query eine eigene Datentransformationssprache, die Power Query M-Sprache. Jeder Bearbeitungs- bzw. Transformationsschritt wird nicht nur in der Liste *Angewendete Schritte* dokumentiert, sondern auch im Hintergrund in M-Code umgesetzt. Die gängigen Transformationen wie das Ändern des Datentyps, Entfernen oder Umbenennen von Spalten, usw. sind über Symbole und Schaltflächen des Menübands verfügbar. Auch Berechnungen sind ohne Kenntnis von M möglich, trotzdem lohnt es sich, einen Blick auf die Formelsprache zu werfen, zumal Sie auf diese Weise auch Formeln umsetzen können, die sonst nicht zur Verfügung stehen.

Hilfe zu Power Query M

Eine vollständige Beschreibung der Power Query M-Sprache würde in diesem Buch zu weit führen. Eine umfassende Sprachreferenz finden Sie in der Excel-Hilfe unter dem Suchbegriff *Abrufen & transformieren*. Oder geben Sie im Browser den Suchbegriff „Power Query M-Formelsprache" ein und klicken Sie in der Trefferliste auf die Referenz bzw. den Link, der auf learn.microsoft.com/de... verweist.

M-Code anzeigen

M-Code in der Bearbeitungsleiste anzeigen

Wie die Excel-Arbeitsmappe verfügt auch der Power Query-Editor über eine Bearbeitungsleiste ❶ die den aktuellen bzw. markierten Bearbeitungsschritt ❷ anzeigt, in Bild 5.103 *Geänderter Typ* bzw. = `Table.TransformColumnTypes(...)`.

- Zum Anzeigen der Bearbeitungsleiste klicken Sie auf das Register *Ansicht* und aktivieren das Kontrollkästchen *Bearbeitungsleiste* ❸.

Tipp: Manche Anweisungszeilen sind sehr umfangreich. Mit Klick auf den Pfeil ❹ können Sie das Feld vertikal erweitern und auch wieder verkleinern.

Bild 5.103 Markierten Schritt in der Bearbeitungsleiste anzeigen

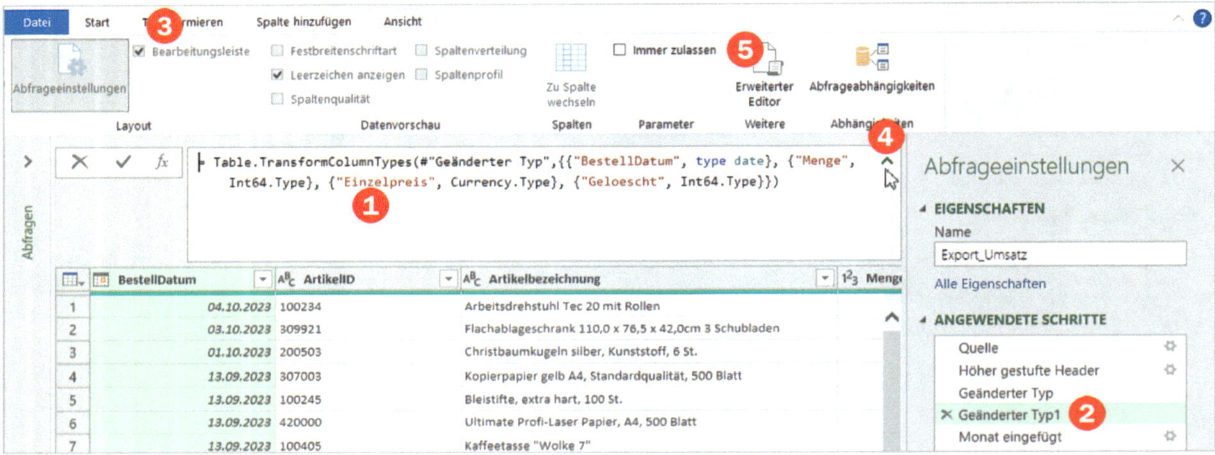

Abfrage im erweiterten Editor anzeigen

Um die vollständige Abfrage in der M-Sprache anzuzeigen und zu bearbeiten, klicken Sie im Menüband, Register *Start* oder *Ansicht* auf *Erweiterter Editor* ❺.

Bild 5.104 Die Abfrage im erweiterte Editor

Hinweis: Damit die Anweisungen vollständig angezeigt werden, sollten Sie über die Schaltfläche *Anzeigeoptionen* ❻ den *Zeilenumbruch aktivieren*.

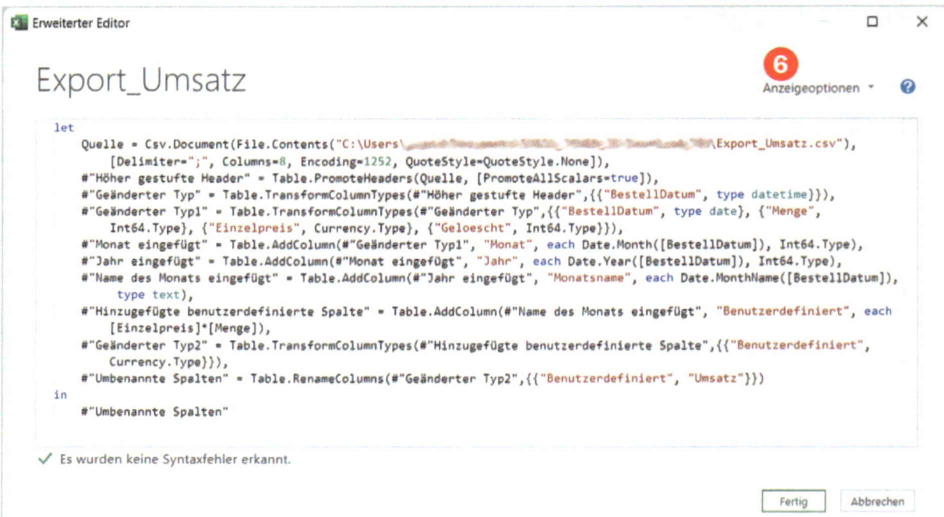

Elemente einer Abfrage

Nachträgliches Bearbeiten eines M-Transformationsschritts ist sowohl in der Bearbeitungsleiste als auch im erweiterten Editor möglich. Letzterer bietet allerdings den besseren Überblick, daher beziehen sich auch die nachfolgenden Erklärungen auf den erweiterten Editor.

> **Achtung: M unterscheidet zwischen Groß- und Kleinschreibung!**

- Eine Abfrage beginnt stets mit `let` und endet mit `in`. Nach `in` wird der Name des letzten Schritts wiederholt, der das Endergebnis liefert.
- Jeder Transformationsschritt bildet eine Zeile, die einem Komma (,) abschließt.
- Links vom Gleichheitszeichen steht der Name des betreffenden Schritts, dieser wird auch als **Variablenname** bezeichnet. Wenn Sie die einzelnen Transformationsschritte über Befehle im Menüband durchgeführt haben, dann sind die Variablennamen identisch mit der Liste *Angewendete Schritte*, sie können bei manueller Eingabe aber auch frei gewählt werden. Rechts vom Gleichheitszeichen befindet der eigentliche **Ausdruck**.
  - Variablennamen die Leerzeichen enthalten, werden in Anführungszeichen eingeschlossen und beginnen mit `#`, z. B. `#"Geänderter Typ" = ...`
  - Bei aktiviertem Zeilenumbruch sind die Folgezeilen längerer Anweisungen etwas eingerückt.
- Jeder Schritt basiert auf dem vorhergehenden Schritt, indem auf dessen Variablennamen verwiesen wird. Hier ein Beispiel, bei dem *Geänderter Typ* der vorherige Schritt ist:

  ```
  #"Umbenannte Spalten" = Table.RenameColumns(#"Geänderter Typ",
  (...)
  ```
- **Kommentare**: Kommentare in Form von beliebigem Text, der nicht ausgewertet werden soll, beginnen mit //. Kommentare können sich entweder rechts von einer Anweisung befinden und gelten dann bis zum Ende der Zeile oder in einer eigenen Zeile.
- **Listen**: Listenwerte stehen in geschweiften Klammern { }.
- **Datensatz, Felder**: Ein Datensatz enthält Felder und die dazugehörigen Werte und wird in eckige Klammern eingeschlossen [ ].

In den nächsten Punkten finden Sie einige Beispiele, wie Sie mit geringfügigen Anpassungen von M-Anweisungen den Funktionsumfang von Power Query erweitern können.

Spaltenwerte mit einer Bedingung (Wenn bzw. if - then - else) berechnen

Die Excel-Funktion WENN verwendet statt *Dann* und *Sonst* die Bezeichnungen *Wert_wenn_wahr* und *Wert_wenn_falsch*.

Von einer Bedingung abhängige Berechnungen kennen Sie vermutlich von der Excel-Funktion WENN. Der entsprechende Befehl in Power Query lautet *Bedingte Spalte* und findet sich im Register *Spalte hinzufügen* des Menübands. Leider wird hier nur die Eingabe von Werten und Auswahl einer Spalte unterstützt, nicht aber Formeln. Falls *Dann*-Wert oder *Sonst*-Wert mit Formeln berechnet werden sollen, müssen Sie den Ausdruck in der Bearbeitungsleiste oder im Erweiterten Editor manuell anpassen.

Provision abhängig von der Produktgruppe berechnen

Als Beispiel soll für die unten abgebildete Tabelle die Provision berechnet werden: Für die Produktgruppe Haushalt gelten 7 %, für alle übrigen 6 % Provision vom Umsatz.

1 Klicken Sie auf das Register *Spalte hinzufügen* und auf *Bedingte Spalte* ❶.

Bild 5.105 Klicken Sie im Register Spalte hinzufügen auf Bedingte Spalte

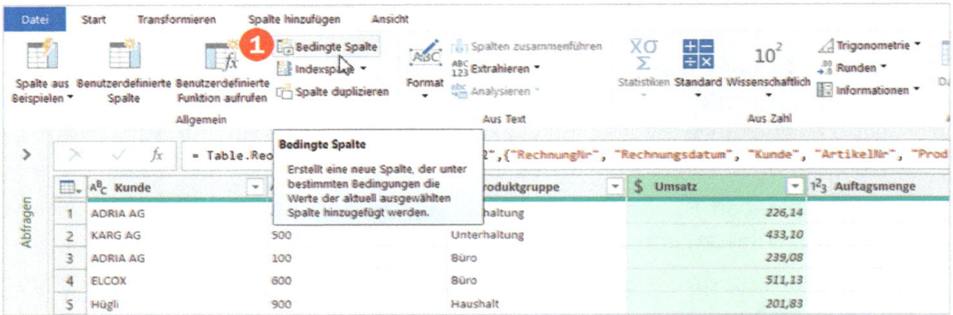

2 Geben Sie im Fenster *Bedingte Spalte hinzufügen* den Namen der neuen Spalte, hier *Provision* ❷ und die Bedingung ein: *Spaltenname* und *Operator* ❸ werden über Pfeile ausgewählt und als Wert geben Sie *Haushalt* ein ❹.

Bild 5.106 Geben Sie im Fenster Bedingte Spalte hinzufügen den Namen der neuen Spalte und die Bedingung ein.

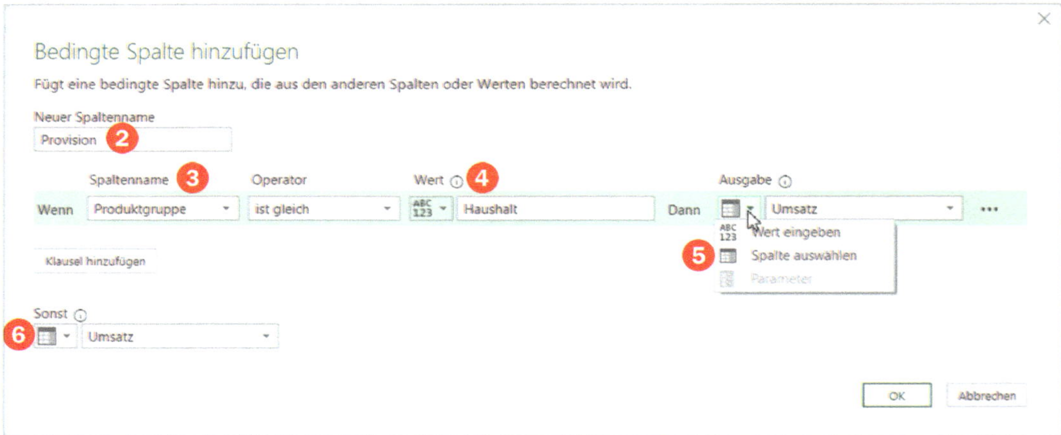

3 Beim Feld *Ausgabe* (*Dann*) klicken Sie zuerst auf das Symbol ❺ und auf *Spalte auswählen*. Danach wählen Sie die Spalte *Umsatz* aus. Leider ist hier nur die Wahl zwischen *Wert eingeben* und *Spalte auswählen* möglich, nicht aber die Eingabe der Formel Umsatz * 0,07. Diese müssen Sie später ergänzen.

4 Dies gilt auch für das Feld *Sonst* ❻, auch hier ist nur die Auswahl einer Spalte oder Eingabe eines Werts möglich. Wählen Sie also wieder zunächst die Spalte *Umsatz* aus und klicken Sie auf *OK*.

5 Im nächsten Schritt ändern Sie die Formel in der Bearbeitungsleiste. Sorgen Sie dafür, dass die Leiste sichtbar ist (Register *Ansicht* ▶ *Bearbeitungsleiste*) und klicken Sie in der Liste *Angewendete Schritte* auf den Schritt *Hinzugefügte bedingte Spalte* ❼. Die Formel erscheint nun in der Bearbeitungsleiste ❽.

Bild 5.107 Die Formel in der Bearbeitungsleiste

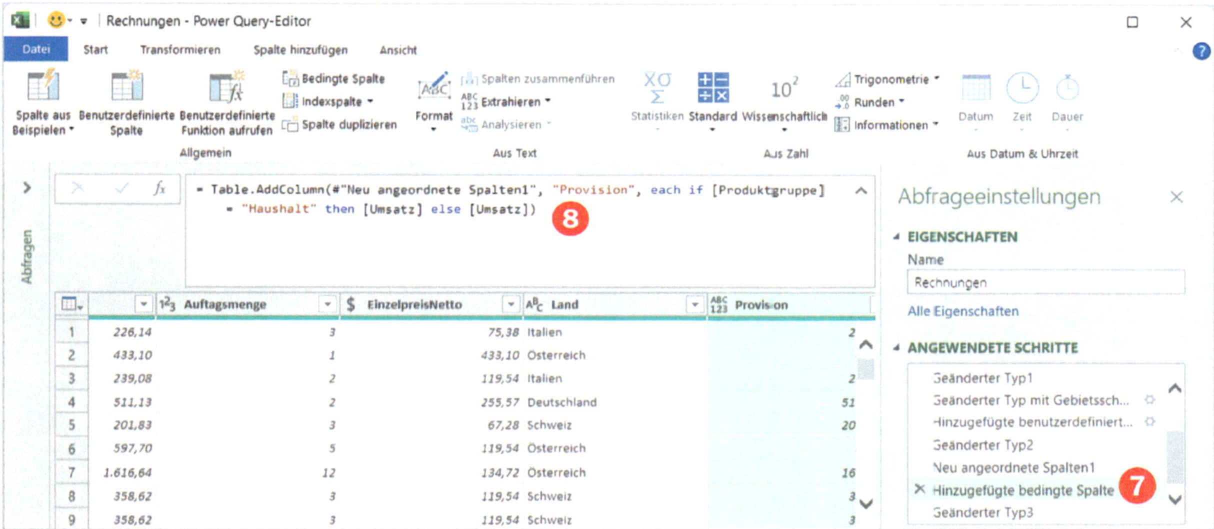

6 Klicken Sie in der Bearbeitungsleiste in die Formel und ergänzen Sie diese um *0.07 bzw. um *0.06 wie im Bild unten und betätigen Sie zum Übernehmen der Änderung die **Eingabetaste** oder klicken Sie auf das Symbol *Übernehmen* ❾.

Achtung: Dezimaltrennzeichen ist in M der Punkt!

Bild 5.108 Ergänzen Sie die Formel

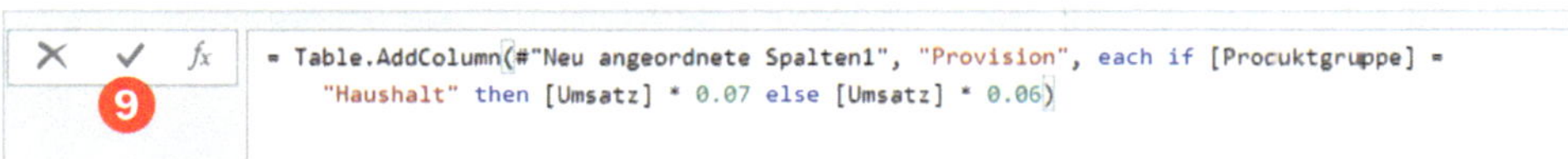

Formel in der M-Sprache eingeben

Alternativ können Sie die Formel zur Berechnung einer bedingten Spalte auch vollständig manuell eingeben.

Info: Alternativ können Sie auch mit den Tasten **Strg**+**Leertaste** die verfügbaren Spalten sowie Formelvorschläge anzeigen.

1 Klicken Sie dazu im Register *Spalte hinzufügen* auf *Benutzerdefinierte Spalte*.

2 Im Feld *Benutzerdefinierte Spaltenformel* geben Sie nach dem Gleichheitszeichen die folgende Formel ein:

```
if [Produktgruppe] = "Haushalt" then [Umsatz]*0.07 else [Umsatz]*0.06
```

Achtung: Die Spaltennamen können aus der Liste übernommen werden, bei der Eingabe über die Tastatur müssen dagegen auch die eckigen Klammern eingegeben werden und als Dezimalzeichen ist ein Punkt erforderlich.

3 Klicken Sie zuletzt auf *OK*.

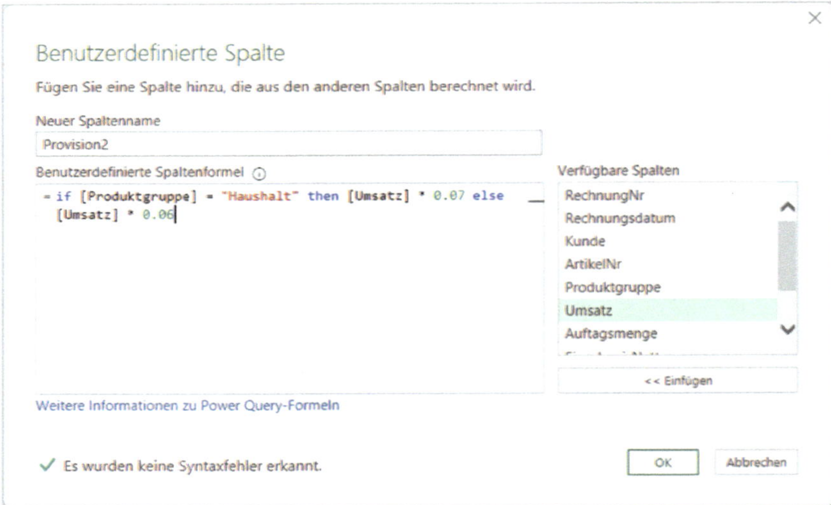

Bild 5.109 Geben Sie die Formel ein

Beachten Sie Groß- und Kleinschreibung!

Die Schlüsselwörter der Funktion (if, then, else) müssen unbedingt in Kleinbuchstaben eingegeben werden! Andernfalls liefert die automatische Syntaxüberprüfung einen Fehler.

Leere Werte beim Multiplizieren oder Addieren ignorieren

Wenn Sie die Werte von zwei oder mehr Spalten addieren oder multiplizieren, so erhalten Sie nur für diejenigen Datensätze ein Ergebnis, die in keiner der Spalten leere Zellen, sogenannte Nullwerte enthalten. Eine Möglichkeit zur Abhilfe, nämlich das Ersetzen leerer Werte (*null*) durch die Zahl 0, haben Sie in diesem Kapitel bereits auf Seite 129 kennengelernt.

Stattdessen können Sie auch die Funktionen *List.Sum* (Addieren) und *List.Product* (Multiplizieren) einsetzen. In diesem Fall müssen leere Werte vorher nicht durch 0 ersetzt werden, beide Funktionen sind aber nur in M verfügbar.

Beispiel: Bestände aus Lager A und Lager B addieren

Angenommen, die Artikel befinden sich in verschiedenen Lagern und Sie möchten die deren Bestände zu einem Gesamtbestand addieren. Dazu öffnen Sie ebenfalls das Fenster *Benutzerdefinierte Spalte*, geben den Namen der neuen Spalte und im Feld *Benutzerdefinierte Spaltenformel* die folgende Formel ein:

```
= List.Sum({[Lager_A], [Lager_B]})
```

Achtung: Eine Liste, hier bestehend aus den Spalten *Lager_A* und *Lager_B* muss zusätzlich in geschweifte Klammern { } eingeschlossen werden.

Tipp zur Eingabe: Klicken Sie in das Eingabefeld, geben Sie die ersten Zeichen der Funktion `List` ein und drücken Sie die Tasten **Strg+Leertaste**. Es öffnet sich eine Liste aller Listenfunktionen (Bild 5.110), scrollen Sie nach unten bis zu `List.Sum` und übernehmen Sie diese mit Doppelklick. Auch die Spalten können Sie auf diesem Weg in die Formel einfügen, die runden und geschweiften Klammern müssen dagegen über die Tastatur eingegeben werden.

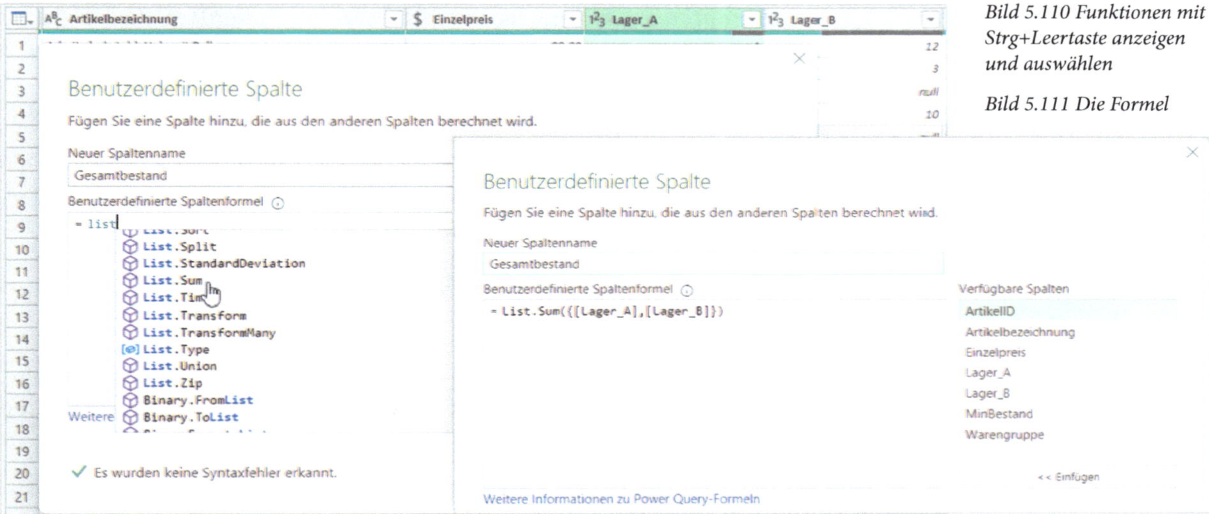

Bild 5.110 Funktionen mit Strg+Leertaste anzeigen und auswählen

Bild 5.111 Die Formel

5.8 Weitere Tipps und Beispiele

Korrekte Kalenderwoche nach ISO

Power Query bietet im Menüband (Register *Transformieren* oder *Spalte hinzufügen*) über die Schaltfläche *Datum* auch *Woche* und *Woche des Jahres* an, jedoch entspricht die Wochennummerierung nicht dem, in Deutschland, Österreich und der Schweiz üblichen System (ISO). Excel stellt zu diesem Zweck die beiden Funktionen ISOKALENDERWOCHE und KALENDERWOCHE (mit Angabe des Typs 21) zur Verfügung. Um dagegen mit Power Query die korrekte Kalenderwoche zu erhalten, können Sie...

Zur Info: Nach ISO ist Kalenderwoche 1 die Woche, die mindestens vier Tage des neuen Jahres bzw. den ersten Donnerstag des Jahres enthält.

- die Kalenderwoche mit einer Formel in der M-Sprache berechnen,
- oder die Ausgangstabelle über das Datum mit einer zweiten Tabelle zusammenführen, in der Sie die Kalenderwoche mit der Excel-Funktion berechnen,
- sind nachfolgende Auswertungen mit Pivot-Tabellen geplant, so berechnen Sie die Kalenderwoche am besten mit Power Pivot und einer DAX-Funktion.

Power Pivot, siehe Kap. 8.

Mit Formel in Power Query berechnen

Ein Beispiel finden Sie in der Arbeitsmappe **Rechnungen_KW_Berechnet.xlsx.**

Für die erste Lösung, nämlich die Kalenderwoche mit einer Formel in Power Query berechnen, finden sich im Internet zahlreiche Lösungen, deren Formeln Sie eigentlich nur kopieren und im erweiterten Editor einfügen brauchen. Anschließend sind noch einige Anpassungen erforderlich (siehe auch Seite 163):

In der ersten eingefügten Anweisungszeile muss der Name durch den Namen des vorherigen Schritts im M-Code ersetzt werden und der Spaltenname, aus dem die Kalenderwoche des Beispiels berechnet wird, muss durch den Namen der Spalte ersetzt werden, die in Ihrer Tabelle das Datum enthält. Beachten Sie außerdem, dass die letzte Anweisung vor `in` nicht mit Komma abschließen darf!

Hilfstabelle verwenden

RechnungenKW.xlsx

Kalenderwochen.xlsx

Wenn Sie sich nicht näher mit M beschäftigen möchten, dann führt der einfachste Weg über eine zweite Hilfstabelle, am besten in einer gesonderten Arbeitsmappe, in der Sie für jeden Tag des Jahres mit den Excel Funktionen ISOKALENDERWOCHE oder KALENDERWOCHE die Kalenderwoche berechnen. Dazu beginnen Sie mit einer neuen leeren Arbeitsmappe und speichern diese, z. B. unter dem Namen Kalendertabelle.xlsx.

1 Beschriften Sie die erste Spalte mit Datum und geben Sie darunter den 01.01. des Jahres ein (Bild 5.112). Markieren Sie das Datum, klicken Sie im Register *Start* auf *Ausfüllen* ▶ *Datenreihe...* und geben Sie den Endwert vor. Außerdem müssen *Reihe in Spalten* und *Typ Datum* und als *Zeiteinheit Tag* ausgewählt werden.

Bild 5.112 Reihe mit Datumswerten ausfüllen

Bild 5.113 Kalenderwoche berechnen

2 Anschließend berechnen Sie in der nächsten Spalte die Kalenderwoche, entweder mit der Funktion ISOKALENDERWOCHE oder mit KALENDERWOCHE, bei letzterer müssen Sie zusätzlich den Typ 21 angeben (Bild 5.113).

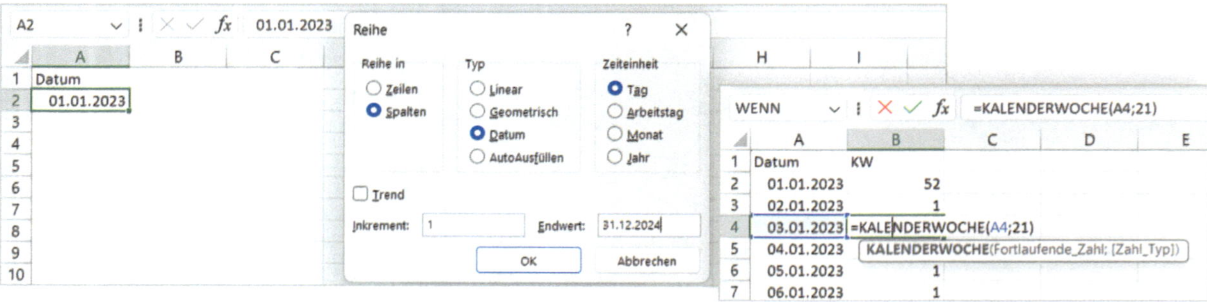

3 Formatieren Sie zuletzt die Tabelle als dynamischen Tabellenbereich (Register *Start* ▶ *Als Tabelle formatieren*) und speichern und schließen Sie die Mappe.

> Achten Sie unbedingt darauf, dass die Kalendertabelle alle Datumswerte der auszuwertenden Tabelle einschließt und wählen Sie ggf. den Zeitraum etwas großzügiger. Trotzdem muss aufgrund regelmäßiger Aktualisierungen auch der Zeitraum in der Kalendertabelle von Zeit zu Zeit entsprechend angepasst oder erweitert werden. Damit der geänderte Tabellenumfang künftig automatisch berücksichtigt wird, muss die Kalendertabelle als dynamischer Tabellenbereich formatiert werden.

4 Laden Sie dann die auszuwertende Tabelle und die Kalendertabelle in den Power Query-Editor (*Neue Quelle* ▶ *Datei* ▶ *Excel-Arbeitsmappe*) und benennen Sie ev. letztere sinnvoll um, z. B. in Kalender.

5 Wählen Sie die Tabelle mit den auszuwertenden Daten aus und klicken Sie im Register *Start* auf *Abfragen zusammenführen*. Wählen Sie dann als zweite Tabelle die Kalendertabelle aus und klicken Sie nacheinander in beiden Tabellen auf die Spalte mit dem Datum, hier *Rechnungsdatum* in der Tabelle *Rechnungen* und *Datum* in der Tabelle *Kalender* (Bild 5.114). Da das Rechnungsdatum aus der ersten Tabelle ausschlaggebend ist, wählen Sie außerdem *Linker äußerer Join (alle aus erster, übereinstimmende aus zweiter)* und klicken auf *OK*.

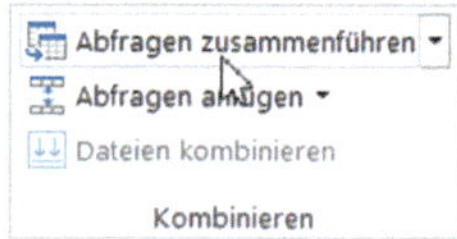

Bild 5.114 Daten und Kalender zusammenführen

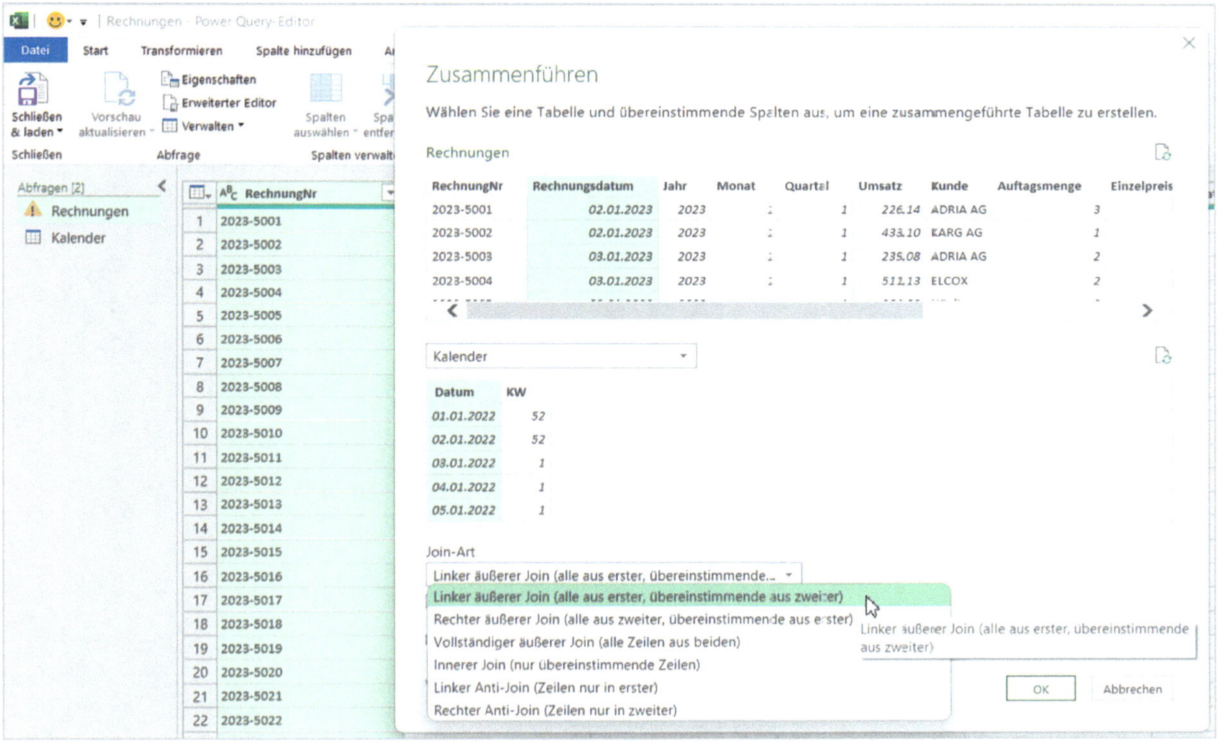

6 Klicken Sie dann in der neu hinzugefügten Spalte *Kalender* auf die Schaltfläche mit den auseinander weisenden Pfeilen (*Erweitern*), wählen Sie die Spalte mit der Kalenderwoche (*KW*) aus und klicken Sie auf *OK*. Abschließend brauchen Sie nur noch den Datentyp der hinzugefügten Spalte *KW* kontrollieren und ggf. in *Ganze Zahl* ändern.

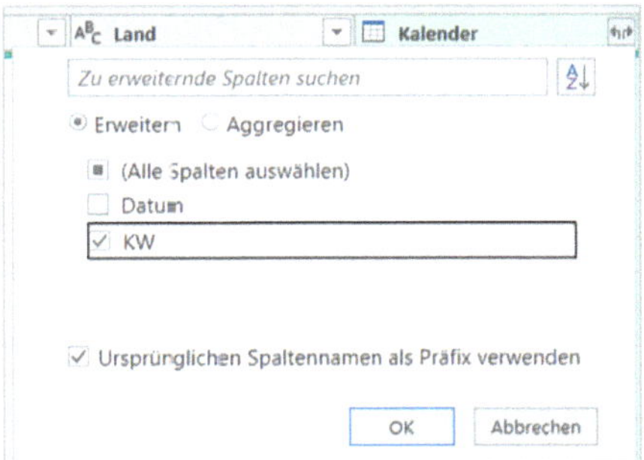

Achten Sie darauf, dass die Kalendertabelle nicht in ein Arbeitsblatt geladen wird, und falls doch, so entfernen Sie anschließend das Blatt wieder aus der Arbeitsmappe.

Aus Monatsnamen ein gültiges Datum erhalten

Ein häufiger Fall: Die Ausgangsdaten enthalten den Monat nicht als Zahl, sondern als Text. Damit ist eine Sortierung oder eine Auswertung nach Quartalen unmöglich.

Da es sich bei Monatsnamen um kein gültiges Datum handelt, helfen hier auch die Datumsfunktionen (siehe Seite 120) nicht weiter. Eine einfache Lösung besteht darin, in einer neuen Spalte die Monatsnamen mit einem beliebigen Tag, z. B. dem Ersten des Monats und dem Jahr zu einem Datum zu verketten. Aus diesem Datum können Sie anschließend bequem Quartale oder Monate als Zahlen ermitteln.

Monatsnamen_Datum.xlsx

1 Laden Sie die Daten in den Power Query-Editor. Markieren Sie nacheinander die Spalten *Monat* ❶ und *Jahr* ❷ und klicken Sie im Register *Transformieren* oder *Spalte hinzufügen* auf *Spalten zusammenführen* ❸.

2 Ein Trennzeichen ist nicht erforderlich, alternativ wählen Sie *Benutzerdefiniert* und geben im Feld darunter einen Punkt ein. Tragen Sie außerdem im Feld *Neuer Spaltenname* einen Namen ein, z. B. *Datum* ❹ und klicken Sie auf *OK*.

Bild 5.115 Spalte hinzufügen - benutzerdefinierte Spalte

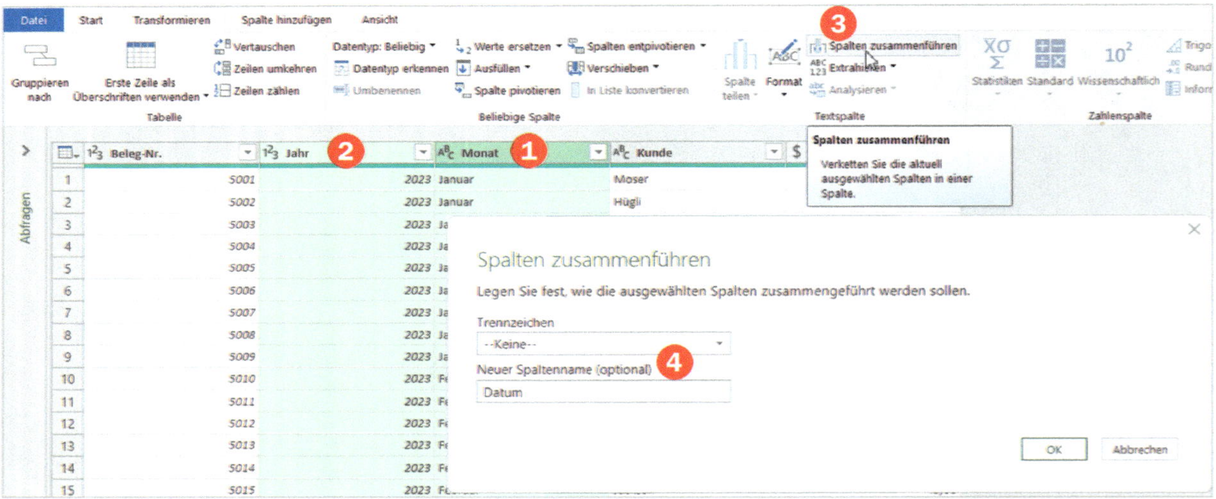

3 Die neue Spalte ist zunächst vom Datentyp *Text* (Bild 5.116). Klicken Sie auf das Datentyp-Symbol der Spaltenüberschrift und wählen Sie *Datum* aus. Sollte dies nicht erfolgreich sein, so klicken Sie in die Spalte und im Register *Transformieren* ► *Datums- und Uhrzeitspalte* auf *Datum* und auf *Analysieren*. Anschließend sollte der Text in ein Datum umgewandelt werden. In beiden Fällen wird das Datum automatisch um den jeweils Ersten des Monats ergänzt.

Bild 5.116 Die neue Spalte

Aus diesem Datum können Sie nun über *Spalte hinzufügen* ▶ *Datum* die Quartale extrahieren oder die Monate als Zahl.

Hinweis: Sollte die oben beschriebene Methode nicht funktionieren, weil z. B. in der Tabelle das Jahr fehlt, so setzen Sie das Datum per Formel zusammen: Klicken Sie im Register *Spalte hinzufügen* auf *Benutzerdefinierte Spalte* und geben Sie die unten abgebildete Formel ein. Achtung: Die Spalte *Jahr* muss in diesem Fall vom Datentyp *Text* sein oder geben Sie das Jahr in Anführungszeichen ein.

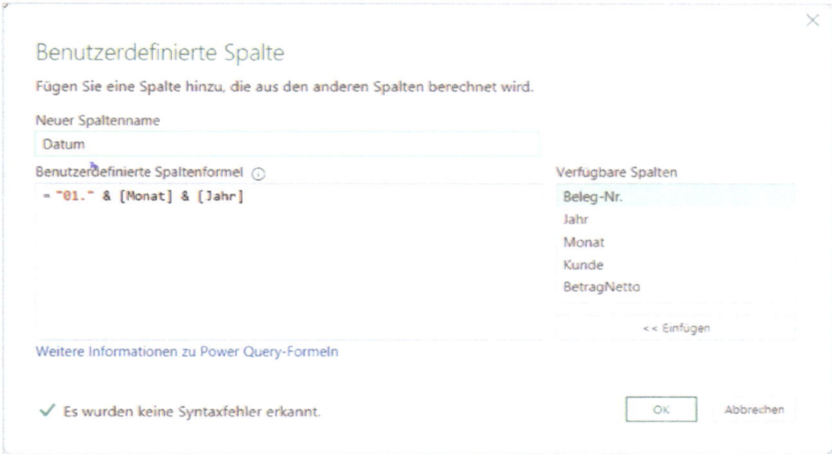

Bild 5.117 Zu einem Datum verketten

Mehrere Tabellen der aktuellen Arbeitsmappe aneinanderfügen

Daten aus mehreren Tabellen gleichzeitig auswählen, in den Power Query-Editor laden und anschließend aneinanderfügen, ist kein Problem, sofern sich diese entweder alle in derselben externen Datenquelle oder im selben Ordner befinden, siehe Seite 155. Wesentlich umständlicher ist dagegen das Zusammenführen mehrerer Tabellen der aktuellen Arbeitsmappe. In diesem Fall müssen die Tabellen einzeln nacheinander eingelesen werden, was z. B. in einer Arbeitsmappe mit je einem Arbeitsblatt pro Monat oder pro Abteilung sehr aufwändig sein kann.

Mit einer kleinen Änderung am M-Code lässt sich diese Aufgabe jedoch vereinfachen und das Beste daran ist: Neu hinzugekommene Arbeitsblätter werden beim Aktualisieren automatisch berücksichtigt.

Zusammenführen_Beispiel.xlsx

Ausgangssituation: Die Umsätze der einzelnen Verkaufsbezirke sind für jeden Monat jeweils in einem eigenen Arbeitsblatt hinterlegt, in Bild 5.118 als Beispiel das Blatt *März*. Ziel ist eine Auswertung, die in einer einzigen (Pivot-Tabelle) einen Überblick über die monatlichen Umsätze liefert.

1 Dazu müssen im ersten Schritt alle Tabellen als dynamische Tabellen formatiert werden ❶ (*Start* ▶ *Als Tabelle formatieren*) und erhalten außerdem als Tabellenname den jeweiligen Monatsnamen ❷, z. B. März.

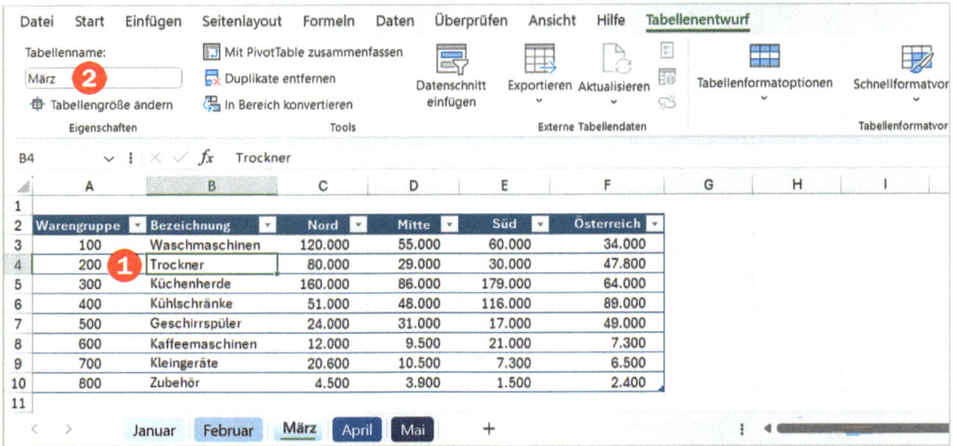

Bild 5.118 Monatliche Umsätze Verkaufsbezirke

2 Im nächsten Schritt laden Sie die erste Tabelle in den Power Query-Editor: Klicken Sie im Blatt *Januar* in den Tabellenbereich und danach im Menüband, Register *Daten* ▶ *Daten abrufen und transformieren* auf *Aus Tabelle/Bereich*. Danach erscheint im Power Query-Editor beim Schritt *Quelle* die unten abgebildete Anweisung in der Bearbeitungsleiste.

Bild 5.119 Der M-Code Quelle

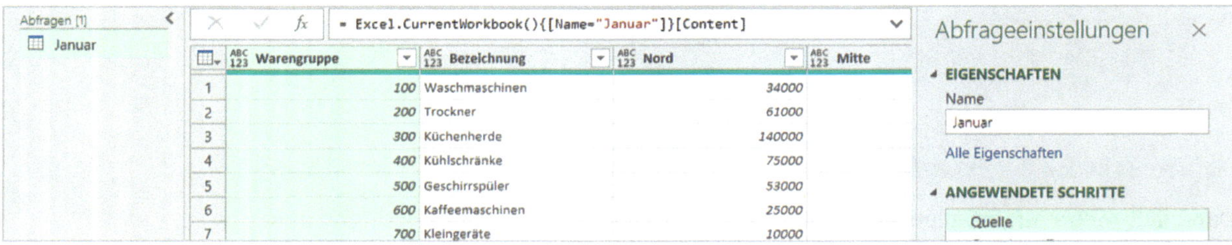

3 Löschen Sie bis auf `= Excel.CurrentWorkbook()` den Rest der Anweisung und entfernen Sie außerdem den Schritt *Geänderter Typ*. Nun haben Sie Zugriff auf den gesamten Inhalt der Arbeitsmappe, die Spalte *Content* enthält sämtliche Tabellen (*Table*) und in der Spalte *Name* sehen Sie die Namen der Tabellen (nicht der Arbeitsblätter).

Bild 5.120 Die Spalte Content listet alle Elemente der Arbeitsmappe auf

Bild 5.121 Spalte erweitern

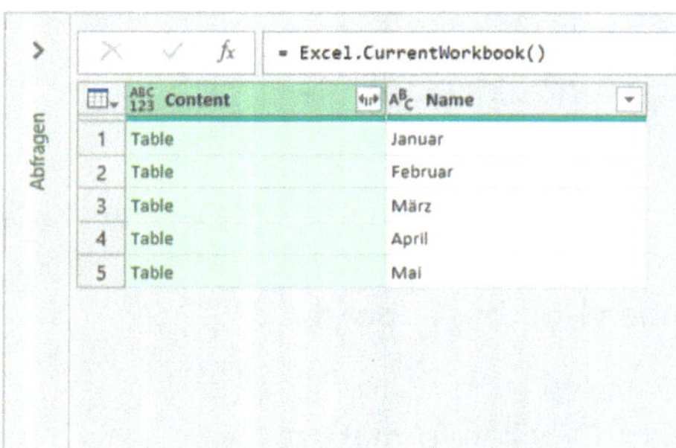

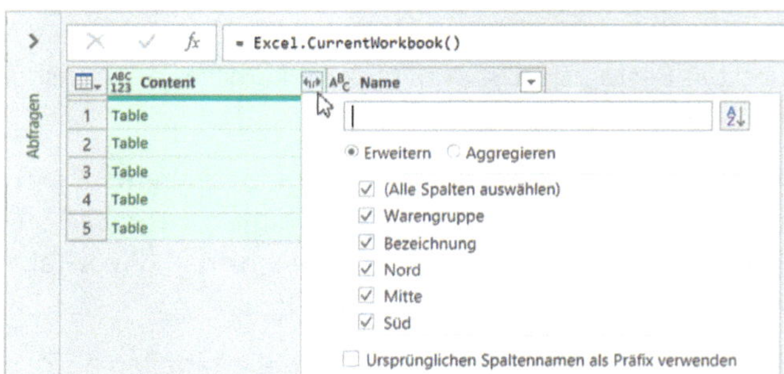

4 Klicken Sie rechts von der Spaltenüberschrift *Content* auf die auseinander weisenden Pfeile (*Erweitern*), wählen Sie alle Spalten aus und klicken Sie auf *OK*. Ergebnis ist die unten abgebildete Tabelle mit dem Namen des jeweiligen Monats in der Spalte *Name*. Ändern Sie zuletzt noch die Datentypen der Spalten *Nord*, *Mitte*, *Süd* und *Österreich* in *Ganze Zahl* und benennen Sie die Abfrage um, z. B. *AlleMonate*.

Bild 5.122 Die Ergebnistabelle

	Warengruppe	Bezeichnung	Nord	Mitte	Süd	Name
1	100	Waschmaschinen	34000	28000	65000	Januar
2	200	Trockner	61000	38000	89000	Januar
3	300	Küchenherde	140000	120000	150000	Januar
4	400	Kühlschränke	75000	63000	72000	Januar
5	500	Geschirrspüler	53000	29000	61000	Januar
6	600	Kaffeemaschinen	25000	11000	32000	Januar
7	700	Kleingeräte	10000	13000	8100	Januar
8	100	Waschmaschinen	24000	30000	45000	Februar
9	200	Trockner	51000	42000	22000	Februar
10	300	Küchenherde	85000	150000	81000	Februar
11	400	Kühlschränke	95000	123000	38000	Februar
12	500	Geschirrspüler	118000	15000	74000	Februar
13	600	Kaffeemaschinen	18000	25000	9000	Februar
14	700	Kleingeräte	5000	9000	2500	Februar
15	100	Waschmaschinen	120000	55000	60000	März
16	200	Trockner	80000	29000	30000	März

Anschließend können Sie die Tabelle entweder in ein Tabellenblatt einfügen oder für die weitere Auswertung in Form einer Pivot-Tabelle nur eine Verbindung erstellen und die Abfrage dem Datenmodell der Arbeitsmappe hinzufügen.

6 Auswertungen mit Pivot-Tabellen

In diesem Kapitel lernen Sie...

- Aufbau und Funktionsweise von Pivot-Tabellen
- PivotTable und PivotChart einfügen, Felder anordnen
- Zusammenfassungsfunktionen, Filter und Gruppierungen
- Tabellenlayout und Formatierung
- Teil- und Gesamtergebnisse anzeigen
- Datenschnitte und Zeitachsen als Filter einsetzen
- Prozentanteile, kumulierte Werte und Häufigkeiten darstellen
- Visualisierung mit PivotCharts

Das sollten Sie wissen

- Tabellenbereich erstellen und umbenennen
- Zellen- und Tabellenformate, bedingte Formatierung

6.1 Einführung

Was sind Pivot-Tabellen?

Hinweis: Zwar verfügt Excel zur Auswertung großer Datenmengen über sogenannte Datenbankfunktionen, z. B. DBSUMME. In der Praxis kommen diese jedoch nur selten zum Einsatz, da Pivot-Tabellen meist komfortabler und flexibler sind.

Lassen Sie sich nicht von der Bezeichnung PivotTable bzw. Pivot abschrecken. Denn dahinter verbirgt sich ein äußerst nützliches und komfortables Excel-Tool zur Auswertung und Zusammenfassung großer Datenmengen. Pivot-Tabellen eignen sich hervorragend für ergänzende Datenanalysen, die Datenbanken und Anwendungen, z. B. aus den Bereichen Personal, Rechnungswesen oder Warenwirtschaft, nicht liefern können. Einmal kennengelernt, werden Sie auf Pivot-Tabellen nicht mehr verzichten wollen, denn diese ersetzen nebenbei auch so manche Excel-Funktion.

Die Bezeichnung Pivot-Tabelle (PivotTable) beruht auf dem englischen Begriff „pivot" = Dreh- oder Angelpunkt und bedeutet, dass Sie mit Pivot-Tabellen Daten nach verschiedenen Gesichtspunkten zusammenfassen, anordnen und auswerten können, ohne dabei die Ausgangsdaten zu verändern. Ein weiterer Vorteil: Eine Pivot-Tabelle ist interaktiv, d. h. sie kann vom Benutzer jederzeit verändert werden, beispielsweise um nach bestimmten Kriterien zu filtern oder um Daten auszublenden.

Hier ein einfaches Beispiel zum Verdeutlichen der Funktionsweise: Die unten abgebildete Tabelle enthält alle Einzelaufträge über einen bestimmten Zeitraum. Anhand dieser Daten soll nun die Frage beantwortet werden:

- Wie oft wurde jedes Modell verkauft?

Bild 6.1 Auszug aus der Ausgangstabelle

P26 | fx

	A	B	C	D	E	F	G	H	I	J
1	Auftragsdatum	Land	Kunde	Modell	Produktgruppe	Einzelpreis	Auftagsmenge	Rabattgruppe	Umsatz	
2	02.01.2022	Italien	ADRIA AG	D-2650	Unterhaltung	75,00	3	1	225,00	
3	02.01.2022	Österreich	KARG AG	F-3441	Unterhaltung	450,00	1	2	450,00	
4	03.01.2022	Italien	ADRIA AG	A-1045	Büro	120,00	2	1	240,00	
5	03.01.2022	Deutschland	ELCOX	G-7800	Büro	377,00	2	1	754,00	
6	03.01.2022	Schweiz	Hügli	H-6440	Haushalt	191,00	3	1	573,00	
7	06.01.2022	Österreich	Tief & Brunnen	A-1045	Büro	120,00	5	3	600,00	
8	06.01.2022	Österreich	KARG AG	B-1078	Computer	85,00	12	3	1.020,00	
9	12.01.2022	Schweiz	Brettschneider	A-1045	Büro	120,00	3	2	360,00	
10	14.01.2022	Schweiz	Hügli	A-1045	Büro	120,00	3	2	360,00	
11	15.01.2022	Italien	ADRIA AG	A-1045	Büro	120,00	7	3	840,00	
12	17.01.2022	Deutschland	ELCOX	F-3441	Unterhaltung	450,00	18	1	8.100,00	
13	19.01.2022	Österreich	KARG AG	F-3441	Unterhaltung	450,00	1	1	450,00	
14	21.01.2022	Schweiz	Brettschneider	F-3441	Unterhaltung	450,00	5	3	2.250,00	
15	25.01.2022	Österreich	Tief & Brunnen	B-1078	Computer	85,00	5	3	425,00	
16	30.01.2022	Österreich	Tief & Brunnen	G-7800	Büro	377,00	1	3	377,00	
17	30.01.2022	Deutschland	WGT GmbH	G-7800	Büro	377,00	6	1	2.262,00	

Beispieldaten.xlsx

Diese Frage lässt sich mit verschiedenen Methoden beantworten:

- Sie könnten beispielsweise die Tabelle nach Modellen sortieren und in einer weiteren Spalte manuell die Summe der Auftragsmengen für jedes Modell berechnen. Diese Methode ist allerdings zeitaufwändig sowie fehleranfällig und daher nicht zu empfehlen.
- Sie könnten auch für die sortierte Tabelle Teilergebnisse berechnen lassen oder die Funktion SUMMEWENN einsetzen.

- Oder Sie erstellen aus der Tabelle eine Pivot-Tabelle. Die Vorteile: Eine Pivot-Tabelle ist mit wenigen Klicks erstellt und lässt sich je nach Aufgabenstellung beliebig umstellen. So geht's:

Eine Pivot-Tabelle ist schnell erstellt

1 Klicken Sie in die Tabelle und im Menüband, Register *Einfügen* auf *PivotTable* ❶. Kontrollieren Sie im nachfolgenden Fenster, ob der Tabellenbereich (einschließlich Überschriften) korrekt erkannt wurde ❷ und klicken Sie auf *OK* ❸.

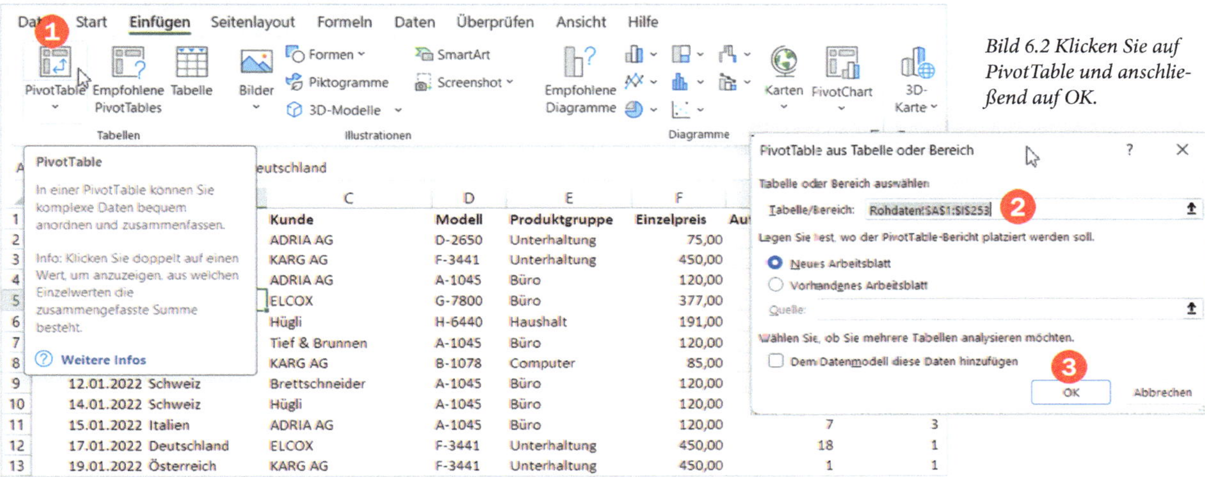

Bild 6.2 Klicken Sie auf PivotTable und anschließend auf OK.

2 Die leere Pivot-Tabelle ❹ wird in ein neues Arbeitsblatt eingefügt. Rechts sehen Sie im Aufgabenbereich *PivotTable-Felder* die Spalten bzw. Überschriften ❺ Ihrer Tabelle, diese werden in Pivot-Tabellen als Felder bezeichnet. In der neuen Tabelle soll aus jedem Modell eine Zeile gebildet werden: Ziehen Sie daher mit der Maus die Spalte bzw. das Feld *Modell* nach unten in den Bereich *Zeilen* ❻.

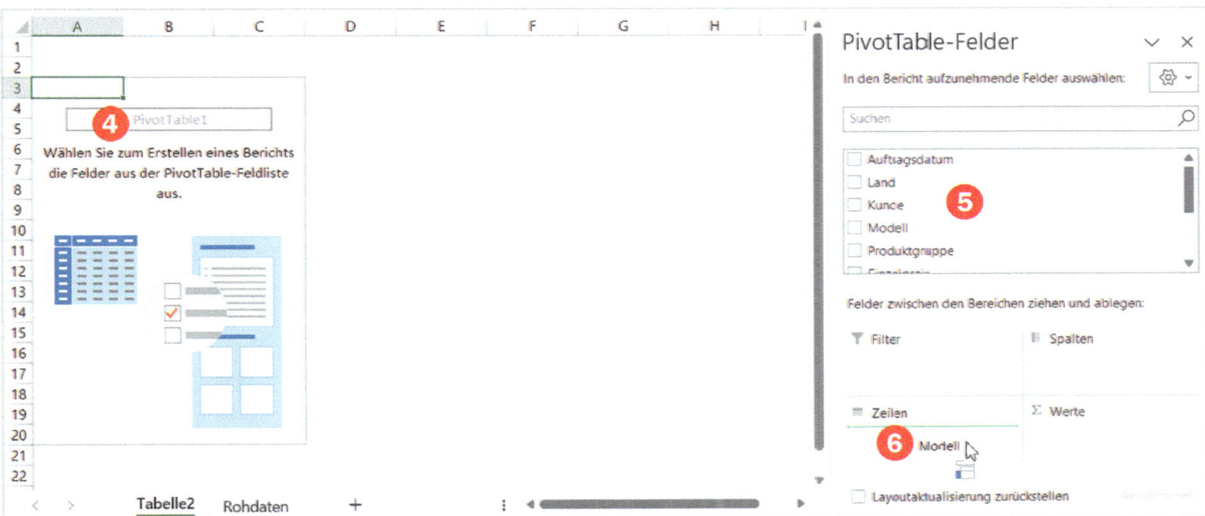

Bild 6.3 Ziehen Sie die Spalte Modell nach unten in den Bereich Zeilen

3 Die Pivot-Tabelle links bildet nun aus jeder Modellnummer eine Zeile ❼. Da wir für jedes Modell die Summe der Auftragsmenge benötigen, ziehen Sie anschließend das Feld *Auftragsmenge* mit der Maus nach unten in den Bereich *Werte* ❽.

4 In der Tabelle erhalten Sie nun für jedes Modell die Summe der Auftragsmengen.

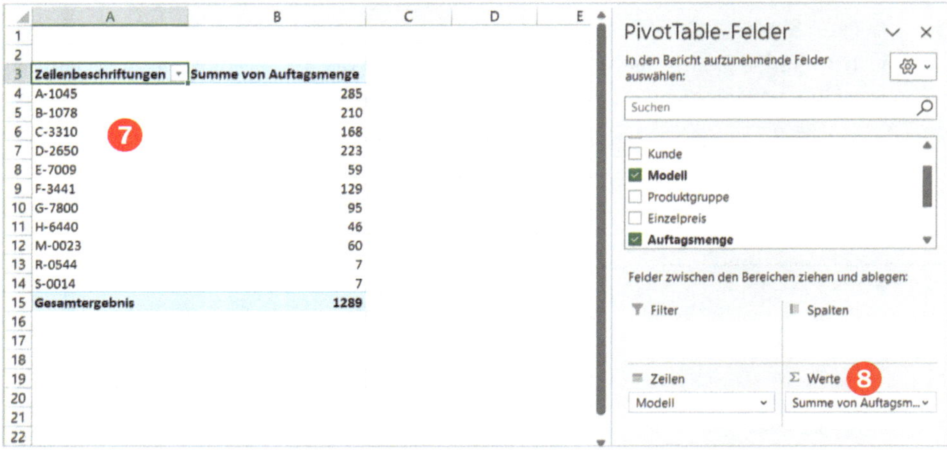

Zeilenbeschriftungen	Summe von Auftagsmenge
A-1045	285
B-1078	210
C-3310	168
D-2650	223
E-7009	59
F-3441	129
G-7800	95
H-6440	46
M-0023	60
R-0544	7
S-0014	7
Gesamtergebnis	**1289**

Bild 6.4 Die fertige Pivot-Tabelle

Die oben abgebildete Tabelle dient nur als kleines Beispiel, selbstverständlich können Sie auch andere Felder der Ausgangstabelle auswerten und die fertige Tabelle nach Belieben gestalten.

Wenn Sie beispielsweise wissen möchten, wie hoch der Umsatz pro Kunde und Produktgruppe ist, dann können Sie die Daten auch als Kreuztabelle darstellen. Im Bild unten wurden aus den Kunden die Zeilenbeschriftungen gebildet und die Produktgruppen bilden die Spaltenüberschriften. Berechnet wird die Umsatzsumme.

Über einen zusätzlichen Filterbereich kann die Tabelle noch gefiltert werden, z. B. nach Ländern. So zeigt als Beispiel die Tabelle im Bild unten nur Kunden und Umsätze aus Deutschland an.

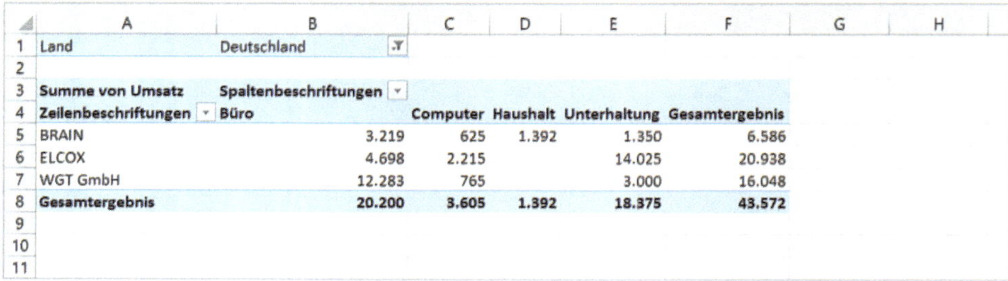

Land: Deutschland

Summe von Umsatz	Spaltenbeschriftungen				
Zeilenbeschriftungen	**Büro**	**Computer**	**Haushalt**	**Unterhaltung**	**Gesamtergebnis**
BRAIN	3.219	625	1.392	1.350	6.586
ELCOX	4.698	2.215		14.025	20.938
WGT GmbH	12.283	765		3.000	16.048
Gesamtergebnis	**20.200**	**3.605**	**1.392**	**18.375**	**43.572**

Bild 6.5 Pivot-Tabelle mit Umsatzsummen je Kunde und Produktgruppe

> Die Spalten der Ausgangstabelle dienen als Bausteine, auch als Felder bezeichnet, aus denen Sie eine Pivot-Tabelle zusammenstellen. Die Felder können durch Ziehen mit der Maus beliebig angeordnet, umgestellt oder wieder aus der Tabelle entfernt werden.

Besonderheiten von Pivot-Tabellen

Einige Besonderheiten sind im Umgang mit Pivot-Tabellen zu beachten:

- Eingabe und Änderung der Daten sind in Pivot-Tabellen nicht möglich, da diese entweder schreibgeschützt sind oder die Änderungen nicht in die Originaldaten übernommen werden.
- Die Ausgangsdaten werden beim Arbeiten mit einer Pivot-Tabelle grundsätzlich nicht verändert.
- Im Gegensatz zu Funktionen erfolgt nach einer Änderung der Daten in der Ausgangstabelle keine automatische Aktualisierung. Pivot-Tabellen müssen vom Benutzer manuell aktualisiert werden!
- Handelt es sich beim auszuwertenden Datenbereich um eine Excel-Tabelle, dann müssen zuvor alle Teilergebnisse oder Filter entfernt werden.

Welche Daten eignen sich für Pivot-Tabellen?

Ausgangspunkt bzw. Datenquelle für eine Pivot-Tabelle kann eine Excel-Tabelle oder eine externe Datenquelle bzw. Verbindung zu einer externen Tabelle sein. Wenn externe Daten zuvor mit Power Query aufbereitet wurden, dann müssen die Ausgangsdaten nicht in die Arbeitsmappe importiert werden. Es genügt, wenn eine Verbindung erstellt wird und die Tabelle dem Datenmodell hinzugefügt wurde, s. Kap. 4, Seite 91.

Externe Datenquellen, siehe Kapitel 4 und 5.

Damit die Daten problemlos für eine Pivot-Tabelle verwendet werden können, muss die Tabelle folgende Voraussetzungen erfüllen:

- Die Tabelle muss in mindestens einer Spalte mehrfach vorkommende Werte enthalten. Nur solche lassen sich in Pivot-Tabellen zusammenfassen und auswerten.
- Die Daten müssen als zusammenhängender Bereich vorliegen, d. h. sie dürfen keine leeren Spalten und möglichst auch keine Leerzeilen enthalten. Einzelne Zellen können dagegen leer sein.
- Die erste Tabellenzeile muss (eindeutige) Spaltenüberschriften enthalten.
- Innerhalb der auszuwertenden Spalten müssen alle Daten vom selben Typ sein, beispielsweise Zahlen, Text oder Datumswerte.
- Enthält die Datentabelle Formeln, so werden diese als Werte behandelt.

Tipp: Excel-Tabellen als Tabellenbereich formatieren
Wenn Sie eine Excel-Tabelle als Datenquelle verwenden, dann formatieren Sie diese als Tabellenbereich; bei importierten Daten mittels Verbindung oder Abfrage erledigt dies Excel automatisch. **Der Vorteil**: Wenn sich bei späteren Aktualisierungen der Umfang der Datentabelle ändern sollte, dann braucht der Datenbereich für die Pivot-Tabelle nicht jedes Mal neu festgelegt werden, es genügt, wenn Sie die Pivot-Tabelle aktualisieren.

So funktioniert's nicht

Für die unten abgebildete Tabelle kommt eine Auswertung mit Pivot-Tabellen aus mehreren Gründen nicht in Frage: keine mehrfach vorkommenden Werte, fehlende Spaltenüberschrift in den Spalten B und E sowie unterschiedliche Datentypen in Spalte D (Text und Datum).

Bild 6.6 Diese Tabelle eignet sich nicht zur Auswertung mit Pivot-Tabellen

	A	B	C	D	E	F
1	Artikel-Nr.		Verkaufte Stückzahl	Datum		
2	4711	Badewannenente	123.456	15.03.2023	Unser Renner	
3	4712	Schwimmflossen	2.751	Mai 2022	Nächstes Mal andere Farbe bestellen	
4	4713	Schnorchel	44.987	01.11.2022		
5	4723	Schwimmflügel	121.501	06.04.2023	Nicht mehr nachbestellen	
6	4801	Luftmatratze rot	5.547	Anfang März		
7	4802	Sessel aufblasbar	3.805	2024		

Beispiel für eine mögliche Datenquelle

Die Tabelle unten erfüllt alle Voraussetzungen zur Auswertung, sie wird auch für die meisten Beispiele dieses Kapitels als Datentabelle verwendet. Die Spalte *Umsatz* wurde zur besseren Nachvollziehbarkeit hier mit einer Formel im Tabellenblatt berechnet, könnte aber auch mit Power Query (Kapitel 5) oder noch besser mit Power Pivot (Kapitel 8) berechnet werden.

Bild 6.7 Auszug aus der Ausgangstabelle für die Beispiele

A2 fx 02.01.2022

	A	B	C	D	E	F	G	H	I	J	K
1	Auftragsdatum	Land	Kunde	Modell	Produktgruppe	Einzelpreis	Auftagsmenge	Rabattgruppe	Umsatz		
2	02.01.2022	Italien	ADRIA AG	D-2650	Unterhaltung	75,00	3	1	225,00		
3	02.01.2022	Österreich	KARG AG	F-3441	Unterhaltung	450,00	1	2	450,00		
4	03.01.2022	Italien	ADRIA AG	A-1045	Büro	120,00	2	1	240,00		
5	03.01.2022	Deutschland	ELCOX	G-7800	Büro	377,00	2	1	754,00		
6	03.01.2022	Schweiz	Hügli	H-6440	Haushalt	191,00	3	1	573,00		
7	06.01.2022	Österreich	Tief & Brunnen	A-1045	Büro	120,00	5	3	600,00		
8	06.01.2022	Österreich	KARG AG	B-1078	Computer	85,00	12	3	1.020,00		
9	12.01.2022	Schweiz	Brettschneider	A-1045	Büro	120,00	3	2	360,00		
10	14.01.2022	Schweiz	Hügli	A-1045	Büro	120,00	3	2	360,00		
11	15.01.2022	Italien	ADRIA AG	A-1045	Büro	120,00	7	3	840,00		
12	17.01.2022	Deutschland	ELCOX	F-3441	Unterhaltung	450,00	18	1	8.100,00		
13	19.01.2022	Österreich	KARG AG	F-3441	Unterhaltung	450,00	1	1	450,00		
14	21.01.2022	Schweiz	Brettschneider	F-3441	Unterhaltung	450,00	5	3	2.250,00		
15	25.01.2022	Österreich	Tief & Brunnen	B-1078	Computer	85,00	5	3	425,00		
16	30.01.2022	Österreich	Tief & Brunnen	G-7800	Büro	377,00	1	3	377,00		
17	30.01.2022	Deutschland	WGT GmbH	G-7800	Büro	377,00	6	1	2.262,00		
18	01.02.2022	Italien	ADRIA AG	G-7800	Büro	377,00	24	1	9.048,00		
19	01.02.2022	Deutschland	BRAIN	R-0544	Haushalt	72,00	1	3	72,00		
20	02.02.2022	Deutschland	WGT GmbH	A-1045	Büro	120,00	4	3	480,00		
21	02.02.2022	Italien	ADRIA AG	D-2650	Unterhaltung	75,00	1	1	75,00		
22	03.02.2022	Schweiz	Hügli	G-7800	Büro	377,00	2	1	754,00		
23	14.02.2022	Schweiz	Brettschneider	C-3310	Büro	146,00	2	1	292,00		

Rohdaten | Tabelle2 | Tabelle3 | +

Beispieldaten.xlsx

Download Beispieldaten

Die oben abgebildete Tabelle dient auch als Ausgangstabelle für die nachfolgenden Beispiele dieses Kapitels. Sie finden die Arbeitsmappe mit der Tabelle unter dem Dateinamen Beispieldaten.xlsx im Downloadbereich zu diesem Buch.

6.2 So erstellen Sie eine Pivot-Tabelle

Aus Vorlage erstellen

Wenn es schnell gehen soll, können Sie beim Erstellen einer Pivot-Tabelle auf verschiedene Vorschläge von Excel zurückgreifen. Die Vorgehensweise ist einfach:

Nutzer von Microsoft 365 erhalten außerdem über das Symbol *Datenanalyse* im Register *Start* diverse Vorschläge, die per Mausklick eingefügt werden können.

1 Klicken Sie in die auszuwertende Datentabelle. Wenn diese als Tabellenbereich formatiert wurde oder wenn es sich um einen zusammenhängenden Bereich handelt, dann wird dieser von Excel automatisch erkannt. Nur in Ausnahmefällen müssen Sie den Tabellenbereich einschließlich Überschriftzeile zuvor markieren.

2 Klicken Sie dann im Register *Einfügen* ▶ *Tabellen* auf *Empfohlene PivotTables* ❶.

3 Das gleichnamige Dialogfenster wird geöffnet (Bild 6.8), gleichzeitig können Sie im Tabellenblatt anhand des Laufrahmens ❷ kontrollieren, ob der Zellbereich korrekt erkannt wurde.

4 Excel schlägt auf der Basis der aktuellen Tabelle verschiedene, mehr oder weniger geeignete Auswertungstabellen vor. Klicken Sie in der Liste links auf einen Vorschlag ❸, so erhalten Sie rechts eine Vorschau mit Ihren Daten ❹. Mit einem Klick auf *OK* wird die ausgewählte Tabelle in einem neuen Arbeitsblatt eingefügt.

- Falls die Datentabelle nicht erkannt wurde, so klicken Sie auf *Quelldaten ändern* ❺ und wählen den Tabellenbereich durch Markieren aus.
- Wenn Ihnen keiner der Vorschläge zusagt, dann klicken Sie auf die Schaltfläche *Leere PivotTable* ❻ und gestalten die Tabelle anschließend selbst. Wie Sie dabei vorgehen, lesen Sie im nächsten Punkt.

Bild 6.8 Empfohlene PivotTables auswählen

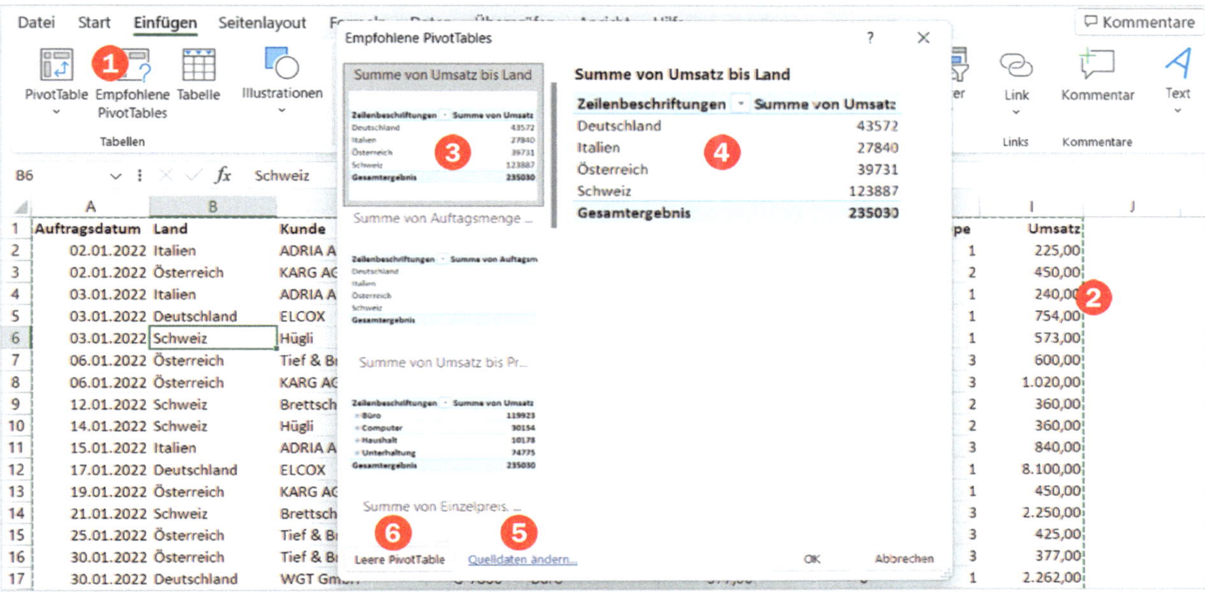

Nachteil: Nicht immer findet sich in der Vorschlagsliste die gewünschte Auswertung. Zudem erfordern auch die vorgeschlagenen Pivot-Tabellen meist noch eine Anpassung. Sie können also auch gleich mit einer leeren Pivot-Tabelle beginnen – das Zusammenstellen erfordert nur wenige Klicks. Details dazu erfahren Sie auf den folgenden Seiten.

Hinweis: Vorschläge für Pivot-Tabellen erhalten Sie auch, wenn Sie einen Zellbereich markieren und im Tabellenblatt auf die Schaltfläche *Schnellanalyse* und das Register *Tabellen* klicken. Aufgrund des Umfangs der meisten Datentabellen sowie der Tatsache, dass der Zellbereich meist ohnehin automatisch erkannt wird, kommt diese Methode in der Praxis allerdings kaum zum Einsatz.

Bild 6.9 Über die Schnellanalyse erstellen

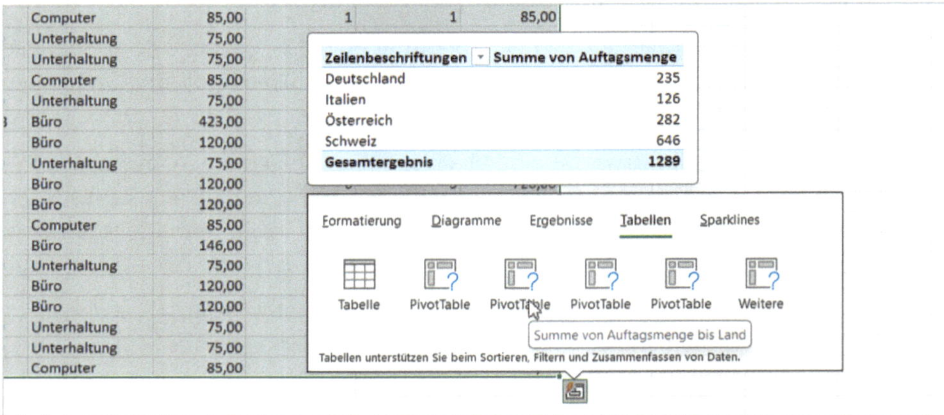

Leere Pivot-Tabelle einfügen und Felder anordnen

Wesentlich flexibler und nur unwesentlich langsamer sind Sie, wenn Sie zunächst eine leere Pivot-Tabelle einfügen und in dieser die Felder nach Ihren Vorstellungen anordnen. Zudem müssen sich bei dieser Vorgehensweise die Daten nicht zwingend in derselben Arbeitsmappe befinden. Sie können stattdessen auch eine Abfrage oder Verbindung zu einer externen Datenquelle wählen.

Schritt 1: Datenquelle wählen und Tabelle einfügen

- **Datentabelle befindet sich in derselben Arbeitsmappe**
  Wenn sich die Datentabelle in derselben Arbeitsmappe befindet, dann markieren Sie eine beliebige Zelle des auszuwertenden Tabellenbereichs und klicken im Menüband, Register *Einfügen* ▶ *Tabellen* auf *PivotTable* oder auf den Dropdown-Pfeil und auf *Aus Tabelle/Bereich*. Kontrollieren Sie im nachfolgenden Fenster *PivotTable aus Tabelle oder Bereich* im Feld *Tabelle/Bereich*, ob der Zellbereich korrekt erkannt wurde ❶, im Tabellenblatt selbst können Sie den Zellbereich anhand des Laufrahmens kontrollieren oder durch Markieren manuell festlegen.

Zum Platzieren der Pivot-Tabelle (*PivotTable-Bericht*) sollte die Standardeinstellung *Neues Arbeitsblatt* ❷ beibehalten werden.

Bild 6.10 PivotTable erstellen, Zellbereich festlegen

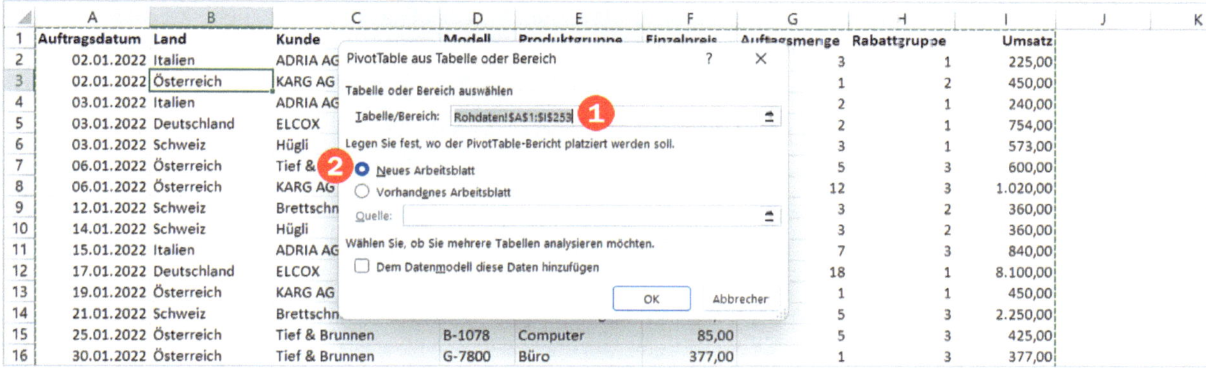

Externe Daten aus Verbindung/Abfrage auswerten

Power Query, siehe Kapitel 4 und 5.

- Wenn Sie Daten aus einer externen Quelle auswerten möchten und diese nicht als Tabelle eingefügt, sondern in der Arbeitsmappe eine Verbindung oder Abfrage mit Power Query erstellt wurde, dann klicken Sie auf den Drop-down-Pfeil *PivotTable* ❶ und auf *Aus externer Datenquelle* ❷ (Bild 6.11).
- Zum Auswählen der Datenquelle klicken Sie im nachfolgenden Fenster *PivotTable aus externer Quelle* auf die Schaltfläche *Verbindung auswählen...* ❸. Wählen Sie danach im Fenster *Vorhandene Verbindungen* die Verbindung aus ❹ und klicken Sie auf *Öffnen* ❺.
- Wählen Sie zuletzt wieder, wo die Pivot-Tabelle eingefügt werden soll ❻. Falls das aktuelle Arbeitsblatt leer ist, können Sie die Tabelle auch hier einfügen.

Bild 6.11 Externe Datenquelle verwenden

Bild 6.12 Verbindung auswählen

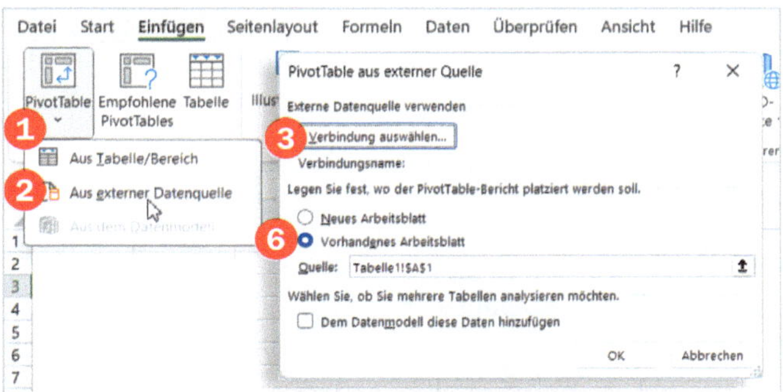

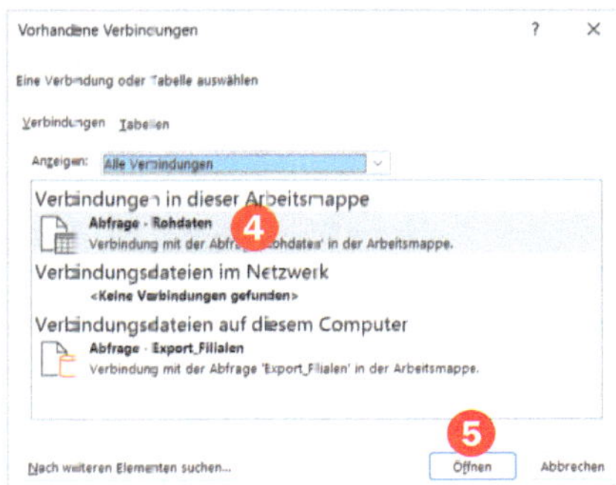

Platzieren Sie am besten jede Pivot-Tabelle in einem eigenen Arbeitsblatt

- Falls sich die Ausgangsdaten als Tabelle in derselben Arbeitsmappe befinden, sollte eine Pivot-Tabelle grundsätzlich nicht im selben Blatt wie die Datenquelle eingefügt werden.
- Bedenken Sie außerdem beim Einfügen von Pivot-Tabellen, dass sich der Tabellenumfang durch Umstellen oder spätere Aktualisierungen ändern kann. Um Überschneidungen zu vermeiden, sollte jede Pivot-Tabelle in einem eigenen Arbeitsblatt eingefügt werden.

Schritt 2: Felder anordnen

Excel fügt ab der angegebenen Position eine leere Pivot-Tabelle ❶ ein, der Sie nun die Felder durch Ziehen mit der Maus hinzufügen. Die Anordnung erfolgt ausschließlich im Aufgabenbereich *PivotTable-Felder* ❷, dieser erscheint normalerweise automatisch, sobald Sie in den Bereich der Pivot-Tabelle klicken.

Zusammen mit der Pivot-Tabelle sind außerdem im Menüband die beiden kontextbezogenen Register *PivotTable-Analyse* und *Entwurf* ❸ verfügbar.

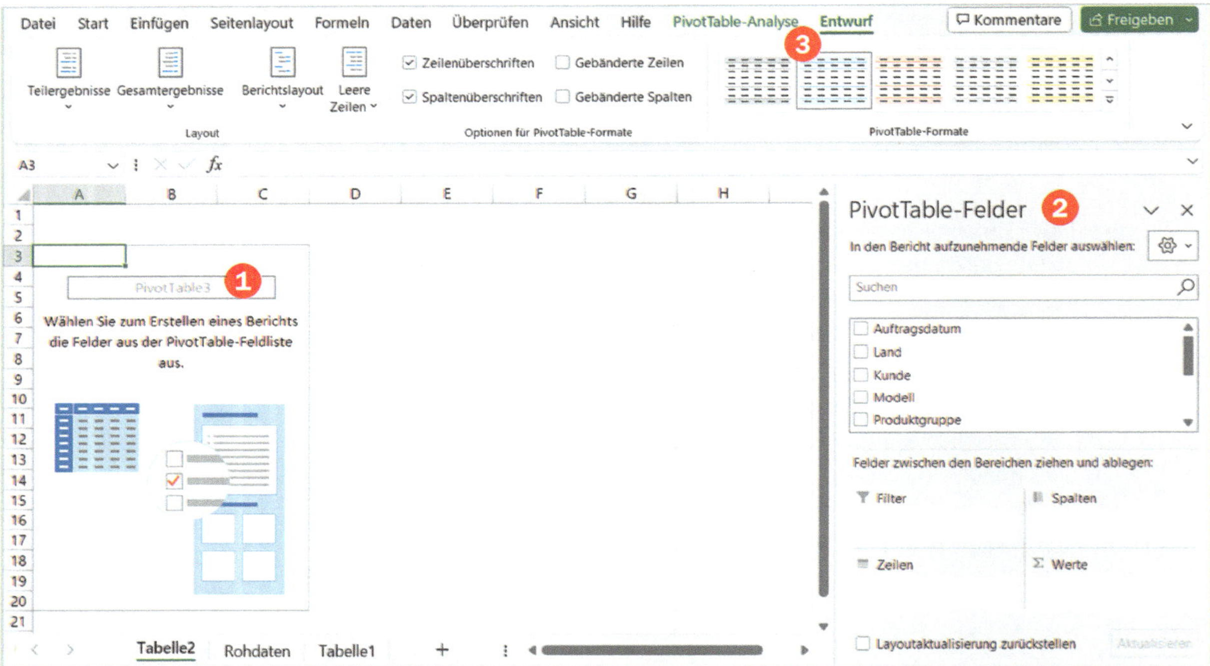

Bild 6.13 Die leere Pivot-Tabelle

Der Aufgabenbereich PivotTable-Felder

Sehen wir uns zunächst den Aufgabenbereich *Pivot-Table-Felder* genauer an. Hier ordnen Sie die Felder den Bereichen der Pivot-Tabelle zu.

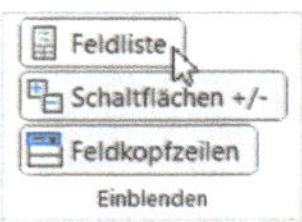

> **Aufgabenbereich anzeigen**
>
> Der Aufgabenbereich mit der Feldliste ist nur sichtbar, wenn eine Zelle innerhalb der Pivot-Tabelle markiert ist, und verschwindet automatisch, sobald Sie auf eine beliebige Zelle außerhalb des Tabellenbereichs klicken. Sollte der Bereich trotzdem nicht sichtbar sein, so klicken Sie mit der rechten Maustaste in die Pivot-Tabelle und auf *Feldliste anzeigen*. Im Menüband finden Sie die Schaltfläche *Feldliste* im Register *PivotTable-Analyse* in der Gruppe *Einblenden*.

- **Feldliste**: Aus den Spaltenüberschriften der Ausgangstabelle werden Felder gebildet und in der Feldliste ❶ aufgeführt (Bild 6.14). In der Pivot-Tabelle verwendete Felder sind fett hervorgehoben und am Häkchen des Kontrollkästchens zu erkennen.

- Unterhalb befinden sich die vier Bereiche der Pivot-Tabelle. Um der Tabelle ein Feld hinzuzufügen, ziehen Sie es einfach mit gedrückter Maustaste aus der Feldliste nach unten in den gewünschten Bereich.
- Eine Pivot-Tabelle setzt sich zusammen aus den Bereichen *Filter*, *Spalten*, *Zeilen* und *Werte* (siehe Bild unten), wobei mit Ausnahme des Wertebereichs nicht alle Bereiche zwingend verwendet werden müssen.

Bild 6.14 Die Bereiche einer Pivot-Tabelle

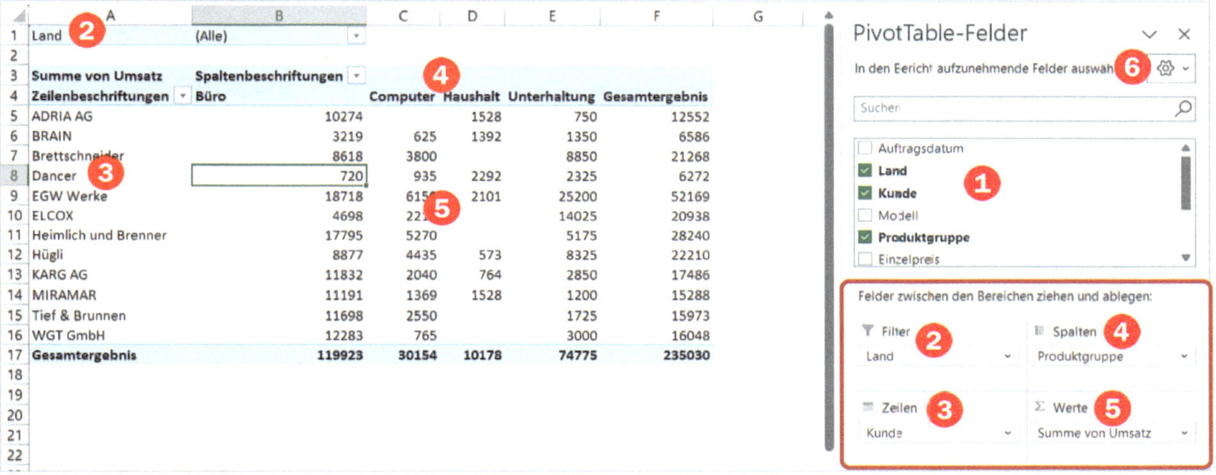

Land	(Alle)				
Summe von Umsatz	Spaltenbeschriftungen				
Zeilenbeschriftungen	Büro	Computer	Haushalt	Unterhaltung	Gesamtergebnis
ADRIA AG	10274		1528	750	12552
BRAIN	3219	625	1392	1350	6586
Brettschneider	8618	3800		8850	21268
Dancer	720	935	2292	2325	6272
EGW Werke	18718	615[illegible]	2101	25200	52169
ELCOX	4698	22[illegible]		14025	20938
Heimlich und Brenner	17795	5270		5175	28240
Hügli	8877	4435	573	8325	22210
KARG AG	11832	2040	764	2850	17486
MIRAMAR	11191	1369	1528	1200	15288
Tief & Brunnen	11698	2550		1725	15973
WGT GmbH	12283	765		3000	16048
Gesamtergebnis	**119923**	**30154**	**10178**	**74775**	**235030**

- **Filter** ❷: Der Bereich *Filter* dient zum Filtern der gesamten Tabelle.
- **Zeilen** ❸: Dieser Bereich bildet aus den Feldinhalten die Zeilenbeschriftungen.
- **Spalten** ❹: Hier werden aus den Feldinhalten die Spaltenüberschriften der Tabelle gebildet.
- **Werte** ❺: Für Felder im Wertebereich wird eine Zusammenfassung berechnet, in der Standardeinstellung die Summe, bei Feldinhalten vom Typ Text dagegen meist die Anzahl. Sie können jedoch jederzeit eine andere Funktion wählen, siehe weiter unten.

Um die Felder einer Pivot-Tabelle anzuordnen, ziehen Sie einfach das betreffende Feld aus der Feldliste in den gewünschten Bereich. Das Aussehen der Tabelle passt sich sofort an. Für das Beispiel im Bild oben ziehen Sie das Feld *Kunde* in den Bereich *Zeilen*, das Feld *Land* in den Bereich *Filter* und *Produktgruppe* in den Bereich *Spalten*. Wenn Sie das Feld *Umsatz* in den Bereich *Werte* ziehen, so wird in den meisten Fällen automatisch die Umsatzsumme berechnet.

Anordnung der Bereiche steuern

Über das Symbol mit dem Rädchen ❻ können Sie bei Bedarf die Anzeige und Anordnung von Feldliste und Bereichen ändern und z. B. nebeneinander anzeigen. In diesem Buch wurde die Standardeinstellung *gestapelt* beibehalten.

Feld aus der Pivot-Tabelle entfernen

Zum Entfernen eines Feldes genügt es, wenn Sie in der Feldliste das Kontrollkästchen deaktivieren. Oder ziehen Sie mit der Maus das Feld aus dem Bereich heraus in Richtung Tabellenblatt, das Symbol am Mauszeiger ist eindeutig, siehe Bild 6.16.

In einen anderen Bereich verschieben

Sie können die Felder jederzeit neu anordnen. Entweder, indem Sie das Feld mit der Maus in einen anderen Bereich ziehen. Oder klicken Sie im Bereich auf das betreffende Feld, im Bild 6.17 das Feld *Produktgruppe*, und z. B. auf *Zu Berichtsfilter verschieben* oder *Zu Spaltenbeschriftungen verschieben....*

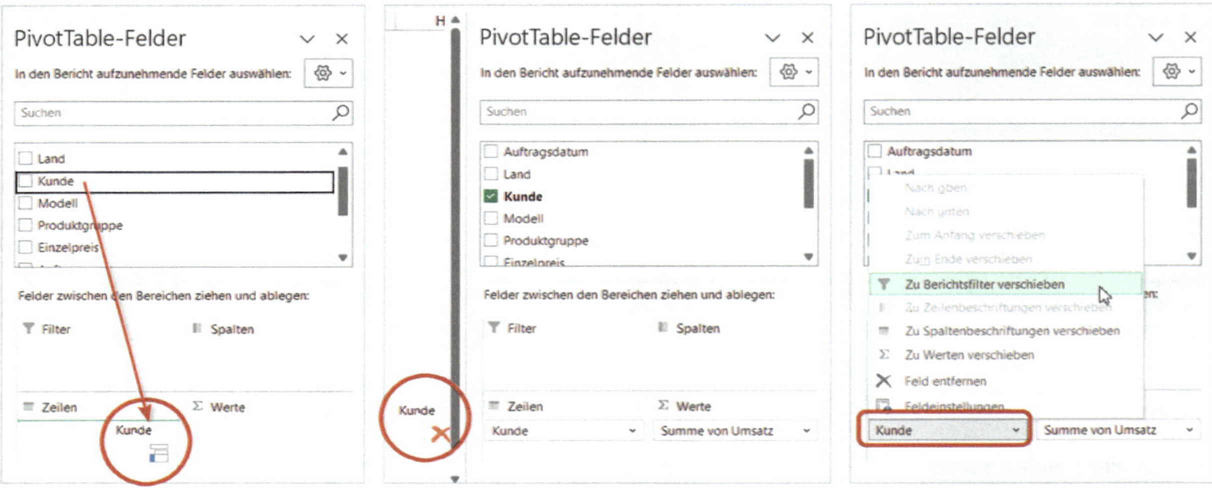

Bild 6.15 Ziehen Sie das Feld in den gewünschten Bereich

Bild 6.16 Feld aus einem Bereich entfernen

Bild 6.17 Bereich wechseln

Pivot-Tabelle nachträglich verschieben oder löschen

Beachten Sie beim Löschen oder Verschieben einer Pivot-Tabelle, dass diese einen fest zusammenhängenden Bereich bildet, aus dem einzelne Zellen weder gelöscht noch verschoben werden können.

Tabelle verschieben

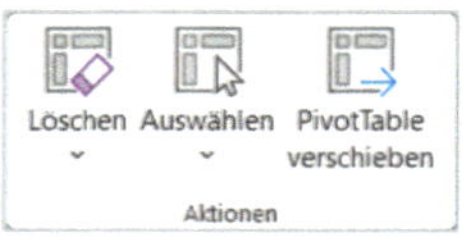

Um die Pivot-Tabelle nachträglich an eine andere Stelle oder in ein anderes Tabellenblatt zu verschieben, klicken Sie in die Tabelle und im Menüband, Register *PivotTable-Analyse* ▶ *Aktionen* auf *PivotTable verschieben*. Geben Sie anschließend an, wo Sie die Tabelle einfügen möchten.

Tabelle löschen

- Zum Löschen klicken Sie am besten im Register *PivotTable-Analyse* ▶ *Aktionen* auf *Löschen.*
- Enthält das Arbeitsblatt keine weiteren Daten, so können Sie auch einfach das gesamte Blatt löschen.

- Wenn Sie dagegen im Register *Start* auf *Löschen* und *Alle löschen* klicken oder die **Entf**-Taste betätigen, dann muss die Pivot-Tabelle unbedingt vollständig, also einschließlich des Filterbereichs markiert sein. Andernfalls erhalten Sie eine Meldung, dass die Tabelle nicht geändert werden kann. Markieren Sie bei dieser Vorgehensweise also vorsichtshalber einen etwas größeren Zellbereich.

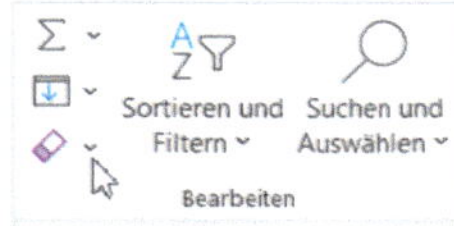

Mehrere Zeilen- und Spaltenfelder verwenden, Felder hierarchisch anordnen

Jeder Bereich kann auch mehrere Felder aufnehmen, z. B. wenn Sie neben der Produktgruppe auch noch das jeweilige Modell als Filter benötigen. Auch in den Bereichen *Spalten* und *Zeilen* können Sie mehrere Felder hierarchisch anordnen, z. B. *Land* und *Kunde* als Zeilenbeschriftung wie in Bild 6.18. Die Reihenfolge in der Tabelle (von links nach rechts) richtet sich nach der Anordnung im Bereich (von oben nach unten). Zum Ändern der Reihenfolge verschieben Sie einfach im Abschnitt *Bereiche* des Aufgabenbereichs das Feld nach oben oder unten.

Auch im Bereich *Werte* können Sie für mehrere Felder Ergebnisse berechnen, z. B. *Umsatz* und *Auftragsmenge*. Hier werden die Ergebnisse automatisch in Spalten nebeneinander angeordnet und mit Spaltenüberschriften versehen.

Sie erkennen auch am Bereich *Spalten*, dass die Spalten aus Werten gebildet werden.

> **Achten Sie auf eine übersichtliche Anordnung**
>
> Eine Pivot-Tabelle, die mehrere Werte in Spalten berechnet und außerdem auch noch mehrere Spaltenüberschriften enthält, kann schnell sehr komplex und damit unübersichtlich werden. Je nach Aufgabenstellung erhalten Sie möglicherweise einen besseren Überblick, wenn Sie mehrere Tabellen erstellen oder eines der Felder als Filter statt als Spalte verwenden.

Bild 6.18 Mehrere Felder je Bereich

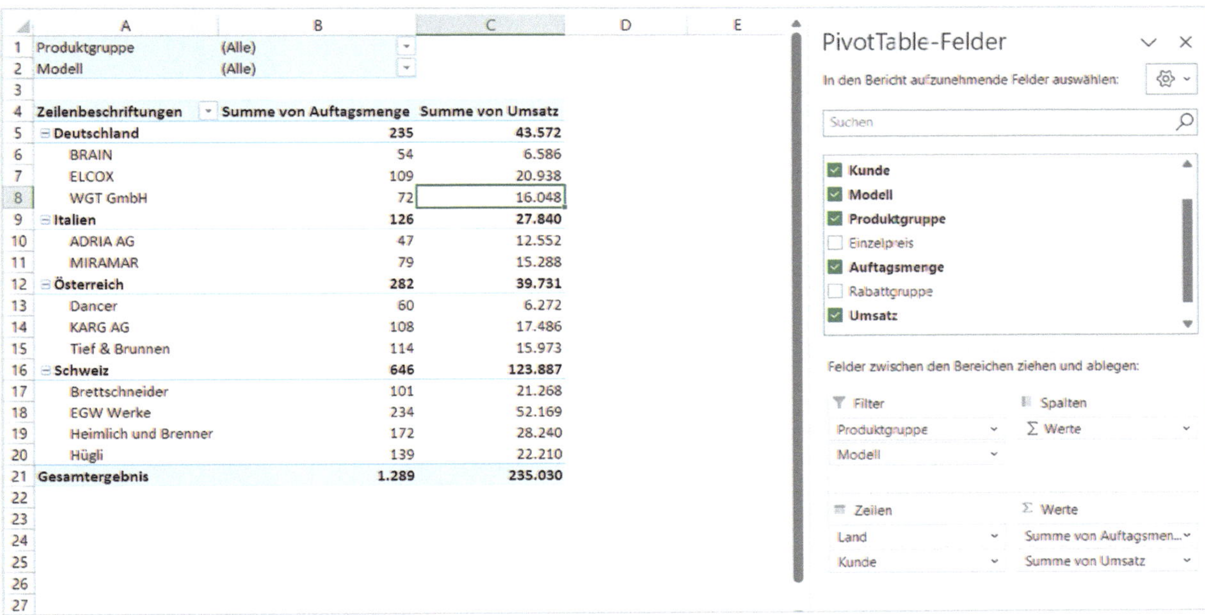

	A	B	C
1	Produktgruppe	(Alle)	
2	Modell	(Alle)	
3			
4	Zeilenbeschriftungen	Summe von Auftagsmenge	Summe von Umsatz
5	Deutschland	235	43.572
6	BRAIN	54	6.586
7	ELCOX	109	20.938
8	WGT GmbH	72	16.048
9	Italien	126	27.840
10	ADRIA AG	47	12.552
11	MIRAMAR	79	15.288
12	Österreich	282	39.731
13	Dancer	60	6.272
14	KARG AG	108	17.486
15	Tief & Brunnen	114	15.973
16	Schweiz	646	123.887
17	Brettschneider	101	21.268
18	EGW Werke	234	52.169
19	Heimlich und Brenner	172	28.240
20	Hügli	139	22.210
21	Gesamtergebnis	1.289	235.030

Hierarchieebenen anzeigen und ausblenden

Bei hierarchisch angeordneten Feldern, z. B. *Land* und *Kunde* als Zeilen können Sie untergeordnete Ebenen ein- und ausblenden: Dazu klicken Sie in der Tabelle auf die Schaltflächen ⊟ bzw. ⊞ des betreffenden Elements ❶. Zum Ein- und Ausblenden von Ebenen in der gesamten Spalte klicken Sie in der Tabelle auf eine beliebige Zelle dieser Spalte und im Register *PivotTable-Analyse* auf *Feld erweitern* bzw. *Feld reduzieren* ❷.

Bild 6.19 Feld erweitern/ reduzieren

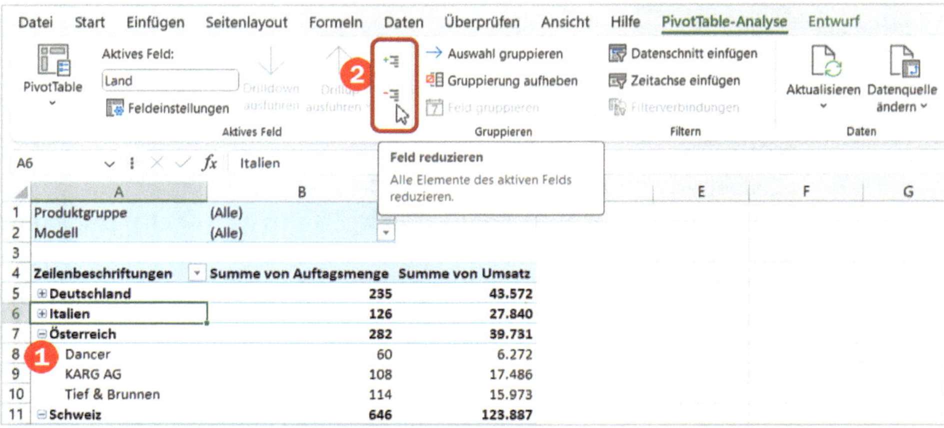

Funktion zur Zusammenfassung ändern

Standardmäßig berechnet Excel im Bereich *Werte* für Felder von Typ Zahl die Summe. Bei Feldern vom Typ Text erhalten Sie dagegen als Ergebnis die Anzahl der Werte. Allerdings ist diese Standardeinstellung nicht in jedem Fall erwünscht oder sinnvoll. Beispielsweise, wenn Sie statt der Summe die Anzahl benötigen oder umgekehrt, auch Mittelwert oder höchster und niedrigster Wert werden manchmal gebraucht.

Bild 6.20 Zusammenfassung wählen

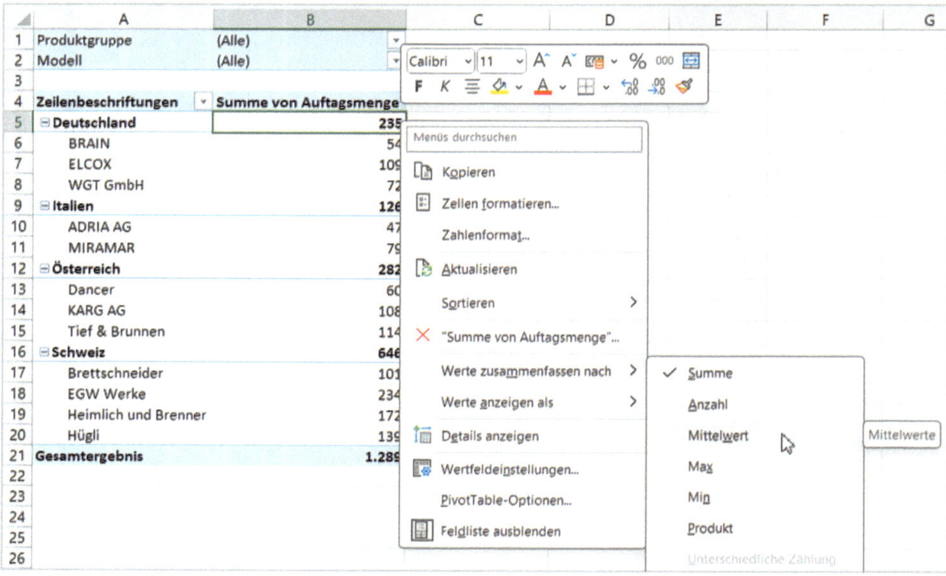

- Zum Ändern klicken Sie am einfachsten in der Pivot-Tabelle mit der rechten Maustaste auf eine beliebige Zelle der zu ändernden Wertespalte, klicken im Kontextmenü auf *Werte zusammenfassen nach* und wählen die gewünschte Funktion, siehe Bild 6.20.
- Oder klicken Sie im Aufgabenbereich *PivotTable-Felder* im Bereich *Werte* auf das betreffende Feld und auf *Wertfeldeinstellungen....* Im gleichnamigen Fenster können Sie im Register *Werte zusammenfassen nach* eine Berechnung wählen und außerdem der Spalte einen benutzerdefinierten Namen geben.

Auch im Kontextmenü der rechten Maustaste finden Sie den Befehl *Wertfeldeinstellungen.*

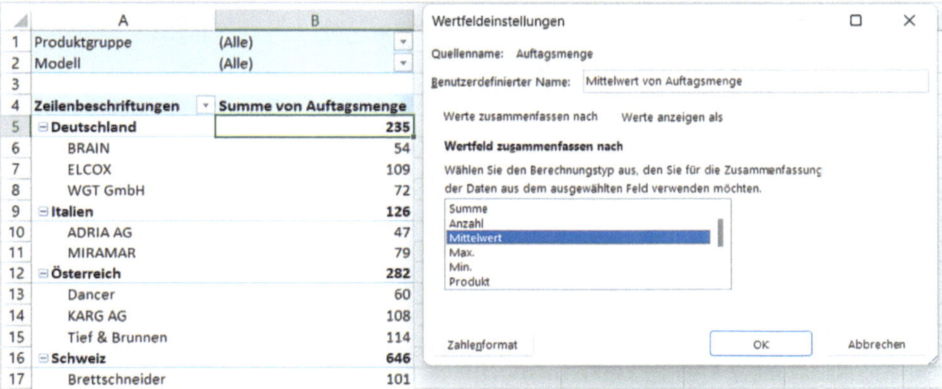

Bild 6.21 Das Fenster Wertfeldeinstellungen

6.3 Pivot-Tabellen aktualisieren

Tabelle aktualisieren

Nach Änderungen an den Daten der Datenquelle müssen Sie die Pivot-Tabelle aktualisieren, dies passiert nicht automatisch! Klicken Sie dazu in die Pivot-Tabelle und im Register *PivotTable-Analyse* ▶ *Daten* auf *Aktualisieren.* Oder klicken Sie mit der rechten Maustaste an eine beliebige Stelle der Pivot-Tabelle und auf den *Aktualisieren*-Befehl im Kontextmenü oder verwenden Sie die Tastenkombination **Alt+F5**.

Aktualisieren: Alt+F5

Tipp: Enthält die Arbeitsmappe mehrere Pivot-Tabellen, die auf derselben Datenquelle basieren, dann klicken Sie auf den Dropdown-Pfeil der Schaltfläche und auf *Alle aktualisieren*.

Daten beim Öffnen der Arbeitsmappe automatisch aktualisieren

Wenn eine Pivot-Tabelle beim Öffnen der Arbeitsmappe automatisch aktualisiert werden soll, dann klicken Sie mit der rechten Maustaste in die Tabelle und im Kontextmenü auf *PivotTable-Optionen*. Oder klicken Sie im Menüband, Register *PivotTable-Analyse* ▶ *PivotTable* auf *Optionen* ❶.

Klicken Sie im gleichnamigen Fenster auf das Register *Daten* ❷ und aktivieren Sie das Kontrollkästchen *Aktualisieren beim Öffnen der Datei* ❸.

Bild 6.22 Beim Öffnen automatisch aktualisieren

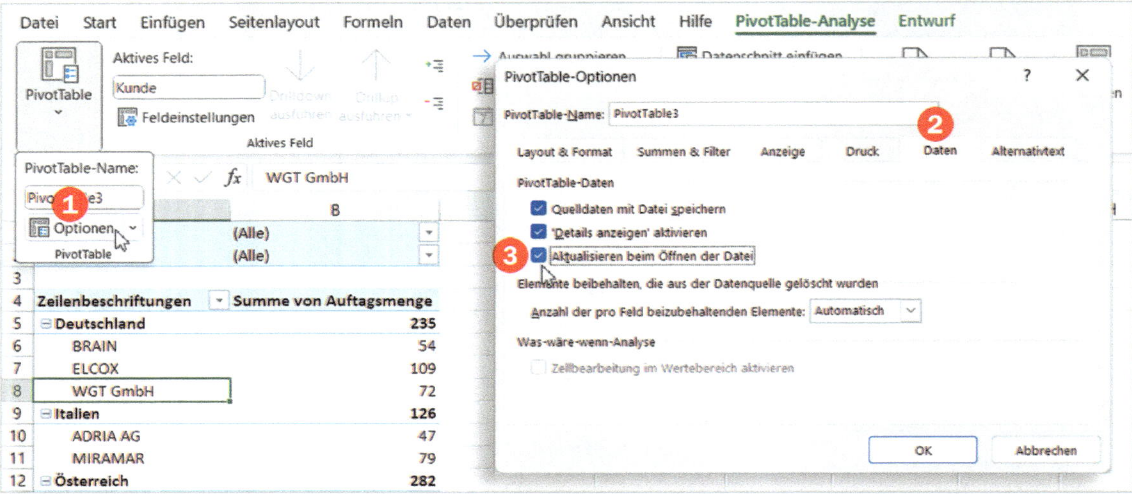

Nachträglich hinzugefügte Zeilen und Spalten einbeziehen

Basiert die Pivot-Tabelle auf einer Excel-Tabelle, dann sollten Sie sicherstellen, dass bei einer Änderung der Ausgangsdaten auch eventuell neu hinzugekommene Zeilen und/oder Spalten einbezogen werden. Dazu gibt es folgende Möglichkeiten:

Tabellenbereich, siehe Kapitel 2.

- **Formatieren Sie die Excel-Datentabelle als Tabellenbereich**
  Wenn Sie vor Erstellung der Pivot-Tabelle eine Excel-Tabelle als Tabellenbereich bzw. dynamische Tabelle formatiert haben, dann passt sich der Tabellenbereich automatisch an und bei der nächsten Aktualisierung werden auch nachträglich hinzugefügte Zeilen und/oder Spalten mit einbezogen.

  Ausnahme: Wenn weitere Zeilen und/oder Spalten innerhalb des ursprünglichen Datenbereichs hinzugefügt werden, dann werden diese beim Aktualisieren auch einbezogen, wenn die Tabelle nicht als Tabellenbereich formatiert wurde.

- **Daten aus Abfrage oder Verbindung**
  Wenn als Datenquelle eine Verbindung zu externen Daten oder eine Abfrage (siehe Kapitel 5) verwendet wird, werden alle Änderungen des Tabellenumfangs automatisch berücksichtigt.

- **Datenquelle manuell neu festlegen**
  Handelt es sich bei den Ausgangsdaten um einen normalen Excel-Zellbereich, dann werden neu hinzugefügte Zeilen am Ende der Tabelle oder nachträglich rechts angefügte Spalten ignoriert. In solchen Fällen müssen Sie die Datenquelle neu festlegen. Klicken Sie dazu in die Pivot-Tabelle und im Register *PivotTable-Analyse* ▶ *Daten* auf *Datenquelle ändern* und nochmals auf *Datenquelle*

ändern.... Anschließend können Sie den Zellbereich für die Datenquelle neu auswählen.

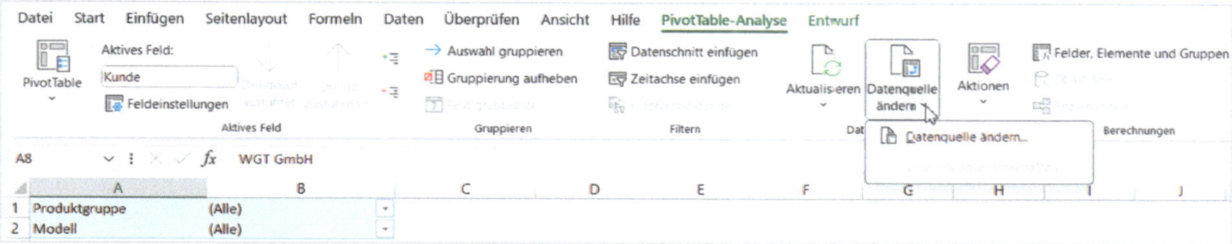

Bild 6.23 Datenquelle ändern

- **Tipp**: Mit dieser Methode können Sie auch einfach nur kontrollieren, ob die Pivot-Tabelle auch wirklich alle Zeilen und Spalten der Excel-Tabelle einbezieht. Klicken Sie auf *Abbrechen*, falls der Datenbereich korrekt ist.
- Wenn Sie die Datentabelle nachträglich als Tabellenbereich formatiert haben, müssen Sie anschließend ebenfalls die Datenquelle neu festlegen, allerdings nur noch ein einziges Mal.

6.4 Tabellenlayout und Formatierung

Tabellenformate

Am einfachsten formatieren Sie eine Pivot-Tabelle mit einer der Vorlagen im Register *Entwurf*. Der gesamte Katalog öffnet sich, wenn Sie auf die dazugehörige Schaltfläche *Weitere* klicken. Mit den Kontrollkästchen der Gruppe *Optionen für PivotTable-Formate* steuern Sie, ob auch Sonderformate, z. B. für Zeilen- und Spaltenüberschriften oder abwechselnde Zeilen- oder Spaltenfarben (*gebänderte Zeilen/Spalten*) übernommen werden.

Bild 6.24 Vorlagen verwenden

Daneben können Sie auch einzelne Zellen oder Zellbereiche einer Pivot-Tabelle markieren und mit den Schaltflächen des Registers *Start* oder der Minisymbolleiste des Kontextmenüs formatieren. **Wichtig zu wissen**: Die Formatierung bezieht sich ausnahmsweise auf den Inhalt und nicht auf die Zelladresse. Sie wandert also auch mit, wenn Sie die Tabelle sortieren oder filtern oder wenn sich durch eine Aktualisierung Änderungen ergeben.

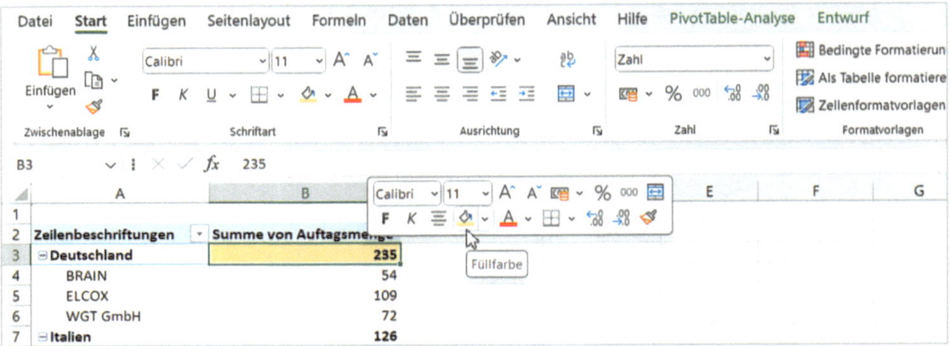

Bild 6.25 Einzelne Zellen der Pivot-Tabelle mit der Minisymbolleiste formatieren

Tabellenelemente markieren und hervorheben

Excel erkennt und markiert zusammengehörige Tabellenelemente automatisch, wenn Sie zum Markieren die kleinen schwarzen Pfeile benutzen, die beim Zeigen auf ein Element sichtbar werden.

Zusammengehörige Spaltenelemente markieren

Um z. B. alle Länder der Spalte hervorzuheben, zeigen Sie mit der Maus auf den oberen Zellenrand eines beliebigen Landes (Bild 6.26). Statt des Mauszeigers erscheint ein senkrechter schwarzer Pfeil und ein Mausklick markiert alle Länder der Spalte. Nun können Sie die markierten Zellen formatieren, z. B. mit abweichender Füllfarbe.

Zusammengehörige Zeilenelemente markieren

Mit dieser Methode markieren Sie auch zusammengehörige Zeilenelemente, z. B. die Gesamt- oder Teilergebnisse. Dazu zeigen Sie in der betreffenden Zeile an den linken Rand der ersten Spalte: Sobald statt des Mauszeigers an dieser Stelle ein waagrechter schwarzer Pfeil sichtbar wird, können Sie mit einem Klick alle Ergebniszellen markieren und anschließend formatieren.

Bild 6.26 Zusammengehörige Spaltenelemente markieren

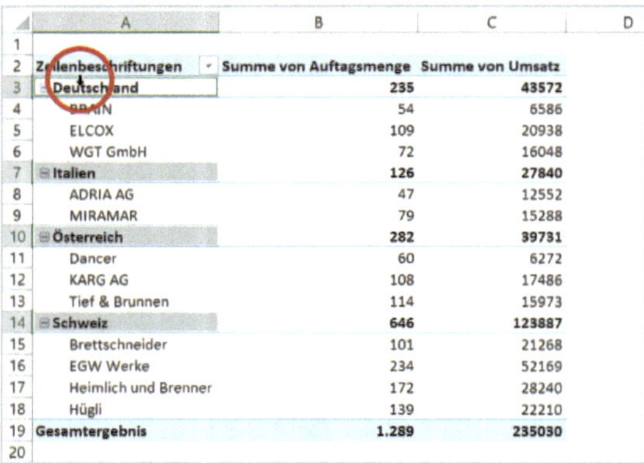

Bild 6.27 Zusammengehörige Zeilenelemente markieren

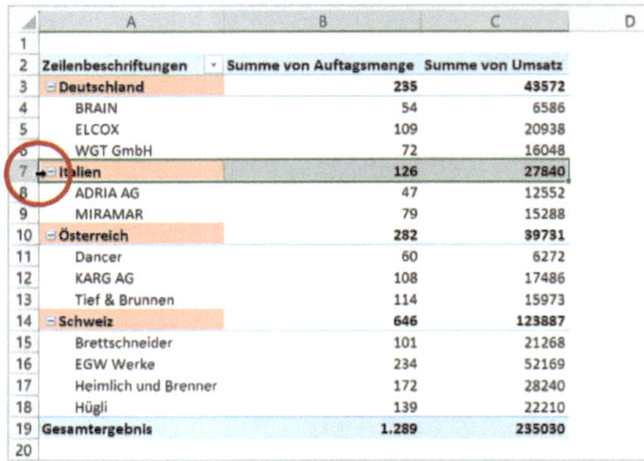

Sollte der Pfeil nicht erscheinen, so klicken Sie im Menüband, Register *PivotTable-Analyse* ▶ *Aktionen* auf *Auswählen* und auf *Auswahl aktivieren*.

Achtung: Verwechseln Sie diesen Pfeil nicht mit dem Pfeil zum Markieren einer Zeile des Tabellenblatts! Dieser erscheint, wenn Sie in den Bereich der Zeilennummerierung zeigen und markiert beim Klicken durchgängig die gesamte Blattzeile.

Hinweis: Das genaue Verhalten beim Markieren ist auch abhängig vom Layout (siehe Seite 197). Wenn die Teilergebnisse eine gesonderte Zeile bilden, können auch diese mit einem einzigen Mausklick markiert werden.

Auf diese Weise markierte und anschließend formatierte Tabellenbereiche behalten ihre Formatierung bei, auch wenn sich aufgrund einer Aktualisierung der Tabellenumfang ändert.

Zahlen formatieren

Auf ähnlich einfache Weise versehen Sie auch die Zahlen einer Pivot-Tabelle mit einem Zahlenformat. Klicken Sie mit der rechten Maustaste auf eine beliebige Zahl in der zu formatierenden Spalte und auf *Zahlenformat...*. Es öffnet sich das bekannte Fenster *Zellen formatieren*, allerdings nur mit der Registerkarte *Zahlen*. Hier wählen Sie anschließend das gewünschte Zahlenformat, z. B. mit Tausenderpunkt und ohne Dezimalstellen und klicken auf *OK*.

Alternativ wählen Sie im Kontextmenü der rechten Maustaste den Befehl *Wertfeldeinstellungen...* und klicken anschließend auf die Schaltfläche *Zahlenformat*.

Bild 6.28 Formatieren Sie die Zahlen eines Feldes mit dem Befehl Zahlenformat...

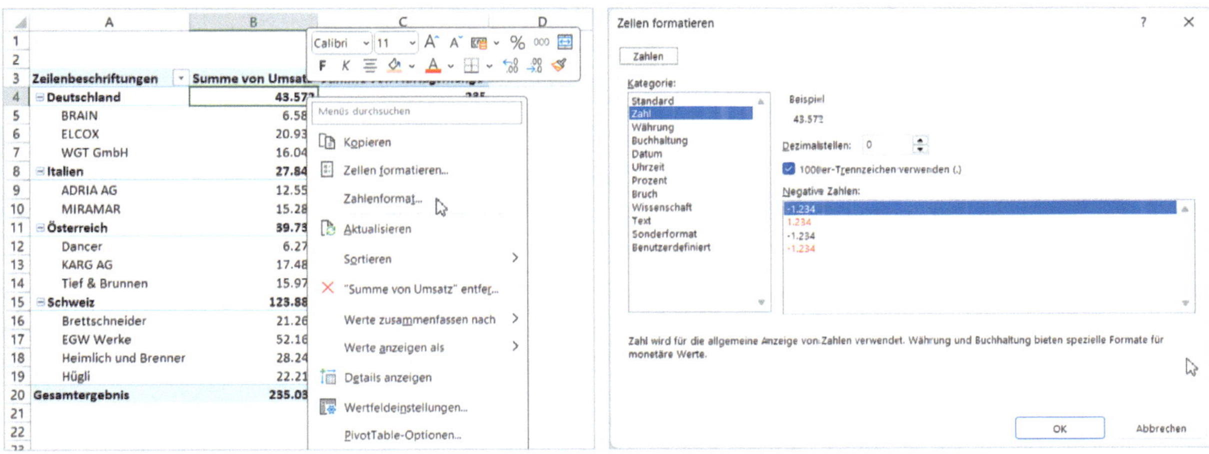

Die Formatierung bezieht sich auf das Feld und nicht den Zellbereich!

Im Gegensatz zu den Symbolen im Menüband, Register *Start* ▶ *Zahl* formatiert diese Methode das gesamte Feld und damit automatisch alle Zahlen der Spalte. Sollte sich nach einer Aktualisierung der Umfang der Pivot-Tabelle ändern, so erhalten auch neu hinzugekommene Werte das Zahlenformat.

Achtung: Verwechseln Sie diesen Befehl nicht mit *Zellen formatieren...*! Dieser Befehl erscheint ebenfalls im Kontextmenü, wirkt sich aber nur auf die markierte Zelle aus.

Bedingte Formatierung in Pivot-Tabellen

Auch die bedingte Formatierung lässt sich in Pivot-Tabellen einsetzen. Wichtig ist hierbei, dass die bedingte Formatierung feldbezogen und nicht für bestimmte Zellen erfolgt. Wenn Sie beispielsweise, wie im Bild unten, die Umsätze einzelner Kunden mit Datenbalken visualisieren möchten, dann darf nicht die gesamte Spalte markiert werden, da sonst die Ländererergebnisse und das Gesamtergebnis mit einbezogen würden. Auch eine Mehrfachmarkierung mit gedrückter **Strg**-Taste stellt in diesem Fall keine Lösung dar, da nach einer Aktualisierung auch eventuell neu hinzugekommene Werte berücksichtigt werden müssen.

Bild 6.29 Beispiel bedingte Formatierung mit Datenbalken

	A	B	C
1	Produktgruppe	(Alle)	
2			
3	**Zeilenbeschriftungen**	**Summe von Umsatz**	**Summe von Auftagsmenge**
4	**Deutschland**	**43.572**	**235**
5	BRAIN	6.586	54
6	ELCOX	20.938	109
7	WGT GmbH	16.048	72
8	**Italien**	**27.840**	**126**
9	ADRIA AG	12.552	47
10	MIRAMAR	15.288	79
11	**Österreich**	**39.731**	**282**
12	Dancer	6.272	60
13	KARG AG	17.486	108
14	Tief & Brunnen	15.973	114
15	**Schweiz**	**123.887**	**646**
16	Brettschneider	21.268	101
17	EGW Werke	52.169	234
18	Heimlich und Brenner	28.240	172
19	Hügli	22.210	139
20	**Gesamtergebnis**	**235.030**	**1.289**
21			

Die Vorgehensweise

1 Markieren Sie eine einzelne Zelle der zu formatierenden Werte, in Bild 6.30 die Umsatzsumme eines beliebigen Kunden ❶. Klicken Sie danach im Menüband, Register *Start* ▶ *Formatvorlagen* auf *Bedingte Formatierung* ❷ und wählen Sie *Neue Regel...*.

2 Im oberen Bereich des Fensters *Neue Formatierungsregel* legen Sie fest, auf welche Zellen sich die Regel beziehen soll. **Achtung**: Damit sich die Formatierung auf das Feld *Kunde* bezieht, müssen Sie statt der Voreinstellung *Markierte Zellen* die Option *Alle Zellen mit „Summe von Umsatz" Werten für „Kunde"* aktivieren ❸.

3 Unterhalb wählen Sie einen Regeltyp und bearbeiten die Regelbeschreibung. Wenn Sie z. B. Datenbalken wünschen, wie in diesem Beispiel, dann klicken Sie auf den Regeltyp *Alle Zellen basierend auf Ihren Werten formatieren* und wählen im Bereich *Regelbeschreibung* im Feld *Formatstil* ❹ *Datenbalken* statt einer Farbskala aus.

Anschließend können Sie Minimum und Maximum sowie die Farbe der Datenbalken festlegen. Klicken Sie zuletzt auf *OK*.

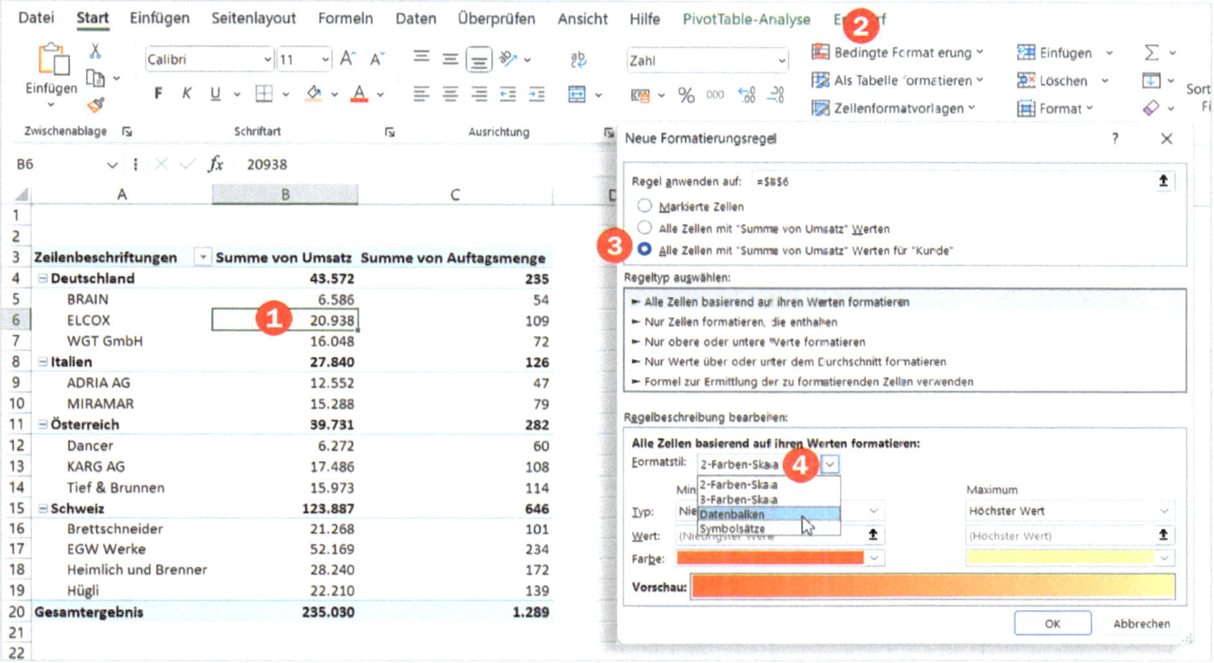

Bild 6.30 Beispiel: Bedingte Formatierung auf das Feld Kunde anwenden

Symbol Formatierungsoptionen

Eine Alternative finden Sie in den Formatierungsoptionen. Zur Verdeutlichung sollen mit dieser Methode als zweites Beispiel die Ergebnisse der Länder mit Ampelsymbolen versehen werden (Bild 6.31).

1 Klicken Sie auf das Teilergebnis eines beliebigen Landes und wählen Sie im Menüband, Register *Start* über die Schaltfläche *Bedingte Formatierung* ▶ *Symbolsätze* die gewünschten Ampelsymbole.

2 Im Tabellenblatt erscheint anschließend an dieser Stelle das Symbol *Formatierungsoptionen*. Klicken Sie auf das Symbol und wählen Sie den gewünschten Bereich, im Bild *Alle Zellen mit „Summe von Umsatz" Werten für „Land"*.

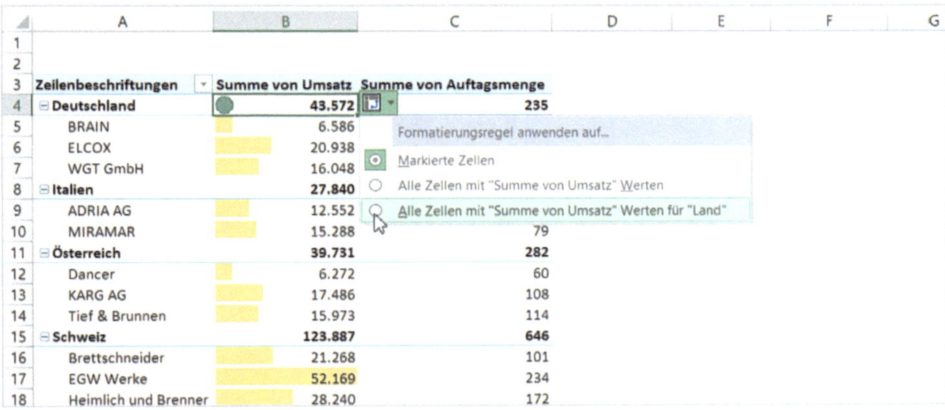

Bild 6.31 Wählen Sie die zu formatierenden Zeilen über das Symbol Formatierungsoptionen

Beschriftungen ändern

Vermutlich haben Sie schon bemerkt, dass Excel in der Standardeinstellung zwar die Feldinhalte als Zeilen- und Spaltenbeschriftungen in die Pivot-Tabelle übernimmt, nicht aber die dazugehörigen Feldnamen als Überschriften. Stattdessen finden Sie hier nur den wenig aussagekräftigen Text *Zeilenbeschriftungen* und *Spaltenbeschriftungen* und auch Spaltenüberschriften wie *Summe von Umsatz* sind meist zu lang und beschreiben nicht immer korrekt den Inhalt. Als Abhilfe wählen Sie ein anderes Berichtslayout, siehe weiter unten, und/oder geben einfach eine andere Beschriftung über die Tastatur ein.

Beschriftung eingeben

Alle Beschriftungen lassen sich schnell ändern, indem Sie einfach die betreffende Zelle markieren und die neue Beschriftung über die Tastatur eingeben bzw. in der Bearbeitungsleiste ändern oder den Zellinhalt mit **F2** editieren (Bild 6.32). Auf die Inhalte der Ausgangstabelle hat dies keinerlei Auswirkungen! Sie können also z. B. auch einzelne Zeilenbeschriftungen, im Bild die Artikelnummer, mit Zusatztext versehen. Dieser bleibt auch nach dem Aktualisieren erhalten und wandert beim Sortieren mit.

Diese Methode hat allerdings einen gravierenden Nachteil: Text, den Sie statt der ursprünglichen Zeilen- oder Spaltenbeschriftung eingegeben haben, bleibt auch dann erhalten, wenn Sie die Pivot-Tabelle nachträglich umstellen und z. B. statt der Artikelnummer die Produktgruppe als Zeilenbeschriftung verwenden.

Überschriften ändern: Auch die Überschrift einer Wertespalte, z. B. *Summe von Auftragsmenge* lässt sich auf diese Weise beliebig ändern. Einzige Einschränkung: Die Überschrift wird als Feldname behandelt und muss eindeutig sein, darf also nicht bereits in der Feldliste oder als benutzerdefinierter Name vorhanden sein.

Tipp: Doppelklick auf die Überschrift einer Wertespalte öffnet das Fenster *Wertfeldeinstellungen*. Hier können Sie im Feld *Benutzerdefinierter Name* ebenfalls den Namen und damit die Überschrift ändern (Bild 6.33). Das Fenster *Wertfeldeinstellungen* können Sie auch über das Kontextmenü der rechten Maustaste öffnen oder indem Sie im Aufgabenbereich *PivotTable-Felder* im Bereich *Werte* auf das betreffende Feld klicken.

Bild 6.32 Beschriftung per Tastatureingabe ändern

Bild 6.33 Überschrift im Fenster Wertfeldeinstellungen ändern

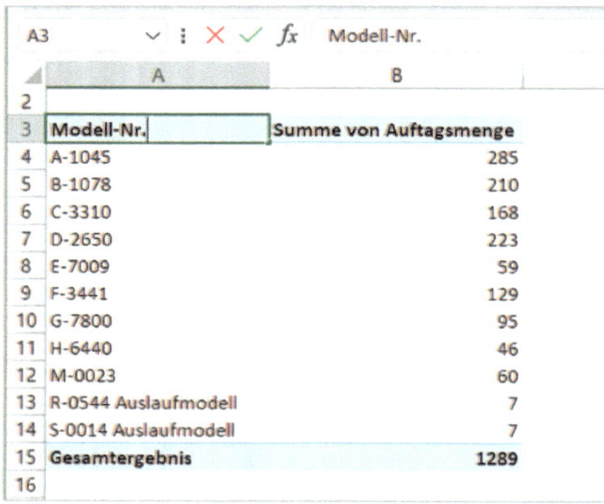

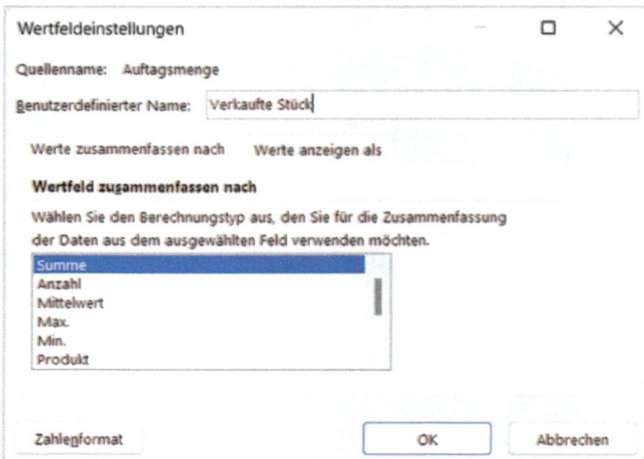

Berichtslayout ändern

Das Berichtslayout steuert in hierarchischen Pivot-Tabellen die Anordnung von Zeilen- und Spaltenfeldern sowie die Anzeige von Feldnamen als Überschriften. Im Register *Entwurf* ▶ *Layout* finden Sie über die Schaltfläche *Berichtslayout* drei Optionen.

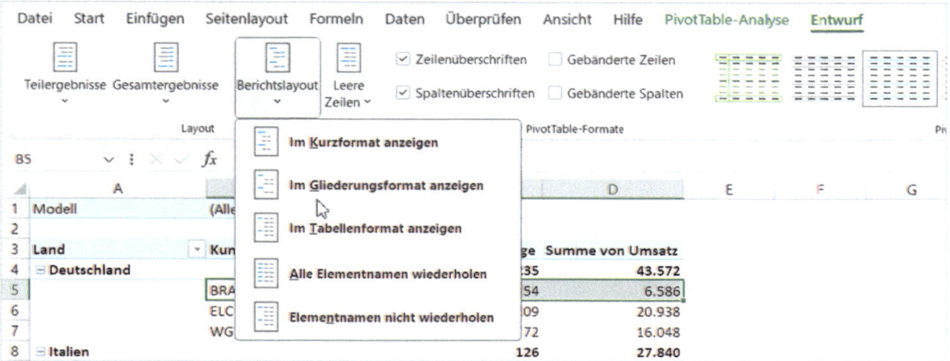

Bild 6.34 Berichtslayout wählen

- Standardmäßig verwendet Excel das **Kurzformat**, das in hierarchischen Tabellen übergeordnete Inhalte und Details in einer einzigen Spalte zusammenfasst, die Details sind lediglich etwas eingerückt (Bild 6.35).
- Im **Gliederungs-** und **Tabellenformat** erscheint jedes Feld in einer eigenen Spalte, diese erhält als Überschrift automatisch den jeweiligen Feldnamen. Das Gliederungsformat zeigt Teilergebnisse oberhalb der Gruppe an.
- Beim **Tabellenformat** sind zusätzlich die Gitternetzlinien sichtbar, außerdem befinden sich die Zwischenergebnisse unterhalb der Gruppe (Bild 6.37).

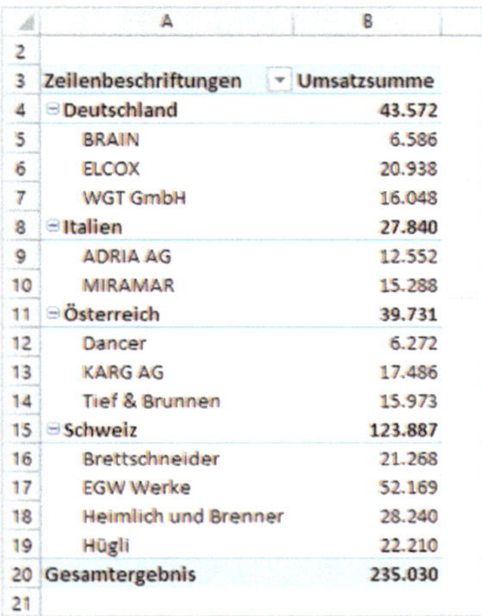

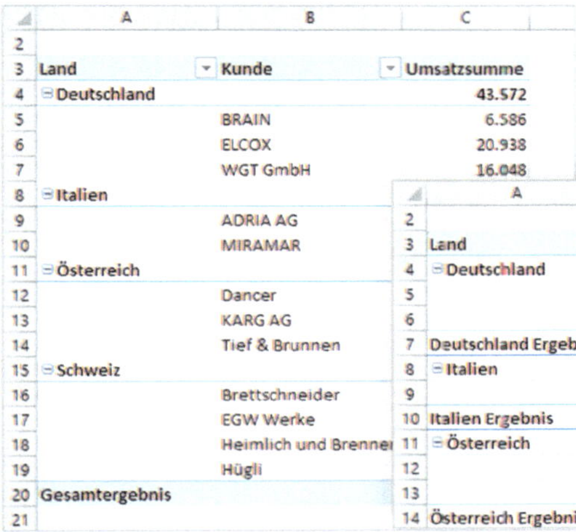

Bild 6.35 Die Tabelle im Kurzformat

Bild 6.36 … im Gliederungsformat

Bild 6.37 … und im Tabellenformat

Tipp: Über die Schaltfläche *Berichtslayout* erhalten Sie auch die Möglichkeit, in gruppierten Tabellen jeder Zeile den Namen des übergeordneten Elements voranzustellen (Einstellung *Alle Elementnamen wiederholen*). Die Auswahl *Elementnamen nicht wiederholen* blendet diese wieder aus.

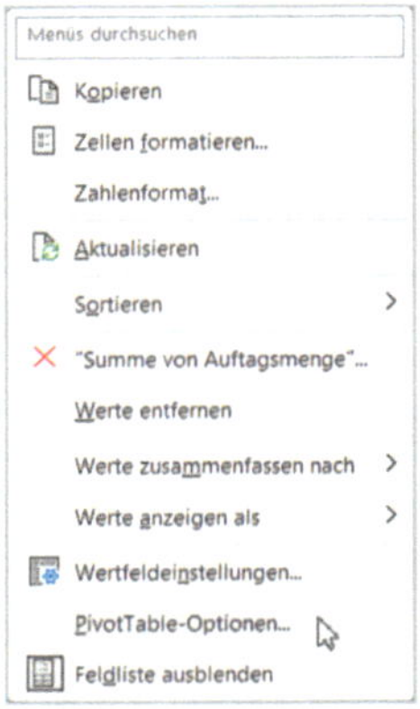

Weitere Layouteinstellungen in den PivotTable-Optionen

In den PivotTable-Optionen finden Sie weitere nützliche Layouteinstellungen. Die Optionen öffnen Sie entweder mit Rechtsklick in die Pivot-Tabelle und den Befehl *PivotTable-Optionen* oder klicken Sie im Register *PivotTable-Analyse* ▶ *PivotTable* auf *Optionen*. Wählen Sie dann im Fenster *PivotTable-Optionen* das Register *Layout & Format*.

Achtung: Alle Einstellungen in den Optionen gelten immer nur für die aktuelle Pivot-Tabelle!

Formate und Spaltenbreite beim Aktualisieren beibehalten

Excel passt beim Erstellen und nach jeder Aktualisierung einer Pivot-Tabelle die Spaltenbreite automatisch an den Inhalt an. Die Spaltenbreite lässt sich zwar jederzeit mit der Maus ändern, wird jedoch beim Aktualisieren der Tabelle nicht beibehalten. Damit Sie nicht nach jeder Aktualisierung die Spalten mühsam erneut wieder anpassen müssen, können Sie in den Optionen das automatische Anpassen der Spalten unterbinden.

- Dazu deaktivieren Sie im Register *Layout & Format* das Kontrollkästchen *Spaltenbreiten bei Aktualisierung automatisch anpassen* ❶.
- Das zweite Kontrollkästchen *Zellformatierung bei Aktualisierung beibehalten* sollte dagegen aktiviert sein. Es sorgt dafür, dass sämtliche Formatierungen, z. B. Zahlenformate oder bedingte Formatierungen beim Aktualisieren der Tabelle erhalten bleiben.

Bild 6.38 Anpassung der Spaltenbreite verhindern

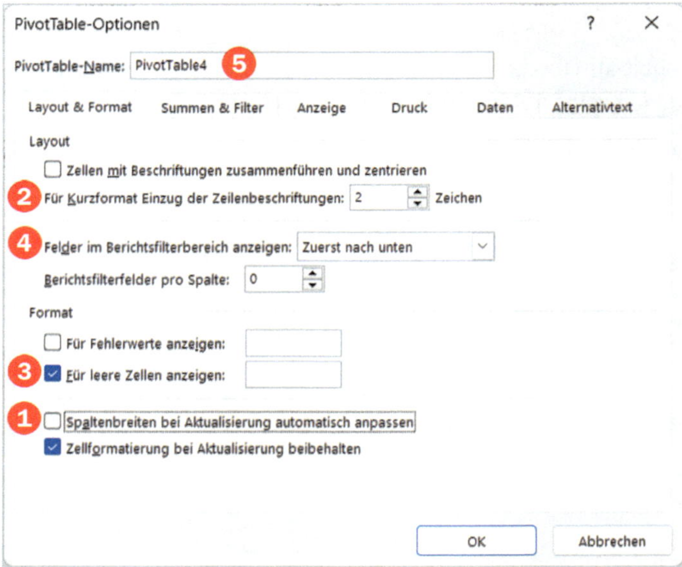

Einzüge des Kurzformats ändern

Wenn Sie aus Platzgründen das Kurzformat beibehalten, aber zwecks übersichtlicherer Darstellung die untergeordneten Elemente weiter einrücken möchten, dann geben Sie im Feld *Für Kurzformat Einzug der Zeilenbeschriftungen* die gewünschte Anzahl Zeichen an ❷.

Behandlung fehlender Werte

Bei fehlenden Werten bleibt in der Standardeinstellung die Zelle der Wertespalte leer. Wenn hier ein anderes Zeichen, z. B. Bindestrich oder Stern, erscheinen soll, dann aktivieren Sie unter *Format* das Kontrollkästchen *Für leere Zellen anzeigen* ❸ (Bild 6.38) und tragen das gewünschte Zeichen im Feld daneben ein.

Berichtsfilter nebeneinander anordnen

Wenn der Bereich *Filter* mehrere Felder umfasst, dann werden diese oberhalb der Pivot-Tabelle automatisch untereinander angeordnet. Sollen diese nebeneinander erscheinen, dann wählen Sie im Feld *Felder im Berichtsfilterbereich anzeigen* ❹ die Einstellung *Rechts, dann nach unten*. Unterhalb legen Sie die Anzahl der Felder pro Zeile fest; z. B. 2, wenn sich maximal zwei Berichtsfilter nebeneinander befinden sollen.

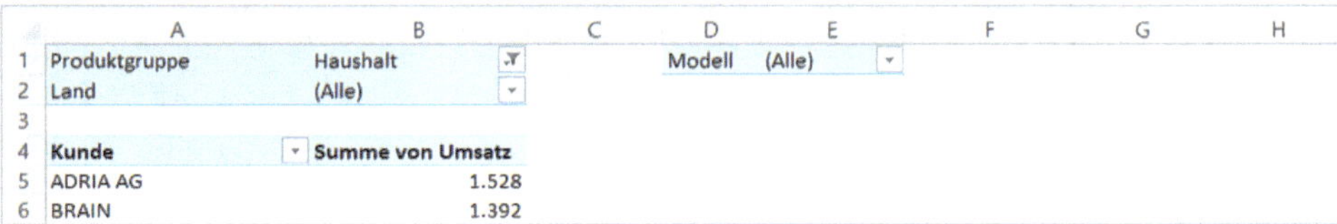

Bild 6.39 Berichtsfilter nebeneinander anordnen

Tabellennamen

Jede Pivot-Tabelle erhält automatisch einen eindeutigen Namen, standardmäßig *PivotTable*, gefolgt von einer fortlaufenden Nummer, z. B. *PivotTable1*, *PivotTable2* usw.. Damit Sie in Arbeitsmappen mit mehreren Pivot-Tabellen den Überblick nicht verlieren, können Sie hier jeder Tabelle einen aussagekräftigeren Namen geben ❺. Alternativ klicken Sie im Menüband, Register *PivotTable-Analyse* auf *PivotTable* und geben den neuen Namen im Feld *PivotTable-Name* ein.

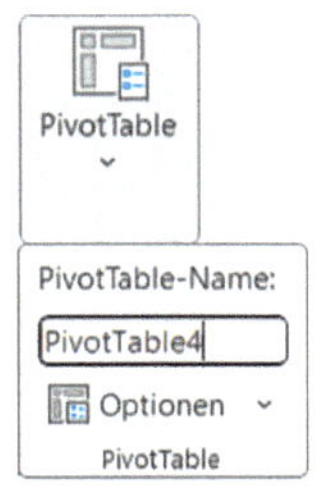

Die Anzeige von Gesamt- und Zwischenergebnissen steuern

Gesamtergebnisse anzeigen/entfernen

In der Regel zeigt eine Pivot-Tabelle automatisch in der letzten Zeile und Spalte jeweils die Gesamtergebnisse an. Wenn dies nicht der Fall sein sollte oder Sie die Gesamtergebnisse entfernen möchten, dann klicken Sie im Menüband, Register *Entwurf* ▶ *Layout* auf *Gesamtergebnisse* und wählen die gewünschte Anzeige (Bild 6.40).

Bild 6.40 Die Anzeige von Gesamtergebnissen

Bild 6.41 Teilergebnisse anzeigen

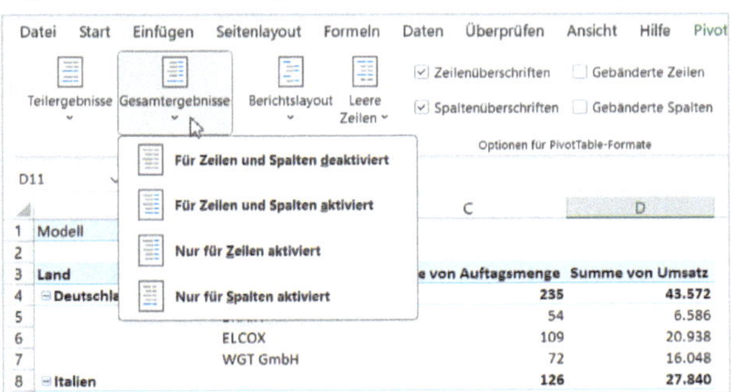

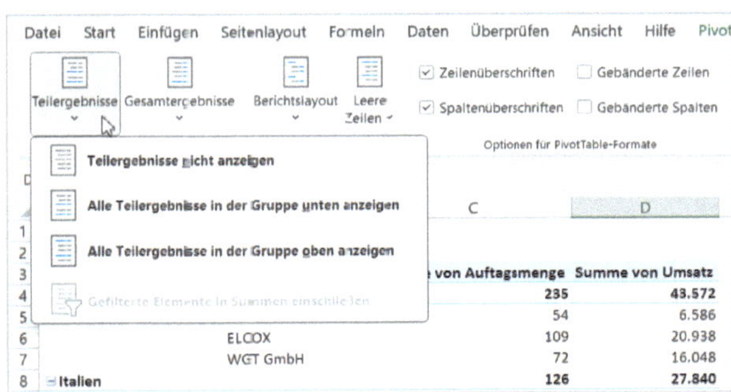

Anzeige und Position von Teilergebnissen

Im selben Register finden Sie daneben auch die Schaltfläche *Teilergebnisse* (Bild 6.41), über die Sie bei mehreren hierarchisch angeordneten Zeilen- oder Spaltenfeldern die Anzeige und Position von Teilergebnissen steuern.

Ob die Teilergebnisse ober- oder unterhalb der Gruppe angezeigt werden, ist auch abhängig vom Berichtslayout. So positioniert z. B. das *Tabellenformat* Teilergebnisse stets unterhalb der Gruppe. Beim *Kurzformat* und beim *Gliederungsformat* können Sie dagegen die Position der Teilergebnisse ändern. Beachten Sie auch, dass für Teilergebnisse unterhalb der Gruppe eine zusätzliche Zeile eingefügt wird, was umfangreiche Tabellen nicht unbedingt übersichtlicher macht.

Leerzeilen nach jeder Gruppe

Falls Sie für optisch ansprechende Ausdrucke nach jeder Gruppe eine Leerzeile einfügen möchten, klicken Sie dazu im Menüband, Register *Entwurf* ▶ *Layout* auf *Leere Zeilen* und wählen *Leerzeile nach jedem Element einfügen*. Mit derselben Schaltfläche und der Auswahl *Leerzeile nach jedem Element entfernen* können Sie die Leerzeilen wieder entfernen.

Teilergebnisse für einzelne Felder aus- und einblenden

Wenn die Anzeige von Teilergebnissen aktiviert ist, dann bezieht sich dies in der Regel auf die Teilergebnisse aller Felder. Bei mehreren hierarchischen Zeilenfeldern kann es aber in Einzelfällen auch sinnvoll sein, die Teilergebnisse eines einzelnen Feldes auszublenden, wie im Bild unten der *Produktgruppe*.

Dazu klicken Sie mit der rechten Maustaste auf eine beliebige Zelle dieses Feldes ❶ und deaktivieren das Teilergebnis für dieses Feld bzw. entfernen das Häkchen ❷. Sollte umgekehrt das Teilergebnis für ein Feld nicht angezeigt werden, so blenden Sie es mit derselben Vorgehensweise ein.

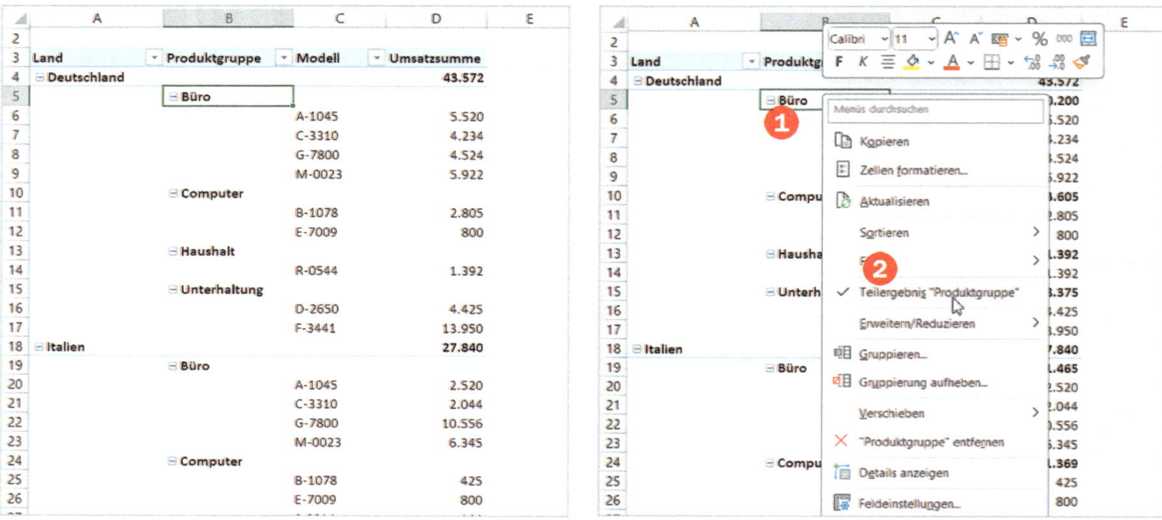

Bild 6.42 Teilergebnis eines Feldes entfernen

Einzeldatensätze anzeigen (Drilldown)

Sinn und Zweck von Pivot-Tabellen ist das Zusammenfassen von Daten. Trotzdem kann es manchmal auch sinnvoll sein, zur Kontrolle schnell Einblick in die Einzelwerte zu einem Ergebnis zu erhalten. Beispielsweise, wenn Sie wissen möchten, wie sich die Verkaufszahl einer bestimmten Produktgruppe und/oder eines Kunden zusammensetzt oder ob der Umsatz vom Dezember wirklich korrekt ist.

Dazu führen Sie einen sogenannten Drilldown aus: Doppelklicken Sie auf das betreffende Ergebnis ❶, z. B. den Umsatz der Firma BRAIN in der Sparte Büro im Bild unten.

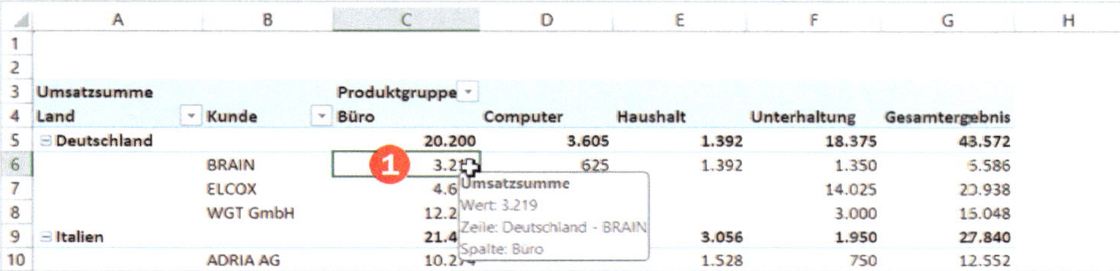

Bild 6.43 Doppelklicken Sie auf das Ergebnis, das Sie näher untersuchen möchten

Die dazugehörigen Einzeldatensätze werden automatisch in ein neues Tabellenblatt ❷ der aktuellen Arbeitsmappe kopiert und erscheinen sofort auf dem Bildschirm.

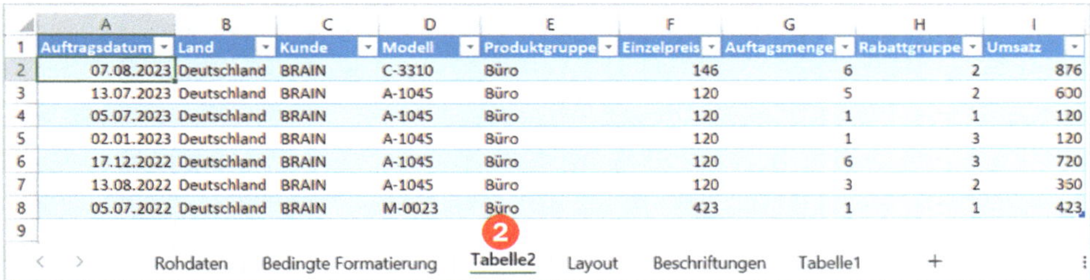

Bild 6.44 Die Einzeldatensätze werden in ein neues Tabellenblatt kopiert

> **Gut zu wissen**
>
> Ein Drilldown erzeugt lediglich eine Kopie der Quelldaten. Sie können also hier Kontrollberechnungen durchführen und dieses Blatt problemlos wieder löschen, wenn es nicht mehr benötigt wird. Weder die Ausgangsdaten noch die Pivot-Tabelle werden dadurch verändert.

Tipp: Drilldown verhindern

Wenn Sie verhindern möchten, dass bei einem Doppelklick Details aus der Datenquelle angezeigt werden, dann klicken Sie in den PivotTable-Optionen (Rechtsklick und Befehl *PivotTable-Optionen...*) auf das Register *Daten* und deaktivieren hier das Kontrollkästchen *„Details anzeigen" aktivieren*.

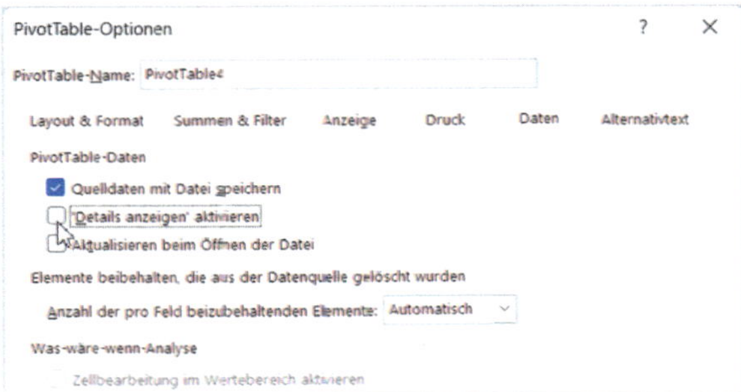

Bild 6.45 Drilldown deaktivieren

Tabelle sortieren

Nach Werten sortieren

Die üblichen Methoden der Sortierung funktionieren auch in Pivot-Tabellen. Standardmäßig sind Pivot-Tabellen nach den Elementen der Zeilenbeschriftung sortiert. Um nach Werten zu sortieren, z. B. absteigend oder aufsteigend nach Umsatzsumme, klicken Sie mit der rechten Maustaste auf eine beliebige Zelle der entsprechenden Spalte, zeigen auf *Sortieren* und wählen die gewünschte Sortierfolge. Die Sortierung wird auch nach dem Aktualisieren beibehalten. Als Alternative benutzen Sie im Register *Daten* des Menübands die Symbole *Aufsteigend* und *Absteigend sortieren*.

Bild 6.46 Tabelle nach Werten sortieren

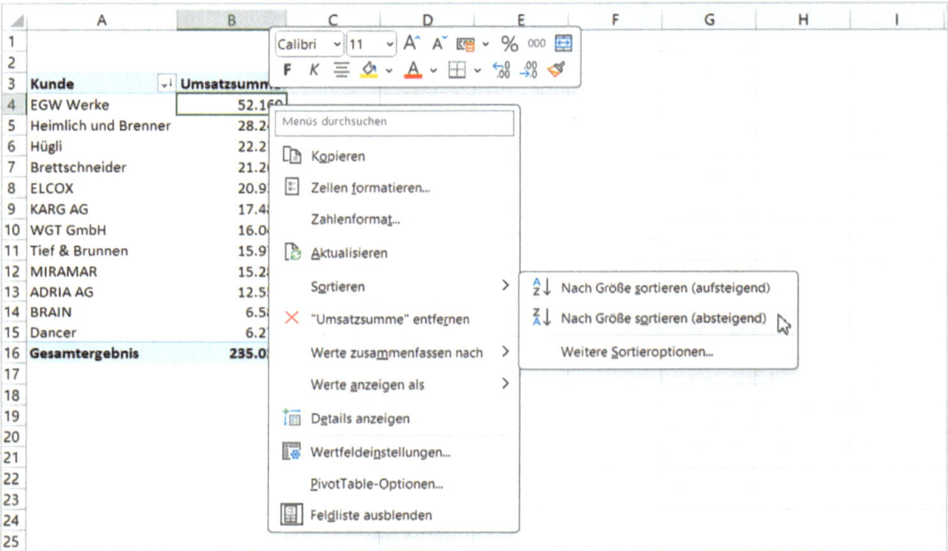

Zeilen- und Spaltenfelder sortieren

Zeilen- und Spaltenfelder, wie die Produktgruppen im Bild unten, können Sie auch mit Klick auf die Pfeilschaltfläche der jeweiligen Spaltenüberschrift sortieren.

Bild 6.47 Felder sortieren

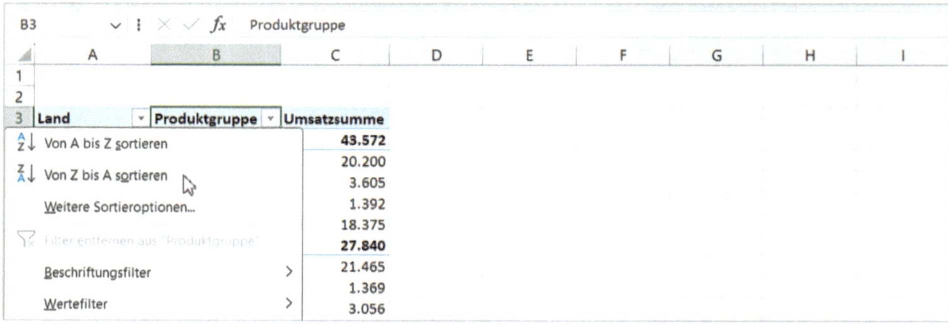

Tipp: Über *Weitere Sortieroptionen...* lässt sich bei Bedarf eine feste Sortierung festlegen.

6.5 Pivot-Tabelle filtern

Tabelle mit dem Berichtsfilter filtern

Felder, die Sie in den Bereich *Filter* ziehen, befinden sich oberhalb der eigentlichen Pivot-Tabelle und dienen zum Filtern der gesamten Tabelle. Dieser Bereich kann auch mehrere Felder umfassen. Als Beispiel in Bild 6.48 die Felder *Produktgruppe* und *Modell* als Filter.

- Um nach einer bestimmten Produktgruppe zu filtern, klicken Sie beim Feld *Produktgruppe* auf den Dropdown-Pfeil ❶ (Feldschaltfläche), danach auf die gewünschte Produktgruppe, hier Büro ❷, und abschließend auf *OK* ❸.
- Um zwei oder mehr Kriterien auszuwählen, z. B. die Produktgruppen *Büro* und *Computer*, aktivieren Sie das Kontrollkästchen *Mehrere Elemente auswählen* ❹ (Bild 6.49). Anschließend können Sie über Kontrollkästchen jedes einzelne Element ein- oder ausblenden. Damit wieder alle angezeigt werden, brauchen Sie nur das Kontrollkästchen *(Alle)* aktivieren.

Bild 6.48 Wählen Sie einen Filter

Bild 6.49 Mehrfachauswahl

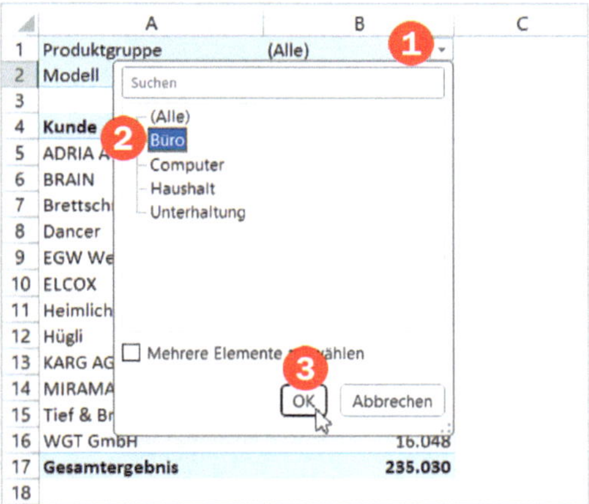

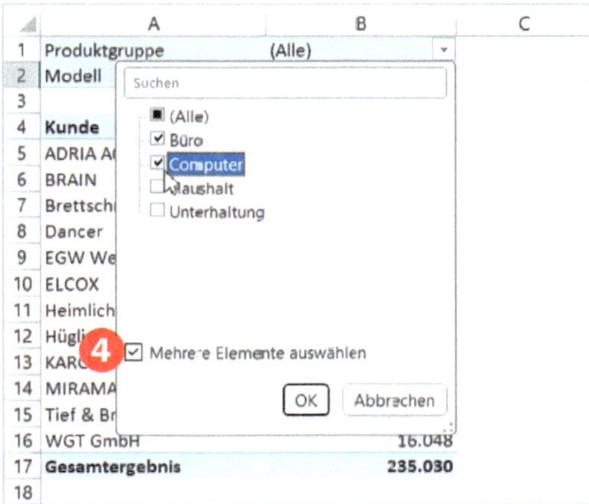

Aktive Filter erkennen Sie am Filtersymbol der Schaltfläche. Filter bleiben auch nach dem Aktualisieren wirksam!

> **Sämtliche Ergebnisse beziehen sich nur auf die sichtbaren Elemente**
>
> Ausgeblendete Elemente werden nicht in die Berechnung von Gesamt- und Teilergebnissen einbezogen, alle Ergebnisse beziehen sich also ausschließlich auf die sichtbaren Werte.

Einzelne Zeilen- und Spaltenelemente ausblenden

Eine Pivot-Tabelle bildet eine Einheit, d. h. einzelne Zeilen und/oder Spalten können daraus nicht entfernt, sondern nur ausgeblendet werden. Diese fließen dann auch nicht in die Berechnung der Gesamt- und Teilergebnisse ein. Dazu klicken Sie in der Pivot-Tabelle auf den Dropdown-Pfeil des betreffenden Feldes ❶, in Bild 6.50 das Feld *Produktgruppe* und deaktivieren das Kontrollkästchen des auszublendenden

Elements, z. B. Unterhaltung ❷. Dieselbe Vorgehensweise gilt auch für Zeilenfelder, wenn Sie bestimmte Zeilen ausblenden möchten.

Bild 6.50 Element ausblenden

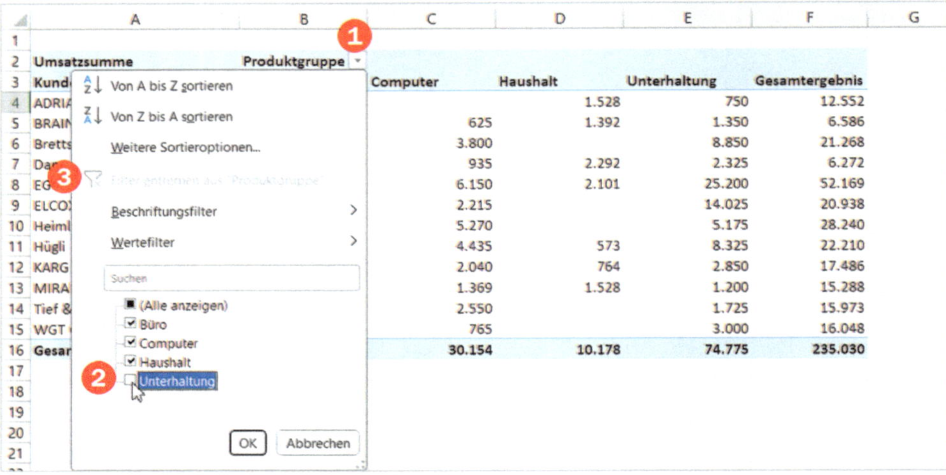

Filter entfernen

Zum Entfernen eines Filters klicken Sie erneut auf die Feldschaltfläche und auf *Filter entfernen aus xxx* ❸. Oder aktivieren Sie das Kontrollkästchen *(Alle anzeigen)*.

Tipp: Fehlende Werte ausblenden

Enthält die Pivot-Tabelle ein Zeilen- oder Spaltenfeld, das in der Datenquelle nicht für jeden Datensatz einen Wert aufweist, so wird bei fehlenden Werten *(Leer)* angezeigt. Wenn diese nicht in das Gesamtergebnis einfließen sollen, dann benutzen Sie die oben beschriebene Methode zum Ausblenden.

Wertefilter: Nur die umsatzstärksten Kunden (Top 10)

Pivot-Tabellen unterstützen auch das Filtern anhand bestimmter Werte. Als Beispiel soll die Tabelle in Bild 6.51 nur die fünf umsatzstärksten Kunden anzeigen.

1. Klicken Sie auf den Dropdown-Pfeil des Feldes *Kunde* ❶ und wählen Sie *Wertefilter*. Das Untermenü bietet nun verschiedene Filtermöglichkeiten an, klicken Sie auf *Top 10...* ❷.
2. Im nachfolgenden Fenster geben Sie die Anzahl der anzuzeigenden Elemente ein ❸, in diesem Beispiel 5. Statt der *obersten* Elemente könnten auch die *untersten* Elemente, d. h. Kunden mit den niedrigsten Umsätzen ausgewählt werden. Oder wählen Sie statt *Elemente* die obersten *Prozent* der Umsatzsumme aus.

Als Wertefilter stehen auch Vergleichsoperatoren zur Verfügung (*Größer als...*, *Kleiner als...* usw.). Beachten Sie, dass sich in einer Tabelle mit mehreren Spalten der Wertefilter stets nach dem Gesamtergebnis richtet.

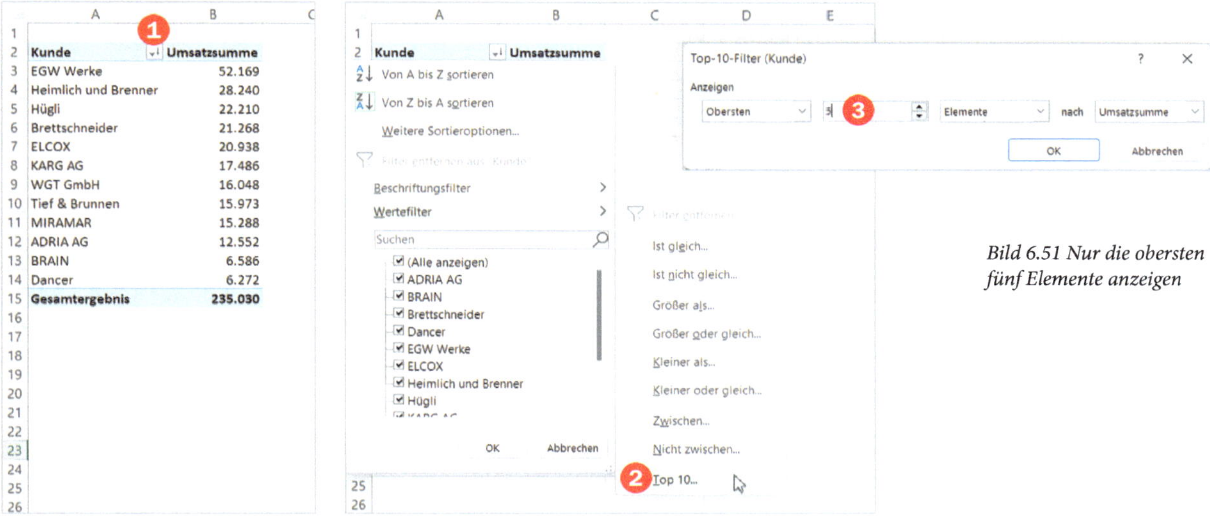

Bild 6.51 *Nur die obersten fünf Elemente anzeigen*

Beschriftungselemente suchen

In der Praxis ist meist die Anzahl der Zeilen, z. B. Produkte oder Kunden erheblich umfangreicher als im hier verwendeten Beispiel. In solchen Fällen ist es nicht immer einfach, auf Anhieb einen bestimmten Kunden oder ein bestimmtes Produkt zu finden und auch der Weg über die Kontrollkästchen führt nicht unbedingt schnell zum Ziel. In solchen Fällen benutzen Sie das Suchfeld. Dieses berücksichtigt auch Teile des Feldinhalts.

Als Beispiel soll im Bild unten der Kunde „Brenner" gesucht werden:

Klicken Sie auf den Dropdown-Pfeil des Feldes *Kunde* und geben Sie den gesuchten Begriff im Suchfeld ❶ ein. Schon während der Eingabe erscheinen passende Suchergebnisse ❷. Deaktivieren Sie eventuell nicht benötigte und klicken Sie auf *OK*.

Bild 6.52 *Einen bestimmten Kunden suchen*

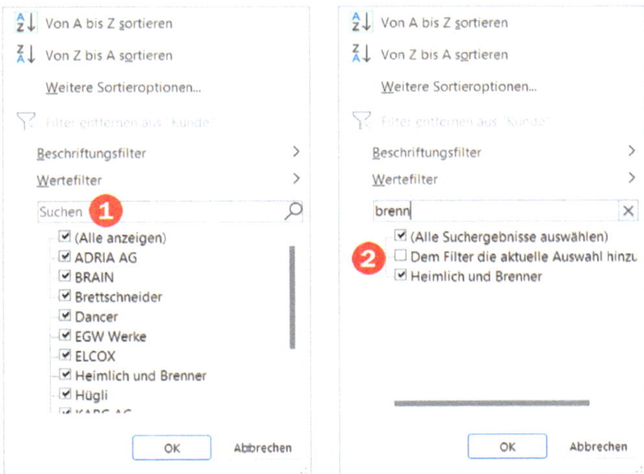

Alternative: Suchen und auswählen

Sie können natürlich stattdessen auch alle Elemente dieses Feldes markieren, danach entweder mit **Strg+F** oder über das Menüband *Start* ▶ *Bearbeiten* ▶ *Suchen und auswählen* ▶ *Suchen*, das Fenster *Suchen und Ersetzen* öffnen und hier den gesuchten Namen eingeben. Im Gegensatz zur oben beschriebenen Methode wird dadurch der gesuchte Kunde nur markiert und die übrigen nicht ausgeblendet.

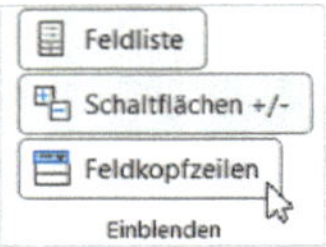

Tipp: Dropdown-Schaltflächen ausblenden

Wenn Sie verhindern möchten, dass von anderen Benutzern Filter angewendet oder aufgehoben werden, dann können Sie im Menüband, Register *PivotTable-Analyse* über die Schaltfläche *Feldkopfzeilen* die Filterschaltflächen aus- und auch wieder einblenden. Leider verschwindet damit auch die dazugehörige Überschrift aus der Tabelle.

Datenschnitte zum Filtern einsetzen

Auch die, in Kapitel 2 beschriebenen, Datenschnitte lassen sich zum Filtern von Pivot-Tabellen einsetzen. Im Gegensatz zu den oben vorgestellten Filtermöglichkeiten über die Dropdown-Schaltfläche des jeweiligen Feldes haben Datenschnitte gleich mehrere Vorteile:

- Sie sind einfach zu bedienen, insbesondere auf Geräten mit Touchscreen.
- Die verwendeten Filter und Filterkriterien werden optisch hervorgehoben und sind auch für Excel-Unkundige leicht nachvollziehbar.

Datenschnitte einfügen

Beispiel: Sie haben eine Pivot-Tabelle mit Kundenumsätzen vor sich (Bild 6.53) und möchten diese mit Datenschnitten nach Modellen und Produktgruppen filtern.

1. Klicken Sie im Register *PivotTable-Analyse* ▶ *Filtern* auf *Datenschnitt einfügen* ❶.
2. Wählen Sie anhand der Kontrollkästchen die Felder aus, die Sie als Filter verwenden möchten ❷ und klicken Sie auf OK ❸.
3. Die Datenschnitte werden überlagert am Rand der Pivot-Tabelle in das Arbeitsblatt eingefügt und Sie können nun die Datenschnitte verwenden, wie bereits in Kapitel 2 beschrieben.

Bild 6.53 Datenschnitt einfügen, wählen Sie die benötigten Felder

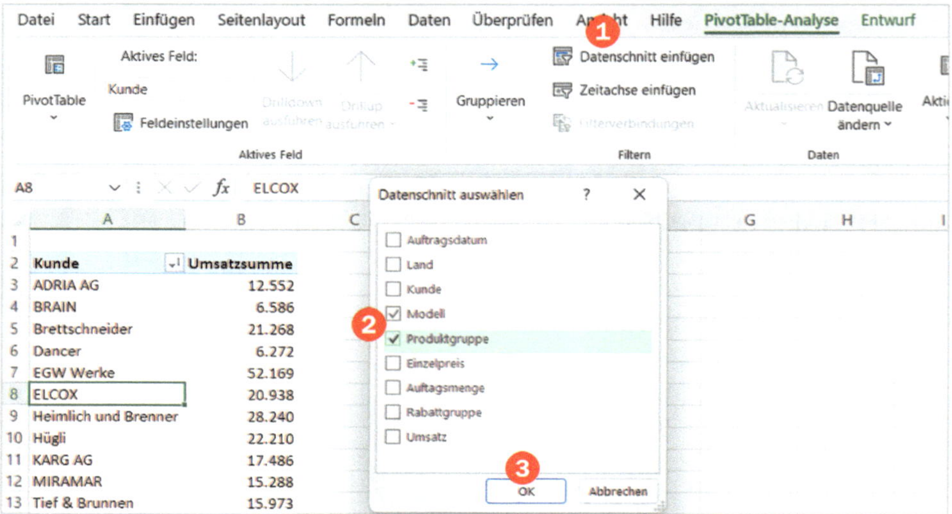

Mehrere Tabellen gleichzeitig filtern

Ein Filter mittels Datenschnitt wirkt sich in der Standardeinstellung immer nur auf die dazugehörige Pivot-Tabelle aus. Wenn sich in der Arbeitsmappe oder im selben Tabellenblatt noch weitere Pivot-Tabellen befinden, die auf denselben Quelldaten beruhen, dann können Sie den markierten Datenschnitt mit diesen Pivot-Tabellen verbinden.

Wenn Sie z. B. den Datenschnitt *Land* mit einer zweiten Pivot-Tabelle verbinden, dann wirkt sich der aktive Filter automatisch auch auf diese Tabelle aus, allerdings ohne dass hier der Datenschnitt auch erscheint. Der Filter ist in der zweiten Tabelle nur aus dem Filtersymbol des Feldes ersichtlich.

1 Zum Verbinden markieren Sie den betreffenden Datenschnitt und klicken im Menüband, Register *Datenschnitt* auf *Berichtsverbindungen*.

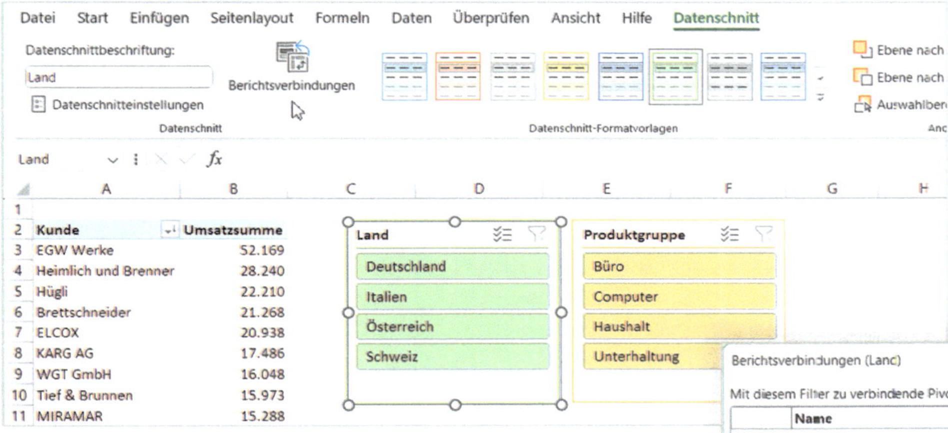

Bild 6.54 Klicken Sie auf Berichtsverbindungen

Bild 6.55 Den markierten Datenschnitt mit weiteren Tabellen verbinden

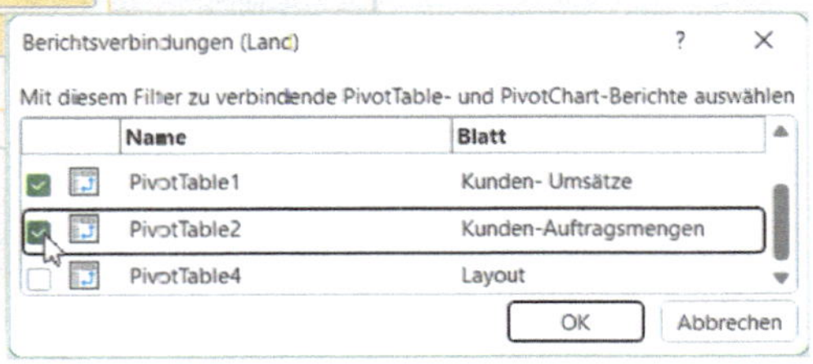

2 Anschließend wählen Sie anhand der Kontrollkästchen die weiteren Pivot-Tabellen und/oder Pivot-Diagramme aus, mit denen der Datenschnitt verbunden werden soll.

Hier macht es sich bezahlt, wenn Sie zumindest die Arbeitsblätter der Mappe mit aussagekräftigen Namen versehen haben. Noch besser natürlich, wenn auch die Pivot-Tabellen statt PivotTable1, PivotTable2 usw. entsprechend umbenannt wurden.

Gelöschte Elemente im Datenschnitt anzeigen/ausblenden

Datenschnitte liefern auf den zweiten Blick noch mehr Informationen: In der Standardeinstellung enthalten sie auch aus der Datenquelle gelöschte Elemente. Diese sind inaktiv, wie in Bild 6.56 die Kunden Auer und Müller. Dadurch erkennen Sie z. B. nach dem Aktualisieren auf einen Blick, von welchen Kunden aktuell, genauer gesagt in der aktuellen Datenquelle keine Aufträge mehr vorhanden sind.

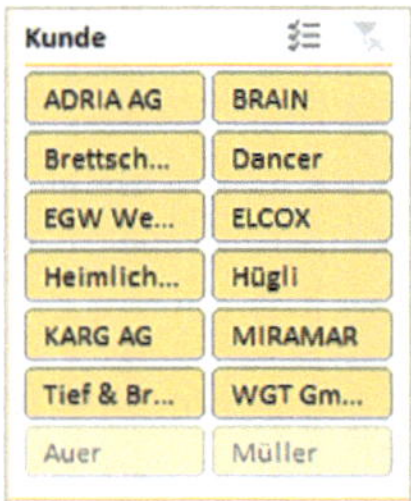

Bild 6.56 Aus der Datenquelle gelöschte Kunden

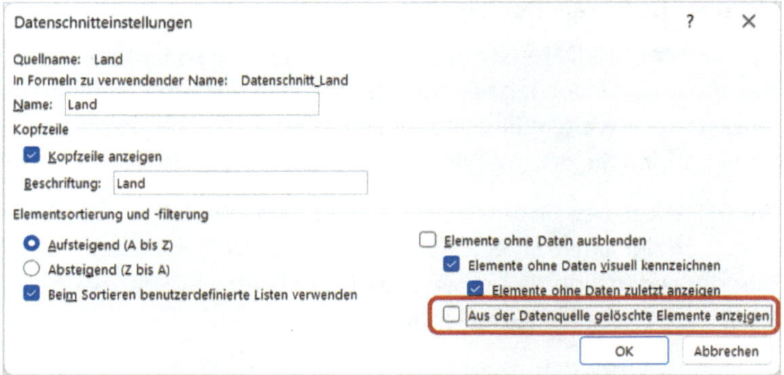

Bild 6.57 Gelöschte Elemente nicht anzeigen

Wenn die Anzeige gelöschter Elemente nicht benötigt wird und eher störend wirkt, dann klicken Sie zum Ausblenden mit der rechten Maustaste in den Datenschnitt und auf *Datenschnitteinstellungen*. Deaktivieren Sie dann das Kontrollkästchen *Aus der Datenquelle gelöschte Elemente anzeigen*.

Mit Zeitachsen filtern

Enthält die Ausgangstabelle Datumswerte, dann können Sie für diese Felder Zeitachsen zum Filtern einsetzen und hierbei unter verschiedenen Zeiteinheiten wählen.

> **Zeitachsen setzen Datumswerte voraus!**
>
> Beachten Sie, dass Zeitachsen ausschließlich in Pivot-Tabellen und nur für Datumswerte verfügbar sind. Sie können also nicht für Jahre oder Monate erstellt werden, wenn es sich hierbei um Zahlen handelt.

Zum Einfügen einer Zeitachse klicken Sie im Register *PivotTable-Analyse* ▶ *Filtern* auf *Zeitachse einfügen* ❶. Im nachfolgenden Fenster erscheinen ausschließlich geeignete Felder mit Datumswerten; für die Ausgangsdaten des Beispiels also nur das Feld *Auftragsdatum* ❷. Aktivieren Sie das gewünschte Feld bzw. das Kontrollkästchen und klicken Sie auf *OK*.

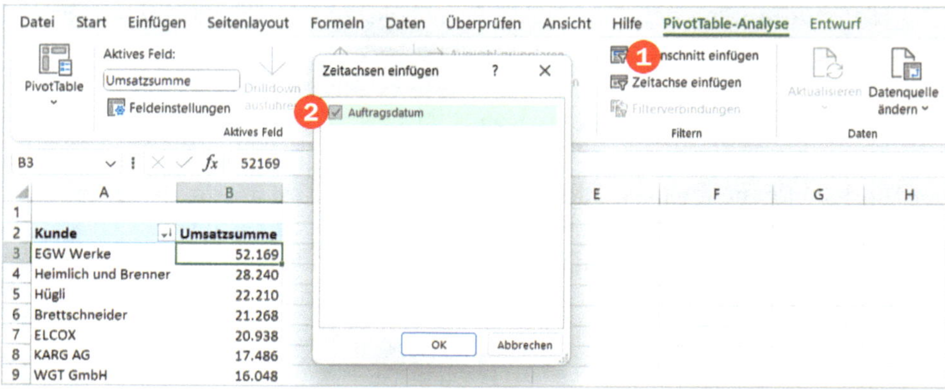

Bild 6.58 Zeitachse einfügen

Wie jeder Datenschnitt kann die Zeitachse anschließend im Tabellenblatt beliebig positioniert, vergrößert oder verkleinert werden. Falls gewünscht, können Sie die Zeitachse mit einer der *Zeitachsen-Formatvorlagen* im Register *Zeitachse* versehen (Bild 6.59).

In der Standardeinstellung zeigt die Zeitachse die Monate ❶ zusammen mit dem jeweiligen Jahr ❷, hier 2022 und 2023, über den gesamten Zeitraum der Datenquelle an (Bild 6.59).

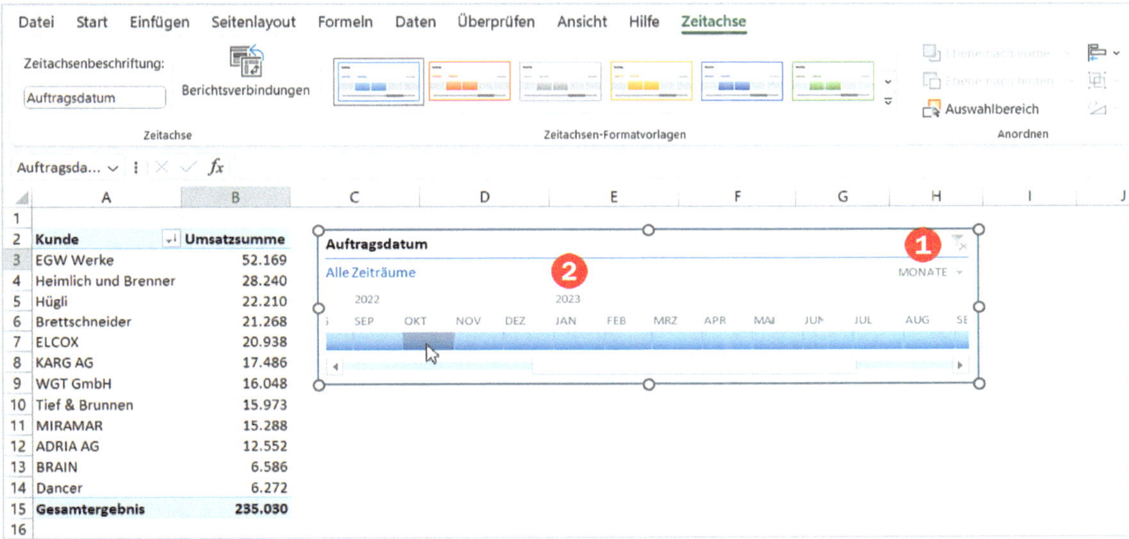

Bild 6.59 Die Pivot-Tabelle mit Zeitachse

Zeitachse verwenden

- **Filtern**
  Klicken Sie einfach in der Zeitachse auf den gewünschten Zeitraum, z. B. Mrz 2023. Falls Sie den Zeitraum auf angrenzende Monate ausweiten möchten, so verlängern Sie einfach den Auswahlbalken ❸ durch Ziehen mit gedrückter Maustaste in die gewünschte Richtung. Die Bildlaufleiste am unteren Rand ❹ dagegen verschiebt die Anzeige.
- **Filter aufheben**
  Klicken Sie auf das Symbol *Filter löschen* ❺.
- **Andere Zeiteinheit wählen**
  Wenn Sie eine andere Zeiteinheit benötigen, z. B. Quartale oder Jahre, dann klicken Sie in der Zeitachse rechts oben auf die aktuell verwendete Einheit ❻ und wählen die gewünschte Zeiteinheit.

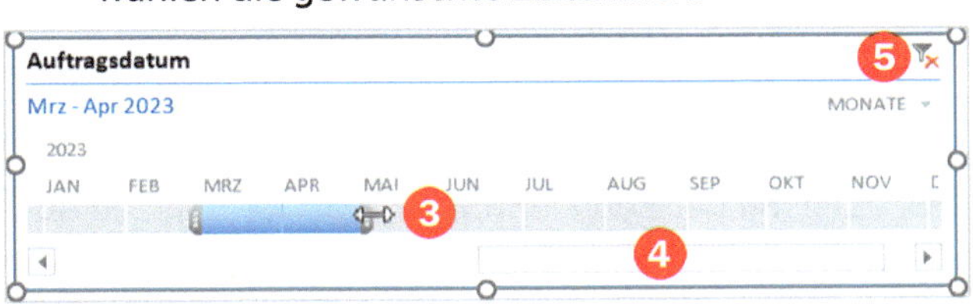

Bild 6.60 Zeitraum vergrößern

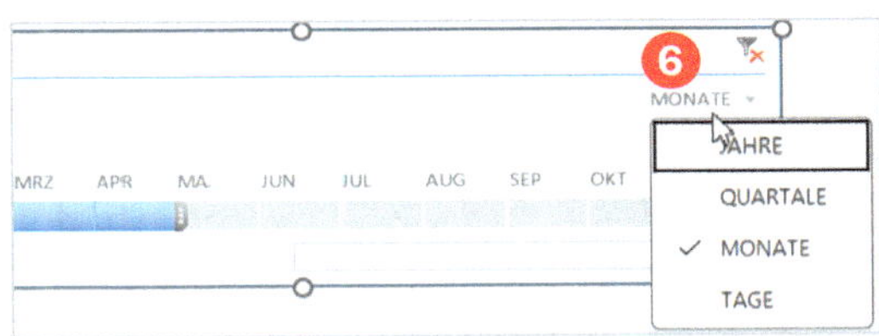

Bild 6.61 Zeitraum vergrößern Wählen Sie eine Zeiteinheit

6.6 Feldelemente gruppieren

Beschriftungselemente in Gruppen zusammenfassen

Umfasst ein Feld in der Zeilen- oder Spaltenbeschriftung sehr viele Elemente, so können Sie jederzeit mehrere Elemente dieses Feldes jeweils zu einer Gruppe zusammenfassen und Ergebnisse für jede Gruppe berechnen. Textelemente müssen manuell zusammengefasst, Datumswerte und Zahlen können dagegen auch automatisch gruppiert werden. In jedem Fall wird dadurch ein neues Feld erzeugt, dessen Elemente aus den Gruppen gebildet werden.

Beispiel Ländergruppen bilden

Als Beispiel sollen die unten abgebildeten Länder in einem neuen Feld mit dem Namen *Ländergruppe* in die beiden Gruppen EU und Nicht EU eingeteilt werden.

Den Befehl *Gruppieren* erhalten Sie auch über die rechte Maustaste.

1. Zuerst werden die Nicht EU-Länder ausgewählt: Markieren Sie die betreffenden Ländernamen durch Anklicken mit gedrückter **Strg**-Taste ❶, siehe Bild 6.62 (Mehrfachmarkierung) und klicken Sie dann im Menüband, Register *PivotTable-Analyse* ▶ *Gruppieren* auf *Auswahl gruppieren*.
2. Excel fügt der Tabelle ein neues Feld mit dem Namen *Land2* hinzu (Bild 6.63). Das erste Element dieses Feldes erhält den Namen *Gruppe1* und in der jetzt untergeordneten Ebene, der Spalte *Land*, erscheinen die zuvor markierten Länder. Feldname und Gruppenname können später geändert werden.
3. Markieren Sie nun mit gedrückter **Strg**-Taste im neuen Feld *Land2* die nächsten Länder ❷ (Bild 6.63) und klicken Sie erneut auf *Auswahl gruppieren*. Diese erscheinen anschließend in der Tabelle als *Gruppe2*.

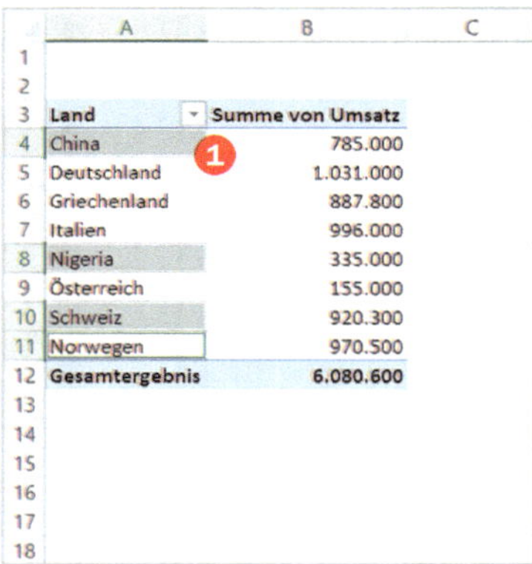

Land	Summe von Umsatz
China	785.000
Deutschland	1.031.000
Griechenland	887.800
Italien	996.000
Nigeria	335.000
Österreich	155.000
Schweiz	920.300
Norwegen	970.500
Gesamtergebnis	6.080.600

Bild 6.62 Markieren Sie die Elemente der ersten Gruppe

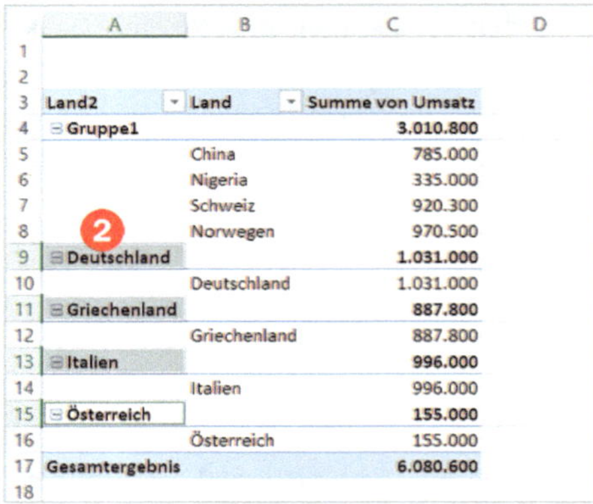

Land2	Land	Summe von Umsatz
Gruppe1		3.010.800
	China	785.000
	Nigeria	335.000
	Schweiz	920.300
	Norwegen	970.500
Deutschland		1.031.000
	Deutschland	1.031.000
Griechenland		887.800
	Griechenland	887.800
Italien		996.000
	Italien	996.000
Österreich		155.000
	Österreich	155.000
Gesamtergebnis		6.080.600

Bild 6.63 Markieren Sie die Elemente der zweiten Gruppe

Die abgebildete Tabelle basiert auf dem Berichtslayout *Gliederungsformat*. Im Kurzformat befinden sich die Elemente des untergeordneten Feldes in derselben Spalte.

▶ **Gruppen umbenennen**

Um der ersten Gruppe statt *Gruppe1* eine genauere Bezeichnung zu geben, markieren Sie in der Tabelle die Zelle mit der Bezeichnung *Gruppe1* und geben über die Bearbeitungsleiste den neuen Namen ein, genauso verfahren Sie mit der nächsten Gruppe. Das Feld selbst, im Bild *Land2*, benennen Sie ebenfalls in der

Tabelle um oder öffnen Sie per Rechtsklick auf ein beliebiges Element des Feldes und den Befehl *Feldeinstellungen* das gleichnamige Fenster und ändern den Namen im Feld *Benutzerdefinierter Name*.

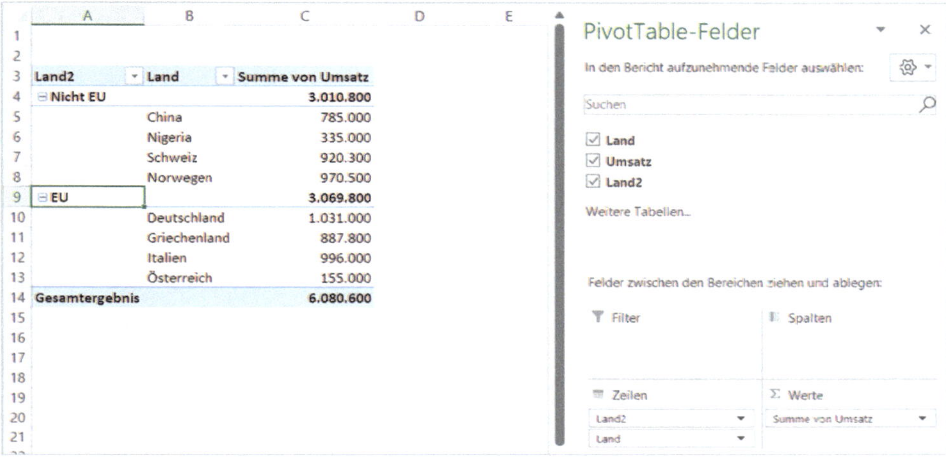

Bild 6.64 Die fertig gruppierte Tabelle mit dem neuen Gruppenfeld

Enthält die Arbeitsmappe mehrere Pivot-Tabellen die auf derselben Datenquelle basieren, dann erscheinen auf diesem Weg erstellte benutzerdefinierte Felder mit Gruppierungen auch in den übrigen Feldlisten.

- **Gruppierung aufheben**: Falls Sie die Gruppierung wieder aufheben möchten, dann klicken Sie in der Pivot-Tabelle mit der rechten Maustaste auf die betreffende Gruppe und auf *Gruppierung aufheben*. Denselben Befehl finden Sie auch Menüband, Register *PivotTable-Analyse* ▶ *Gruppieren*.
- **Gruppiertes Feld entfernen**: Wenn Sie auch das dazugehörige Feld wieder entfernen möchten, dann müssen Sie alle Elemente dieses Feldes markieren, bevor Sie auf *Gruppierung aufheben* klicken.

Automatisches Gruppieren von Datumswerten

Häufig enthält eine Datenquelle auch ein Tagesdatum, z. B. das Rechnungsdatum. In der Auswertung werden aber meist nur Datumseinheiten wie z. B. Monate, Quartale oder Jahre benötigt. Excel gruppiert Felder mit Datumswerten automatisch nach diesen Einheiten, sobald das Feld den Bereichen *Zeilen* oder *Spalten* einer Pivot-Tabelle hinzugefügt wird. **Achtung**: Die automatische Gruppierung funktioniert nicht, wenn Sie ein Datumsfeld in den Bereich *Filter* ziehen!

Stammen die Daten aus einer externen Quelle, ist es natürlich noch einfacher, wenn Sie diese Datumsinformationen mit Power Query ermitteln, siehe Kapitel 5.

Die Datentabelle des hier verwendeten Beispiels enthält mit dem Feld *Auftragsdatum* das Datum jedes Auftrags. Anhand dieses Feldes sollen nun die Umsätze nach Jahren, Quartalen und Monaten betrachtet werden.

Dazu erstellen Sie eine neue Pivot-Tabelle und ziehen einfach das Feld mit den Datumswerten, hier *Auftragsdatum* in den Bereich *Zeilen*. Excel erzeugt daraus automatisch die zusätzlichen Felder *Jahre*, *Quartale* und *Monate*. Das Feld *Auftragsdatum* selbst bleibt unverändert und kann anschließend wieder aus dem Zeilenbereich entfernt werden.

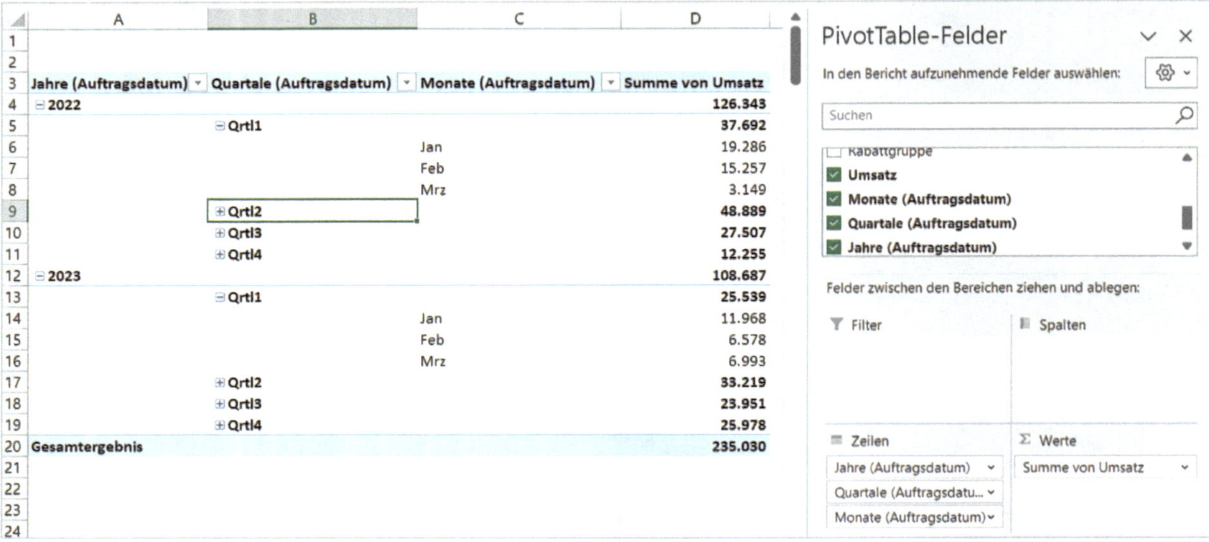

Bild 6.65 Automatische Gruppierung nach Jahren, Quartalen und Monaten

Anschließend können Sie die neuen Felder beliebig anordnen, also auch in den Bereich *Filter* ziehen, und nicht benötigte aus der Pivot-Tabelle entfernen. Als Beispiel wurde im Bild unten das Feld *Jahre* als Spaltenfeld verwendet, um einen direkten Vergleich der Quartalsergebnisse aus zwei Jahren zu ermöglichen. Außerdem wurden die neu gebildeten Felder umbenannt ohne den Zusatz *Auftragsdatum*.

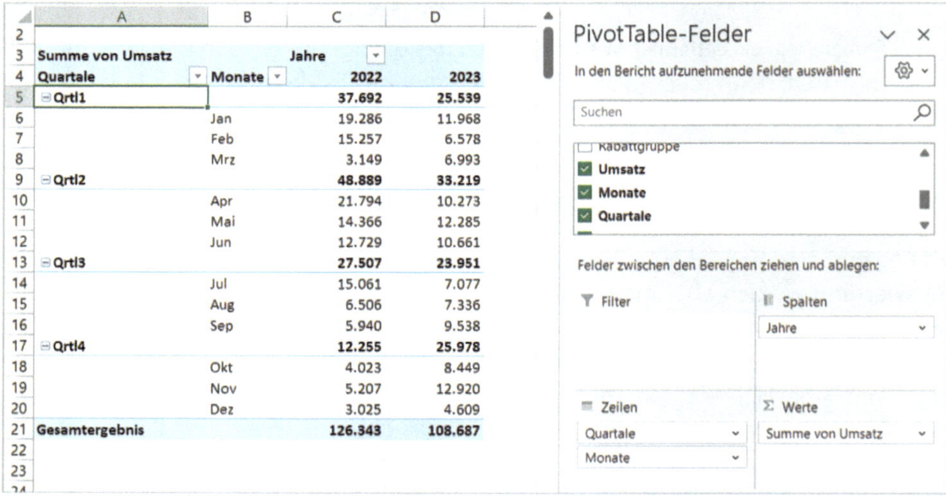

Bild 6.66 Vergleich Quartalsergebnisse

> Durch Gruppieren entstandene Felder sind auch in allen übrigen Pivot-Tabellen verfügbar, die auf derselben Datenquelle beruhen, und bleiben auch erhalten, wenn Sie ein Feld wieder aus der Pivot-Tabelle entfernen.

Problembehandlung: Datumswerte werden nicht automatisch gruppiert?
Sollte keine automatische Gruppierung von Datumswerten erfolgen, so kontrollieren Sie die Einstellung in den Excel-Optionen: Klicken Sie im Register *Datei* auf *Optionen*, wählen Sie die Kategorie *Daten* und achten Sie unter *Datenoptionen* darauf, dass das Kontrollkästchen *Automatische Gruppierung von Datum/Uhrzeit-Spalten in PivotTables deaktivieren* nicht aktiviert ist.

Bild 6.67 Excel-Optionen: Einstellung zum automatischen Gruppieren

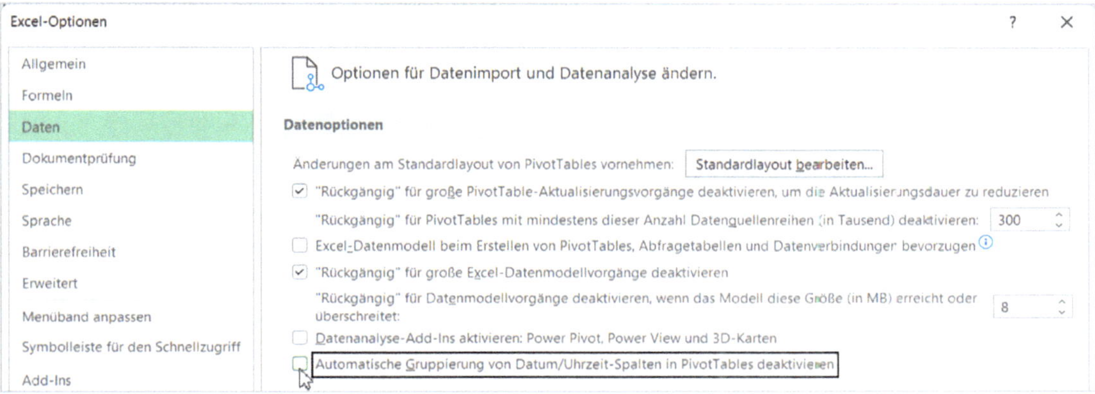

Als Alternative können Sie Datumswerte und Zahlen auch manuell gruppieren, Näheres hierzu lesen Sie im nächsten Punkt.

Zahlen- und Datumswerte manuell gruppieren

Auch Zahlen können unter Angabe eines Intervalls gruppiert werden. Hier ein Beispiel für die Bildung von Altersgruppen.

1 Ziehen Sie das Feld *Alter* in einen Bereich der Pivot-Tabelle, im Bild unten *Zeilen*. Dadurch wird zunächst für jeden Wert dieses Feldes eine Zeile gebildet. Klicken Sie nun in der Tabelle mit der rechten Maustaste auf eine beliebige Zelle dieses Feldes und auf *Gruppieren...*, oder im Menüband, Register *PivotTable-Analyse* ▶ *Gruppieren* auf *Feld gruppieren*.

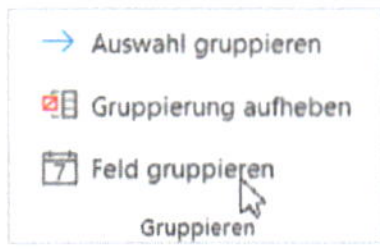

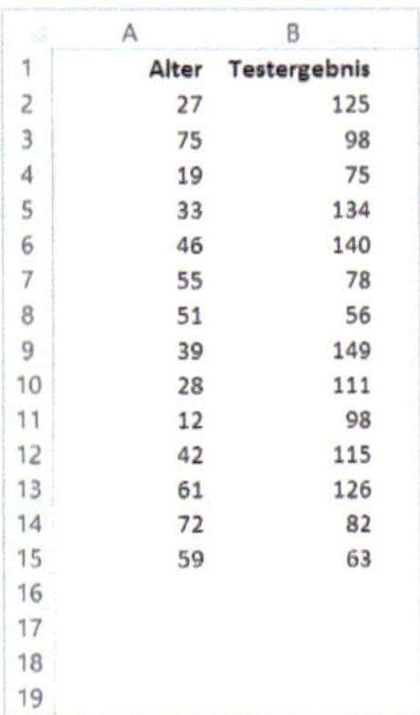

Bild 6.68 Die Ausgangsdaten

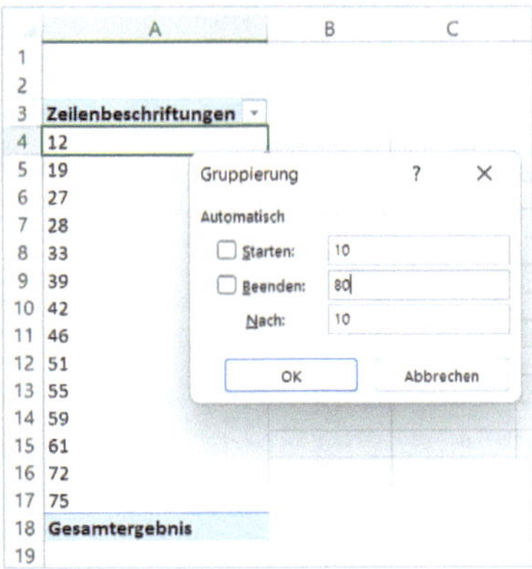

Bild 6.69 Start, Ende und Gruppierungsintervall 10 angeben

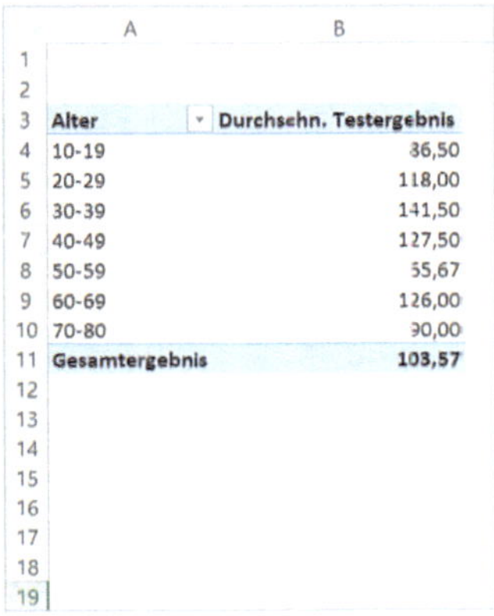

Bild 6.70 Das Ergebnis

Altersgruppen.xlsx

2 Im Fenster *Gruppierung* nehmen Sie die weiteren Einstellungen vor (Bild 6.69):

- Im Feld *Nach:* geben Sie das gewünschte Intervall, hier 10 ein,
- Start- und Endwert (*Starten*, *Beenden*) werden von Excel automatisch anhand des kleinsten und größten Werts gewählt.
- **Tipp**: Die Beschriftung der Altersgruppen bezieht Start- und Endwert mit ein. Ist z. B. der jüngste Teilnehmer der Testgruppe 13, dann erscheint als Beschriftung dieser Altersgruppe 13-19. Dies können Sie verhindern, indem Sie als Start- und Endwert zum Intervall passende Zahlen eingeben, hier 10 und 80. Die Kontrollkästchen *Automatisch* bei *Starten* und *Beenden* müssen in diesem Fall deaktiviert werden.

Hinweis: Da in diesem Beispiel die Summe der Testergebnisse wenig sinnvoll ist, sollten Sie stattdessen die Funktion *Mittelwert* wählen (Rechtsklick auf einen beliebigen Wert dieser Spalte, Befehl *Werte zusammenfassen nach*).

Kalenderwochen werden hier nicht angeboten. Diese ermitteln Sie am einfachsten mit Power Pivot, siehe Kap. 8. Bei Daten aus externen Quellen kann dies auch im Power Query-Editor erfolgen.

Datumswerte manuell gruppieren

Dieselbe Vorgehensweise gilt auch für Datumswerte, falls keine automatische Gruppierung erfolgen sollte: Klicken Sie in der Pivot-Tabelle mit der rechten Maustaste auf ein beliebiges Datum und *Gruppieren....* Wenn die Datumswerte korrekt erkannt wurden, dann erscheinen im Dialogfenster *Gruppieren* die Datumseinheiten *Jahre*, *Quartale* und *Monate*. Markieren Sie durch Anklicken die benötigten Einheiten und klicken Sie auf *OK*.

6.7 Weitergehende Möglichkeiten der Werteanzeige

Prozentanteile

Statt Zahlen können Pivot-Tabellen auch Prozentanteile anzeigen, ohne dass Sie dazu eine Formel eingeben müssen. Als einfaches Beispiel die Umsätze und prozentualen Umsatzanteile nach Produktgruppen, so gehen Sie vor:

1 Ziehen Sie die Produktgruppen in den Bereich *Zeilen* und das Feld *Umsatz* zweimal in den Bereich *Werte*.

2 Klicken Sie mit der rechten Maustaste auf einen beliebigen Wert derjenigen Spalte, aus der die Prozentanteile gebildet werden sollen, hier *Summe von Umsatz2*, klicken Sie auf *Werte anzeigen als* und wählen Sie die gewünschte Berechnungsbasis. Im nachfolgenden Bild *% des Spaltengesamtergebnisses*.

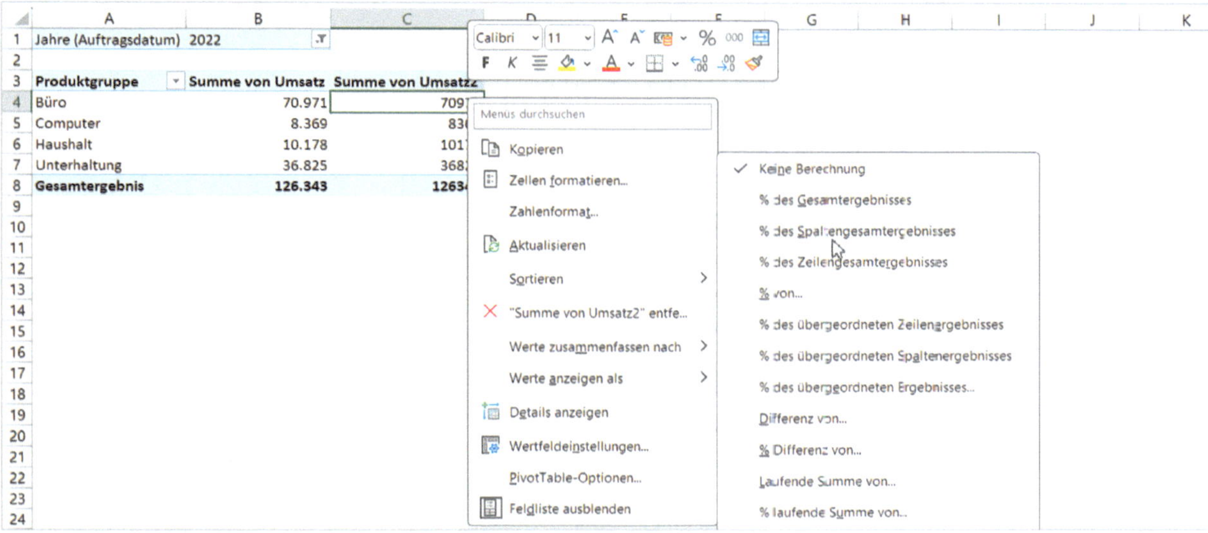

Bild 6.71 Umsätze als Prozentanteile anzeigen

3 Zuletzt brauchen Sie nur noch die Spaltenüberschrift ändern. Mit einem Rechtsklick und dem Befehl *Zahlenformat...* können Sie außerdem die Prozentzahl mit der gewünschten Anzahl Nachkommastellen formatieren.

Fenster Wertfeldeinstellungen

Als Alternative wählen Sie die Prozentanzeige im Fenster *Wertfeldeinstellungen*, Register *Werte anzeigen als*. Sie öffnen dieses Fenster entweder mit einem Klick im Aufgabenbereich auf das betreffende Feld oder per Rechtsklick in die Spalte der Tabelle. Hier können Sie gleichzeitig im Feld *Benutzerdefinierter Name* eine Spaltenüberschrift eingeben und über die Schaltfläche *Zahlenformat* ein Zahlenformat wählen.

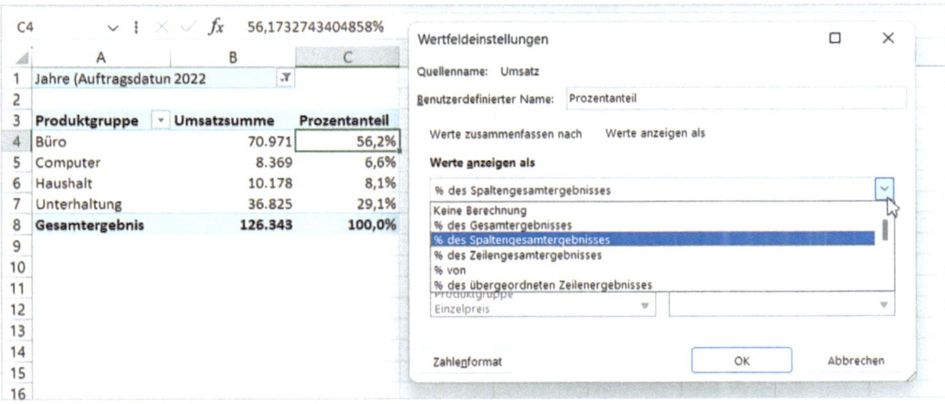

Bild 6.72 Wertfeldeinstellungen - Prozentanteile und Ergebnis

Statt *% des Spaltengesamtergebnisses* können auch *% des Zeilengesamtergebnisses* und *% des Gesamtergebnisses* gewählt werden, je nachdem, auf welcher Basis die Berechnung erfolgen soll. Nachfolgend finden Sie einige Beispiele.

Weitere prozentuale Darstellungen

Die Liste *Werte anzeigen als* umfasst noch weitere Möglichkeiten, die Sie je nach benötigter Information nutzen können.

Bild 6.73 Werte anzeigen als

- Keine Berechnung
- ✓ % des Gesamtergebnisses
- % des Spaltengesamtergebnisses
- % des Zeilengesamtergebnisses
- % von...
- % des übergeordneten Zeilenergebnisses
- % des übergeordneten Spaltenergebnisses
- % des übergeordneten Ergebnisses...
- Differenz von...
- % Differenz von...
- Laufende Summe von...
- % laufende Summe von...
- Rangfolge nach Größe (aufsteigend)...
- Rangfolge nach Größe (absteigend)...
- Index
- Weitere Optionen...

In Prozent von Spalten- Zeilen- oder Gesamtergebnis

Die Anzeige in Prozent der Spaltensumme (*% des Spaltengesamtergebnisses*) haben Sie oben bereits kennen gelernt.

Wenn eine Tabelle mehrere Spalten enthält, können Sie die Prozentanteile auch in Prozent der Zeilensumme (*% des Zeilengesamtergebnisses*) anzeigen. So liefert die Tabelle in Bild 6.74 Informationen, wie sich der Umsatz der einzelnen Produktgruppen nach Ländern zusammensetzt.

Benötigen Sie dagegen die Umsatzanteile von Produktgruppen und Ländern in Bezug auf den Gesamtumsatz der Firma, dann wählen Sie *% des Gesamtergebnisses* (Bild 6.75).

Bild 6.74 % des Zeilengesamtergebnisses

	A	B	C	D	E
1	Jahre (Auftragsdatum)	2023			
2					
3	**Prozentanteil**	**Land**			
4	**Produktgruppe**	**Deutschland**	**Österreich**	**Schweiz**	**Gesamtergebnis**
5	Büro	25,0%	15,2%	59,8%	100,0%
6	Computer	13,8%	17,2%	69,0%	100,0%
7	Unterhaltung	22,3%	10,7%	67,0%	100,0%
8	**Gesamtergebnis**	**21,8%**	**14,0%**	**64,1%**	**100,0%**
9					
10					

Bild 6.75 % des Gesamtergebnisses

	A	B	C	D	E
1	Jahre (Auftragsdatum)	2023			
2					
3	**Prozentanteil**	**Land**			
4	**Produktgruppe**	**Deutschland**	**Österreich**	**Schweiz**	**Gesamtergebnis**
5	Büro	11,3%	6,9%	26,9%	45,0%
6	Computer	2,8%	3,4%	13,8%	20,0%
7	Unterhaltung	7,8%	3,7%	23,4%	34,9%
8	**Gesamtergebnis**	**21,8%**	**14,0%**	**64,1%**	**100,0%**
9					
10					

In Prozent des Teilergebnisses

Sind Teilergebnisse vorhanden, so bezieht sich die Auswahl *% des Spaltengesamtergebnisses* auf den Gesamtumsatz, wie in Bild 6.76. Sollen sich dagegen die Umsatzanteile auf Teilergebnisse beziehen wie in Bild 6.77 (Teilergebnis gleich 100%), dann wählen Sie *% des übergeordneten Zeilenergebnisses*.

Bild 6.76 % des Spaltengesamtergebnisses

	A	B	C	D	E
2					
3	**Jahre (Auftragsdatu**	**Produktgruppe**	**Umsatzsumme**	**Prozentanteil**	
4	**⊟ 2022**		**126.343**	**53,8%**	
5		Büro	70.971	30,2%	
6		Computer	8.369	3,6%	
7		Haushalt	10.178	4,3%	
8		Unterhaltung	36.825	15,7%	
9	**⊟ 2023**		**108.687**	**46,2%**	
10		Büro	48.952	20,8%	
11		Computer	21.785	9,3%	
12		Unterhaltung	37.950	16,1%	
13	**Gesamtergebnis**		**235.030**	**100,0%**	
14					

Bild 6.77 Die Umsatzanteile bezogen auf das Teilergebnis

	A	B	C	D	E
2					
3	**Jahre (Auftragsdatu**	**Produktgruppe**	**Umsatzsumme**	**Prozentanteil**	
4	**⊟ 2022**		**126.343**	**53,8%**	
5		Büro	70.971	56,2%	
6		Computer	8.369	6,6%	
7		Haushalt	10.178	8,1%	
8		Unterhaltung	36.825	29,1%	
9	**⊟ 2023**		**108.687**	**46,2%**	
10		Büro	48.952	45,0%	
11		Computer	21.785	20,0%	
12		Unterhaltung	37.950	34,9%	
13	**Gesamtergebnis**		**235.030**	**100,0%**	
14					

Werte miteinander vergleichen

Prozentuale Abweichungen

Wenn Sie die Werte eines Feldes untereinander vergleichen möchten, z. B. die Umsätze der Produktgruppen *Computer*, *Haushalt* und *Unterhaltung* mit der Produktgruppe *Büro*, dann wählen Sie *% von...*. Im nachfolgenden Fenster legen Sie zuerst das Feld bzw. *Basisfeld* fest, hier die Produktgruppe (Bild 6.78) und wählen im Feld darunter ein Element dieses Feldes als *Basiselement* aus, in diesem Beispiel *Büro*.

Als Ergebnis erscheint die Produktgruppe *Büro* mit 100% in der Tabelle (Bild 6.79) und Sie sehen, dass beispielsweise in der Gruppe *Unterhaltung* nur etwa die Hälfte (52%) des Umsatzergebnisses der Produktgruppe Büro erzielt wurde.

Die Zeile mit dem Gesamtergebnis ist damit überflüssig und kann über das Register *Entwurf* ▶ *Gesamtergebnisse* entfernt werden,

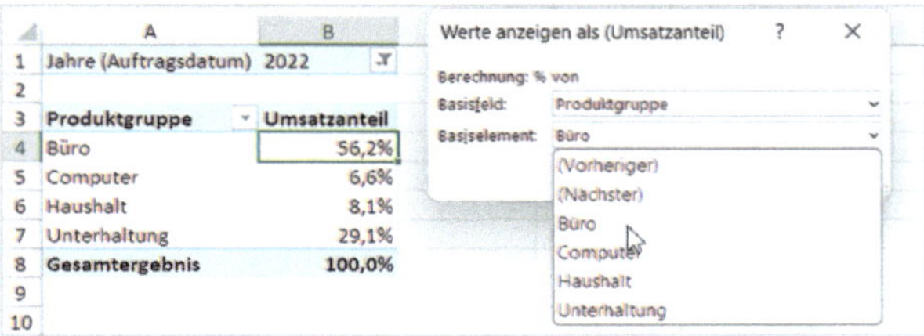

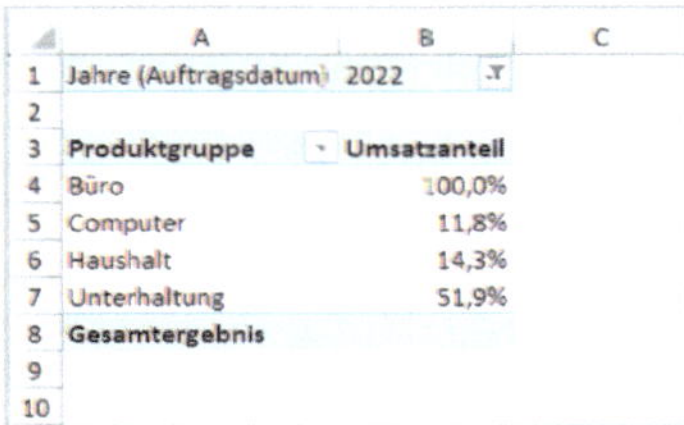

Bild 6.78 Wählen Sie das Basiselement aus

Bild 6.79 Das Ergebnis

Wenn Sie stattdessen die Differenz in % anzeigen möchten, dann wählen Sie *Werte anzeigen als % Differenz von...* und legen wieder *Büro* als Basiselement fest

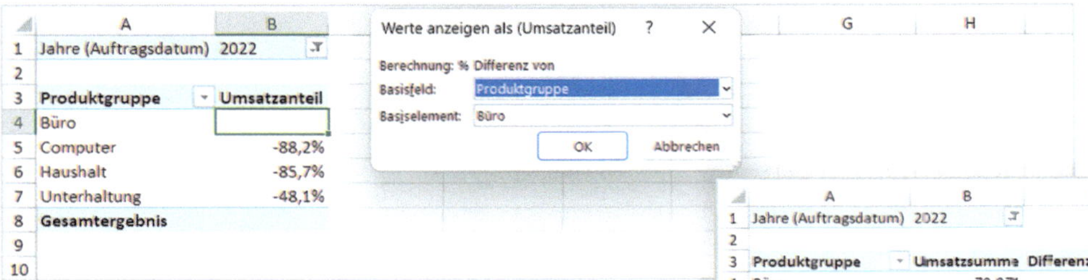

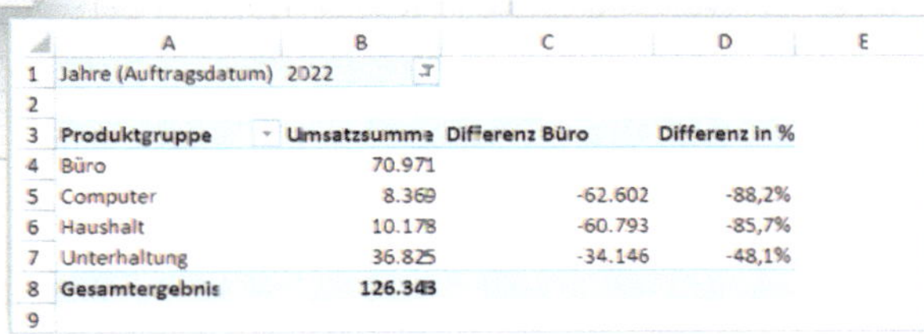

Bild 6.80 Differenz in % anzeigen

Bild 6.81 Differenz als Zahl und in %

Differenz als Zahl anzeigen

Sie können natürlich auch noch die Umsatzsumme und die Differenz zur Produktgruppe Büro als Zahl hinzufügen wie in Bild 6.81 oben. Dazu fügen Sie das Feld *Umsatz* gleich dreimal im Bereich *Werte* ein. In der ersten Spalte behalten Sie die Umsatzsumme bei. Um in der zweiten Spalte die Differenz als Zahl anzuzeigen, klicken Sie mit der rechten Maustaste in diese Spalte, zeigen auf *Werte anzeigen als* und wählen *Differenz von...*. Basisfeld ist wieder die Produktgruppe und als Basiselement wählen Sie *Büro*.

Beispiel: Umsatzvergleich zweier Jahre

Auf diese Weise können Sie auch die Umsatzentwicklung von Quartalen oder Jahren vergleichen. Wenn Sie beispielsweise wissen möchten, wie sich die Umsätze der einzelnen Artikel im Vergleich zum Vorjahr entwickelt haben, dann gehen Sie wie folgt vor, Ausgangspunkt ist die, in Bild 6.82 abgebildete Pivot-Tabelle.

Bild 6.82 Die Ausgangstabelle

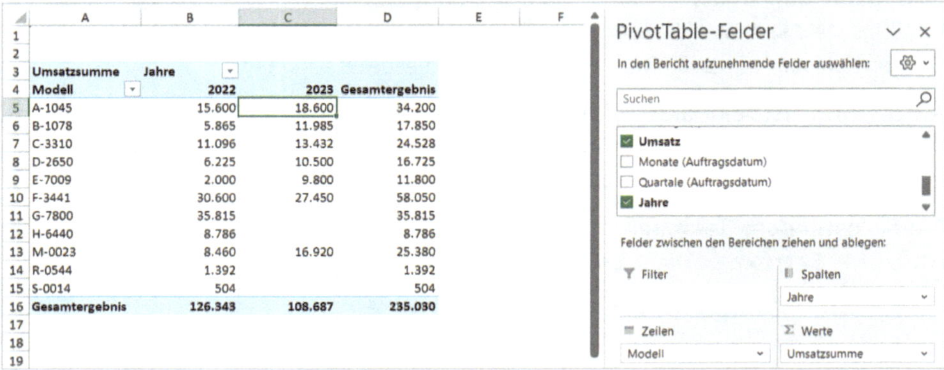

1 Klicken Sie mit der rechten Maustaste auf einen Wert eines beliebigen Jahres, zeigen Sie auf *Werte anzeigen als* und wählen Sie *% von...*.

Bild 6.83 Werte anzeigen als % von

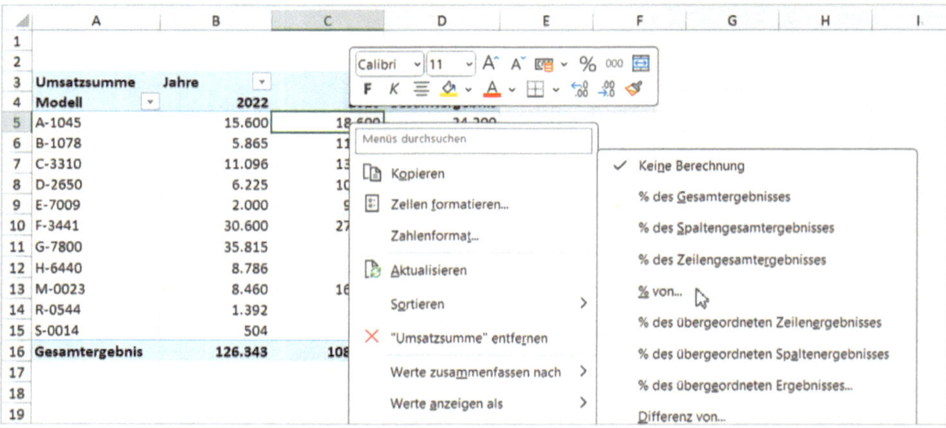

Enthält das Basisfeld mehr als zwei Elemente, dann vergleicht Excel alle Elemente des Feldes miteinander. Verwenden Sie z. B. Monate als Basisfeld, dann erhalten Sie mit der Auswahl *Vorheriger* für jeden Monat die Differenz zum Vormonat.

2 Als Basisfeld wählen Sie das Feld *Jahr* und als Basiselement das Vorjahr, hier das Jahr *2022* (Bild 6.84). Umfasst das Basisfeld nur zwei Elemente, wie in diesem Beispiel, dann können Sie als Basiselement auch *(Vorheriger)* wählen. Gemeint ist damit das vorhergehende Element, in diesem Fall also ebenfalls das Vorjahr.

Tipp: *(Vorheriger)* oder *(Nächster)* statt eines bestimmten Elements als Basiselement hat den Vorteil, dass sich die Berechnung stets auf das vorhergehende oder nachfolgende Element bezieht und auch funktioniert, wenn sich nach einer Aktualisierung die Jahre ändern.

3 Allerdings ist das Ergebnis noch nicht zufriedenstellend, siehe Bild 6.85 auf der nächsten Seite. Die Spalte *Gesamtergebnis* ist leer und sollte über *Entwurf* ▶ *Ge-*

samtergebnisse deaktiviert werden. Außerdem zeigt die Tabelle bei einigen Artikeln im Jahr 2023 den Fehlerwert *#NULL!* an, da diese im Jahr 2023 nicht mehr produziert bzw. verkauft wurden.

4 **Fehlerwerte ausblenden**: Um die Fehlerwerte auszublenden, klicken Sie mit der rechten Maustaste in die Tabelle und auf *PivotTable-Optionen*. Aktivieren Sie im Register *Layout & Format* das Kontrollkästchen *Für Fehlerwerte anzeigen*, das Feld selbst lassen Sie leer.

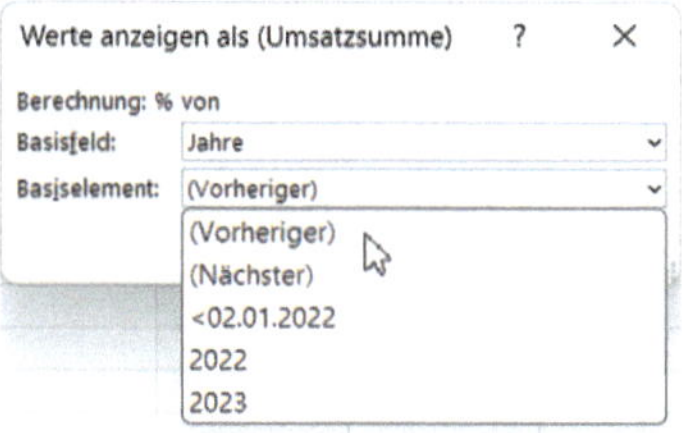

Bild 6.84 Basisfeld Jahr und Basiselement 2018

	A	B	C	D
1				
2				
3	**Umsatzsumme**	**Jahre**		
4	**Modell**	**2022**	**2023**	**Gesamtergebnis**
5	A-1045	100,00%	119,23%	
6	B-1078	100,00%	204,35%	
7	C-3310	100,00%	121,05%	
8	D-2650	100,00%	168,67%	
9	E-7009	100,00%	490,00%	
10	F-3441	100,00%	89,71%	
11	G-7800	100,00%	#NULL!	
12	H-6440	100,00%	#NULL!	
13	M-0023	100,00%	200,00%	
14	R-0544	100,00%	#NULL!	
15	S-0014	100,00%	#NULL!	
16	**Gesamtergebnis**	**100,00%**	**86,03%**	
17				

Bild 6.85 Das Ergebnis ist noch nicht zufriedenstellend

Tabelle ergänzen

Auch dieser Tabelle können Sie für jedes Jahr noch den Umsatz und die Differenz als Zahl hinzufügen, wie in Bild 6.86. Da das Jahr 2022 bzw. das Vorjahr als Basiselement dient und infolgedessen für dieses Jahr die Spalte *Differenz in %* jeweils 100% anzeigt und die Spalte *Differenz z. Vorjahr* leer ist, können beide Spalten ausgeblendet werden.

	A	B	E	F	G
2					
3		**Jahr**			
4		**2022**	**2023**		
5	**Modell**	**Gesamtumsatz**	**Gesamtumsatz**	**Differenz. Z. Vorjahr**	**Differnz in %**
6	A-1045	15.600	18.600	3.000	119,2%
7	B-1078	5.865	11.985	6.120	204,3%
8	C-3310	11.096	13.432	2.336	121,1%
9	D-2650	6.225	10.500	4.275	168,7%
10	E-7009	2.000	9.800	7.800	490,0%
11	F-3441	30.600	27.450	-3.150	89,7%
12	G-7800	35.815	0	-35.815	0,0%
13	H-6440	8.786	0	-8.786	0,0%
14	M-0023	8.460	16.920	8.460	200,0%
15	R-0544	1.392	0	-1.392	0,0%
16	S-0014	504	0	-504	0,0%
17	**Gesamtergebnis**	**126.343**	**108.687**	**-17.656**	**86,0%**
18					

Bild 6.86 Das Ergebnis: Umsatzvergleich mit dem Vorjahr

0 statt leerer Zellen anzeigen

Da einige Modelle im Jahr 2023 nicht mehr produziert wurden, sind auch die dazugehörigen Werte leer. Wenn hier stattdessen 0 angezeigt werden soll, dann klicken Sie mit der rechten Maustaste in die Tabelle, danach auf *PivotTable-Optionen* und deaktivieren im Register *Layout & Format* das Häkchen vor *Für leere Zellen anzeigen*. Ausblenden der nicht mehr produzierten Modelle erfolgt dagegen über den Dropdown-Pfeil des Feldes *Modell* und die Kontrollkästchen.

Kumulierte Werte anzeigen (ABC-Analyse)

Häufig werden auch kumulierte Werte benötigt, z. B. für eine ABC-Analyse oder kumulierte monatliche Umsätze. Als Beispiel soll die unten abgebildete Tabelle mit kumulierten Kundenumsätzen erstellt werden.

Bild 6.87 Die fertige Tabelle mit den kumulierten Umsätzen

	A	B	C	D	E
1	Jahr	2022			
2					
3	**Zeilenbeschriftungen**	**Umsatzsumme**	**%-Anteil Umsatz**	**Umsatz kumuliert**	**Kumulierter Umsatz in %**
4	EGW Werke	21.671	17,2%	21.671	17,2%
5	MIRAMAR	15.288	12,1%	36.959	29,3%
6	ELCOX	12.752	10,1%	49.711	39,3%
7	ADRIA AG	12.552	9,9%	62.263	49,3%
8	Heimlich und Brenner	11.660	9,2%	73.923	58,5%
9	Tief & Brunnen	11.272	8,9%	85.195	67,4%
10	Brettschneider	10.868	8,6%	96.063	76,0%
11	KARG AG	10.114	8,0%	106.177	84,0%
12	Hügli	9.977	7,9%	116.154	91,9%
13	WGT GmbH	4.197	3,3%	120.351	95,3%
14	Dancer	3.097	2,5%	123.448	97,7%
15	BRAIN	2.895	2,3%	126.343	100,0%
16	**Gesamtergebnis**	**126.343**	**100,0%**		
17					

Hinweis: Da die Ausgangstabelle dieses Beispiels die Daten aus zwei Jahren umfasst, sollte außerdem nach Jahren gefiltert werden.

1. Ziehen Sie das Feld *Kunde* in den Bereich *Zeilen*. Das Feld *Umsatz* wird im Wertebereich viermal benötigt. Benennen Sie die erste Spalte um in *Umsatzsumme* und sortieren Sie die Tabelle nach dieser Spalte absteigend.
2. Klicken Sie dann mit der rechten Maustaste in die zweite Spalte *Summe von Umsatz2*, klicken Sie auf *Werte anzeigen als* und dann auf *% des Spaltengesamtergebnisses*. Benennen Sie die Spalte um in *%-Anteil Umsatz*.
3. Klicken Sie mit der rechten Maustaste in die dritte Spalte (*Summe von Umsatz3*), klicken Sie auf *Werte anzeigen als* und wählen Sie *Laufende Summe von....*

Bild 6.88 Wählen Sie Laufende Summe von...

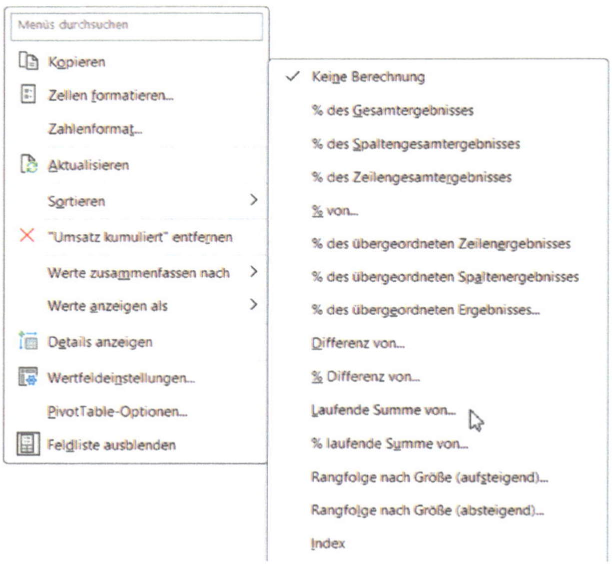

Bild 6.89 Basisfeld Kunde

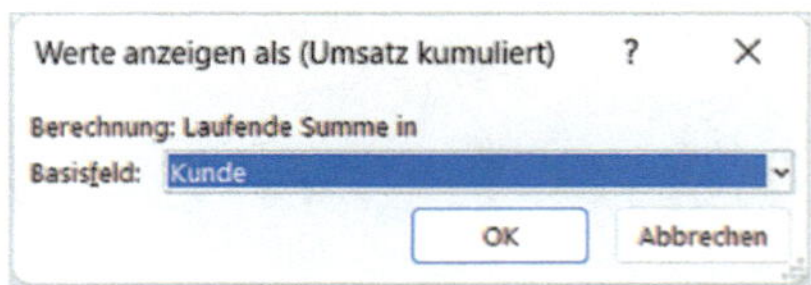

Hinweis: In Excel 2016 lauten die entsprechenden Befehle *Ergebnis in...* und *Ergebnis in %...*

4 Wählen Sie im nachfolgenden Fenster als Basisfeld für die Berechnung das Feld *Kunde*. Benennen Sie anschließend die Spalte um in *Umsatz Kumuliert*.

5 Klicken Sie mit der rechten Maustaste in die vierte Spalte (*Summe von Umsatz4*), klicken Sie auf *Werte anzeigen als* und wählen Sie *% laufende Summe von...*. Als Basisfeld muss wieder das Feld *Kunde* angegeben werden. Diese Spalte erhält die Überschrift *Kumulierter Umsatz in %*.

Rangfolge erstellen und anzeigen

Nicht immer genügt eine Sortierung nach Werten, in größeren Tabellen sorgt die zusätzliche Anzeige der Rangfolge für einen besseren Überblick. Als Beispiel soll für die Kunden eine Rangfolge nach Umsätzen angezeigt werden.

1 Erstellen Sie zunächst aus den Feldern *Kunde* und *Umsatz* eine Pivot-Tabelle, wie unten abgebildet und ziehen Sie das Feld *Umsatz* zweimal in den Bereich *Werte*.

2 Klicken Sie mit der rechten Maustaste in die zweite Spalte (*Summe von Umsatz2*), zeigen Sie auf *Werte anzeigen als* und wählen Sie *Rangfolge nach Größe (absteigend)*, siehe Bild unten.

3 Als Basisfeld für die Rangfolge muss das Feld *Kunde* angegeben werden.

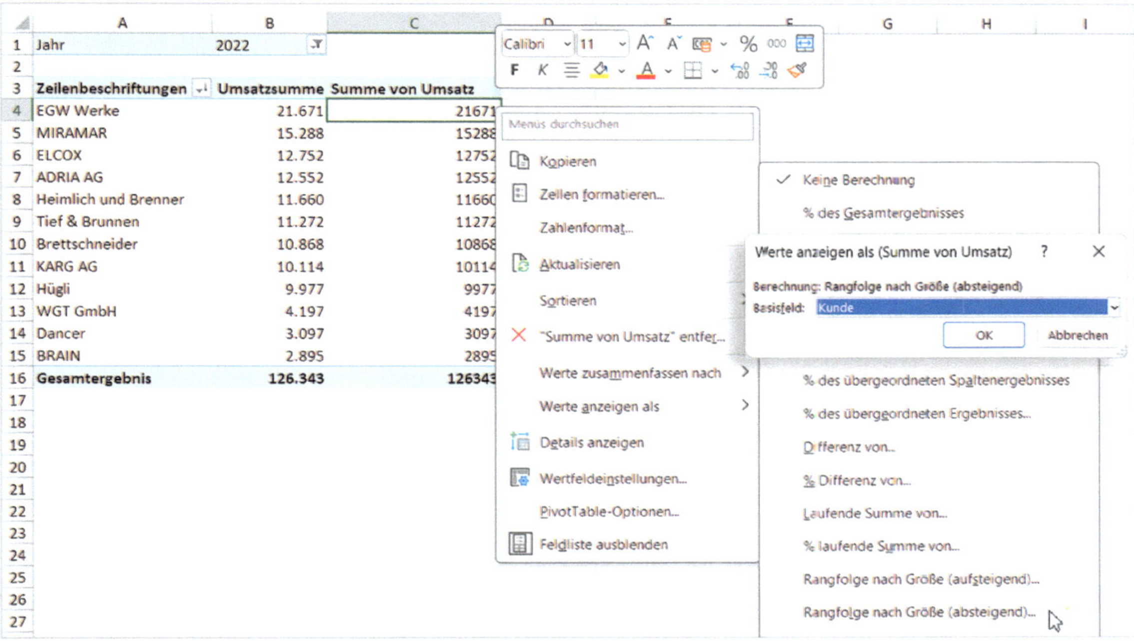

Bild 6.90 Rangfolge anzeigen

4 Zuletzt benennen Sie die Spalte entsprechend um; wenn die Tabelle zuvor bereits nach Umsatz sortiert wurde, erübrigt sich ein weiteres Sortieren nach Rang.

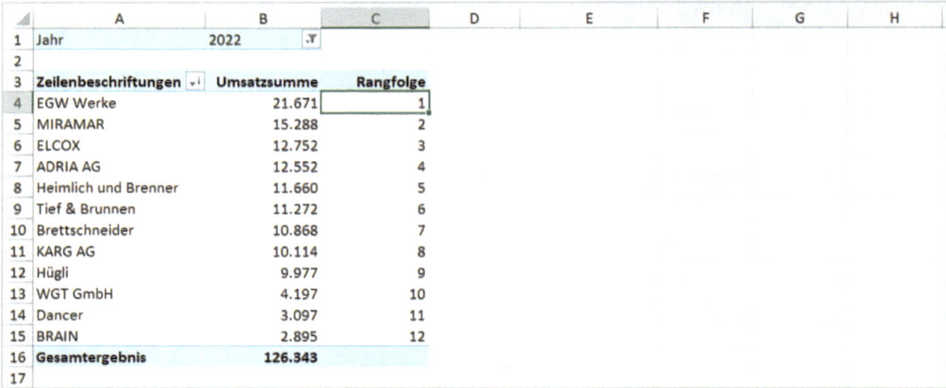

	A	B	C
1	Jahr	2022	
2			
3	Zeilenbeschriftungen	Umsatzsumme	Rangfolge
4	EGW Werke	21.671	1
5	MIRAMAR	15.288	2
6	ELCOX	12.752	3
7	ADRIA AG	12.552	4
8	Heimlich und Brenner	11.660	5
9	Tief & Brunnen	11.272	6
10	Brettschneider	10.868	7
11	KARG AG	10.114	8
12	Hügli	9.977	9
13	WGT GmbH	4.197	10
14	Dancer	3.097	11
15	BRAIN	2.895	12
16	Gesamtergebnis	126.343	
17			

Bild 6.91 Die Ergebnistabelle

Anzahl ohne Duplikate (Diskrete Anzahl) ermitteln

Sie benötigen die Anzahl der Artikel je Produktgruppe oder möchten die Zahl der Kunden pro Land ermitteln? Dies klingt zunächst einfacher, als es in der Praxis ist. Leider erhalten Sie nämlich nicht das gewünschte Ergebnis, wenn Sie, wie im Bild unten, die Länder mit oder ohne Kunden als Zeilen verwenden und als *Werte* die Anzahl der Kunden berechnen.

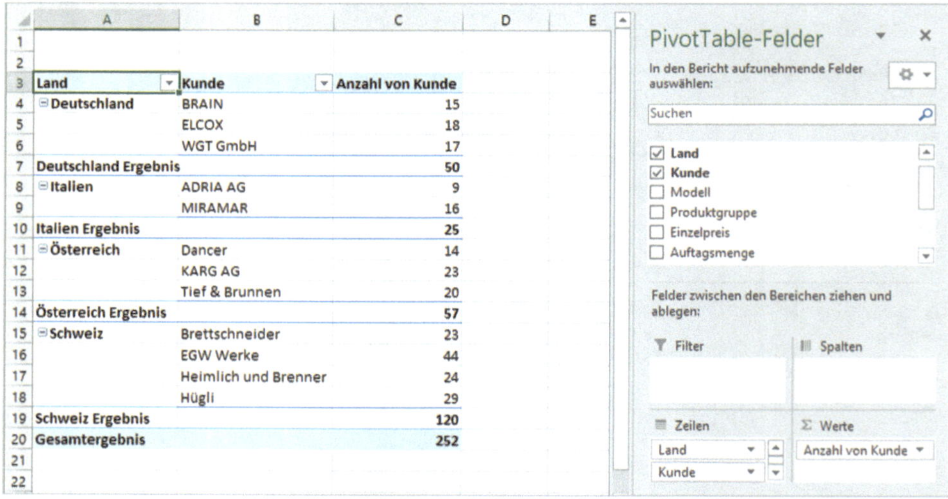

	A	B	C
1			
2			
3	Land	Kunde	Anzahl von Kunde
4	Deutschland	BRAIN	15
5		ELCOX	18
6		WGT GmbH	17
7	Deutschland Ergebnis		50
8	Italien	ADRIA AG	9
9		MIRAMAR	16
10	Italien Ergebnis		25
11	Österreich	Dancer	14
12		KARG AG	23
13		Tief & Brunnen	20
14	Österreich Ergebnis		57
15	Schweiz	Brettschneider	23
16		EGW Werke	44
17		Heimlich und Brenner	24
18		Hügli	29
19	Schweiz Ergebnis		120
20	Gesamtergebnis		252
21			
22			

Bild 6.92 Anzahl von Kunde liefert die Anzahl der Aufträge je Land

Der Grund: Die Funktion *Anzahl* bzw. *Anzahl von Kunde* zählt, wie oft jeder Kunde in der Datenquelle vorkommt. Das Ergebnis ist also eigentlich die Anzahl der Aufträge je Kunde und dasselbe Ergebnis würden Sie beispielsweise auch mit der Anzahl des Auftragsdatums erhalten.

Näheres zum Thema Power Pivot lesen Sie in Kapitel 8.

In diesem Fall benötigen Sie die sogenannte Diskrete Anzahl, diese ignoriert Duplikate und zählt jeden Kunden nur einmal. Allerdings ist Diskrete Anzahl nur über Power Pivot verfügbar, daher Sie müssen die Pivot-Tabelle zunächst dem Datenmodell hinzufügen.

Tabelle dem Datenmodell hinzufügen

Die Vorgehensweise beim Hinzufügen zum Datenmodell ist abhängig von den jeweiligen Ausgangsdaten:

- **Ausgangsdaten als Excel-Tabelle**: Befinden sich die Ausgangsdaten als Excel-Tabelle in derselben Arbeitsmappe, dann müssen Sie beim Erstellen der Pivot-Tabelle und Auswahl der Datenquelle das Kontrollkästchen *Dem Datenmodell diese Daten hinzufügen* aktivieren ❶, wie in Bild 6.93. **Achtung**: Nachträgliches Hinzufügen ist nicht mehr möglich.
- **Datenimport mit Power Query**: Stammen dagegen die Daten aus einer externen Datenquelle, dann klicken Sie im Menüband, Register *Daten* auf den Dropdown-Pfeil *PivotTable*, wählen *Aus externer Datenquelle* ❷ und aktivieren anschließend im Fenster *PivotTable aus externer Quelle* das Kontrollkästchen ❸ (Bild 6.94).

  Tipp: Bei Daten aus einer externen Datenquelle können Sie auch nachträglich über den Aufgabenbereich *Abfragen und Verbindungen* (anzeigen über Register *Daten* ▶ *Abfragen und Verbindungen*), danach Rechtsklick auf die Verbindung oder Abfrage und Befehl *Laden in...* die Daten dem Datenmodell hinzufügen.

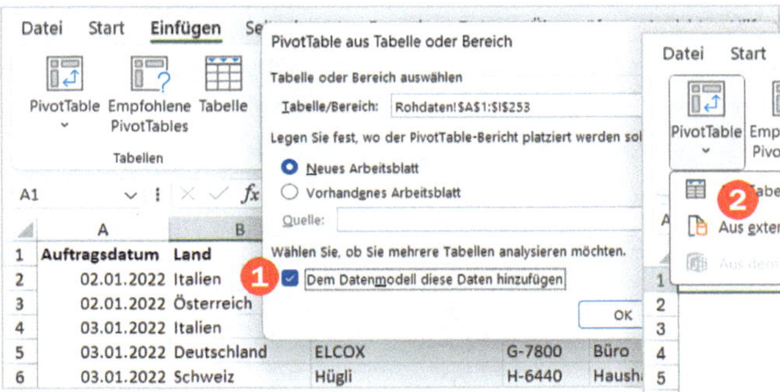

Bild 6.93 Arbeitsblatt: PivotTable aus Tabelle oder Bereich

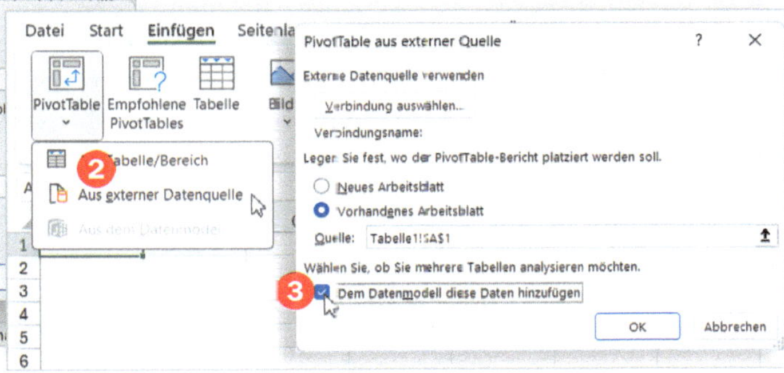

Bild 6.94 Aus externer Quelle

> **Achtung: Daten müssen dem Datenmodell der Arbeitsmappe hinzugefügt werden!**
>
> Im Fenster *Wertfeldeinstellungen* ist *Diskrete Anzahl* nur verfügbar, wenn Sie beim Erstellen der Pivot-Tabelle die Ausgangsdaten dem Datenmodell der Arbeitsmappe hinzugefügt haben!

Diskrete Anzahl berechnen

1. Nachdem Sie die Tabelle dem Datenmodell hinzugefügt haben, fügen Sie die benötigten Felder in die Pivot-Tabelle ein, wie im Bild rechts. Das Feld *Land* in den Bereich *Zeilen* und das Feld *Kunde* in den Wertebereich, standardmäßig wird hier die Anzahl berechnet.
2. Klicken Sie mit der rechten Maustaste in die Spalte *Anzahl von Kunde* oder im Aufgabenbereich *PivotTable-Felder* auf das Feld *Anzahl von Kunde* und auf *Wertfeldeinstellungen* ❶ (Bild 6.96).

Bild 6.95 Die Ausgangstabelle

	A	B
2		
3	**Zeilenbeschriftungen**	**Anzahl von Kunde**
4	Deutschland	50
5	Italien	25
6	Österreich	57
7	Schweiz	120
8	**Gesamtergebnis**	**252**
9		

3 Im Register *Werte zusammenfassen nach* ❷ erscheint nun am Ende der Liste *Diskrete Anzahl* ❸, wählen Sie diese aus und klicken Sie auf *OK*.

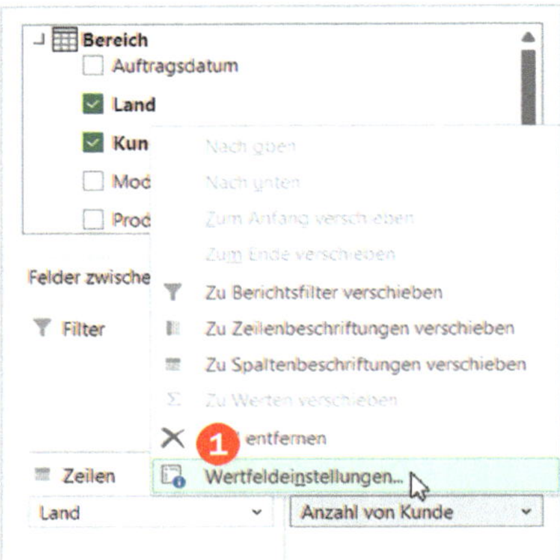

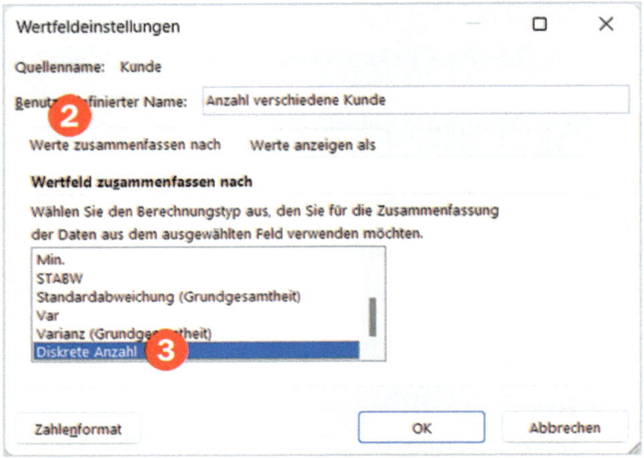

Bild 6.96 Wertfeldeinstellungen

Bild 6.97 Diskrete Anzahl auswählen

Die Anzahl der Kunden je Land wird nun korrekt angezeigt (Bild 6.98) und die Spalte können Sie jederzeit umbenennen.

Tipp: Wenn Sie zu Kontrollzwecken das Feld *Kunde* als untergeordnetes Zeilenfeld der Tabelle hinzufügen, dann erscheint zu jedem Kunden das korrekte Ergebnis 1 und die Teilergebnisse liefern die Anzahl der verschiedenen Kunden je Land.

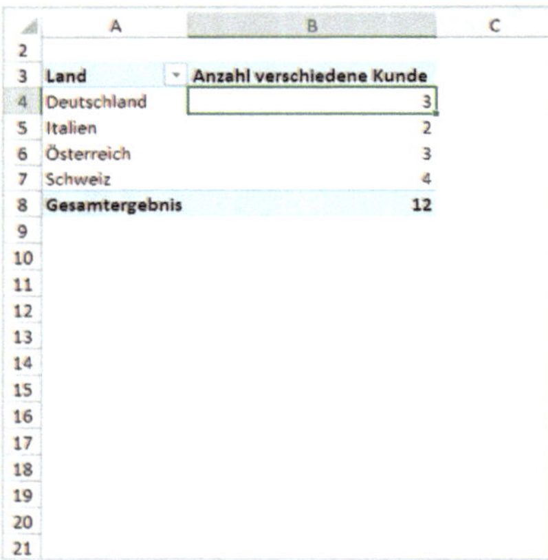

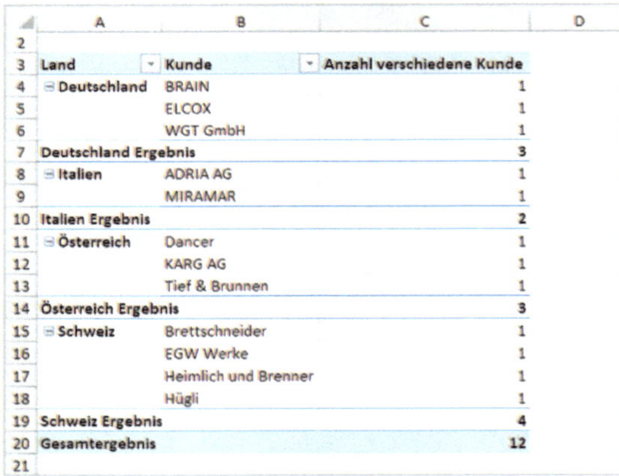

Bild 6.98 Das Ergebnis

Bild 6.99 Ergebnis je Kunde

6.8 Berechnungen mit Formeln

Wenn die oben genannten Möglichkeiten nicht ausreichen, können Sie in einer Pivot-Tabelle mit einer Formel ein weiteres Feld berechnen oder für ein Zeilen- oder Spaltenfeld weitere Elemente. Allerdings gelten hier diverse Einschränkungen, außerdem lassen sich sämtliche Berechnungen mit Power Query oder Power Pivot wesentlich komfortabler und mit mehr Möglichkeiten durchführen.

Berechnungen mit Power Query, siehe Kapitel 5.2.

Power Pivot, siehe Kapitel 8.

Feld berechnen

Ein berechnetes Feld erstellen Sie anhand einer Formel aus Feldern und/oder festen Werten. Das berechnete Feld wird der Feldliste hinzugefügt und steht anschließend in allen Pivot-Tabellen der Arbeitsmappe zur Verfügung, die auf derselben Datenquelle basieren. Zur Eingabe der Formel müssen die betreffenden Felder nicht zwingend auch Bestandteil der Pivot-Tabelle sein.

Einschränkungen für berechnete Felder

Die Berechnung von Feldern erfolgt in Pivot-Tabellen mit aggregierten Werten und nicht zeilenweise. Würden Sie also beispielsweise den Umsatz mit der Formel EinzelpreisNetto*Auftragsmenge berechnen, dann erhalten Sie ein falsches Ergebnis, da Excel die Summe der Auftragsmenge mit der Summe der Einzelpreise multipliziert. In solchen Fällen sollten Sie die Felder zuvor entweder mit Power Query, siehe Kapitel 5, oder mit Power Pivot, siehe Kapitel 8, berechnen.

Berechnete Felder eignen sich in erster Linie für Rechenoperationen, z. B. Multiplikation und Division von Feldern mit festen Werten, und können in Pivot-Tabellen ausschließlich im Bereich *Werte* verwendet werden.

Beispiel Jahresbonus

Als Beispiel eine einfache Multiplikation zur Berechnung des Jahresbonus in Höhe von 15 % des jährlichen Kundenumsatzes.

1 Fügen Sie eine Pivot-Tabelle mit den Feldern *Jahre* (Filter), *Kunde* und *Umsatz* ein, klicken Sie im Register *Analysieren* ▶ *Berechnungen* auf die Schaltfläche *Felder, Elemente und Gruppen* und wählen Sie *Berechnetes Feld...* ❶.

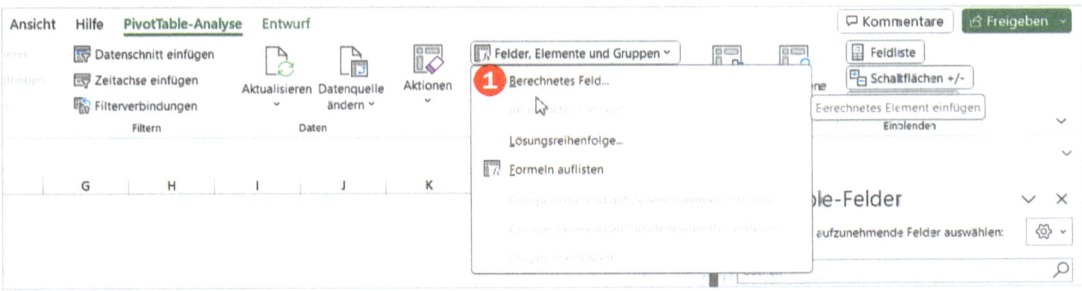

Bild 6.100 Klicken Sie auf Berechnetes Feld...

2 Das Fenster *Berechnetes Feld einfügen* öffnet sich. Geben Sie im Feld *Name* ❷ die Bezeichnung *Jahresbonus* für das neue Feld ein und darunter nach dem Gleichheitszeichen die Formel = Umsatz * 0,15 ❸. Das Feld *Umsatz* können Sie aus der Liste der Felder in die Formel übernehmen, indem Sie es markieren und auf die Schaltfläche *Feld einfügen* ❹ klicken, oder geben Sie den Feldnamen einfach über die Tastatur ein.

3 Klicken Sie auf *Hinzufügen* ❺ und schließen Sie dann das Fenster mit *OK* ❻.

Bild 6.101 Formel für berechnetes Feld eingeben

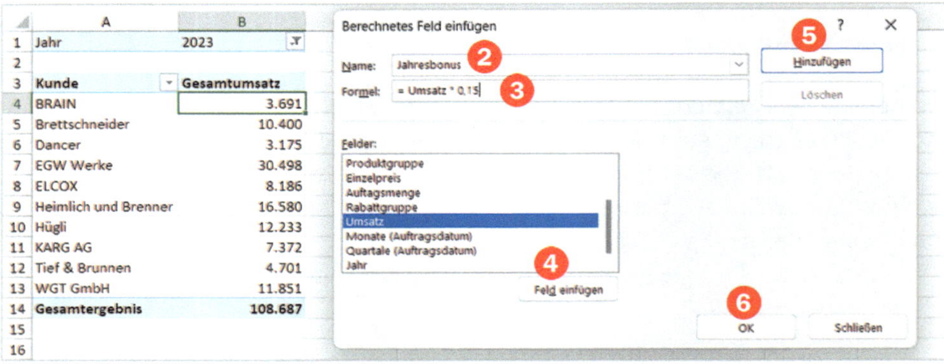

4 Das Feld *Jahresbonus* wird der Feldliste hinzugefügt und erscheint gleichzeitig im Wertebereich der Tabelle. Die Beschriftung *Summe von Jahresbonus* können Sie problemlos ändern.

Bild 6.102 Das Ergebnis

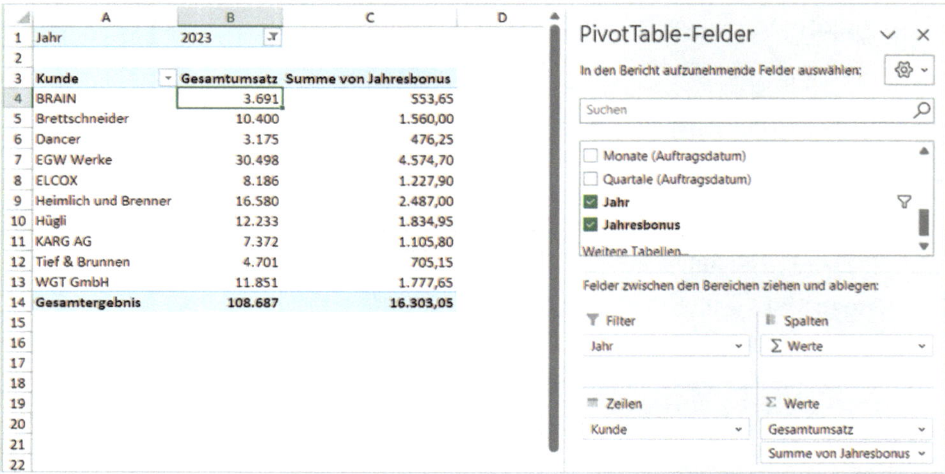

Funktionen in Formel verwenden

Auch einige einfache Excel-Funktionen können zur Formelberechnung verwendet werden. Wenn z. B. der Jahresbonus nicht pauschal wie im vorherigen Beispiel, sondern abhängig vom Jahresumsatz berechnet werden soll, dann kommt die Funktion WENN zum Einsatz. Beispiel: Ab einem Jahresumsatz von 10.000 € beträgt der Jahresbonus 20 % und darunter 10 %. Die dazugehörige Formel lautet dann:

=WENN(Umsatz>=10000;Umsatz*0,2;Umsatz*0,1).

Weitere unterstützte Funktionen sind z. B. RUNDEN, ANZAHL, MITTELWERT usw.. Beachten Sie, dass alle Funktionen vollständig manuell eingegeben werden müssen.

Bild 6.103 Beispiel Rabatt mit WENN berechnen

Berechnetes Feld ändern oder löschen

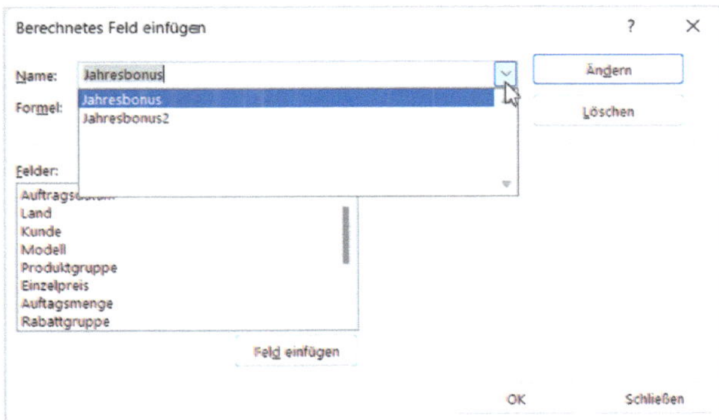

Bild 6.104 Berechnetes Feld ändern oder löschen

Wenn Sie die Formel eines berechneten Feldes nachträglich kontrollieren, ändern oder das Feld aus der Feldliste entfernen möchten, dann klicken Sie im Menüband, Register *PivotTable-Analyse* ▶ *Berechnungen* auf *Felder, Elemente und Gruppen berechnen* erneut auf *Berechnetes Feld...*.

Klicken Sie im Fenster *Berechnetes Feld einfügen* im Feld *Name* auf den Dropdown-Pfeil und wählen Sie das zu ändernde Feld aus, hier *Jahresbonus*. Die Formel erscheint nun wieder im dazugehörigen Eingabefeld und kann hier bei Bedarf geändert werden. Zum Übernehmen Ihrer Änderungen klicken Sie auf die Schaltfläche *Ändern*. Mit Klick auf *Löschen* wird dagegen das ausgewählte Feld endgültig aus der Feldliste entfernt.

Elemente eines Feldes berechnen

Eine andere Möglichkeit ist die Berechnung von zusätzlichen Elementen eines Feldes, das als Zeilen- oder Spaltenbeschriftung dient.

> **Die Feldliste darf kein gruppiertes Feld enthalten!**
>
> Die Pivot-Tabelle und die Feldliste dürfen kein gruppiertes Feld enthalten, z. B. Monate oder Quartale, die durch Gruppieren von Datumswerten erzeugt wurden. Sie erhalten sonst eine Fehlermeldung. Berechnen Sie also am besten auch Elemente eines Feldes, falls benötigt, nach Möglichkeit mit Power Query. Das nachfolgende Beispiel wird deshalb nur der Vollständigkeit halber beschrieben.

Berechnungen mit Power Query, siehe Kapitel 5.2.

Berechnete Elemente eignen sich z. B. für Sollvorgaben. Nehmen wir als Beispiel an, Sie möchten für das kommende Jahr für die Produktgruppe *Büro* ein Umsatzplus von 5 % als Sollvorgabe ermitteln.

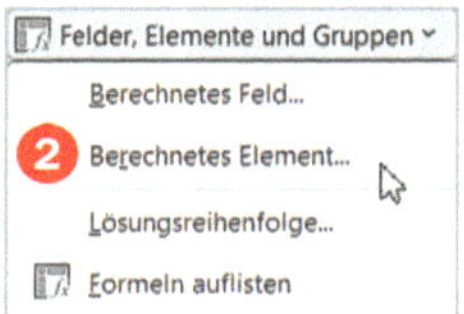

1. Erstellen Sie eine Pivot-Tabelle, wie in Bild 6.105 ❶. Markieren Sie eine beliebige Produktgruppe, klicken Sie im Register *PivotTable-Analyse* ▶ *Berechnungen* auf *Felder, Elemente und Gruppen* und auf *Berechnetes Element...* ❷. Achtung: Dieser Befehl ist nur für Elemente der Zeilen- oder Spaltenbeschriftung verfügbar.
2. Geben Sie im Fenster *Berechnetes Element in "Produktgruppe" einfügen* einen Namen für das Element ein, z. B. *Büro Soll 5%* ❸.
3. Fügen Sie dann im Feld *Formel* nach dem Gleichheitszeichen das Element *Büro* aus der Liste *Elemente* ❺ mit Doppelklick oder der Schaltfläche *Element einfügen* in die Formel ein. Vervollständigen Sie die Formel mit *1,05 ❹ und klicken Sie auf *Hinzufügen* ❻.
4. Schließen Sie zuletzt das Fenster mit *OK*.

Bild 6.105 Geben Sie Name und Formel für das berechnete Element ein

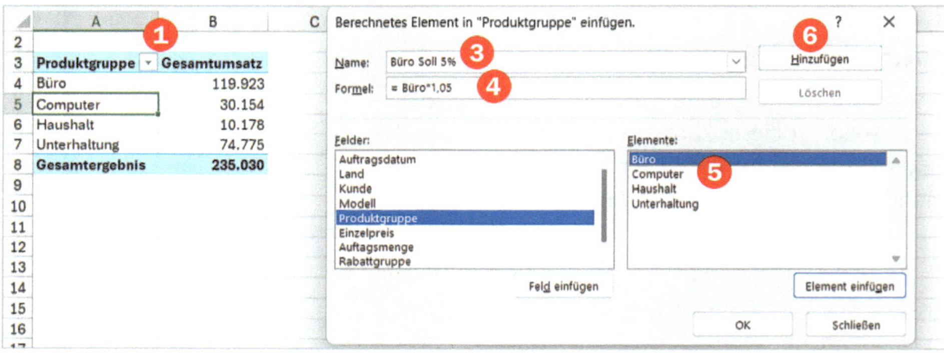

Tipp: Die Formel erscheint in der Bearbeitungsleiste, wenn Sie einen beliebigen Wert des berechneten Elements markieren, s. Bild 6.106.

5. Das Feld in der Tabelle wird um das berechnete Element erweitert, bzw. eine Zeile hinzugefügt und der dazugehörige Wert nach der angegebenen Formel berechnet. Blenden Sie anschließend über die Filterschaltfläche alle nicht benötigten Produktgruppen bis auf Büro und das neu berechnete Element aus (Bild 6.106).
6. Nun können Sie die Tabelle beliebig umstellen: Wenn Sie z. B. für den Außendienst die Sollvorgabe je Land benötigen, dann ziehen Sie die (gefilterten) Produktgruppen in den Bereich *Spalten* und verwenden die Länder als Zeilenbeschriftung, wie in Bild 6.107. Die Gesamtergebnisse sind überflüssig und sollten über das Register *Entwurf* ▶ *Gesamtergebnisse* entfernt werden.

Bild 6.106 Blenden Sie alle Produktgruppen bis auf Büro und den Sollumsatz aus

Bild 6.107 Länder mit Sollumsatz

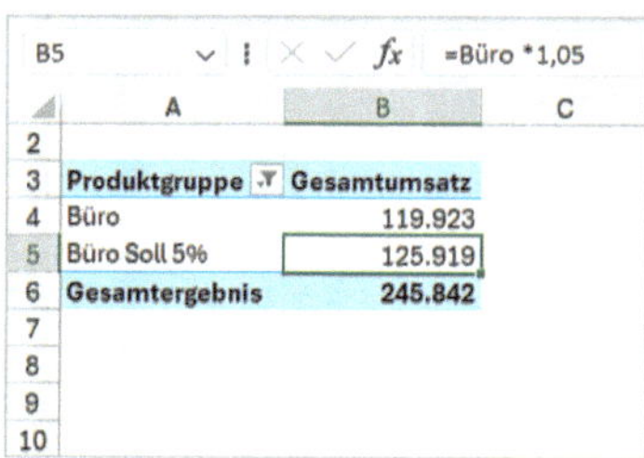

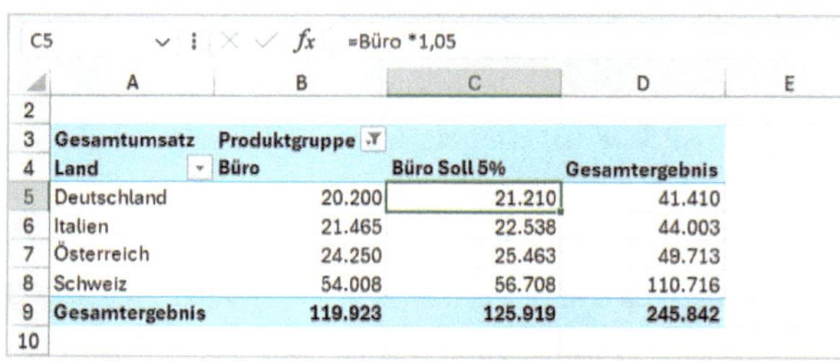

Die Funktion PIVOTDATENZUORDNEN

Benötigen Sie für weitere Auswertungen nur bestimmte Inhalte einer Pivot-Tabelle und diese befindet sich entweder in einem anderen Arbeitsblatt oder in einer anderen Arbeitsmappe? Oder möchten Sie ein Diagramm erstellen, das nur bestimmte Werte einer Pivot-Tabelle einbezieht? Dazu benötigen Sie Verweise auf die entsprechenden Zellen der Pivot-Tabelle. Excel verwendet in diesem Fall anstelle eines Zellbezugs automatisch die Funktion PIVOTDATENZUORDNEN, sobald Sie nach Eingabe des Gleichheitszeichens auf die benötigte Zelle klicken (Bild 6.108).

Vorteil: Diese Funktion bezieht sich nicht auf die Zelle, z. B. B8, sondern auf einen bestimmten Wert eines Feldes. So ist sichergestellt, dass dieser auch nach dem Aktualisieren der Tabelle oder Ändern des Berichtslayouts noch korrekt ist.

Bild 6.108 Excel verwendet automatisch die Funktion PIVOTDATENZUORDNEN

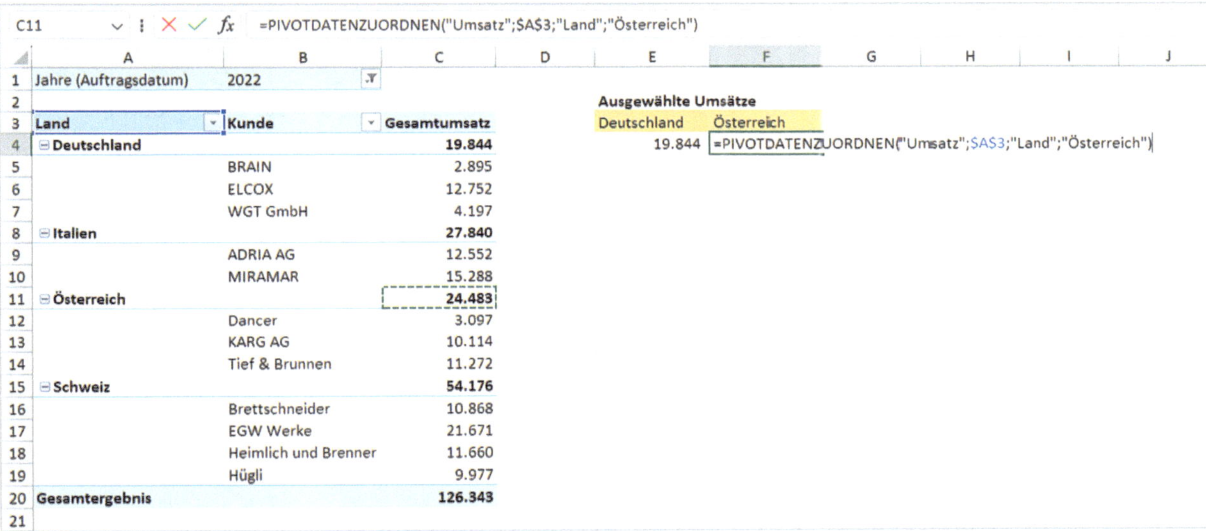

C11 =PIVOTDATENZUORDNEN("Umsatz";A3;"Land";"Österreich")

	A	B	C	D	E	F
1	Jahre (Auftragsdatum)	2022				
2					Ausgewählte Umsätze	
3	Land	Kunde	Gesamtumsatz		Deutschland	Österreich
4	Deutschland		19.844		19.844	=PIVOTDATENZUORDNEN("Umsatz";A3;"Land";"Österreich")
5		BRAIN	2.895			
6		ELCOX	12.752			
7		WGT GmbH	4.197			
8	Italien		27.840			
9		ADRIA AG	12.552			
10		MIRAMAR	15.288			
11	Österreich		24.483			
12		Dancer	3.097			
13		KARG AG	10.114			
14		Tief & Brunnen	11.272			
15	Schweiz		54.176			
16		Brettschneider	10.868			
17		EGW Werke	21.671			
18		Heimlich und Brenner	11.660			
19		Hügli	9.977			
20	Gesamtergebnis		126.343			
21						

Die Funktion besitzt folgenden Aufbau:

```
=PIVOTDATENZUORDNEN(Datenfeld;PivotTable;Feld1;Element1;Feld2;Element2;...)
```

Nachteile der Funktion

- Die Funktion kann zwar in angrenzende Zellen kopiert werden, allerdings wird der Zellbezug nicht angepasst. Daran ändert auch das Umwandeln in einen relativen Zellbezug in der Formel nichts. Werden mehrere Werte aus der Pivot-Tabelle benötigt, dann muss also die Funktion jedes Mal neu eingegeben werden.
- Wenn sich die Pivot-Tabelle in einer anderen Arbeitsmappe befindet, dann muss diese Mappe beim späteren Öffnen ebenfalls geöffnet sein, andernfalls erhalten Sie den Fehlerwert #BEZUG.

Eine andere Möglichkeit ist der Zugriff auf einzelne Werte des Datenmodells mit Cube-Funktionen, siehe 8.8 auf Seite 337.

6.9 Daten aus mehreren Tabellen zusammenführen

Daten aus Tabellen mit identischem Aufbau zusammenführen

Manchmal stammen die auszuwertenden Daten aus verschiedenen Quellen. Wenn die Tabellen denselben Aufbau und identische Zeilen- und/oder Spaltenbeschriftungen besitzen, dann gibt es dafür mehrere Lösungen. Jede besitzt Vor- und Nachteile:

- Das Tool *Konsolidieren* (Register *Daten* ▶ *Datentools*) ist seit langem fester Bestandteil von Excel. Es erlaubt das Zusammenführen mehrerer Excel-Tabellen, vorausgesetzt die Tabellen sind gleich aufgebaut und verfügen über identische Spalten- und/oder Zeilenbeschriftungen. Nachteil: Die Datenherkunft ist aus dem Ergebnis nicht mehr ersichtlich.
- Die einfachste und effektivste Methode, Daten aus mehreren Tabellen zusammenzuführen, ist der Weg über Power Query oder Power Pivot. Mit beiden Methoden kann auch auf externe Datenquellen, z. B. Textdateien (.txt und .csv) oder Datenbanken zugegriffen werden. Die Vorgehensweise wird in Kapitel 5 und Kapitel 8 beschrieben.
- Darüber hinaus existiert noch die Möglichkeit, mit dem PivotTable- und PivotChart-Assistent älterer Excel-Versionen eine Pivot-Tabelle aus mehreren Excel-Tabellen zu erstellen. Dies eignet sich allerdings in erster Linie für kleinere und einfach aufgebaute Tabellen und wird hier nur der Vollständigkeit halber mit aufgeführt.

Power Query: s. Punkt „5.6 Daten aus mehreren Tabellen kombinieren" auf Seite 150.

Power Pivot: s. Punkt 8.2 auf Seite 276.

Zusammenführen mit dem PivotTable- und PivotChart-Assistent

Hier ein Beispiel, wie Sie eine Pivot-Tabelle aus mehreren Excel-Tabellen erstellen:

Zusammenführen_Daten.xlsx

Die monatlichen Umsatzberichte einzelner Verkaufsbezirke liegen jeweils in einem eigenen Arbeitsblatt vor. Diese befinden sich im hier verwendeten Beispiel alle in derselben Arbeitsmappe, könnten aber genauso gut auch auf verschiedene Arbeitsmappen verteilt sein. Alle Tabellen besitzen den gleichen Aufbau mit identischen Zeilen- und Spaltenbeschriftungen. Allerdings ist ab Februar ein weiterer Verkaufsbezirk hinzugekommen und im März die neue Warengruppe Kleingeräte. Im Bild unten als Beispiel die Monate Januar und März.

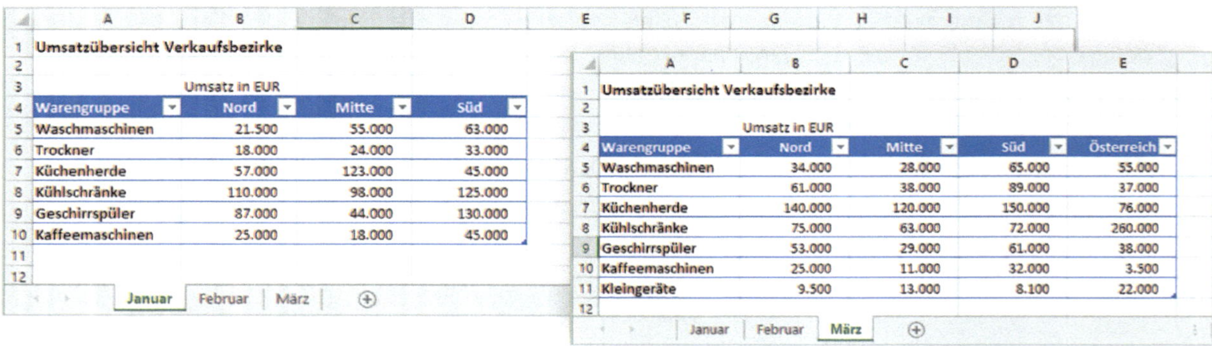

Umsatzübersicht Verkaufsbezirke (Januar) – Umsatz in EUR

Warengruppe	Nord	Mitte	Süd
Waschmaschinen	21.500	55.000	63.000
Trockner	18.000	24.000	33.000
Küchenherde	57.000	123.000	45.000
Kühlschränke	110.000	98.000	125.000
Geschirrspüler	87.000	44.000	130.000
Kaffeemaschinen	25.000	18.000	45.000

Umsatzübersicht Verkaufsbezirke (März) – Umsatz in EUR

Warengruppe	Nord	Mitte	Süd	Österreich
Waschmaschinen	34.000	28.000	65.000	55.000
Trockner	61.000	38.000	89.000	37.000
Küchenherde	140.000	120.000	150.000	76.000
Kühlschränke	75.000	63.000	72.000	260.000
Geschirrspüler	53.000	29.000	61.000	38.000
Kaffeemaschinen	25.000	11.000	32.000	3.500
Kleingeräte	9.500	13.000	8.100	22.000

Bild 6.109 Die monatlichen Umsatzberichte befinden sich in getrennten Arbeitsblättern

Am Quartalsende wird eine Zusammenfassung für das gesamte Quartal, also die Monate Januar bis März benötigt. Aufgrund der identischen Beschriftungen erfüllen alle Tabellen die Voraussetzung für eine Zusammenfassung durch eine Pivot-Tabelle. Die unterschiedliche Anzahl Zeilen und/oder Spalten spielt dagegen keine Rolle und die Tabellen müssen sich auch nicht zwingend an derselben Position im Tabellenblatt befinden.

Den PivotTable- und PivotChart-Assistent der Symbolleiste für den Schnellzugriff hinzufügen

Für das Zusammenfassen mehrerer Tabellen benötigen Sie den PivotTable- und PivotChart-Assistent. Leider ist dieser in neueren Excel-Versionen nicht mehr auf Anhieb verfügbar, sondern muss erst dem Menüband oder der Symbolleiste für den Schnellzugriff hinzugefügt werden:

1 Klicken Sie rechts am Ende der Symbolleiste für den Schnellzugriff auf *Symbolleiste für den Schnellzugriff anpassen* und auf *Weitere Befehle....*

2 Wählen Sie in den *Excel-Optionen* im Feld *Befehle auswählen* die Anzeige *Alle Befehle* aus. Klicken Sie dann in der Liste der Befehle auf *PivotTable- und PivotChart-Assistent* und auf die Schaltfläche *Hinzufügen*.

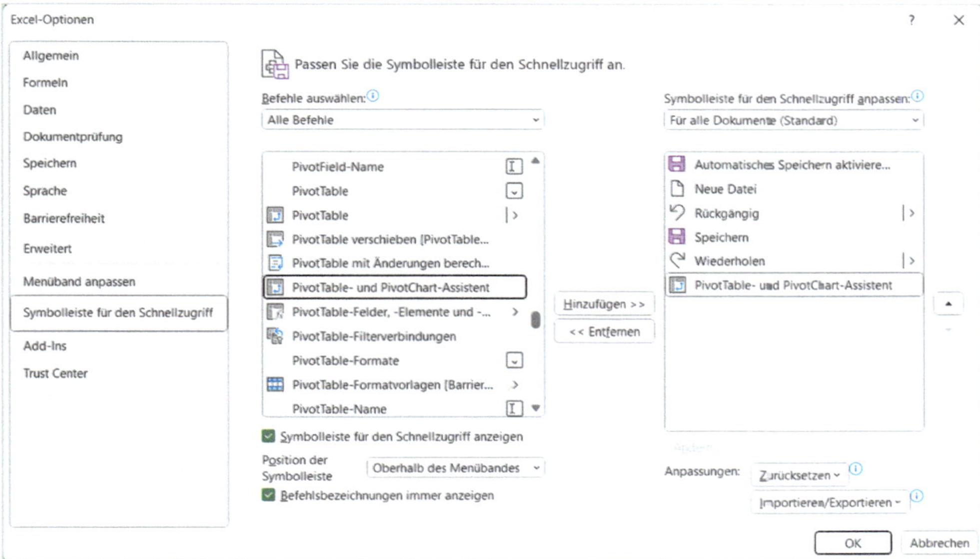

Bild 6.110 PivotTable- und PivotChart-Assistent der Symbolleiste für den Schnellzugriff hinzufügen

Pivot-Tabelle erstellen

1 Anschließend erstellen Sie die Pivot-Tabelle: Klicken Sie in der Symbolleiste für den Schnellzugriff auf das Symbol *PivotTable- und PivotChart-Assistent*. Die aktuelle Markierung spielt keine Rolle; wenn die Ergebnistabelle in einem neuen Arbeitsblatt erstellt werden soll, dann wird dieses durch den Assistent automatisch hinzugefügt.

2 Im ersten Schritt des Assistenten wählen Sie die Option *Mehrere Konsolidierungsbereiche* aus und als Darstellung *PivotTable* (Bild unten). Klicken Sie auf *Weiter*.

3 Damit später ein Filtern nach Tabellen bzw. Monaten möglich ist, müssen Sie nächsten Schritt die Option *Benutzerdefinierte Seitenfelderstellung* wählen. Klicken Sie dann auf *Weiter*.

Bild 6.111 Schritt 1 und 2a des Assistenten

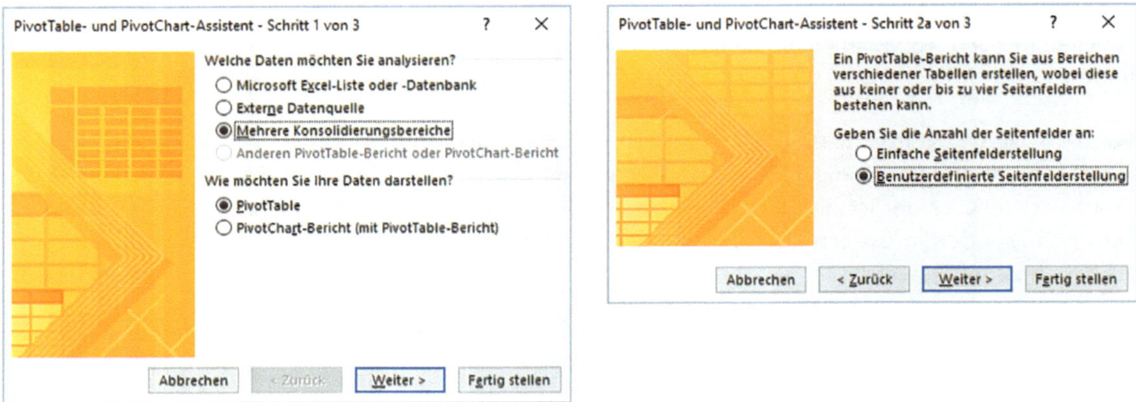

4 Anschließend wählen Sie die Tabellenbereiche der Reihe nach aus. Dazu klicken Sie im Assistenten in das Eingabefeld *Bereich* ❶, markieren im Arbeitsblatt den ersten Tabellenbereich einschließlich der Zeilen- und Spaltenbeschriftungen und klicken anschließend auf *Hinzufügen*. Mit der Schaltfläche *Durchsuchen...* kann auch eine andere Arbeitsmappe ausgewählt und geöffnet werden.

Bild 6.112 Tabellenbereich auswählen und hinzufügen

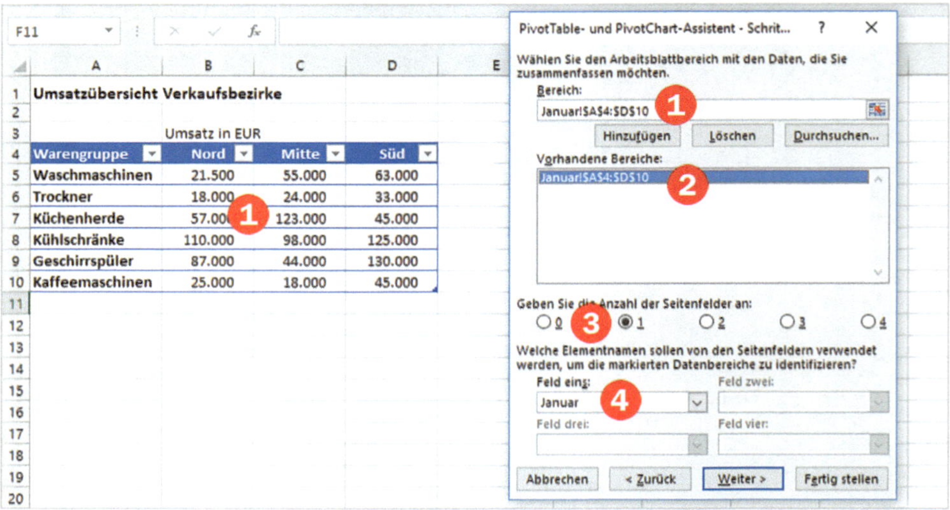

5 Markieren Sie in der Liste *Vorhandene Bereiche* den soeben hinzugefügten Tabellenbereich ❷ und wählen Sie unterhalb die Anzahl der Seitenfelder, für dieses Beispiel *1* ❸. Als Name für *Feld eins* geben Sie *Januar* ein ❹.

6 Zum Hinzufügen des nächsten Tabellenbereichs markieren Sie im Feld *Bereich* den vorherigen Inhalt und ersetzen diesen, indem Sie in der Arbeitsmappe den nächsten Tabellenbereich markieren. Klicken Sie dann erneut auf *Hinzufügen* und geben Sie bei *Feld eins* den Namen *Februar* ein.

7 Wiederholen Sie diesen Schritt für die übrigen Tabellenbereiche. Diese müssten anschließend in der Liste *Vorhandene Verweise* aufgeführt sein. Wenn Sie hier auf einen Verweis klicken, erscheint der dazugehörige Name im Eingabefeld *Feld eins* und kann hier ggf. auch nachträglich geändert werden.

Bild 6.113 Verweise mit Namen

8 Klicken Sie auf *Weiter* und legen Sie im letzten Schritt fest, dass die Ergebnistabelle in einem neuen Arbeitsblatt eingefügt werden soll.

Bild 6.114 Ergebnistabelle in Arbeitsblatt einfügen

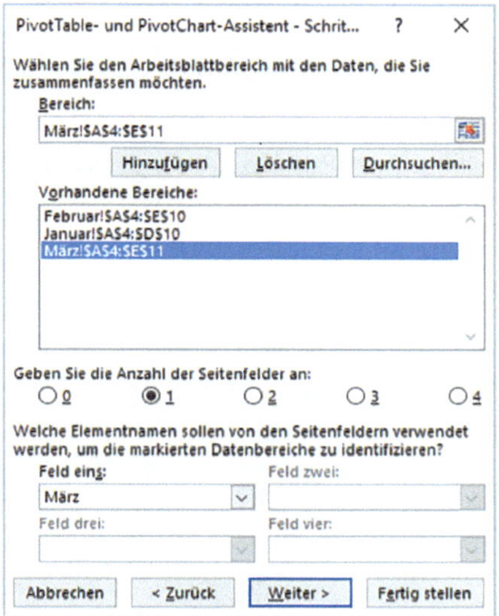

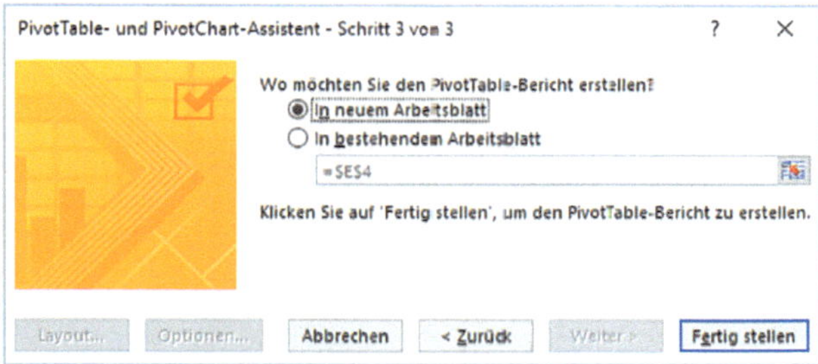

Als Ergebnis erhalten Sie die Zusammenfassung (Bild unten) als Pivot-Tabelle. Der ursprüngliche Tabellenaufbau wurde beibehalten und die Seitenfelder, hier Monate, als Tabellenfilter verwendet. Wie gewohnt, können Sie nun die Felder beliebig umstellen.

Bild 6.115 Die Zusammenfassung als Pivot-Tabelle

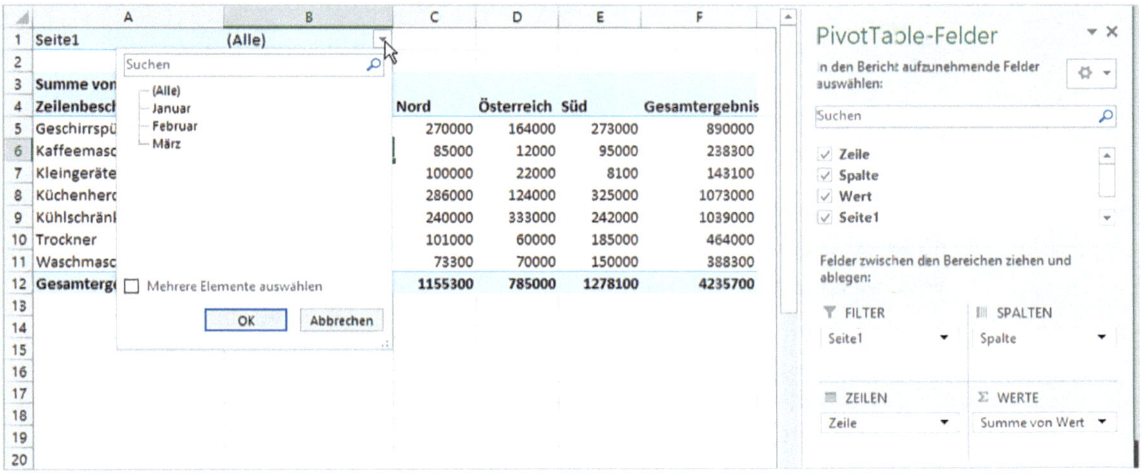

Beziehungen statt SVERWEIS

Statt mit SVERWEIS Spalteninhalte aus einer anderen Tabelle einzubeziehen, können Sie mit Excel auch eine Beziehung zwischen zwei Tabellen erstellen. Anschließend stehen Ihnen in der Pivot-Tabelle Felder aus beiden Tabellen zur Verfügung.

> Immer, wenn Sie mit mehreren Tabellen arbeiten und diese zueinander in Beziehung setzen, erstellt Excel ein sogenanntes Datenmodell. Datenmodelle sind eigentlich in relationalen Datenbanken gebräuchlich, z. B. Microsoft Access oder MySQL, werden jedoch seit der Version 2013 auch von Excel unterstützt.
>
> An dieser Stelle wird nur ein einfaches Beispiel für ein Datenmodell vorgestellt. Wenn Sie jedoch mit Power Pivot arbeiten möchten, dann sollten Sie sich auch mit Datenmodellen eingehender befassen. Mehr zu diesem Thema erfahren Sie in Kapitel 7.

Für das nachfolgende Beispiel einer Personalauswertung werden zwei Excel-Tabellen herangezogen; eine Personaltabelle mit Kostenstellen und Standort (Blatt *Personalliste*) und eine Tabelle mit den Arbeitszeiten des Monats Januar (Blatt *Zeiten Januar*), beide befinden sich in diesem Beispiel in derselben Arbeitsmappe.

Bild 6.116 Die Tabelle Personaldaten

Personal-Nr.	Nachname	Vorname	Kostenstelle	Abteilung	Eintrittsdatum	Standort
75	Moser	Karl	500	Lager	01.05.2021	München
76	Kabelschacht	Alfred	100	Zentrale	15.03.2020	Regensburg
77	Hinterleitner	Sandra	100	Zentrale	12.01.2018	München
79	Thomas	Sabine	200	Einkauf	01.01.2016	Ulm
80	Baumholtz	Philipp	100	Zentrale	23.07.2013	Ulm
81	Muster	Tobias	500	Lager	18.11.2012	München
83	Nordhoff	Silke	400	Vertrieb	01.03.2010	Regensburg
84	Leutz	Sven	400	Vetrieb	19.02.2019	Regensburg
86	Mumpitz	Nicole	300	EDV	21.06.2015	Ulm
87	Rumpenhorst	Walter	300	EDV	01.09.2019	Pfarrkirchen
89	Weber	Wolfgang	200	Einkauf	07.04.2003	Pfarrkirchen
90	Pförtner	Max	200	Einkauf	15.05.2022	Ulm
91	Wiesenbrecht	Kurt	400	Vetrieb	04.07.2022	Pfarrkirchen
92	Schulz	Emma	100	Zentrale	01.03.2021	München
93	Dörfler	Jasmin	100	Zentrale	15.06.2023	Regensburg

Personalliste | Zeiten Januar | Tabelle2

Bild 6.117 Die Tabelle Zeiten_Januar

Arbeitszeitauswertung

Monat: **Januar**

Personal-Nr.	Istzeit
75	160
76	148
77	171
79	120
80	68
81	158
83	160
84	163
86	159
87	122
89	130
90	140
91	60
92	120
93	160

Personalliste | Zeiten Januar

Personaldaten.xlsx

Damit eine Beziehung zwischen zwei Tabellen erstellt werden kann, müssen folgende Voraussetzungen erfüllt sein:

Statt Excel-Tabellen können auch Daten aus Verbindungen oder Abfragen verwendet werden.

- Jede der Tabellen muss über eine Spalte mit übereinstimmendem Inhalt verfügen, diese wird auch als Schlüsselfeld bezeichnet. Das bedeutet, über diese Spalte ist ein eindeutiger Bezug auf die andere Tabelle möglich, im Beispiel ist dies die Spalte *Personal-Nr*.
- Excel-Tabellen sollten als Tabellenbereich formatiert sein und zwecks besserer Übersicht mit einem aussagekräftigen Namen versehen werden. Die Tabelle mit den Personaldaten hat in diesem Beispiel den Namen *Personaldaten* erhalten und die Tabelle mit den Arbeitszeiten den Namen *ZeitenJanuar*.

- In der Tabelle *Personaldaten* muss die Personalnummer eindeutig sein, d. h. in der Spalte *Personal-Nr.* darf jede Nummer nur einmal vorkommen.

Pivot-Tabelle mit Feldern aus beiden Tabellen erstellen

Excel kann seit der Version 2016 anhand bestimmter Kriterien (Spaltenüberschriften und Inhalte) automatisch Beziehungen zwischen zwei Tabellen herstellen, andernfalls erstellen Sie die Beziehung manuell. In beiden Fällen gehen Sie so vor:

1 Klicken Sie in den ersten Tabellenbereich, hier *ZeitenJanuar*, und klicken Sie im Menüband, Register *Einfügen* ▶ *Tabellen* auf *PivotTable*. Kontrollieren Sie den Zellbereich (ohne Überschriften!) und aktivieren Sie unbedingt das Kontrollkästchen *Dem Datenmodell diese Daten hinzufügen*. Klicken Sie dann auf *OK*.

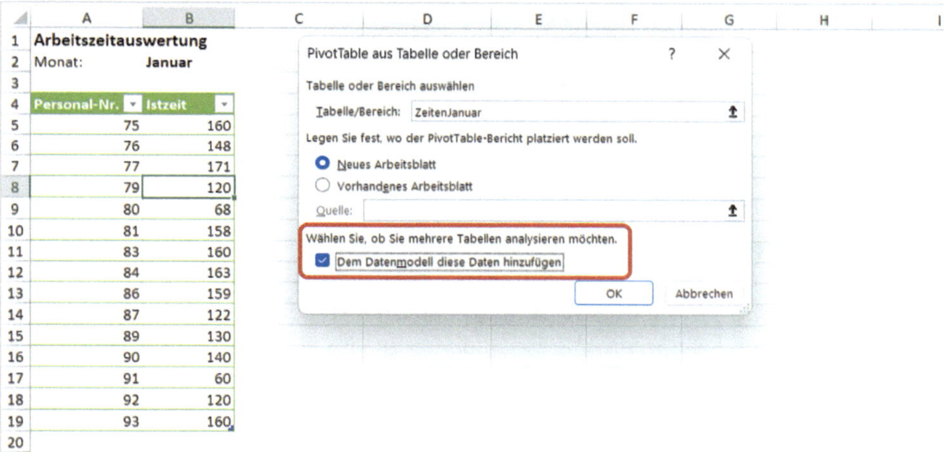

Bild 6.118 Daten dem Datenmodell hinzufügen

2 Excel fügt eine leere Pivot-Tabelle ein und die Felder der ausgewählten Tabelle erscheinen im Aufgabenbereich *PivotTable-Felder*. Klicken Sie nun im Aufgabenbereich auf das Register *Alle* ❶, wie in Bild 6.119 auf der nächsten Seite (statt *Aktiv*). Hier werden alle übrigen Tabellen der Arbeitsmappe aufgelistet, in diesem Beispiel also auch auf die Tabelle *Personaldaten* ❷.

3 Benutzen Sie die Pfeile vor der jeweiligen Tabelle, um die dazugehörigen Felder anzuzeigen. Anschließend können Sie die benötigten Felder in die Bereiche ziehen. Da in diesem Beispiel eine Auswertung der Arbeitszeiten nach Kostenstellen benötigt wird, ziehen Sie aus der Tabelle *Personaldaten* das Feld *Kostenstelle* in den Bereich *Zeilen* und aus der Tabelle *ZeitenJanuar* das Feld *Istzeit* in den Bereich *Werte* ❸.

4 Allerdings ist das Ergebnis noch nicht zufriedenstellend, wie ein Blick in die Tabelle ❹ zeigt. Der Grund: Eine Beziehung über das gemeinsame Feld, die Personalnummer, ist erforderlich.

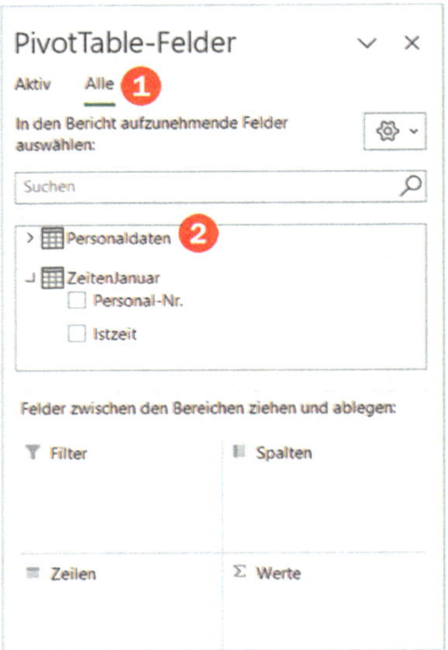

Bild 6.119 Klicken Sie auf das Register Alle

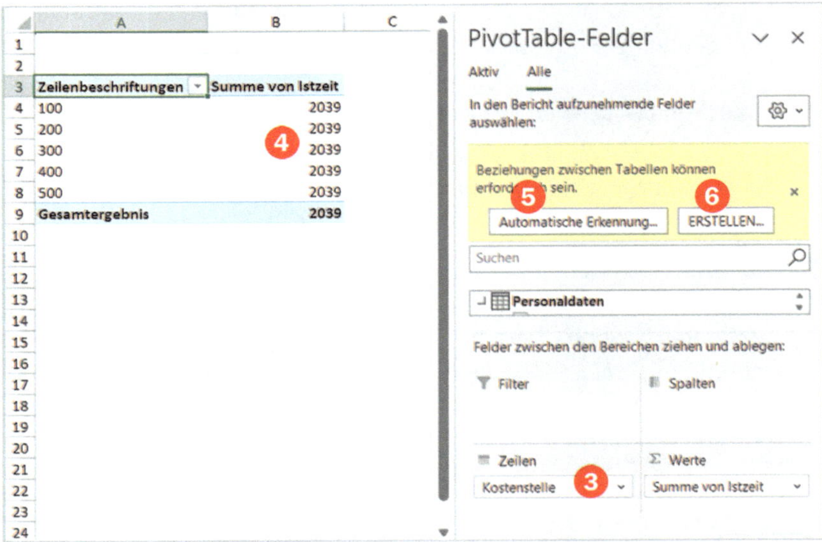

Bild 6.120 Ziehen Sie Felder aus beiden Tabellen in die Bereiche

5 Sie haben nun zwei Möglichkeiten, eine Beziehung herzustellen:

- **Beziehung automatisch erstellen**
  In manchen Fällen, z. B. bei exakt übereinstimmenden Spaltenüberschriften kann Excel die Beziehung automatisch erstellen. Klicken Sie dazu auf die Schaltfläche *Automatische Erkennung...* ❺. Excel versucht nun, eine Beziehung zu erstellen und blendet anschließend eine entsprechende Meldung ein. Wenn eine Beziehung erkannt wurde, wie im Bild unten, dann klicken Sie auf *Schließen*.

Bild 6.121 Beziehung erkannt und automatisch erstellt

- **Beziehung manuell herstellen**
  Falls die automatische Erkennung nicht erfolgreich war, müssen Sie die Beziehung manuell erstellen, klicken Sie dazu auf die Schaltfläche *ERSTELLEN* ❻.

  Im Fenster *Beziehungen erstellen* (Bild 6.122) wählen Sie nun die Tabellen und Spalten aus. Klicken Sie in das Feld *Tabelle* ❼ und wählen Sie *Datenmodelltabelle ZeitenJanuar* aus, im Feld *Spalte (fremd)* wählen Sie das Feld *Personal-Nr.* aus ❽.

  Im Feld *Verwandte Tabelle* ❾ legen Sie mit der Auswahl *Datenmodelltabelle: Personaldaten* die zweite Tabelle fest und im Feld *Verwandte Spalte (Primär)* ebenfalls die Personalnummer. Klicken Sie dann auf *OK*.

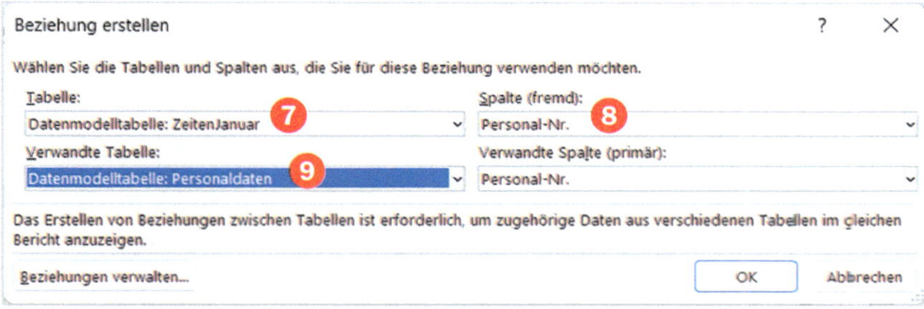

Bild 6.122 Fenster Beziehung erstellen

Mit *Verwandte Tabelle* und *Verwandte Spalte (primär)* ist diejenige Tabelle gemeint, die den Primärschlüssel dieser Beziehung enthält, also die Personaltabelle.

Jetzt sieht das Ergebnis in der Tabelle schon besser aus. Wenn gewünscht, können Sie die Tabelle nun auch noch um die Standorte ergänzen, wie im Bild unten.

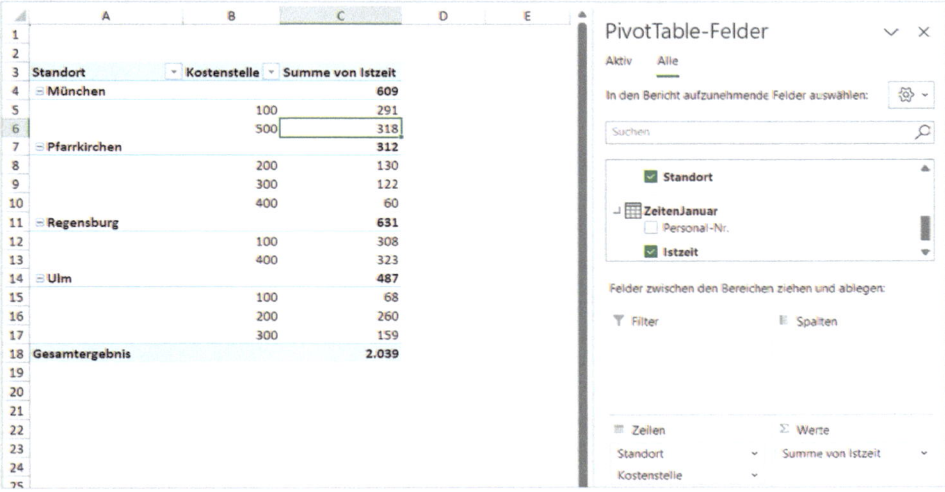

Bild 6.123 Das Ergebnis

Beziehungen bearbeiten oder löschen

Wenn Sie nachträglich eine Beziehung bearbeiten, entfernen oder auch nur kontrollieren möchten, dann klicken Sie im Menüband, Register *Daten* ▶ *Datentools* auf *Datenmodell* und auf *Beziehungen*. Markieren Sie dann im Fenster *Beziehungen verwalten* die Beziehung und klicken Sie auf die Schaltfläche *Bearbeiten...*. Im Fenster *Beziehung bearbeiten* (siehe Bild 6.122 oben) können Sie nun die Details kontrollieren und ggf. ändern.

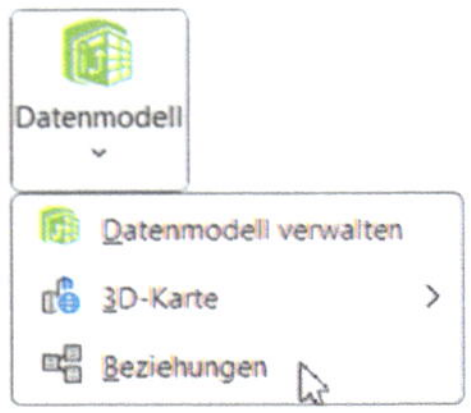

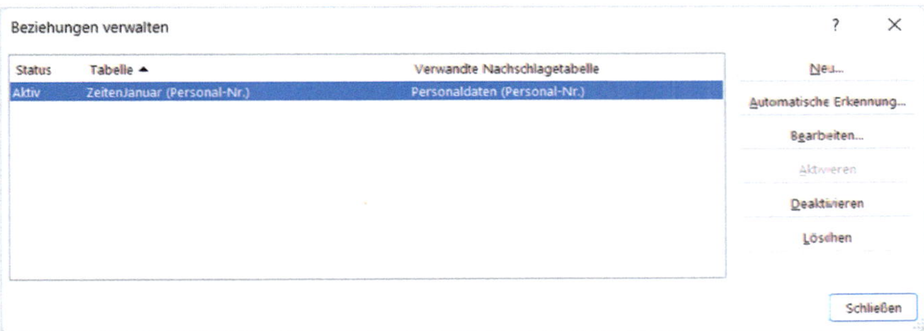

Bild 6.124 Das Fenster Beziehungen verwalten

Hinweise

- Mit der Schaltfläche *Deaktivieren* kann die markierte Beziehung vorübergehend deaktiviert und mit *Löschen* auch endgültig entfernt werden.
- Alternativ können Sie eine Beziehung auch erstellen, indem Sie im ersten Schritt das Fenster *Beziehungen verwalten* öffnen, hier über die Schaltfläche *Neu...* eine neue Beziehung erstellen und erst danach die Pivot-Tabelle einfügen. In diesem Fall klicken Sie zum Erstellen der Pivot-Tabelle im Menüband, Register *Daten* auf den Dropdown-Pfeil *PivotTable* und wählen die Option *Aus dem Datenmodell*. Danach brauchen Sie nur noch angeben, wo die Tabelle eingefügt werden soll.

Die Tabelle mit den Ausgangsdaten muss nicht ausgewählt werden, Sie können sich also auch in einem leeren Tabellenblatt befinden

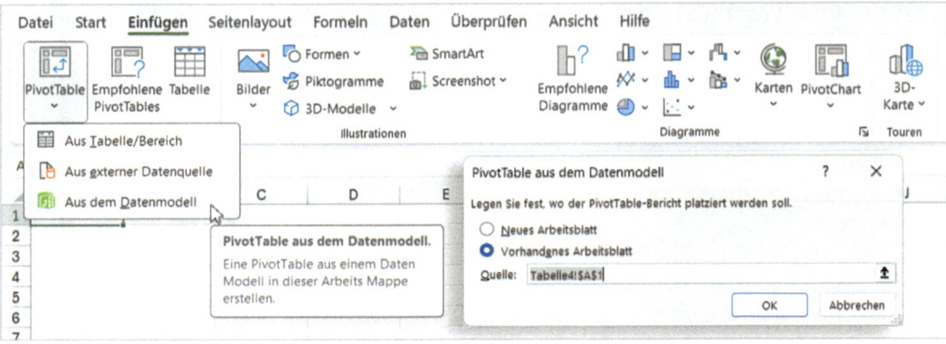

Bild 6.125 Pivot-Tabelle aus Datenmodell erstellen

Welche Möglichkeit ist am besten geeignet?

- Die oben beschriebenen Wege wurden in erster Linie der Vollständigkeit halber in das Buch mit aufgenommen. Sie eignen sich als mehr oder weniger schnelle Lösungen für kleinere und einfach aufgebaute Tabellen.
- Bei umfangreichen externen Daten, die außerdem häufig aktualisiert werden, sollten Sie prüfen, ob Sie nicht besser die Tabellen mit Power Query zusammenführen (siehe Kapitel 5) oder mit Power Pivot ein Datenmodell erstellen (siehe Kapitel 8).
- Falls Sie mit mehreren Tabellen aus externen Datenquellen arbeiten (z. B. aus Datenbanken) bietet Power Pivot eindeutig mehr Komfort und den besseren Überblick.

6.10 Pivot-Diagramme (PivotChart)

Pivot-Diagramme (PivotCharts) dienen zur Visualisierung von Pivot-Tabellen und besitzen auch dieselben Eigenschaften. In Bezug auf Layout und Formatierungen dagegen unterscheiden sich PivotCharts nicht von normalen Excel-Diagrammen. Sie können ein Pivot-Diagramm aus einer vorhandenen Pivot-Tabelle erstellen oder gleich mit dem Diagramm beginnen. Auch im letzteren Fall erhalten Sie zusammen mit dem Diagramm eine Pivot-Tabelle und zum Erstellen des Diagramms ziehen Sie die Felder entweder in die Diagrammbereiche oder bearbeiten die Pivot-Tabelle.

Die Daten der nachfolgenden Beispiele stammen auf der Mappe **PivotChart_Beispiele.xlsx**

Diese Punkte sollten Sie beim Umgang mit PivotCharts wissen

- Jedes Pivot-Diagramm basiert auf einer Pivot-Tabelle und beide bilden eine untrennbare Einheit. Jede Umstellung der Felder in der Tabelle ändert daher auch die Darstellung im Diagramm und umgekehrt. Auch Filter wirken sich immer auf Tabelle und Diagramm gleichzeitig aus.
- Ein Pivot-Diagramm bezieht grundsätzlich alle Felder der zugrunde liegenden Pivot-Tabelle mit ein. Es ist also nicht möglich, nur aus bestimmten Feldern der Tabelle ein Diagramm zu erstellen.

Pivot-Diagramm aus Pivot-Tabelle erstellen

Wenn bereits eine passende Pivot-Tabelle in der Arbeitsmappe vorhanden ist, dann gehen Sie so vor:

1 Klicken Sie an eine beliebige Stelle der Pivot-Tabelle und dann im Menüband, Register *PivotTable-Analyse* ▶ *Tools* auf *PivotChart* ❶.

2 Das Dialogfenster *Diagramm einfügen* öffnet sich: Wählen Sie aus der Liste links den gewünschten Diagrammtyp, z. B. *Säule* ❷.

Bild 6.126 Pivot-Diagramm aus Tabelle erstellen

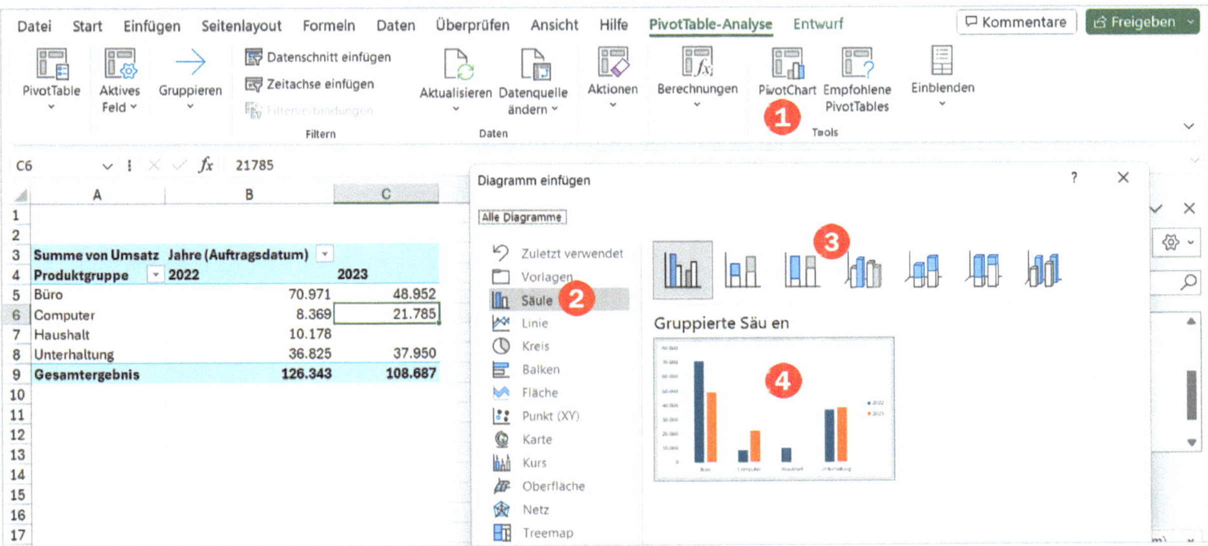

- Rechts erhalten Sie verschiedene Untertypen zur Auswahl ❸, z. B. Säulengruppen, gestapelte Säulen oder 3D-Darstellung usw..
- Unterhalb sehen Sie eine Vorschau auf den markierten Untertyp zusammen mit Ihren Daten ❹, diese kann durch Zeigen mit der Maus vergrößert werden.

3 Mit Klick auf *OK* wird das ausgewählte Diagramm im selben Tabellenblatt wie die Pivot-Tabelle eingefügt.

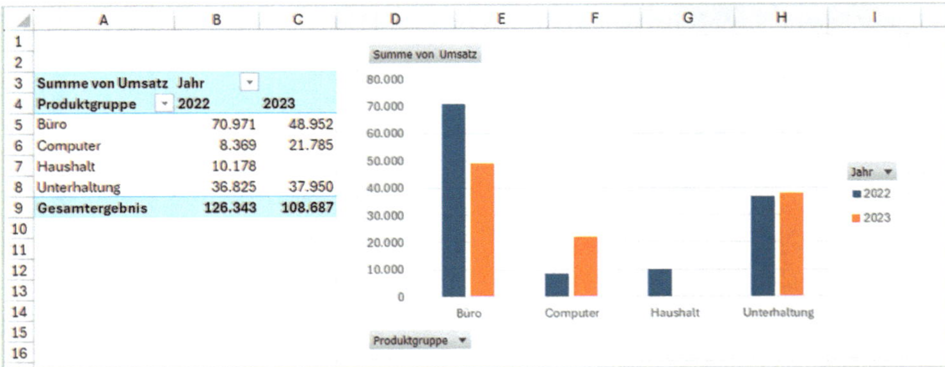

Bild 6.127 Diagramm mit Pivot-Tabelle

Mit PivotChart beginnen

Wenn noch keine entsprechende Pivot-Tabelle vorhanden ist, dann können Sie auch gleich mit dem Diagramm beginnen. Die dazugehörige Tabelle wird dann automatisch zusammen mit dem Diagramm in das Arbeitsblatt eingefügt. So gehen Sie vor:

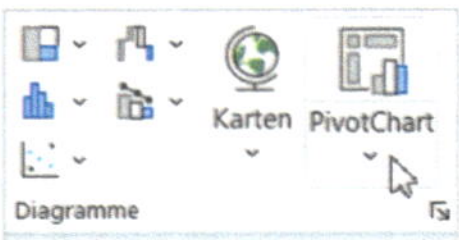

Bild 6.128 PivotChart einfügen

- Wenn sich die Ausgangsdaten in derselben Arbeitsmappe befinden, dann klicken Sie in den Tabellenbereich mit den Quelldaten und dann im Menüband, Register *Einfügen* ▶ *Diagramme* auf *PivotChart*. Wählen Sie die Option *Tabelle oder Bereich auswählen* (Bild 6.128) und kontrollieren Sie, ob der Datenbereich richtig erkannt wurde.
- Soll dagegen das Diagramm mit Daten aus einer Abfrage oder Verbindung erstellt werden, so klicken Sie in das leere Arbeitsblatt und dann auf *PivotChart*. Wählen Sie anschließend die Option *Externe Datenquelle verwenden* und klicken Sie auf *Verbindung auswählen...*.

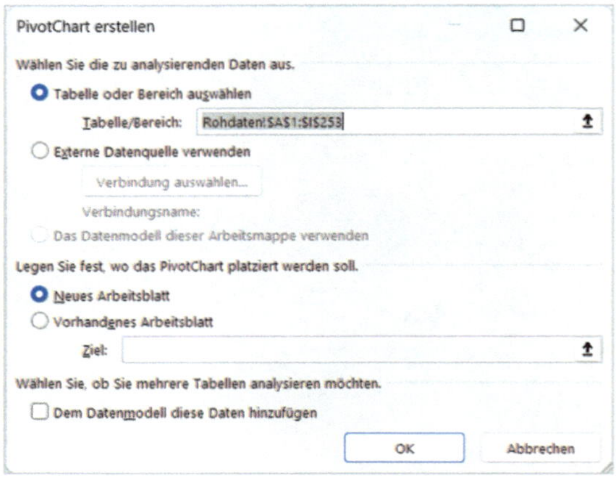

Je nach gewähltem Einfügeort erstellt Excel in einem neuen oder im angegebenen Arbeitsblatt den Diagrammbereich zusammen mit einem leeren verknüpften Tabellenbereich. Die weitere Vorgehensweise unterscheidet sich nicht von Pivot-Tabellen. Abhängig davon, ob die leere Pivot-Tabelle oder das leere Diagramm markiert ist, ist der Aufgabenbereich rechts entweder mit *PivotTable-Felder* oder *PivotChart-Felder* beschriftet, wie in Bild 6.129.

Bild 6.129 Diagrammbereich und Tabelle

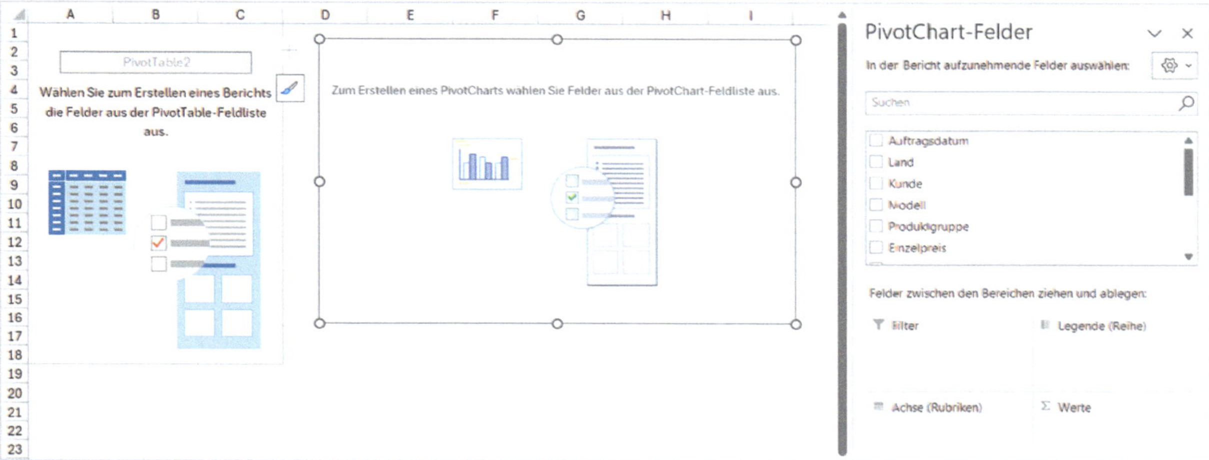

Die PivotChart-Bereiche

Da Diagramm und Tabelle miteinander verknüpft sind, ist es eigentlich egal, mit welchem Aufgabenbereich Sie arbeiten. Ziehen Sie beispielsweise im Aufgabenbereich *PivotChart-Felder* den *Umsatz* in den Wertebereich und das Feld *Land* in den Bereich *Achse*, so bilden die Länder in einem Säulendiagramm die X-Achse und erscheinen gleichzeitig als Zeilenbeschriftung in der Pivot-Tabelle (siehe Bild unten).

Dasselbe Ergebnis erhalten Sie auch, wenn Sie in den Pivot-Tabellenbereich klicken und im Aufgabenbereich *PivotTable-Felder* das Feld *Land* in den Bereich *Zeilen* ziehen.

Bild 6.130 Die Zeilenbeschriftung entspricht der X-Achse

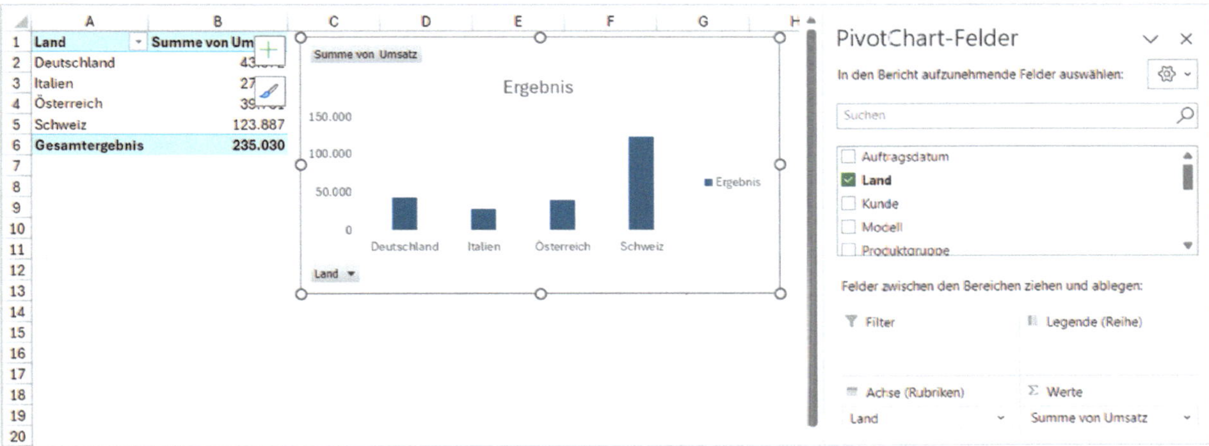

Der Bereich Legende (Reihe)

Der Bereich *Legende (Reihe)* entspricht den Spalten der Pivot-Tabelle und erlaubt das Nebeneinanderstellen oder Stapeln von zwei oder mehr Datenreihen. Wenn beispielsweise die Umsätze der Länder für die Jahre 2022 und 2023 miteinander verglichen werden sollen, dann ordnen Sie das Land im Bereich *Achse* (*Zeilen*) und die Jahre im Bereich *Legende* (*Spalten*) an, wie im Bild unten.

Hinweis: Enthält ein Diagramm mehrere Reihen, so wird zwar in der Pivot-Tabelle in den meisten Fällen automatisch die Spalte *Gesamtergebnis* berechnet, dieses erscheint aber nicht im Diagramm.

Bild 6.131 Datenreihen aus Jahren bilden

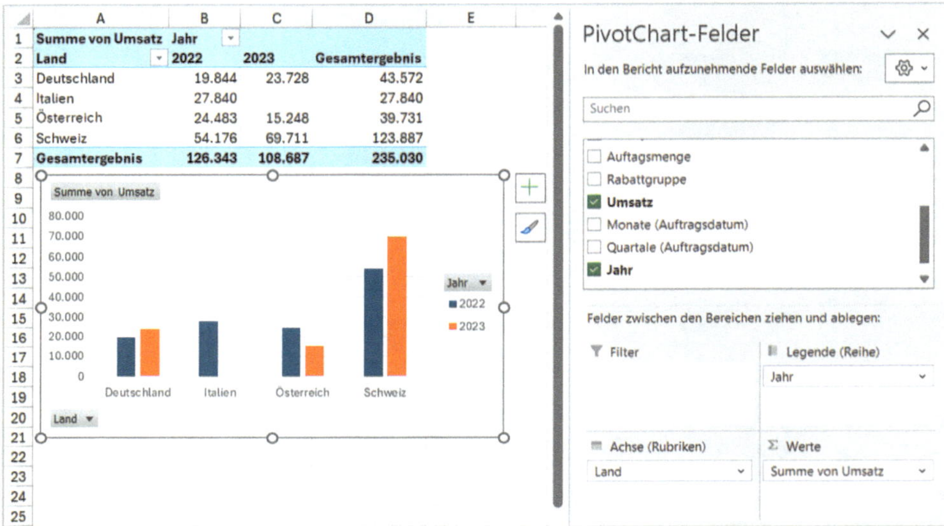

PivotChart sortieren und filtern

Sortieren und einfache Filter

Bild 6.132 Filtern mit den Feldschaltflächen

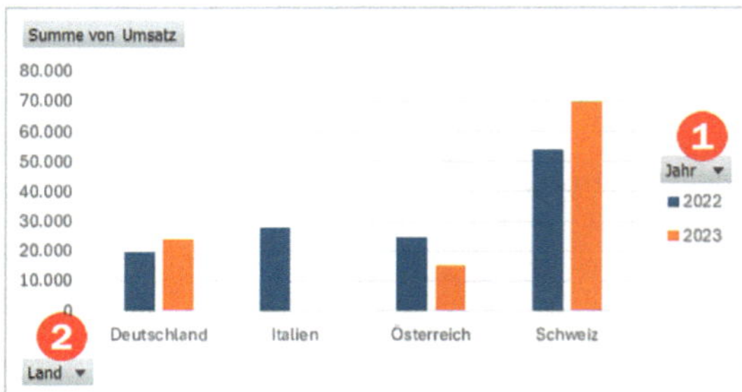

Ein Pivot-Diagramm erhält dieselben Filter- und Feldschaltflächen wie die Pivot-Tabelle. So können Sie z. B. im Bild rechts mit Klick auf die Filterschaltfläche der Legende (*Jahre*) ❶ nur die Umsätze eines Jahres anzeigen. Oder über die Filterschaltfläche der Achse, hier *Land* ❷, einzelne Länder ausschließen. Auch die Sortiermöglichkeiten sind dieselben. Es spielt außerdem keine Rolle, ob Sie das Diagramm oder die dazugehörige Pivot-Tabelle filtern oder sortieren. Beides wirkt sich auf Tabelle und Diagramm gleichzeitig aus.

Datenschnitte

Übersichtlicher ist die Verwendung von Datenschnitten wie im Bild unten, die Sie über das Register *PivotChart-Analyse* ▶ *Filtern* ▶ *Datenschnitt einfügen* hinzufügen. Einfügen und Verwendung unterscheiden sich nicht von Pivot-Tabellen. Auch hier gilt: Sämtliche Filter wirken sich auf Diagramm und verbundene Pivot-Tabelle aus.

Datenschnitte, siehe Seite 206.

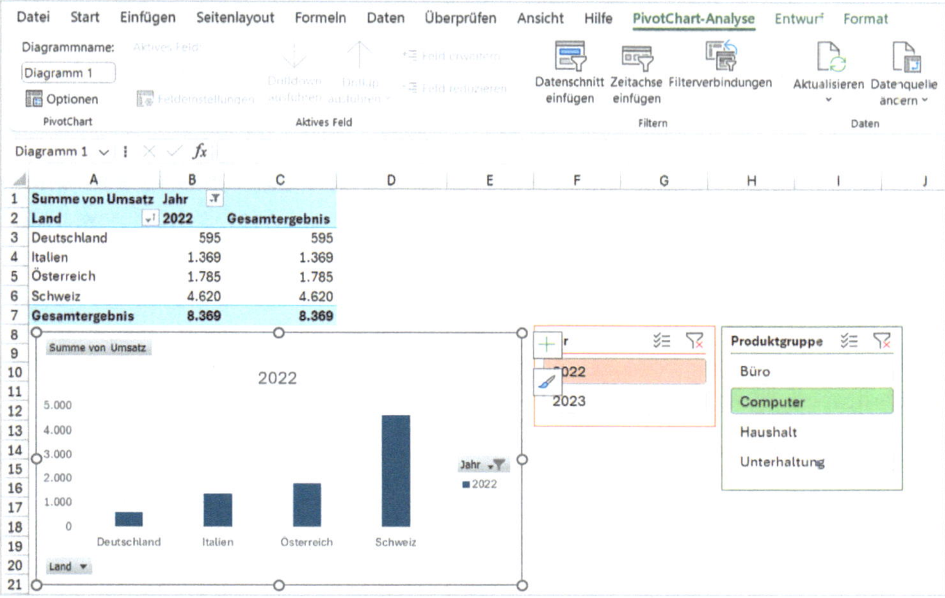

Bild 6.133 PivotTable und PivotChart mit Datenschnitten filtern

Feld- bzw. Filterschaltflächen ausblenden/einblenden

Werden Datenschnitte zum Filtern benutzt, dann sind die Filterschaltflächen des Diagramms überflüssig und können ausgeblendet werden. Ausblenden ist auch erforderlich, wenn Sie das Diagramm ohne Filterschaltflächen drucken möchten.

Dazu klicken Sie mit der rechten Maustaste auf eine beliebige Feldschaltfläche des Diagramms. Wählen Sie dann zwischen *Alle Feldschaltflächen im Diagramm ausblenden* oder nur die ausgewählte Feldschaltfläche, im Bild 6.134 die *Achsenfelder-Schaltflächen* ausblenden.

Oder klicken Sie in das Diagramm und aktivieren und deaktivieren die Anzeige der Schaltflächen mit Klick auf *Feldschaltflächen* im Register *PivotChart-Analyse* ▶ *Einblenden/Ausblenden.*

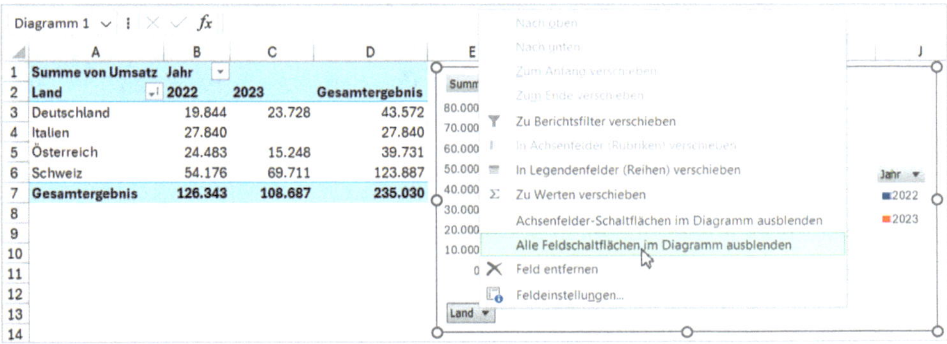

Bild 6.134 Feldschaltflächen des Diagramms ausblenden

Diagrammtyp ändern

Beim Einfügen eines leeren Pivot-Diagramms erhalten Sie als Standardeinstellung zunächst ein Säulendiagramm. Um den Diagrammtyp zu ändern, klicken Sie in das Diagramm und im Register *Entwurf* des Menübands auf *Diagrammtyp ändern*.

Bild 6.135 Klicken Sie auf Diagrammtyp ändern

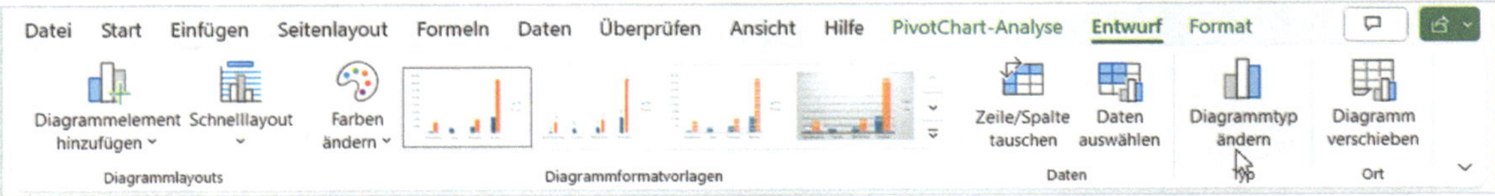

Das nachfolgende Fenster *Diagrammtyp ändern* unterscheidet sich nicht vom Fenster *Diagramm einfügen* (siehe Seite 239). Klicken Sie auf einen Diagrammtyp bzw. Untertyp, so erhalten Sie eine Vorschau mit Ihren Daten und mit *OK* übernehmen Sie den neuen Diagrammtyp.

Als Beispiel wurden im Bild unten die Kundenumsätze in ein Balkendiagramm umgewandelt, das im Gegensatz zu einem Säulendiagramm wesentlich mehr Platz für die Beschriftungen bietet.

Bild 6.136 Beispiel Balkendiagramm

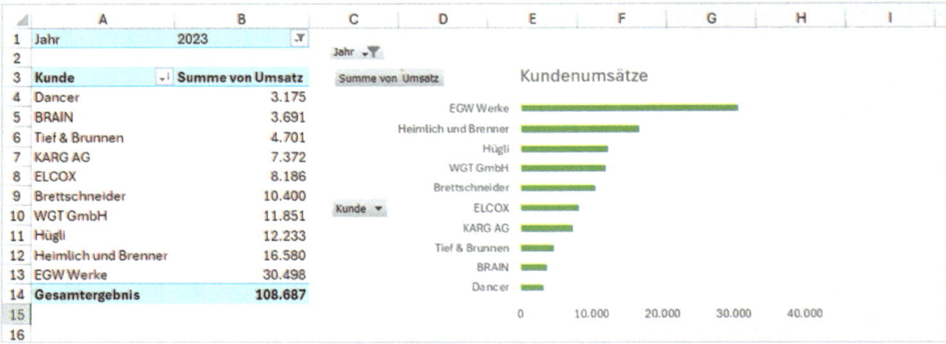

Diagramm bearbeiten

Diagrammgröße und -position

Das Diagramm kann, wie jedes grafische Objekt, durch Ziehen mit der Maus beliebig vergrößert, verkleinert oder verschoben werden.

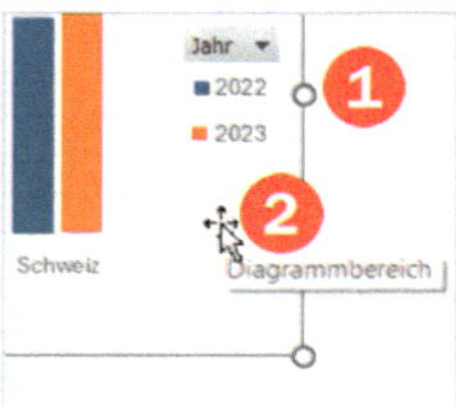

- Zur Größenänderung benutzen Sie die Markierungspunkte ❶ in den Ecken und der Mitte jeder Seite.
- Zum Verschieben zeigen Sie zuerst an eine freie Stelle innerhalb des Diagramms. Achtung, ein Diagramm besteht aus verschiedenen Einzelelementen: Damit das gesamte Diagramm und nicht nur die Zeichnungsfläche verschoben wird, muss beim Zeigen mit der Maus der Infotext *Diagrammbereich* ❷ erscheinen.

Tipp: Pivot-Tabelle ausblenden

PivotChart und dazugehörige PivotTable bilden eine untrennbare Einheit. Änderungen an der Tabelle wirken sich auf das Diagramm aus und umgekehrt. Wenn Sie unbeabsichtigte Änderungen am Diagramm verhindern möchten, dann platzieren Sie beispielsweise das Diagramm so, dass es die Tabelle vollständig überlagert. Oder verschieben Sie das Diagramm in ein gesondertes Arbeitsblatt und blenden anschließend das Blatt mit der Pivot-Tabelle aus (Register *Start* ▶ *Zellen*, Schaltfläche *Format* ▶ *Ausblenden und Einblenden*).

Diagramm in ein gesondertes Blatt verschieben

Um das Diagramm in ein gesondertes Arbeitsblatt zu verschieben, klicken Sie im Register *PivotChart-Analyse* ▶ *Aktionen* auf *Diagramm verschieben*. Diese be Schaltfläche finden Sie auch im Register *Entwurf* ▶ *Ort*. Wählen Sie anschließend die Option *Neues Blatt*, im Feld daneben können Sie auch gleich dem Blatt einen Namen geben.

Bild 6.137 Diagramm in ein neues Blatt verschieben

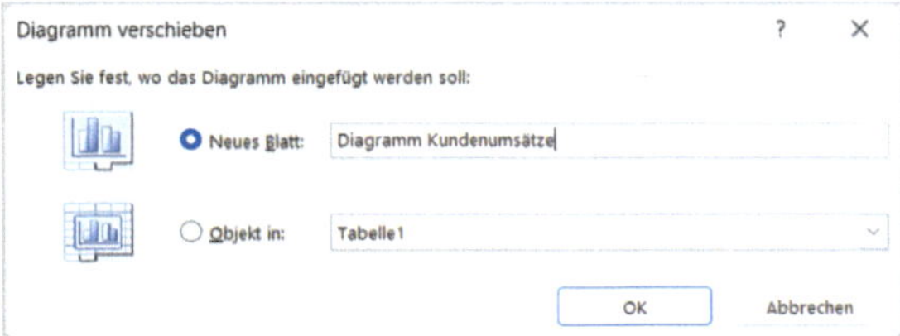

Datenreihen sortieren

Wenn nicht gerade eine zeitliche Abfolge dargestellt wird, macht eine auf- oder absteigende Sortierung nach Werten das Diagramm übersichtlicher. Dazu klicken Sie entweder, wie in Bild 6.138 mit der rechten Maustaste auf einen beliebigen Balken bzw. Säule, danach auf *Sortieren* und wählen zwischen aufsteigender und absteigender Sortierung. Oder Rechtsklick in die Wertespalte der dazugehörigen Pivot-Tabelle und Befehl *Sortieren*.

Bild 6.138 Beispiel Balkendiagramm aufsteigend sortieren

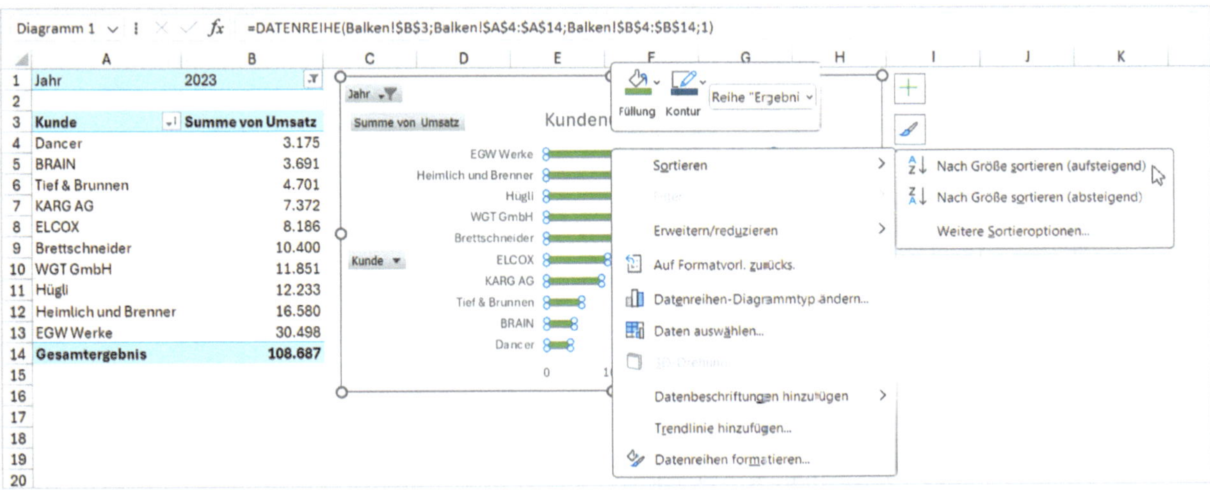

Achtung: Die Sortierung erfolgt im Diagramm von unten nach oben. Das bedeutet, Sie benötigen aufsteigende Sortierung, wenn sich in einem Balkendiagramm der höchste Balken oben befinden soll.

Diagrammgestaltung

Formatvorlagen und Farben

Zur farblichen Gestaltung des Diagramms finden Sie im Register *Entwurf* des Menübands eine ganze Reihe von Diagrammformatvorlagen ❶, beim Zeigen auf eine Vorlage erhalten Sie im Diagramm eine Vorschau. Andere Farbzusammenstellungen erhalten Sie über die Schaltfläche *Farben ändern* ❷. Beachten Sie, dass die verfügbaren Grundfarben abhängig sind von den verwendeten Designfarben. Diese können Sie bei Bedarf im Register *Seitenlayout* ▶ *Designs* über die Schaltfläche *Farben* ändern.

Bild 6.139 Diagramm mit Formatvorlage formatieren

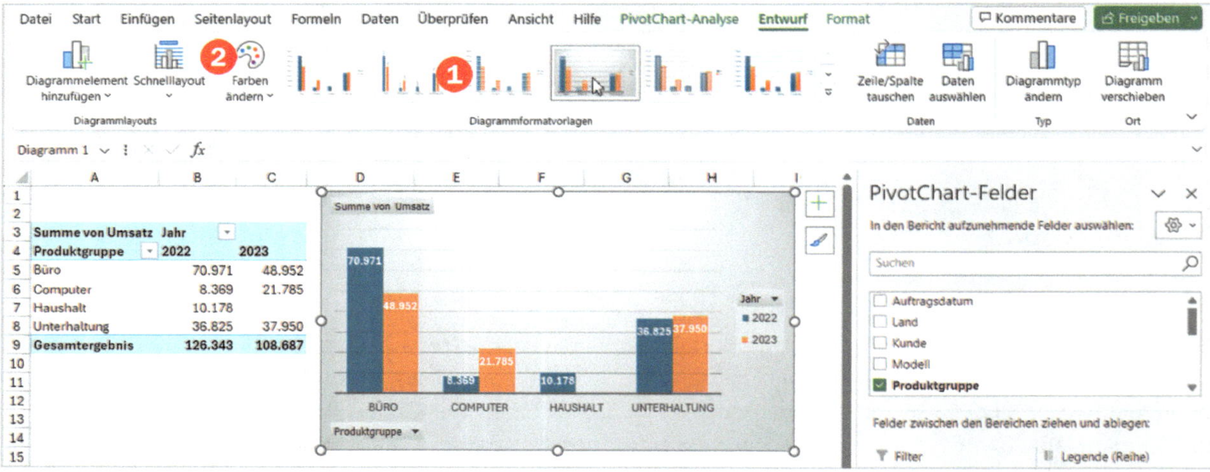

Wenn Sie Diagrammelemente individuell gestalten möchten, dann klicken Sie das betreffende Element mit der rechten Maustaste an, hier die Datenreihe bzw. das Jahr 2023 und benutzen die Symbole *Füllung* und *Kontur* der Minisymbolleiste. Alternativ verwenden Sie die Symbole *Fülleffekt* und *Formkontur* im Register *Format* des Menübands.

Bild 6.140 Füllung und Kontur der Datenreihe ändern

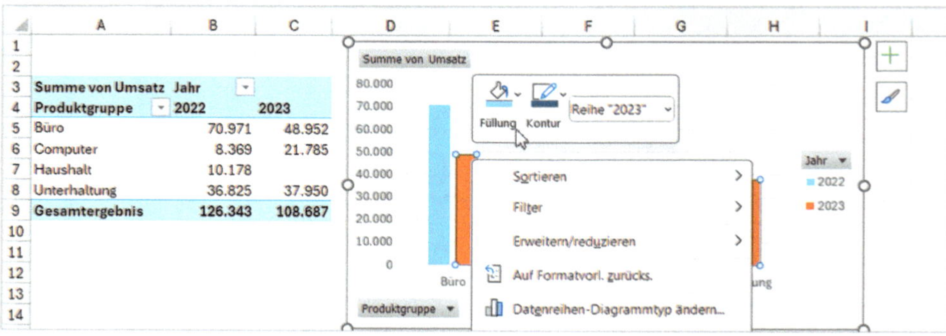

Diagramm beschriften

Überflüssige Beschriftungselemente, z. B. eine nicht benötigte Legende bei nur einer einzigen Datenreihe, lassen sich schnell entfernen, indem Sie das Element mit einem Klick markieren und anschließend mit der **Entf**-Taste löschen.

Zum Hinzufügen von Beschriftungselementen, z. B. Diagrammtitel oder Achsenbeschriftungen, klicken Sie im Menüband, Register *Entwurf* ▶ *Diagrammlayouts* auf *Diagrammelement hinzufügen* ❶, danach auf das gewünschte Element und wählen im Untermenü eine Position. Als Beispiel im Bild unten das Einfügen eines Diagrammtitels ❷, die vorläufige Beschriftung ❸ im Textfeld kann anschließend überschrieben werden. Alternativ können Sie zum Einfügen von Beschriftungen auch die Schaltfläche ❹ in der rechten oberen Ecke des Diagramms benutzen.

Bild 6.141 Diagrammtitel hinzufügen

Genauso verfahren Sie auch mit Legende, Achsen- und Datenbeschriftungen. Zur schnellen Gestaltung mit Beschriftungselementen finden Sie mit Klick auf *Schnelllayout* verschiedene Vorlagen, auch hier sehen Sie beim Zeigen eine Vorschau im Arbeitsblatt. Zum Ändern von Schriftgröße und Schriftart markieren Sie den Text und verwenden die Symbole im Register *Start* des Menübands.

Hinweis: Falls Sie sich noch eingehender mit PivotCharts befassen möchten: Die Bearbeitungs- und Gestaltungsmöglichkeiten unterscheiden sich nicht von normalen Diagrammen. Ausführlichere Beschreibungen zu diesem Thema finden Sie beispielsweise im Buch „Excel 2021 Stufe 1 - Grundlagen" aus dem BILDNER Verlag.

Formen und Textfelder einfügen

Wenn Sie neben den Standarddiagrammelementen dem Diagramm weitere Informationen in Form eines zusätzlichen Textfeldes hinzufügen oder wichtige Sachverhalte durch Formen, z. B. Pfeile oder Legende (*Einfügen* ▶ *Formen*) hervorheben möchten, dann markieren Sie vor dem Einfügen das Diagramm. Das hinzugefügte Element wird dadurch zu einem festen Bestandteil des Diagramms und beispielsweise zusammen mit diesem verschoben.

6.11 Tipps und weitere Beispiele

Zusammengehörige Feldinhalte nebeneinander anordnen

Manchmal werden in einer Pivot-Tabelle auch Informationen benötigt, die sich aus zwei oder mehr Feldern zusammensetzen, z. B. Artikelnummer und Artikelbezeichnung oder Kundennummer und Name des Kunden. Zwei oder mehr Zeilenfelder werden allerdings von Excel automatisch hierarchisch angeordnet, wie in Bild 6.142; hier wurden Nummer und Bezeichnung der Warengruppen unter- statt nebeneinander angeordnet und außerdem Teilergebnisse berechnet.

Bild 6.142 Zeilenfelder in hierarchischer Anordnung

Felder_nebeneinander.xlsx

	A	B	C	D	E
1	Monat	(Alle)			
2					
3	**Zeilenbeschriftungen**	**Umsatz Nord**	**Umsatz Mitte**	**Umsatz Süd**	**Summe Umsatz**
4	**⊟100**	**240.000**	**149.000**	**261.200**	**650.200**
5	Waschmaschinen	240.000	149.000	261.200	650.200
6	**⊟200**	**318.000**	**191.000**	**207.000**	**716.000**
7	Trockner	318.000	191.000	207.000	716.000
8	**⊟300**	**515.000**	**514.000**	**564.000**	**1.593.000**
9	Küchenherde	515.000	514.000	564.000	1.593.000
10	**⊟400**	**447.000**	**528.000**	**364.000**	**1.339.000**
11	Kühlschränke	447.000	528.000	364.000	1.339.000
12	**⊟500**	**275.000**	**113.000**	**226.000**	**614.000**
13	Geschirrspüler	275.000	113.000	226.000	614.000
14	**⊟600**	**74.200**	**123.500**	**120.000**	**317.700**
15	Kaffeemaschinen	74.200	123.500	120.000	317.700
16	**⊟700**	**54.400**	**45.700**	**61.500**	**161.600**
17	Kleingeräte	54.400	45.700	61.500	161.600
18	**⊟800**	**15.700**	**17.700**	**7.900**	**41.300**

Als Abhilfe fügen Sie entweder mit Hilfe von Power Query die Feldinhalte zu einem einzigen Feld zusammen und verwenden dann dieses Feld in der Pivot-Tabelle. Oder stellen Sie das Layout der Pivot-Tabelle um, dabei gehen Sie so vor:

1 Entfernen Sie die Teilergebnisse für das übergeordnete Feld, in diesem Beispiel die Warengruppennummer: Rechtsklick auf eine beliebige Nummer und mit Klick auf *Teilergebnis Warengruppe* das Häkchen entfernen.

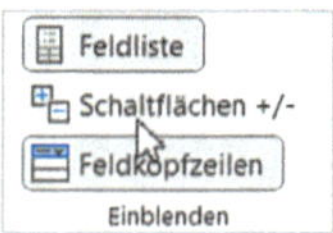

2 Nun brauchen Sie nur noch die Felder nebeneinander anordnen, dazu wählen Sie das Berichtslayout *Im Tabellenformat anzeigen*. Die überflüssig gewordenen Schaltflächen *Erweitern* und *Reduzieren* bzw. + und - blenden Sie aus, indem Sie im Menüband, Register *PivotTable-Analyse* ▶ *Einblenden* das Symbol *Schaltflächen+/-* deaktivieren.

Bild 6.143 Das Ergebnis

	A	B	C	D	E	F
1	Monat	(Alle)				
2						
3	**Warengruppe**	**Bezeichnung**	**Umsatz Nord**	**Umsatz Mitte**	**Umsatz Süd**	**Summe Umsatz**
4	**⊟100**	Waschmaschinen	240.000	149.000	261.200	650.200
5	**⊟200**	Trockner	318.000	191.000	207.000	716.000
6	**⊟300**	Küchenherde	515.000	514.000	564.000	1.593.000
7	**⊟400**	Kühlschränke	447.000	528.000	364.000	1.339.000
8	**⊟500**	Geschirrspüler	275.000	113.000	226.000	614.000
9	**⊟600**	Kaffeemaschinen	74.200	123.500	120.000	317.700
10	**⊟700**	Kleingeräte	54.400	45.700	61.500	161.600
11	**⊟800**	Zubehör	15.700	17.700	7.900	41.300
12	**Gesamtergebnis**		**1.939.300**	**1.681.900**	**1.811.600**	**5.432.800**
13						

Workshop Umfrageauswertung

Zur Auswertung von Umfragen werden meist einfache Häufigkeitsauszählungen benötigt, die für jede Variable die Häufigkeit ihrer Ausprägungen ermitteln. Auch hierfür bieten sich Pivot-Tabellen an.

Umfrage.xlsx

Als einfaches Beispiel die Gästebefragung eines Hotels. Die zentrale Frage lautete: Bitte bewerten Sie das Hotel in folgenden Punkten, indem Sie maximal 6 Sterne vergeben. ★★★★★★ (6 Sterne) = Sehr gut, ★ (1 Stern) = sehr schlecht. Bewertet wurden u. a. Lage, Ausstattung, Service, Zimmer und Restaurant.

Die Ergebnisse der einzelnen Fragebögen wurden in eine Excel-Tabelle übertragen (Bild 6.144 zeigt einen Ausschnitt). Sie möchten nun wissen, wie oft für jedes zu bewertende Kriterium 6 Sterne, 5 Sterne usw. vergeben wurden.

	A	B	C	D	E	F	G	H
1	1 (sehr schlecht) - 6 (sehr gut) Sterne							
2	Fragebogen Nr.	Jahr	Lage	Ausstattung	Service	Zimmer	Restaurant	Gender (m, w,d)
3	1	2023	5	6	5	5	2	w
4	2	2023	5	4	6	3	3	w
5	3	2023	6	3	5	2	2	m
6	4	2023	5	4	6	3	1	m
7	5	2023	4	4	5	3	4	m
8	6	2023	5	4	3	3	3	m
9	7	2023	6	5	1	4	2	w

Bild 6.144 Ausgangstabelle Umfrageergebnisse (Auszug)

1 Dazu erstellen Sie zunächst eine Pivot-Tabelle und legen die Ausgangsdatentabelle ab A2 als Quelldatenbereich fest.

2 Als Beispiel soll die Bewertung der Lage betrachtet werden. Dazu wird in diesem Fall das Feld *Lage* zweimal benötigt: Als Zeilenbeschriftung und im Bereich *Werte* zur Ermittlung der Häufigkeit. Ziehen Sie also das Feld in den Bereich *Zeilenbeschriftung* und ein weiteres Mal in den Bereich *Werte*.

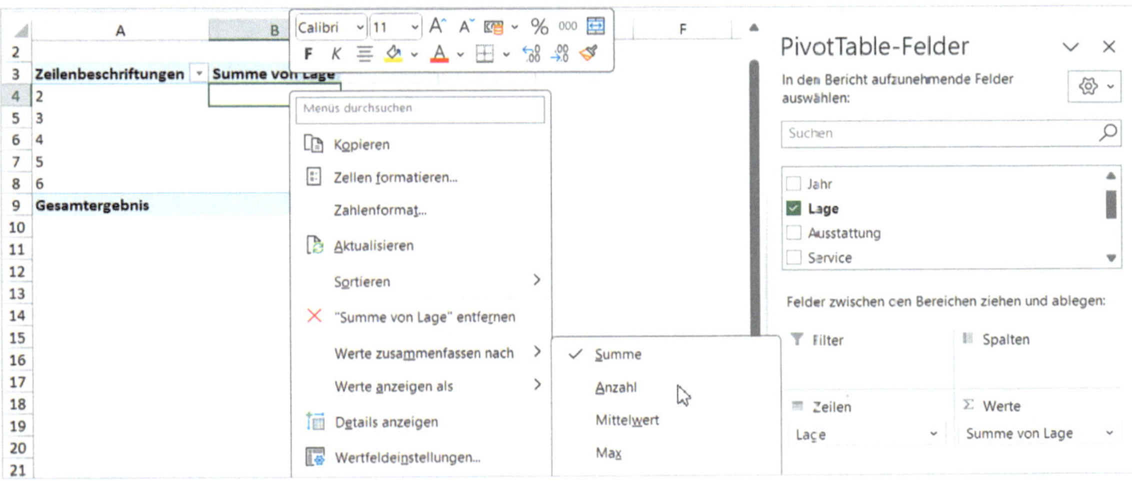

Bild 6.145 Werte zusammenfassen nach Anzahl

3 Vermutlich berechnet Excel nun unsinnigerweise zunächst die Summe der Bewertungen, wie im Bild. In diesem Fall klicken Sie in der betreffenden Spalte mit der rechten Maustaste auf eine beliebige Zahl, danach im *Kontextmenü auf Werte zusammenfassen nach* und wählen im Untermenü *Anzahl* (Bild 6.145).

4 Ändern Sie anschließend die Überschrift der Wertespalte in *Häufigkeit* und wählen Sie als Berichtslayout das Gliederungs- oder Tabellenformat, damit auch der Feldname über den Zeilenbeschriftungen angezeigt wird.

5 Zur besseren Aussagefähigkeit können Sie in dieser Pivot-Tabelle auch noch die Zeilenbeschriftungen ändern. Dies hat keinerlei Einfluss auf die Inhalte der Ausgangstabelle und die geänderten Beschriftungen bleiben auch nach einer etwaigen Aktualisierung erhalten.

6 Zur prozentualen Darstellung wie in Bild 6.146, ziehen Sie das Feld *Lage* ein zweites Mal in den Wertebereich, legen wieder als Zusammenfassung *Anzahl* fest und wählen dann über das Kontextmenü und den Befehl *Werte anzeigen als* die Anzeige *% des Spaltengesamtergebnisses*.

Bild 6.146 Zeilenbeschriftungen ändern und %-Anteile anzeigen

Lage	Häufigkeit	%-Anteil
2 Sterne (schlecht)	1	4%
3	3	12%
4	4	16%
5	11	44%
6 Sterne (Sehr gut)	6	24%
Gesamtergebnis	**25**	**100%**

Bild 6.147 Auswertung nach Männern und Frauen

	Gender (m	Werte				
	Männer		Frauen		Gesamt: Häufigkeit	Gesamt: %-Anteil
Lage	Häufigkeit	%-Anteil	Häufigkeit	%-Anteil		
2 Sterne (schlecht)	1	8%		0%	1	4%
3	3	23%		0%	3	12%
4	4	31%		0%	4	16%
5	4	31%	7	58%	11	44%
6 Sterne (Sehr gut)	1	8%	5	42%	6	24%
Gesamtergebnis	**13**	**100%**	**12**	**100%**	**25**	**100%**

Wenn Sie zusätzlich noch die Ergebnisse von Männern und Frauen miteinander vergleichen möchten, wie in Bild 6.147 oben, dann ziehen Sie das Geschlecht in den Bereich *Spalten*. Die prozentualen Ergebnisse von Männern Frauen und lassen sich außerdem besser miteinander vergleichen, wenn Sie diesen unterschiedliche Formatierungen zuweisen. Auch die Spaltenüberschriften können Sie wieder beliebig ändern.

7 Einführung in die Datenmodellierung

In diesem Kapitel lernen Sie…

- Grundlagen und Grundbegriffe der Datenmodellierung
- Schlüsselfelder und Verbindungsarten
- Ein einfaches Datenmodell mit Excel erstellen
- Datenmodell mit Power Query importieren und nutzen

Das sollten Sie wissen

- Daten mit Power Query importieren
- Pivot-Tabellen erstellen und verwenden

7.1 Grundlagen und Grundbegriffe

Wenn Sie Daten mit einer Pivot-Tabelle auswerten und dazu Felder aus mehr als einer Tabelle heranziehen möchten, dann setzt dies ein Datenmodell voraus. In den vorangegangenen Kapiteln haben Sie bereits mehrmals ein einfaches Datenmodell, bestehend aus zwei Excel-Tabellen, kennengelernt. Vereinfacht gesagt, setzen Datenmodelle Daten aus zwei oder mehr Tabellen zueinander in Beziehung. Sie können dazu nicht nur die bekannten Excel-Verweisfunktionen (SVERWEIS, XVERWEIS usw.) ersetzen, auch beim Import von Daten aus Datenbanken begegnen Sie häufig Datenmodellen.

Excel-Anwender verfügen nur selten über Kenntnisse der Datenmodellierung und Funktionsweise von relationalen Datenbanken, z. B. Microsoft Access oder MySQL. Andererseits sind zum Kombinieren von Daten aus mehreren Tabellen und zum sinnvollen Arbeiten mit Power Pivot zumindest Grundkenntnisse auf diesem Gebiet erforderlich. Daher vermittelt Ihnen dieses Kapitel eine kurze Einführung.

Definition Datenmodell

Grob vereinfacht beschreibt ein Datenmodell die Daten eines bestimmten Anwendungsbereichs und ihre Beziehungen zueinander. Die Verfahren zur Erarbeitung eines Datenmodells bezeichnet man als Datenmodellierung.

Das relationale Datenmodell einer einfachen Bestellverwaltung

Die meisten Datenbanken speichern die Daten in verteilten Tabellen, um Mehrfachspeicherung zu vermeiden. Als Beispiel im Bild unten, das vereinfachte Datenmodell einer Access-Datenbank zur Verwaltung von Bestellungen. Alle Merkmale von Produkten, Kunden usw. sind in je einer Tabelle gespeichert. Die Bestellungen selbst befinden sich in der Tabelle *tblBestellungen*, die Details jeder Bestellung hingegen, d. h. die einzelnen Posten sind in der Tabelle *tblBestelldetails* gespeichert. Die Tabellen sind über Beziehungen, im Bild durch Linien dargestellt, verbunden. Daher bezeichnet man solche Datenbanken auch als relationale Datenbanken (Relationen = Beziehungen).

Bild 7.1 Beispiel: Tabellen und Beziehungen in einer Access-Datenbank

Warenwirtschaft.accdb

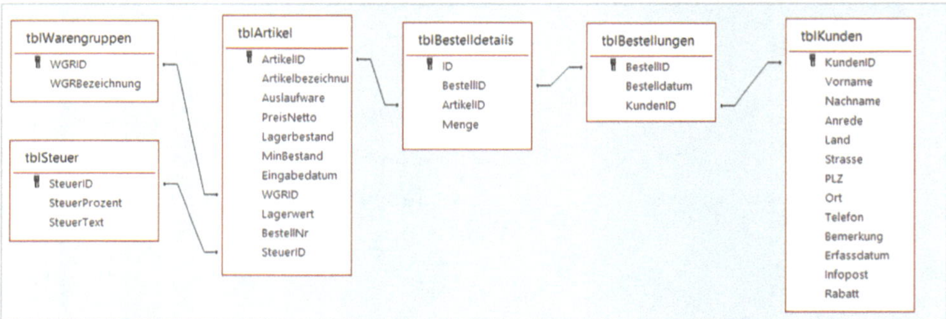

Eine Beziehung zwischen zwei Tabellen wird immer über ein gemeinsames Merkmal, d. h. über Felder mit gleichem Inhalt, hergestellt. So besteht zum Beispiel zwischen den Tabellen *tblKunden* und *tblBestellungen* eine Beziehung über die Kundennummer (Feld *KundenID*), dieses Feld ist in beiden Tabellen vorhanden.

Beziehungen dienen unter anderem zur Vermeidung der Mehrfachspeicherung von Daten (Redundanz) und daraus resultierenden Fehlern. So speichert z. B. die Tabelle *tblBestellungen* statt Name und Anschrift des Kunden nur die Kundennummer (*KundenID*), siehe Bild 7.3. Über dieses Feld *KundenID* steht die Tabelle in Beziehung zur Tabelle *tblKunden*, dadurch sind für jede Bestellung automatisch auch alle Informationen zum dazugehörigen Kunden verfügbar. Bild 7.2 zeigt einen Ausschnitt aus dieser Tabelle.

Genauso verhält es sich mit der Tabelle *tblBestelldetails*, diese ist mit der Tabelle *tblArtikel* über das Feld *ArtikelID* verbunden (Bild 7.1). Es genügt daher, wenn als Bestellposten die Artikelnummer gespeichert wird, über die Beziehung erhalten Sie auch Zugriff auf alle anderen Merkmale des Artikels, z. B. Artikelbezeichnung und Preis.

Bild 7.2 Die Tabelle tblKunden (Auszug)

KundenID	Vorname	Nachname	Anrede	Land	Strasse	PLZ
61	Rosa	Rosenberg	Frau	DE	Rote Hahnengasse 4	94053
62	Irene	Hartmann	Frau	DE	Gartenallee 199	04259
63	Klara	Billing	Frau	DE	Hafenstr. 7	04529
64	Jan	Futterfisch	Herr	DE	Fischmarkt 7	22043
65	Herta	Bartz-Heimlich	Frau	DE	Elbweg 5	22043
66	Werner	Rumraff	Herr	DE	Donauweg 7	94315
67	Julia	Bierstern	Frau	DE	Schnellstr. 6	90443
68	Sven	Hublacher	Herr	DE	Alte Fischgasse 13	93056
69	Wolfgang	Baumholtz	Herr	DE	Giselastr. 88	80638
70	Doris	Norfhoff	Frau	DE	Jahnstr. 9	22041
71	Julian	Runtinger	Herr	DE	Bierweg 40a	80639
72	Sabine	Emsig	Frau	DE	Birkenweg 6	78464
73	Franz	Werner	Herr	DE	Sommergasse 6	55129
74	Karl	Müller	Herr	DE	Hauptstrasse 86	20127
75	Karl-Friedrich	Wichtig	Herr	DE	Mooswiese 10	94078

Bild 7.3 Die Tabelle tblBestellungen

BestellID	Bestelldatum	KundenID
16	27.10.2022	25
17	04.10.2022	146
18	13.11.2022	147
19	17.11.2022	138
20	01.12.2022	120
21	06.12.2022	98
22	10.12.2022	17
23	12.12.2022	3
24	19.01.2023	69
25	20.01.2023	69
26	25.01.2023	115
27	01.02.2023	63
28	14.02.2023	69
29	01.03.2023	142
30	05.03.2023	5

Die Bedeutung von Schlüsselfeldern

Besondere Bedeutung kommt den Feldern zu, über die zwei Tabellen miteinander verbunden werden. Sie werden als Schlüsselfelder bezeichnet, wobei nach Primärschlüssel und Fremdschlüssel zu unterscheiden ist. Bleiben wir beim Beispiel der Tabellen *tblKunden* und *tblBestellungen*:

Primärschlüssel

Ein Kunde sollte eindeutig identifizierbar sein, zu diesem Zweck wird für jeden Kunden eine eindeutige Nummer, die Kundennummer vergeben. Um Verwechslungen auszuschließen, darf also in der Kundentabelle in Bild 7.2 jede Kundennummer selbstverständlich nur ein einziges Mal vorhanden sein. Aus diesem Grund scheidet auch der Name als Identifizierungsmerkmal aus, denken Sie nur daran, wie viele „Müller" oder „Schmidt" eine solche Tabelle enthalten kann. Felder, über die sich jeder Datensatz einer Tabelle eindeutig identifizieren lässt, werden als **Primärschlüssel** bezeichnet, in der Tabelle *tblKunden* bildet also das Feld *KundenID* den Primärschlüssel. Weitere Beispiele für Primärschlüssel kennen Sie vielleicht aus dem Alltag: IBAN einer Bankverbindung, Artikelnummern, Postleitzahlen, ...

Achtung: Der Begriff Primärschlüssel leitet sich **nicht** von der Reihenfolge der Felder in der Tabelle ab! Das Primärschlüsselfeld muss sich also nicht zwingend in der ersten Spalte der Tabelle befinden.

Fremdschlüssel

In der zweiten Tabelle, in diesem Fall der Tabelle *tblBestellungen*, ist zum Herstellen einer Beziehung ebenfalls die Kundennummer erforderlich. Hier bildet das Feld mit der Kundennummer den **Fremdschlüssel**, da sie auf den Primärschlüssel einer anderen Tabelle verweist.

Da jeder Kunde auch mehrmals Bestellungen tätigen kann, können im Fremdschlüsselfeld die Kundennummern auch mehrfach enthalten sein, so wie zum Beispiel die Nummer 69 im Bild 7.3 auf Seite 253. Tabellen mit dem Fremdschlüssel einer Beziehung bilden die untergeordnete Tabelle in einer **1:n** Beziehung, wobei **1** für den Primärschlüssel und **n** für den Fremdschlüssel steht.

> **Primärschlüssel und Fremdschlüssel müssen vom selben Datentyp sein**
>
> Manchmal haben Primärschlüsselfeld und Fremdschlüsselfeld identische Feldnamen, dies ist aber nicht zwingend notwendig. Wichtig ist hingegen, dass beide unbedingt vom selben Datentyp (z. B. Zahl, Datum oder Text) sein müssen, da sonst keine Beziehung erstellt werden kann.

Verbindungsarten (Join)

Sinn und Zweck einer Beziehung ist der Zugriff auf Felder bzw. Spalten aus beiden verknüpften Tabellen. Welche Datensätze im Ergebnis zurückgegeben werden, wird durch die Art der Verbindung (Join) festgelegt. Betrachten wir die wichtigsten Verbindungsarten wieder am Beispiel der beiden Tabellen *tblKunden* und *tblBestellungen*. Nehmen wir außerdem an, die gesamte Kundentabelle umfasst 5.000 Kunden, aber nur für einen Teil dieser Kunden liegen in der Tabelle *tblBestellungen* auch tatsächlich Bestellungen vor. Von der Wahl der Verbindungsart hängt es ab, welche Informationen und Datensätze die Auswertung letztendlich liefern soll. Die wichtigsten Verbindungsarten sind Left Join, Right Join und Equal Join.

- **Alle Datensätze aus erster und übereinstimmende aus zweiter Tabelle (Left Join)**
  Diese Art der Verbindung liefert als Ergebnis **alle Datensätze der ersten Tabelle** und aus der zweiten Tabelle nur diejenigen Datensätze, zu denen ein Feldinhalt in der ersten Tabelle existiert.

  Left bezieht sich stets auf die zuerst genannte oder ausgewählte Tabelle. Handelt es sich dabei beispielsweise um die Tabelle *tblKunden*, dann bedeutet Left Join: Das Ergebnis der Verbindung liefert alle Kunden, egal ob eine Bestellung vorhanden ist oder nicht und das Ergebnis sieht aus, wie in Bild 7.4.

- **Alle Datensätze aus zweiter und übereinstimmende aus erster Tabelle (Right Join)**
  Umgekehrt verhält es sich mit dieser Verbindungsart. Als Resultat erhalten Sie **alle Datensätze der zweiten Tabelle**, in diesem Fall also alle Bestellungen und aus der Tabelle *tblKunden* dagegen nur diejenigen Kunden, von denen Bestellungen vorhanden sind. Sollte die Tabelle *tblBestellungen* eine, in der Kundentabelle nicht vorhandene Kundennummer enthalten, so wird diese trotzdem zurückgegeben.

- **Nur übereinstimmende (Equal Join)**
  Diese Verbindung kommt am häufigsten zum Einsatz und ist daher meist auch die Standardeinstellung. Sie liefert nur Datensätze, zu denen in beiden Tabellen Informationen existieren, siehe Bild 7.5.

  Auf den ersten Blick ist dies dasselbe Ergebnis wie bei Right Join, allerdings mit einem kleinen Unterschied. Sollte die Tabelle *tblBestellungen* Kundennummern enthalten, die in der Tabelle *tblKunden* nicht vorhanden sind, so werden diese von einer Equal Join Verbindung nicht berücksichtigt.

Die Verbindungen im Vergleich
Ein Vergleich von Left Join und Equal Join in den Abbildungen unten zeigt den Unterschied. Die Tabelle *tblKunden* bildet hier die erste Tabelle (Left) , aus dieser stammen die Spalten *KundenID*, *Vorname* und *Nachname*. Die Spalten *BestellID* und *Bestelldatum* entstammen dagegen aus der Tabelle *tblBestellungen*.

Bild 7.4 Left Join tblKunden - tblBestellungen

KundenID	Vorname	Nachname	BestellID	Bestelldatum
1	Hans	Hintermoser		
2	Frieda	Klein		
3	Thomas	Müller-Maus	23	12.12.2022
4	Richard	Lüderitz		
5	Paula	Thundorfer	5	06.09.2022
5	Paula	Thundorfer	8	20.09.2022
5	Paula	Thundorfer	14	18.10.2022
5	Paula	Thundorfer	30	05.03.2023
6	Ariane	Hardenbach		
7	Johnny	Hacker		
8	Jörg	Bechler		
9	Petra	Meyer	13	19.10.2022

Bild 7.5 Equal Join

KundenID	Vorname	Nachname	BestellID	Bestelldatum
3	Thomas	Müller-Maus	23	12.12.2022
5	Paula	Thundorfer	30	05.03.2023
5	Paula	Thundorfer	5	06.09.2022
5	Paula	Thundorfer	8	20.09.2022
5	Paula	Thundorfer	14	18.10.2022
9	Petra	Meyer	13	19.10.2022
11	Theo	Schmitz	2	17.08.2022
14	Ulrike	Schuhl-Eder	6	07.09.2022
15	Alfons	Kunze	12	05.10.2022
16	Maria	Stein	15	19.10.2022
17	Oliver	Schneider	22	10.12.2022
22	Otto	Klein	7	20.09.2022

Datenmodellierung mit Excel - ein Überblick

Datenmodelle werden von Excel seit der Version 2013 unterstützt. Je nach Ausgangsdaten und gewünschtem Ergebnis, kommen hierbei die folgenden Möglichkeiten in Betracht.

- **Auswertung mit Pivot-Tabellen**
  Bei der Auswertung externer Daten mit einer Pivot-Tabelle, müssen Sie im ersten Schritt alle benötigten Tabellen dem Datenmodell der Arbeitsmappe hinzufügen. Handelt es sich um Excel-Tabellen, dann sollten diese als Tabellenbereich formatiert sein. Anschließend stellen Sie entweder manuell oder automatisch eine Beziehung zwischen den Tabellen her und können danach in der Pivot-Tabelle Felder aus allen verbundenen Tabellen verwenden.

  Ein Beispiel dafür finden Sie in Kap. 6 auf Seite 234 ff.

  In manchen Fällen wird beim Import externer Daten aus einer Datenbank, z. B. Microsoft Access, auch das Datenmodell importiert. Dann entfällt das Erstellen einer Beziehung mit Excel.

- **Datenmodell mit Power Pivot erstellen**
  Alternativ können Sie für eine nachfolgende Auswertung mit Pivot-Tabellen auch das Add-In Power Pivot zur Datenmodellierung einsetzen. Diese Lösung ist

am komfortabelsten und bietet gleichzeitig den besten Überblick. Kapitel 8 befasst sich mit diesem Thema ausführlicher.

- **Mit Power Query Abfragen zusammenführen bzw. um Spalten erweitern**
  Die beiden oben genannten Lösungen eignen sich nur für Auswertungen mit Pivot-Tabellen. Wenn Sie dagegen Daten aus zwei oder mehr Tabellen in einer Tabelle zusammenführen möchten, dann erledigen Sie dies im Power Query-Editor durch Zusammenführen zweier Abfragen. Das Ergebnis ist allerdings kein echtes Datenmodell, sondern gilt nur für die betreffende Abfrage.

7.2 So erstellen Sie mit Excel ein Datenmodell

Daten aus einer externen Quelle oder Arbeitsmappe

Im einfachsten Fall erstellen Sie für eine nachfolgende Auswertung mit Pivot-Tabellen ein Datenmodell mit Excel. Die Ausgangsdaten können als Excel-Tabellen vorliegen oder aus externen Quellen stammen. Vielleicht kennen Sie ja diesen Fall: Sie haben mit Excel manuell eine Liste erstellt und möchten diese auswerten. Daten mit weiteren Informationen, die ebenfalls in der Auswertung benötigt werden, befinden sich in einer zweiten Tabelle.

Beispiel Reklamationsliste

Reklamationen.xlsx

Als Beispiel eine Reklamationsliste, die mit Excel erstellt und verwaltet wird, diese wurde als Tabellenbereich formatiert und hat den Namen *Reklamationsliste* erhalten ❶ (Bild 7.6). Sie enthält neben Datum und Kundenname nur die Artikelnummer. Weitere Details zum Produkt wie Bezeichnung, Preis und Lagerbestand sind in derselben Arbeitsmappe in einer zweiten Tabelle mit dem Namen *Produktliste* ❷ gespeichert, Bild 7.7 zeigt einen Auszug. Die Aufgabenstellung lautet: Wie oft wurde jeder Artikel reklamiert, dazu werden aus der Produktliste Bezeichnung und Preis benötigt.

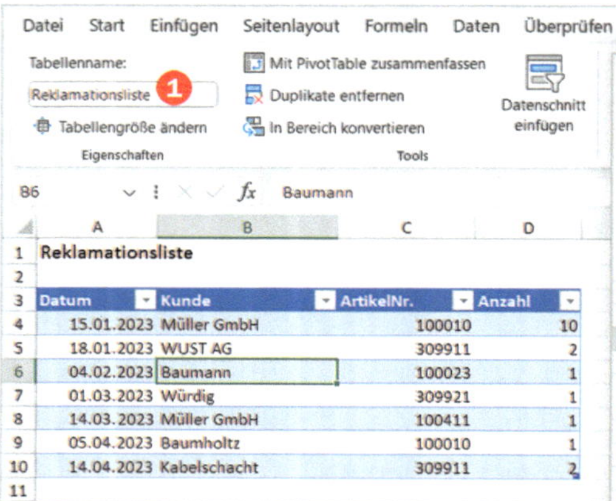

Bild 7.6 Die Tabelle Reklamationsliste

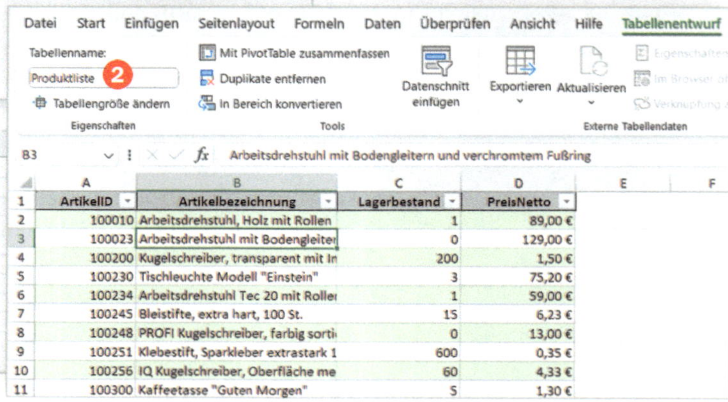

Bild 7.7 Die Tabelle Produktliste (Auszug)

Wichtige Voraussetzungen

Damit eine Beziehung erstellt werden kann, müssen die Tabellen folgende Voraussetzungen erfüllen:

- Beide Tabellen müssen über ein Feld mit gemeinsamem Inhalt verfügen (Schlüsselfelder), in diesem Beispiel ist dies die Artikelnummer bzw. ArtikelID.
- Die Excel-Tabellen sollten als Tabellenbereich formatiert sein (*Einfügen* ▶ *Tabelle* oder *Start* ▶ *Als Tabelle formatieren*) und Überschriften enthalten.
- Zur leichteren Identifizierung sollte außerdem jede Tabelle einen aussagekräftigen Namen erhalten (*Tabellenentwurf* ▶ *Eigenschaften* ▶ *Tabellenname*).

Die Vorgehensweise

Wenn die Auswertung in einer gesonderten Arbeitsmappe erfolgen soll, dann müssen Sie in dieser zuerst mit Power Query bzw. über *Daten abrufen und transformieren* beide Tabellen importieren. Es spielt keine Rolle, ob sich die Tabellen in zwei getrennten Arbeitsmappen oder zusammen in einer einzigen Arbeitsmappe befinden.

1 Klicken Sie dazu auf *Daten abrufen* ▶ *Aus Datei* und auf *Aus Arbeitsmappe* und wählen Sie die Arbeitsmappe/n aus.

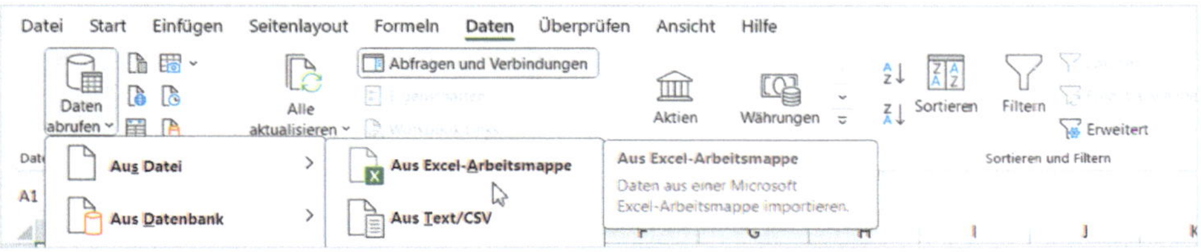

Bild 7.8 Daten importieren

Hinweis: Bei diesem Beispiel befinden sich beide Tabellen in derselben Arbeitsmappe.

Falls sich die Tabellen in zwei gesonderten Dateien befinden, müssen Sie den Import für beide Dateien nacheinander ausführen.

2 Wählen Sie anschließend im Navigator die Tabellen aus. Befinden sich beide Tabellen in derselben Arbeitsmappe, wie im hier verwendeten Beispiel, dann aktivieren Sie das Kontrollkästchen *Mehrere Elemente auswählen* ❶ und wählen anschließend die Tabellenbereiche *Produktliste* und *Reklamationsliste* aus ❷.

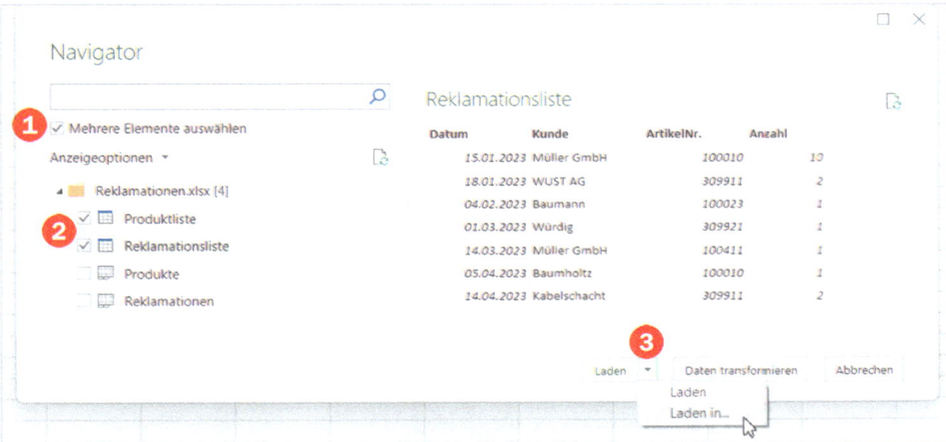

Bild 7.9 Wählen Sie die Tabellenbereiche im Navigator aus

Hinweis: Theoretisch könnten bei Excel-Mappen als Datenquelle auch Tabellenblätter statt Tabellenbereiche ausgewählt werden. Dies führt jedoch in der Praxis häufig zu Fehlern.

3 Kontrollieren Sie außerdem in der Vorschau des Navigators die Datentypen. Excel-Tabellen sollten in dieser Hinsicht keinerlei Probleme bereiten, andernfalls müssen Sie diese über die Schaltfläche *Daten transformieren* im Power Query-Editor ändern, siehe Kapitel 5.

4 Klicken Sie auf den Dropdown-Pfeil der Schaltfläche *Laden* und auf *Laden in...* ❸.

5 Wählen Sie im nachfolgenden Fenster *Daten importieren* die Option *PivotTable Bericht* ❹, außerdem muss unbedingt das Kontrollkästchen *Dem Datenmodell diese Daten hinzufügen* ❺ aktiviert sein. Dies passiert automatisch, wenn, wie in diesem Beispiel, die Tabellen aus derselben Datenquelle stammen und *PivotTable-Bericht* gewählt wird, andernfalls muss es manuell aktiviert werden. Klicken Sie abschließend auf *OK*.

Bild 7.10 Achten Sie auf das Kontrollkästchen Dem Datenmodell diese Daten hinzufügen!

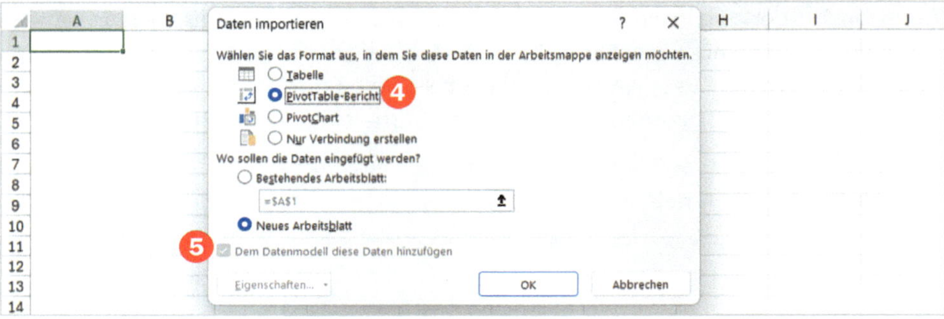

6 Die Verbindung zur Datenquelle wird hergestellt, dies kann je nach Umfang einige Sekunden dauern, und eine leere Pivot-Tabelle eingefügt ❻. Der Aufgabenbereich *PivotTable-Felder* zeigt nun beide Tabellen an ❼ und mit Klick auf die Pfeile blenden Sie die dazugehörigen Felder ein.

Bild 7.11 Der Aufgabenbereich PivotTable-Felder enthält alle Tabellen des Datenmodells

Info: Microsoft 365 blendet ganz rechts eine Leiste ein ❽, über deren Symbole Sie schnell zwischen den Aufgabenbereichen *PivotTable-Felder* und *Abfragen und Verbindungen* wechseln können.

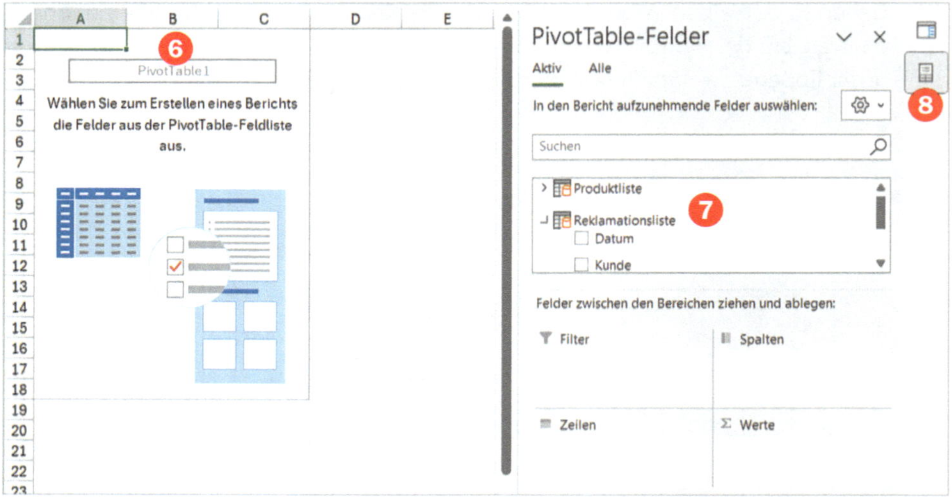

7 Sie erhalten allerdings noch nicht das gewünschte Ergebnis, wenn Sie anschließend aus der Tabelle *Produktliste* das Feld *Artikelbezeichnung* in den Bereich *Zei-*

len und aus der Tabelle *Reklamationsliste* das Feld *Anzahl* in den Bereich *Werte* ziehen. Der Grund ist die fehlende Beziehung zwischen den beiden Tabellen. Klicken Sie daher auf die Schaltfläche *ERSTELLEN...*.

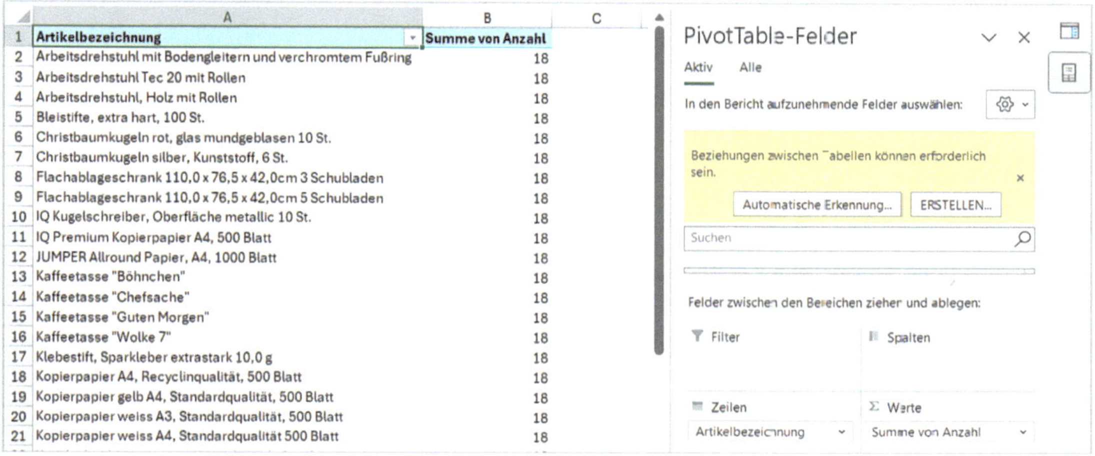

Bild 7.12 Falsche Ergebnisse aufgrund der fehlenden Beziehung

Automatische Erkennung oder manuell erstellen?

Excel kann über die Schaltfläche *Automatische Erkennung...* selbstständig eine Beziehung zwischen zwei Tabellen herstellen. Allerdings funktioniert dies nicht in allen Fällen, häufig erscheint anschließend die Meldung *Keine neuen Beziehungen gefunden*. Aber auch nach erfolgreicher automatischer Erkennung sollten Sie die Beziehung nachträglich noch kontrollieren. Klicken Sie also am besten gleich auf die Schaltfläche *ERSTELLEN...* und erstellen Sie die Beziehung manuell.

Info: Voraussetzung für die automatische Erkennung ist unter anderem, dass in beiden Tabellen die Namen der Schlüsselfelder übereinstimmen.

8 Nach dem Klick auf *ERSTELLEN* öffnet sich das Fenster *Beziehung erstellen* (Bild 7.13). Wählen Sie im Feld *Tabelle* die Datenmodelltabelle mit dem Fremdschlüssel aus und daneben im Feld *Spalte fremd* das Fremdschlüsselfeld in dieser Tabelle. In diesem Beispiel die Tabelle *Reklamationsliste* und das Feld *ArtikelNr*.

Unterhalb wählen Sie im Feld *Verwandte Tabelle* die Tabelle mit dem Primärschlüssel und das dazugehörige Feld aus, hier die Tabelle *Produktliste* und das Feld *ArtikelID*. Klicken Sie auf *OK*, um die Beziehung zu erstellen.

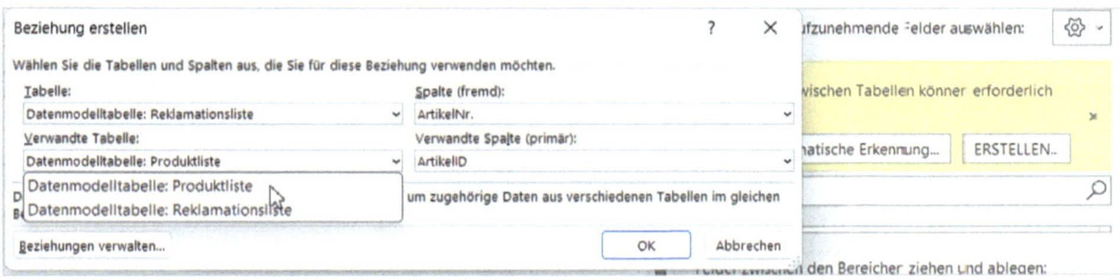

Bild 7.13 Wählen Sie im Fenster Beziehung erstellen die Tabellen und Felder aus

Sofort ändert sich das Aussehen der Pivot-Tabelle. Als Zeilen erscheinen jetzt nur noch Artikel, zu denen eine Reklamation vorliegt und die Summe der Reklamationen pro Artikel wird korrekt berechnet, siehe Bild 7.14 auf der nächsten Seite.

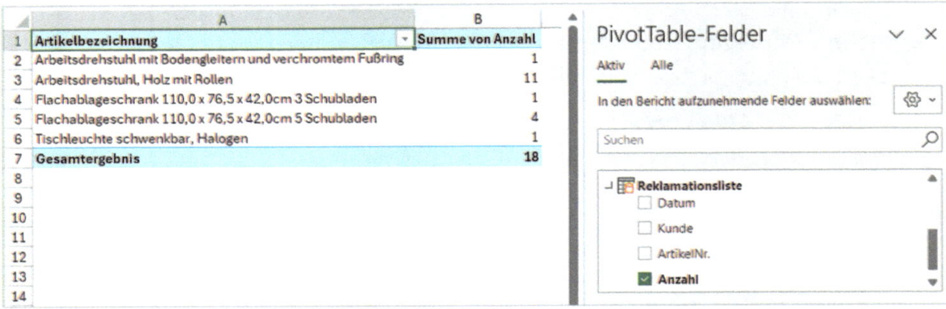

Artikelbezeichnung	Summe von Anzahl
Arbeitsdrehstuhl mit Bodengleitern und verchromtem Fußring	1
Arbeitsdrehstuhl, Holz mit Rollen	11
Flachablageschrank 110,0 x 76,5 x 42,0cm 3 Schubladen	1
Flachablageschrank 110,0 x 76,5 x 42,0cm 5 Schubladen	4
Tischleuchte schwenkbar, Halogen	1
Gesamtergebnis	**18**

Bild 7.14 Die fertige Pivot-Tabelle

Tipp: Artikelnummer und Bezeichnung nebeneinander in Zeile anordnen

Siehe auch Kap. 6.11 auf Seite 248.

Wenn Sie der Pivot-Tabelle als Zeilenbeschriftung noch weitere Informationen, z. B. die Felder *ArtikelNr* und *PreisNetto* hinzufügen, dann werden diese in der Standardeinstellung und im Berichtslayout *Kurzformat* oder *Gliederungsformat* zunächst hierarchisch, d. h. in Zeilen untereinander angeordnet, wie im Bild unten.

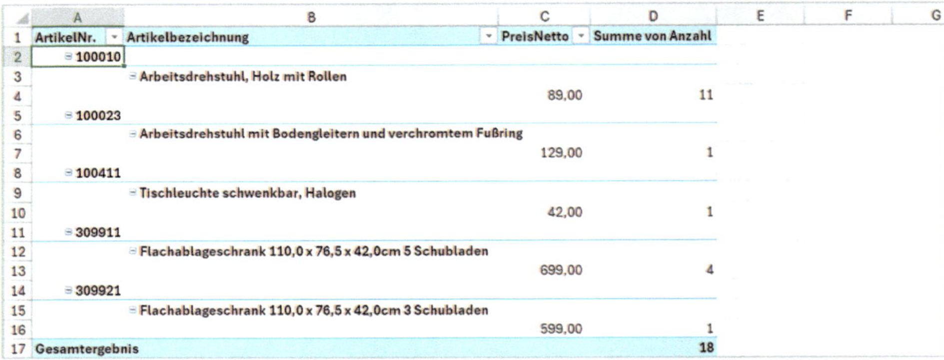

ArtikelNr.	Artikelbezeichnung	PreisNetto	Summe von Anzahl
100010			
	Arbeitsdrehstuhl, Holz mit Rollen		
		89,00	11
100023			
	Arbeitsdrehstuhl mit Bodengleitern und verchromtem Fußring		
		129,00	1
100411			
	Tischleuchte schwenkbar, Halogen		
		42,00	1
309911			
	Flachablageschrank 110,0 x 76,5 x 42,0cm 5 Schubladen		
		699,00	4
309921			
	Flachablageschrank 110,0 x 76,5 x 42,0cm 3 Schubladen		
		599,00	1
Gesamtergebnis			18

Bild 7.15 Im Berichtslayout Kurzformat oder Gliederung werden die Zeilenfelder untereinander angeordnet

1 Um die Felder *ArtikelNr*, *Artikelbezeichnung* und *PreisNetto* nebeneinander in derselben Zeile anzuordnen, blenden Sie zunächst etwaige Teilergebnisse aus (Rechtsklick auf ein beliebiges Teilergebnis und Häkchen entfernen vor *Teilergebnis xxx* oder Menüband, Register *Entwurf* ▶ *Teilergebnisse*). Klicken Sie außerdem im Register *Entwurf* auf *Berichtslayout* und wählen Sie *Im Tabellenlayout anzeigen*.

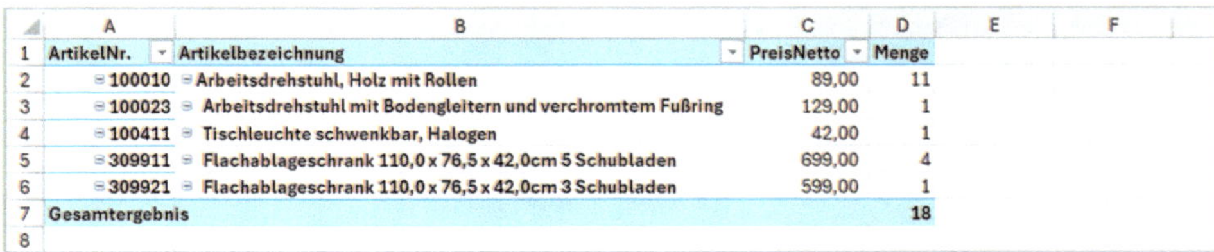

ArtikelNr.	Artikelbezeichnung	PreisNetto	Menge
100010	Arbeitsdrehstuhl, Holz mit Rollen	89,00	11
100023	Arbeitsdrehstuhl mit Bodengleitern und verchromtem Fußring	129,00	1
100411	Tischleuchte schwenkbar, Halogen	42,00	1
309911	Flachablageschrank 110,0 x 76,5 x 42,0cm 5 Schubladen	699,00	4
309921	Flachablageschrank 110,0 x 76,5 x 42,0cm 3 Schubladen	599,00	1
Gesamtergebnis			18

Bild 7.16 Die Tabelle im Tabellenlayout

2 Nun stören nur noch die Schaltflächen zum Erweitern/Reduzieren, da diese keine Funktion mehr haben. Zum Ausblenden klicken Sie mit der rechten Maustaste in die Tabelle und auf *PivotTable-Optionen....* Klicken Sie im gleichnamigen Fenster auf das Register *Anzeige* und deaktivieren Sie das Kontrollkästchen *Schaltflächen zum Erweitern/Reduzieren anzeigen*.

Beziehung zwischen zwei Excel-Tabellen derselben Arbeitsmappe

Etwas anders ist die Vorgehensweise, wenn sich Auswertung und Ausgangstabellen in derselben Arbeitsmappe befinden. Auch in diesem Fall müssen die Tabellen als Tabellenbereich formatiert sein und sollten aussagefähige Namen erhalten. Dieses Beispiel verwendet ebenfalls die Tabellen *Reklamationsliste* und *Produktliste*, diesmal aber wird die Auswertung in derselben Arbeitsmappe erstellt.

1 Klicken Sie im Register *Daten* ▶ *Datentools* auf *Datenmodell* ▶ *Beziehungen* und danach im Fenster *Beziehungen verwalten* auf die Schaltfläche *Neu...* ❶.

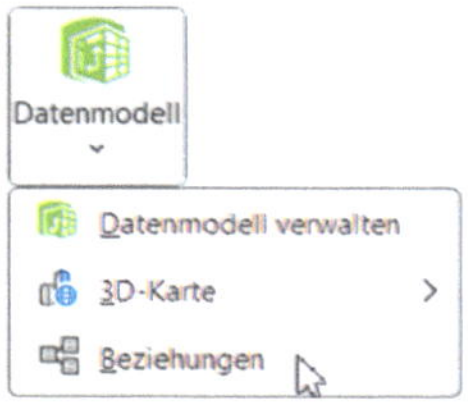

Bild 7.17 Beziehungen verwalten

2 Im nachfolgenden Fenster *Beziehung erstellen* legen Sie nun wieder die Tabellen und Spalten fest:

Als erste Tabelle wählen Sie die Tabelle mit dem Fremdschlüssel, nämlich die Tabelle *Reklamationsliste* ❷, und im Feld *Spalte (Fremd)* den Fremdschlüssel dieser Tabelle, die *ArtikelNr*. Im Feld *Verwandte Tabelle* wählen Sie *Arbeitsblatttabelle Produktliste* ❸ aus und die Spalte *ArtikelID*. Klicken Sie dann auf *OK*.

Im Unterschied zum Datenmodell sind diesmal die Tabellen den Zusatz *Arbeitsblatttabelle* versehen, wie im Bild unten.

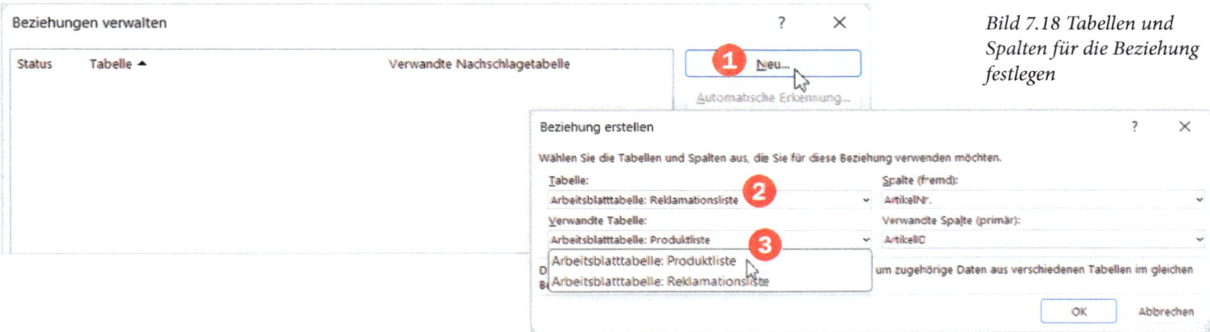

Bild 7.18 Tabellen und Spalten für die Beziehung festlegen

3 Die soeben erstellte Beziehung erscheint nun im Fenster *Beziehungen verwalten* ❹, danach können Sie das Fenster schließen.

4 Nun erstellen Sie aus dem Datenmodell eine Pivot-Tabelle: Klicken Sie im Menüband, Register *Einfügen* auf den Dropdown-Pfeil *PivotTable* und wählen Sie *Aus dem Datenmodell*. Anschließend können Sie der Pivot-Tabelle ebenfalls Felder aus beiden Tabellen hinzufügen, siehe oben.

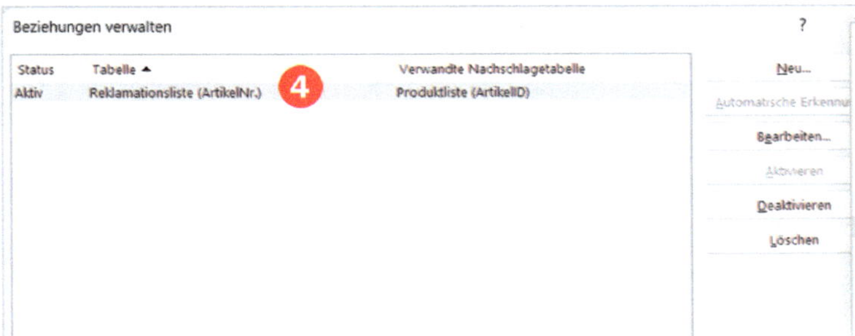

Bild 7.19 Die Beziehung im Fenster Beziehungen verwalten

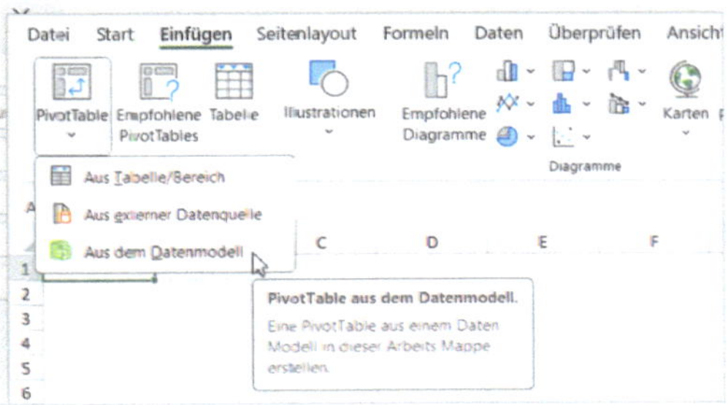

Bild 7.20 PivotTable aus Datenmodell erstellen

7.3 Power Query und Datenmodelle

Manche Datenquellen, insbesondere Datenbanken, speichern auch Datenmodelle, die mit Power Query zusammen mit den Tabellen importiert werden. Als Beispiel der Import aus einer Microsoft Access-Datenbank.

Ausgangssituation

Sie möchten Bestellungen nach Warengruppen auswerten. Zusätzlich benötigen Sie eine Filtermöglichkeit nach Monaten und Jahren. Die erforderlichen Informationen sind in der Access-Datenbank Warenwirtschaft in folgenden Tabellen gespeichert und das Datenmodell der Datenbank sehen Sie unterhalb in Bild 7.21.

- Datum: tblBestellungen
- Artikel und Menge: tblBestelldetails
- Artikelbezeichnung und Einzelpreis: tblArtikel
- Warengruppe: tblWarengruppen

Bild 7.21 Das Datenmodell der Datenbank Warenwirtschaft

Warenwirtschaft.accdb

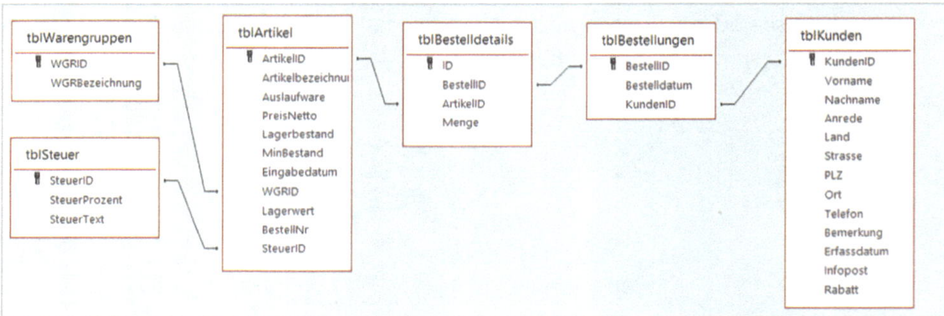

Tabellen importieren und dem Datenmodell hinzufügen

Der Importvorgang unterscheidet sich nur geringfügig vom normalen Datenimport.

1 Klicken Sie im Register *Daten* des Menübands auf *Daten abrufen* ▶ *Aus Datenbank* ▶ *Aus Microsoft Access-Datenbank*. Wählen Sie die Datenbankdatei aus und klicken Sie auf *Importieren*.

Bild 7.22 Daten abrufen

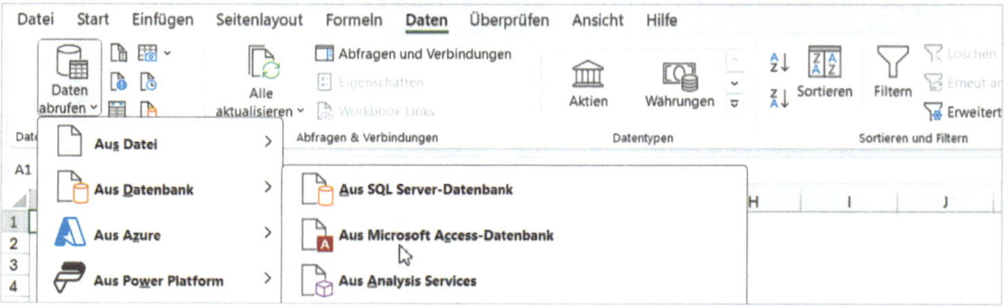

2 Aktivieren Sie im Navigator das Kontrollkästchen *Mehrere Elemente auswählen* ❶ und anschließend die Kontrollkästchen der benötigten Tabellen, hier *tblArtikel*, *tblBestelldetails*, *tblBestellungen* und *tblWarengruppen* (Bild 7.23).

Hinweis: Enthält die Datenbank ein Datenmodell, dann können Sie auch mit Klick auf *Verknüpfte Tabellen auswählen* ❷ das Datenmodell mit allen verbundenen Tabellen auswählen. Allerdings kann die Analyse des Datenmodells etwas dauern, zudem werden dadurch meist auch nicht benötigte Elemente (Tabellen oder Sichten) mit ausgewählt.

3 Markieren Sie nun links die Tabelle *tblBestellungen* und betrachten Sie die Vorschau genauer: Hier erscheinen die verbundenen Tabellen *tblBestelldetails* ❸ und *tblKunden* ❹ als weitere Spalten mit den Inhalten *Table* und *Value*.

Bild 7.23 Die Tabelle tblBestellungen mit verbundenen Tabellen in der Vorschau

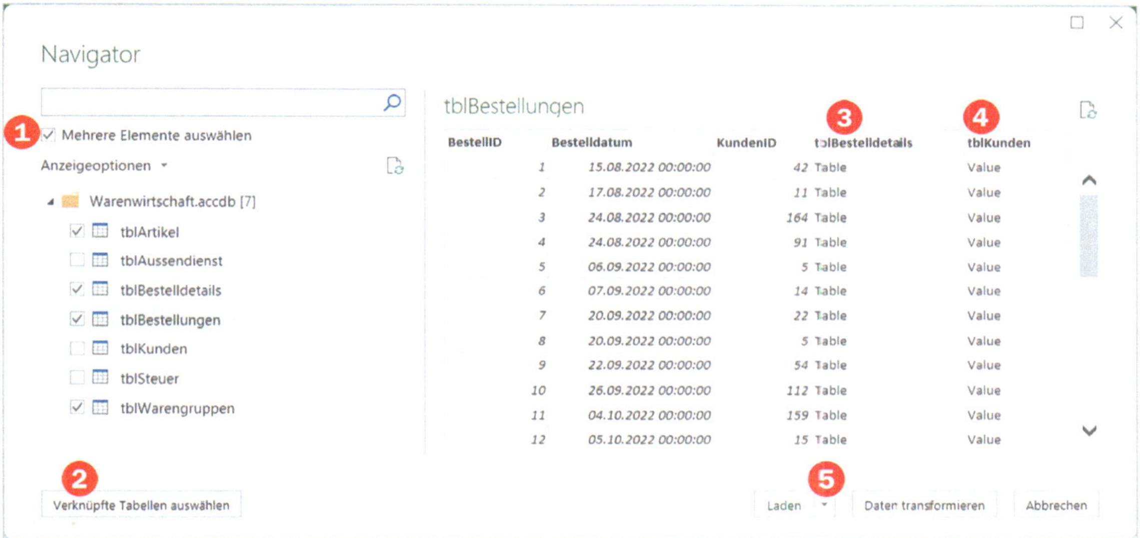

Beim Import von Tabellen, die Teil eines Datenmodells sind, erscheinen in der Vorschau die verbundenen Tabellen als weitere Spalten, die Bedeutung der Inhalte:

- *Value* steht für eine Beziehung zu einer übergeordneten Tabelle über ein Fremdschlüsselfeld. Im abgebildeten Beispiel ist dies die Beziehung zur (hier nicht importierten) Tabelle *tblKunden* über das Feld *KundenID*.
- *Table* dagegen bedeutet, es handelt sich um eine untergeordnete Tabelle, in diesem Beispiel *tblBestelldetails*. Diese ist über das Feld *BestellID* verbunden (s. Bild 7.21 auf Seite 262).

Zur Erinnerung: In einer Beziehung zu einer untergeordneten Tabelle enthält die aktuelle Tabelle den Primärschlüssel.

Tabellen dem Datenmodell hinzufügen

Wenn keine weitere Aufbereitung der Daten erforderlich ist, können Sie nun die Tabellen dem Datenmodell hinzufügen. Klicken Sie dazu im Navigator auf den Dropdown-Pfeil der Schaltfläche *Laden* und auf *Laden in...* ❺.

Bild 7.24 Daten dem Datenmodell hinzufügen

1 Mit Auswahl der Option *PivotTable-Bericht* werden die Daten automatisch dem Datenmodell hinzugefügt. Soll dagegen vorerst nur eine Verbindung erstellt werden, so müssen Sie das Kontrollkästchen *Dem Datenmodell diese Daten hinzufügen* gesondert aktivieren, wie in Bild 7.24.

Achtung: Mit der Auswahl *Tabelle* werden alle ausgewählten Tabellen in die Arbeitsmappe eingefügt. Dies vergrößert den Speicherplatzbedarf und ist meist überflüssig.

2 Danach werden die Daten abgerufen, dies kann bei mehreren Tabellen auch etwas länger dauern, und eine leere Pivot-Tabelle erstellt, deren Feldliste alle Tabellen des Datenmodells enthält. Ziehen Sie nun die benötigten Felder, hier aus der Tabelle *tblWarengruppen* die Warengruppenbezeichnung und aus der Tabelle *tblBestelldetails* die Menge in die entsprechenden Bereiche der Pivot-Tabelle.

3 Anschließend werden Sie wieder aufgefordert, eine Beziehung herzustellen. Klicken Sie dazu entweder auf *Automatische Erkennung...*, dies klappt in der Regel bei importierten Datenmodellen, oder erstellen Sie die erforderlichen Beziehungen wieder manuell über die Schaltfläche *ERSTELLEN*.

Beziehung manuell erstellen, s. Seite 259.

Bild 7.25 Beziehungen erstellen

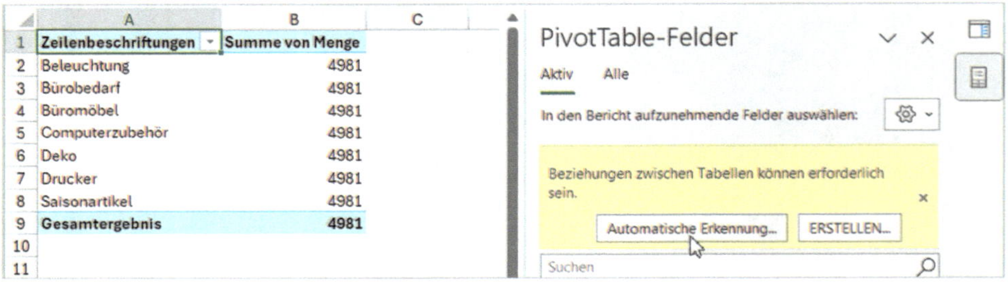

> **Achtung: Falls die automatische Erkennung nicht klappt, müssen Sie hier zwei Beziehungen erstellen:**
>
> - Zwischen den Tabellen *tblBestelldetails* und *tblArtikel* über die Spalte *ArtikelID*.
> - Zwischen den Tabellen *tblArtikel* und *tblWarengruppen* über die WarengruppenID (Spalte *WGRID*).

Bild 7.26 Ergebnis: Pivot-Tabelle mit Warengruppen und Summe der verkauften Menge

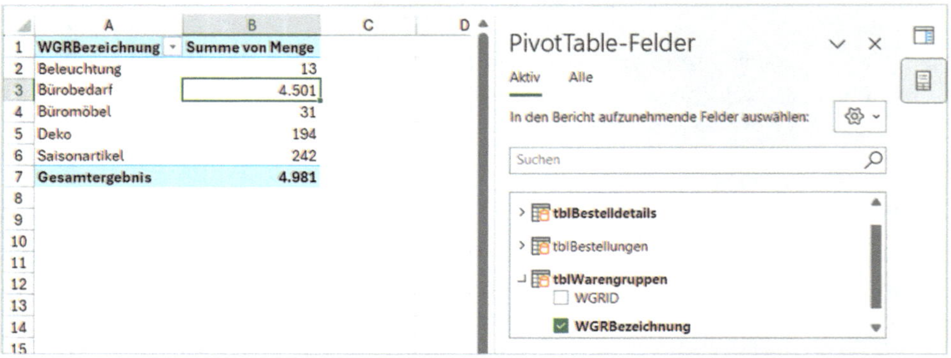

Beziehungen des Datenmodells kontrollieren

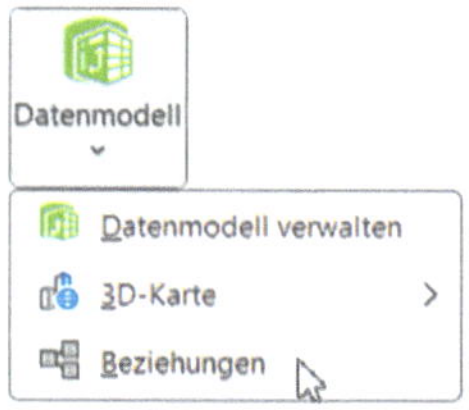

Wenn Sie die automatisch erkannten Beziehungen des importierten Datenmodells kontrollieren oder ändern möchten, dann klicken Sie im Menüband, Register *Daten* ▶ *Datentools* auf *Datenmodell* ▶ *Beziehungen*. Im Fenster *Beziehungen verwalten* erscheinen alle vorhandenen Beziehungen, Details zur markierten Beziehung sehen Sie, wenn Sie auf die Schaltfläche *Bearbeiten...* klicken.

Bild 7.27 Die Beziehungen erscheinen im Fenster Beziehungen verwalten

In Power Query mit einem importierten Datenmodell arbeiten

Ganz zufriedenstellend ist das Ergebnis noch nicht, da noch der Umsatz berechnet werden muss und meist auch keine automatische Gruppierung des Bestelldatums nach Jahren, Quartalen und Monaten erfolgt. Die Berechnung des Umsatzes mit Hilfe eines berechneten Feldes ist in der Pivot-Tabelle nicht möglich, da Excel hier die Berechnung ausschließlich mit aggregierten Werten durchführt, siehe Kap. 6.8 auf Seite 225. Sie müssen also den Umsatz mit Power Query berechnen und können bei dieser Gelegenheit auch gleich die notwendigen Datumsinformationen ermitteln lassen.

Power Query-Editor öffnen

Klicken Sie entweder unmittelbar nach Auswahl der Tabellen im Navigator auf *Daten transformieren*, siehe Bild 7.23 auf Seite 263. Oder öffnen Sie nachträglich den Power Query-Editor, z. B. per Doppelklick auf eine beliebige Abfrage im Aufgabenbereich *Abfragen und Verbindungen*. Oder klicken Sie im Menüband, Register *Daten* ▶ *Daten abrufen und transformieren* ▶ *Daten abrufen* auf *Power Query-Editor starten*.

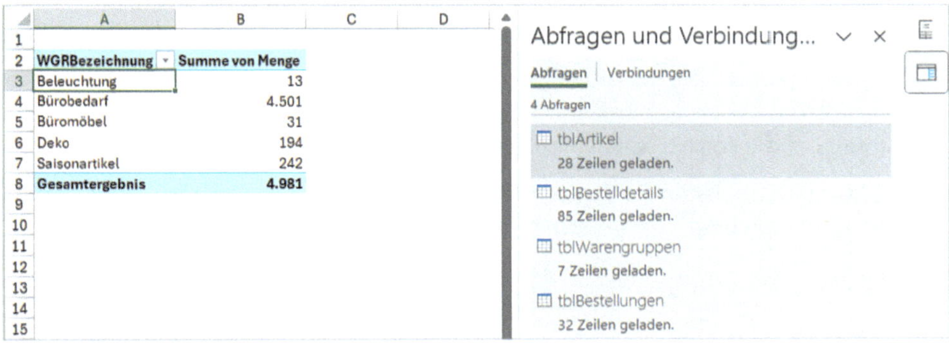

Bild 7.28 Doppelklicken Sie auf eine beliebige Abfrage

Die Abfrage Bestelldetails um Felder aus der Tabelle Artikel erweitern

Zur Berechnung des Umsatzes benötigen Sie in der Abfrage *tblBestelldetails* neben der Menge auch noch die entsprechenden Einzelpreise aus der Tabelle *tblArtikel*. Diese fügen Sie wie folgt hinzu:

1. Wählen Sie links im Bereich *Abfragen* mit einem Klick die Tabelle *tblBestelldetails* ❶ aus (Bild 7.29).
2. Klicken Sie dann in dieser Tabelle in der Spalte *tblArtikel* neben der Spaltenüberschrift auf die Schaltfläche mit den beiden auseinander weisenden Pfeilen ❷ (*Erweitern*).
3. Es öffnet sich ein Feld mit allen Spalten dieser Tabelle. Deaktivieren Sie zunächst das Kontrollkästchen *(Alle Spalten auswählen)* und wählen Sie dann die benötigten Spalten, hier *PreisNetto* ❸ aus. Die Verwendung des Spalten-, genauer gesagt, Tabellennamens als Präfix ist nicht erforderlich, deaktivieren Sie daher das entsprechende Kontrollkästchen ❹ und klicken Sie abschließend auf *OK*.

Bild 7.29 Klicken Sie auf Erweitern und wählen Sie die benötigte Spalte aus

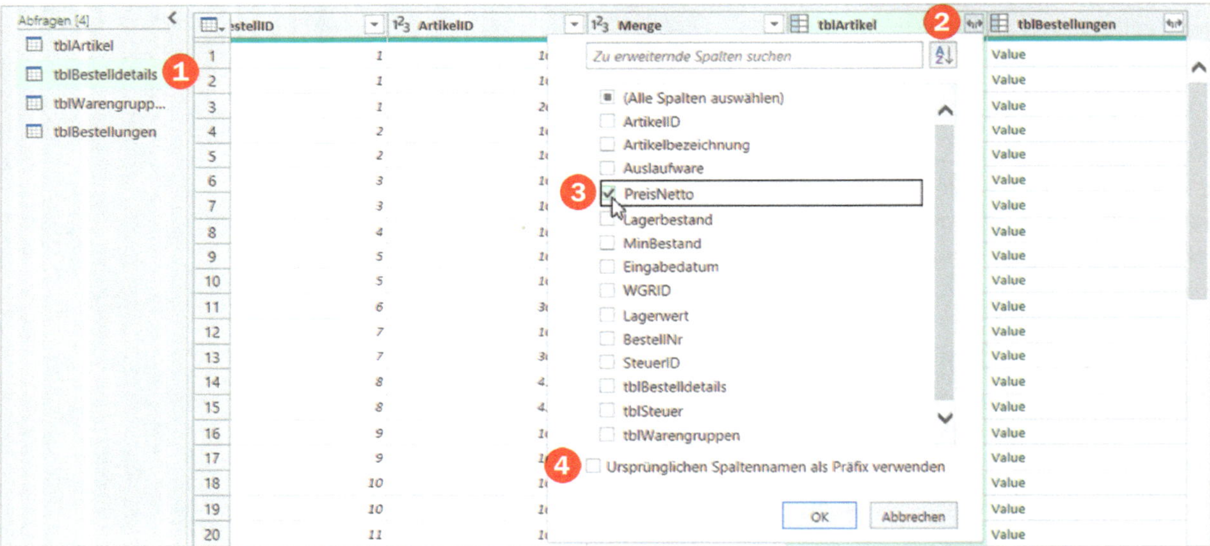

4. Die ausgewählte Spalte wird der Abfrage hinzugefügt und Sie können nun den Umsatz berechnen: Klicken Sie im Menüband des Power Query-Editors, Register *Spalte hinzufügen* auf *Benutzerdefinierte Spalte* und geben Sie einen Spaltennamen und die Formel wie in Bild 7.30ein.

   Achtung: Die berechnete Spalte muss anschließend noch unbedingt den Datentyp *Währung* oder *Dezimalzahl* erhalten!

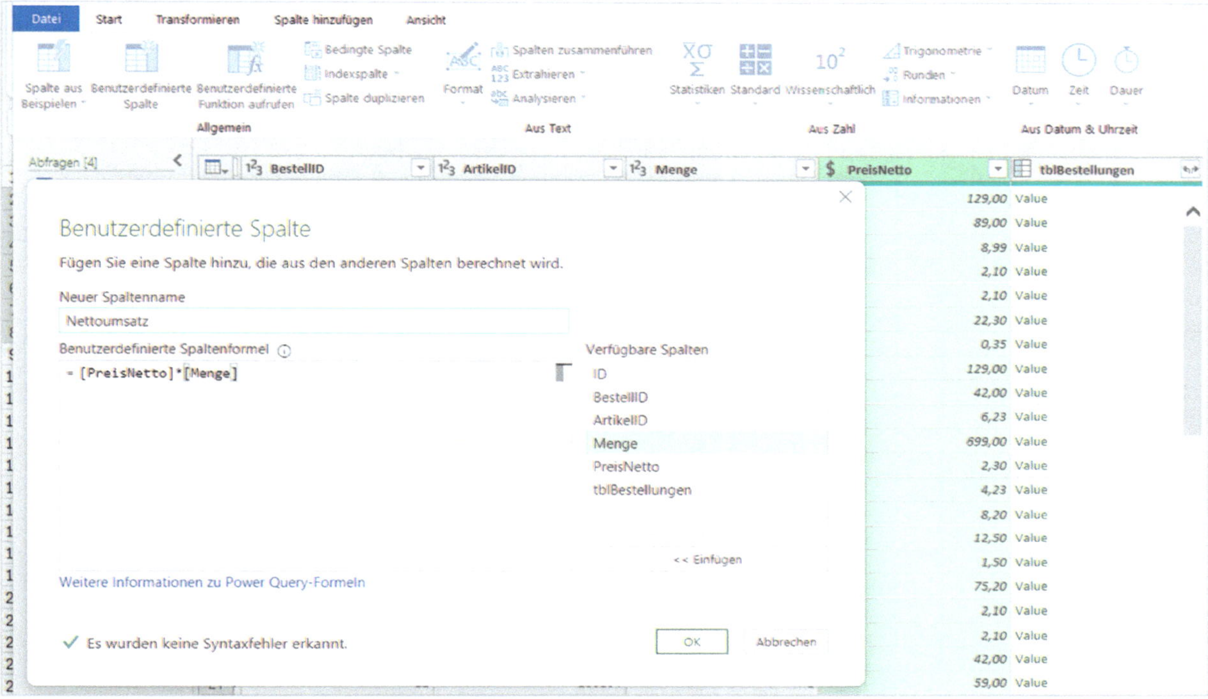

Bild 7.30 Neue benutzerdefinierte Spalte: Umsatz berechnen

Jahr, Monat und Quartal des Bestelldatums hinzufügen

Um noch Monat, Quartal und Jahr des Bestelldatums zu erhalten, wählen Sie im Abfragebereich die Abfrage *tblBestellungen* aus, markieren die Spalte *Bestelldatum* und fügen über das Register *Spalte hinzufügen* und die Schaltfläche *Datum* nacheinander die Felder Jahr, Monat und Quartal der Abfrage hinzu, siehe „Datumsinformationen extrahieren" auf Seite 120.

Nach dem Schließen des Power Query-Editors und Übernehmen der Änderungen sind die neuen Felder in der Tabelle bzw. Abfrage *tblBestelldetails* verfügbar und können nun in der Pivot-Tabelle verwendet werden. **Achtung**: Da Jahr und Quartal aus der Tabelle bzw. Abfrage *tblBestellungen* stammen, müssen Sie außerdem noch eine Beziehung zwischen den Tabellen *tblBestelldetails* und *tblBestellungen* über das Feld *BestellID* erstellen. Das Ergebnis könnte aussehen wie im Bild unten.

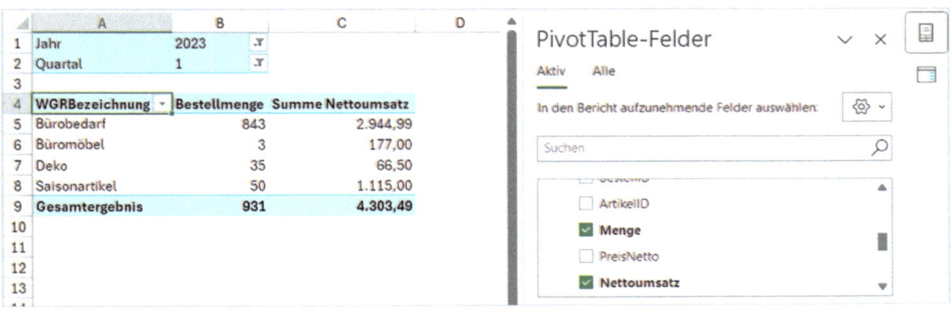

Bild 7.31 Die neuen Felder wurden der Feldliste hinzugefügt

Tabelle bzw. Abfrage nachträglich dem Datenmodell hinzufügen

Falls Sie eine Auswertung noch nachträglich um weitere Tabellen aus der Datenquelle erweitern möchten, z. B. um Kundendaten wie Länder oder Postleitzahlenbereiche, dann brauchen Sie nur die gewünschten Tabellen, hier *tblKunden* importieren und anschließend dem Datenmodell der Arbeitsmappe hinzufügen.

1 Klicken Sie im Menüband, Register *Daten* auf *Daten abrufen* ▶ *Aus Datenbank* ▶ *Aus Microsoft Access-Datenbank*, wählen wieder die Datenbank Warenwirtschaft und klicken auf *Importieren*. Markieren Sie danach im Navigator die Tabelle *tblKunden*, klicken auf den Dropdown-Pfeil *Laden* und auf *Laden in....*

2 Wählen Sie im nachfolgenden Fenster *Daten importieren* die Option *Nur Verbindung erstellen*, aktivieren Sie das Kontrollkästchen dem *Datenmodell diese Daten hinzufügen* und klicken Sie auf *OK*.

Bild 7.32 Wählen Sie die Tabelle tblKunden aus

Bild 7.33 Dem Datenmodell hinzufügen

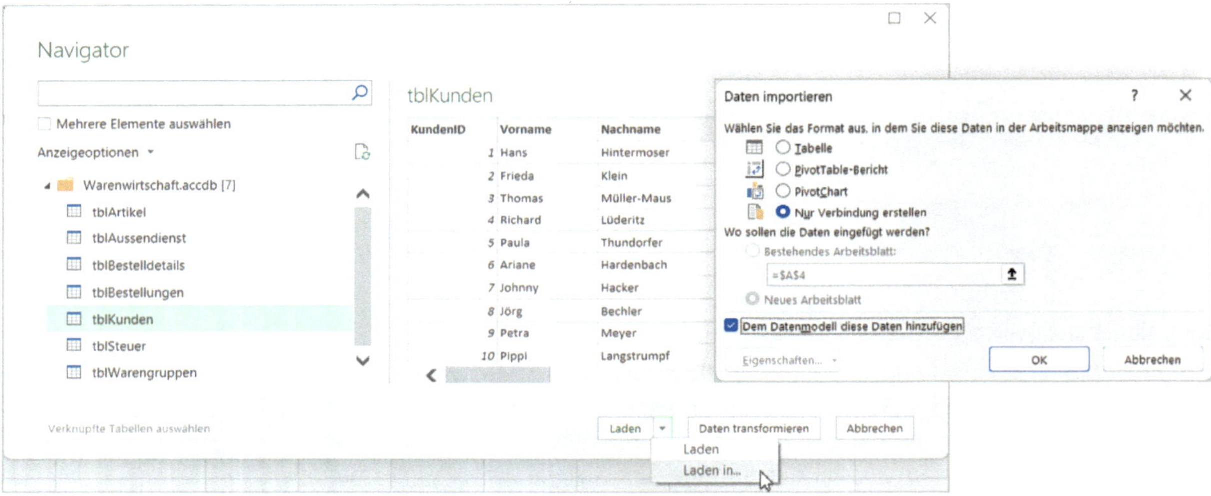

Alternativ klicken Sie im Power Query-Editor, Register *Start* ▶ *Neue Abfrage* auf *Neue Quelle* ▶ *Datenbank* ▶ *Access*, wählen die betreffende Datenbank und anschließend im Navigator die Tabelle *tblKunden* aus. In diesem Fall wird die markierte Tabelle mit Klick auf *OK* in den Editor geladen und Sie können hier beispielsweise nicht benötigte Spalten entfernen. Zuletzt klicken Sie im Register *Start* des Power Query-Editors auf den Dropdown-Pfeil *Schließen & laden* und wählen *Schließen & laden in...* um das Fenster *Daten importieren* zu öffnen, siehe oben.

Tipps und Hinweise

▶ **Schließen & laden in... inaktiv**: Sollte der Befehl *Schließen & laden in...* inaktiv sein, so wird die nachträglich hinzugefügte Datenquelle oder Abfrage automatisch als Tabelle in die Excel-Arbeitsmappe geladen.

Damit Sie die Abfrage trotzdem dem Datenmodell hinzufügen können, löschen Sie zunächst das Tabellenblatt mit den soeben eingefügten Kundendaten (Rechtsklick in das Blattregister und Befehl *Löschen*). Dadurch werden nur die

Daten gelöscht, die Verbindung bleibt bestehen. Klicken Sie dann im Aufgabenbereich *Abfragen und Verbindungen* mit der rechten Maustaste auf die Abfrage und auf *Laden in...* ❶. Anschließend können Sie im Fenster *Daten importieren* das Kontrollkästchen *Dem Datenmodell diese Daten hinzufügen* ❷ aktivieren.

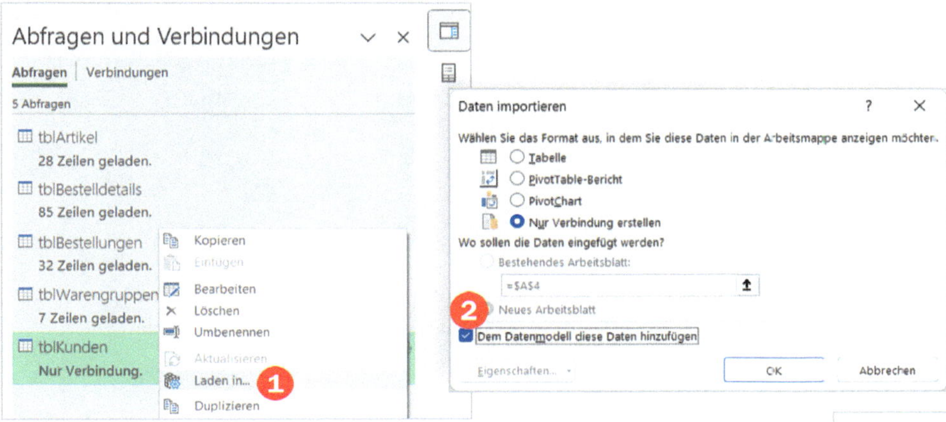

Bild 7.34 Rechtsklick und Laden in...

Bild 7.35 Dem Datenmodell hinzufügen

- **Abfrage erscheint nicht in der Feldliste**: Sollte die nachträglich hinzugefügte Abfrage bzw. Tabelle nicht in der Feldliste einer vorhandenen Pivot-Tabelle erscheinen, so klicken Sie im Aufgabenbereich *PivotTable-Felder* auf das Register *Alle*.

Bild 7.36 PivotTable-Felder, Register Alle

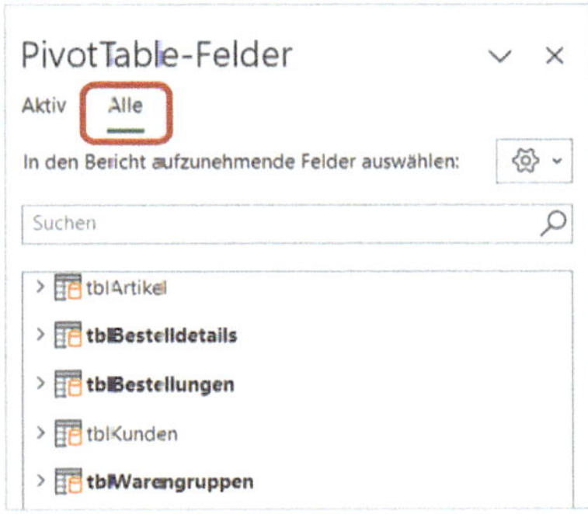

Im Power Query-Editor manuell zwei Abfragen zusammenführen

Wenn eine importierte Tabellen nicht Teil eines Datenmodells ist oder in der Datenquelle kein Datenmodell vorhanden ist, dann können Sie trotzdem im Power Query-Editor eine Abfrage um Spalten aus einer zweiten Abfrage erweitern, vorausgesetzt in beiden Tabellen ist ein entsprechendes Schlüsselfeld mit gleichem Inhalt und vom selben Datentyp vorhanden.

Achtung: Das Zusammenführen zweier Abfragen erstellt kein, für die gesamte Arbeitsmappe gültiges, Datenmodell, sondern gilt ausschließlich in der betreffenden Abfrage.

Verwechseln Sie Beziehungen nicht mit dem Zusammenführen von Abfragen!

Mit Power Query können Sie zwar Datenmodelle importieren, nicht aber erstellen. Dies ist in Excel nur mit dem Add-In Power Pivot oder dem Befehl *Daten* ▶ *Datentools* und *Datenmodell* ▶ *Beziehungen* möglich.

Wenn Sie dagegen im Power Query-Editor mit dem Befehl *Abfragen zusammenführen* eine Abfrage um Felder aus einer anderen Tabelle erweitern, hat dies keinerlei Wirkung auf das Datenmodell der Arbeitsmappe. Das bedeutet, Sie können zwar in einer Pivot-Tabelle alle Felder aus der zusammengeführten Abfrage verwenden. Wenn Sie aber versuchen, einer Pivot-Tabelle Felder aus den Einzelabfragen hinzuzufügen, dann müssen Sie ebenfalls zuerst eine Beziehung erstellen.

Beispiel: Abfragen aus Textdatei zusammenführen

Für dieses Beispiel verwenden wir wieder Bestellungen und Artikeldaten, siehe Datenbank Warenwirtschaft auf Seite 262. Allerdings liegen diesmal die Daten als Textdateien (Artikelstammdaten.txt und 012_Bestelldaten.txt) vor.

Bild 7.37 Artikelstammdaten.txt

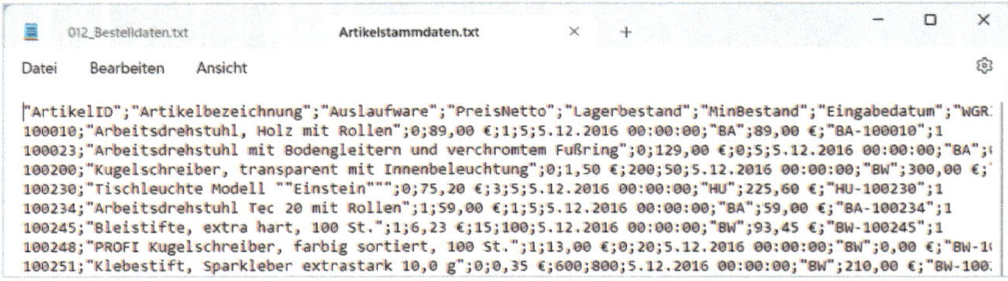

Bild 7.38 012_Bestelldaten.txt

Artikelstammdaten.txt

012_Bestelldaten.txt

Im Bild unten die beiden Abfragen im Power Query-Editor. Details zum Laden in den Power Query-Editor und Anpassen der Datentypen, siehe Kapitel 4 und 5.

> **Achten Sie auf die Datentypen!**
>
> Spalten, über die zwei Abfragen zusammengeführt werden sollen, hier *ArtikelID*, müssen in beiden Abfragen unbedingt vom selben Datentyp sein.

1 Wählen Sie im Power Query-Editor die *Abfrage 012_Bestelldaten* ❶ aus und klicken Sie im Register *Start* ▶ *Kombinieren* auf *Abfragen zusammenführen* ❷.

Hinweis: Dieser Befehl erweitert die aktuell ausgewählte Abfrage, hier *012_Bestelldaten*. Möchten Sie dagegen aus den zusammengeführten Spalten eine neue Abfrage bilden, dann klicken Sie auf den Dropdown-Pfeil und auf *Abfragen als neue Abfrage zusammenführen*.

Bild 7.39 Abfragen zusammenführen

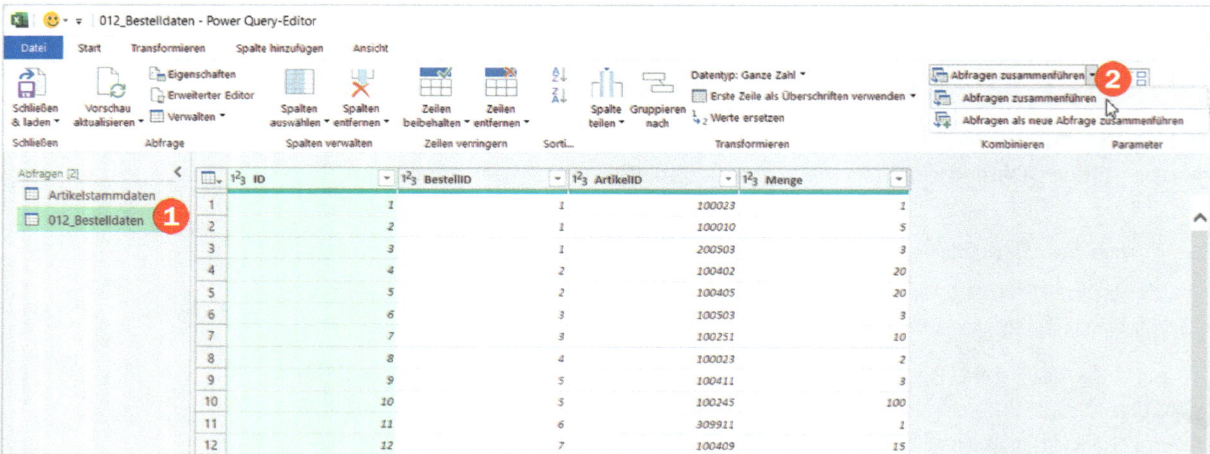

2 Im Fenster *Zusammenführen* sehen Sie nun oben die aktuelle *Abfrage 012_Bestelldaten* ❸. Wählen Sie unterhalb die zweite Abfrage, hier *Artikelstammdaten*, aus ❹.

3 Anschließend legen Sie die übereinstimmenden Felder fest: Klicken Sie dazu in der Vorschau in beiden Abfragen jeweils in das Feld, hier *ArtikelID* ❺.

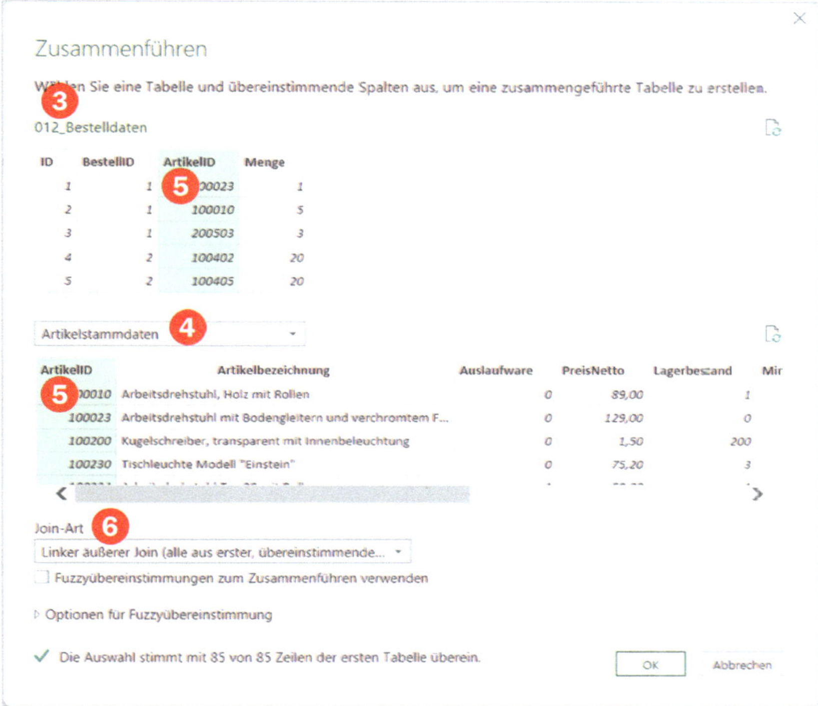

Bild 7.40 Wählen Sie die zweite Abfrage aus

4 Im Feld *Join-Art* ❻ geben Sie an, welche Datensätze die Abfrage liefern soll: die Einstellung *Linker äußerer Join*, also alle aus der ersten Abfrage und nur übereinstimmende aus der zweiten Abfrage, kann hier beibehalten werden. Im Bild unten sehen Sie die übrigen Möglichkeiten. Klicken Sie zuletzt auf *OK*.

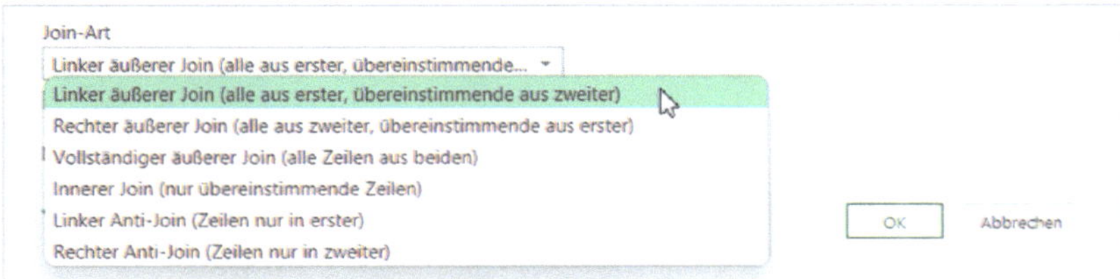

Bild 7.41 Join-Art wählen

Bild 7.42 Abfrage um Felder aus der zweiten Abfrage erweitern

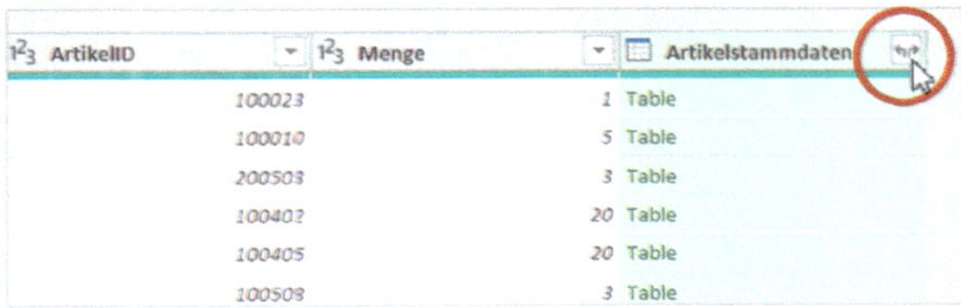

5 Damit wird an die aktuelle Abfrage die Abfrage *Artikelstammdaten* als weitere Spalte angefügt und mit Klick auf die Schaltfläche *Erweitern* können Sie nun wieder die benötigten Spalten aus dieser Abfrage auswählen, z. B. *Artikelbezeichnung* und *PreisNetto*. Siehe auch Bild 7.29 auf Seite 266.

6 Das Ergebnis (s. Bild 7.43) kann anschließend entweder in die Arbeitsmappe geladen oder als Datenquelle für eine Pivot-Tabelle verwendet werden.

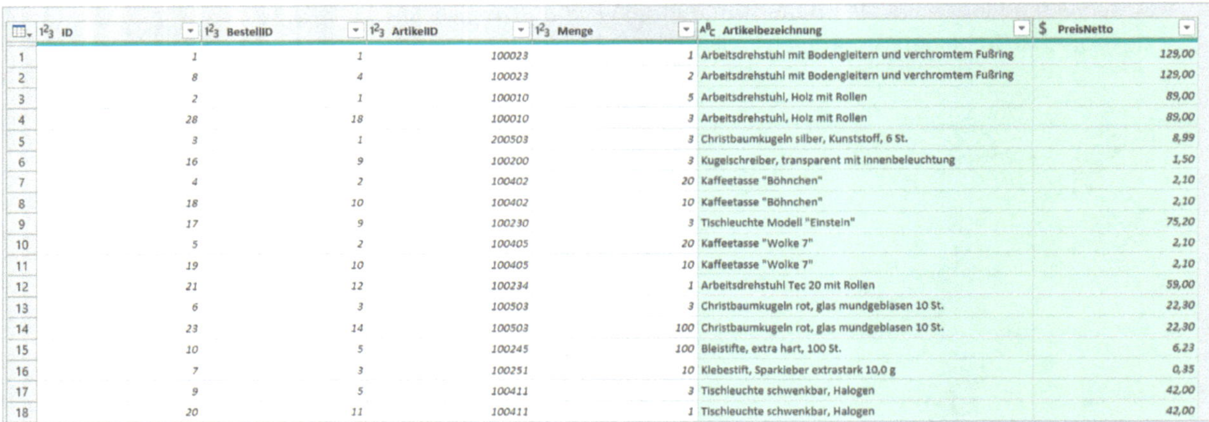

	ID	BestellID	ArtikelID	Menge	Artikelbezeichnung	PreisNetto
1	1	1	100023	1	Arbeitsdrehstuhl mit Bodengleitern und verchromtem Fußring	129,00
2	8	4	100023	2	Arbeitsdrehstuhl mit Bodengleitern und verchromtem Fußring	129,00
3	2	1	100010	5	Arbeitsdrehstuhl, Holz mit Rollen	89,00
4	28	18	100010	3	Arbeitsdrehstuhl, Holz mit Rollen	89,00
5	3	1	200503	3	Christbaumkugeln silber, Kunststoff, 6 St.	8,99
6	16	9	100200	3	Kugelschreiber, transparent mit Innenbeleuchtung	1,50
7	4	2	100402	20	Kaffeetasse "Böhnchen"	2,10
8	18	10	100402	10	Kaffeetasse "Böhnchen"	2,10
9	17	9	100230	3	Tischleuchte Modell "Einstein"	75,20
10	5	2	100405	20	Kaffeetasse "Wolke 7"	2,10
11	19	10	100405	10	Kaffeetasse "Wolke 7"	2,10
12	21	12	100234	1	Arbeitsdrehstuhl Tec 20 mit Rollen	59,00
13	6	3	100503	3	Christbaumkugeln rot, glas mundgeblasen 10 St.	22,30
14	23	14	100503	100	Christbaumkugeln rot, glas mundgeblasen 10 St.	22,30
15	10	5	100245	100	Bleistifte, extra hart, 100 St.	6,23
16	7	3	100251	10	Klebestift, Sparkleber extrastark 10,0 g	0,35
17	9	5	100411	3	Tischleuchte schwenkbar, Halogen	42,00
18	20	11	100411	1	Tischleuchte schwenkbar, Halogen	42,00

Bild 7.43 Das Ergebnis

Im Bild unten als Beispiel die Bestellmengen pro Artikel in Form einer Pivot-Tabelle.

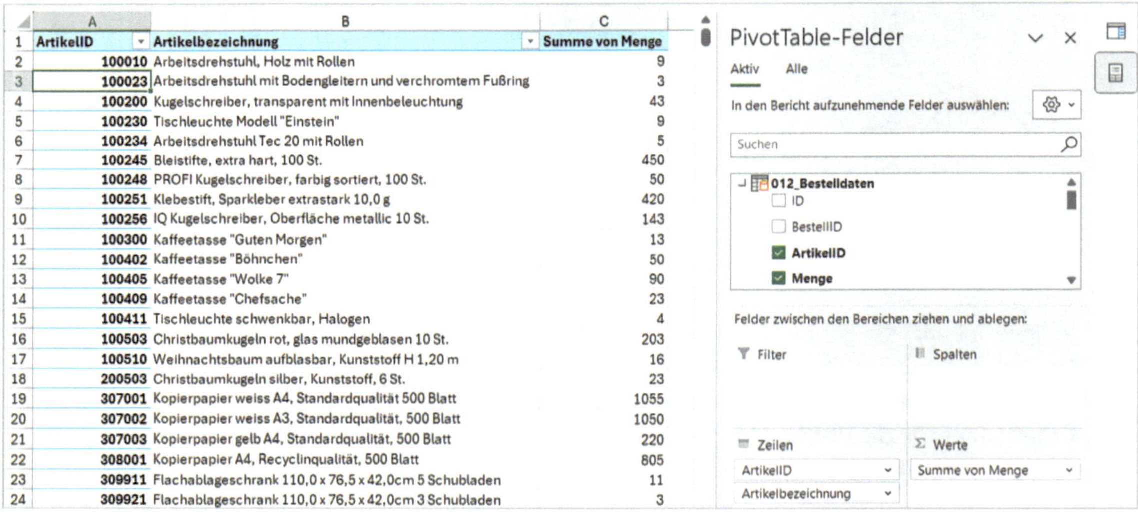

	A	B	C
1	ArtikelID	Artikelbezeichnung	Summe von Menge
2	100010	Arbeitsdrehstuhl, Holz mit Rollen	9
3	100023	Arbeitsdrehstuhl mit Bodengleitern und verchromtem Fußring	3
4	100200	Kugelschreiber, transparent mit Innenbeleuchtung	43
5	100230	Tischleuchte Modell "Einstein"	9
6	100234	Arbeitsdrehstuhl Tec 20 mit Rollen	5
7	100245	Bleistifte, extra hart, 100 St.	450
8	100248	PROFI Kugelschreiber, farbig sortiert, 100 St.	50
9	100251	Klebestift, Sparkleber extrastark 10,0 g	420
10	100256	IQ Kugelschreiber, Oberfläche metallic 10 St.	143
11	100300	Kaffeetasse "Guten Morgen"	13
12	100402	Kaffeetasse "Böhnchen"	50
13	100405	Kaffeetasse "Wolke 7"	90
14	100409	Kaffeetasse "Chefsache"	23
15	100411	Tischleuchte schwenkbar, Halogen	4
16	100503	Christbaumkugeln rot, glas mundgeblasen 10 St.	203
17	100510	Weihnachtsbaum aufblasbar, Kunststoff H 1,20 m	16
18	200503	Christbaumkugeln silber, Kunststoff, 6 St.	23
19	307001	Kopierpapier weiss A4, Standardqualität 500 Blatt	1055
20	307002	Kopierpapier weiss A3, Standardqualität, 500 Blatt	1050
21	307003	Kopierpapier gelb A4, Standardqualität, 500 Blatt	220
22	308001	Kopierpapier A4, Recyclinqualität, 500 Blatt	805
23	309911	Flachablageschrank 110,0 x 76,5 x 42,0cm 5 Schubladen	11
24	309921	Flachablageschrank 110,0 x 76,5 x 42,0cm 3 Schubladen	3

Bild 7.44 Beispiel: Bestellmenge pro Artikel

8 Datenmodelle und Berechnungen mit Power Pivot

In diesem Kapitel lernen Sie...

- Daten importieren, dem Datenmodell hinzufügen
- Datenmodell erstellen und in Pivot-Tabellen nutzen
- Spalten mit DAX-Funktionen berechnen
- Measures statt berechneter Spalten erstellen und verwenden
- Visualisierung mit KPIs
- Zugriff auf das Datenmodell mit Cube-Funktionen
- Kalendertabelle erstellen und nutzen

Das sollten Sie wissen

- Grundlagen der Datenmodellierung
- PivotTable erstellen
- Datenimport mit Power Query

8.1 Überblick und Vorbereitungen

Was ist Power Pivot?

Power Pivot unterstützt beim Import nicht jeden Dateityp. In solchen Fällen nehmen Sie den Import mit Power Query vor und übergeben die Abfrage an das Datenmodell für die weitere Aufbereitung mit Power Pivot.

Power Pivot ist nicht etwa eine Art Super Pivot-Tabelle, sondern ein überaus leistungsfähiges Tool zum Import und zur Aufbereitung großer Datenmengen sowie zur Erstellung auch anspruchsvoller Datenmodelle. Je nach Ausgangslage und Aufgabenstellung kann Power Pivot entweder Power Query vollständig ersetzen oder zusätzlich zur weiteren Aufbereitung von importierten Daten eingesetzt werden. Hier ein kurzer Überblick über die Vorteile und Unterschiede zu Power Query:

- Mit Power Pivot lassen sich auf einfachem Weg Beziehungen zwischen Tabellen/Abfragen erstellen, wobei grundsätzlich das Datenmodell zusammen mit der Arbeitsmappe gespeichert wird.
- Datentransformation und Berechnungen erfolgen in Power Pivot mit der Formelsprache DAX (Data Analysis Expressions), die im Vergleich zur Power Query M-Sprache wesentlich leistungsfähiger und flexibler ist.
- Die importierten und transformierten Daten werden nicht im Tabellenblatt eingefügt, sondern zur weiteren Auswertung an Pivot-Tabellen oder -Diagramme übergeben. Dies verringert den Speicherplatzbedarf und gleichzeitig wird dadurch auch die Beschränkung von Excel-Tabellenblättern auf etwas mehr als 1 Mio. Zeilen aufgehoben. Power Pivot unterstützt außerdem Dateien mit bis zu 2 GB und ermöglicht das Arbeiten mit bis zu 4 GB an Daten im Arbeitsspeicher.

Power Pivot vor der ersten Verwendung aktivieren

Bei Power Pivot handelt es sich um ein Add-In, das in Excel zwar vorhanden, aber standardmäßig nicht aktiviert ist. Zum Aktivieren klicken Sie im Menüband, Register *Daten* ▸ *Datentools* auf *Datenmodell* ▸ *Datenmodell verwalten*. Handelt es sich um den ersten Aufruf von Power Pivot, so erscheint anschließend die unten abgebildete Meldung. Klicken Sie auf *Aktivieren* und schließen Sie das nachfolgende Fenster *Power Pivot* für Excel wieder. Das Add-In ist anschließend in allen Arbeitsmappen verfügbar.

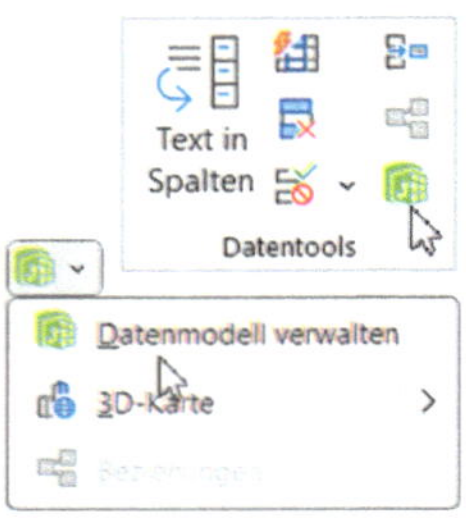

Bild 8.1 Beim ersten Aufruf aktivieren

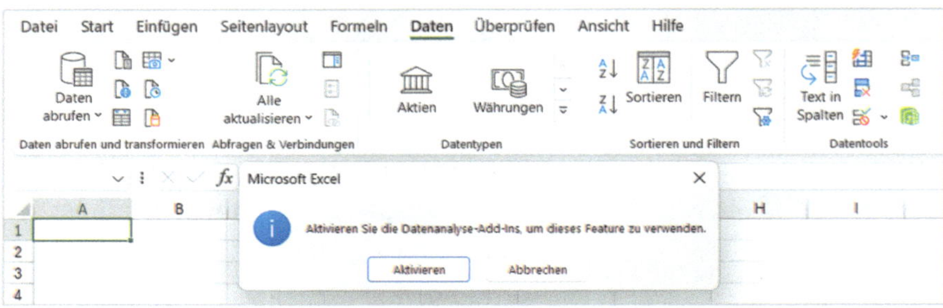

Alternative: Add-In in den Excel-Optionen aktivieren/deaktivieren

Alternativ kann das Add-In auch in den Excel-Optionen (Register *Datei* ▶ *Optionen*) aktiviert werden. Klicken Sie hier auf *Add-Ins* ❶, wählen Sie im Feld *Verwalten* die *COM-Add-Ins* ❷ und klicken Sie auf *Los...* ❸. Aktivieren Sie danach *Microsoft Power Pivot for Excel* ❹ und schließen Sie zuletzt das Fenster mit Klick auf die Schaltfläche *OK*. Auf demselben Weg kann Power Pivot auch wieder deaktiviert werden.

Bild 8.2 Das Add-In Power Pivot aktivieren

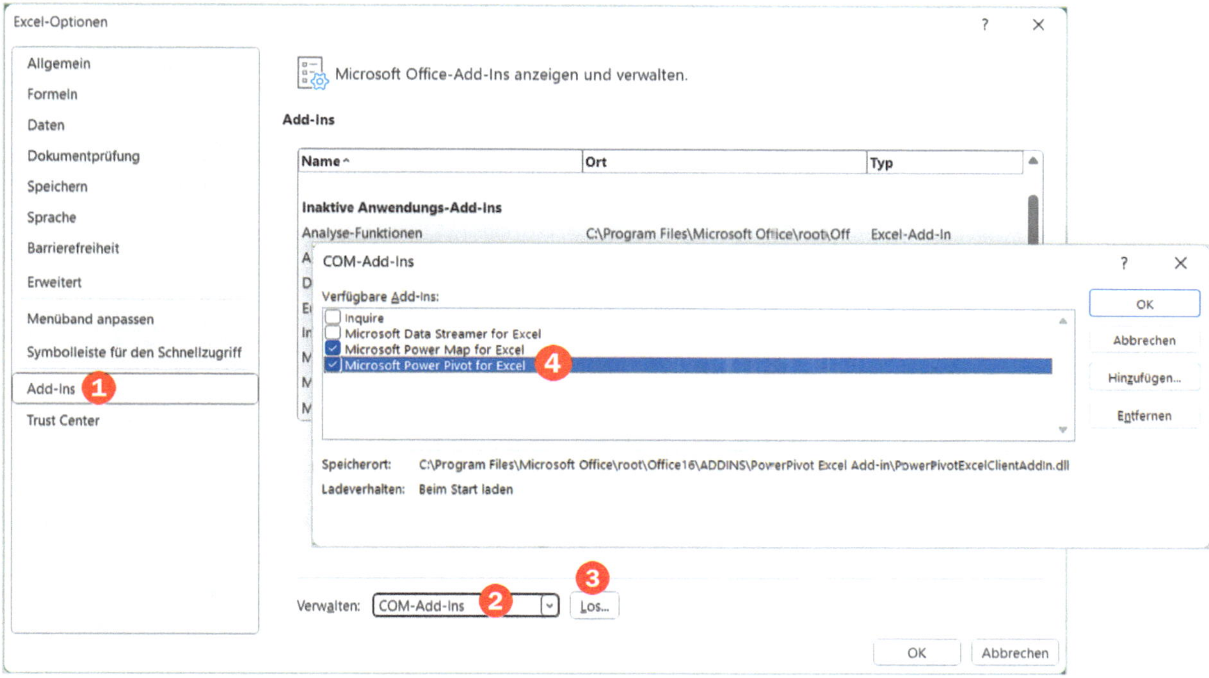

Das Register Power Pivot

Wenn Power Pivot aktiviert ist, dann finden Sie im Menüband aller Excel-Arbeitsmappen das zusätzliche Register *Power Pivot*.

Bild 8.3 Das Register Power Pivot

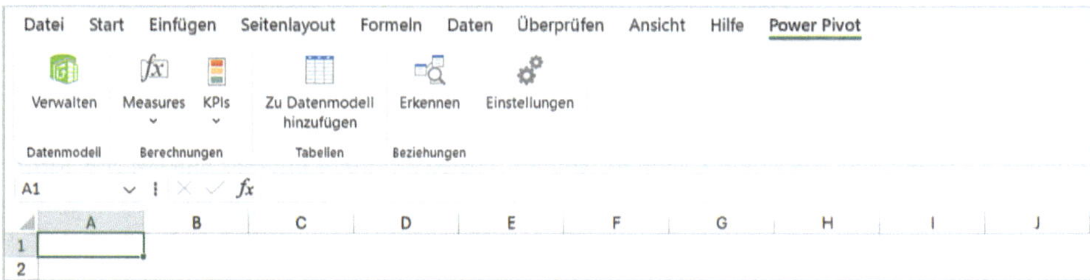

Register anzeigen: Falls dieses Register nicht sichtbar sein sollte, so klicken Sie zum Einblenden mit der rechten Maustaste an eine beliebige Stelle des Menübands und auf *Menüband anpassen...*. Aktivieren Sie in der rechten Spalte unter *Hauptregisterkarten* das Kontrollkästchen *Power Pivot* (Bild 8.4) und klicken Sie auf *OK*.

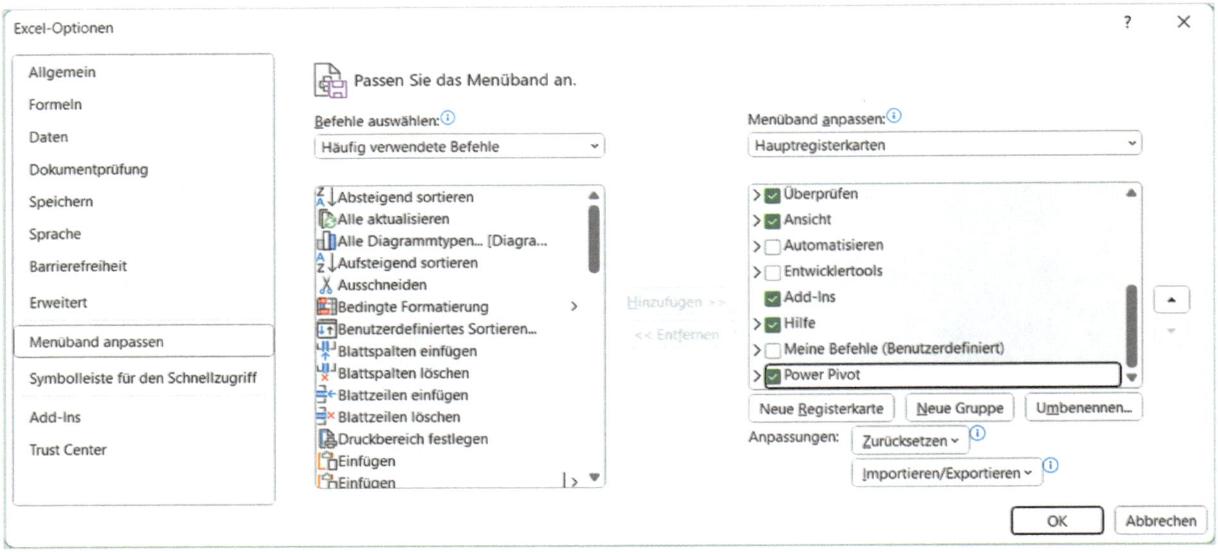

Bild 8.4 Register Power Pivot anzeigen

8.2 Erste Schritte: Einfaches Datenmodell mit zwei Excel-Tabellen

Am besten lässt sich die Funktionsweise von Power Pivot an einem einfachen Beispiel demonstrieren, bei dem zwei Tabellen aus einer Excel-Arbeitsmappe eingelesen werden, eine Beziehung zwischen den beiden Tabellen erstellt und das Ergebnis anschließend mit einer Pivot-Tabelle ausgewertet wird.

Neben Excel-Tabellen können die aufzubereitenden Daten auch aus den üblichen externen Datenquellen stammen, Näheres hierzu weiter unten auf Seite 283.

Tabellen dem Datenmodell hinzufügen

Ordner Erste_Schritte_Personal: **Personal_Auswertung.xlsx**

Als Beispiel die monatliche Auswertung geleisteter Arbeitsstunden. Diese befinden sich in einer Excel-Arbeitsmappe im Tabellenblatt *Stunden_Januar* und ein zweites Tabellenblatt in derselben Mappe mit dem Namen *Personal* enthält weitere Informationen zu jedem Mitarbeiter, unter anderem Standort und Kostenstelle. Bild 8.5 und Bild 8.6 zeigen je einen Auszug aus den Tabellen. In der gleichen Mappe soll nun eine Auswertung nach Kostenstellen und Standort erstellt werden, dazu benötigen Sie Felder aus beiden Tabellen.

1. Im ersten Schritt müssen beide Zellbereiche als Tabellen formatiert werden und mit einem aussagefähigen Namen versehen werden. Im Bild unten erhält die erste Tabelle den Namen *Personaldaten* ❶ und die Tabelle mit den geleisteten Arbeitsstunden den Namen *Stunden* ❷.

Bild 8.5 Tabelle Personaldaten

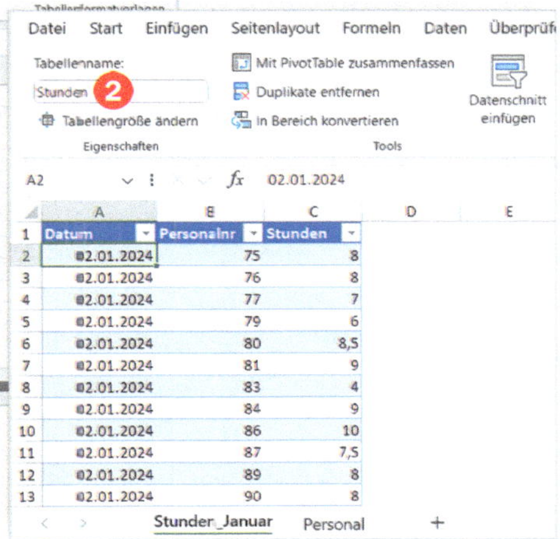

Bild 8.6 Tabelle Stunden

2 Klicken Sie in die erste Tabelle, z. B. *Personaldaten* und im Register *Power Pivot* ▶ *Tabellen* auf *Zu Datenmodell hinzufügen*.

Hinweis: Sollten die Zellen nicht als Tabellenbereich formatiert sein, so werden diese anschließend automatisch in einen Tabellenbereich umgewandelt und Sie erhalten die Aufforderung, Zellbereich und Überschriften auszuwählen.

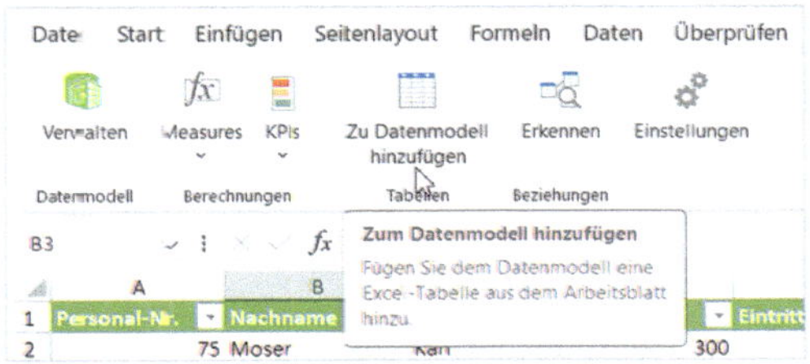

3 Anschließend wird die Tabelle mit Power Pivot in einem gesonderten Fenster geöffnet (Bild unten), dies kann einige Sekunden dauern.

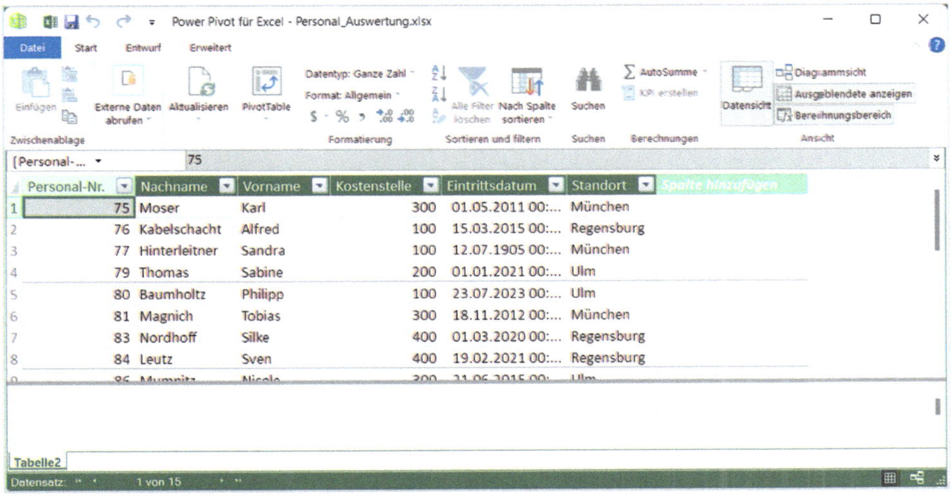

Bild 8.7 Die erste Tabelle im Power Pivot-Fenster

4 Wechseln Sie zur Excel-Arbeitsmappe, z. B. über die Taskleiste, klicken Sie in die zweite Tabelle *Stunden* und danach erneut auf *Zu Datenmodell hinzufügen*.

> **Im Gegensatz zu Power Query können Sie jederzeit zwischen dem Power Pivot-Fenster und der Excel-Arbeitsmappe wechseln, ohne dass Power Pivot zuvor geschlossen bzw. beendet werden muss.**

5 Die zweite Tabelle *Stunden* erscheint ebenfalls im Power Pivot-Fenster (Bild 8.8). Jede Tabelle befindet sich in einer gesonderten Registerkarte mit dem Namen der jeweiligen Tabelle bzw. des Tabellenbereichs. Die Register sind wie in der Excel-Arbeitsmappe am unteren Rand des Fensters angeordnet ❶.

Standardansicht ist die *Datensicht* ❷. Der Berechnungsbereich unterhalb der Tabelle ❸ wird vorerst nicht benötigt, es spielt also zunächst keine Rolle, falls dieser nicht sichtbar sein sollte.

Bild 8.8 Die Tabellen sind in Registern angeordnet

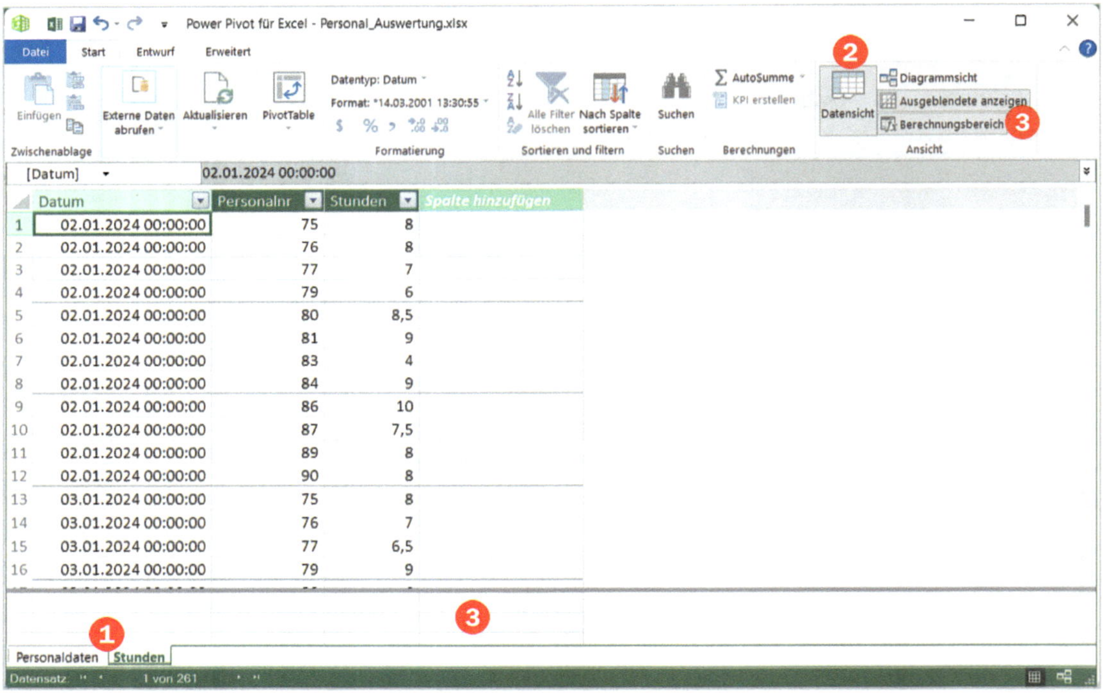

Zwischen Arbeitsmappe und Power Pivot wechseln

- **Arbeitsmappe anzeigen**: Sie können jederzeit über die Taskleiste oder das Excel-Symbol links oben in der Titelleiste des Power Pivot-Fensters ❶ wieder zur Excel-Arbeitsmappe wechseln.

  Zum Schließen des Power Pivot-Fensters klicken Sie in der rechten oberen Ecke des Fensters auf das Symbol *Schließen* ❷ oder klicken Sie auf das Register *Datei* und hier auf *Schließen* ❸. Alle Änderungen an den Daten bzw. am Datenmodell werden automatisch zusammen mit der Arbeitsmappe gespeichert, beim

Schließen von Power Pivot erscheint daher keine Rückfrage zum Speichern von Änderungen.

- **Power Pivot-Fenster anzeigen**: Um aus der Excel-Arbeitsmappe heraus zum Power Pivot-Fenster zu wechseln, klicken Sie im Menüband, Register *Power Pivot* ► *Datenmodell* auf *Verwalten* ❹.

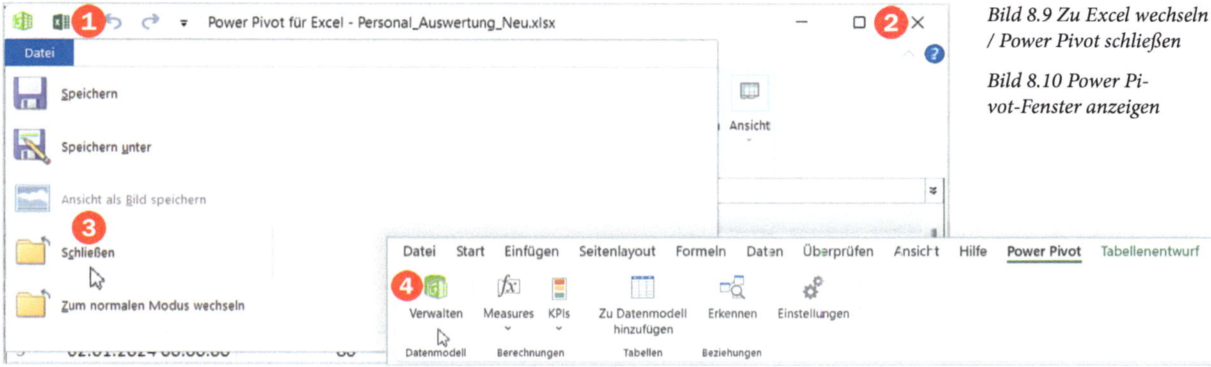

Bild 8.9 Zu Excel wechseln / Power Pivot schließen

Bild 8.10 Power Pivot-Fenster anzeigen

Die Ansichten von Power Pivot

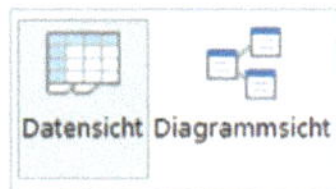

Power Pivot verfügt über zwei verschiedene Ansichten. Zum Wechseln zwischen den Ansichten klicken Sie entweder im Menüband des Power Pivot-Fensters, Register *Start* ► *Ansicht* auf die Symbole *Datensicht* ❶ und *Diagrammsicht* ❷. Oder benutzen Sie die Symbole in der rechten unteren Ecke des Fensters ❸.

- **Datensicht**: In der Standardansicht, der *Datensicht*, sehen Sie die Inhalte der Tabellen wie in Bild 8.11 und können diese bearbeiten, z. B. Datentypen ändern oder weitere Spalten berechnen.

Bild 8.11 Tabelle in der Datensicht

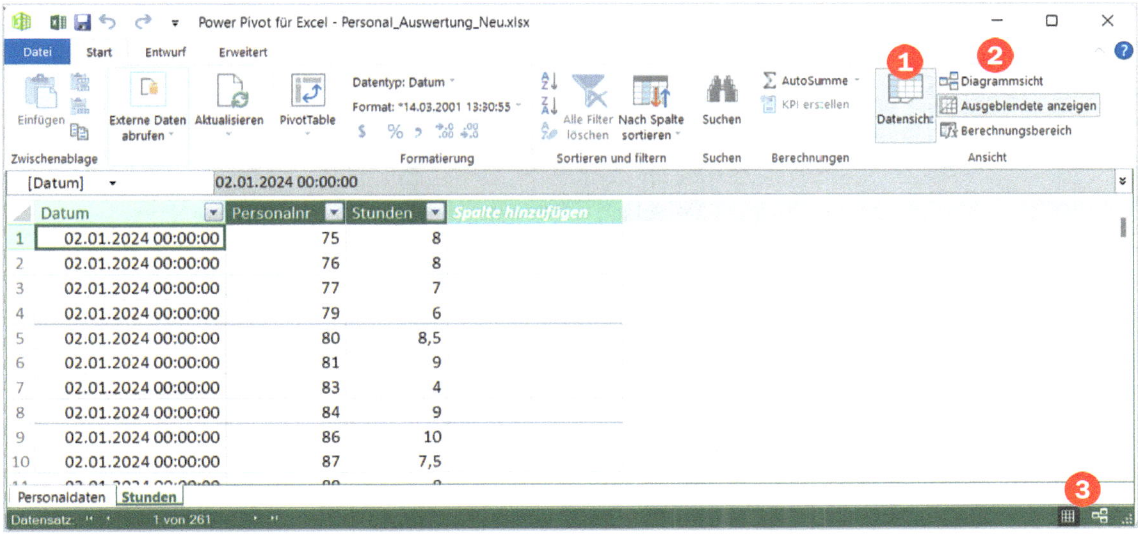

- **Diagrammsicht**: In der *Diagrammsicht* erhalten Sie eine grafische Darstellung des Datenmodells der Arbeitsmappe und erstellen und bearbeiten Beziehungen. Bild 8.12 unten zeigt die Tabellen *Personaldaten* und *Stunden* in der Diagrammsicht, allerdings noch ohne Beziehungen.

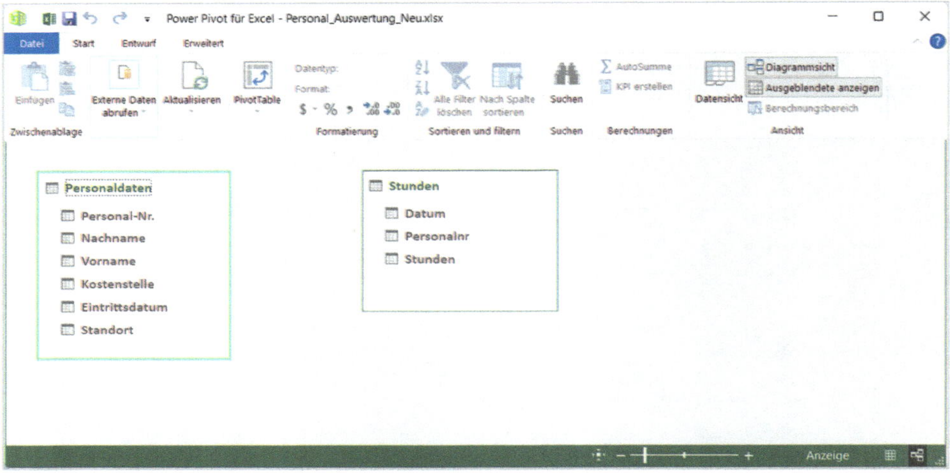

Bild 8.12 Das Datenmodell in der Diagrammsicht, allerdings noch ohne Beziehungen

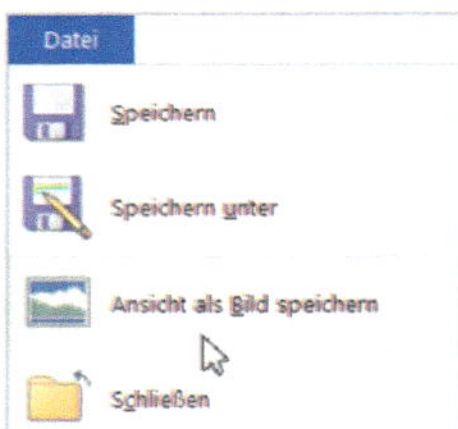

Tipp: Diagrammsicht als Bild speichern
Um bei komplexen Datenmodellen den Überblick zu behalten, kann es sinnvoll sein, die Diagrammsicht als Bild zu speichern und später zu Dokumentationszwecken auszudrucken. Dazu klicken Sie in der Diagrammsicht auf das Register *Datei* und hier auf *Ansicht als Bild speichern*. Diese Möglichkeit ist allerdings erst ab Excel 2019 bzw. mit Microsoft 365 verfügbar.

Beziehung zwischen den Tabellen herstellen

Bild 8.12 oben zeigt eigentlich noch kein richtiges Datenmodell, da die Beziehung zwischen den Tabellen fehlt. Diese können Sie mit Power Pivot auf zwei Wegen erstellen:

- In der Datensicht über das Menüband, Register *Entwurf* ▶ *Beziehung erstellen*.
- Oder in der Diagrammsicht durch Ziehen mit der Maus. Da dies gleichzeitig die einfachste Möglichkeit ist, wählen wir diese für das erste Beispiel.

Siehe Kapitel 7, Datenmodelle.

Voraussetzung für das Erstellen einer Beziehung

Damit zwischen zwei Tabellen eine Beziehung erstellt werden kann, muss in jeder der beiden Tabellen ein gemeinsames Feld, ein sogenanntes Schlüsselfeld, vorhanden sein. In diesem Beispiel ist dies die Personalnummer. Beide Felder bzw. Spalten müssen gleiche Inhalte haben und vom selben Datentyp sein, übereinstimmende Spaltenüberschriften bzw. Feldnamen sind dagegen nicht zwingend erforderlich.

Wechseln Sie in die Ansicht *Diagrammsicht*. In dieser Ansicht brauchen Sie zum Erstellen einer Beziehung nur die Schlüsselfelder beider Tabellen durch Ziehen mit der Maus verbinden. So gehen Sie vor:

1. Klicken Sie in der ersten Tabelle, hier *Personaldaten*, auf das Schlüsselfeld *Personal-Nr.* und ziehen Sie dieses Feld mit gedrückter Maustaste auf das dazugehörige Schlüsselfeld der Tabelle *Stunden*, hier *Personalnr* (Bild 8.13).

Die Richtung beim Ziehen ist in den allermeisten Fällen egal, Sie können also auch in der Tabelle *Stunden* beginnen.

2. Nach dem Loslassen der Maustaste sind die beiden Tabellen mit einer Linie verbunden, wie in Bild 8.14. Diese steht für die Beziehung, die Bedeutung der weiteren Zeichen:
   - Die 1 neben einer Tabelle ❶, hier *Personaldaten*, signalisiert, dass diese den Primärschlüssel enthält. Das bedeutet in diesem Beispiel: Jede Personalnummer ist in der Tabelle genau ein einziges Mal (1) vorhanden.
   - Der Stern * ❷ bedeutet, diese Tabelle enthält das Fremdschlüsselfeld, hier kann die Personalnummer auch mehrfach vorkommen (1:n).
   - Der Pfeil in der Mitte der Linie weist stets von der Tabelle mit dem Primärschlüssel auf die Tabelle mit dem Fremdschlüssel, unabhängig davon, in welche Richtung das Ziehen mit der Maus erfolgt ist.

Bild 8.13 Durch Ziehen mit der Maus eine Beziehung erstellen

Bild 8.14 Die Beziehung wird durch eine Linie dargestellt

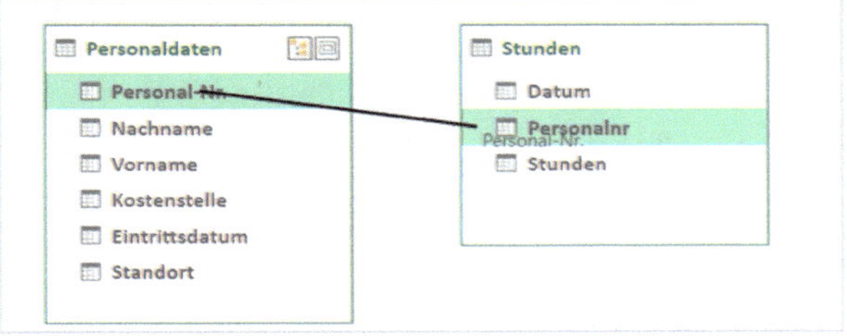

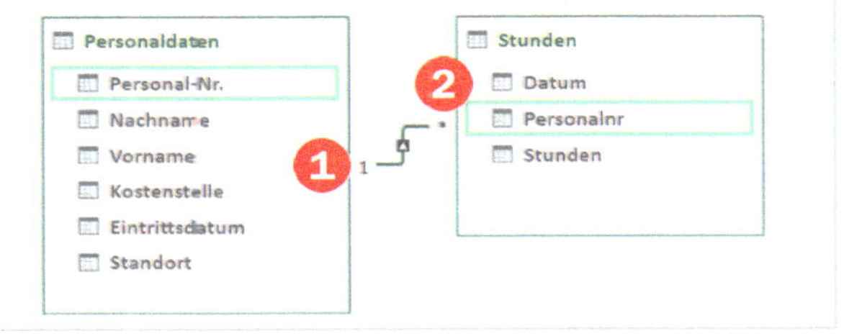

Tipp: Verknüpfte Felder hervorheben
Nicht immer ist in der Diagrammsicht auf den ersten Blick erkennbar, zwischen welchen Feldern die Beziehung besteht. Um die Felder mit einem Rahmen hervorzuheben, wie in Bild 8.14, zeigen oder klicken Sie auf die Verbindungslinie.

Beziehung löschen

Power Pivot hindert Sie leider nicht daran, auch unsinnige Beziehungen zu erstellen, etwa zwischen Nachname und Personalnummer. Sollten Sie versehentlich eine solche Beziehung erstellt haben, können Sie diese jederzeit löschen.

Bild 8.15 Beziehung löschen

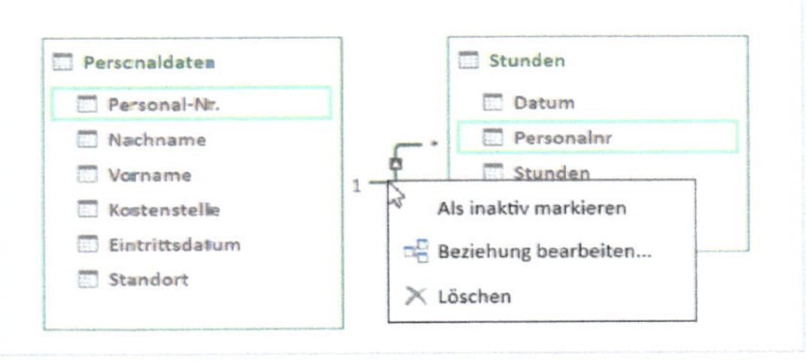

Klicken Sie dazu auf die Beziehungslinie und betätigen Sie die **Entf**-Taste oder klicken Sie mit der rechten Maustaste auf die Linie und auf *Löschen* (Bild 8.15).

In beiden Fällen müssen Sie anschließend nochmals bestätigen, dass Sie diese Beziehung endgültig aus dem Datenmodell löschen möchten.

Pivot-Tabelle aus dem Datenmodell erstellen

Das erste Datenmodell ist damit komplett und anschließend kann nun daraus eine Pivot-Tabelle erstellt werden. Dies geschieht auf einem der beiden folgenden Wege:

- **Power Pivot-Fenster**: Am einfachsten erstellen Sie die Pivot-Tabelle aus dem Datenmodell und somit aus dem Power Pivot-Fenster heraus. Dazu klicken Sie im Register *Start* des Menübands auf *PivotTable*, wählen die gewünschte Darstellung, in Bild 8.16 *PivotTable* und geben anschließend an, wo die Pivot-Tabelle eingefügt werden soll, üblicherweise in einem neuen Arbeitsblatt.

Bild 8.16 Pivot-Tabelle aus Power Pivot erstellen

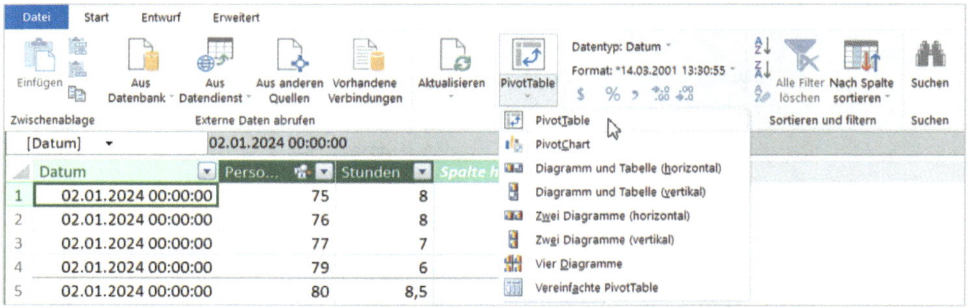

- **Excel-Arbeitsblatt**: Um aus dem Excel-Arbeitsblatt heraus eine Pivot-Tabelle aus dem Datenmodell zu erstellen, klicken Sie im Menüband, Register *Einfügen* auf den Dropdown-Pfeil *PivotTable* und wählen *Aus dem Datenmodell*. Anschließend brauchen Sie nur noch angeben, wo die Pivot-Tabelle platziert werden soll.

Bild 8.17 Wählen Sie Aus dem Datenmodell

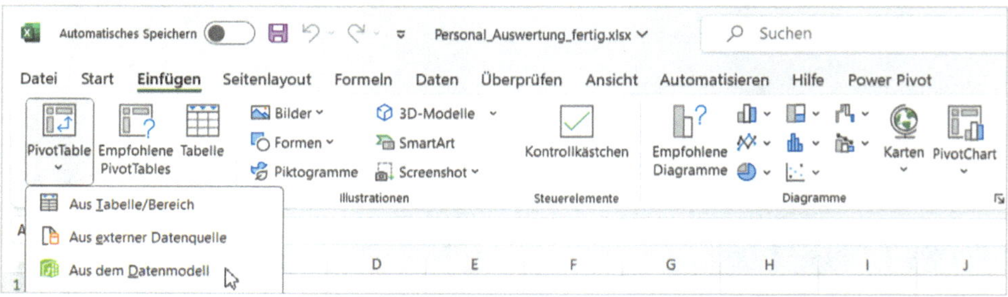

Anschließend können Sie in der Pivot-Tabelle Felder aus allen Tabellen des Datenmodells verwenden. Diese finden Sie sowohl im Register *Aktiv* als auch im Register *Alle* des Aufgabenbereichs *PivotTable-Felder*.

Als Beispiel wurden in Bild 8.18 die Kostenstellen aus der Tabelle *Personaldaten* als Zeilenbeschriftung verwendet und als Werte die Summen der Stunden aus der Tabelle *Stunden* berechnet. Bei Änderungen an den Ausgangsdaten brauchen Sie nur die Pivot-Tabelle aktualisieren, das Datenmodell wird dadurch automatisch aktualisiert.

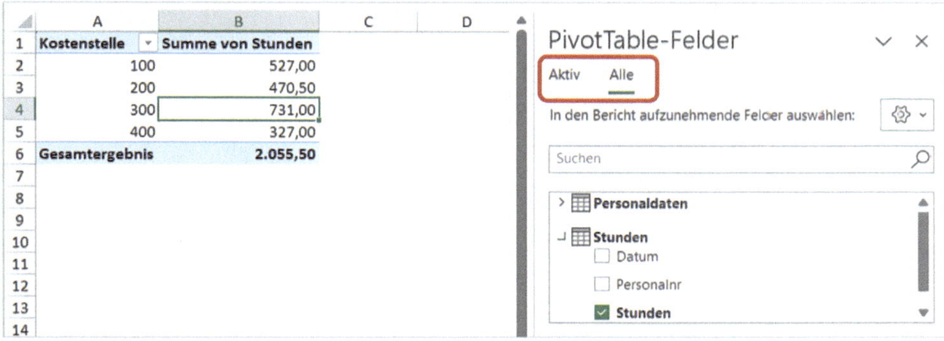

Bild 8.18 Felder aus beiden Tabellen in der Pivot-Tabelle verwenden

8.3 Grundlegende Arbeitstechniken mit Power Pivot

In den meisten Fällen stammen die auszuwertenden Daten nicht aus einer Excel-Tabelle, sondern aus einer externen Datenquelle. Genau wie Power Query unterstützt auch Power Pivot über eine Datenverbindung den Import aus verschiedenen Datenquellen, darunter:

- Aus Textdateien (.txt oder .csv).
- Aus Datenbanken, dabei werden alle gängigen Datenbanktypen unterstützt, neben Microsoft Access und Microsoft SQL Server z. B. auch Oracle.

Alternativ können Sie auch Daten mit Power Query importieren z. B. aus dem Web, diese dem Datenmodell der Arbeitsmappe hinzufügen und anschließend mit Power Pivot weiter bearbeiten. Power Pivot übernimmt außerdem auch Datenmodelle, die Sie mit Excel erstellt haben (Register *Daten* ▶ *Datentools* ▶ *Datenmodell*).

Siehe Kapitel 7.

Datenimport aus Textdatei (.txt, .csv)

Excel-Tabellen als Datenquelle, wie im ersten Beispiel, dürften eher die Ausnahme sein. In der Praxis werden die Ausgangsdaten meist in Form einer Textdatei (.txt oder .csv) übergeben oder stammen direkt aus einer Datenbank.

Ordner Gwand_ GmbH

Diese Beispieldateien werden im gesamten Kapitel verwendet.

Hier ein Beispiel, wie Sie mit Power Pivot Daten aus einer Textdatei importieren. Es handelt sich um den Bestelleingang des fiktiven Bekleidungsherstellers Gwand GmbH und zwar um die Dateien *tblBestellungen*, *tblPosten*, *tblProdukte* und *tblFarben*. Die Daten wurden aus einem Warenwirtschaftssystem als .txt Dateien exportiert.

1 Beginnen Sie mit einer leeren Excel-Arbeitsmappe und speichern Sie diese. Öffnen Sie dann das Power Pivot-Fenster, indem Sie im Menüband, Register *Power Pivot* ▶ *Datenmodell* auf *Verwalten* klicken.

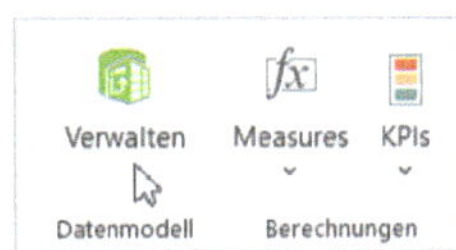

2 Klicken Sie im Register *Start* ▶ *Externe Daten abrufen* auf *Aus anderen Quellen* ❶. Scrollen Sie im nachfolgenden Fenster *Tabellenimport-Assistent* nach unten bis zum Abschnitt *Textdateien*, klicken hier auf *Textdatei* ❷ und dann auf *Weiter*.

Bild 8.19 Daten aus Textdatei importieren

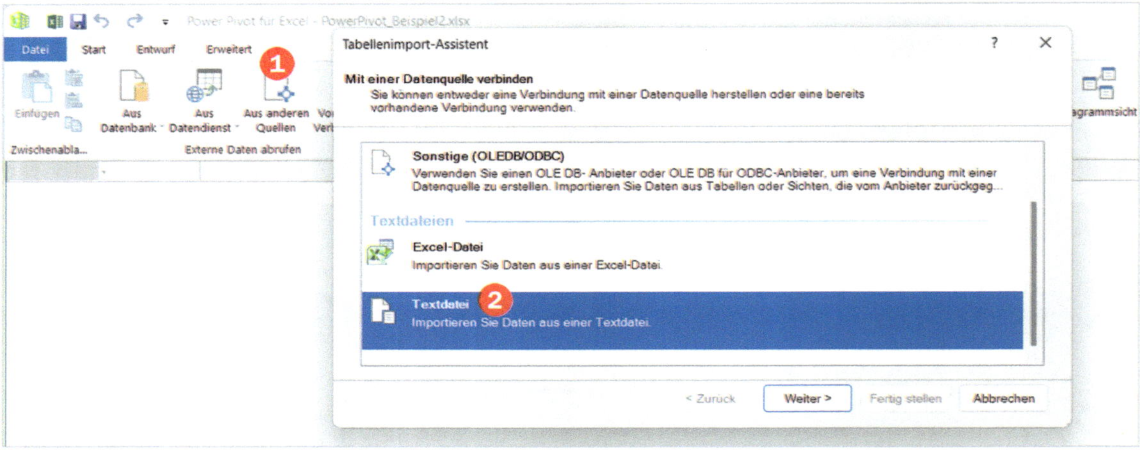

3 Anschließend geben Sie die erforderlichen Informationen zur Datenquelle an, anhand der Vorschau können Sie die Daten kontrollieren:

- Geben Sie einen Anzeigenamen für die Verbindung ein ❶ und klicken Sie auf die Schaltfläche *Durchsuchen...* ❷, um die erste Datei auszuwählen.
- Wählen Sie das verwendete Spaltentrennzeichen, hier *Semikolon (;)* ❸, außerdem muss das Kontrollkästchen *Erste Zeile als Spaltenüberschriften verwenden* ❹ aktiviert sein, damit die Spaltenüberschriften korrekt importiert werden.

Bild 8.20 Dateipfad und Trennzeichen auswählen

4 Klicken Sie zuletzt auf *Fertig stellen*. Nach dem Importvorgang erhalten Sie einen abschließenden Bericht, den Sie danach schließen können.

Bild 8.21 Importbericht: Import erfolgreich

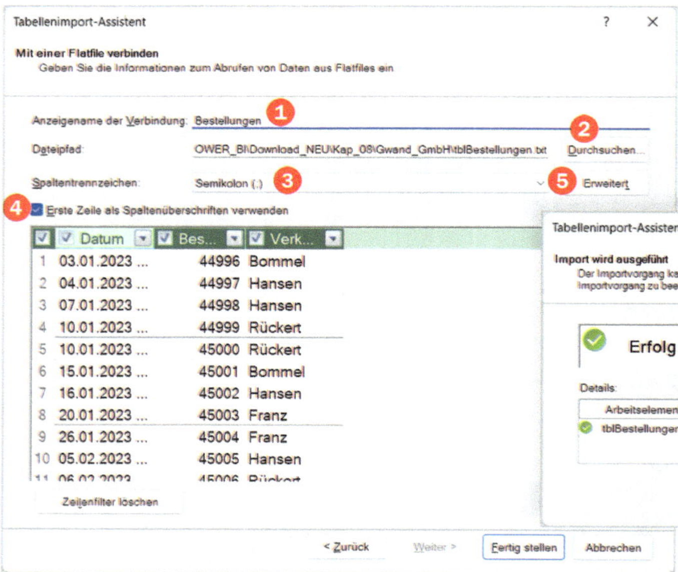

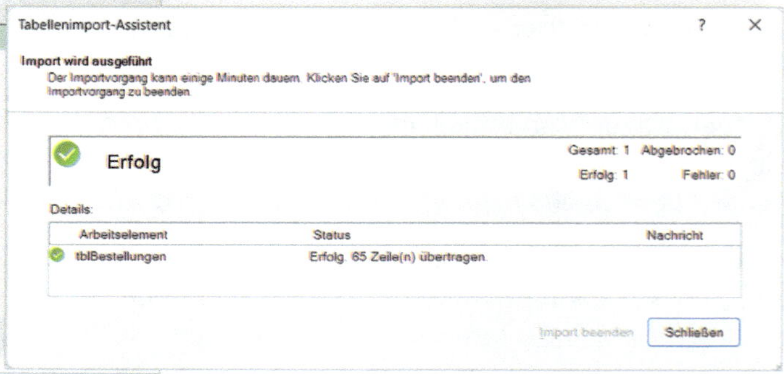

Der Import der ersten Tabelle ist damit abgeschlossen. Auf demselben Weg importieren Sie anschließend auch die drei übrigen Tabellen *tblPosten*, *tblProdukte* und *tblFarben*. Im Register am unteren Rand müssten nun alle vier Tabellen erscheinen, wie im Bild unten.

	Datum	BestellID	Verkäufer	Spalte hinzufügen
1	03.01.2023 00:00:00	44996	Bommel	
2	04.01.2023 00:00:00	44997	Hansen	
3	07.01.2023 00:00:00	44998	Hansen	
4	10.01.2023 00:00:00	44999	Rückert	
5	10.01.2023 00:00:00	45000	Rückert	
6	15.01.2023 00:00:00	45001	Bommel	
7	16.01.2023 00:00:00	45002	Hansen	
8	20.01.2023 00:00:00	45003	Franz	
9	26.01.2023 00:00:00	45004	Franz	
10	05.02.2023 00:00:00	45005	Hansen	

Bild 8.22 Die importierten Tabellen

Codierung und Gebietsschema beim Import festlegen

Bild 8.23 Erweiterte Importeinstellungen

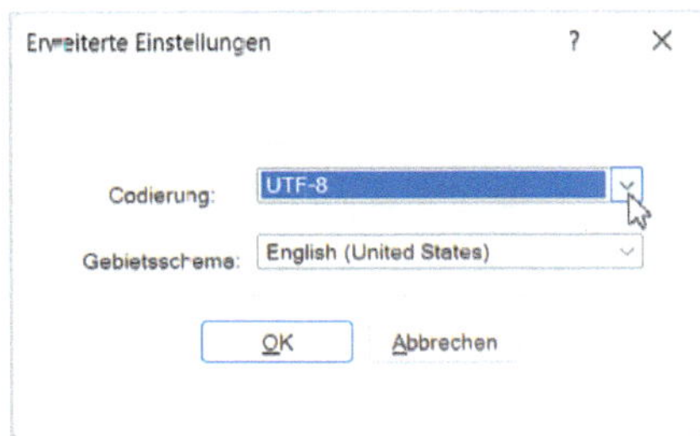

Nicht korrekt dargestellte Umlaute, nicht erkannte Datumswerte und Punkt statt Komma in Dezimalzahlen sind häufige Probleme beim Datenimport. Sollten die Daten in der Importvorschau nicht korrekt angezeigt werden, so klicken Sie im Tabellenimport-Assistent auf die Schaltfläche *Erweitert* ❺ (Bild 8.21 auf Seite 284).

- Zur richtigen Anzeige von Umlauten wählen Sie im Feld *Codierung* zwischen ANSI, UTF-8 und Unicode (UTF-16).
- Unterhalb können Sie bei Bedarf im Feld *Gebietsschema* ein Schema bzw. Land für die Ausgangsdaten auswählen. **Achtung**: Dieses gilt im Gegensatz zu Power Query nicht nur für einzelne Spalten, sondern für die gesamte Datenquelle.

Tipp: Import mit Power Query und weitere Bearbeitung mit Power Pivot

Bei nicht oder falsch erkannten Dezimalzahlen und Datumswerten führt dieser Weg in Power Pivot nicht immer zum Erfolg! In solchen Fällen sollten Sie zunächst die wesentlich besseren Transformationsmöglichkeiten von Power Query nutzen, siehe Kapitel 5. Mit Power Query können Sie jeder einzelnen Spalte einen Datentyp mit Gebietsschema zuweisen. Wenn Sie danach nur eine Verbindung erstellen und die Daten dem Datenmodell der Arbeitsmappe hinzufügen, dann brauchen Sie anschließend nur Power Pivot öffnen und können sofort mit den importierten Daten weiterarbeiten.

Datenimport aus Datenbank

Daten aus Access-Datenbank importieren

Warenwirtschaft.accdb

Als Beispiel für den Import aus einer Datenbank importieren wir die Daten aus der Access-Datenbank Warenwirtschaft.accdb.

1. Öffnen Sie Power Pivot und klicken Sie im Register *Start* ▶ *Externe Daten abrufen* auf *Aus Datenbank* und auf *Aus Access*. Wählen Sie dann die Datenbank aus und klicken Sie auf *Weiter*.

   Falls die Datenbank eine Anmeldung erfordert, geben Sie außerdem noch Benutzername und Kennwort in die dazugehörigen Felder ein.

Bild 8.24 Aus Access-Datenbank importieren

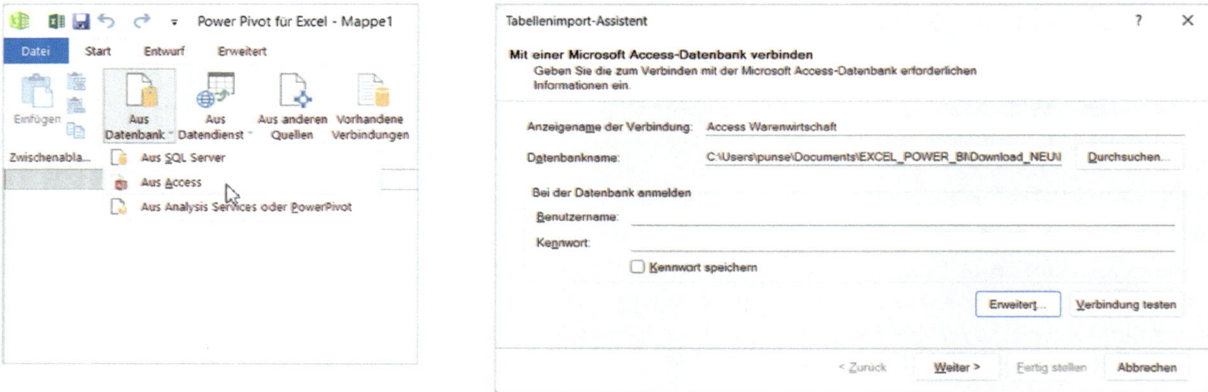

SQL = Structured Query Language, eine Abfragesprache relationaler Datenbanken.

2. Im nächsten Schritt geben Sie an, wie die Daten importiert werden. Meist erfolgt die Auswahl aus einer Liste von Tabellen und Sichten (Abfragen). Mit der Option *Abfrage zur Angabe der zu importierenden Daten schreiben* können Sie dagegen auch eine passende SQL-Abfrage schreiben. Da dies SQL-Kenntnisse voraussetzt, wird hier auf eine nähere Beschreibung verzichtet.

3. Anschließend wählen Sie die benötigten Tabellen und Abfragen/Sichten mittels Kontrollkästchen aus.

Bild 8.25 Importart festlegen

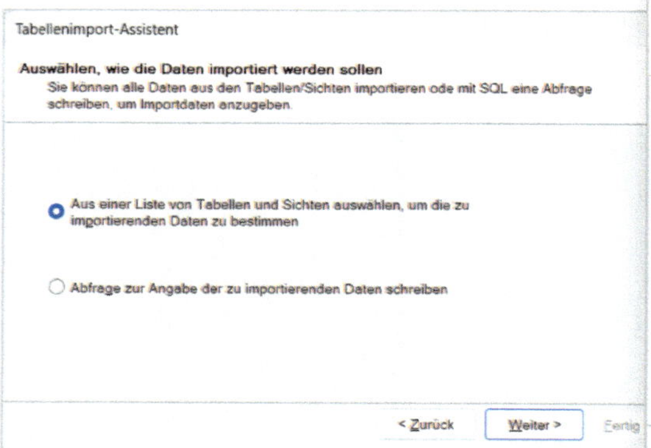

Bild 8.26 Tabellen und Sichten auswählen

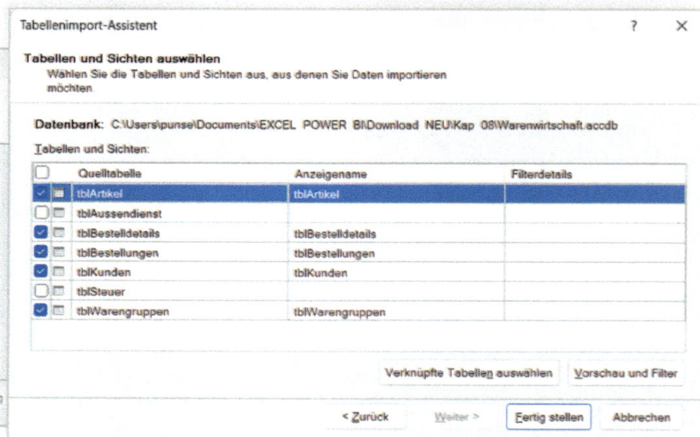

- Mit Klick auf die Schaltfläche *Vorschau und Filter* erhalten Sie eine Vorschau auf das markierte Element und können bei Bedarf einzelne Datensätze oder Spalten ausschließen, siehe Seite 288.
- Falls Sie alle Tabellen auswählen möchten, die in der Datenbank über Beziehungen verknüpft sind, dann klicken Sie auf *Verknüpfte Tabellen auswählen*.

4 Klicken Sie auf *Fertig stellen*, um den Import zu starten. Dieser kann, je nach Datenumfang etwas länger dauern.

5 Schließen Sie zuletzt die zusammenfassende Meldung über den erfolgreichen Import. Damit sind alle ausgewählten Tabellen im Datenmodell vorhanden.

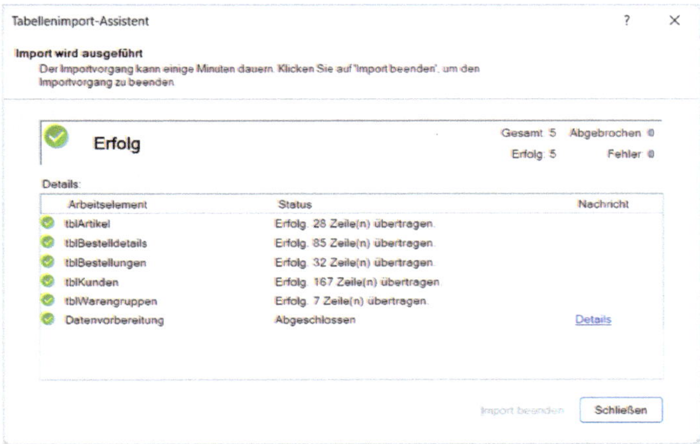

Bild 8.27 Import erfolgreich beendet

> Weitere Datenbanktypen finden Sie, wenn Sie unter *Externe Daten abrufen* auf *Aus anderen Quellen* klicken. Sollte sich die benötigte Datenquelle nicht darunter befinden, dann importieren Sie die Daten mit Power Query.

Beziehungen kontrollieren

Kontrollieren Sie anschließend in der Diagrammsicht, ob auch Beziehungen zwischen den Tabellen importiert wurden, wie im Bild unten. Andernfalls müssen Sie diese im nächsten Schritt erstellen.

Bild 8.28 Die importierten Tabellen mit Beziehungen

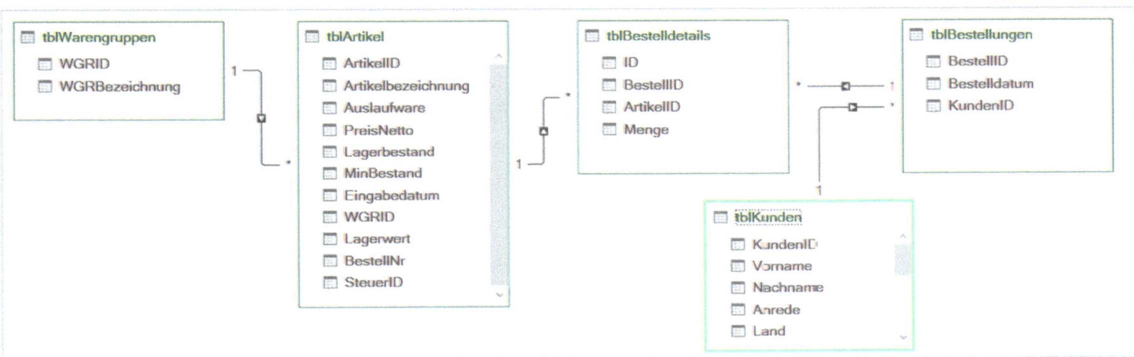

Daten aus Power Query übernehmen

Wie bereits erwähnt, unterstützt Power Pivot beim Import nicht alle Dateiformate, so fehlen hier beispielsweise Daten aus dem Web oder XML-Dateien. Aber auch beim Import aus Textdateien können abweichende Schreibweisen von Dezimalzahlen und Datumswerten Probleme bereiten, siehe oben.

In solchen Fällen bieten sich ein Import mit Power Query und anschließende Datenübergabe an Power Pivot an. Der Ablauf gestaltet sich dann wie folgt:

Power Query, siehe Kapitel 5 dieses Buches.

1 Erstellen Sie mit Power Query für alle benötigten externen Daten jeweils eine Abfrage und weisen Sie im Power Query-Editor jeder Spalte den richtigen Datentyp zu. Das Zusammenfügen von Abfragen und die Berechnung von Spalten dagegen sollte aufgrund der besseren Performance mit Power Pivot erfolgen.

2 Klicken Sie im Power Query-Editor auf *Schließen & laden in...*, wählen Sie *Nur Verbindung erstellen* ❶ und aktivieren Sie das Kontrollkästchen *Dem Datenmodell diese Daten hinzufügen* ❷.

Bild 8.29 Power Query: Dem Datenmodell der Arbeitsmappe hinzufügen

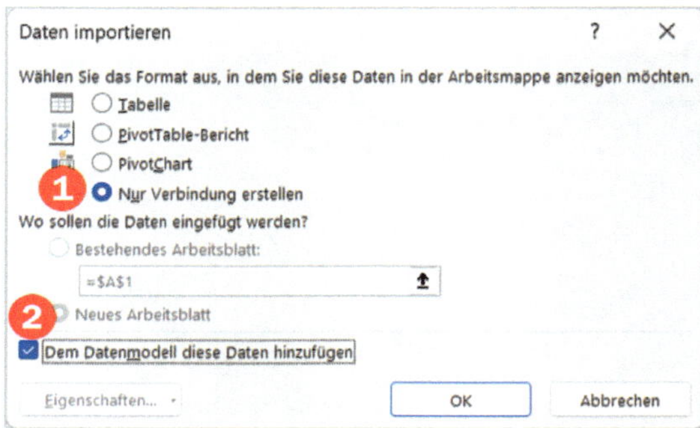

3 Starten Sie anschließend Power Pivot. Hier finden Sie nun alle Abfragen und können im nächsten Schritt das Datenmodell bzw. Beziehungen zwischen den Abfragen erstellen und alle erforderlichen Werte berechnen.

Zeilen und/oder Spalten beim Import ausschließen

Datensätze filtern

Beispiel Gwand_ GmbH

Nicht immer werden alle Datensätze und alle Spalten benötigt. Sie können den Umfang erheblich verringern, wenn Sie nur die wirklich erforderlichen Daten importieren, z. B. nur die lieferbaren Produkte oder Bestellungen eines bestimmten Zeitraums. Dazu klicken Sie in der Vorschau des Tabellenimport-Assistenten auf den Dropdown-Pfeil der Spalte, nach der Sie filtern möchten, z. B. im Bild unten die Spalte *Lieferbar* ❶, und deaktivieren die Kontrollkästchen nicht benötigter Daten.

Weitergehende Filtermöglichkeiten erhalten Sie, je nach Datentyp, über den Befehl *Zahlenfilter* ❷, *Datumsfilter* oder *Textfilter*. Mit Klick auf die Schaltfläche *Zeilenfilter löschen* ❸ lassen sich vorhandene Filter schnell wieder entfernen.

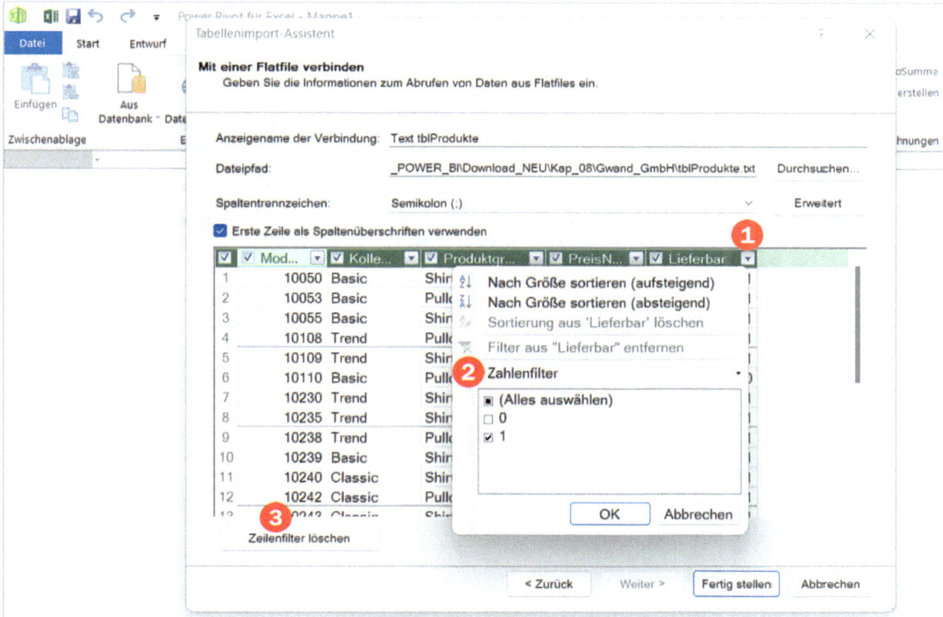

Bild 8.30 *Nur lieferbare Produkte importieren*

Spalten ausschließen

Zum Ausschließen nicht benötigter Spalten deaktivieren Sie das Kontrollkästchen in der Überschrift der betreffenden Spalte.

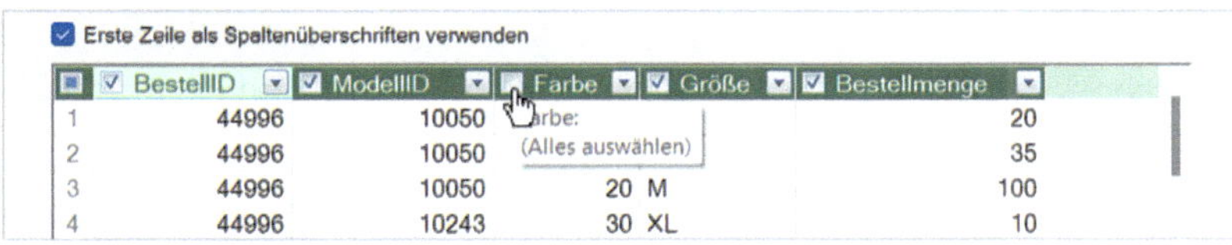

Bild 8.31 *Spalte nicht importieren*

Datentypen und Formate

Genau wie Power Query, versucht auch Power Pivot beim Import den Datentyp jeder Spalte zu erkennen, jedoch beim Import aus Textdateien nicht immer mit dem richtigen Ergebnis. Kontrollieren Sie deshalb grundsätzlich sofort nach dem Import den Datentyp. Wichtig insbesondere bei Spalten, mit denen Sie weitere Berechnungen durchführen oder über die später Beziehungen erstellt werden sollen.

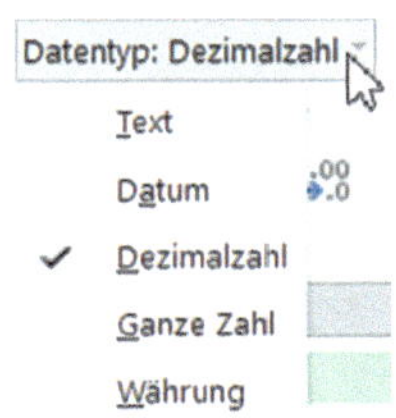

Power Pivot unterscheidet zwischen den grundlegenden Datentypen Text, Datum, Dezimalzahl, Ganze Zahl, Währung und TRUE/FALSE. Der Datentyp der aktuell markierten Spalte ist im Menüband, Register *Start* ▶ *Formatierung* im Feld *Datentyp* ❶ (Bild 8.32) ersichtlich und kann mit Klick darauf geändert werden.

Zahlentypen und -formate

In der Tabelle *tblProdukte* wurde die Spalte *ModellID* mit dem richtigen Datentyp *Ganze Zahl* importiert, die Spalte *PreisNetto* ist ebenfalls korrekt vom Typ *Dezimalzahl*. Die Spalte *Lieferbar* lässt hingegen nur zwei Möglichkeiten zu: Ja oder Nein. Je nach Datenquelle erscheinen solche Werte entweder als *Ganze Zahl* mit 0 und 1 ❷ wie im Bild unten, oder als TRUE und FALSE. Es macht allerdings wenig Unterschied, ob Sie diese Spalte in den Typ TRUE/FALSE umwandeln oder die Zahlen beibehalten.

Bild 8.32 Datentyp ändern

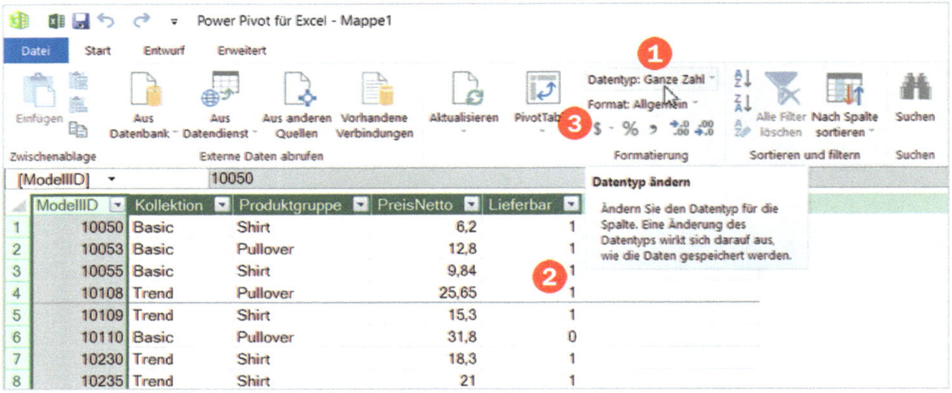

Zahlenformat zuweisen

Unterhalb des Datentyps kann über *Format* oder die Symbole unterhalb ❸ jeder Spalte zusätzlich ein Format zugewiesen werden, deren Bedeutung dürfte aus dem Excel-Tabellenblatt bekannt sein. Das Symbol *Komma* allerdings bedeutet hier Tausendertrennzeichen, wobei sich das tatsächlich verwendete Zeichen nach der Ländereinstellung von Windows richtet.

Tipp: Im Gegensatz zu Power Query werden Zahlen- und Datumsformate in spätere Auswertungen, genauer gesagt in die Pivot-Tabelle übernommen. Sie sparen also zeitraubende Formatierungsarbeiten, wenn Sie den Zahlen bereits in Power Pivot das gewünschte Zahlenformat, z. B. Währung zuweisen.

Beispiel: Die Preise mit zwei Dezimalstellen anzeigen

Klicken Sie in die Spalte *PreisNetto* und wählen Sie dann mit Klick auf *Format* entweder *Dezimalzahl* oder *Währung* aus, wie im Bild. Oder klicken Sie auf das Symbol *Währung* und wählen Sie ein Währungssymbol.

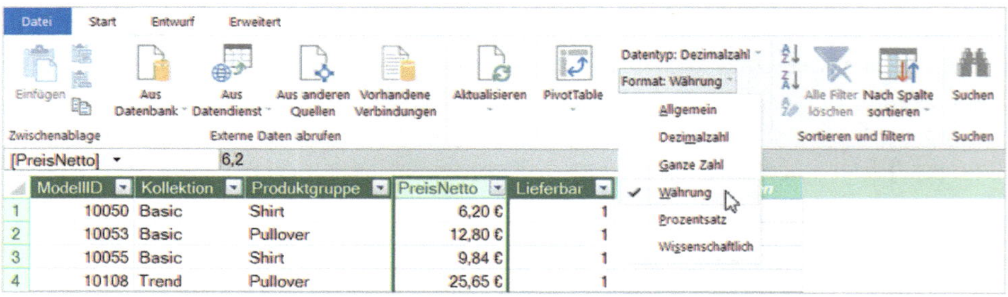

Bild 8.33 Zahlenformate

Datumsformat ändern

Kontrollieren Sie auch die Datumswerte, hier in der Tabelle *tblBestellungen* (Bild unten). Diese sind zwar meist korrekt vom Datentyp *Datum*, erscheinen aber häufig zusammen mit der Uhrzeit, wie im Bild unten. Wenn die Uhrzeit, wie in diesem Beispiel, 00:00:00 anzeigt und somit überflüssig ist, dann sollten Sie das Datumsformat ebenfalls ändern: Klicken Sie in die Datumsspalte, danach in das Feld *Format* und wählen Sie ein Format aus, z. B. in der Schreibweise TT.MM.JJJJ.

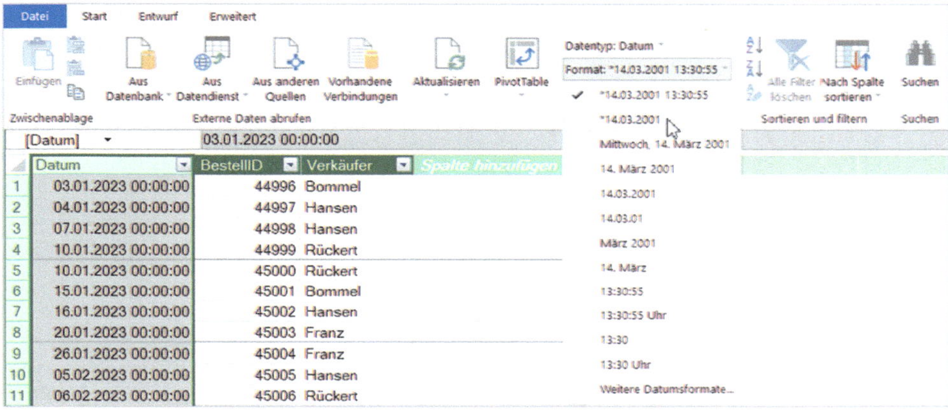

Bild 8.34 Datumsformat ändern

> **Mit den richtigen Datentypen Fehler in Formeln und Beziehungen vermeiden**
>
> Kontrollieren Sie unbedingt die Datentypen aller Spalten, mit denen Sie Berechnungen durchführen oder Beziehungen zwischen den Tabellen erstellen möchten. Rechenoperationen setzen gültige Zahlen voraus, während für Beziehungen in beiden Tabellen identische Datentypen Voraussetzung sind. Das Format spielt dagegen keine Rolle, kann aber in der nachfolgenden Pivot-Tabelle zeitraubende Formatierungsarbeiten sparen.

Beziehungen zwischen Tabellen erstellen und bearbeiten

Eine Beziehung in der Diagrammsicht erstellen

Im nächsten Schritt erstellen Sie die Beziehungen zwischen den Tabellen. Dazu wechseln Sie über *Start* ▶ *Ansicht* ▶ *Diagrammsicht* in die Diagrammsicht.

1 Ordnen Sie zunächst die Tabellen in der Reihenfolge an, in der sie später miteinander verbunden werden, wie in Bild 8.35. Dies ist zwar nicht zwingend erforderlich, ermöglicht aber einen besseren Überblick. Vergrößern Sie außerdem nach Möglichkeit die Tabellen so, dass alle dazugehörigen Felder sichtbar sind

Zum Verschieben mit der Maus benutzen Sie das Tabellensymbol in der linken oberen Ecke der jeweiligen Tabelle ❶ oder den Tabellennamen. Vergrößern oder Verkleinern erfolgt ebenfalls mit der Maus über die Umrandung oder in den Ecken.

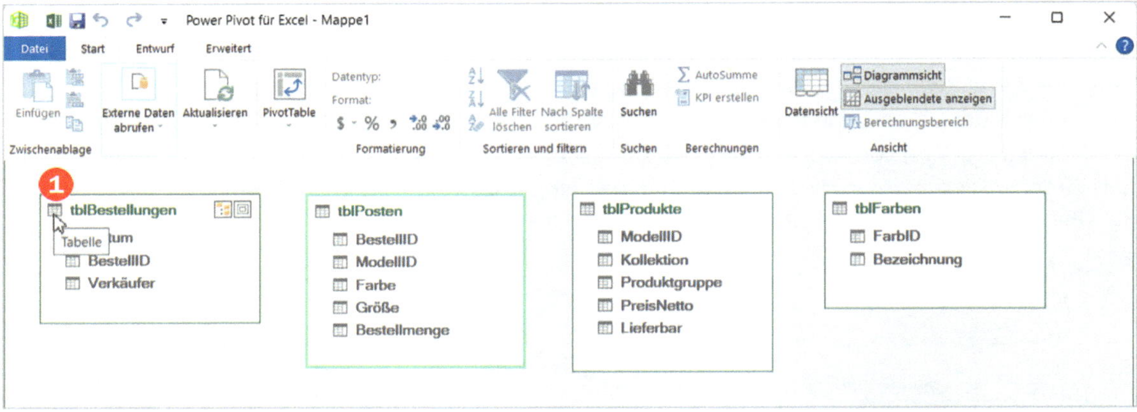

Bild 8.35 Ordnen Sie die Tabellen übersichtlich an

2 Verbinden Sie die Tabellen *tblBestellungen* und *tblPosten*, indem Sie in der Tabelle *tblBestellungen* auf das Feld *BestellID* klicken und es anschließend mit der Maus auf das Feld *BestellID* der Tabelle *tblPosten* ziehen ❷.

3 Die Tabelle *tblPosten* und *tblProdukte* werden über das Feld *ModellID* verbunden ❸ (Bild 8.36) und zuletzt ziehen Sie noch aus der Tabelle *tblPosten* das Feld *Farbe* auf das Feld *FarbID* der Tabelle *tblFarben*. Bild 8.37 zeigt das fertige Datenmodell.

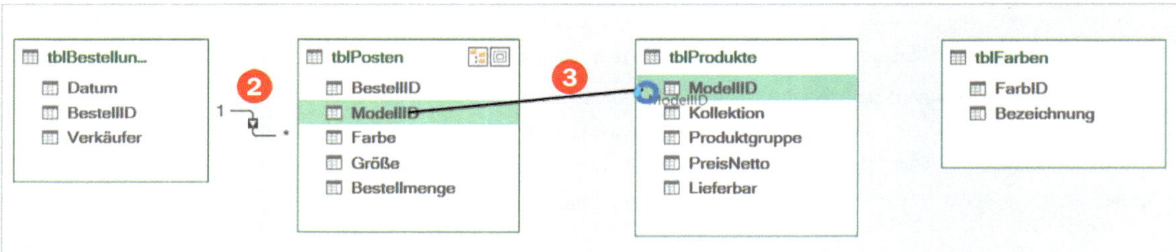

Bild 8.36 Verbinden Sie die Tabellen tblPosten und tblProdukte

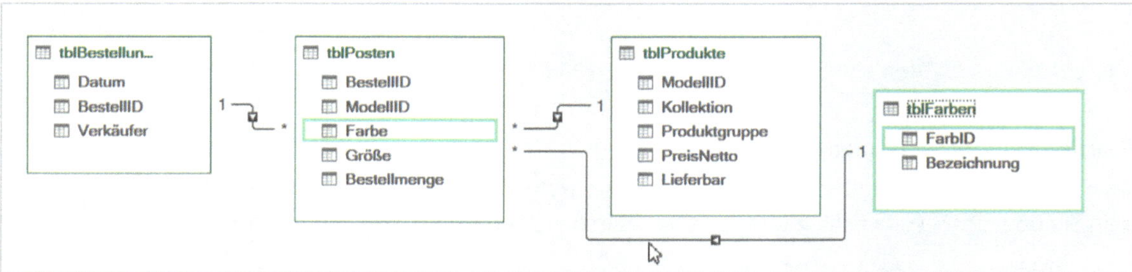

Bild 8.37 Das fertige Datenmodell

Beziehung bearbeiten

Wie bereits erwähnt, werden in der Diagrammsicht die verknüpften Felder umrandet hervorgehoben, sobald Sie auf eine Verbindungslinie zeigen, auf diese Weise können Sie nochmals alle Beziehungen kontrollieren. Falls Sie eine Beziehung ändern möchten, so klicken Sie mit der rechten Maustaste auf die Linie und auf den Befehl *Beziehung bearbeiten...* (Bild 8.38). Anschließend öffnet sich das Fenster *Beziehung bearbeiten* mit einer Vorschau auf die Tabellen und die verknüpften Felder sind blau hervorgehoben

(s. Bild 8.40 unten). Anschließend können Sie Tabellen und verknüpfte Felder ändern, siehe nächster Punkt.

Beziehung löschen

Zum Löschen einer Beziehung klicken Sie mit der rechten Maustaste auf die Verbindungslinie und auf *Löschen*. Anschließend müssen Sie noch die Rückfrage, ob Sie die Beziehung endgültig aus dem Datenmodell löschen möchten, bestätigen. Oder klicken Sie auf die Linie, diese ist nun hervorgehoben, und betätigen Sie die **Entf**-Taste.

Bild 8.38 Beziehung bearbeiten oder löschen

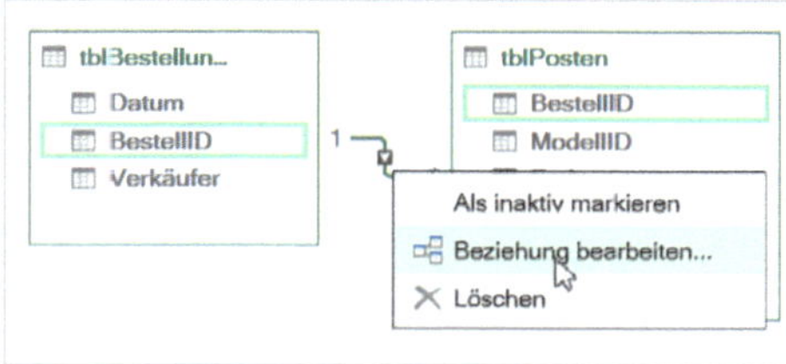

Beziehungen in der Datensicht erstellen und verwalten

Eine Beziehung zwischen zwei Tabellen kann auch in der Datensicht erstellt werden, hier zum Beispiel zwischen *tblProdukte* und *tblPosten*. Dazu klicken Sie im Menüband auf das Register *Entwurf* und auf *Beziehung erstellen* ❶.

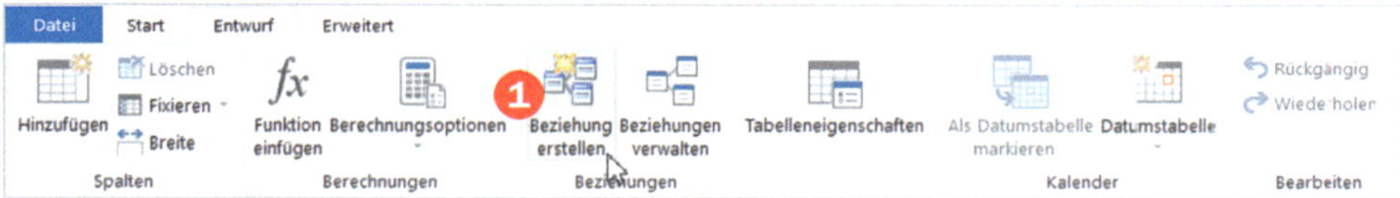

Bild 8.39 Beziehung in der Datensicht erstellen

Im gleichnamigen Fenster erscheint eine Vorschau auf die aktuelle Tabelle, im Bild unten *tblProdukte*. Sollte keine oder die falsche Tabelle ausgewählt sein, so wählen Sie hier mit Klick auf den Pfeil ❷ die Tabelle aus.

Unterhalb wählen Sie die zweite Tabelle ❸, hier *tblPosten*. Klicken Sie dann in der Vorschau jeweils in die Spalte, über die die Tabellen verknüpft werden sollen, in diesem Beispiel in beiden Tabellen die Spalte *ModellID* ❹ und ❺. Nach einem abschließenden Klick auf *OK* wird die Beziehung erstellt.

Bild 8.40 Wählen Sie die beiden Tabellen und jeweiligen Spalten aus

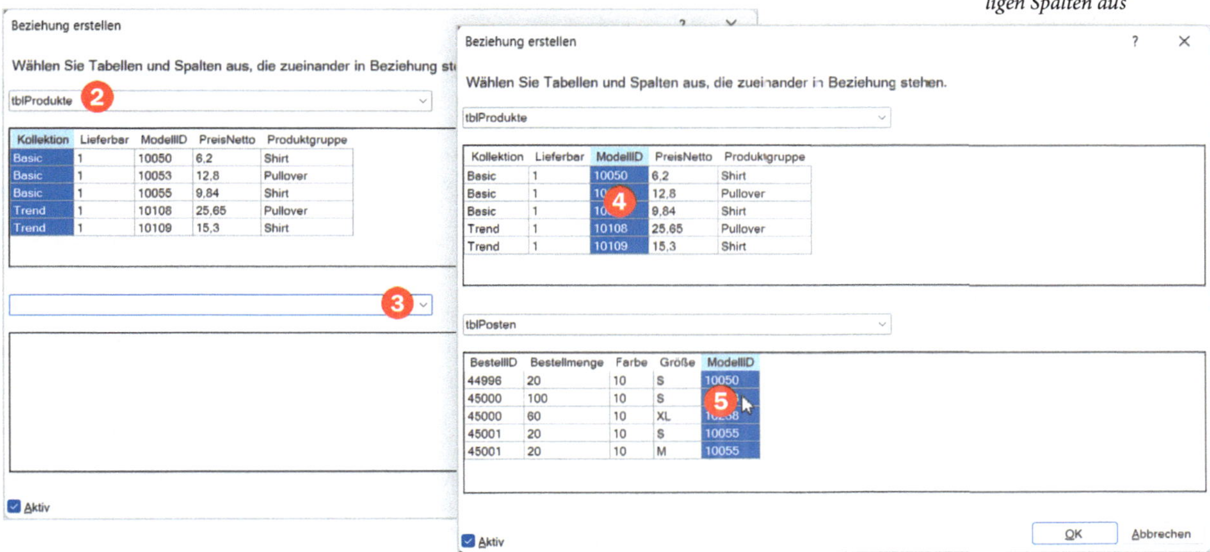

Alle Beziehungen anzeigen/Beziehungen verwalten

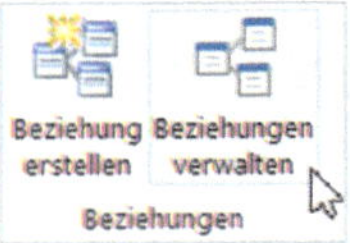

Eine Übersicht in Tabellenform über alle vorhandenen Beziehungen erhalten Sie, wenn Sie im Menüband auf das Register *Entwurf* und hier auf *Beziehungen verwalten* klicken. Dabei spielt es keine Rolle, ob gerade die Datensicht oder die Diagrammsicht aktiv ist. Die Spalte *Kardinalität* gibt Auskunft über den Beziehungstyp, in den meisten Fällen *N zu Eins (*:1)*, siehe Primärschlüssel und Fremdschlüssel auf Seite 288 ff.

Um die markierte Beziehung zu ändern, klicken Sie auf die Schaltfläche *Bearbeiten*. Mit der Schaltfläche *Löschen* wird die markierte Beziehung aus dem Datenmodell entfernt.

Bild 8.41 Alle Beziehungen verwalten

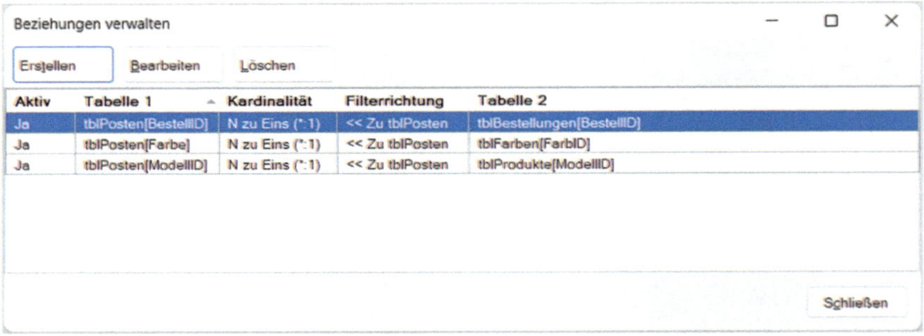

Tabelle aus Datenmodell entfernen

- Klicken Sie entweder in der Diagrammsicht mit der rechten Maustaste auf den Namen der Tabelle und auf *Löschen*.
- In der Datensicht klicken Sie mit der rechten Maustaste im Register auf den Namen der Tabelle und auf *Löschen* (Bild 8.42).

In beiden Fällen müssen Sie vor dem endgültigen Löschen erst noch die Rückfrage bestätigen. **Achtung**: Wenn Sie eine Tabelle aus dem Datenmodell löschen, werden auch alle Beziehungen und Berechnungen mit dieser Tabelle gelöscht.

Bild 8.42 Tabelle aus Datenmodell löschen

Bild 8.43 Rückfrage

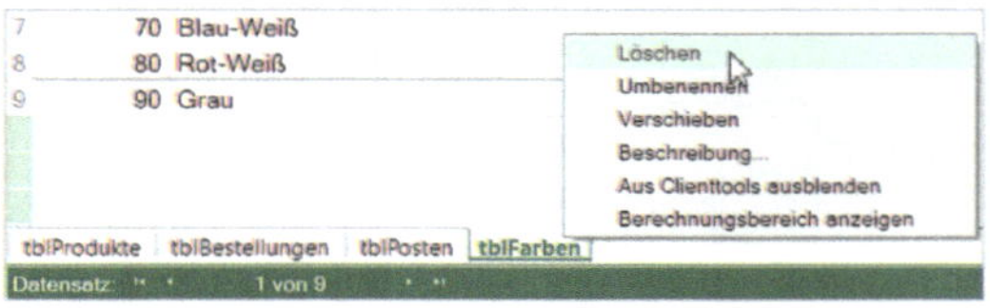

Daten aktualisieren

Wie bei allen Daten aus externen Quellen, erfolgt beim Arbeiten mit Power Pivot keine automatische Aktualisierung, diese muss manuell vorgenommen werden.

Vorschau in Power Pivot aktualisieren

Wenn Sie in Power Pivot die Daten aktualisieren möchten, dann klicken Sie im Register *Start* des Menübands auf den Dropdown-Pfeil *Aktualisieren*. *Aktualisieren* bedeutet, nur die Daten der aktuellen Tabelle werden aktualisiert, dies ist auch die Standardeinstellung, wenn auf das Symbol der Schaltfläche geklickt wird. Die Auswahl *Alle aktualisieren* aktualisiert dagegen alle Tabellen aus externen Quellen.

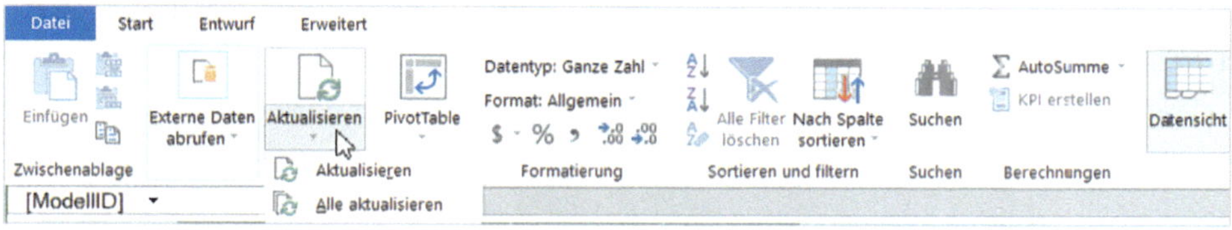

Bild 8.44 Tabellen aktualisieren

Anschließend sehen Sie für jede Tabelle den Status der Aktualisierung, siehe Bild unten. Sollten Sie einen Fehler, wie im Bild rechts erhalten, so wurde möglicherweise die Datenquelle verschoben, gelöscht oder umbenannt oder Sie verfügen über keine Zugriffsberechtigung.

Bild 8.45 Status der Aktualisierung

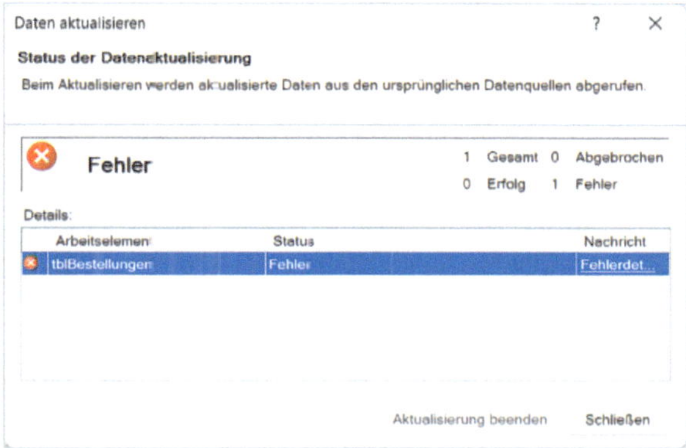

Daten im Arbeitsblatt aktualisieren

Im Arbeitsblatt benutzen Sie zum Aktualisieren im Menüband, Register *Daten* ▶ *Abfragen und Verbindungen* oder Register *PivotTable-Analyse* das Symbol *Aktualisieren*. Oder Rechtsklick in die Pivot-Tabelle und Befehl *Aktualisieren* oder verwenden Sie die Tastenkombination **Alt**+**F5**. In allen Fällen werden damit auch die Tabellen des Datenmodells aktualisiert. Dies gilt auch für Abfragen, die mit Power Query erstellt wurden.

Externe Datenquelle ändern

Bei jeder Änderung von Speicherort und/oder Dateiname der Datenquelle muss auch die externe Verbindung entsprechend angepasst werden. Dazu klicken Sie in Power Pivot, Register *Start* ▶ *Externe Daten abrufen* auf *Vorhandene Verbindungen* ❶.

Bild 8.46 Verbindung ändern

Wählen Sie im Abschnitt *Power Pivot-Datenverbindungen* die entsprechende Verbindung aus und klicken Sie auf *Bearbeiten* ❷. Anschließend können Sie im Fenster *Verbindung bearbeiten* über die Schaltfläche *Durchsuchen...* ❸ den neuen Speicherort der Datenquelle auswählen und mit Klick auf *Speichern* übernehmen. Danach schließen Sie das Fenster *Vorhandene Verbindungen* wieder.

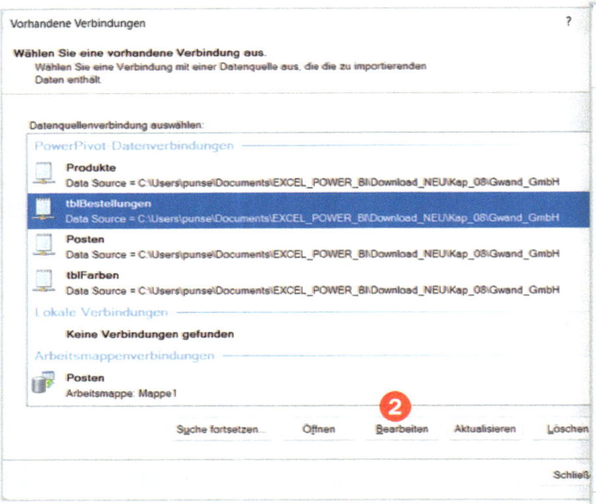

Bild 8.47 Vorhandene Verbindung auswählen

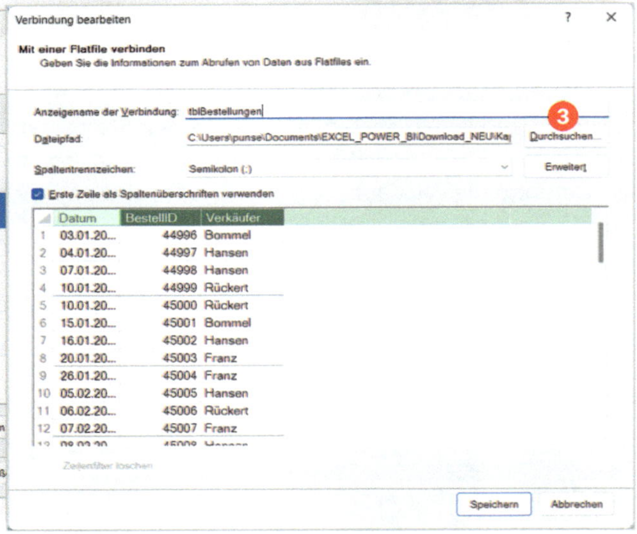

Bild 8.48 Klicken Sie auf Durchsuchen...

Hinweis: Das Aussehen des Fensters *Verbindung bearbeiten* ist abhängig vom Typ der externen Datenquelle und sieht z. B. bei einer Access- oder SQL Server-Datenbank etwas anders aus.

> Beachten Sie, dass mit dieser Methode als neue Datenquelle nur eine Datenquelle vom selben Typ, z. B. Textdatei oder Access-Datenbank, aber mit geändertem Dateinamen oder Speicherort ausgewählt werden kann.

Datenmodell aktualisieren, geändertes Datenmodell in Arbeitsmappe übernehmen

Nach jeder Änderung in Power Pivot, z. B. Erstellen von Beziehungen oder Berechnung von Spalten und Kennwerten, siehe nächster Punkt, erscheint in der Excel Arbeitsmappe die Info, dass sich das Datenmodell geändert hat. Diese Meldung verschwindet, sobald Sie in die Arbeitsmappe klicken, da dadurch automatisch alle Änderungen des Datenmodells abgerufen werden. Sollte die Meldung trotzdem in seltenen Fällen noch bestehen bleiben, so klicken Sie im Power Pivot-Fenster auf *Speichern*.

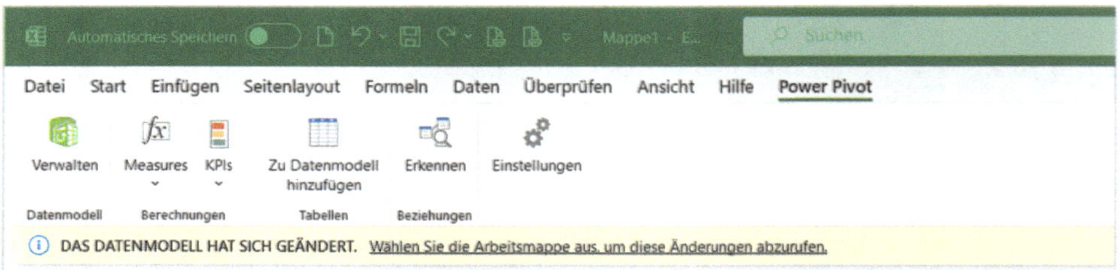

Bild 8.49 Meldung in Excel

8.4 Spalten berechnen

Weitere Spalten können, wie in Excel, mit Formeln oder Funktionen berechnet werden. Power Pivot verwendet dafür eine eigene Formelsprache, Data Analysis Expressions oder kurz DAX. Diese unterscheidet sich in einigen Punkten von normalen Excel-Formeln und Funktionen und bezieht sich grundsätzlich auf Spalten statt Zellen.

Einfache Formeln eingeben

Regeln für die Eingabe von DAX-Formeln

- Die Eingabe einer Formel erfolgt wie im Excel-Tabellenblatt in der Bearbeitungsleiste
- Jede Formel beginnt mit einem Gleichheitszeichen (=).
- Zulässig sind ausschließlich Verweise auf Tabellen und Spalten, wobei die Namen von Spalten in eckige Klammern gesetzt werden müssen. Beide können aus der Liste Autovervollständigen übernommen werden.
- Dezimalzahlen in Formeln werden entsprechend der Ländereinstellungen des Systems eingegeben, also meist mit Komma als Dezimaltrennzeichen.

Zur Eingabe einer Formel klicken Sie rechts von der letzten Spalte in eine beliebige Zelle der freien Spalte (*Spalte hinzufügen* ❶) und geben anschließend über die Tastatur das Gleichheitszeichen = ein. Dieses erscheint automatisch der Bearbeitungsleiste ❷ und Sie können anschließend die restliche Formel eingeben.

Sollte keine freie Spalte verfügbar sein, so klicken Sie im Menüband, Register *Entwurf* ▶ *Spalten* auf *Hinzufügen* ❸.

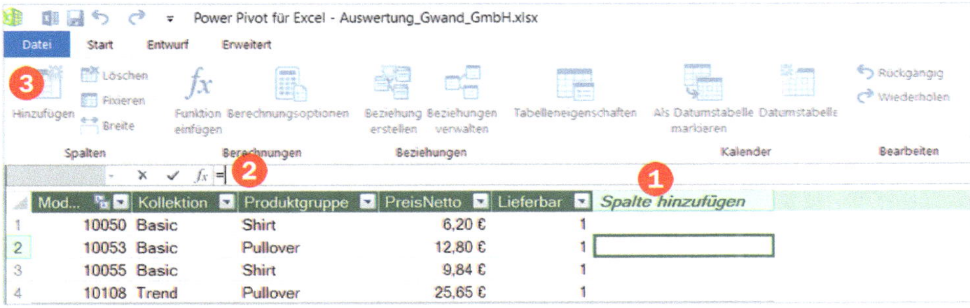

Bild 8.50 Formel eingeben

Beispiel: Bruttoverkaufspreise berechnen

Als einfaches erstes Beispiel berechnen wir in der Tabelle *tblProdukte* anhand der Nettopreise zusätzlich die Bruttoverkaufspreise inklusive Umsatzsteuer. Ein Hinweis: Der Einfachheit halber verwenden wir für alle Produkte einen einheitlichen Steuersatz von 19 %. In der Praxis gelten zwei unterschiedliche Steuersätze (19 % oder ermäßigt 7 %) und diese befinden sich meist in einer gesonderten Tabelle.

1 Klicken Sie rechts von der letzten Spalte unter *Spalte hinzufügen* in eine beliebige Zelle dieser Spalte. Geben Sie das Gleichheitszeichen ein und klicken Sie zum Einfügen des Nettopreises einfach auf eine beliebige Zelle dieser Spalte.

Excel fügt, wie im Bild unten, den Spaltennamen automatisch zusammen mit dem Namen der Tabelle ein, hier *tblProdukte[PreisNetto]* ❶.

Bild 8.51 Spaltenname durch Anklicken in Formel einfügen

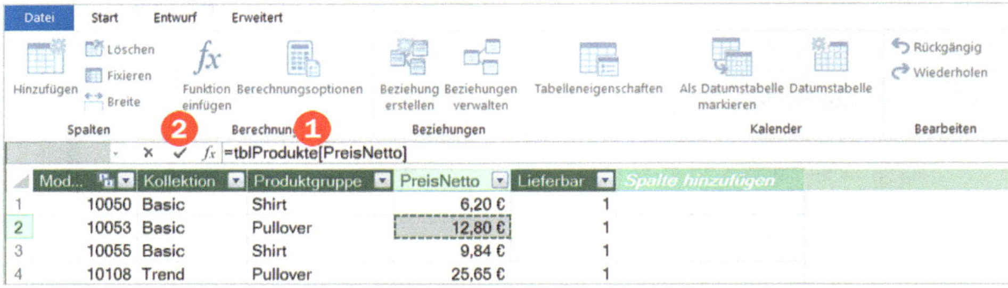

Achtung: Spaltenname durch Anklicken in die Formel einfügen funktioniert nicht in allen Fällen! Alternativ geben Sie die Formel über die Tastatur ein, s. unten.

2 Geben Sie dann über die Tastatur den Rest der Formel *1,19 ein und schließen Sie entweder mit der **Eingabetaste** oder mit Klick auf das Symbol *Eingeben* ❷ in der Bearbeitungsleiste ab, die Formel lautet: =tblProdukte[PreisNetto]*1,19

Bild 8.52 Die berechnete Spalte mit der Formel in der Bearbeitungsleiste

Formeleingabe per Tastatur

Wesentlich sicherer ist es, wenn Sie die gesamte Formel über die Tastatur eingeben, dabei unterstützt Sie die Funktion Autovervollständigen:

Tippen Sie die ersten Zeichen der Tabelle, die die benötigte Spalte enthält, hier *tblProdukte*, ein. Es erscheint eine Liste von Funktionen, Tabellen und Spaltenüberschriften, die mit dieser Zeichenfolge beginnen und mit Doppelklick auf *tblProdukte[PreisNetto]* übernehmen Sie diese in die Formel.

Bild 8.53 Spalte auswählen

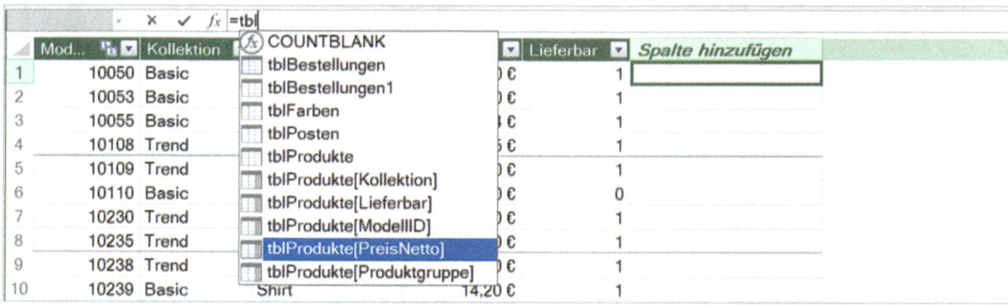

Hinweis: Wenn die Berechnung in derselben Tabelle erfolgt, könnte der Tabellenname auch entfallen, dieser sorgt aber in der Praxis für besseren Überblick.

Berechnete Spalten kontrollieren und korrigieren

Beim Klick auf eine beliebige Zelle einer berechneten Spalte erscheint die Formel erneut in der Bearbeitungsleiste und kann hier jederzeit geändert werden.

Berechnete Spalte löschen

Zum Löschen einer berechneten Spalte klicken Sie in die betreffende Spalte und klicken im Menüband, Register *Entwurf* ▶ *Spalten* auf *Löschen*. Oder Rechtsklick in die Spaltenüberschrift und Befehl *Löschen*. In allen Fällen müssen Sie das Löschen der Spalte nochmals bestätigen.

Oder Klick in die Spaltenüberschrift und Taste **Entf**.

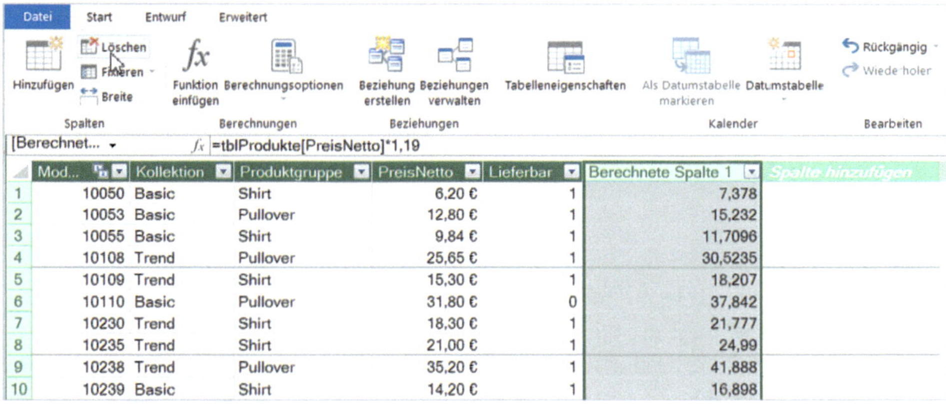

Bild 8.54 Spalte löschen

Achtung: Nur die Formel in der Bearbeitungsleiste löschen funktioniert zwar auch, kann aber später zu Fehlern führen.

Spalte umbenennen

Umbenennen der berechneten Spalte erfolgt entweder per Rechtsklick in die Spaltenüberschrift und Befehl *Spalte umbenennen* oder Doppelklick in die Spaltenüberschrift. In beiden Fällen wird die Überschrift markiert und kann durch einen eindeutigen Namen überschrieben werden.

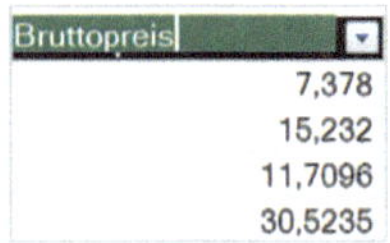

Datentyp und Zahlenformat

Die berechnete Spalte erhält automatisch einen Datentyp entsprechend der verwendeten Spalten, in diesem Beispiel *Dezimalzahl*. Damit die Ergebnisse mit zwei Dezimalstellen angezeigt werden, wählen Sie entweder das Zahlenformat *Tausendertrennzeichen* (Symbol *Komma*), wie im Bild unten oder den Datentyp *Währung*.

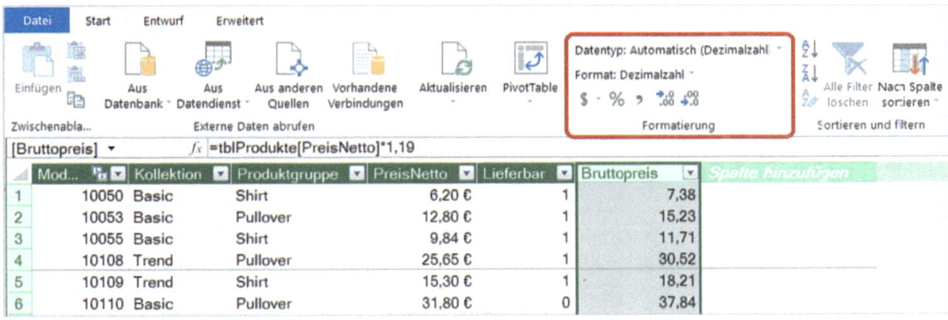

Bild 8.55 Datentyp und Zahlenformat

8.5 Berechnungen mit DAX-Funktionen

Diese Bezeichnung hat nichts mit dem gleichnamigen Aktienindex zu tun, sondern ist die Abkürzung für Data Analysis Expressions.

Auch Power Pivot verfügt unter der Bezeichnung DAX-Funktionen über eine Sammlung von Funktionen. Diese sind den Excel-Funktionen sehr ähnlich, haben aber englische Bezeichnungen. Eine Übersicht erhalten Sie bei Microsoft im Web, geben Sie dazu im Browser einfach das Stichwort DAX-Funktionsreferenz ein. Nachfolgend einige ausgewählte DAX-Funktionen zur Berechnung von Spalten. Einige DAX-Funktionen berechnen auch Ergebnisse für alle Zeilen einer Spalte oder Tabelle (Aggregationsfunktionen), diese werden im nächsten Punkt näher behandelt.

> Für DAX-Funktionen gelten dieselben Regeln wie für Formeln (s. Seite 297) und genau wie bei Excel-Funktionen werden die Funktionsargumente in runden Klammern ( ) angegeben und mit Semikolon (;) getrennt. Auch das Verschachteln mehrerer DAX-Funktionen ist möglich.

Funktion einfügen

Eine DAX-Funktion kann auf folgenden Wegen eingefügt werden:

- **Tastatureingabe**: Beginnen Sie mit der Eingabe der ersten Zeichen des Funktionsnamens. Anschließend erscheint die Liste AutoVervollständigen, aus der Sie die gewünschte Funktion per Doppelklick oder durch Auswahl mit den Pfeiltasten der Tastatur und Betätigen der **Eingabetaste** übernehmen.
- **Symbol Funktion einfügen (fx)**: Oder klicken Sie in der Bearbeitungsleiste oder im Menüband, Register *Entwurf* auf das Symbol *Funktion einfügen* ❶. Im nachfolgenden Fenster können Sie die Funktion anhand von Funktionskategorien, z. B. *Logisch* ❷ auswählen.

  Klicken Sie auf eine Funktion, so erhalten Sie eine kurze Beschreibung auf deutsch ❸ und mit Klick auf *OK* oder Doppelklick wird die markierte Funktion in die Bearbeitungsleiste übernommen.

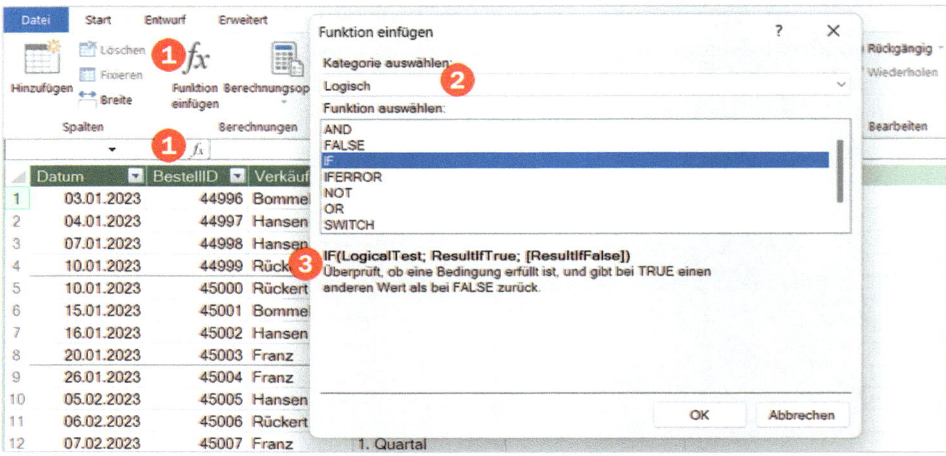

Bild 8.56 Das Fenster Funktion einfügen

Hilfe zu Funktionsargumenten

Nach dem Einfügen einer Funktion erscheinen die dazugehörigen Argumente als Infotext, wobei das aktuelle Argument fett hervorgehoben ist.

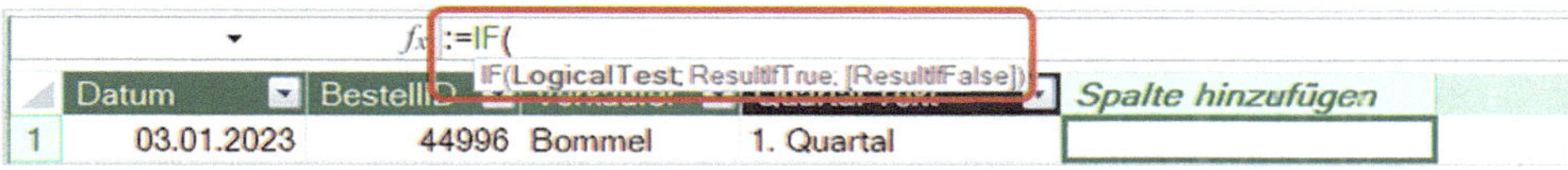

Bild 8.57 Welches Funktionsargument erwartet wird, sehen Sie im Infotext

Weitere Tipps zur Eingabe

- **Schließende Klammern nicht vergessen!**
  Geben Sie nach dem Übernehmen einer Funktion sofort die schließende runde Klammer ein und erst dann zwischen den Klammern die Funktionsargumente. Auf diese Weise behalten Sie auch bei verschachtelten Funktionen den Überblick.
- **Übernehmen Sie Verweise auf Spalten und Tabellen aus der Autovervollständigen-Liste**
  - Übernehmen Sie Funktionen sowie Verweise auf Spalten und Tabellen grundsätzlich aus der Autovervollständigen-Liste.
  - Beziehen Sie bei Verweisen auf Spalten auch den Tabellennamen mit ein. Dies ist zwar nur bei verknüpften Tabellen zwingend erforderlich, macht aber Formeln besser nachvollziehbar, besonders in komplexen Datenmodellen.

Nachfolgend einige Beispiele für häufig zur Berechnung von Tabellenspalten verwendete Funktionen. Beachten Sie außerdem, dass DAX-Funktionen auch zur Berechnung von Measures herangezogen werden. Näheres zu diesem Thema finden Sie in Punkt „8.6 Measures berechnen" auf Seite 312.

Datumsfunktionen

Die Funktionen YEAR und MONTH

Die Excel Arbeitsblatt-Funktionen JAHR und MONAT dürften den meisten Excel-Anwendern geläufig sein. Dieselbe Aufgabe, nämlich Jahr und Monat aus einem Datum zu ermitteln, übernehmen in Power Pivot die DAX-Funktionen YEAR und MONTH.

Beispiel: Jahre und Monate aus Tagesdatum ermitteln

Die Tabelle *tblBestellungen* unseres Beispiels enthält in der Spalte *Datum* das Tagesdatum jeder Bestellung, für Auswertungen sind jedoch nur größere Datumseinheiten wie Jahre und Monate relevant.

Eine komfortable Möglichkeit der Berechnung von Datumseinheiten mittels einer Kalendertabelle finden Sie unter Punkt 8.9 auf Seite 343.

1. Wählen Sie die Tabelle *tblBestellungen* aus.
2. Klicken Sie in die freie Spalte (*Spalte hinzufügen*) und geben Sie das Gleichheitszeichen und danach die ersten Zeichen der Funktion YEAR ein. Übernehmen Sie die Funktion YEAR mit Doppelklick, die öffnende Klammer wird automatisch mit in die Formel übernommen.
3. Geben Sie dann die ersten Zeichen der Spalte, hier *tblBestellungen[Datum]* ein und übernehmen Sie diese ebenfalls mit Doppelklick.

4 Zuletzt geben Sie die schließende Klammer ein und schließen mit der **Eingabetaste** ab. Die vollständige Formel lautet:

```
=YEAR(tblBestellungen[Datum])
```

Bild 8.58 Übernehmen Sie die Funktion YEAR und die Spalte Datum aus der Liste Autovervollständigen

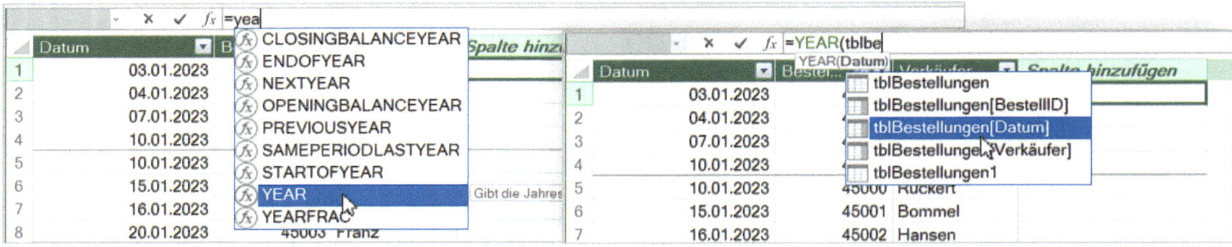

5 Benennen Sie dann die Spalte um, sie erhält den Namen *Jahr*, und kontrollieren Sie, ob der korrekte Datentyp *Ganze Zahl* verwendet wird.

6 Genauso verfahren Sie bei der Berechnung des Monats aus dem Datum, hierzu verwenden Sie die DAX-Funktion MONTH, siehe Bild unten.

Bild 8.59 Jahr und Monat berechnen

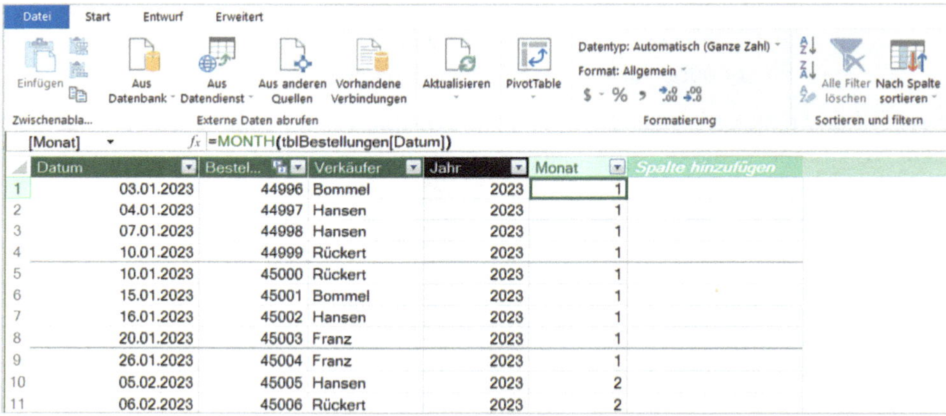

Tipp: Datumsgruppierungen aus Pivot-Tabelle übernehmen

Alternativ erhalten Sie die Datumseinheiten auch durch Gruppieren von Datumswerten in einer Pivot-Tabelle. Diese werden dann automatisch in Power Pivot übernommen. Allerdings erfolgt in diesem Fall die Berechnung mit der Funktion FORMAT, mehr dazu im nächsten Punkt

Datumswerte in Pivot-Tabellen gruppieren, siehe Kap. 6, „Automatisches Gruppieren von Datumswerten“ auf Seite 211.

Bild 8.60 Gruppieren nach Datumswerten

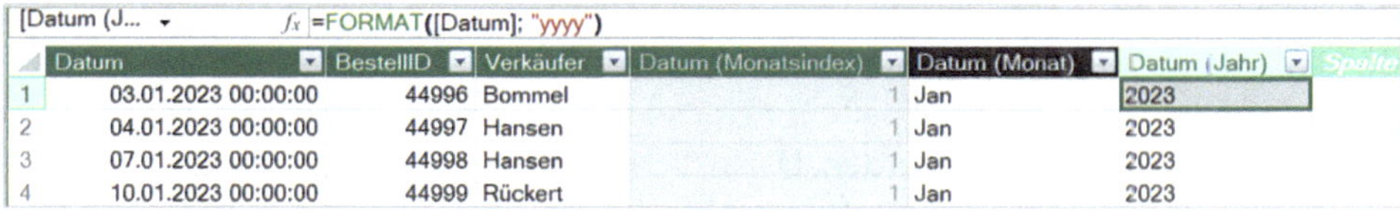

Bild 8.61 Das Jahr wurde mit der Funktion FORMAT berechnet

Monat als Text mit der DAX-Funktion FORMAT

Benötigen Sie die Monate als Text, also Januar, Februar oder Jan, Feb usw. statt 1, 2, 3 ..., dann verwenden Sie dazu die DAX-Funktion FORMAT. Diese kommt auch bei der Gruppierung von Datumswerten in Pivot-Tabellen zum Einsatz, siehe oben. Sie unterscheidet sich wenig von der Arbeitsblatt-Funktion TEXT und die Schreibweise wird durch das Argument *Textformat* festgelegt. Sollen beispielsweise die Monatsnamen auf drei Zeichen abgekürzt werden, so verwenden Sie das Format "MMM", mit "MMMM" erhalten Sie die vollen Monatsnamen. Mit der Funktion FORMAT und dem Argument "yyyy" wird das Jahr eines Datums vier- oder zweistellig ("yy") angezeigt, wie in Bild 8.61.

```
=Format(Wert;Format)
```

Tipp: Monate mit Namen anzeigen und trotzdem korrekt sortieren

Power Query verfügt auch über eine Lösung für ein altes Problem, nämlich Monatsnamen anzeigen und trotzdem in der korrekten Reihenfolge sortieren.

1. Dazu benötigen Sie zunächst den Monat zweimal: Als Zahl mit der Funktion MONTH und als Text mit der Funktion FORMAT, wie im Bild unten.
2. Klicken Sie dann im Menüband, Register *Start* ▶ *Sortieren und filtern* auf *Nach Spalte sortieren* ❶. Wählen Sie als zu sortierende Spalte (*Sortieren*) die Spalte mit dem Monatsnamen (hier *Monatsname*) aus ❷ und im Feld *Nach* die Spalte mit dem Monat als Zahl (*Monat*) ❸.

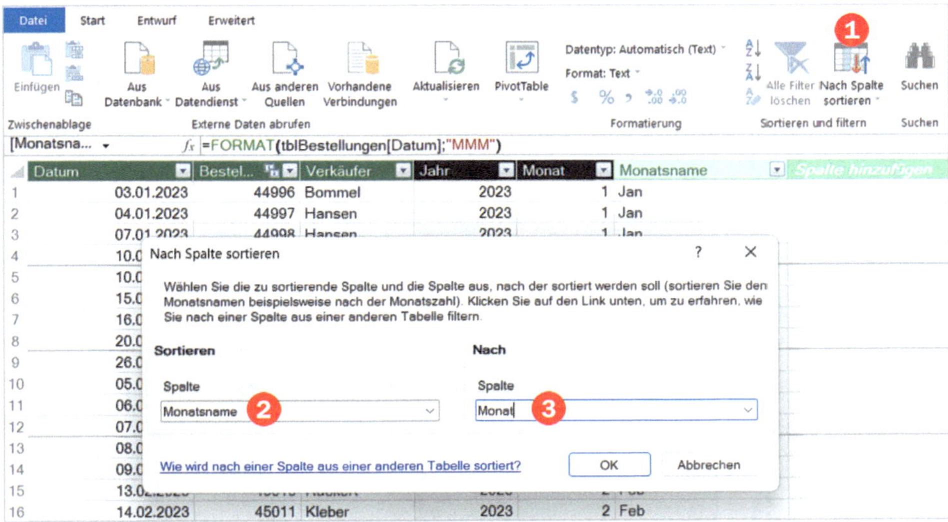

Bild 8.62 Monatsnamen nach der Spalte Monat sortieren

Hilfsspalte Monatsindex ausblenden

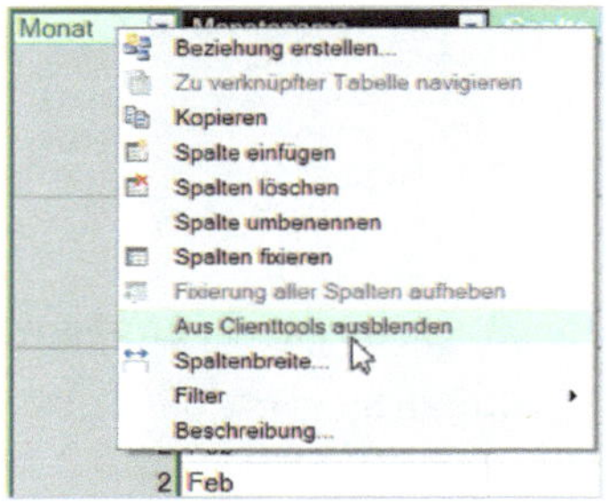

Da der Monat als Zahl bzw. Monatsindex nur zur Sortierung dient, kann diese Spalte für Nutzer in der Pivot-Tabelle ausgeblendet werden. Dazu klicken Sie mit der rechten Maustaste in die Überschrift der betreffenden Spalte und auf *Aus Clienttools ausblenden*. Auf demselben Weg und dem Befehl *In Clienttools einblenden* kann eine ausgeblendete Spalte wieder eingeblendet werden.

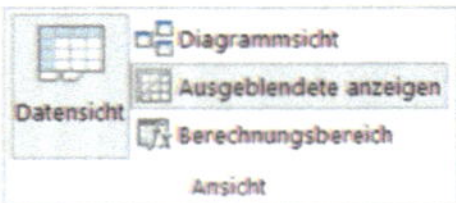

Wenn ausgeblendete Spalten in Power Pivot sichtbar sein sollen, dann aktivieren Sie im Menüband, Register *Start* die Einstellung *Ausgeblendet anzeigen*. Ausgeblendete Elemente erscheinen dann ausgegraut.

Weitere nützliche Datumsfunktionen

DAX-Funktion	Beschreibung
TODAY()	Diese Funktion entspricht der Excel-Funktion HEUTE(). Sie liefert das aktuelle Datum und benötigt keine Argumente.
WEEKNUM(Datum;Rückgabewert)	Liefert die Kalenderwoche eines Datums, wobei *Rückgabewert* das System festlegt: 1=Woche 1 enthält den ersten Januar des Jahres 2=Europäisches Wochennummerierungssystem (Kalenderwoche 1 enthält den ersten Donnerstag des Jahres)
DATEDIFF(Start_Datum;End_Datum;Intervall)	Berechnet die Differenz zwischen zwei Datumswerten im angegebenen Intervall. Beispiel: Differenz zwischen Datumsspalte und aktuellem Datum in Monaten DATEDIFF([Datum];TODAY();MONTH)

Achtung: Das Intervall YEAR der Funktion DATEDIF berücksichtigt nur ganze Jahre, eignet sich also z. B. nicht zur tagesgenauen Berechnung des Alters!

Quartale berechnen

Zur Ermittlung der ebenfalls häufig benötigten Quartale gibt es keine Funktion, Sie müssen sich also mit einer der folgenden Formeln behelfen.

```
      =ROUNDUP(MONTH(tblBestellungen[Datum])/3;0)
oder: =INT((MONTH([Datum])+2)/3)
```

Mit folgender Formel wird zusätzlich noch der Text „Quartal“ angefügt:

```
      =CONCATENATE(ROUNDUP(MONTH([Datum])/3;0);". Quartal")
```

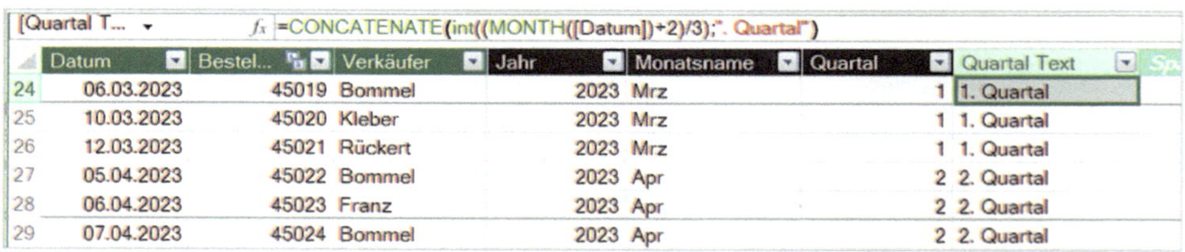

[Quartal T... ▾ fx =CONCATENATE(int((MONTH([Datum])+2)/3);". Quartal")

	Datum	Bestel...	Verkäufer	Jahr	Monatsname	Quartal	Quartal Text
24	06.03.2023	45019	Bommel	2023	Mrz	1	1. Quartal
25	10.03.2023	45020	Kleber	2023	Mrz	1	1. Quartal
26	12.03.2023	45021	Rückert	2023	Mrz	1	1. Quartal
27	05.04.2023	45022	Bommel	2023	Apr	2	2. Quartal
28	06.04.2023	45023	Franz	2023	Apr	2	2. Quartal
29	07.04.2023	45024	Bommel	2023	Apr	2	2. Quartal

Bild 8.63 Quartale

Die verwendeten Funktionen

Funktion, Syntax	Beschreibung	Beispiel
ROUNDUP(Zahl;NumberOfDigits)	Rundet Zahlen auf die angegebene Anzahl Nachkommastellen auf und entspricht der Excel-Funktion AUFRUNDEN.	ROUNDUP(2,75;0) Ergebnis: 3
INT(Zahl)	Rundet die angegebene Zahl auf die nächstkleinere ganze Zahl ab. Alternativ könnte auch ROUNDDOWN verwendet werden.	INT(2,75) Ergebnis: 2
CONCATENATE(Text1;Text2)	Verbindet zwei Zeichenfolgen zu einer einzigen. Alternativ verwenden Sie den &-Operator.	CONCATENATE("AA";"BB") Ergebnis: AABB

Siehe Rundungsfunktionen auf Seite 311.

Textfunktionen auf Seite 310.

Verweise auf Spalten verknüpfter Tabellen (Funktion RELATED)

Berechnungen lassen sich in Power Pivot nicht nur mit Spalten der aktuellen Tabelle, sondern auch mit Spalten aus verknüpften Tabellen durchführen. Dazu benötigen Sie die DAX-Funktion RELATED, in diese muss die Spalte der verknüpften Tabelle eingeschlossen werden. =RELATED(Tabelle[Spaltenname])

Beispiel: Umsatz aus Bestellmenge und PreisNetto berechnen

Als Beispiel soll für jeden Bestellposten in der Tabelle *tblPosten* der Umsatz berechnet werden. Die Spalte *Bestellmenge* befindet sich in derselben Tabelle, die Spalte *PreisNetto* hingegen in der Tabelle *tblProdukte* und muss daher in die DAX-Funktion RELATED eingeschlossen werden. So gehen Sie vor:

Achtung: RELATED setzt eine Beziehung zwischen den Tabellen voraus. Diese wurde bereits auf Seite 291 erstellt.

1 Wählen Sie die Tabelle *tblPosten* aus und klicken Sie in die freie Spalte. Geben Sie das Gleichheitszeichen ein und übernehmen Sie über Autovervollständigen die erste Spalte zusammen mit dem Tabellennamen, *tblPosten[Bestellmenge]*. Geben Sie danach den Operator * ein.

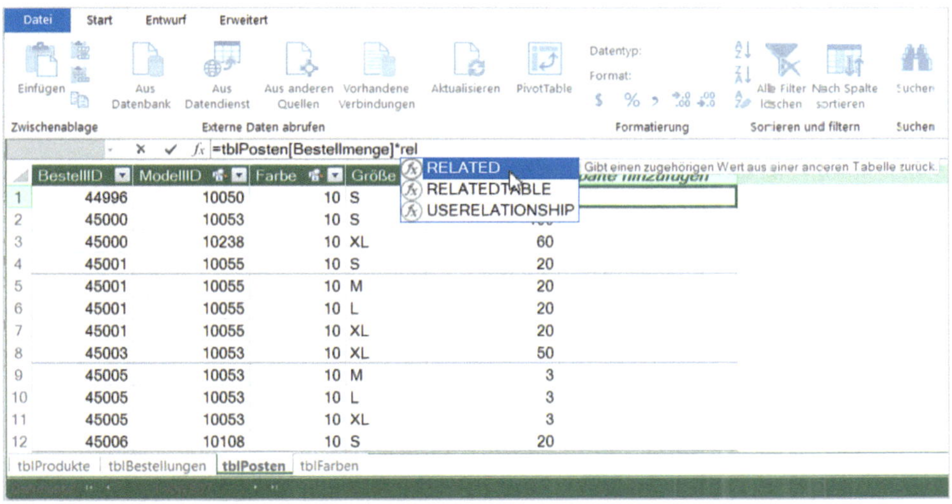

Bild 8.64 Spalte aus der verknüpften Tabelle in die Funktion RELATED einschließen

2 Die Funktion RELATED können Sie nach Eingabe der ersten Zeichen ebenfalls aus der Autovervollständigen-Liste übernehmen.

3 Dahinter folgt in Klammern die Spalte, wobei hier der Tabellenname zwingend mit angegeben werden muss, also *tblProdukte[PreisNetto]*.

4 Geben Sie zuletzt die schließende runde Klammer ein und schließen Sie die Formeleingabe mit der **Eingabetaste** ab. Benennen Sie außerdem die berechnete Spalte um in *Umsatz Netto* und versehen Sie die Spalte mit dem Format *Tausendertrennzeichen* oder *Währung*, falls ein Währungssymbol gewünscht wird. Die Formel lautet:

```
=tblPosten[Bestellmenge]*RELATED(tblProdukte[PreisNetto])
```

Bild 8.65 Die berechnete Spalte UmsatzNetto

[Umsatz N... fx =tblPosten[Bestellmenge]*RELATED(tblProdukte[PreisNetto])

	BestellID	ModellID	Farbe	Größe	Bestellmenge	Umsatz Netto	Spalte hinzufügen
1	44996	10050	10	S	20	124,00	
2	45000	10053	10	S	100	1.280,00	
3	45000	10238	10	XL	60	2.112,00	
4	45001	10055	10	S	20	196,80	
5	45001	10055	10	M	20	196,80	
6	45001	10055	10	L	20	196,80	
7	45001	10055	10	XL	20	196,80	
8	45003	10053	10	XL	50	640,00	
9	45005	10053	10	M	3	38,40	
10	45005	10053	10	L	3	38,40	
11	45005	10053	10	XL	3	38,40	
12	45006	10108	10	S	20	513,00	

tblProdukte | tblBestellungen | tblPosten | tblFarben

Verweise auf verknüpfte Tabellen

Für Verweise auf Spalten in verknüpften Tabellen verwenden Sie in Power Pivot die DAX-Funktion RELATED(Tabellenname[Spalte]), siehe Beispiel oben. Wird dagegen ein Verweis auf die verknüpfte Tabelle selbst benötigt, dann verwenden Sie dazu die Funktion RELATEDTABLE(Tabelle).

Logische Funktionen, Bedingungen mit der Funktion IF

Soll eine Berechnung abhängig von einer Bedingung erfolgen, so verwenden Sie die DAX-Funktion IF, diese unterscheidet sich nicht von der Excel-Funktion WENN.

```
=IF(LogicalTest; ResultIfTrue; ResultIfFalse)
```

Beispiel: Provision berechnen

Auf alle Nettoumsätze der Produktgruppe „Shirt" werden den Verkäufern 1,5 % Provision gewährt, auf alle übrigen Produktgruppen 2 %. Die Berechnung mit der Funktion IF erfolgt in der Tabelle *tblProdukte*.

1 Wählen Sie die Tabelle *tblProdukte* aus, klicken Sie in die freie Spalte und geben Sie die folgende Formel ein:

```
=IF(tblProdukte[Produktgruppe="Shirt";0,015;0,02)
```

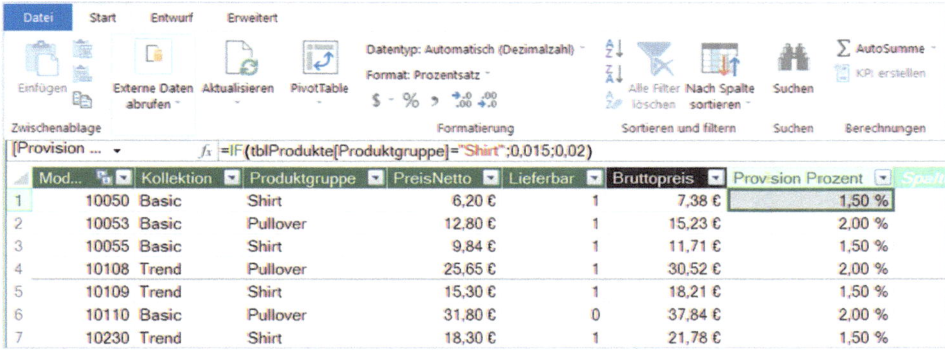

Bild 8.66 Beispiel: Provision mit einer Bedingung berechnen

2 Benennen Sie die Spalte um in *Provision Prozent* und versehen Sie die Zahlen mit dem Zahlenformat *Prozent* wie in Bild 8.66.

3 Anschließend wird in der Tabelle *tblPosten* in einer weiteren Spalte mit dem Namen *Provision Betrag* die Verkäuferprovision mit folgender Formel berechnet:

```
=tblPosten[Umsatz Netto]*RELATED(tblProdukte[Provision Prozent])
```

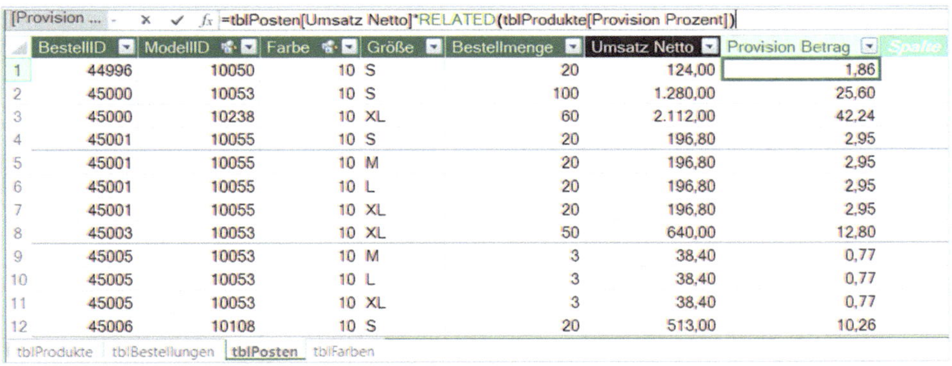

Bild 8.67 Verkäuferprovision berechnen

Hinweis: Der Provisionsbetrag kann auch ohne vorherige Berechnung der Spalte *Provision Prozent* berechnet werden. Je nachdem, in welcher Tabelle die Berechnung erfolgt, muss dann die verknüpfte Tabelle ebenfalls in die Funktioen RELATED eingeschlossen werden.

Mehrere Funktionen verschachteln

Wie die Excel-Funktion WENN, lässt sich auch die DAX-Funktion IF mehrfach verschachteln. Zum Beispiel, wenn statt der Produktgruppe wie im vorhergehenden Beispiel, die Kollektion zur Berechnung der Provision herangezogen wird. Nehmen wir an, die Verkäufer erhalten auf den Nettoumsatz der Kollektion Basic 2 %, auf Trend 3 % und auf alle übrigen 4 % Provision. Dann müsste in der Tabelle *tblProdukte* die Formel lauten:

```
=IF(tblProdukte[Kollektion]="Basic";0,02;IF(tblProdukte[Kollektion] ="Trend";0,03;0,04))
```

[Berechnet... × ✓ fx =IF(tblProdukte[Kollektion]="Basic";0,02;if(tblProdukte[Kollektion]="Trend";0,03;0,04))

	Mod...	Kollektion	Produktgruppe	PreisNetto	Lieferbar	Bruttopreis	Provision Prozent	Berechnete Spalte 1	Spalte hinzufügen
1	10050	Basic	Shirt	6,20 €	1	7,38 €	1,50 %	0,02	
2	10053	Basic	Pullover	12,80 €	1	15,23 €	2,00 %	0,02	
3	10055	Basic	Shirt	9,84 €	1	11,71 €	1,50 %	0,02	
4	10108	Trend	Pullover	25,65 €	1	30,52 €	2,00 %	0,03	
5	10109	Trend	Shirt	15,30 €	1	18,21 €	1,50 %	0,03	
6	10110	Basic	Pullover	31,80 €	0	37,84 €	2,00 %	0,02	
7	10230	Trend	Shirt	18,30 €	1	21,78 €	1,50 %	0,03	
8	10235	Trend	Shirt	21,00 €	1	24,99 €	1,50 %	0,03	
9	10238	Trend	Pullover	35,20 €	1	41,89 €	2,00 %	0,03	
10	10239	Basic	Shirt	14,20 €	1	16,90 €	1,50 %	0,02	
11	10240	Classic	Shirt	12,90 €	1	15,35 €	1,50 %	0,04	
12	10242	Classic	Pullover	25,00 €	1	29,75 €	2,00 %	0,04	

tblProdukte | tblBestellungen | tblPosten | tblFarben

Bild 8.68 IF-Funktionen verschachteln

SWITCH statt mehrfach verschachtelter If-Funktionen

Statt einer mehrfach verschachtelten IF-Funktion, kann die Provision auf Basis der Spalte *Kollektion* auch mit der Funktion SWITCH berechnet werden.

SWITCH entspricht etwa der Excel-Funktion WENNS.

```
=SWITCH(expression;value;result1;value2;result2;value3;result3;...;else)
```

Übertragen auf das Beispiel in Bild 8.68 oben lautet die Formel dann:

```
=SWITCH(tblProdukte[Kollektion];"Basic";0,02;"Trend";0,03;"Classic";0,04)
```

Das optionale Argument *else* legt einen Ausdruck fest, der angewendet wird, wenn keine Übereinstimmung mit einem der vorhergehenden Vergleichswerte (*value1*, *value2* usw.) gefunden wurde. Die folgende Formel gibt das Ergebnis 0 aus, wenn die Spalte *Kollektion* einen, nicht unter *Value* aufgeführten Inhalt z. B. *** enthält. **Achtung**: Die Ergebnisausdrücke *result1*, *result2* usw. und *else* müssen vom selben Datentyp sein!

```
=SWITCH(tblProdukte[Kollektion];"Basic";0,02;"Trend";0,03;"Classic";0,04;0)
```

[Provision ... fx =SWITCH(tblProdukte[Kollektion];"Basic";0,02;"Trend";0,03;"Classic";0,04;0)

	Mod...	Kollektion	Produktgruppe	PreisNetto	Lieferbar	Bruttopreis	Provision SWITC...	Spalte
1	10050	Basic	Shirt	6,20 €	1	7,38 €	2,00 %	
2	10053	Basic	Pullover	12,80 €	1	15,23 €	2,00 %	
3	10055	Basic	Shirt	9,84 €	1	11,71 €	2,00 %	
4	10108	Trend	Pullover	25,65 €	1	30,52 €	3,00 %	
5	10109	Trend	Shirt	15,30 €	1	18,21 €	3,00 %	
6	10110	Basic	Pullover	31,80 €	0	37,84 €	2,00 %	
7	10230	Trend	Shirt	18,30 €	1	21,78 €	3,00 %	
8	10235	Trend	Shirt	21,00 €	1	24,99 €	3,00 %	

Bild 8.69 Beispiel SWITCH

Bedingungen mit AND und OR verknüpfen

Zum Verknüpfen mehrerer Bedingungen setzen Sie die DAX-Funktionen AND und OR ein, *Logical1* und *Logical2* stehen für die zu prüfenden Bedingungen:

AND(Logical1; Logical2)	**oder:**	Logical1 && Logical2
OR(Logical1; Logical2)	**oder:**	Logical1 || Logical2

> **Tipp: Mehrere Bedingungen prüfen**
>
> AND und OR unterstützen jeweils nur zwei zu prüfende Ausdrücke. Kürzer sind stattdessen die Operatoren && und ||. Außerdem können Sie damit auch mehr als zwei AND- und ODER-Ausdrücke miteinander kombinieren.

Beispiel: Im Monat Januar 2023 gilt ein Sonderrabatt für alle Produkte der Kollektion „Basic"
Als Beispiel wird in der Tabelle *tblPosten* für alle Umsätze des Monats Januar 2023 ein Sonderbonus von 5 % berechnet. Da für alle übrigen Monate kein Sonderbonus berechnet werden soll, wird das Argument *ResultIfFalse* hier weggelassen.

```
=IF(AND(MONTH(RELATED(tblBestellungen[Datum]))=1;YEAR(RELATED(tblBestellungen[Datum]))=2023);0,05)
```

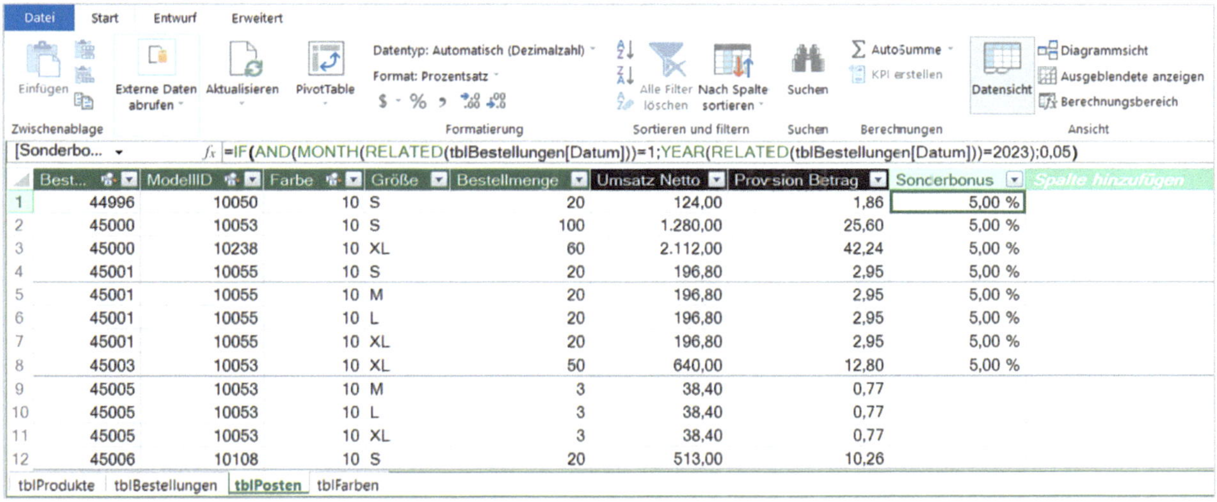

	Best...	ModellID	Farbe	Größe	Bestellmenge	Umsatz Netto	Provision Betrag	Sonderbonus	Spalte hinzufügen
1	44996	10050	10	S	20	124,00	1,86	5,00 %	
2	45000	10053	10	S	100	1.280,00	25,60	5,00 %	
3	45000	10238	10	XL	60	2.112,00	42,24	5,00 %	
4	45001	10055	10	S	20	196,80	2,95	5,00 %	
5	45001	10055	10	M	20	196,80	2,95	5,00 %	
6	45001	10055	10	L	20	196,80	2,95	5,00 %	
7	45001	10055	10	XL	20	196,80	2,95	5,00 %	
8	45003	10053	10	XL	50	640,00	12,80	5,00 %	
9	45005	10053	10	M	3	38,40	0,77		
10	45005	10053	10	L	3	38,40	0,77		
11	45005	10053	10	XL	3	38,40	0,77		
12	45006	10108	10	S	20	513,00	10,26		

Bild 8.70 Zwei Bedingungen mit AND verknüpfen

Mit dem Operator && statt AND würde die Formel so lauten:

```
=IF(MONTH(RELATED(tblBestellungen[Datum]))=1 && YEAR(RELATED(tblBestellungen[Datum]))=2023;0,05)
```

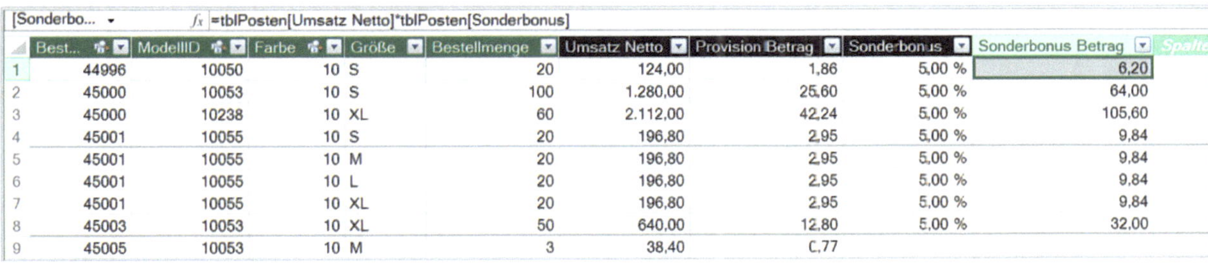

	Best...	ModellID	Farbe	Größe	Bestellmenge	Umsatz Netto	Provision Betrag	Sonderbonus	Sonderbonus Betrag	Spalte
1	44996	10050	10	S	20	124,00	1,86	5,00 %	6,20	
2	45000	10053	10	S	100	1.280,00	25,60	5,00 %	64,00	
3	45000	10238	10	XL	60	2.112,00	42,24	5,00 %	105,60	
4	45001	10055	10	S	20	196,80	2,95	5,00 %	9,84	
5	45001	10055	10	M	20	196,80	2,95	5,00 %	9,84	
6	45001	10055	10	L	20	196,80	2,95	5,00 %	9,84	
7	45001	10055	10	XL	20	196,80	2,95	5,00 %	9,84	
8	45003	10053	10	XL	50	640,00	12,80	5,00 %	32,00	
9	45005	10053	10	M	3	38,40	0,77			

Bild 8.71 Sonderbonus Betrag berechnen

Hinweis: Zwecks besserer Nachvollziehbarkeit wurden hier Sonderbonus und Betrag in zwei getrennten Spalten berechnet. Selbstverständlich kann dies auch in einer einzigen Formel erfolgen.

Weitere ausgewählte DAX-Funktionen

Power Pivot verfügt über eine ganze Reihe von DAX-Funktionen, hier alle aufzuführen würde den Rahmen dieses Buches sprengen. Einen guten Überblick erhalten Sie bei Microsoft im Web, geben Sie dazu im Browser einfach den Suchbegriff „DAX Funktionsreferenz“ ein.

Textfunktionen

Die Textfunktionen LEFT, MID und RIGHT entsprechen den Excel-Funktionen LINKS, TEIL und RECHTS und dienen zum Extrahieren von Teilen einer Spalte. So liefert zum Beispiel die Funktion RIGHT die letzten Zeichen einer Spalte, im Bild unten die letzten drei Stellen der ModellID.

Bild 8.72 Die Funktion RIGHT

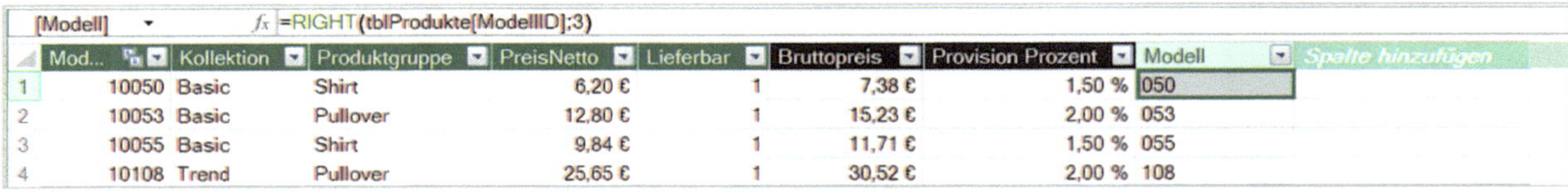

[Modell] fx =RIGHT(tblProdukte[ModellID];3)

	Mod...	Kollektion	Produktgruppe	PreisNetto	Lieferbar	Bruttopreis	Provision Prozent	Modell	Spalte hinzufügen
1	10050	Basic	Shirt	6,20 €	1	7,38 €	1,50 %	050	
2	10053	Basic	Pullover	12,80 €	1	15,23 €	2,00 %	053	
3	10055	Basic	Shirt	9,84 €	1	11,71 €	1,50 %	055	
4	10108	Trend	Pullover	25,65 €	1	30,52 €	2,00 %	108	

DAX-Funktion	Beschreibung
LEFT([Text];AnzahlZeichen)	Liefert aus einer Spalte von links die angegebene Anzahl Zeichen.
RIGHT([Text];AnzahlZeichen)	Liefert aus einer Spalte von rechts die angegebene Anzahl Zeichen.
MID([Text];Startposition,AnzahlZeichen)	Liefert aus einer Spalte ab der Startposition die angegebene Anzahl Zeichen.
CONCATENATE(Text1;Text2)	Verknüpft zwei Textzeichenfolgen miteinander zu einer einzigen Zeichenfolge. **Hinweis**: Stattdessen können Sie auch den Operator & verwenden. Dieser verkettet auch mehr als zwei Zeichenfolgen miteinander.

Beispiel: Zeichenfolgen verketten

Zum Verketten von Zeichenfolgen verwenden Sie entweder die Funktion CONCATENATE oder den &-Operator, den Sie vielleicht von Excel her kennen. Die folgende Formel verkettet die Spalte *Kollektion* und die letzten drei Zeichen der Spalte *ModellID*.

```
=CONCATENATE(tblProdukte[Kollektion];RIGHT(tblProdukte[ModellID];3))
```

Soll dazwischen noch ein Zeichen, z. B. Bindestrich wie im nachfolgenden Bild, eingefügt werden, dann benötigen Sie den &-Operator, da CONCATENATE nur zwei Zeichenfolgen berücksichtigt.

```
=tblProdukte[Kollektion]&"-"& RIGHT(tblProdukte[ModellID];3)
```

Bild 8.73 Zeichenfolgen mit & verketten

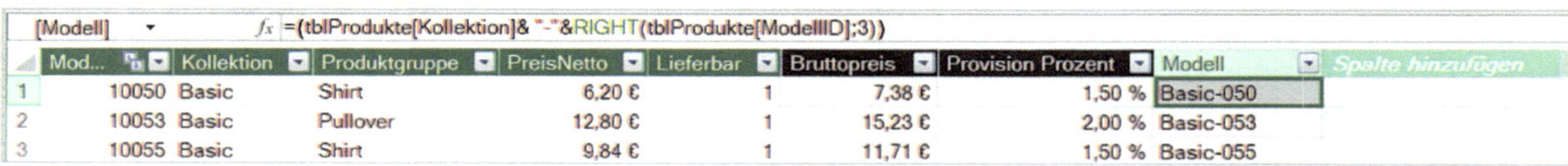

[Modell] fx =(tblProdukte[Kollektion]& "-"&RIGHT(tblProdukte[ModellID];3))

	Mod...	Kollektion	Produktgruppe	PreisNetto	Lieferbar	Bruttopreis	Provision Prozent	Modell	Spalte hinzufügen
1	10050	Basic	Shirt	6,20 €	1	7,38 €	1,50 %	Basic-050	
2	10053	Basic	Pullover	12,80 €	1	15,23 €	2,00 %	Basic-053	
3	10055	Basic	Shirt	9,84 €	1	11,71 €	1,50 %	Basic-055	

Rundungsfunktionen

Zum Auf- oder Abrunden von Dezimalzahlen stehen, analog zu Excel, die folgenden Funktionen zum zur Verfügung.

DAX-Funktion	Beschreibung
ROUND(Zahl;AnzahlStellen)	Rundet Zahlen kaufmännisch auf die angegebene Anzahl Stellen.
ROUNDUP(Zahl;AnzahlStellen)	Rundet Zahlen auf die angegebene Anzahl Stellen auf.
ROUNDDOWN(Zahl;AnzahlStellen)	Rundet Zahlen auf die angegebene Anzahl Stellen ab.
TRUNC(Zahl;AnzahlStellen)	Schneidet Nachkommastellen auf die angegebene Anzahl Stellen ab. Wird das Argument *AnzahlStellen* nicht oder mit 0 angegeben, so werden alle Stellen abgeschnitten und eine ganze Zahl zurückgegeben.
INT(Zahl;AnzahlStellen)	Rundet Zahlen auf die nächstkleinere Zahl ab. Ein Unterschied zu TRUNC besteht nur bei negativen Zahlen: INT(-4.2) Ergebnis: -5 (Nächstkleinere Zahl) TRUNC(-4.2) Ergebnis: -4

Beispiele für INT und ROUNDUP finden Sie auf Seite 304.

Berechnete Spalten in PivotTable verwenden

In Pivot-Tabellen lassen sich problemlos die zuvor berechneten Spalten, z. B. *UmsatzNetto* und *Provision* beliebig verwenden. Im Bild unten ein Beispiel, das im ausgewählten Monat für jeden Verkäufer den Nettoumsatz und die Provision berechnet.

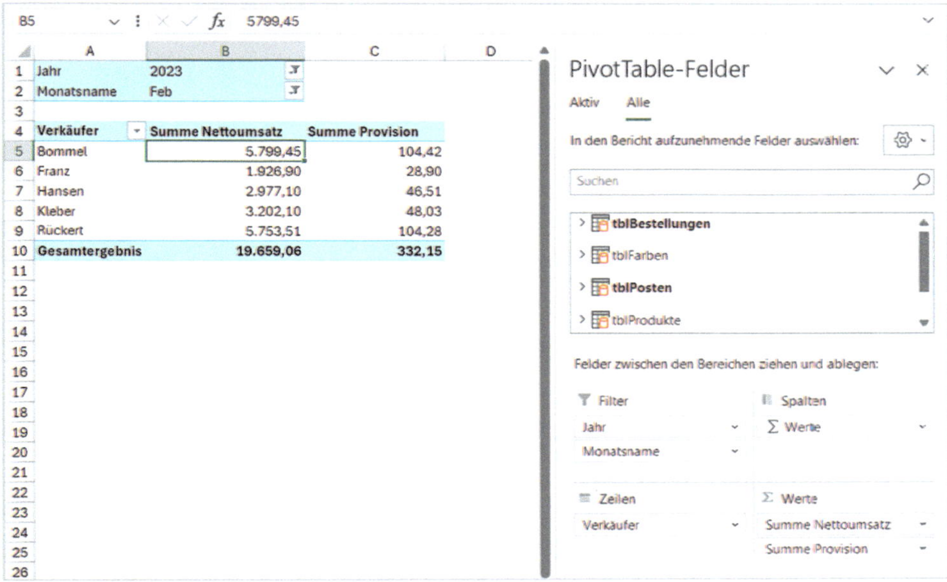

Bild 8.74 Provisionen mit einer Pivot-Tabelle berechnen

8.6 Measures berechnen

Was sind Measures?

Measures sind zusammenfassende Kennzahlen, z. B. Summe oder Anzahl, die mit DAX-Aggregationsfunktionen berechnet werden und dynamische, d. h. vom jeweiligen Kontext abhängige Ergebnisse liefern. Verdeutlichen lässt sich dies am Beispiel der Umsatzsumme: Als Measure liefert die Formel in Power Pivot zunächst einen einzigen Wert. In einer Pivot-Tabelle oder einem Power-BI Bericht hingegen erfolgt die Berechnung für die Teilmengen, die sich aus der Kombination von Spalten- und Zeilenfeldern und der Verwendung von Filtern ergeben.

- Aus Pivot-Tabellen und Pivot-Diagrammen dürften Ihnen Measures bereits bekannt sein. Diese werden automatisch für Felder im Bereich *Werte* ❶ erzeugt, meist mit den Funktionen Summe, Anzahl, Durchschnitt, Min oder Max und als implizite Measures bezeichnet. Implizite Measures besitzen ausschließlich in der jeweiligen Tabelle Gültigkeit.
- Mit Power Pivot berechnete Measures dagegen können in allen Pivot-Tabellen der Arbeitsmappe verwendet werden, sofern diese auf derselben Datenquelle beruhen und werden auch als explizite Measures bezeichnet. Explizite Measures sind in der Feldliste mit dem Symbol *fx* ❷ gekennzeichnet (Bild 8.76) und können in der Pivot-Tabelle nicht mit dem Befehl *Werte zusammenfassen nach* geändert werden.

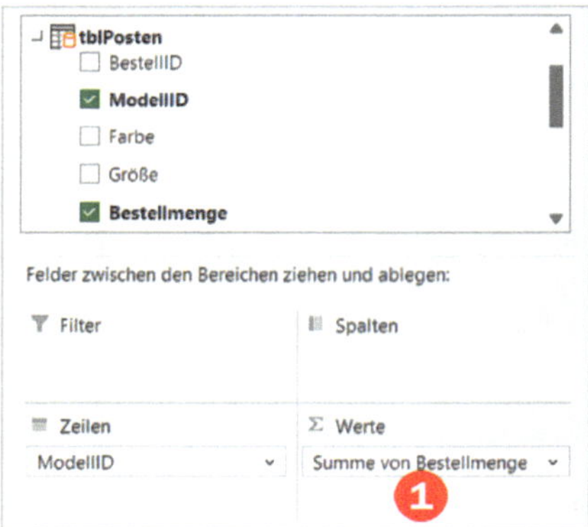

Bild 8.75 Implizites Measure, in der Pivot-Tabelle berechnet

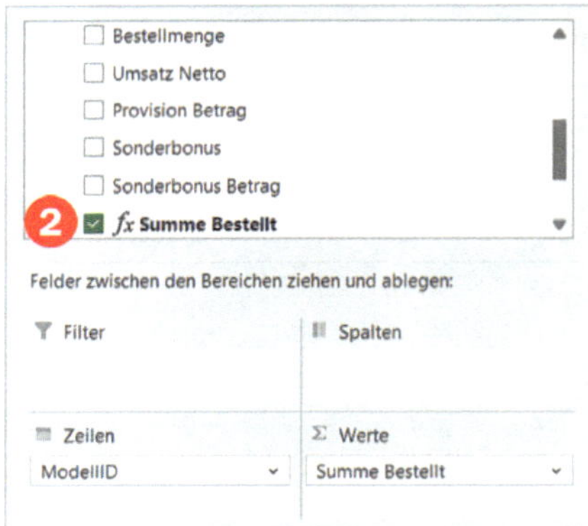

Bild 8.76 Explizites Measure mit Power Pivot berechnet

Wann sollten Sie explizite Measures statt Spalten berechnen?

Bei großen Datenmengen sollten Sie prüfen, ob sich statt berechneter Spalten nicht besser Measures berechnen lassen. **Der Vorteil expliziter Measures:** Bei der Berechnung einer Spalte muss stets jede Zeile berechnet werden, Measures werden dagegen nur berechnet, wenn Sie in der Auswertung bzw. in der PivotTable auch wirklich benötigt werden, was sich natürlich bei 100.000 und mehr Datensätzen auf die Geschwindigkeit auswirkt.

Die Formeln für Measures geben Sie entweder im Berechnungsbereich und über die Bearbeitungsleiste von Power Pivot ein oder im Excel-Arbeitsblatt über das Register *Power Pivot* ▶ *Berechnungen* und die Schaltfläche *Measures*.

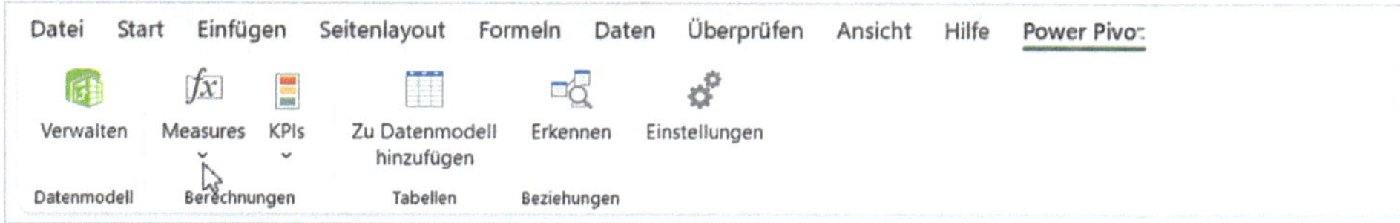

Bild 8.77 Die Schaltfläche Measures im Arbeitsblatt

Wichtige DAX-Funktionen zur Berechnung von Measures

Die DAX-Aggregationsfunktionen berechnen Werte wie Summe, Durchschnitt, Min/Max oder Anzahl über alle Zeilen einer Spalte. Hier eine Auswahl:

DAX-Funktion	Beschreibung
AVERAGE(Spalte)	Berechnet das arithmetische Mittel aller Zahlen der angegebenen Spalte und entspricht der Excel-Funktion MITTELWERT. Logische Werte und leere Zellen werden ignoriert, 0-Werte dagegen berücksichtigt.
AVERAGEA(Spalte)	Berechnet das arithmetische Mittel über eine Spalte. Im Gegensatz zu AVERAGE werden auch logische Werte berücksichtigt (TRUE=1 und FALSE=0) und nicht numerische Inhalte und leere Zellen werden als 0 gewertet.
AVERAGEX(Tabelle;Ausdruck)	Berechnet das arithmetische Mittel entsprechend dem Ausdruck für jede Zeile der angegebenen Tabelle. Ansonsten gelten dieselben Regeln wie für AVERAGE. Beispiel: =AVERAGEX(Produkte;Produkte[Fracht]+Produkte[Verpackung]) Addiert in der Tabelle Produkte für jede Zeile die Spalten Fracht und Verpackung und berechnet für die Summen den Durchschnitt.
COUNT(Spalte)	Zählt die Anzahl der Zeilen in der angegebenen Spalte, die keine leeren Werte enthalten. TRUE/FALSE-Werte werden ignoriert.
COUNTA(Spalte)	Zählt die Anzahl der Zeilen in der angegebenen Spalte, die keine leeren Werte enthalten. Im Gegensatz zu COUNT werden boolesche Werte (TRUE/FALSE) und Zeichenfolgen mitgezählt. Entspricht der Excel-Funktion ANZAHL2.
DISTINCTCOUNT(Spalte)	Ermittelt die Anzahl der verschiedenen Werte, Duplikate werden ignoriert, siehe Diskrete Anzahl.
MAX(Spalte)	Liefert den größten Wert der angegebenen Spalte.
MIN(Spalte)	Liefert den kleinsten Wert der angegebenen Spalte.
SUM(Spalte)	Addiert alle Zahlen einer Spalte.
SUMX(Tabelle;Ausdruck)	Liefert die Summe des Ausdrucks, der für jede Zeile der Tabelle ausgewertet wird. Diese Funktion entspricht der Excel-Funktion SUMMENPRODUKT.

Measure im Arbeitsblatt erstellen

Beispiel: Umsatzsumme als Measure berechnen

1 In der einfachsten Form erstellen Sie ein Measure aus dem Excel-Arbeitsblatt heraus. Dazu klicken Sie im Menüband, Register *Power Pivot* ▶ *Berechnungen* auf *Measures* und auf *Neues Measure...* ❶ (Bild 8.78).

2 Im gleichnamigen Fenster erstellen Sie nun die Formel:

- Wählen Sie im Feld *Tabellenname* ❷ die Tabelle aus, in der das Measure berechnet werden soll, hier *tblPosten*.
- Geben Sie darunter einen aussagekräftigen Namen ein ❸, z. B. *Umsatzsumme* wie in Bild 8.79 auf der nächsten Seite. Optional können Sie im Feld unterhalb eine kurze Beschreibung eingeben.
- Im Feld *Formel* geben Sie nach dem Gleichheitszeichen die Formel ein ❹ oder klicken Sie auf die Schaltfläche *Funktion einfügen* ❺, wenn Sie eine Funktion anhand der Kategorie suchen möchten.
- Unter *Formatierungsoptionen* können Sie im Feld *Kategorie* ❻ dem Measure auch gleich ein Zahlenformat zuweisen. Dieses wird in die Pivot-Tabelle übernommen und spart so lästige Formatierungsarbeiten.

Bild 8.78 Neues Measure

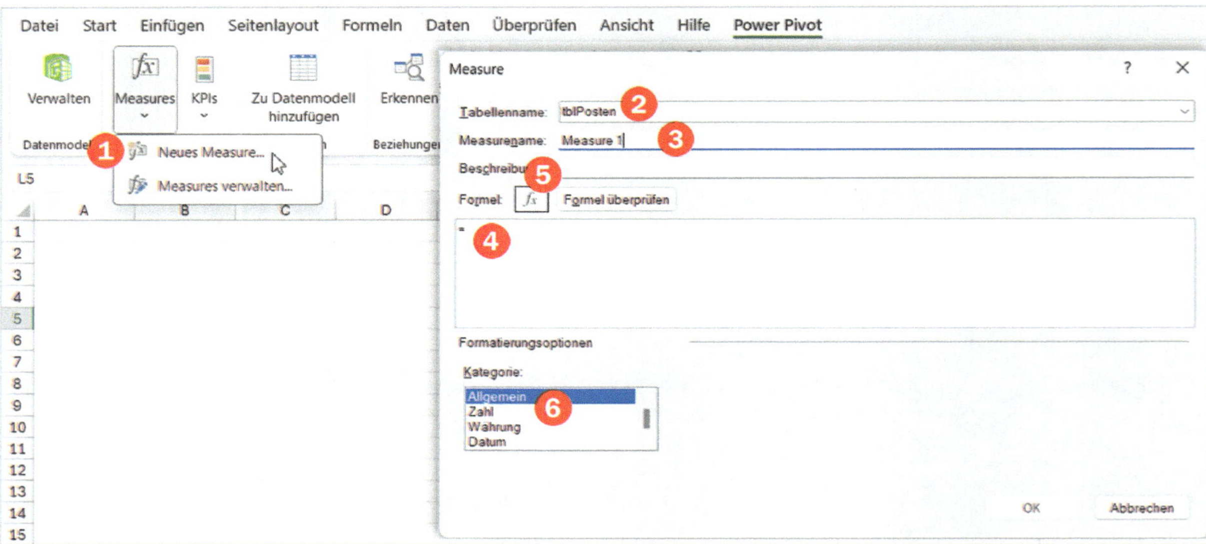

3 Die Berechnung der Umsatzsumme erfolgt mit der Funktion SUM, diese können Sie auch hier aus Autovervollständigen übernehmen. Als Spalte wählen Sie *tblPosten[UmsatzNetto]* aus, diese Spalte wurde im Beispiel auf Seite 305 berechnet. Auch diese übernehmen Sie per Autovervollständigen. Mit Klick auf die Schaltfläche *Formel überprüfen* können Sie anschließend die Formel auf Syntaxfehler, z. B. unvollständige Klammern prüfen.

Tipp: Statt mithilfe einer berechneten Spalte, wie in diesem Beispiel, könnten Nettoumsatz und Umsatzsumme auch in einer einzigen Formel mit der Funktion SUMX berechnet werden. Dann müsste die Formel lauten:

Näheres zur Funktion SUMX finden Sie auf Seite 319.

```
=SUMX(tblPosten;tblPosten[Bestellmenge]*RELATED(tblProdukte[PreisNetto])
```

4 Danach weisen Sie dem Measure ein Zahlenformat zu. Wählen Sie z. B. die *Kategorie* Zahl und als *Format* Dezimalzahl mit zwei Dezimalstellen und 1000er-Trennzeichen, wie in Bild 8.80.

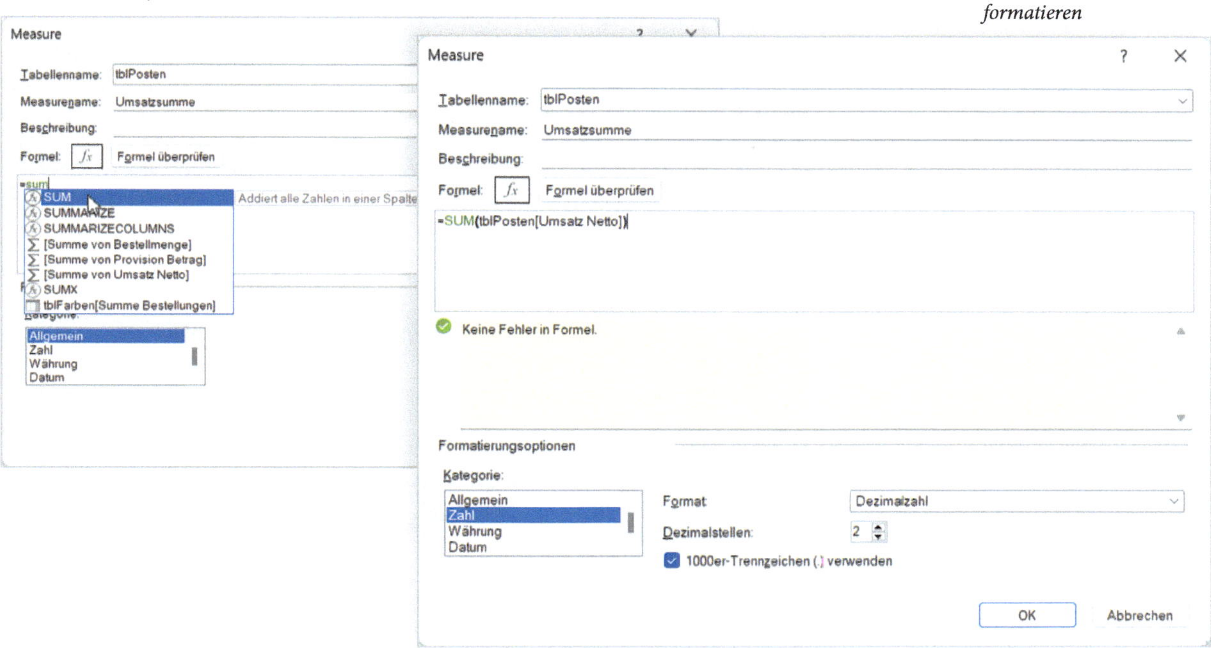

Bild 8.79 Funktion SUM

Bild 8.80 Formel überprüfen und Measure formatieren

5 Klicken Sie abschließend auf *OK*, um das Measure dem Datenmodell hinzuzufügen. Es erscheint in der Feldliste bzw. im Aufgabenbereich PivotTable-Felder bei der dazugehörigen Tabelle sowie im Berechnungsbereich von Power Pivot (s. nächster Punkt) und kann beispielsweise verwendet werden, um die Umsätze je Verkäufer und Monat auszuweisen, wie im Bild unten.

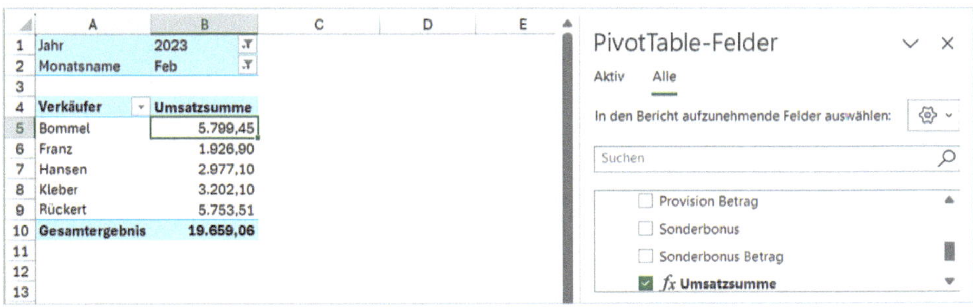

Bild 8.81 Measure in der Pivot-Tabelle

Einfache Measures in Power Pivot berechnen

Im Power Pivot-Fenster erfolgt die Berechnung von Measures im sogenannten Berechnungsbereich ❶ unterhalb der Tabelle. Außerdem erscheint die markierte Formel ❷ in der Bearbeitungsleiste, im Bild unten die zuvor berechnete Umsatzsumme. Der Berechnungsbereich kann über das Menüband, Register *Start* ▶ *Ansicht* ▶ *Berechnungsbereich* ❸ ein- und ausgeblendet werden.

Bild 8.82 Die Formel im Berechnungsbereich

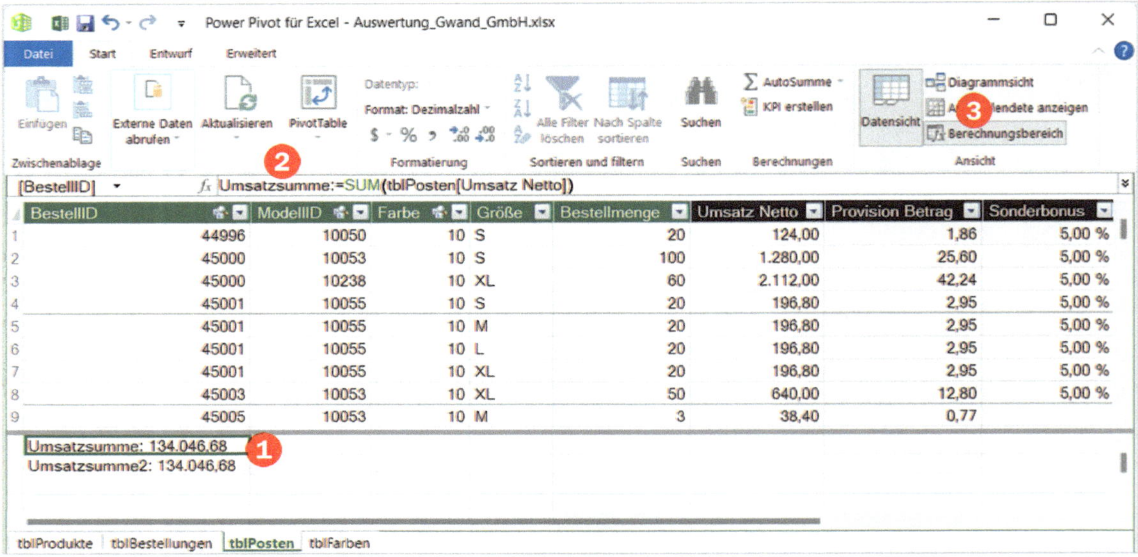

Measure als AutoSumme erstellen

Einfache Summen sind in Power Pivot, genau wie im Excel-Arbeitsblatt, schnell mit der AutoSumme erstellt. Als Beispiel die Berechnung der Summe aller Bestellmengen in der Tabelle *tblPosten*:

1. Wählen Sie die Tabelle *tblPosten* aus und klicken Sie in die Überschrift der Spalte *Bestellmenge* ❶.
2. Klicken Sie dann im Register *Start* ▶ *Berechnungen* auf *AutoSumme* ❷.

Bild 8.83 Klicken Sie in die Spalte und auf AutoSumme

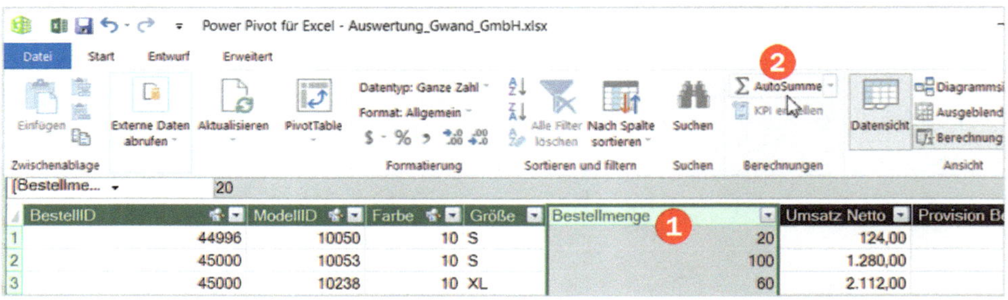

Die Summe wird im Berechnungsbereich unterhalb der Spalte *Bestellmenge* eingefügt und erhält automatisch den Namen *Summe Bestellmenge* ❸ (Bild 8.84).

Measure umbenennen und formatieren

Im Gegensatz zu berechneten Spalten erscheint der Name eines Measures in der Bearbeitungsleiste zusammen mit der Formel links vom Gleichheitszeichen ❹. Hier können Sie den Namen jederzeit ändern; **Achtung**: der Doppelpunkt trennt Name und Formel und muss daher unbedingt beibehalten werden.

Zum Formatieren markieren Sie die Zelle mit der Formel und klicken im Menüband, Register *Start* ▶ *Formatierung* auf das gewünschte Zahlenformat, z. B. Währung oder Tausendertrennzeichen.

> **Beachten Sie bei Namen für Measures**
>
> - Measures besitzen im gesamten Datenmodell Gültigkeit und müssen daher auch innerhalb des Modells eindeutige Namen haben. Spaltennamen gelten dagegen nur für die jeweilige Tabelle.
> - Der Doppelpunkt trennt Name und Formel und darf beim Umbenennen nicht gelöscht werden!

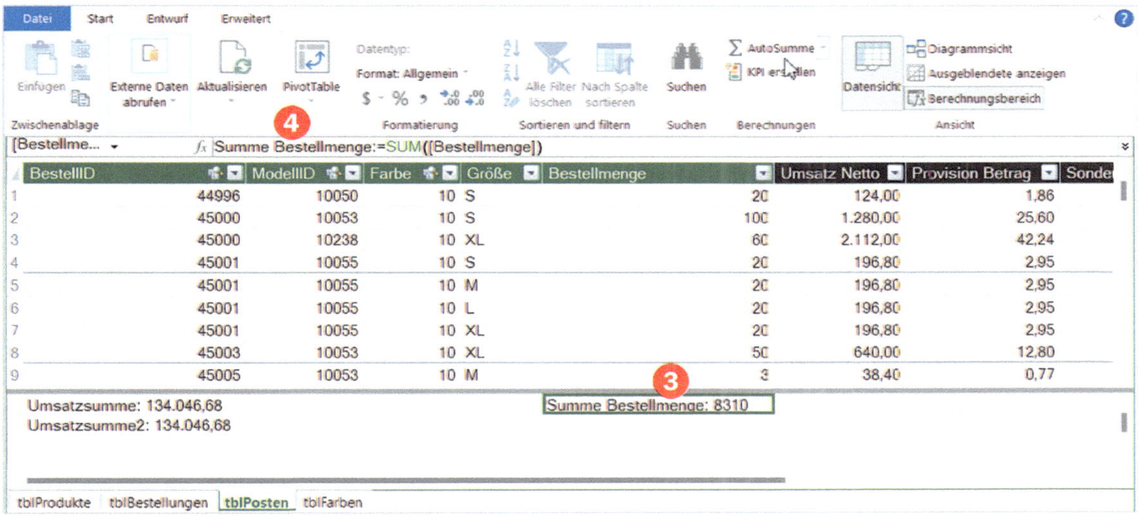

Bild 8.84 Measure Summe Bestellmenge

Durchschnitt, Anzahl, Min und Max berechnen

Wie im Excel-Tabellenblatt, erhalten Sie auch in Power Pivot mit Klick auf den Dropdown-Pfeil der Schaltfläche *AutoSumme* die Funktionen *Durchschnitt*, *Min*, *Max* und *Anzahl*. *Diskrete Anzahl* zählt, wie oft jeder Wert vorkommt und ignoriert Duplikate.

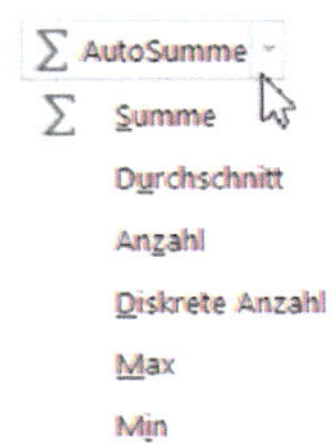

Weitere Tipps und Hinweise

- Measures können in jeder beliebigen Zelle des Berechnungsbereichs berechnet werden, Sie können also beispielsweise das Ergebnis im Bild oben auch ausschneiden (**Strg**+**X**) und mit **Strg**+**V** in die erste Spalte unterhalb der Umsatzsumme einfügen.
- Wenn Verweise auf Spalten auch den Tabellennamen enthalten, dann können Measures in jeder Tabelle des Datenmodells berechnet werden.

Measure löschen

Zum Löschen fehlerhafter oder nicht benötigter Measures klicken Sie im Berechnungsbereich auf die Zelle und betätigen die **Entf**-Taste. Bestätigen Sie die nachfolgende Rückfrage, ob dieses Measure endgültig aus dem Modell gelöscht werden soll.

Measure mit Formel oder Funktion berechnen

Wenn Sie Measures mit einer Formel berechnen möchten, dann klicken Sie im Berechnungsbereich von Power Pivot auf die Zelle, in die Sie die Formel eingeben möchten und geben das Gleichheitszeichen, gefolgt von der Formel ein.

Tipp: Name zusammen mit der Formel eingeben

Sie können sich das nachträgliche Umbenennen von Measures sparen, wenn Sie vor der eigentlichen Formel den Namen, gefolgt von einem Doppelpunkt und dem Gleichheitszeichen eingeben, wie im nächsten Beispiel.

Beispiel: Anzahl der Bestellungen

Als Beispiel soll in der Tabelle *tblBestellungen* die Anzahl der Bestellungen als Measure berechnet werden. Wählen Sie also zuerst die Tabelle *tblBestellungen* aus. Markieren Sie dann im Berechnungsbereich unterhalb der Tabelle eine Zelle, hier in der ersten Spalte, und geben Sie folgende Formel ein (s. Bild 8.85).

```
Anzahl Bestellungen:=COUNT(tblBestellungen[BestellID])
```

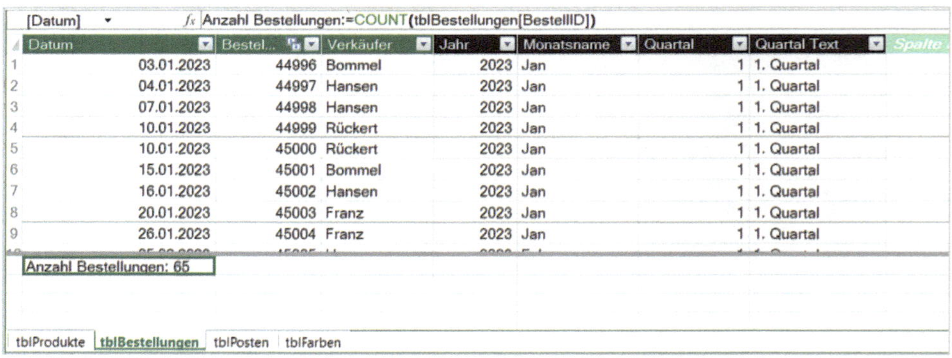
[Datum] fx Anzahl Bestellungen:=COUNT(tblBestellungen[BestellID])

	Datum	Bestel...	Verkäufer	Jahr	Monatsname	Quartal	Quartal Text
1	03.01.2023	44996	Bommel	2023	Jan	1	1. Quartal
2	04.01.2023	44997	Hansen	2023	Jan	1	1. Quartal
3	07.01.2023	44998	Hansen	2023	Jan	1	1. Quartal
4	10.01.2023	44999	Rückert	2023	Jan	1	1. Quartal
5	10.01.2023	45000	Rückert	2023	Jan	1	1. Quartal
6	15.01.2023	45001	Bommel	2023	Jan	1	1. Quartal
7	16.01.2023	45002	Hansen	2023	Jan	1	1. Quartal
8	20.01.2023	45003	Franz	2023	Jan	1	1. Quartal
9	26.01.2023	45004	Franz	2023	Jan	1	1. Quartal

Anzahl Bestellungen: 65

tblProdukte | tblBestellungen | tblPosten | tblFarben

Bild 8.85 Anzahl mit COUNT berechnen

Berechnete Spalten durch Measures ersetzen

Measures können nicht nur für Spalten, sondern auch für Ausdrücke berechnet werden und dadurch berechnete Spalten ersetzen. Zu diesem Zweck stellt Power Pivot die Funktionen AVERAGEX, COUNTX, MINX, MAXX und SUMX zur Verfügung.

Im Gegensatz zu berechneten Spalten, bei denen die Berechnung zeilenweise und für die gesamte Tabelle erfolgt, werden Measures nur berechnet, wenn Sie benötigt werden. Daher sollten Sie insbesondere bei großen Datenmengen aus Performancegründen prüfen, ob sich nicht statt berechneter Spalten besser Measures einsetzen lassen.

Beispiel: Durchschnittliche Lagerbestände

Nehmen wir an, Artikel werden an den beiden Lagerorten Zentrallager und Außenlager verwaltet und die Lagerbestände sind in der Tabelle *Artikel* in den entsprechenden Spalten aufgeführt. Zur Berechnung der durchschnittlichen Lagerbestände, gibt es nun zwei Möglichkeiten:

- Sie könnten in einer berechneten Spalte die beiden Spalten addieren und anschließend mit AVERAGE den Durchschnitt für diese Spalte berechnen.
- Oder Sie verwenden die DAX-Funktion AVERAGEX, die Syntax:

Die Funktionen AVERAGE und AVERAGEX finden Sie auch in der Übersicht auf Seite 313.

```
=AVERAGEX(Tabelle;Ausdruck)
```

Die Angabe der Tabelle ist im Gegensatz zur Funktion AVERAGE erforderlich und als *Ausdruck* geben Sie die auszuwertende Formel ein. Die gesamte Formel würde in diesem Beispiel lauten:

```
DurchschnBestand:=AVERAGEX(Artikel;Artikel(Zentrallager]+Artikel[Aussenlager])
```

Beispiel: Summe Nettoumsatz berechnen

Auf diese Weise kann mit der Funktion SUMX auch der Nettoumsatz unseres Datenmodells als Measure berechnet werden und die bisher verwendete berechnete Spalte *UmsatzNetto* wird dadurch überflüssig.

Info: SUMX entspricht der Excel-Funktion SUMMENPRODUKT.

Achtung: Die Summe aller Bestellmengen mit der Summe aller Nettopreise multiplizieren liefert ein falsches Ergebnis und ist somit ungeeignet.

Die Funktion SUMX dagegen wertet für eine Tabelle den angegebenen Ausdruck für jede Zeile aus und liefert die Summe zurück, hier die Syntax und darunter die Formel für unser Beispiel, hier mit dem Namen *Umsatzsumme2*:

```
=SUMX([Tabelle];Ausdruck)
```

```
Umsatzsumme2:=SUMX(tblPosten;tblPosten[Bestellmenge]*RELATED(tblProdukte
[PreisNetto]))
```

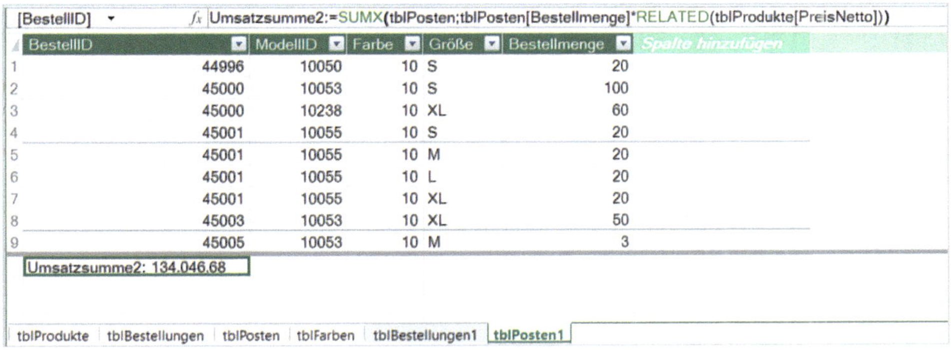

[BestellID] fx Umsatzsumme2:=SUMX(tblPosten;tblPosten[Bestellmenge]*RELATED(tblProdukte[PreisNetto]))

	BestellID	ModellID	Farbe	Größe	Bestellmenge	Spalte hinzufügen
1	44996	10050	10	S	20	
2	45000	10053	10	S	100	
3	45000	10238	10	XL	60	
4	45001	10055	10	S	20	
5	45001	10055	10	M	20	
6	45001	10055	10	L	20	
7	45001	10055	10	XL	20	
8	45003	10053	10	XL	50	
9	45005	10053	10	M	3	

Umsatzsumme2: 134.046,68

tblProdukte | tblBestellungen | tblPosten | tblFarben | tblBestellungen1 | tblPosten1

Bild 8.86 Umsatzsumme mit SUMX berechnen

Measures mit Filtern verknüpfen

Mit Hilfe der DAX-Funktion CALCULATE können Sie Measures auch mit Filtern kombinieren, die Syntax:

```
=CALCULATE(Ausdruck;Filter1;Filter2;...)
```

- Das Argument *Ausdruck* ist im Wesentlichen dasselbe wie ein Measure.
- Als *Filter* können boolesche Ausdrücke verwendet werden, die entweder TRUE oder FALSE zurückgeben. Mehrere Filter werden mit den Operatoren && (Und) oder || (Oder) verknüpft. **Achtung**: Filter dürfen ausschließlich auf Spalten, nicht aber auf Measures verweisen!

Beispiel 1: Umsatzprognosen berechnen

Sie möchten wissen, wie sich der Umsatz im zweiten Quartal im Vergleich zum ersten Quartal entwickelt hat, um daraus eine Prognose für das dritte Quartal zu erstellen. Dazu erstellen Sie jeweils ein Measure für die Umsätze des ersten und zweiten Quartals. Zur Berechnung des ersten Quartals geben Sie die folgende Formel ein, das Measure erhält den Namen *Quartal1*:

```
Quartal1:=CALCULATE(SUM(tblPosten[UmsatzNetto]);MONTH(tblBestellungen[Datum])>=1 && MONTH(tblBestellungen[Datum])<=3)
```

Bild 8.87 Umsatzsumme für das erste Quartal berechnen

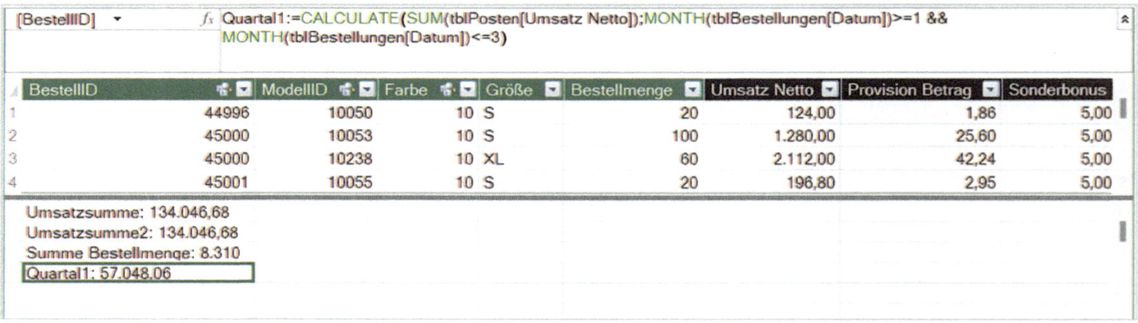

Tipps und Hinweise

- **Measure in Formel verwenden:** Alternativ können Sie sich in der Formel statt des Ausdrucks SUM(tblPosten[UmsatzNetto]) auch auf das Measure *Umsatzsumme2* aus dem Beispiel „Beispiel: Summe Nettoumsatz berechnen" auf Seite 319 beziehen. Dann lautet die Formel, hier für das zweite Quartal (s. Bild 8.88):

```
Quartal2:=CALCULATE([Umsatzsumme2]);MONTH(tblBestellungen[Datum])>=4 && MONTH(tblBestellungen[Datum])<=6)
```

- **Measure kopieren:** Zur Berechnung der Umsatzsummen für weitere Quartale brauchen Sie nur die erste Formel in die Zwischenablage kopieren, in die Zelle darunter einfügen und die Filter anpassen.

- **Bearbeitungsleiste vergrößern**: Mit Klick auf den Doppelpfeil rechts im Eingabefeld können Sie bei Bedarf die Bearbeitungsleiste vergrößern, s. Bild unten.

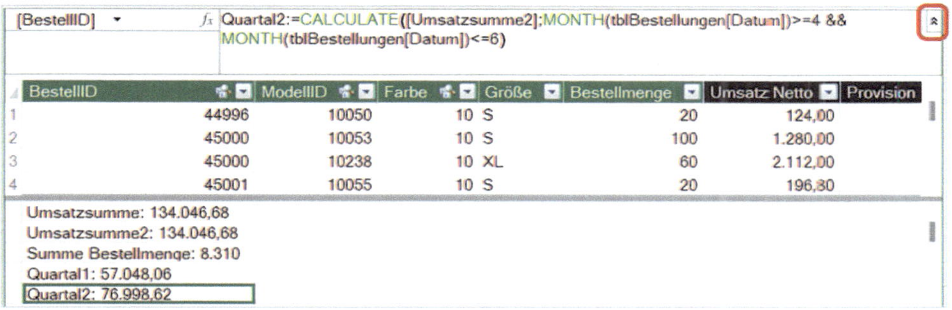

Bild 8.88 Quartal 2 berechnen

Differenz gegenüber dem vorherigen Quartal berechnen

Wie oben erwähnt, können Measures auch in Formeln für weitere Berechnungen verwendet werden, beispielsweise, um die prozentuale Zu- oder Abnahme gegenüber dem ersten Quartal zu berechnen. Die Formel lautet dann:

```
Differenz Prozent:=([Quartal2]-[Quartal1])/[Quartal1]
```

Im Register *Start* ▶ *Formatierung* können Sie anschließend dem Ergebnis auch gleich das Prozentformat mit der gewünschten Anzahl Dezimalstellen zuweisen.

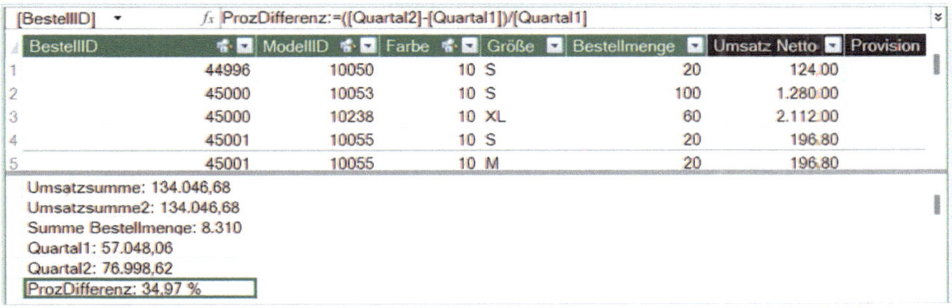

Bild 8.89 Prozentuale Differenz berechnen und formatieren

Sichere Division mit DIVIDE

Eine Division kann statt mit dem Operator / auch mit DIVIDE berechnet werden:

```
=DIVIDE(Zähler;Nenner;alternatives Ergebnis)
```

Der Unterschied: Fälle mit Division durch 0 werden von DIVIDE automatisch behandelt und geben statt eines Fehlers entweder leer oder optional ein alternatives Ergebnis zurück. Eine zusätzliche Abfrage mit IF, ob der Nenner leer oder 0 ist, erübrigt sich somit. Angewendet auf das vorherige Beispiel kann die Differenz der beiden Quartale also auch mit folgender Formel berechnet werden. Da kein alternatives Ergebnis übergeben wird, gibt die Division durch 0 das Ergebnis leer zurück.

```
Differenz Prozent:=DIVIDE([Quartal2]-[Quartal1];[Quartal1])
```

Beispiel 2: Bestellmengen einer bestimmten Farbe berechnen

Hier ein weiteres Beispiel für die Funktion CALCULATE, das die Bestellmengen für die Farbe Rot auswertet.

```
Bestellmenge Rot:=CALCULATE([Summe Bestellmenge];tblFarben[Bezeichnung]
="Rot")
```

Bild 8.90 Bestellmenge Rot berechnen

[BestellID] ▾ fx Bestellmenge Rot:=CALCULATE([Summe Bestellmenge];tblFarben[Bezeichnung]="Rot")

	BestellID	ModellID	Farbe	Größe	Bestellmenge	Umsatz Netto	Provision Betrag
1	44996	10050	10	S	20	124,00	1,86
2	45000	10053	10	S	100	1.280,00	25,60
3	45000	10238	10	XL	60	2.112,00	42,24
4	45001	10055	10	S	20	196,80	2,95

Umsatzsumme: 134.046,68
Umsatzsumme2: 134.046,68
Summe Bestellmenge: 8.310
Quartal1: 57.048,06
Quartal2: 76.998,62
ProzDifferenz: 34,97 %
Bestellmenge Rot: 627

Das Ergebnis kann dann beispielsweise der gesamten Bestellmenge gegenübergestellt werden, wie im nachfolgenden Bild, sowie zur zusätzlichen Berechnung des prozentualen Anteils mit folgender Formel herangezogen werden:

```
Rot Prozentual:=[Bestellmenge Rot]/[Summe Bestellmenge]
```

Bild 8.91 Beispiel: Ergebnis als Pivot-Tabelle

Kollektion	Bestellmenge Gesamt	Bestellmenge Rot	Rot Prozentual
Basic	3.622	516	14,25 %
Classic	1.928	60	3,11 %
Trend	2.760	51	1,85 %
Gesamtergebnis	**8.310**	**627**	**7,55 %**

Diskrete Anzahl mit DISTINCTCOUNT ermitteln

Beispiel: Bestellte Anzahl der Farben je Modell

Sie möchten wissen, in wie vielen unterschiedlichen Farben jedes Modell bestellt wurde. Die Funktion COUNT für die Spalte *Farbe* führt hier nicht weiter, da auch Duplikate mitgezählt werden. Stattdessen benötigen Sie dafür die Diskrete Anzahl bzw. die DAX-Funktion DISTINCTCOUNT und folgende Formel:

```
DISTINCTCOUNT(Spalte)
```

```
Bestellte Farben:=DISTINCTCOUNT(tblPosten[Farbe])
```

Hinweis: DISTINCTCOUNT zählt auch leere Werte. Wenn Sie diese ausschließen möchten, dann verwenden Sie stattdessen die Funktion DISTINCTCOUNTNOBLANK, die Syntax ist dieselbe.

Das Ergebnis, hier 9, sieht in Power Pivot wenig spektakulär aus, da es in unserem Beispiel nur neun verschiedene Farben gibt. In der Pivot-Tabelle dagegen können Sie damit die Modelle zusätzlich nach Anzahl der Farben differenzieren, wie in Bild 8.93.

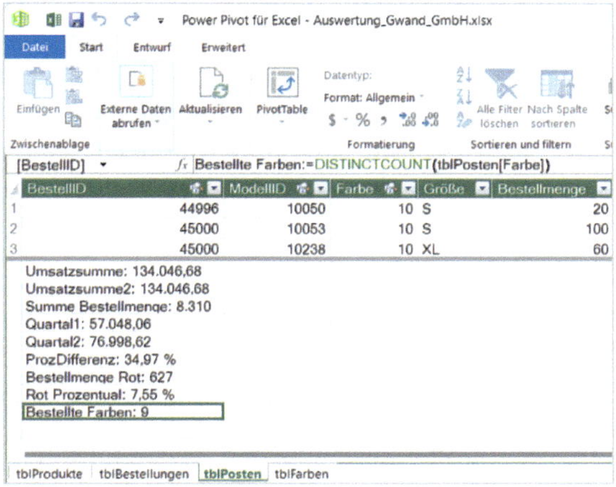

Bild 8.92 Diskrete Häufigkeit berechnen

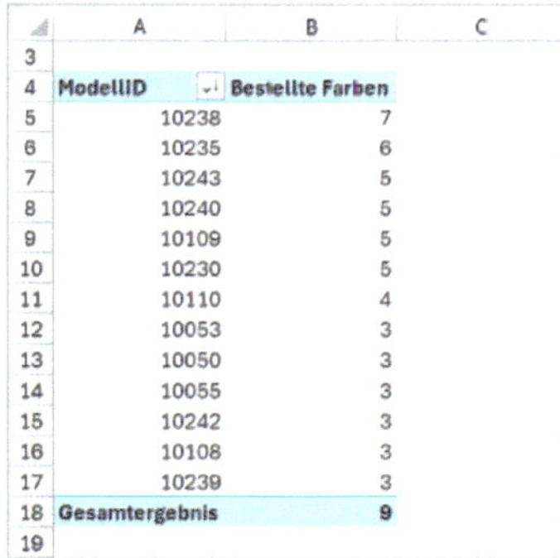

ModellID	Bestellte Farben
10238	7
10235	6
10243	5
10240	5
10109	5
10230	5
10110	4
10053	3
10050	3
10055	3
10242	3
10108	3
10239	3
Gesamtergebnis	9

Bild 8.93 Beispiel Pivot-Tabelle

Measures in Pivot-Tabellen verwenden

In der Feldliste von Pivot-Tabellen sind Measures am Funktionssymbol *fx* ❶ zu erkennen und können als Wertefelder eingesetzt werden. Im Bild unten wurde aus der Tabelle *tblPosten* eine einfache Pivot-Tabelle mit den Umsätzen der beiden ersten Quartale ❷ für die einzelnen Kollektionen erstellt.

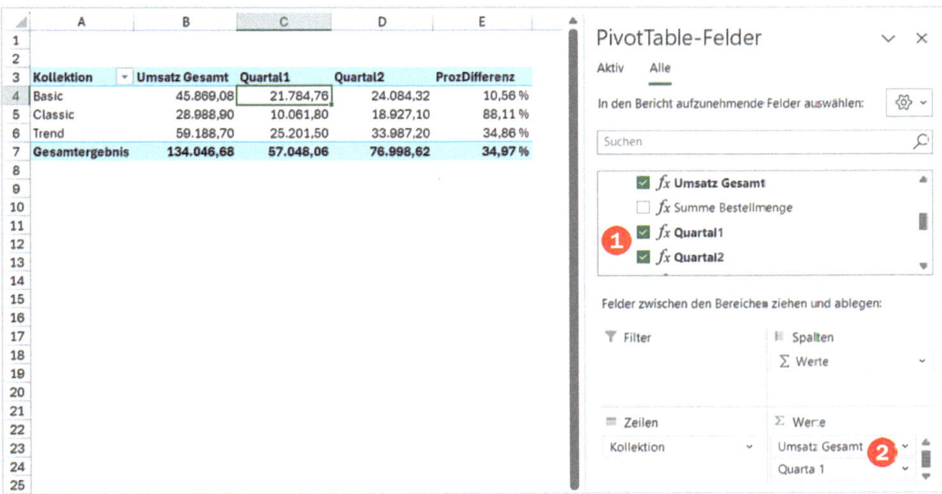

Kollektion	Umsatz Gesamt	Quartal1	Quartal2	ProzDifferenz
Basic	45.869,08	21.784,76	24.084,32	10,56 %
Classic	28.988,90	10.061,80	18.927,10	88,11 %
Trend	59.188,70	25.201,50	33.987,20	34,86 %
Gesamtergebnis	134.046,68	57.048,06	76.998,62	34,97 %

Bild 8.94 Measures können als Wertefelder in der Pivot-Tabelle verwendet werden

Um dasselbe Ergebnis ohne Measures zu erhalten, müssten Sie das Feld *Datum* der Tabelle *tblBestellungen* nach Quartalen gruppieren.

> **Measures vereinfachen die Erstellung von Pivot-Tabellen und beschleunigen das Aktualisieren**
>
> Große Datenmengen lassen sich wesentlich schneller laden, filtern und aktualisieren, wenn explizite Measures berechnet und verwendet werden.

Measures verwalten

Measures können im Berechnungsbereich jeder beliebigen Tabelle des Datenmodells berechnet werden, vorausgesetzt die Verweise auf Spalten enthalten auch den Tabellennamen, und werden auch in der PivotTable-Feldliste unter dieser Tabelle aufgelistet. Um umständliches Suchen in der Feldliste zu vermeiden, kann es insbesondere bei einer Vielzahl von Measures sinnvoll sein, wenn Sie alle Measures entweder in einer einzigen Tabelle berechnen oder diese in einer gesonderten, aber ansonsten leeren Tabelle zusammenfassen.

Measures in eine andere Tabelle verschieben

Leider lassen sich Measures mit der bekannten Methode *Ausschneiden* (**Strg+X**) und *Einfügen* (**Strg+V**) nur innerhalb des Berechnungsbereichs verschieben, nicht aber von einer Tabelle in eine andere. Falls Sie also bereits vorhandene Measures in eine andere Tabelle verschieben möchten, empfiehlt sich folgende Vorgehensweise:

1 Wechseln Sie zum Excel-Arbeitsblatt und klicken Sie im Menüband, Register *Power Pivot* auf *Measures* und auf *Measures verwalten* ❶.

2 Klicken Sie auf das zu verschiebende Measure und auf die Schaltfläche *Bearbeiten* ❷. Wählen Sie im nachfolgenden Fenster im Feld *Tabellenname* die Zieltabelle aus, hier *AlleMeasures* ❸ und klicken Sie abschließend auf *OK*.

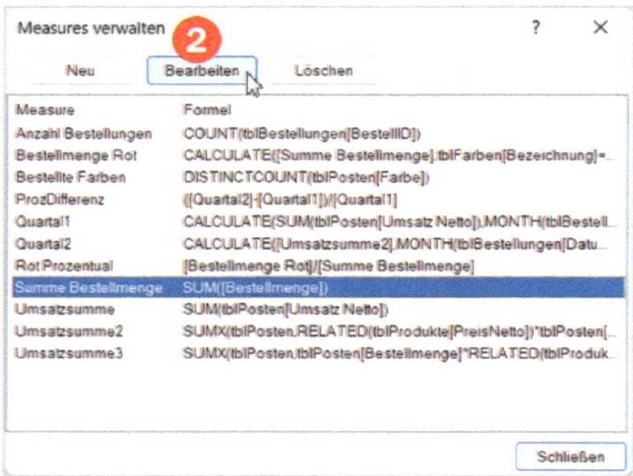

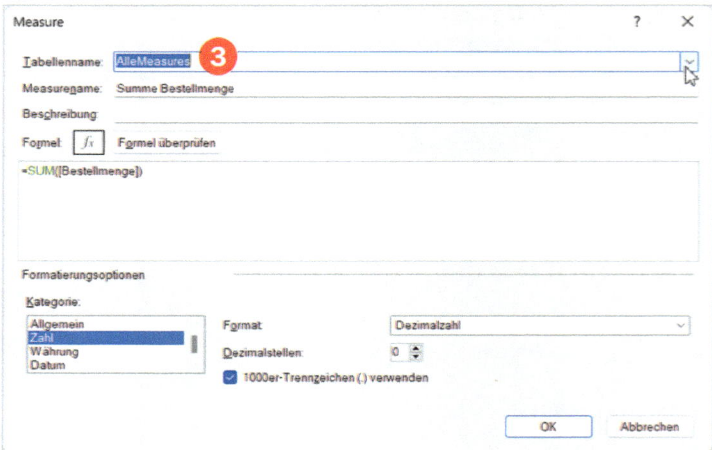

Bild 8.95 Measure in die ausgewählte Tabelle verschieben

Measures in einer leeren Tabelle zusammenfassen

Alternativ fassen Sie alle Measures in einer gesonderten Tabelle zusammen. Beachten Sie aber, dass in diesem Fall ein Drilldown in der Pivot-Tabelle (s. Seite 327) nicht unterstützt wird. Dazu müssen Sie zunächst in Power Pivot eine leere Tabelle erzeugen. Dies geschieht etwas umständlich auf dem Weg über die Zwischenablage:

1 Markieren Sie im Excel-Arbeitsblatt eine beliebige leere Zelle und kopieren Sie diese in die Zwischenablage (**Strg+C** oder *Start* ▶ *Zwischenablage* ▶ *Kopieren*).

2 Wechseln Sie zu Power Pivot und klicken Sie hier auf *Start* ▶ *Zwischenablage* ▶ *Einfügen* ❶. **Achtung**: Die Tasten **Strg+V** funktionieren in diesem Fall nicht!

3 Geben Sie anschließend im Fenster *Vorschau auf die einzufügenden Daten* der Tabelle einen Namen ❷. Das Kontrollkästchen *Erste Zeile als Spaltenüberschriften verwenden* spielt hier keine Rolle und die Warnung auf ungültige Spaltenüberschriften können Sie ignorieren. Klicken Sie zuletzt auf *OK*.

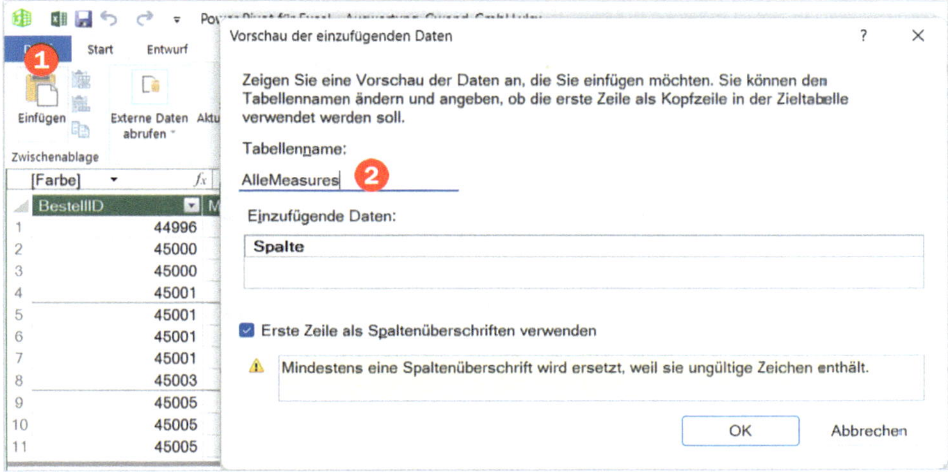

Bild 8.96 In Power Pivot aus der Zwischenablage als Tabelle einfügen und Tabelle benennen

4 Eine leere Tabelle, bestehend aus einer einzigen leeren Spalte wird hinzugefügt. Um die leere Spalte auszublenden, klicken Sie mit der rechten Maustaste in die Spaltenüberschrift und auf *Aus Clienttools ausblenden*.

Achtung: Ausblenden der leeren Spalte ist notwendig, da Sie sonst später in der Pivot-Tabelle einen Hinweis auf fehlende Beziehungen zu dieser Tabelle erhalten.

5 Falls Sie die leere Tabelle nachträglich umbenennen, verschieben oder löschen möchten, so klicken Sie mit der rechten Maustaste im Tabellenregister auf den Tabellennamen (Bild 8.97).

Zuletzt brauchen Sie in dieser Tabelle eigentlich nur noch den Berechnungsbereich anzeigen, falls ausgeblendet, und hier alle erforderlichen Measures berechnen oder vorhandene Measures hierher verschieben.

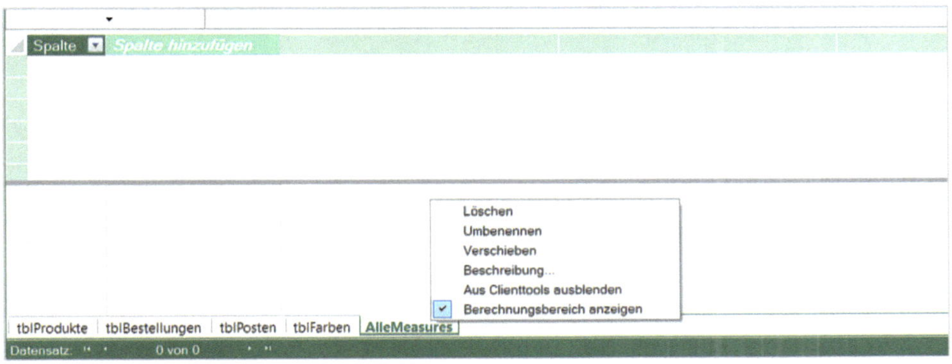

Bild 8.97 Die leere Tabelle umbenennen, verschieben oder löschen

Zum Vergrößern des Berechnungsbereichs verschieben Sie einfach die Trennlinie mit der Maus nach oben.

8.7 Power Pivot und Pivot Tabellen

Überflüssige Spalten und Tabellen in der Feldliste verbergen

Berechnete Spalten und Measures machen einige der ursprünglichen Tabellenspalten überflüssig. Zum Beispiel wird aus der Tabelle *tblBestellungen* die Spalte *Datum* in der Pivot-Tabelle nicht benötigt, da die relevanten Datumseinheiten Jahr, Monat und Quartal als weitere Spalten berechnet wurden.

- **Spalten ausblenden**
  Um in der Feldliste der Pivot-Tabelle überflüssige Spalten auszublenden, klicken Sie in Power Pivot mit der rechten Maustaste in die Überschrift der betreffenden Spalte und auf *Aus Clienttools ausblenden*.

Bild 8.98 Spalte Datum ausblenden

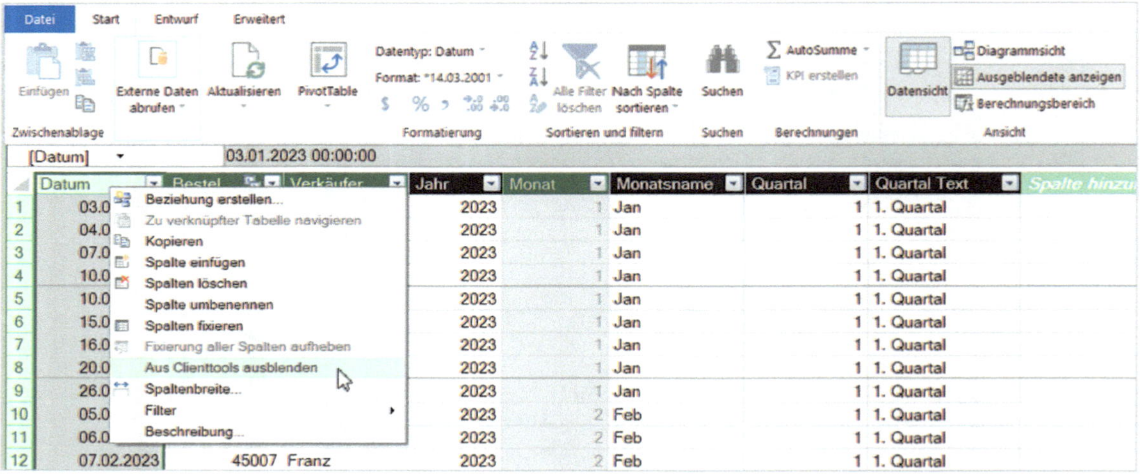

- **Tabellen ausblenden**
  Ähnlich gehen Sie vor, wenn Sie eine ganze Tabelle ausblenden möchten: Rechtsklick im Blattregister auf den Tabellennamen und Befehl *Aus Clienttools ausblenden*.
- **Ausgeblendete Elemente wieder einblenden**
  Per Rechtsklick und mit dem Befehl *In Clienttools einblenden* lassen sich ausgeblendete Spalten und Tabellen wieder einblenden.

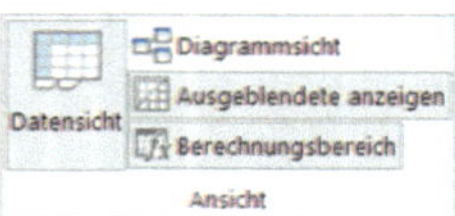

Ausgeblendete Elemente in Power Pivot anzeigen

Im Power Pivot-Fenster sollten allerdings alle Elemente sichtbar sein. Wenn dies nicht der Fall sein sollte, so klicken Sie im Menüband, Register *Start* ▶ *Ansicht* auf die Schaltfläche *Ausgeblendete anzeigen*. Bei aktivierter Anzeige erscheinen ausgeblendete Elemente ausgegraut, wie die Spalte Monat in Bild 8.98 oben.

Details per Drilldown und Schnelleinblick anzeigen

Details zu einem Ergebnis mittels Doppelklick bzw. Drilldown anzeigen, wurde bereits in Kap. 6 beschrieben. Genauso verhalten sich auch Pivot-Tabellen, die auf einem Datenmodell beruhen und Mesures verwenden, allerdings bezieht in diesem Fall ein Drilldown per Doppelklick immer nur eine einzige Tabelle ein. Details zu Mesures und Werten aus verknüpften Tabellen (RELATED) werden also nicht angezeigt.

Siehe Pivot-Tabellen auf Seite 201.

Schnelleinblick nutzen

Die bessere Alternative zum Anzeigen von Details stellt hier der Drilldown per *Schnelleinblick* dar. Das dazugehörige Symbol erscheint im Arbeitsblatt, sobald Sie in der Pivot-Tabelle auf einen Wert klicken und berücksichtigt im Gegensatz zum einfachen Drilldown auch Measures und Werte aus verknüpften Tabellen.

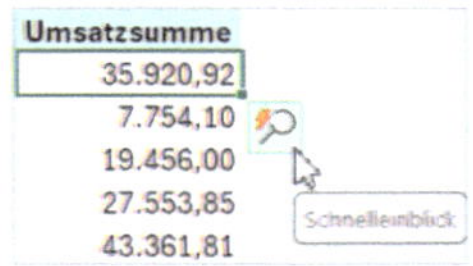

Beachten Sie aber, dass durch den *Schnelleinblick* keine Kopie erzeugt, sondern die Pivot-Tabelle umgestellt und gefiltert wird. Es empfiehlt sich daher, zuvor das Tabellenblatt mit der Pivot-Tabelle zu kopieren und dann die Kopie verwenden. Ansonsten können Sie die ursprüngliche Tabelle nur wiederherstellen, indem Sie die letzten Schritte rückgängig machen.

Beispiel: Umsätze eines Verkäufers nach Monaten und Modellen aufschlüsseln

Als Beispiel eine Pivot-Tabelle mit den Umsätzen der einzelnen Verkäufer (Bild 8.99). Klicken Sie auf den Namen eines Verkäufers oder den dazugehörigen Umsatz, so erscheint neben der markierten Zelle das Symbol *Schnelleinblick* und mit Klick darauf können Sie wählen, welche Details zu Verkäufer und Umsatz angezeigt werden sollen.

1. Klicken Sie beispielsweise auf den Umsatz des ersten Verkäufers, hier Bommel und danach auf das Symbol *Schnelleinblick* ❶. Das Feld *Einblick* listet nun alle Tabellen des Datenmodells auf und mit Klick auf das kleine Dreieck erscheinen auch die dazugehörigen Felder. Um also alle Felder der Tabelle *tblBestellungen* anzuzeigen, klicken Sie auf das Dreieck dieser Tabelle.
2. Klicken Sie auf das Feld mit dem Monat, hier *Monatsname* ❷ und danach auf *Drilldown zu Monatsname* ❸. Anschließend wird die Tabelle automatisch umgestellt und zeigt nun die Umsatzsummen nach Monaten ❹ an. Das Feld *Verkäufer* befindet sich jetzt im Filterbereich und gleichzeitig wurde nach dem ausgewählten Verkäufer gefiltert ❺.

Bild 8.99 Klicken Sie auf Schnelleinblick und wählen Sie einen Drilldown

Bild 8.100 Das Ergebnis in der Tabelle

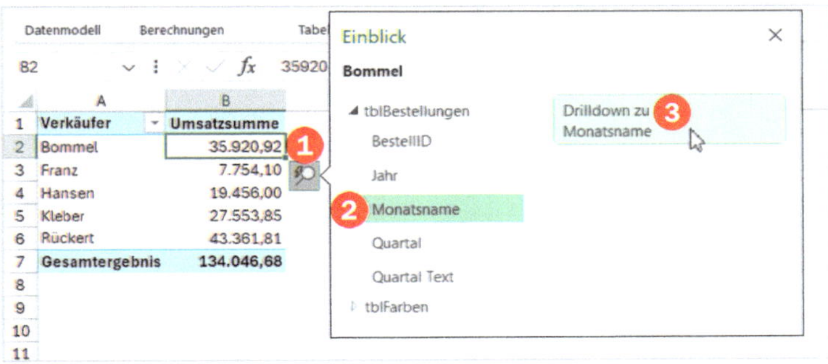

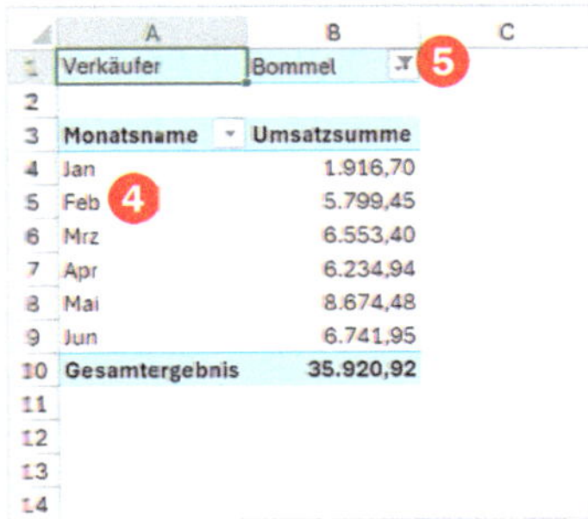

Über den Filterbereich können Sie sich anschließend auch die monatlichen Umsätze der übrigen Verkäufer nacheinander anzeigen lassen.

3 Wenn Sie nun weiter wissen möchten, mit welchen Modellen der Umsatz im Monat Januar erzielt wurde, dann markieren Sie diese Zahl oder den Monat und klicken wieder auf *Schnelleinblick*. Wählen Sie die Tabelle *tblPosten*, hier das Feld *ModellID* und klicken Sie dann auf *Drilldown zu ModellID*.

Bild 8.101 Nächster Drilldown zu ModellID

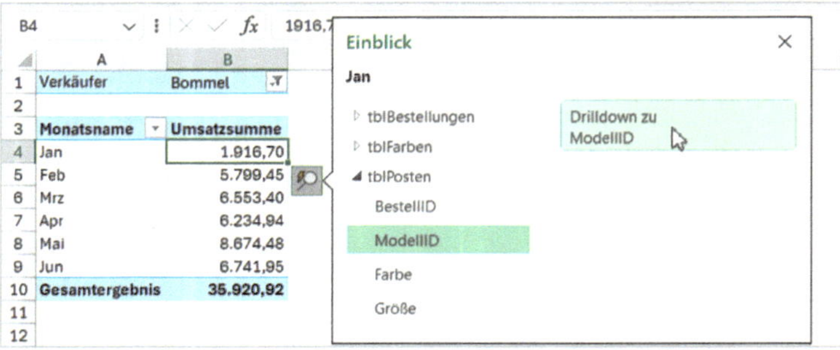

Bild 8.102 Das Ergebnis

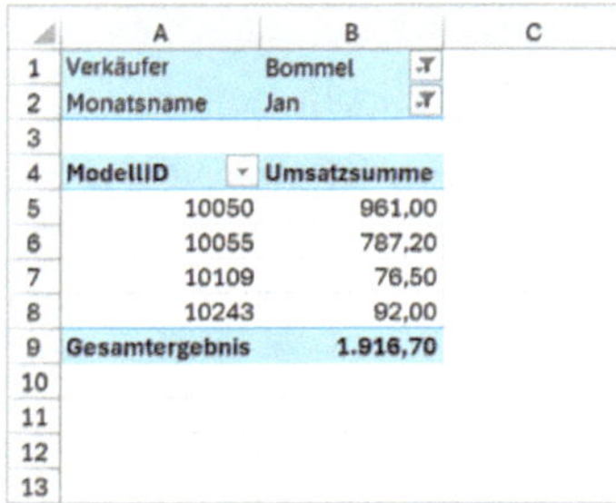

Hinweis: Bei jedem Drilldown wird die Tabelle umgestellt. Um die ursprüngliche Tabelle wieder herzustellen, müssen Sie jeden Schritt wieder rückgängig machen, entweder mit den Tasten **Strg**+**Z** oder über das Symbol der Symbolleiste für den Schnellzugriff.

Drilldown/Schnelleinblick mit mehreren Spalten

Der Schnelleinblick funktioniert auch in Pivot-Tabellen mit mehreren Spalten. Um beispielsweise per Drilldown die Bestellmenge eines bestimmten Modells quartalsweise nach Farben und dann nach Größen anzuzeigen, wie im Bild unten, gehen Sie so vor:

1 Klicken Sie auf ein Modell, als Beispiel im Bild unten die ModellID 10050, und auf *Schnelleinblick*. Wählen Sie dann aus der Tabelle *tblFarben* das Feld *Bezeichnung* (Farbbezeichnung) und klicken Sie auf *Drilldown zu Bezeichnung*.

Bild 8.103 Die Ausgangstabelle enthält die Bestellmengen der Modelle und Quartale

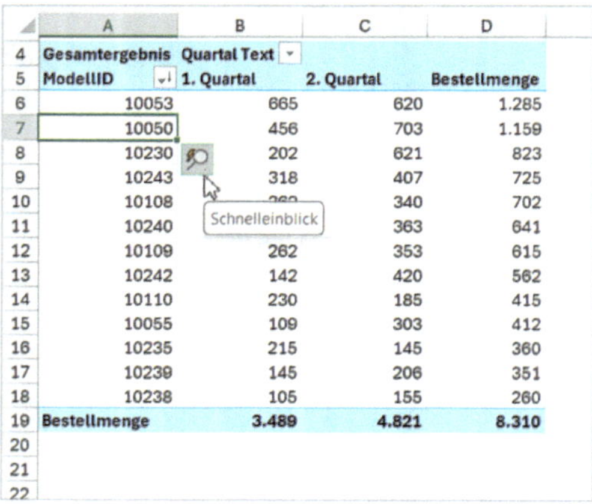

Bild 8.104 Drilldown nach Farben

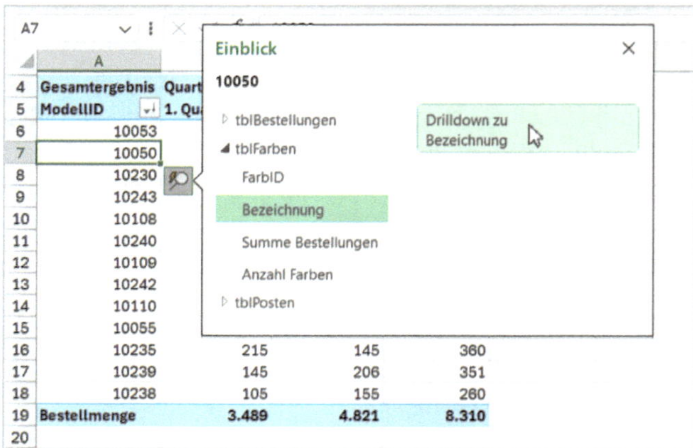

2 Die Tabelle wird nach dem gewählten Modell gefiltert und die Farben für beide Quartale angezeigt (Bild 8.105). Die nächste Möglichkeit wäre, nun nach Größen

zu differenzieren (*tblPosten - Größe*), wie in Bild 8.106. Über die Berichtsfilter kann jederzeit ein anderes Modell und eine andere Farbe ausgewählt werden.

	A	B	C	D
1	ModellID	10050		
2				
3	Gesamtergebnis	Quartal Text		
4	Bezeichnung	1. Quartal	2. Quartal	Bestellmenge
5	Blau	132	403	535
6	Schwarz	210	126	336
7	Weiß	114	174	288
8	Bestellmenge	456	703	1.159
9				
10				
11				

	A	B	C	D
1	ModellID	10050		
2	Bezeichnung	Schwarz		
3				
4	Gesamtergebnis	Quartal Text		
5	Größe	1. Quartal	2. Quartal	Bestellmenge
6	L	30	33	63
7	M	165	48	213
8	S	15	25	40
9	XL		20	20
10	Bestellmenge	210	126	336
11				

Bild 8.105 Modell nach Farbe

Bild 8.106 Filter Größe

Hierarchien einsetzen

Manche Ausgangsdaten können Hierarchien bilden, z. B. Jahre, Quartale und Monate oder Land, Ort, Filiale. Werden diese auch in Pivot-Tabellen immer wieder in dieser Form benötigt, dann ist es am einfachsten, Sie erstellen dazu in Power Pivot eine Hierarchie. Wenn Sie dann in der Pivot-Tabelle die Hierarchie in einen Bereich, z. B. *Zeilen* ziehen, erhalten Sie hier automatisch auch alle dazugehörigen Felder.

Hierarchie erstellen

Als einfaches Beispiel erstellen wir eine Datumshierarchie für die (berechneten) Felder Jahr, Quartal und Monat der Tabelle *tblBestellungen*.

1 Wechseln Sie in Power Pivot zur Diagrammsicht und markieren Sie in der Tabelle *tblBestellungen* durch Anklicken mit gedrückter **Strg**-Taste die Felder, aus denen die Hierarchie gebildet werden soll, hier *Jahr*, *Monatsname* und *Quartal* ❶.

2 Klicken Sie mit der rechten Maustaste in die Markierung und auf *Hierarchie erstellen* ❷. Die Hierarchie erscheint am Ende der Tabelle unter vorläufigen Namen *Hierarchie1* und die markierten Felder werden unterhalb automatisch in der richtigen Reihenfolge angeordnet ❸.

3 Geben Sie einen Namen für die neue Hierarchie ein, hier Datumsgruppen ❹ und betätigen Sie die **Eingabetaste**. Sollte das Umbenennen nicht möglich sein, so klicken Sie mit der rechten Maustaste auf den Namen und auf *Umbenennen*.

Info: Statt aus einer Mehrfachmarkierung kann eine Hierarchie auch mit Klick auf das Symbol *Hierarchie erstellen* erstellt werden. Anschließend fügen Sie die Felder durch Ziehen mit der Maus hinzu.

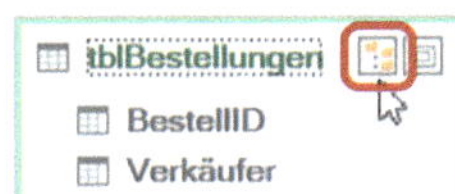

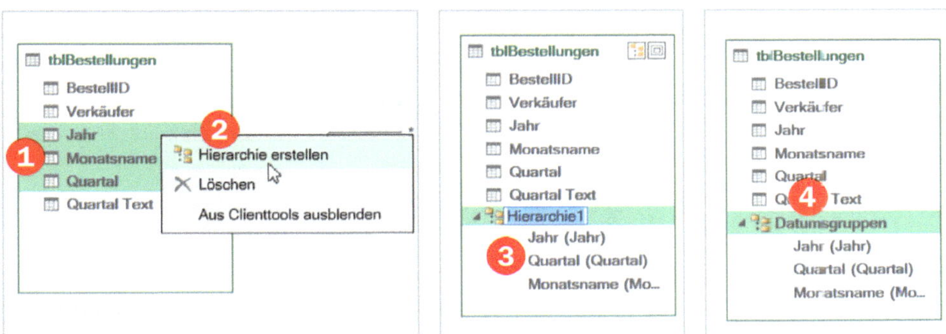

Bild 8.107 Datumshierarchie erstellen

Hierarchien bearbeiten

In der Diagrammsicht können Hierarchien jederzeit nachträglich bearbeitet werden, alle Änderungen werden automatisch auch in die Feldlisten der dazugehörigen Pivot-Tabellen übernommen.

- **Untergeordnetes Feld umbenennen, Namen der Hierarchie ändern**
  In der Hierarchie haben die Felder automatisch denselben Namen wie das zugrunde liegende Feld erhalten, dieser steht in Klammern dahinter. Zum Umbenennen klicken Sie mit der rechten Maustaste auf das Feld und auf *Umbenennen*. Genauso verfahren Sie auch, um den Namen der Hierarchie zu ändern: Rechtsklick auf den Namen und Befehl *Umbenennen*.

- **Untergeordnetes Feld aus Hierarchie entfernen, Hierarchie löschen**
  Um ein untergeordnetes Feld aus der Hierarchie zu entfernen, markieren Sie das Feld und betätigen die Taste **Entf**. Oder Rechtsklick und Befehl *Aus Hierarchie entfernen*. Das Feld wird nur aus der Hierarchie entfernt, ist aber im Datenmodell nach wie vor vorhanden.

  Genauso gehen Sie auch beim Löschen der gesamten Hierarchie vor: Rechtsklick und Befehl *Löschen* oder markieren und mit der Taste **Entf** löschen.

  In beiden Fällen müssen Sie in der nachfolgenden Rückfrage das Entfernen aus der Hierarchie bzw. das Löschen nochmals bestätigen.

- **Feld nachträglich zu Hierarchie hinzufügen, Felder umstellen**
  Um die Reihenfolge innerhalb der Hierarchie zu ändern, ziehen Sie das Feld einfach mit gedrückter Maustaste an die gewünschte Stelle. Mit derselben Methode können Sie auch nachträglich ein Feld der Hierarchie hinzufügen.

Beispiel: Feld *Quartal* durch *Quartal Text* ersetzen:
Klicken Sie in der soeben erstellten Hierarchie *Datumsgruppen* auf das Feld *Quartal*, drücken Sie die Taste **Entf** und bestätigen Sie die nachfolgende Meldung mit Klick auf *Aus Hierarchie entfernen*. Ziehen Sie dann das Feld *Quartal Text* an dessen Stelle in die Hierarchie. Wenn Sie das Feld hier auch noch umbenennen möchten, z. B. in *Quartalsname*, dann klicken Sie es mit der rechten Maustaste an und wählen *Umbenennen*.

> **Hierarchien können nur aus Feldern derselben Tabelle gebildet werden**
> Hierarchien können nur aus Feldern derselben Tabelle gebildet werden. Befindet sich ein Feld in einer anderen Tabelle, so muss es zuvor mit der Funktion RELATED der Tabelle als Spalte hinzugefügt werden.

Beispiel 2: Hierarchie für Produkte erstellen
Als weiteres Beispiel erstellen wir in der Tabelle *tblPosten* eine Hierarchie für Produkte mit den Feldern *ModellID*, *Farbe*, *Größe*.

1 Wechseln Sie in die Diagrammsicht und markieren Sie in der Tabelle *tblPosten* mit gedrückter **Strg**-Taste nacheinander die Felder *ModellID*, *Farbe* und *Größe*. Klicken Sie mit der rechten Maustaste in die Markierung und wählen Sie *Hierarchie erstellen*.

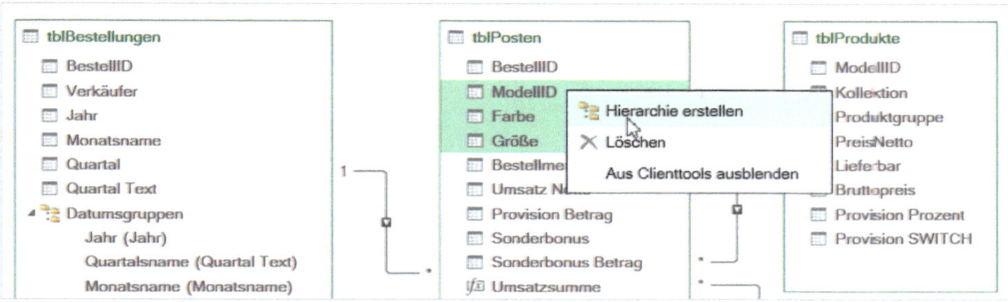

Bild 8.108 Hierarchie Modellinfo erstellen

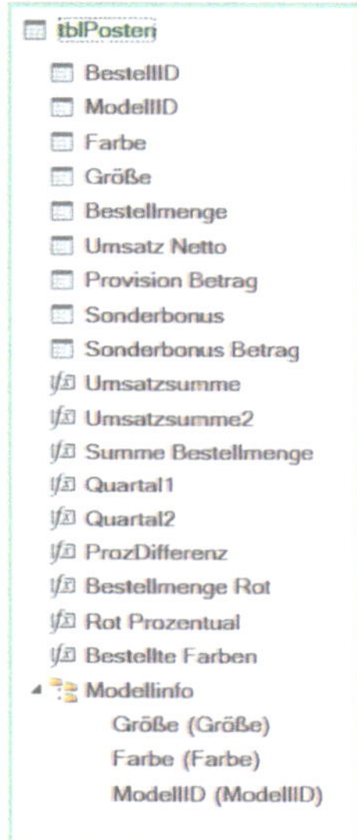

2 Die Hierarchie erhält den Namen mit *Modellinfo*. Kontrollieren Sie außerdem in der Hierarchie die Reihenfolge der Felder und stellen Sie diese ggf. um.

Tipp: Wenn die ursprünglichen Spalten in der Feldliste der Pivot-Tabelle nicht mehr erscheinen sollen, dann blenden Sie diese per Rechtsklick auf das Feld und den Befehl *Aus Clienttools ausblenden* aus.

Hierarchien in Pivot-Tabellen verwenden

In der Feldliste von Pivot-Tabellen werden Hierarchien wie Felder behandelt und erscheinen an vorderster Stelle. Die übrigen Felder sind unter *Weitere Felder* aufgelistet, wie im Bild unten. Ziehen Sie nun das Hierarchie-Feld *Datumsgruppen* in den Bereich *Zeilen*, so werden alle dazugehörigen Felder in die Pivot-Tabelle mit aufgenommen, wobei sich die Reihenfolge nach der Reihenfolge in der Diagrammsicht richtet. Um die unten abgebildete Tabelle zu erhalten, ziehen Sie anschließend noch das Measure *Umsatzsumme* in den Bereich *Werte*.

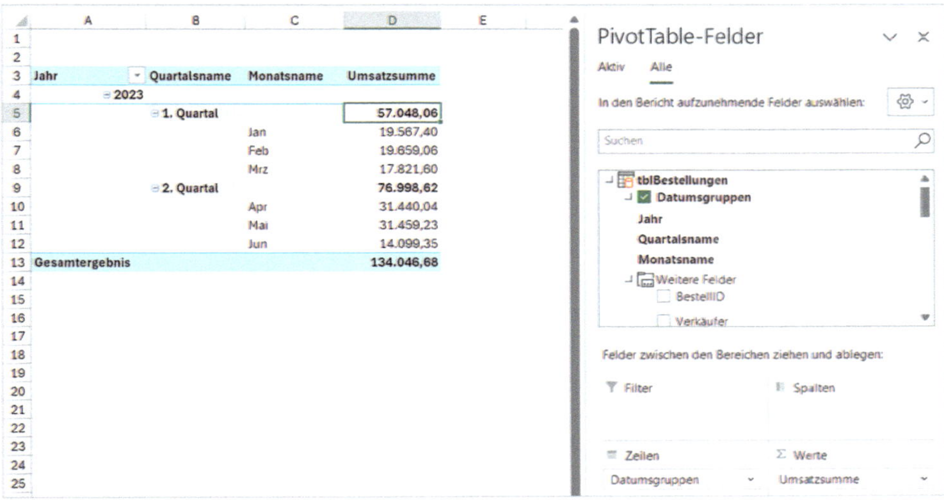

Bild 8.109 Pivot-Tabelle mit Hierarchie bilden

So nutzen Sie Hierarchien zum Drilldown

Hierarchien lassen sich auch zum Drilldown nutzen. Klicken Sie beispielsweise in der unten abgebildeten Tabelle mit *ModellID* und *Umsatzsumme* im Wertebereich auf das Symbol *Schnelleinblick*, so können Sie mit Auswahl der Hierarchie *Datumsgruppen* aus der Tabelle *tblBestellungen* schnell die Umsätze eines bestimmten Modells nach Jahren, Quartalen und Monaten untersuchen.

Bild 8.110 Hierarchie zum Drilldown auswählen

Bild 8.111 Das Ergebnis

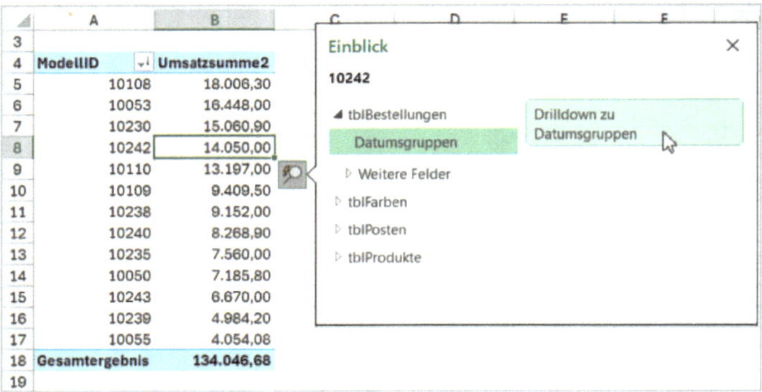

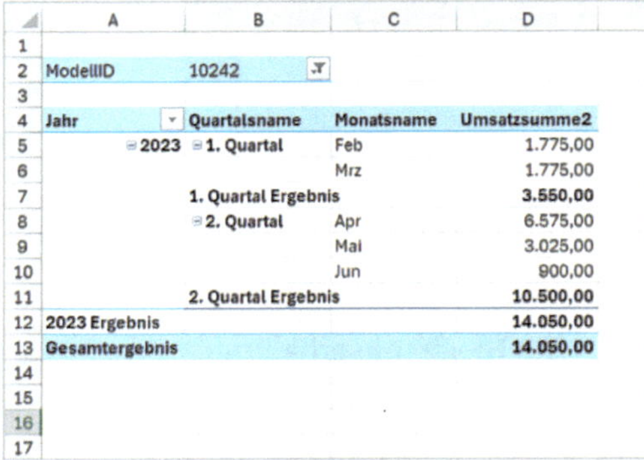

Tipp: Zwischen Ebenen wechseln

Bei Hierarchien in Pivot-Tabellen, beispielsweise im Bereich *Zeilen*, haben Sie mit Klick auf eine Ebene, im Bild rechts *1. Quartal*, und das Symbol *Schnelleinblick* auch die Möglichkeit, mit *Drilldown* zur nächsttieferen Ebene zu wechseln und mit *Drillup* zur übergeordneten Ebene.

Drilldown in Pivot-Diagrammen

Äußerst komfortabel sind Hierarchien auch in Pivot-Diagrammen. Hier können Sie ihrer Hilfe schnell zwischen der Anzeige von über- und untergeordneten Feldern wechseln. Als Beispiel im Bild unten die Umsätze nach der Hierarchie *Datumsgruppen* mit Jahren, Quartalen und Monaten. Mit den Schaltflächen + und - in der rechten unteren Ecke des Diagramms lässt sich die Anzeige von Monaten schnell auf Quartale oder Jahre reduzieren und wieder erweitern.

Bild 8.112 PivotChart: Drilldown Quartale und Monate

Daten mit KPIs visualisieren

Sogenannte Key Performance Indicators oder kurz KPIs dienen zur Visualisierung von Daten in einer Pivot-Tabelle und sind vergleichbar mit den Symbolsätzen der bedingten Formatierung.

> **KPIs sind ausschließlich für Measures verfügbar!**
> Beachten Sie, dass Key Performance Indicators (KPI) nur für Measures zur Verfügung stehen. Alle Werte, die Sie mit KPI verdeutlichen möchten, müssen daher zuvor als Measures berechnet werden.

KPI erstellen

Beispiel: Umsatzvergleich 1. und 2. Quartal

Als Beispiel sollen die Umsätze der Verkäufer vom ersten und zweiten Quartal verglichen werden. Zu diesem Zweck wurden die Umsätze für Quartal 1 und Quartal 2 zuvor bereits als Measures berechnet, wie sich mit Klick auf *Measures* ▶ *Measures verwalten* leicht feststellen lässt. Die Veränderung im zweiten Quartal gegenüber dem ersten Quartal soll nun optisch mit Ampelsymbolen (grün, gelb, rot) hervorgehoben werden.

Measures berechnen, s. Seite 312.

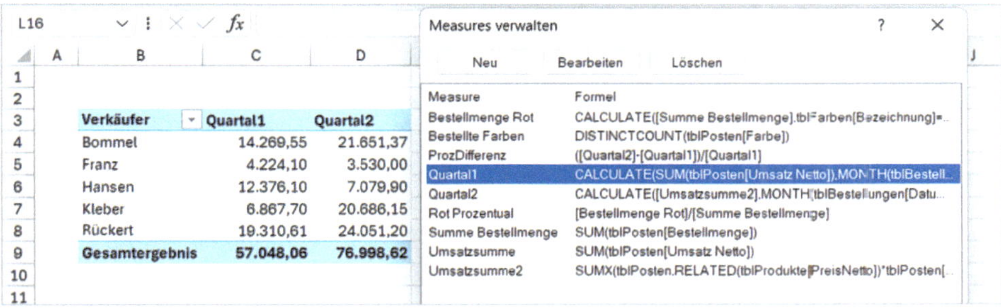

Bild 8.113 Die Formeln zur Berechnung der Umsätze im ersten und zweiten Quartal

1 Klicken Sie im Excel-Arbeitsblatt im Menüband, Register *Power Pivot* ▶ *Berechnungen* auf *KPIs* und wählen Sie *Neuer KPI...*.

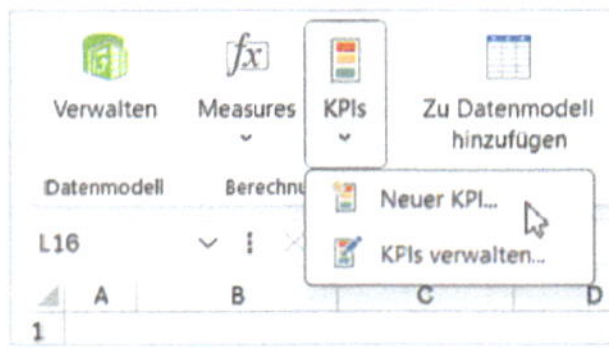

2 Im Fenster *Key Performance Indicator (KPI)* legen Sie nun die Parameter fest:

- Als erstes wählen Sie das *Basisfeld*, d. h. das Measure, dem der KPI zugeordnet werden soll, in diesem Beispiel *Quartal2*.

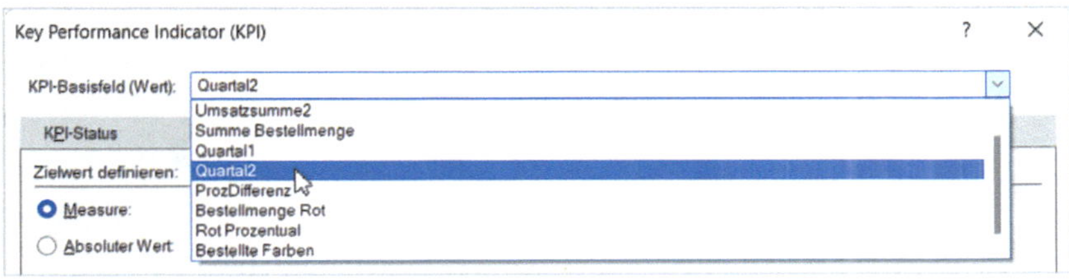

Bild 8.114 Basisfeld wählen

- Unter *Zielwert definieren* ❶ geben Sie entweder einen festen bzw. absoluten Wert vor oder wählen ein Measure als Vergleichswert. Da in diesem Beispiel ein Vergleich mit Quartal 1 erfolgen soll, klicken Sie auf die Option *Measure* und wählen im Feld daneben *Quartal1* aus.

Bild 8.115 Parameter für KPI festlegen

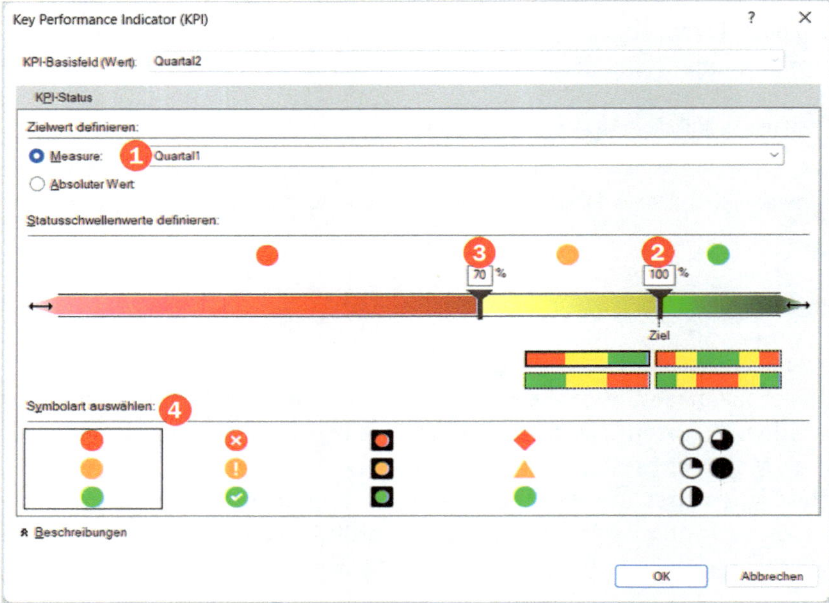

Tipp: Statt Verschieben können Sie den jeweiligen Schwellenwert auch einfach in das kleine Eingabefeld der Marke eingeben und mit der Eingabetaste übernehmen.

- Unter *Statusschwellenwerte definieren* legen Sie nun durch Verschieben der Marken die Schwellenwerte der Farben fest: Verkäufer, deren Umsätze größer oder gleich dem Zielwert sind, sollen ein grünes Symbol erhalten, verschieben Sie also den entsprechenden Schwellenwert ❷ auf 100 % bzw. auf die Markierung *Ziel*. Verkäufer, deren Umsätze 70 % oder weniger des ersten Quartals erreicht haben, erhalten ein rotes Symbol; diese Marke verschieben Sie auf 70 % ❸.
- Unterhalb wählen Sie zwischen verschiedenen Symbolarten ❹ und klicken zuletzt auf *OK*.

3 In der Feldliste der Pivot-Tabelle wurde das Measure *Quartal2* mit einem Ampelsymbol versehen, dem Kennzeichen für ein KPI. Um die Symbole der Pivot-Tabelle hinzuzufügen, aktivieren Sie das Kontrollkästchen *Status*.

Bild 8.116 KPI in der Pivot-Tabelle und in der Feldliste

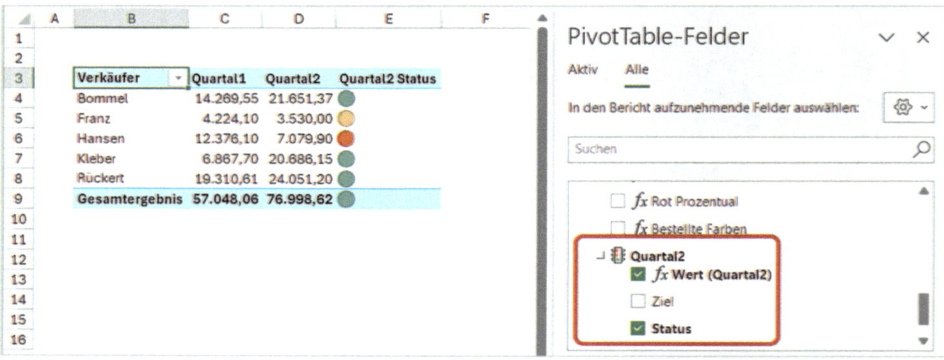

Info: Mit dem Kontrollkästchen *Ziel* werden die dazugehörigen Schwellenwerte der Pivot-Tabelle hinzugefügt, in diesem Fall überflüssig, da der Schwellenwert dem *Quartal1* entspricht.

Measures mit einem KPI erkennen Sie in der Feldliste einer Pivot-Tabelle am Ampelsymbol und über das Kontrollkästchen *Status* fügen Sie die Symbole der Pivot-Tabelle hinzu. Auch in Power Pivot sind Measures mit KPI mit einem kleinen Ampelsymbol gekennzeichnet, siehe Bild rechts.

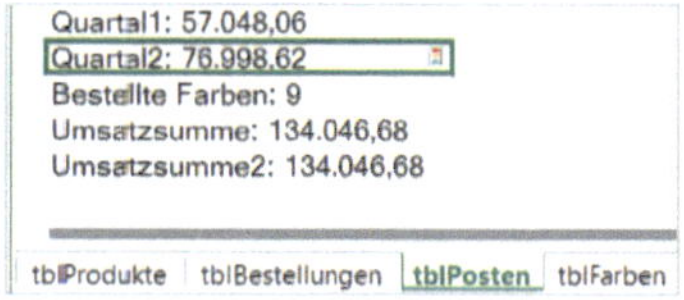

KPI in Power Pivot erstellen

Auch in Power Pivot können KPIs erstellt werden. Dazu markieren Sie das Measure, dem der KPI hinzugefügt werden soll (Basisfeld), im Bild unten als Beispiel *Summe Bestellmenge*, und klicken im Register *Start* ▶ *Berechnungen* auf *KPI erstellen*. Oder Rechtsklick auf das Measure und Befehl *KPI erstellen...*.

Bild 8.117 KPI in Power Pivot erstellen

KPIs ändern, löschen

Von KPIs können nur Schwellenwerte und Vergleichswert nachträglich geändert werden können, nicht aber das Basisfeld.

- Im Excel-Arbeitsblatt klicken Sie im Register *Power Pivot* ▶ *Berechnungen* auf *KPIs* und auf *KPIs verwalten...*. Es öffnet sich das gleichnamige Fenster, markieren Sie den KPI und klicken Sie auf die Schaltfläche *Bearbeiten*. Mit der Schaltfläche *Löschen* kann der KPI entfernt werden (Bild 8.118).
- In Power Pivot klicken Sie mit der rechten Maustaste auf das entsprechende Measure und auf *KPI-Einstellungen bearbeiten...*. Im Kontextmenü finden Sie auch den Befehl *KPI löschen* (Bild 8.119).

Bild 8.118 KPIs verwalten

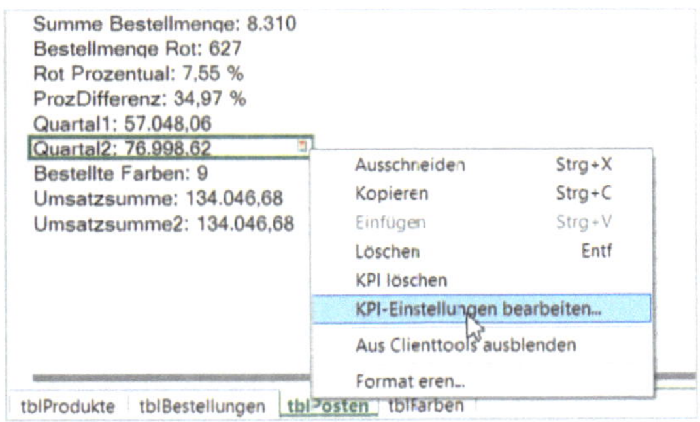

Bild 8.119 Kontextmenü im Power Pivot-Fenster

PivotChart und PivotTable im Arbeitsblatt anordnen

PivotTable und PivotChart einfügen

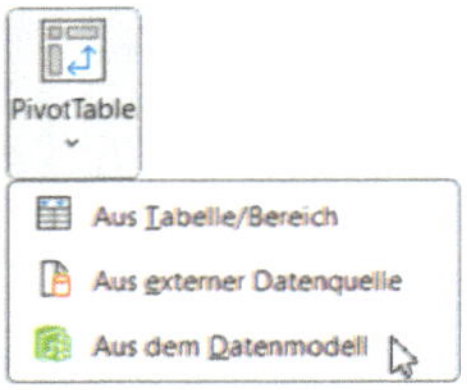

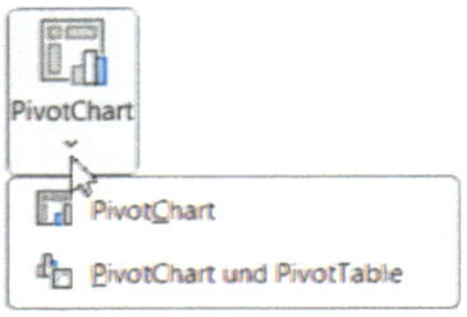

Aus den Daten eines Datenmodells können Sie auf zwei Wegen eine Pivot-Tabelle oder ein Diagramm im Excel-Arbeitsblatt erstellen:

- **Excel-Arbeitsblatt:**
  - Zum Einfügen einer Pivot-Tabelle klicken Sie im Excel Arbeitsblatt, Register *Einfügen* auf den Dropdown-Pfeil *PivotTable* und auf *Aus dem Datenmodell*.
  - Um ein Diagramm einzufügen, klicken Sie im selben Register, Gruppe *Diagramme* auf *PivotChart*, wählen zwischen *PivotChart* und *PivotChart und PivotTable* und aktivieren im nachfolgenden Fenster die Option *Das Datenmodell dieser Arbeitsmappe verwenden*.
- **Power Pivot:**
  Aus Power Pivot heraus haben Sie über das Register *Start* und die Schaltfläche *PivotTable* noch weitere Möglichkeiten:
  - Ein Klick auf das Symbol der Schaltfläche fügt eine Pivot-Tabelle entweder in ein neues oder ein vorhandenes Arbeitsblatt ein.
  - Klick auf den Dropdown-Pfeil Klick der Schaltfläche öffnet dagegen ein Menü mit verschiedenen Varianten der Anordnung im Arbeitsblatt, darunter zu Vergleichszwecken auch zwei oder vier Diagramme (Bild 8.120).

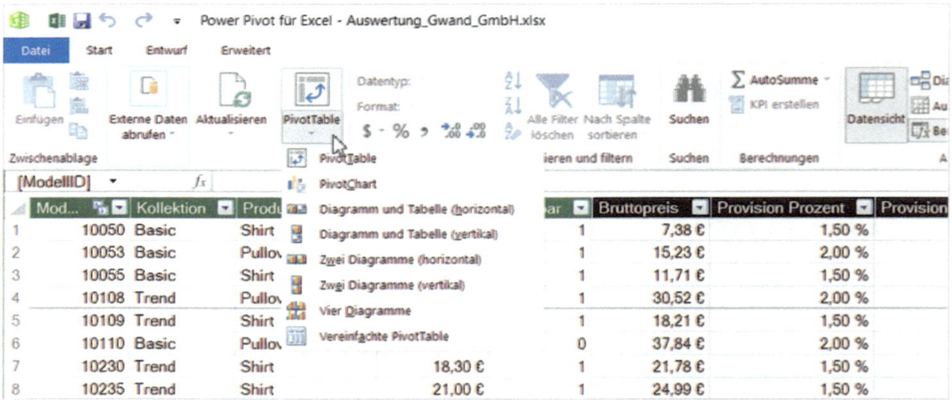

Bild 8.120 Power Pivot: PivotTable und PivotChart einfügen und anordnen

> **Der Unterschied zu normalen PivotCharts**
>
> PivotCharts, die auf einem Datenmodell beruhen, können im Gegensatz zu Excel-Tabellen als Datenquelle auch ohne dazugehörige Pivot-Tabelle eingefügt werden. Wenn beides im Arbeitsblatt benötigt wird, dann wählen Sie *Diagramm und Tabelle*.

8.8 Zugriff auf Werte des Datenmodells mit Cube-Funktionen

Die Cube-Funktionen von Excel erlauben es, aus dem Arbeitsblatt heraus und auch ohne Pivot-Tabellen auf Measures und einzelne Elemente des Datenmodells zuzugreifen und diese in eine beliebige Zelle einzufügen.

Was ist unter den Begriffen OLAP und Cube zu verstehen?

Ein Cube, auch als OLAP-Cube bezeichnet (Online Analytical Processing), ist ein Datenwürfel, in dem die Daten als Elemente eines mehrdimensionalen Würfels angeordnet sind. Der Zugriff erfolgt über die Dimensionen und die Daten können aus verschiedenen Perspektiven und in unterschiedlichen Detaillierungsstufen (Drilldown und Drillup) betrachtet werden.

Zur Verdeutlichung als Beispiel ein OLAP-Cube zur Analyse von Unternehmensdaten: Mögliche Dimensionen sind beispielsweise Zeitraum, Verkäufer und Produkte. Von diesen abhängig können die Fakten, z. B. Umsätze und Bestellmengen, nach unterschiedlichen Gesichtspunkten dargestellt werden.

Eine Pivot-Tabelle ist somit nichts anderes als ein Werkzeug, mit dem sich ein Datenwürfel unter verschiedenen Aspekten betrachten bzw. drehen lässt, um einzelne Dimensionen genauer zu betrachten.

Einzelne Werte mit CUBEWERT einfügen

Der Zugriff auf einen einzelnen Wert des Datenmodells, z. B. den Umsatz, erfolgt mit der Funktion CUBEWERT, die Syntax:

```
=CUBEWERT(Verbindung;[Element_Ausdruck_1];[Element_Ausdruck_2];...)
```

Argument	Beschreibung	Beispiel
Verbindung	Die Datenverbindung zum Datenmodell. Diese heißt immer *ThisWorkbookDataModel* und wird als Zeichenfolge eingegeben.	"ThisWorkbookDataModel"
Element_Ausdruck	Als *Element_Ausdruck* geben Sie einen mehrdimensionalen Ausdruck an, der ein Element zurückgibt. So beginnen z. B. Measures immer mit [Measures].	"[Measures].[Umsatzsumme]"

Achtung: Die Argumente *Verbindung* und *Element_Ausdruck* müssen als Zeichenfolge in Anführungszeichen eingegeben werden!

Auswertung_Gwand_GmbH.xlsx

Als Beispiel fügen wir die Summe aller Umsätze in die Zelle B2 eines Excel-Arbeitsblatts ein, die Umsatzsumme wurde als Measure unter dem Namen *Umsatzsumme* berechnet (siehe Seite 314). Die Funktion für dieses Beispiel lautet:

```
B2: =CUBEWERT("ThisWorkbookModel";"[Measures].[Umsatzsumme]")
```

Dank der Excel-Eingabehilfen ist die Tastatureingabe der Formel kein Problem:

1. Markieren Sie die Zelle B2, geben Sie die ersten Zeichen des Funktionsnamens ein und übernehmen Sie die Funktion CUBEWERT.
2. Anschließend geben Sie die Funktionsargumente ein. Tipps zur Eingabe:
   - Nach Eingabe des Anführungszeichens können Sie jeweils die Verbindung (s. Bild 8.121), *[Measures]* und nach Eingabe des Punkts (.) auch das Measure Umsatzsumme übernehmen.
   - Die abschließenden Anführungszeichen sowie das Trennzeichen Semikolon (;) müssen dagegen stets über die Tastatur eingegeben werden.

Bild 8.121 Verbindung übernehmen

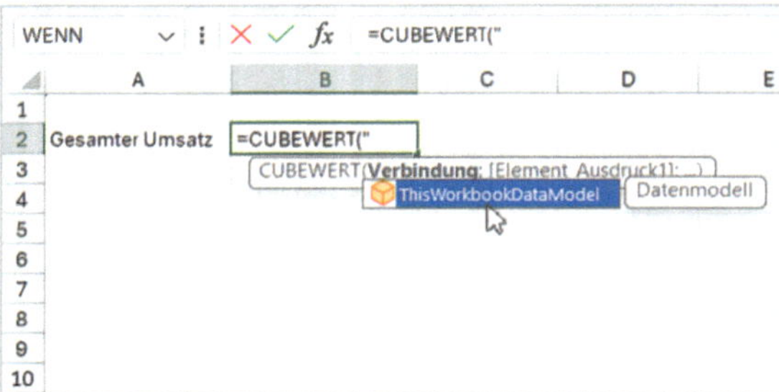

Bild 8.122 Measure Umsatzsumme in Formel einfügen

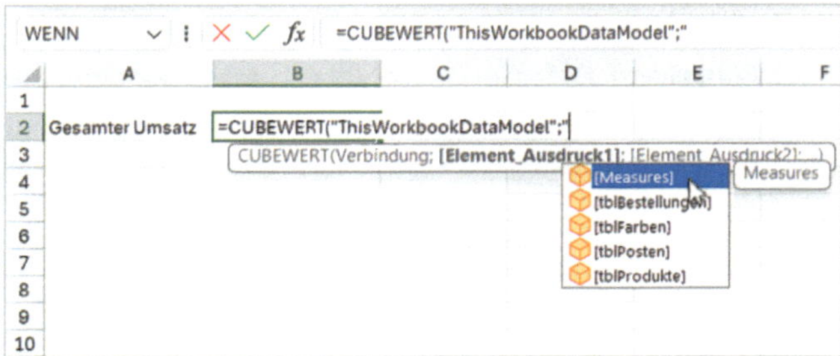

3. Nach dem abschließenden Betätigen der **Eingabetaste** wird das Ergebnis abgerufen und erscheint in der Zelle.

Bild 8.123 Das Ergebnis

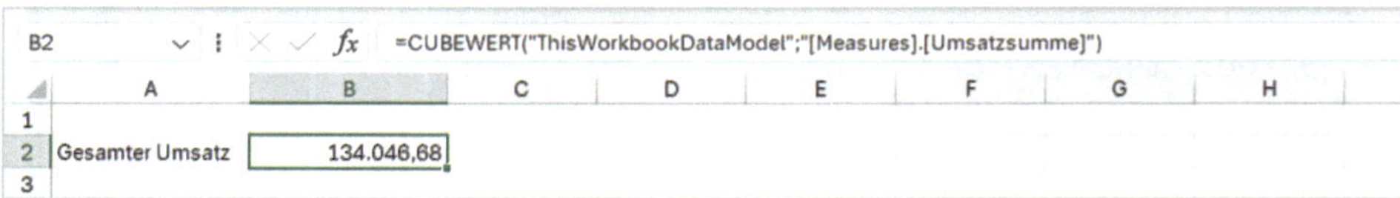

Filter verwenden

Wenn nur der Umsatz eines bestimmten Verkäufers oder Zeitraums benötigt wird, dann kann die Funktion CUBEWERT um einen Filter als zweiten Ausdruck ergänzt werden. Als Beispiel der Umsatz des Verkäufers „Hansen":

Tipp: Wählen Sie nach *[tblBestellungen].[Verkäufer].* zunächst *[All]*, dann erhalten Sie Zugriff auf alle Elemente bzw. Verkäufer und können anschließend den Namen des Verkäufers ebenfalls aus der Liste übernehmen, wie im Bild unten.

```
B4: =CUBEWERT("ThisWorkbookModel";"[Measures].[Umsatzsumme]";
"[tblBestellungen].[Verkäufer].[All].[Hansen]")
```

Bild 8.124 Umsatzsumme Verkäufer Hansen

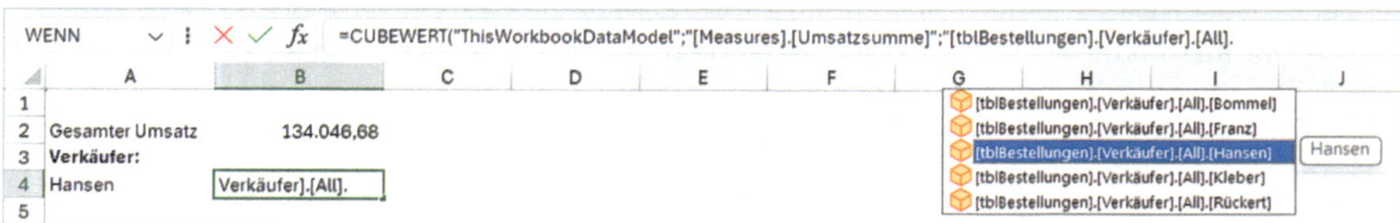

Zellbezug als Filter

Wenn Sie die Funktion CUBEWERT flexibel halten und sich auf den Namen des Verkäufers in einer Zelle des Arbeitsblatts beziehen möchten, in diesem Beispiel in A4, dann verknüpfen Sie den Zellbezug mit dem &-Zeichen wie im folgenden Ausdruck. In diesem Fall kann die Formel auch kopiert werden, wie im Bild unten.

```
B4: =CUBEWERT("ThisWorkbookModel";"[Measures].[Umsatzsumme]";
"[tblBestellungen].[All].[Verkäufer].["& A4 & "]")
```

Bild 8.125 Namen des Verkäufers mit Verweis auf eine Zelle

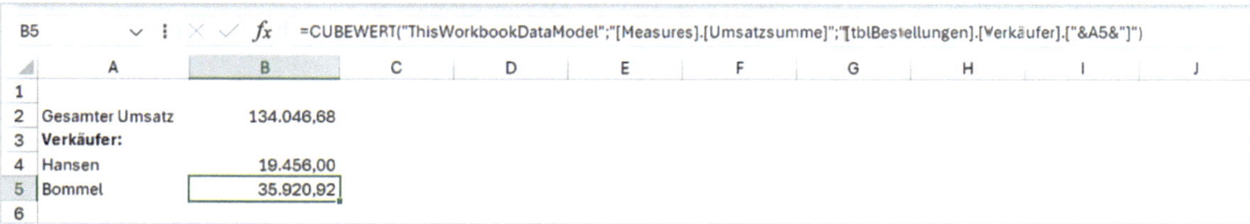

Beschriftungselemente mit CUBEELEMENT abrufen

Um statt eines Werts ein bestimmtes Beschriftungselement abzurufen, verwenden Sie die Funktion CUBEELEMENT mit folgender Syntax:

```
=CUBEELEMENT(Verbindung;Element_Ausdruck;[Beschriftung])
```

Wenn Sie z. B. den Namen des Verkäufers „Kleber“ in die Zelle B1 einfügen möchten, dann geben Sie in diese Zelle die folgende Funktion ein, auch in diesem Fall kann nach der Auswahl *[All]* der Name aus einer Liste übernommen werden, wie in Bild 8.126.

```
B1: =CUBEELEMENT("ThisWorkbookModel";"[tblBestellungen].[Verkäufer].
[All].[Kleber]")
```

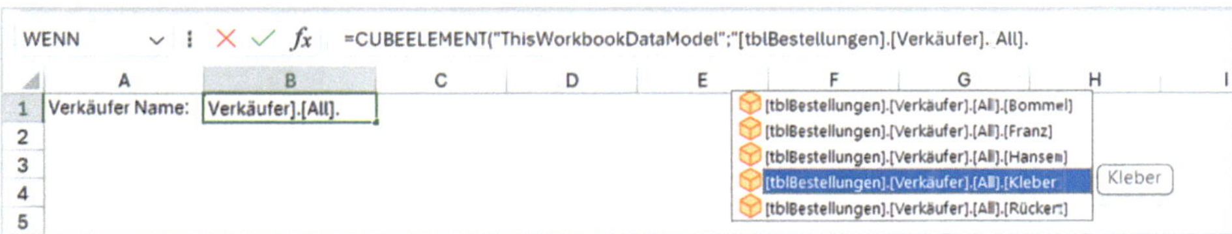

Bild 8.126 Mit CUBEELEMENT den Namen des Verkäufers Kleber abrufen

Datenschnitte mit CUBEWERT verbinden

Wie Sie am Beispiel auf Seite 338 gesehen haben, ist die Verwendung eines Filters in der Funktion CUBEWERT möglich, aber in der Praxis meist umständlich, da Sie ja jedes Mal die Funktion ändern müssten, wenn ein anderer Filter benötigt wird. Auch die Eingabe eines Verkäufernamens in eine Zelle setzt voraus, dass der Name bekannt ist. Komfortabler und zudem auf den ersten Blick nachvollziehbar, ist die Kombination von Datenschnitten und der Funktion CUBEWERT. Datenschnitte können auch ohne Pivot-Tabellen eingefügt werden, so gehen Sie vor:

1 Im ersten Schritt fügen Sie wieder mit CUBEWERT zunächst wieder die gesamte Umsatzsumme ein, hier in A2.

```
A2: =CUBEWERT("ThisWorkbookModel";"[Measures].[Umsatzsumme]")
```

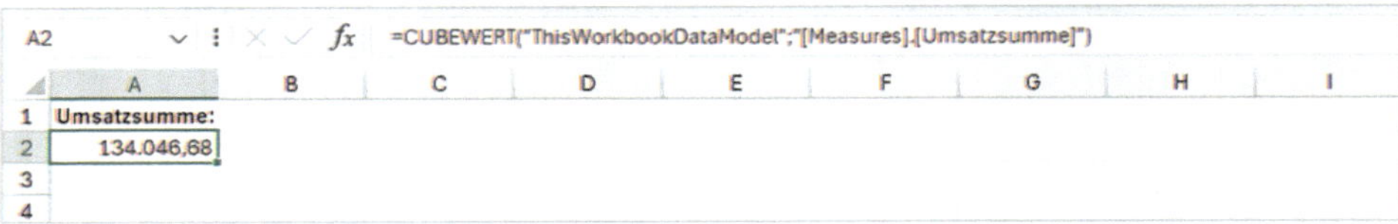

Bild 8.127 Measure Umsatzsumme abrufen

2 Klicken Sie dann im Menüband, Register *Einfügen* ▶ *Filter* auf *Datenschnitt*. Es öffnet sich das Fenster *Vorhandene Verbindungen*; um das Datenmodell der Arbeitsmappe anzuzeigen, klicken Sie auf das Register *Datenmodell* ❶.

3 Markieren Sie mit einem Klick das Datenmodell der Arbeitsmappe ❷ und klicken Sie auf *Öffnen*.

4 Nun öffnet sich das Fenster *Datenschnitt auswählen* mit allen Tabellen des Datenmodells ❸. Aktivieren Sie die Kontrollkästchen der benötigten Datenschnitte, in diesem Beispiel *Verkäufer* und *Monatsname*.

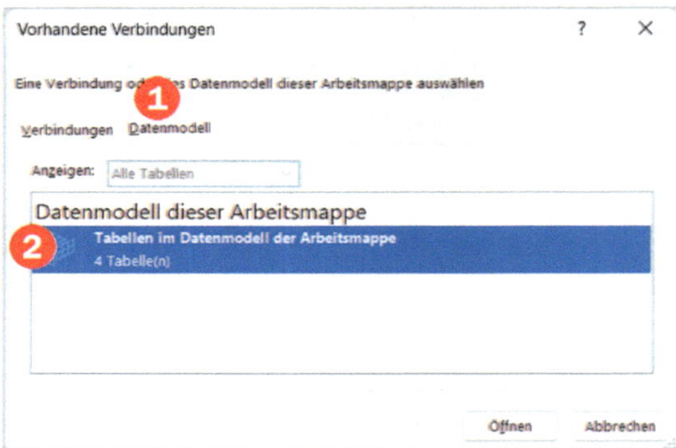

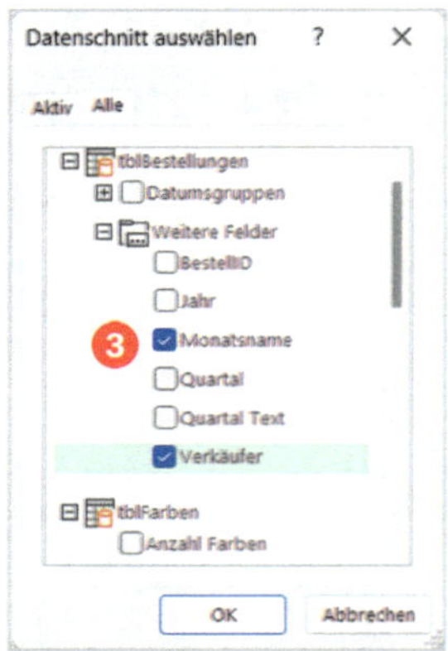

Bild 8.128 Klicken Sie auf das Register Datenmodell und auf das Datenmodell der Arbeitsmappe

Bild 8.129 Datenschnitt auswählen

5 Die Datenschnitte werden in das Arbeitsblatt eingefügt, allerdings noch ohne Wirkung auf den Gesamtumsatz. Dazu müssen Sie erst den Datenschnitt mit der Funktion verbinden bzw. die Funktion ergänzen.

6 Um den Datenschnitt mit der Funktion CUBEWERT zu verbinden ergänzen Sie diese, indem Sie den Datenschnitt als weiteres Argument bzw. Filter hinzufügen. Datenschnitte beginnen mit dem Buchstaben *d*, geben Sie also den Buchstaben d ein und übernehmen Sie den ersten Datenschnitt, *Datenschnitt_Monat*, wie in Bild 8.130. Geben Sie danach ein Semikolon ein und fügen Sie anschließend den zweiten Datenschnitt *Datenschnitt_Verkäufer* hinzu. Die vollständige Formel lautet jetzt:

```
A2: =CUBEWERT("ThisWorkbookModel";"[Measures].[Umsatzsumme]";
        Datenschnitt_Monatsname;Datenschnitt_Verkäufer)
```

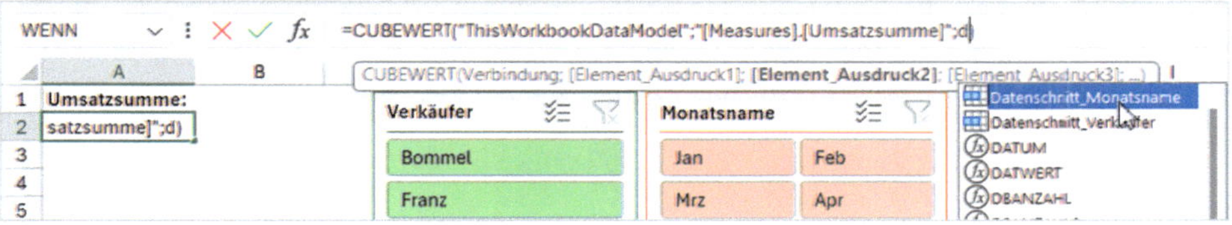

Bild 8.130 Datenschnitt als weiteres Argument hinzufügen

Anschließend kann mit den Datenschnitten beliebig gefiltert werden, wie im Bild unten.

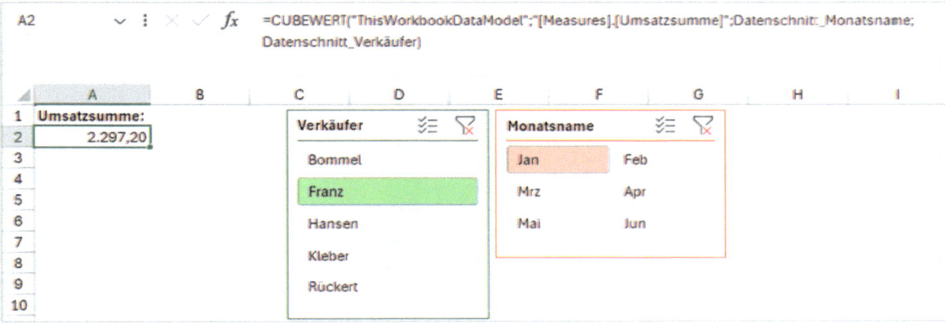

Bild 8.131 Die Umsatzsumme wird mit Datenschnitten gefiltert

Pivot-Tabelle in Cube-Funktionen konvertieren

Eine Pivot-Tabelle bildet bekanntlich eine Einheit und einzelne Werte können nicht herausgelöst, sondern höchstens als Bezug mit der Funktion PIVOTDATENZUORDNEN verwendet werden. Eine Möglichkeit gibt es aber doch, nämlich wenn Sie die Pivot-Tabelle auflösen und in Formeln bzw. Cube-Funktionen konvertieren. So gehen Sie vor:

Klicken Sie auf eine beliebige Zelle der Pivot-Tabelle, anschließend im Register *PivotTable-Analyse* ▶ *Berechnungen* auf *OLAP-Tools* und wählen Sie *In Formeln konvertieren*.

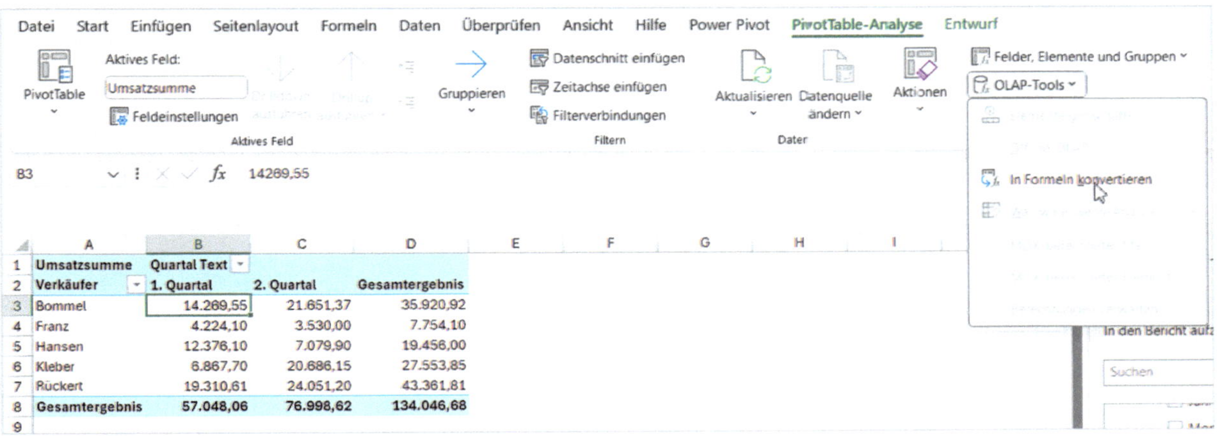

Bild 8.132 Pivot-Tabelle in Cube-Funktionen konvertieren

Die Pivot-Tabelle wird damit aufgelöst und nur noch aus CUBE-Funktionen gebildet:

- Jedes einzelne Beschriftungselement wird mit CUBEELEMENT abgerufen, im unten abgebildeten Beispiel die Namen der Verkäufer als Zeilenbeschriftung. Hier als Beispiel die Formel in A3:

```
A3: =CUBEELEMENT("ThisWorkbookDataModel".[tblBestellungen].[Verkäufer].
        &[Bommel]")
```

- Der Umsatz wiederum wird mit CUBEWERT anhand der Zeilenbeschriftung bzw. Zelladresse ermittelt, z. B. in B3 mit:

```
B3: =CUBEWERT("ThisWorkbookDataModel";&$A$1;$A3;B$2)
```

Bild 8.133 Die Werte der Pivot-Tabelle werden mit CUBEWERT abgerufen

B3 fx =CUBEWERT("ThisWorkbookDataModel";A1;$A3;B$2)

	A	B	C	D	E	F	G	H
1	Umsatzsumme	Quartal Text						
2	Verkäufer	1. Quartal	2. Quartal	Gesamtergebnis				
3	Bommel	14.269,55	21.651,37	35.920,92				
4	Franz	4.224,10	3.530,00	7.754,10				
5	Hansen	12.376,10	7.079,90	19.456,00				
6	Kleber	6.867,70	20.686,15	27.553,85				
7	Rückert	19.310,61	24.051,20	43.361,81				
8	Gesamtergebnis	57.048,06	76.998,62	134.046,68				
9								

Falls Sie alle dazugehörigen Formeln wie im Bild anzeigen möchten, verwenden Sie entweder die Tastenkombination **Strg**+**Umschalt**+` (Akzentzeichen in der Ziffernreihe der Tastatur) oder klicken Sie im Register *Formeln* auf *Formeln anzeigen*. Auf demselben Weg blenden Sie die Formeln auch wieder aus.

Bild 8.134 Die dazugehörigen Formeln

	A	B
1	=CUBEELEMENT("ThisWorkbookDataModel";"[Measures].[Umsatzsumme]")	Quartal Text
2	Verkäufer	=CUBEELEMENT("ThisWorkbookDataModel";"[tblBestellungen].[Quartal Text].&[1. Quartal]")
3	=CUBEELEMENT("ThisWorkbookDataModel";"[tblBestellungen].[Verkäufer].&[Bommel]")	=CUBEWERT("ThisWorkbookDataModel";A1;$A3;B$2)
4	=CUBEELEMENT("ThisWorkbookDataModel";"[tblBestellungen].[Verkäufer].&[Franz]")	=CUBEWERT("ThisWorkbookDataModel";A1;$A4;B$2)
5	=CUBEELEMENT("ThisWorkbookDataModel";"[tblBestellungen].[Verkäufer].&[Hansen]")	=CUBEWERT("ThisWorkbookDataModel";A1;$A5;B$2)
6	=CUBEELEMENT("ThisWorkbookDataModel";"[tblBestellungen].[Verkäufer].&[Kleber]")	=CUBEWERT("ThisWorkbookDataModel";A1;$A6;B$2)
7	=CUBEELEMENT("ThisWorkbookDataModel";"[tblBestellungen].[Verkäufer].&[Rückert]")	=CUBEWERT("ThisWorkbookDataModel";A1;$A7;B$2)
8	=CUBEELEMENT("ThisWorkbookDataModel";"[tblBestellungen].[Verkäufer].[All]";"Gesamtergebnis")	=CUBEWERT("ThisWorkbookDataModel";A1;$A8;B$2)
9		

Anschließend können Sie problemlos einzelne Werte aus der Tabelle löschen. Wenn Sie allerdings einzelne Werte, genauer gesagt Formeln, verschieben oder kopieren möchten, dann müssen Sie zuvor die Zellbezüge der betreffenden Formel in feste Zellbezüge mit Dollarzeichen ($) umwandeln.

Beim Aktualisieren des Datenmodells werden auch die Cube-Funktionen aktualisiert.

8.9 Kalendertabellen erzeugen und nutzen

Wie Sie an vielen Beispielen dieses Buches und auch in der Praxis sehen, sind Zeiträume ein wichtiger Bestandteil fast jeder Auswertung. Datumseinheiten wie Jahre, Quartale und Monate können beispielsweise mittels einer Zeitachse aus Datumswerten gefiltert oder mit DAX-Funktionen, z. B. YEAR und MONTH berechnet werden.

Eine gute Alternative zu diesen beiden Methoden ist eine gesonderte Kalendertabelle mit allen wichtigen Datumseinheiten, die dann mit dem Datenmodell verknüpft wird. Grundsätzlich gibt es zwei Möglichkeiten, eine Kalendertabelle zu erzeugen:

- Sie erstellen mit Power Pivot aus den vorhandenen Datumswerten eine passende Kalendertabelle,
- oder Sie erstellen in einer gesonderten Excel-Arbeitsmappe eine Kalendertabelle, in der Sie alle nötigen Informationen mit Excel-Funktionen berechnen.

Kalendertabelle mit Power Pivot erzeugen

Als Beispiel eine Tabelle im CSV-Dateiformat mit Auftragsdaten über mehrere Jahre, Bild 8.135 zeigt einen kleinen Ausschnitt im Editor.

Auftragsdaten.csv
Datei Bearbeiten Ansicht

```
"ID";"Auftragsdatum";"Land";"Kunde";"ArtikelNr";"Produktgruppe";"EinzelpreisNetto";"Menge";"Aussendienst"
1;2.1.2021 00:00:00;"Italien";"ADRIA AG";"400";"Unterhaltung";75,00 €;3;"Gardelli"
2;2.1.2021 00:00:00;"Österreich";"KARG AG";"500";"Unterhaltung";450,00 €;1;"Kobler"
3;3.1.2021 00:00:00;"Italien";"ADRIA AG";"100";"Büro";120,00 €;2;"Gardelli"
4;3.1.2021 00:00:00;"Deutschland";"ELCOX";"600";"Büro";377,00 €;2;"Kobler"
5;3.1.2021 00:00:00;"Schweiz";"Hügli";"900";"Haushalt";191,00 €;3;"Kabelschacht"
6;6.1.2021 00:00:00;"Österreich";"Tief & Brunnen";"100";"Büro";120,00 €;5;"Baumholtz"
7;6.1.2021 00:00:00;"Österreich";"KARG AG";"200";"Computer";85,00 €;12;"Kobler"
8;12.1.2021 00:00:00;"Schweiz";"Brettschneider";"100";"Büro";120,00 €;3;"Fink"
9;14.1.2021 00:00:00;"Schweiz";"Hügli";"100";"Büro";120,00 €;3;"Kabelschacht"
10;15.1.2021 00:00:00;"Italien";"ADRIA AG";"100";"Büro";120,00 €;7;"Gardelli"
11;17.1.2021 00:00:00;"Deutschland";"ELCOX";"500";"Unterhaltung";450,00 €;18;"Kobler"
12;19.1.2021 00:00:00;"Österreich";"KARG AG";"500";"Unterhaltung";450,00 €;1;"Kobler"
13;21.1.2021 00:00:00;"Schweiz";"Brettschneider";"500";"Unterhaltung";450,00 €;5;"Fink"
14;25.1.2021 00:00:00;"Österreich";"Tief & Brunnen";"200";"Computer";85,00 €;5;"Baumholtz"
15;30.1.2021 00:00:00;"Österreich";"Tief & Brunnen";"600";"Büro";377,00 €;1;"Baumholtz"
16;30.1.2021 00:00:00;"Deutschland";"WGT GmbH";"600";"Büro";377,00 €;6;"Ritter"
17;1.2.2021 00:00:00;"Italien";"ADRIA AG";"600";"Büro";377,00 €;24;"Gardelli"
18;1.2.2021 00:00:00;"Deutschland";"BRAIN";"800";"Haushalt";220,00 €;1;"Ritter"
19;2.2.2021 00:00:00;"Deutschland";"WGT GmbH";"100";"Büro";120,00 €;4;"Ritter"
20;2.2.2021 00:00:00;"Italien";"ADRIA AG";"400";"Unterhaltung";75,00 €;1;"Gardelli"
21;3.2.2021 00:00:00;"Schweiz";"Hügli";"600";"Büro";377,00 €;2;"Kabelschacht"
22;14.2.2021 00:00:00;"Schweiz";"Brettschneider";"300";"Büro";146,00 €;2;"Fink"
```

Bild 8.135 Die Ausgangsdaten als csv-Datei

Auftragsdaten.csv

Starten Sie Excel mit einer neuen leeren Arbeitsmappe und importieren Sie im ersten Schritt die Daten:

1 Wechseln Sie zu Power Pivot (Menüband, Register *Power Pivot* ▶ *Verwalten*), klicken Sie hier im Register *Start* auf *Externe Daten abrufen* ▶ *Aus anderen Quellen* und wählen Sie *Textdatei*.

2 Klicken Sie auf *Weiter* und wählen Sie im nächsten Schritt Dateipfad und *Spaltentrennzeichen*, hier Semikolon. **Achtung**: Falls Umlaute nicht korrekt dargestellt wer-

den, wie im Bild, so klicken Sie auf *Erweitert*, wählen die Codierung UTF-8 und als Gebietsschema Deutsch.

Bild 8.136 Textdatei importieren mit Codierung UTF-8 und Gebietsschema Deutsch

3 Schließen Sie die *Erweiterten Einstellungen* mit *OK* und klicken Sie anschließend auf *Fertig stellen*. Danach sollte der Import korrekt ausgeführt werden.

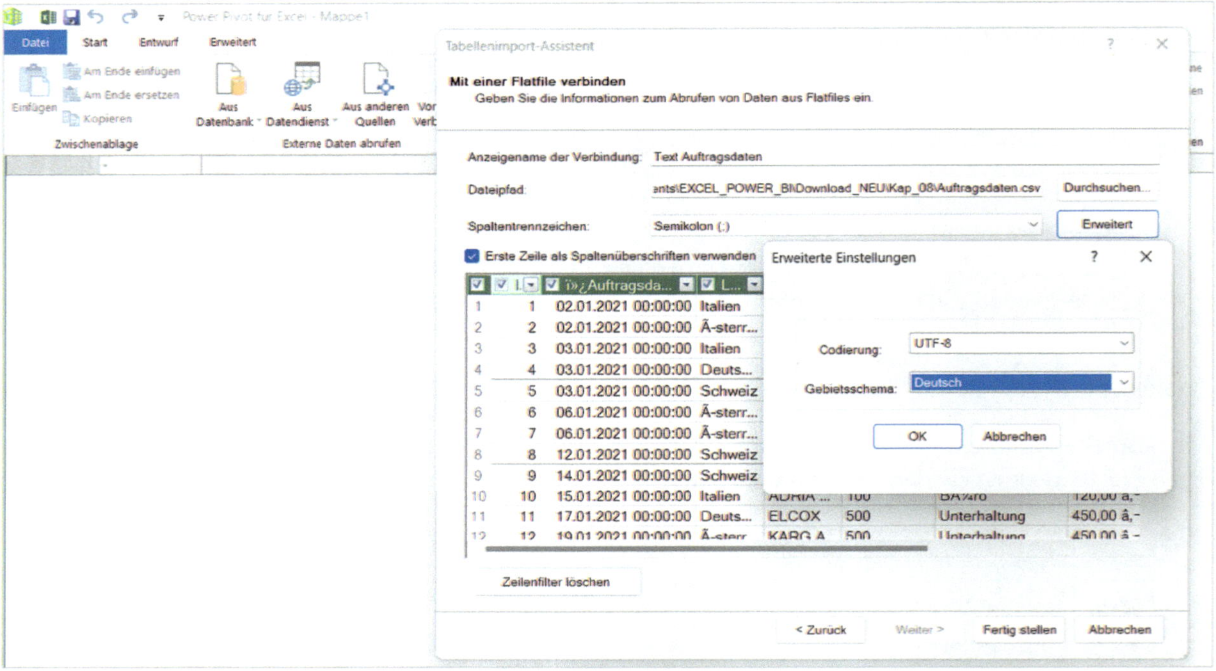

4 Kontrollieren und ändern Sie ggf. die Datentypen, insbesondere bei Datumswerten und Zahlen und berechnen Sie dann die beiden Measures *Summe Nettoumsatz* und *Summe Menge* mit folgenden Formeln:

Bild 8.137 Measures berechnen

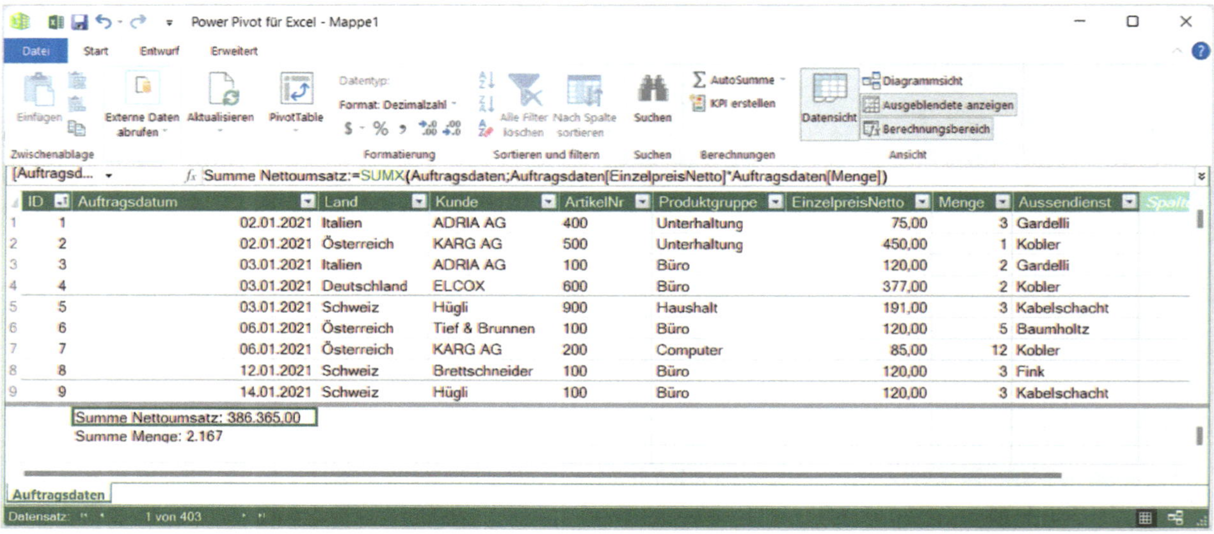

```
Summe Nettoumsatz:=SUMX(Auftragsdaten;Auftragsdaten[EinzelpreisNetto]*
        Auftragsdaten[Menge])
Summe Menge:=SUM(Auftragsdaten[Menge])
```

Kalendertabelle erstellen

Im nächsten Schritt erstellen wir in Power Pivot eine Kalendertabelle:

1 Klicken Sie in die Spalte *Auftragsdatum* und im Register *Entwurf* ► *Kalender* auf *Datumstabelle* und auf *Neu*.

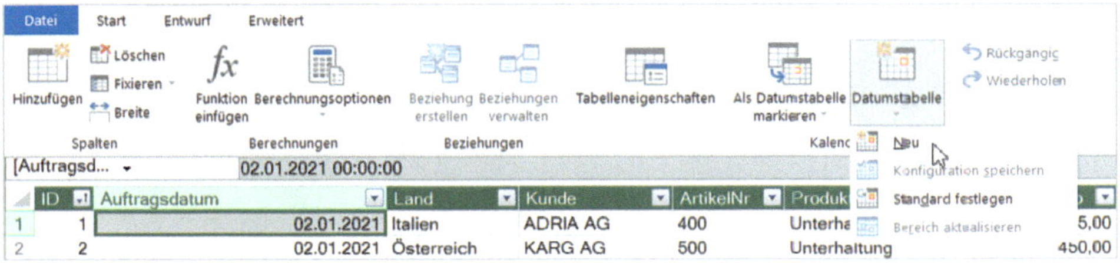

Bild 8.138 Neue Datumstabelle

2 Die Datumstabelle wird mit dem Namen *Kalender* ❶ als weitere Tabelle hinzugefügt. Sie umfasst den gesamten Zeitraum der Spalte *Auftragsdatum*, in diesem Beispiel vom 01.01.2021 bis zum 31.12.2023, enthält also auch Tage, die in der Ausgangstabelle nicht vorhanden sind. Einige Zeiträume wurden bereits automatisch berechnet und die erste Spalte mit dem fortlaufenden Datum hat den Namen *Date* erhalten.

3 Anschließend muss diese Tabelle als Datumstabelle festgelegt werden. Dazu klicken Sie im Register *Entwurf* auf *Als Datumstabelle markieren* und nochmals auf *Als Datumstabelle markieren* ❷.

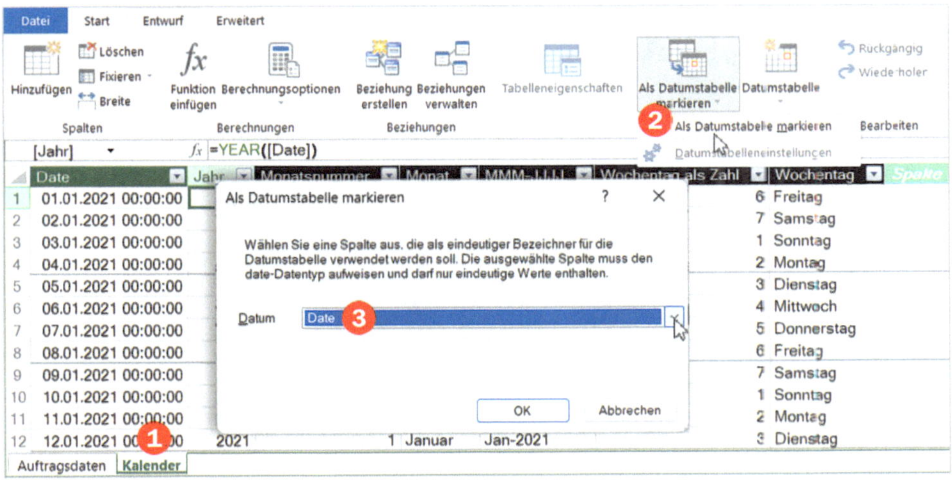

Bild 8.139 Als Datumstabelle markieren

4 Anschließend werden Sie aufgefordert, die Spalte mit dem eindeutigen Bezeichner bzw. Primärschlüssel der Tabelle auszuwählen ❸. Über diese wird später die Beziehung zur ersten Tabelle hergestellt. Wählen Sie die Spalte *Date* aus.

Hinweis: Wenn eine Tabelle bereits als Datumstabelle festgelegt wurde, erkennen Sie dies am Häkchen und mit Klick auf *Datumstabelleneinstellungen* sehen Sie, welche Spalte als eindeutiger Bezeichner festgelegt wurde.

Ausgangstabelle mit Datumstabelle verbinden

Zuletzt erstellen Sie eine Beziehung zur Kalendertabelle: Wechseln Sie zur Diagrammsicht (*Start* ▶ *Ansicht* ▶ *Diagrammsicht*) und verbinden Sie durch Ziehen mit der Maus die Tabellen über die Spalten *Auftragsdatum* und *Date* miteinander.

In der Diagrammsicht sehen Sie außerdem, dass in der Kalendertabelle automatisch eine Datumshierarchie gebildet wurde (Bild unten).

Bild 8.140 Verbinden Sie die Spalten Auftragsdatum und Date

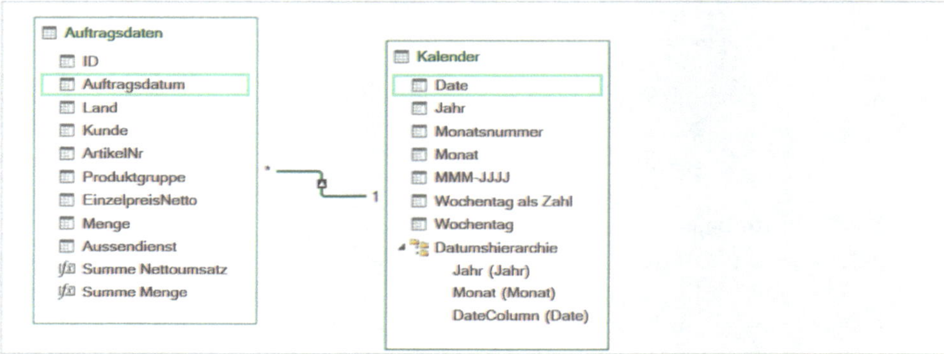

Spalten umbenennen und Formeln kontrollieren und weitere berechnen

In der Datensicht sollten Sie im nächsten Schritt bei Bedarf einzelne Spalten umbenennen, z. B. *Monat_Jahr* statt *MMM-JJJJ*.

- Kontrollieren Sie außerdem die Formeln: Jahr und Monat als Zahl wurden mit den DAX-Funktionen YEAR und MONTH berechnet, die Spalten *Monat* und *MMM-JJJJ* mit FORMAT.

  Achtung: Der Wochentag als Zahl beginnt nach dem amerikanischen System mit dem Sonntag (1), statt am Montag. Ergänzen Sie daher in der Spalte *Wochentag als Zahl* die Funktion WEEKDAY um den Parameter 2, sie lautet dann: =WEEKDAY([Datum];2). Weitere Spalten, z. B. Quartale können jederzeit hinzugefügt werden, s. Seite 301.

Bild 8.141 Funktion zur Berechnung das Wochentags ändern

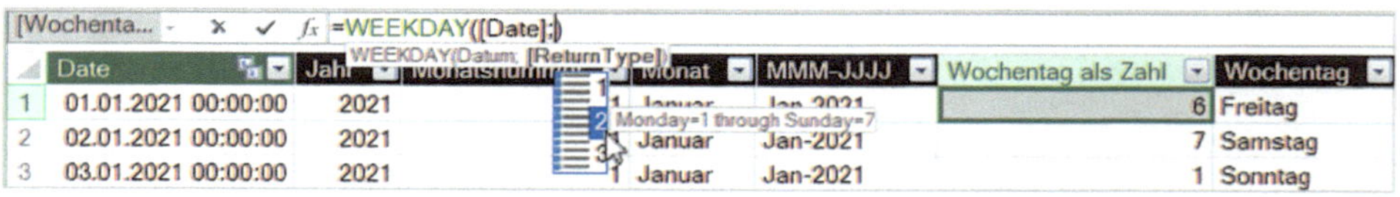

Kalenderwoche berechnen

Die Kalenderwoche aus einem Datum wird mit der DAX-Funktion WEEKNUM ermittelt:

```
WEEKNUM(<date>[, <return_type>])
```

Hinweis: Das optionale Argument *return_type* legt fest, mit welchem Tag die Woche beginnt (2=Montag). Standardmäßig beginnt die Wochennummerierung in der Woche mit dem 1. Januar des Jahres. Wird die Kalenderwoche nach der europäischen Kalendernorm benötigt, so muss hier 21 angegeben werden.

Zur Info: Nach ISO ist Kalenderwoche 1 die Woche, die mindestens vier Tage des neuen Jahres bzw. den ersten Donnerstag des Jahres enthält.

```
=WEEKNUM([Date];21)
```

[Kalender...] fx =WEEKNUM([Date];21)

	Date	Jahr	Monatsnummer	Monat	MMM-JJJJ	Wochentag als Zahl	Wochentag	Kalenderwoche
1	01.01.2021 00:00:00	2021	1	Januar	Jan-2021	5	Freitag	53
2	02.01.2021 00:00:00	2021	1	Januar	Jan-2021	6	Samstag	53
3	03.01.2021 00:00:00	2021	1	Januar	Jan-2021	7	Sonntag	53
4	04.01.2021 00:00:00	2021	1	Januar	Jan-2021	1	Montag	1
5	05.01.2021 00:00:00	2021	1	Januar	Jan-2021	2	Dienstag	1
6	06.01.2021 00:00:00	2021	1	Januar	Jan-2021	3	Mittwoch	1

Datumstabelle in Pivot-Tabelle verwenden

In Pivot-Tabellen können Sie anschließend beliebig Spalten aus der Kalendertabelle oder die Datumshierarchie verwenden. Auch Datenschnitte und Zeitachsen können aus der Kalendertabelle erstellt werden, für Zeitachsen sind allerdings Datumswerte erforderlich.

Kalendertabelle aktualisieren oder erweitern

Eine auf diese Weise erzeugt Kalendertabelle hat den Nachteil, dass sie statisch ist, d. h. wenn in der Datentabelle ein weiteres Jahr hinzukommt, wird diese auch nach dem Aktualisieren nicht automatisch erweitert. Dies müssen Sie in Power Pivot manuell vornehmen.

1 Wählen Sie dazu die Kalendertabelle aus und klicken Sie im Register *Entwurf* ▶ *Kalender* auf *Datumstabelle*.

2 Wählen Sie *Bereich aktualisieren* und geben Sie im nachfolgenden Fenster den neuen Bereich mit Start- und Enddatum an, entweder mit Klick auf das Kalendersymbol im Eingabefeld oder durch direkte Eingabe. Falls z. B. das Jahr 2025 neu hinzukommt, dann überschreiben Sie einfach die Jahreszahl des Enddatums und übernehmen das geänderte Datum mit *OK*.

Bild 8.142 Datumstabelle Bereich aktualisieren

Bild 8.143 Neuen Bereich angeben

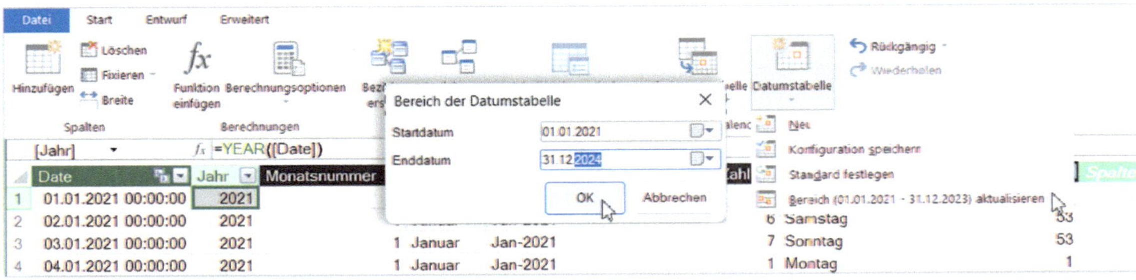

Kalendertabelle in gesonderter Arbeitsmappe erstellen

Kalender.xlsx

Wenn Sie als Alternative eine Kalendertabelle in einer gesonderten Arbeitsmappe erstellen, hat dies den Vorteil, dass die Tabelle auch mehrfach von verschiedenen Datenmodellen genutzt werden kann. In diesem Fall beginnen Sie mit einer leeren Arbeitsmappe und speichern diese z. B. unter dem Namen Kalender.xlsx.

Tabelle im Arbeitsblatt erstellen

1 Die Datumswerte (Tage) erstellen Sie am einfachsten mit der Excel-Funktion *Reihe ausfüllen*: Geben Sie in der ersten Spalte die Spaltenüberschrift ein, darunter das Startdatum, z. B. den 01.01.2021 und markieren Sie diese Zelle.

2 Klicken Sie im Register *Start* ▶ *Bearbeiten* auf *Füllbereich* und auf *Datenreihe...*. Wählen Sie *Reihe in Spalten*, den Typ *Datum* und als Zeiteinheit *Tag*. Im Feld *Endwert* geben Sie den gewünschten letzten Tag ein, z. B. den 31.12.2024.

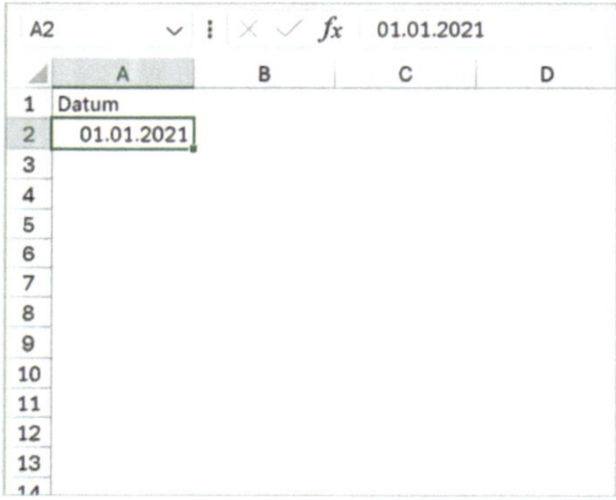

Bild 8.144 Startdatum eingeben

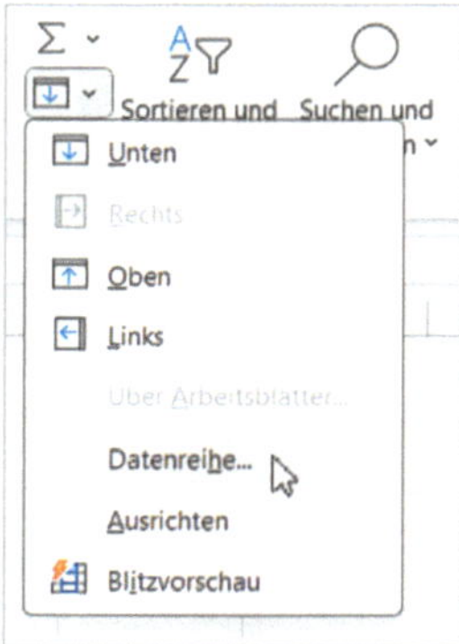

Bild 8.145 Füllbereich ▶ Datenreihe...

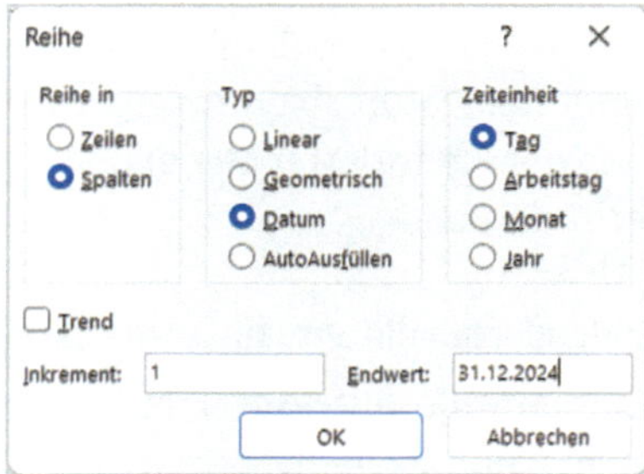

Bild 8.146 Endwert eingeben

3 Formatieren Sie anschließend den Zellbereich als Tabelle und berechnen Sie mit den entsprechenden Excel-Funktionen alle benötigten Zeiteinheiten. Im Bild unten einige der am häufigsten benötigten, die dazugehörigen Formeln finden Sie in der nachfolgenden Tabelle.

Der Vorteil des Tabellenbereichs: Alle Formeln werden nach der Eingabe automatisch kopiert.

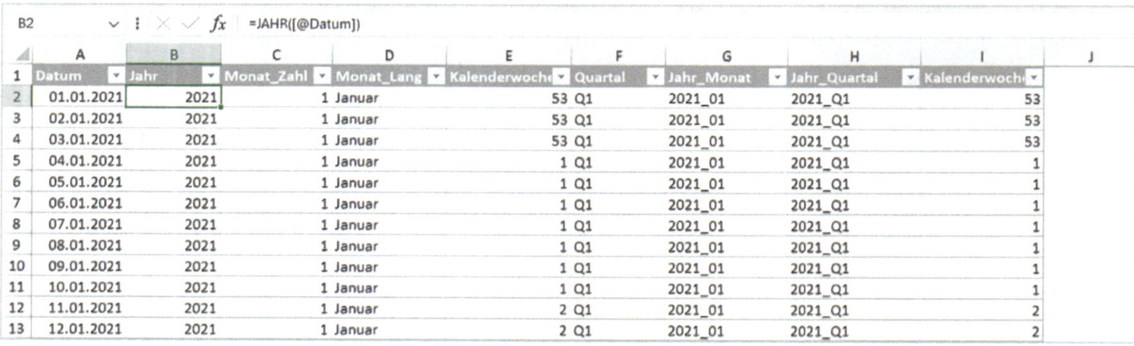
B2 =JAHR([@Datum])

Datum	Jahr	Monat_Zahl	Monat_Lang	Kalenderwoch	Quartal	Jahr_Monat	Jahr_Quartal	Kalenderwoch
01.01.2021	2021	1	Januar	53	Q1	2021_01	2021_Q1	53
02.01.2021	2021	1	Januar	53	Q1	2021_01	2021_Q1	53
03.01.2021	2021	1	Januar	53	Q1	2021_01	2021_Q1	53
04.01.2021	2021	1	Januar	1	Q1	2021_01	2021_Q1	1
05.01.2021	2021	1	Januar	1	Q1	2021_01	2021_Q1	1
06.01.2021	2021	1	Januar	1	Q1	2021_01	2021_Q1	1
07.01.2021	2021	1	Januar	1	Q1	2021_01	2021_Q1	1
08.01.2021	2021	1	Januar	1	Q1	2021_01	2021_Q1	1
09.01.2021	2021	1	Januar	1	Q1	2021_01	2021_Q1	1
10.01.2021	2021	1	Januar	1	Q1	2021_01	2021_Q1	1
11.01.2021	2021	1	Januar	2	Q1	2021_01	2021_Q1	2
12.01.2021	2021	1	Januar	2	Q1	2021_01	2021_Q1	2

Bild 8.147 Die Kalendertabelle mit allen erforderlichen Zeiteinheiten

4 Zuletzt geben Sie dem Arbeitsblatt noch einen aussagefähigen Namen, z. B. *Kalenderblatt*, danach schließen und speichern Sie die Arbeitsmappe.

Übersicht über die verwendeten und weitere häufig benötigte Formeln

Spalte	Formel bzw. Funktion	als strukturierter Verweis (Tabellenbereich)
Jahr	=JAHR(A2)	=JAHR([@Datum])
Monat_kurz	=MONAT(A2)	=MONAT([@Datum])
Monat_lang	=TEXT(A2;"MMMM")	=TEXT([@Datum;"MMMM")
Tag	=TAG(A2)	=TAG([@Datum])
Wochentag_kurz	=WOCHENTAG(A2;2)	=WOCHENTAG([@Datum];2)
Wochentag_lang	=TEXT(A2;"tttt")	=TEXT([@Datum;"tttt")
Kalenderwoche	=ISOKALENDERWOCHE(A2)	=ISOKALENDERWOCHE([@Datum])
Quartal	="Q"&AUFRUNDEN(C2/3;0)	="Q"&AUFRUNDEN([@[Monat_kurz]]/3;0)
Jahr_Monat	=B2&"-"&TEXT(C2;"00")	=[@Jahr]&"-"&TEXT([@[Monat_kurz]];"00")
Jahr_Quartal	=B2&"-"&I2	=[@Jahr]&"-"&[@Quartal]

Kalendertabelle verwenden

1 **Kalender importieren:** Im ersten Schritt importieren Sie die Kalendertabelle in die Arbeitsmappe, in der sie benötigt wird. Klicken Sie in Power Pivot auf *Start* ▶ *Externe Daten abrufen* auf *Aus anderen Quellen* und wählen Sie *Excel-Datei*.

2 Klicken Sie anschließend auf *Durchsuchen* und wählen Sie die zuvor erstellte Arbeitsmappe *Kalender.xlsx* aus. Aktivieren Sie außerdem das Kontrollkästchen *Erste Zeile als Spaltenüberschriften verwenden* (Bild 8.149) und klicken Sie auf *Weiter*.

Bild 8.148 Tabelle aus Excel-Datei abrufen

Bild 8.149 Kalender auswählen

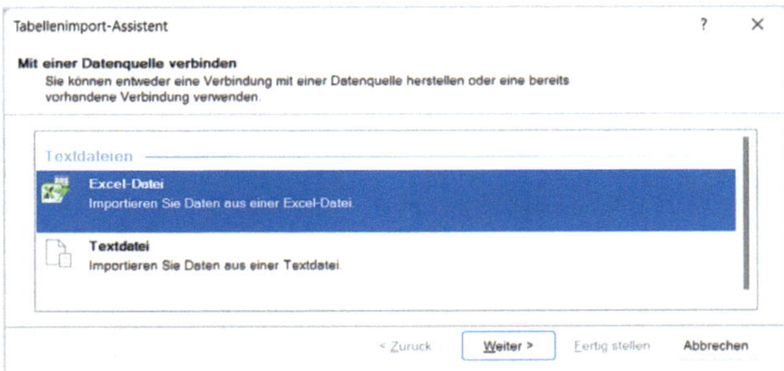

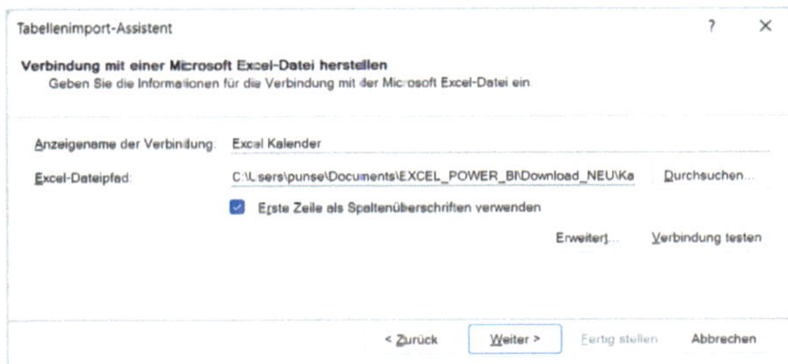

3 Anschließend wählen Sie das Tabellenblatt oder den Tabellenbereich aus und klicken auf *Fertig stellen*. Falls gewünscht, können Sie vorher über die Schaltfläche *Vorschau und Filter* in der Vorschau die Daten kontrollieren und ggf. filtern.

Beachten Sie, dass sämtliche, mit Excel-Formeln berechneten Spalten als Werte importiert werden.

4 Die Tabelle wird unter dem Namen des Tabellenblatts in Power Pivot importiert. Falls Sie diese umbenennen möchten, so klicken Sie mit der rechten Maustaste

im Blattregister auf den Namen und auf *Umbenennen*. Schneller geht's mit Doppelklick auf den Namen und anschließendem Überschreiben.

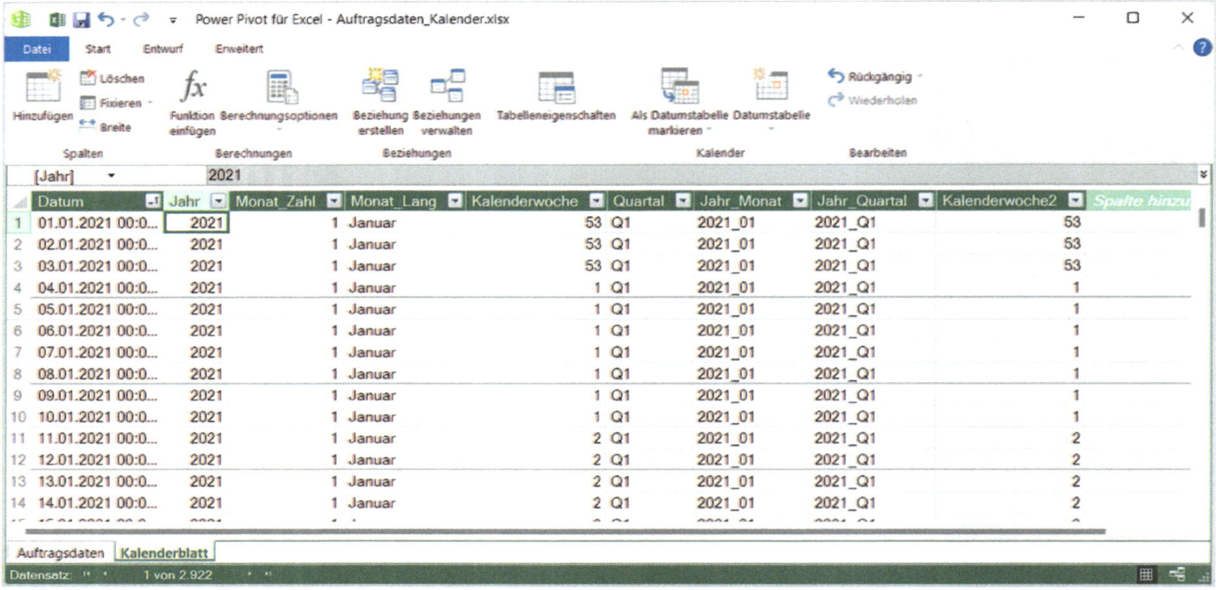

Bild 8.150 Die importierte Kalendertabelle

5 **Als Datumstabelle festlegen:** Klicken Sie im Register *Erweitert* auf *Als Datumstabelle markieren* und wählen Sie die Spalte *Datum* bzw. die Spalte mit dem fortlaufenden Datum als eindeutigen Bezeichner der Tabelle aus.

6 **Beziehung erstellen:** In der Diagrammsicht verbinden Sie dann die beiden Tabellen über die Spalten *Auftragsdatum* und *Datum* miteinander.

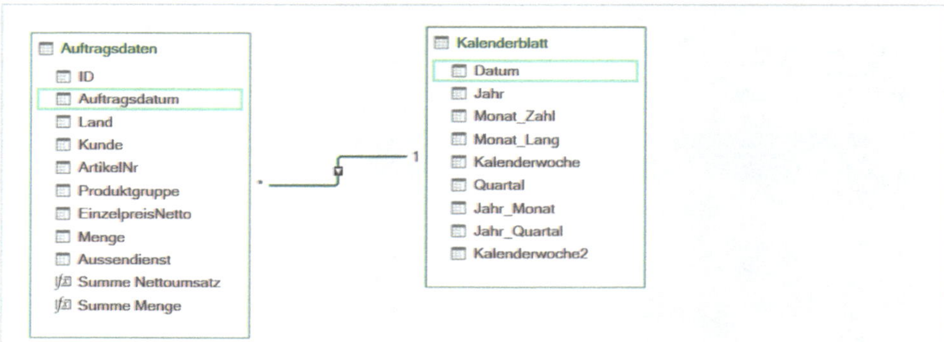

Bild 8.151 Erstellen Sie eine Beziehung zwischen den Tabellen

Kalendertabelle um weitere Jahre ergänzen

Reihe ausfüllen, siehe Seite 348.

Wenn Sie die Kalendertabelle um weitere Jahre ergänzen möchten, dann öffnen Sie die Excel-Arbeitsmappe Kalender.xlsx, markieren das erste Datum, klicken im Register *Start* ▶ *Bearbeiten* auf *Ausfüllen* ▶ *Datenreihe* und geben anschließend das neue Enddatum, z. B. den 31.12.2025 ein. Auch hier zeigt sich wieder der Vorteil des Tabellenbereichs gegenüber normalen Zellbereichen: Beim Anfügen weiterer Jahre wird der Tabellenbereich automatisch erweitert und alle Formeln in die neuen Zeilen kopiert.

Anschließend brauchen Sie nur noch die Pivot-Tabelle aktualisieren, um alle neuen Datumswerte in das Datenmodell und die Pivot-Tabellen zu übernehmen.

Nach Monatsnamen sortieren

Vielleicht haben Sie schon einmal versucht, eine Tabelle nach Monatsnamen zu sortieren und als Resultat die Reihenfolge April, August, Dezember usw. erhalten. Um dies zu verhindern, können Sie mit Power Pivot für einzelne Spalten auch eine Sortierung nach einer zweiten Spalte festlegen.

1 Klicken Sie dazu in die betreffende Spalte, hier *Monat_lang* und im Register *Start* ▶ *Sortieren und Filtern* auf *Nach Spalte sortieren*.

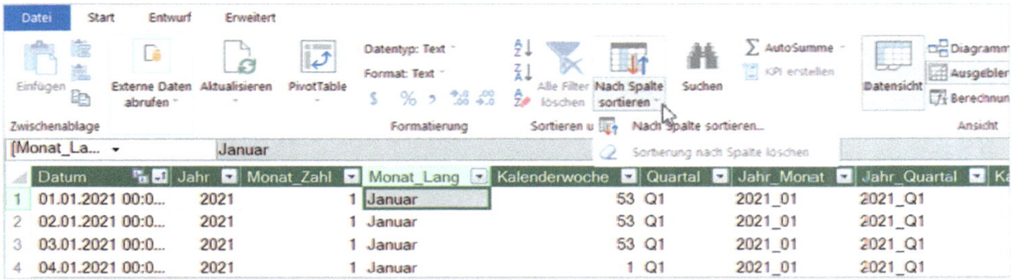

Bild 8.152 Klicken Sie auf Nach Spalte sortieren

2 Unter *Sortieren* ist die zu sortierende Spalte, *Monat_lang* bereits ausgewählt, Sie könnten hier aber jederzeit eine andere Spalte wählen. Klicken Sie unter *Nach* auf den Dropdown-Pfeil und wählen Sie *Monat_Zahl* aus. Dieselbe Vorgehensweise könnten Sie auch auf Wochentage anwenden, falls diese benötigt werden.

In der Pivot-Tabelle werden nun die Monate in der richtigen Reihenfolge sortiert, wie das Bild 8.154 zeigt.

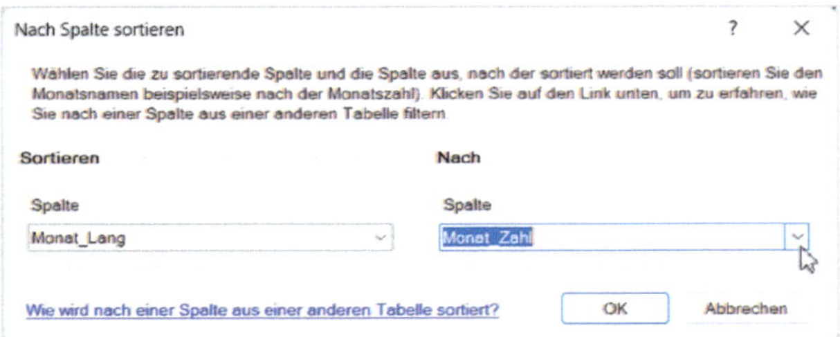

Bild 8.153 Nach welcher Spalte soll die Spalte der Monatsnamen sortiert werden?

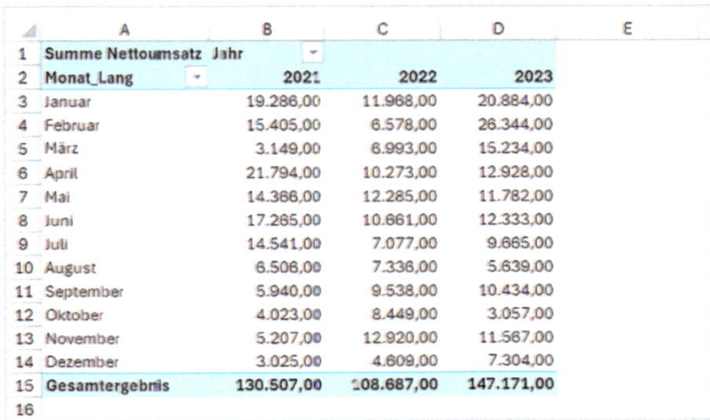

Summe Nettoumsatz	Jahr		
Monat_Lang	2021	2022	2023
Januar	19.286,00	11.968,00	20.884,00
Februar	15.405,00	6.578,00	26.344,00
März	3.149,00	6.993,00	15.234,00
April	21.794,00	10.273,00	12.928,00
Mai	14.386,00	12.285,00	11.782,00
Juni	17.265,00	10.661,00	12.333,00
Juli	14.541,00	7.077,00	9.665,00
August	6.506,00	7.336,00	5.639,00
September	5.940,00	9.538,00	10.434,00
Oktober	4.023,00	8.449,00	3.057,00
November	5.207,00	12.920,00	11.567,00
Dezember	3.025,00	4.609,00	7.304,00
Gesamtergebnis	130.507,00	108.687,00	147.171,00

Bild 8.154 Sortierung in der Pivot-Tabelle

9 Einführung in Power BI Desktop

In diesem Kapitel lernen Sie...

- Datenimport und -modellierung mit Power BI Desktop
- Measures berechnen und Quickmeasures nutzen
- Berichte erstellen und Visualisierungen hinzufügen
- Visualisierungen formatieren
- Filter und Datenschnitte verwenden
- Berichte veröffentlichen

Das sollten Sie wissen

- Datenimport mit Power Query
- Grundlagen der Datenmodellierung
- PivotTable und PivotChart
- Power Pivot und DAX-Funktionen

9.1 Erster Überblick

Was ist Power BI Desktop?

Microsoft Power BI (Abkürzung für Business Intelligence) ist eine Sammlung verschiedener Werkzeuger zur Analyse und Visualisierung von Geschäftsdaten in Form von Berichten (Reports). Die wichtigsten Grundkomponenten von Power BI sind:

- **Power BI Desktop**: Eine App zur Datenanalyse und Berichterstellung, mit der Sie eine Verbindung zur Datenquelle herstellen, anschließend die Daten bei Bedarf aufbereiten (transformieren), Berechnungen durchführen und zuletzt in Form von Berichten analysieren und visualisieren.
- **Power BI Dienst**: Ein cloudbasierter Dienst zum Veröffentlichen und Teilen der Berichte, der insbesondere die Zusammenarbeit in Teams und Organisationen unterstützt. Die Nutzung erfordert eine (kostenpflichtige) Power BI Pro-Lizenz.
- Hinzukommen die Power BI Mobile-Apps für Android- und iOS-Geräte zum Anzeigen der Berichte auf mobilen Geräten.

Umfangreiche Beschreibungen von Power Query und Power Pivot finden Sie in diesem Buch in den Kapiteln 4, 5 und 8.

Dieses Kapitel stellt Ihnen Power BI Desktop vor, eine kostenlose App, die Sie auf Ihren lokalen Computer herunterladen und installieren können. Mit ihr lassen sich Daten schnell und auf einfache Weise grafisch darstellen, sowohl als einzelne Diagramme als auch in Form von Berichten, d. h. Sammlungen mehrerer Visualisierungen, die auch auf mehrere Berichtsseiten verteilt sein können. Die Daten können im einfachsten Fall aus Excel übernommen werden. Jedoch gehören zu Power BI Desktop auch die Tools Power Query und Power Pivot, so dass Sie auch ohne Excel eine Verbindung zu einer oder mehreren Datenquellen herstellen können, alle notwendigen Transformationen vornehmen, die Daten in einem Datenmodell zusammenführen und Measures berechnen können.

Power BI Desktop herunterladen, installieren und starten

Die jeweils aktuelle Version von Power BI Desktop laden Sie am einfachsten aus dem Microsoft Store herunter: Geben Sie dazu im Suchfeld des Microsoft Stores den Begriff „Power BI" ein und klicken Sie in der Trefferliste auf *Power BI Desktop* und anschließend auf *Herunterladen*. Nach Abschluss des Downloads wird Power BI Desktop automatisch installiert und kann anschließend mit Klick auf *Öffnen* gestartet werden.

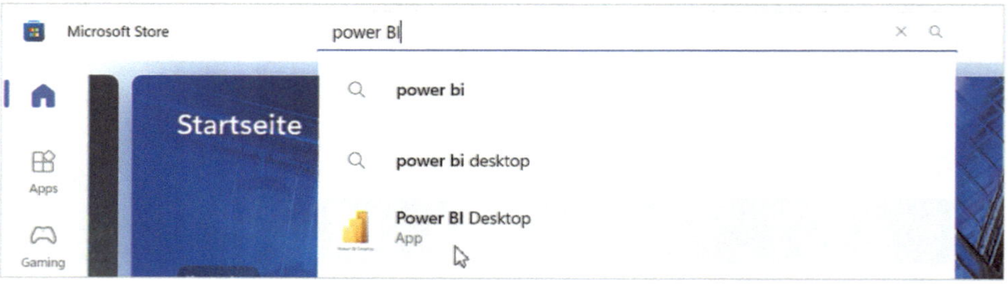

Bild 9.1 Power BI Desktop im Microsoft Store

Außerdem finden Sie Power BI Desktop in der Liste *Alle Apps* des Startmenüs unter dem Buchstaben P.

Grundlagen der Bedienung

Der erste Start

Nach dem Start erscheint zunächst die Startseite. Hier finden Sie neben einem Tutorial zur Einführung (*Empfohlen* ▶ *Erste Schritte*) und der Möglichkeit, mit einem leeren Bericht zu beginnen, auch verschiedene Datenquellen, z. B. Excel-Arbeitsmappe.

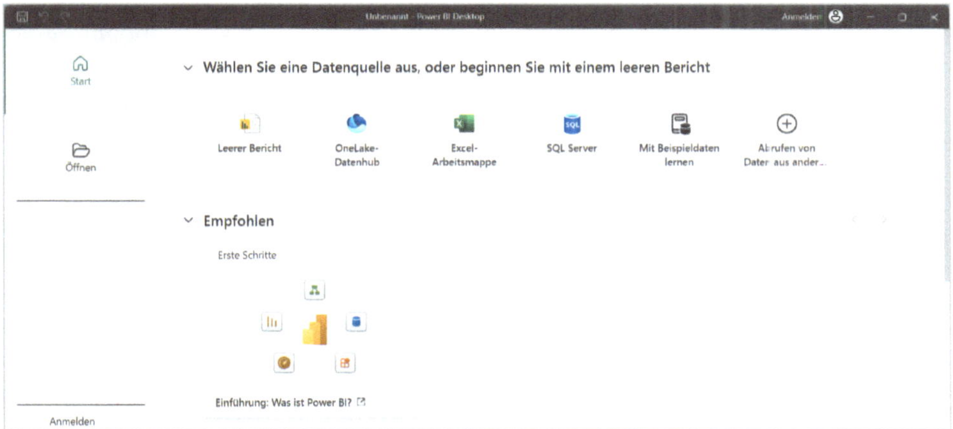

Bild 9.2 Power BI Desktop: Startseite

Hinweis: Auch Power BI Desktop erfährt durch Microsoft laufend Updates, durch die sich das Aussehen der Oberfläche geringfügig ändern kann.

Bild 9.3 Zunächst ist die Arbeitsfläche bzw. der Zeichenbereich noch leer

Die Benutzeroberfläche

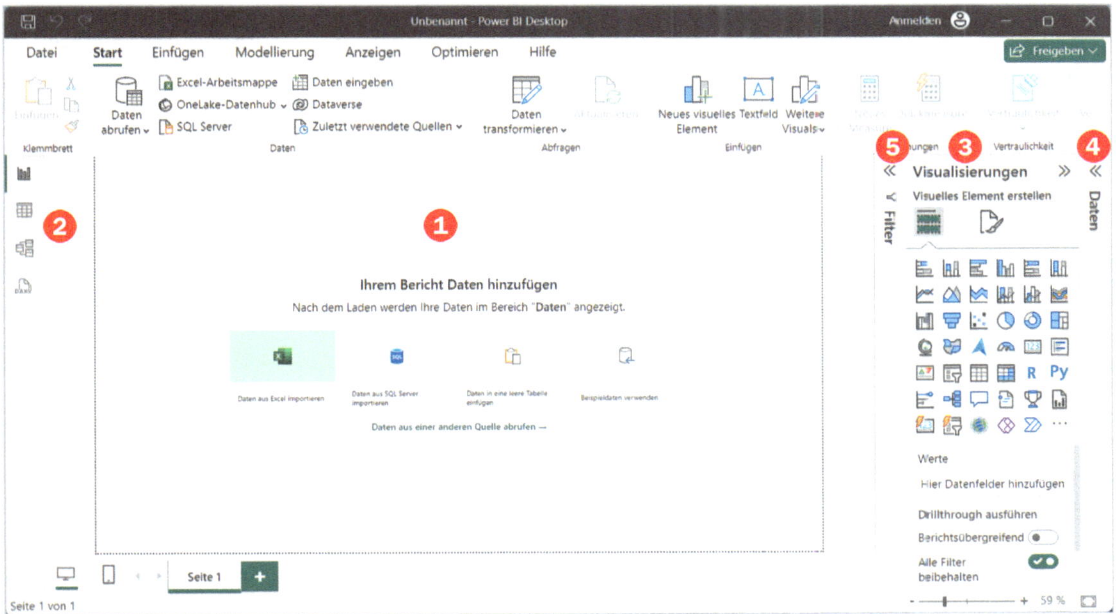

- Den größten Bereich von Power BI Desktop nimmt die Arbeitsfläche oder der Zeichenbereich ❶ ein, auch als Canvas (dt. Leinwand) bezeichnet. Wenn Sie *Leerer Bericht* (s. oben) gewählt haben, wird hier das Hinzufügen von Daten angeboten.

Tipp: Das Symbol *An Seite anpassen* passt den Zoom automatisch an die Fenstergröße an.

- Die Anzeigegröße steuern Sie über den Zoombereich in der rechten unteren Ecke oder durch Drehen der Maustaste mit gleichzeitig gedrückter **Strg**-Taste.
- Über die Symbole der Leiste am linken Rand ❷ wechseln Sie zwischen den verschiedenen Ansichten:
  - Die **Berichtsansicht** ist die Standardansicht, in der Sie Berichte erstellen und bearbeiten.
  - Die **Tabellenansicht** zeigt die Tabellen und Measures des verwendeten Datenmodells an.
  - In der **Modellansicht** werden Beziehungen zwischen Tabellen angezeigt und verwaltet.
  - In der **DAX-Abfrageansicht** erstellen Sie bei Bedarf DAX-Abfragen und führen diese aus. Diese Ansicht befindet sich derzeit noch in der Entwicklung.
- Rechts finden Sie die Aufgabenbereiche *Visualisierungen* ❸, *Daten* ❹ und *Filter* ❺, die jeweils mit Klick auf den Doppelpfeil erweitert und wieder reduziert werden. Zum Erstellen eines Berichts klicken Sie einfach auf die gewünschte Visualisierung, z. B. Säulendiagramm oder Tabelle und ziehen dann aus dem Bereich *Daten* die Felder an die entsprechenden Stellen, z. B. im Fall Säulendiagramm *X-Achse*, *Y-Achse* und *Legende*.

Der Bereich *Filter* kann im Register *Anzeigen* über das Symbol *Filter* ein- und ausgeblendet werden.

Register Datei, Sprache und regionale Einstellungen

Über das Register *Datei* öffnen und speichern Sie Ihre Berichte, diese werden standardmäßig im Microsoft Power BI Report Format mit der Dateinamenerweiterung .pbix gespeichert.

Um bei Bedarf Sprache und regionsabhängige Einstellungen zu ändern, klicken Sie im Register *Datei* auf *Optionen und Einstellungen* und wählen *Optionen*. Hier können Sie neben den *Regionalen Einstellungen* in Bild 9.5 außerdem mit der Auswahl *Vorschaufeatures* verschiedene Funktionen aktivieren, um sie zu testen.

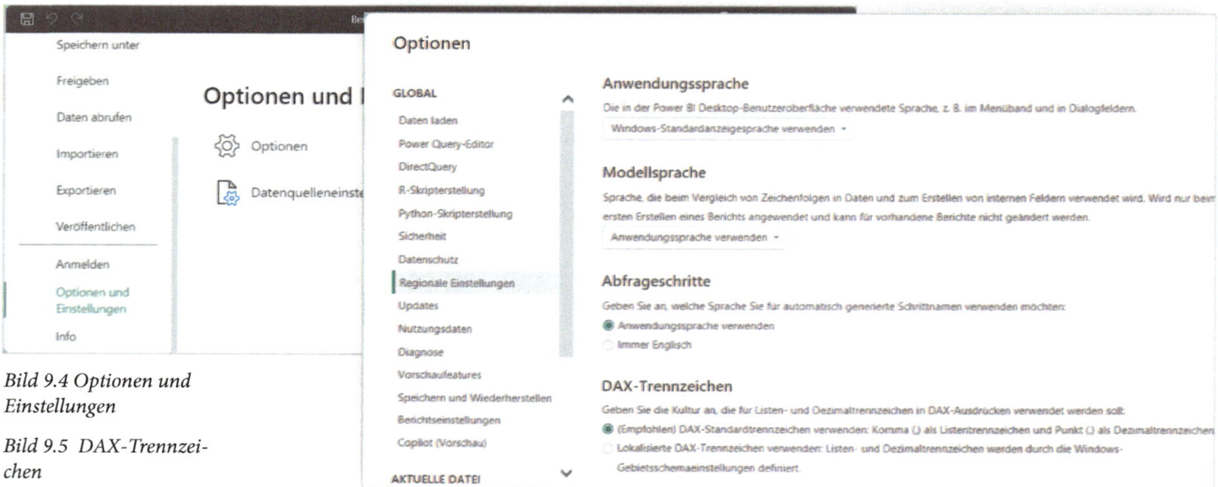

Bild 9.4 Optionen und Einstellungen

Bild 9.5 DAX-Trennzeichen

Achtung DAX-Trennzeichen!

Power BI Desktop basiert auf der DAX-Formelsprache und diese verwendet in Ausdrücken als Dezimaltrennzeichen den Punkt (.). Kommas dienen dagegen als Listentrennzeichen, z. B. zum Trennen von Funktionsargumenten. In den Optionen besteht unter *Regionale Einstellungen* zwar die Möglichkeit, stattdessen die Windows-Gebietsschemaeinstellungen zu übernehmen, also Komma als Dezimaltrennzeichen und Semikolon als Listentrennzeichen (s. Bild 9.5). Trotzdem sollten Sie am besten die Standardeinstellung beibehalten, da sonst einige Ausdrücke und Quickmeasures nicht funktionieren.

Daten aus einer Excel-Arbeitsmappe importieren

Im ersten Schritt müssen die auszuwertenden Daten importiert werden. Dazu wählen Sie entweder auf der Startseite oder der ersten Seite eines leeren Berichts eine Datenquelle (s. Bild 9.6) oder klicken im Menüband, Register *Start* ▶ *Daten* auf *Daten abrufen* und wählen hier Ihre Datenquelle aus.

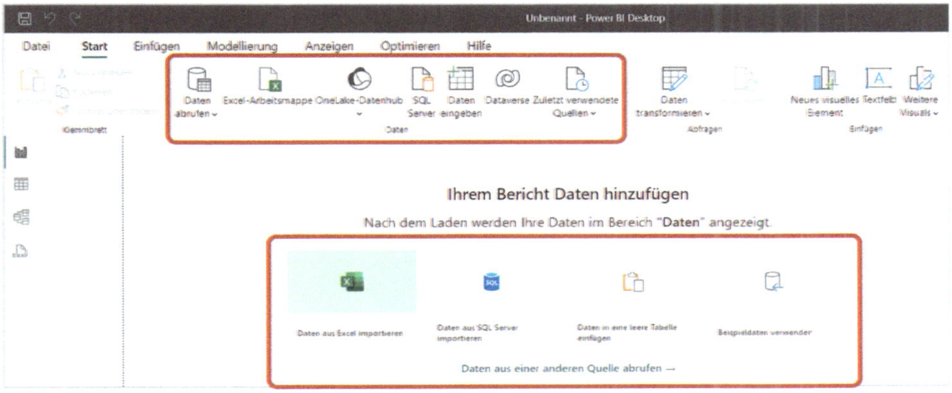

Bild 9.6 Daten importieren

Beispieldaten_Excel.xlsx

Im einfachsten Fall stammen die Daten aus einer Excel-Arbeitsmappe, daher verwenden wir für das erste Beispiel eine Excel-Tabelle. Klicken Sie also auf *Excel-Arbeitsmappe* bzw. auf *Daten aus Excel importieren*, wählen Sie die benötigte Excel-Arbeitsmappe aus und klicken Sie auf *Öffnen*.

Im Navigator werden nun sämtliche Tabellenblätter und benannten Bereiche aufgelistet und rechts erhalten Sie eine Vorschau auf die markierte Datenquelle. Aktivieren Sie die Kontrollkästchen der gewünschten Tabellen, in Bild 9.7 das Blatt *Ausgangsdaten* ❶ und wählen Sie unterhalb, ob Sie die Daten sofort in das Datenmodell laden oder mit Klick auf *Daten transformieren* ❷ zuvor mit Power Query aufbereiten, z. B. filtern oder überflüssige Zeilen und/oder Spalten entfernen, möchten. Für dieses Beispiel wird Power Query nicht benötigt, klicken Sie also auf *Laden*.

Bild 9.7 Tabelle im Navigator auswählen

Hinweis: Falls notwendig, können die Daten auch nachträglich noch mit Power Query bearbeitet werden. Klicken Sie dazu im Register *Start* auf *Daten transformieren.*

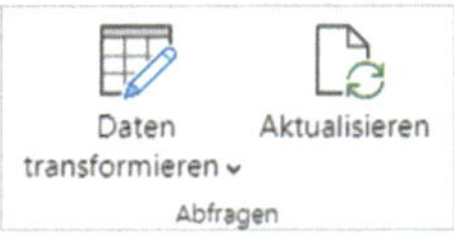

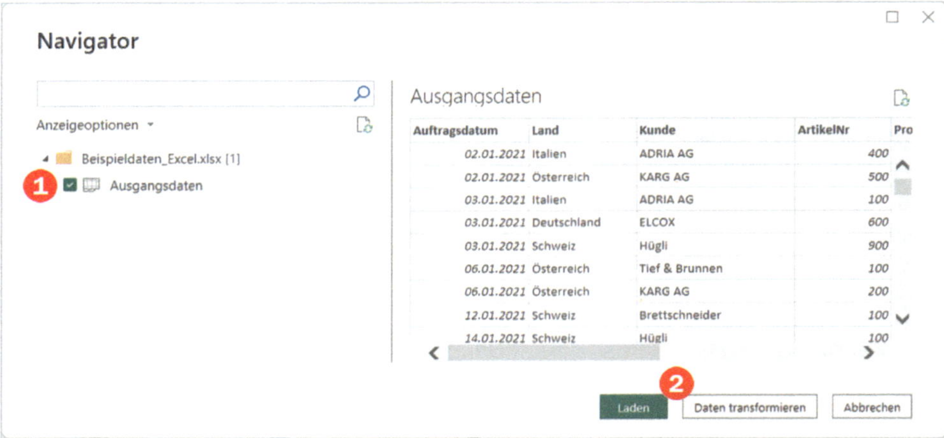

Anschließend wird die Tabelle geladen und die dazugehörigen Felder bzw. Spalten werden in der Berichtsansicht ❶ im Bereich *Daten* aufgelistet. Zum Ein- oder Ausblenden von Spalten bzw. Feldern benutzen Sie die kleinen Pfeile ❷. Spalten mit numerischem Inhalt, hier z. B. *EinzelpreisNetto* und *Menge* sind mit dem Symbol Σ gekennzeichnet ❸ und Datumsspalten erkennen Sie am Kalendersymbol. Außerdem wurde für die Spalte *Auftragsdatum* automatisch eine Datumshierarchie mit den weiteren Spalten *Jahr*, *Quartal*, *Monat* und *Tag* gebildet ❹, diese können ebenfalls mit Klick auf den Pfeil ein- und ausgeblendet werden.

Datumshierarchien, siehe Kap. 8 auf Seite 329 ff.

Bild 9.8 In der Berichtsansicht erscheinen die Felder der Tabelle im Bereich Daten

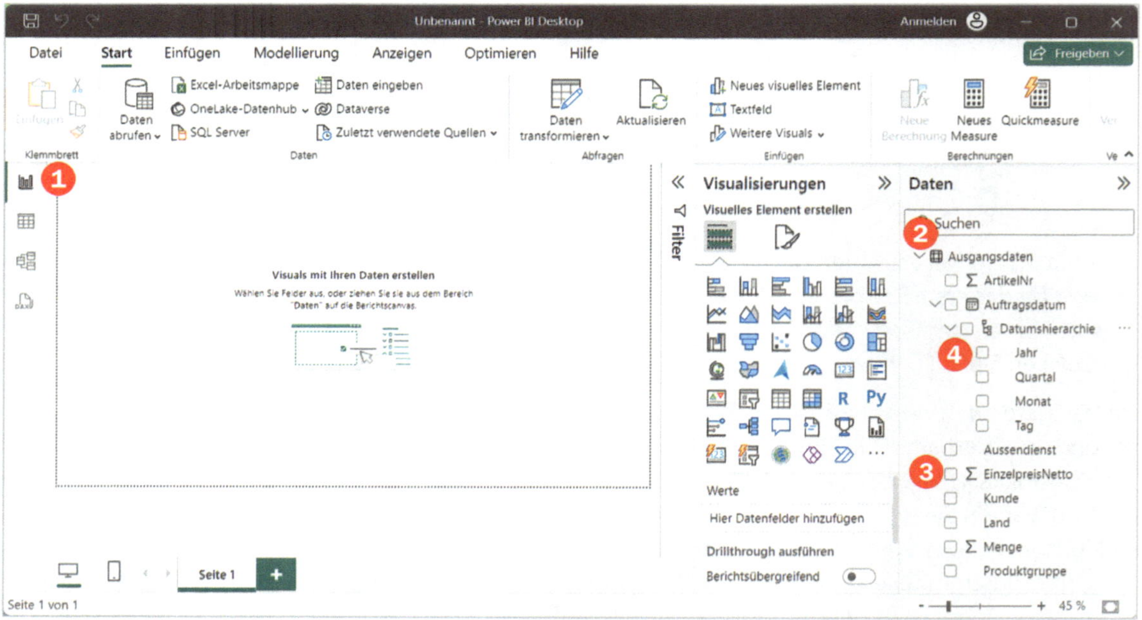

Datentypen und Zahlenformate kontrollieren und ändern

Sie könnten nun mit der Berichtserstellung beginnen. Allerdings empfiehlt es sich, vorher die Datentabelle zu kontrollieren und einzelne Spalten ggf. zu ändern, da der Datentyp einer Spalte über die verfügbaren Berechnungsmöglichkeiten entscheidet und das Zahlen- und Datumsformat die Anzeige in Berichten steuert. Außerdem müssen häufig noch weitere Spalten und/oder Kennzahlen bzw. Measures berechnet werden. Dies alles nehmen Sie in der Tabellenansicht vor, klicken Sie also links auf das Symbol *Tabellenansicht* ❶.

Bild 9.9 Die Tabelle in der Tabellenansicht

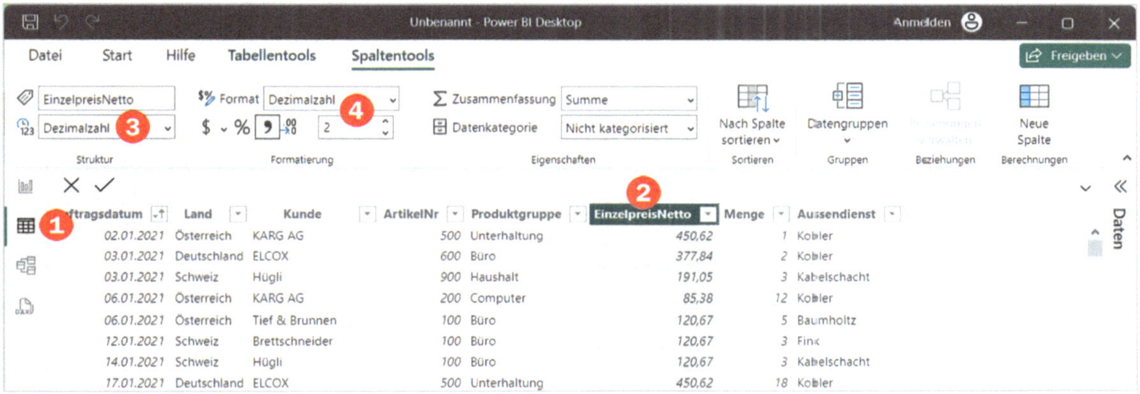

- **Datentypen**
  Klicken Sie in eine Spalte, hier *EinzelpreisNetto* ❷, so sehen Sie im Menüband, Register *Spaltentools* ▶ *Struktur* neben dem Namen auch den Datentyp, hier *Dezimalzahl* ❸ und können diesen bei Bedarf mit Klick in das Auswahlfeld ändern.
- **Zahlen- und Datumsformate**
  Wie Zahlen und Datumswerte in Berichten angezeigt werden, legen Sie anhand der Symbole in der Gruppe *Formatierung* fest ❹, in diesem Beispiel *Dezimalzahl* mit Tausendertrennzeichen (Symbol [9]) und 2 Dezimalstellen.

Hinweis: Manchmal enthalten Tabellen auch Felder mit Zahlen, die ausschließlich zur Information bzw. als Beschriftung dienen und nicht für Rechenoperationen, wie in diesem Beispiel die Artikelnummer. Damit solche Felder in Diagrammen korrekt angezeigt und nicht fälschlicherweise als Datenreihe/Legende interpretiert werden, sollten Sie deren Datentyp in *Text* anstelle von *Ganze Zahl* ändern.

Spalten umbenennen, Tabelle sortieren

- **Spalte umbenennen**
  Auch die Spaltenbezeichnungen werden in Berichte übernommen. Falls Sie eine Spalte umbenennen möchten, so klicken Sie in die betreffende Spalte, geben im Menüband, Register *Spaltentools* ▶ *Struktur* im Feld *Name* ❶ den neuen Namen ein, z. B. *Preis Netto* und schließen mit der **Eingabetaste** ab.

Oder Rechtsklick in die Überschrift und Befehl *Umbenennen*.

- **Tabelle sortieren**
  Zum Sortieren klicken Sie auf den Dropdown-Pfeil ❷ rechts von der Überschrift der betreffenden Spalte und wählen zwischen auf- und absteigender Sortierung. Auf demselben Weg und mit dem Befehl *Sortierung löschen* entfernen Sie eine vorhandene Sortierung wieder.

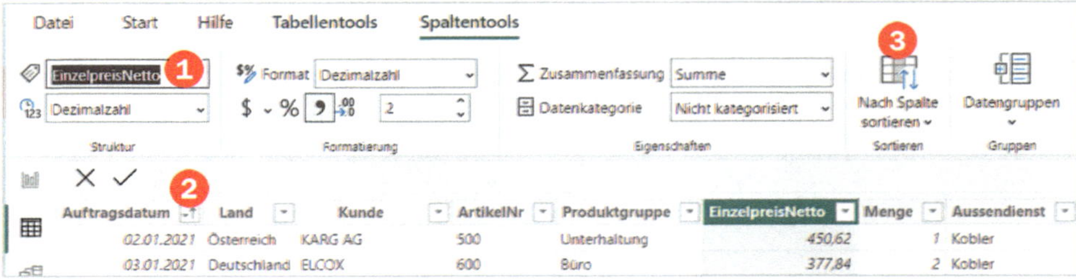

Bild 9.10 Spalten umbenennen, Tabelle sortieren

- **Nach einer zweiten Spalte sortieren**
  Liegen z. B. die Monate in Textform (Januar, Februar,...) vor, so werden diese alphabetisch sortiert. Um trotzdem eine korrekte Sortierung zu erhalten, benötigen Sie die Monate zusätzlich als Zahl und können diese dann zur Sortierung heranziehen. Dazu klicken Sie in die zu sortierende Spalte, z. B. *Monat lang*, danach auf *Nach Spalte sortieren* ❸ und wählen die Spalte mit den Monaten als Zahl.

Überflüssige Spalten entfernen oder ausblenden

Nicht benötigte Spalten können problemlos entfernt werden. Dazu klicken Sie in der Tabellenansicht mit der rechten Maustaste auf die Überschrift der zu entfernenden Spalte und auf den Befehl *Löschen*. Oder klicken Sie im Datenbereich auf die drei Punkte rechts vom betreffenden Feld (*Weitere Optionen*) und auf *Aus Modell löschen* ❶. In beiden Fällen müssen Sie danach das Löschen nochmals bestätigen.

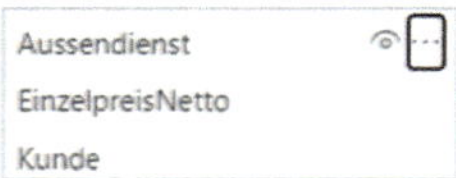

Bild 9.11 Spalten löschen, Spalten in der Berichtsansicht ausblenden

Spalte ausblenden

Wird dagegen die Spalte noch anderweitig benötigt, z. B. in Formeln, soll aber nicht im Datenbereich der Berichtsansicht erscheinen, dann wählen Sie im Kontextmenü der

Spalte stattdessen *In Berichtsansicht ausblenden*. Ausgeblendete Spalten erkennen Sie am Symbol ❷, sowohl in der Spaltenüberschrift, als auch im Bereich *Daten*. Um eine ausgeblendete Spalte wieder anzuzeigen, klicken Sie einfach im Bereich *Daten* auf das durchgestrichene Auge.

Weitere Spalten berechnen

Die Berechnung neuer Spalten mit DAX-Formeln und Funktionen unterscheidet sich wenig von Power Pivot, eine ausführliche Beschreibung samt Beispielen finden Sie in Kapitel „8.4 Spalten berechnen“ auf Seite 297 ff. dieses Buches. Daher hier nur ein kurzer Überblick.

Beachten Sie bei der Formeleingabe

- Felder und Funktionen können nach Eingabe der ersten Zeichen aus der Liste *Autovervollständigen* übernommen werden, wobei für Feldnamen die Schreibweise gilt: *Tabellenname[Feld]*
- Funktionen erfordern in Power BI Desktop zum Trennen der Argumente ein Komma (,) statt Semikolon, falls in den Optionen nichts anderes festgelegt wurde.

Achtung: Es wird dringend empfohlen, das Komma als Trennzeichen beizubehalten, da sonst einige Ausdrücke nicht funktionieren!

1 Klicken Sie in der Tabellenansicht im Menüband, Register *Spaltentools* oder *Tabellentools* auf *Neue Spalte* ❶. In der Bearbeitungsleiste oberhalb der Tabelle ❷ erscheint nun der neue Spaltenname, gefolgt von einem Gleichheitszeichen.

2 Der vorläufige Name *Spalte* kann jederzeit überschrieben werden und rechts vom Gleichheitszeichen geben Sie die Formel ein. Die Bedeutung der Symbole ❸ links von der Formel dürfte Excel-Nutzern bekannt sein: Zum Übernehmen der Eingabe betätigen Sie die **Eingabetaste** oder klicken auf das Symbol *Übernehmen*, Abbrechen erfolgt dagegen mit der **Esc**-Taste oder dem Symbol *Abbrechen*.

Sollte das Register *Spaltentools* nicht sichtbar sein, so klicken Sie zum Anzeigen an eine beliebige Stelle der Tabelle.

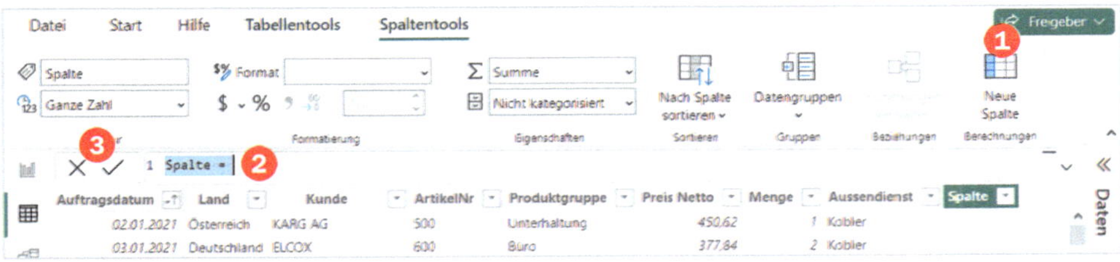

Bild 9.12 Neue Spalte berechnen, Formel eingeben

Beispiel: Kunde und Land in einer Spalte zusammenfassen

Nehmen wir als Beispiel an, Sie möchten im Bericht die Kundennamen zusammen mit dem Land anzeigen. Dazu klicken Sie auf *Neue Spalte* und geben die nachfolgende Formel ein, wobei Tabelle und Feld nach Eingabe der ersten Zeichen durch Autovervollständigen übernommen werden können.

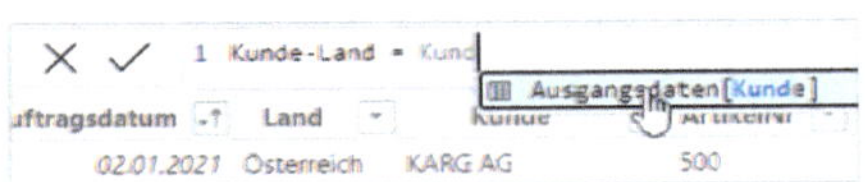

```
Kunde-Land = Ausgangsdaten[Kunde] & ", " & Ausgangsdaten[Land]
```

Zwischen Kunde und Land wird hier zusätzlich noch ein Komma eingefügt.

Berechnete Spalten erkennen Sie in der Feldliste im Bereich *Daten* am Symbol [Symbol].

ArtikelNr	Produktgruppe	Preis Netto	Menge	Aussendienst	Kunde-Land
500	Unterhaltung	450,62	1	Kobler	KARG AG, Österreich
500	Unterhaltung	450,62	1	Kobler	KARG AG, Österreich
600	Büro	377,84	1	Baumholtz	Tief & Brunnen, Österreich
800	Haushalt	220,00	1	Ritter	BRAIN, Deutschland
300	Büro	146,00	1	Kobler	KARG AG, Österreich
400	Unterhaltung	75,00	1	Kabelschacht	Hügli, Schweiz
570	Computer	200,00	1	Kabelschacht	Hügli, Schweiz
600	Büro	377,84	1	Fink	Brettschneider, Schweiz
560	Unterhaltung	320,00	1	Fink	EGW Werke, Schweiz
120	Büro	423,12	1	Ritter	BRAIN, Deutschland

Bild 9.13 In einer neuen Spalte zwei Felder aneinanderfügen

Tipp: Falls dadurch die Felder *Kunde* und *Land* in der Berichtsansicht nicht mehr benötigt werden, können Sie diese ausblenden, siehe Seite 360.

Umsatz berechnen

Diese Formel berechnet den Umsatz zeilenweise als Spalte.

Vielleicht ist Ihnen im Beispiel aufgefallen, dass die Ausgangstabelle zwar die Einzelpreise und Mengen enthält, nicht aber der Umsatz. Dieser kann aber leicht berechnet werden: Dazu klicken Sie auf *Neue Spalte* und geben die nachfolgende Formel ein:

```
Umsatz = Ausgangsdaten[Preis Netto] * Ausgangsdaten[Menge]
```

Achtung: In der Praxis wird der Umsatz in Berichten meist nicht zeilenweise, sondern nur als Zusammenfassung z. B. in Form einer Summe benötigt und kann daher auch als Measure berechnet werden. Wie Sie dabei vorgehen, lesen Sie im nächsten Punkt.

Measures oder Kennzahlen berechnen

Automatisch berechnete Measures

Details zum Thema Measures finden Sie auch in Kap. 8.6 auf Seite 312 ff. dieses Buches.

Als Measures bezeichnet man zusammenfassende Kennzahlen, wie z. B. die Summe der Bestellmengen oder die Umsatzsumme. Diese werden in Berichten automatisch berechnet, wenn Sie z. B. in einem Säulendiagramm das Feld *Menge* als Werteachse verwenden, wie im Bild unten. Der Nachteil: Automatisch berechnete Measures können nicht in andere Visualisierungen übernommen werden, sondern müssen jedes Mal neu berechnet werden, sie werden daher auch als implizite Measures bezeichnet.

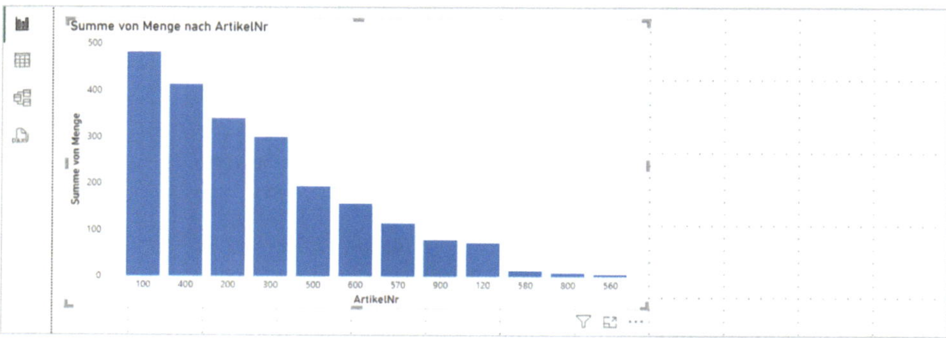

Bild 9.14 Das Measure Summe von Menge wurde automatisch berechnet

Measures explizit berechnen

Die bessere Alternative ist die explizite Berechnung von Measures. Diese erscheinen anschließend in der Feldliste des Bereichs *Daten* und sind somit in allen Visualisierungen verfügbar. Ihre Verwendung in Berichten ist flexibel, so kann beispielsweise die Umsatzsumme als Measure sowohl zur Visualisierung der Kundenumsätze als auch der Artikelumsätze oder im zeitlichen Kontext herangezogen werden. Darüber hinaus sind auch Berechnungen mit komplexen Formeln möglich.

Measures können in der Tabellen-, Berichts- oder Modellansicht berechnet werden, der grundlegende Ablauf ist immer derselbe:

1. Klicken Sie im Menüband, Register *Start* ▶ *Berechnungen* auf *Neues Measure*. Je nach Ansicht finden Sie diesen Befehl auch noch in den Registern *Tabellentools* (Tabellenansicht) und *Modellierung* (Berichtsansicht).

Bild 9.15 Neues Measure

2. Anschließend geben Sie in der Bearbeitungsleiste nach dem Gleichheitszeichen die Formel ein und überschreiben den vorläufigen Namen *Kennzahl* mit einem aussagefähigen Namen.

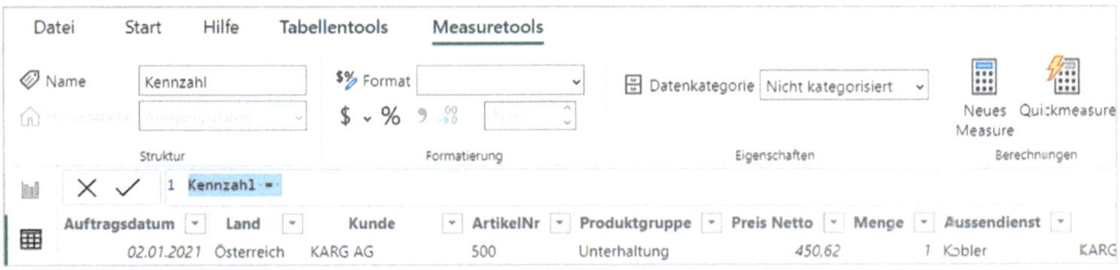

Bild 9.16 Geben Sie in der Bearbeitungsleiste die Formel ein

Formel nachträglich anzeigen und Measures bearbeiten

Measures werden der Feldliste der betreffenden Tabelle hinzugefügt und sind am Taschenrechner-Symbol zu erkennen. Klicken Sie in der Feldliste auf ein Measure, so erscheint die Formel in der Bearbeitungsleiste und kann hier ggf. geändert werden.

- **Zahlenformat**: Gleichzeitig steht im Menüband das Register *Measuretools* zur Verfügung, in dem Sie das Format ❶ festlegen und den Namen ändern können.
- **In andere Tabelle verschieben**: Falls Sie das markierte Measure in eine andere Tabelle verschieben möchten, so wählen Sie diese im Feld *Hometabelle* ❷ aus.

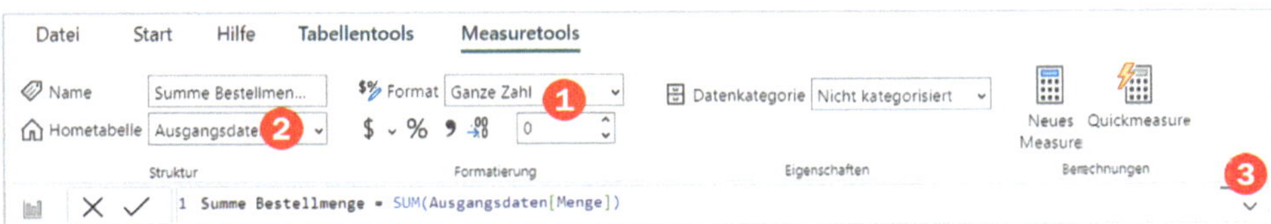

Bild 9.17 Formel anzeigen und Measure bearbeiten

- **Bearbeitungsleiste vergrößern**: Mit Klick auf den Pfeil ❸ kann die Bearbeitungsleiste zur Eingabe und Anzeige komplexer Formeln vergrößert und auch wieder verkleinert werden.
- **Measure löschen**: Um ein nicht benötigtes oder fehlerhaftes Measure zu löschen, genügt in der Feldliste ein Rechtsklick auf das betreffende Measure und der Befehl *Aus Modell löschen*.

Beispiel 1: Summe der Bestellmengen

Als einfaches Beispiel wird die Summe der Bestellmengen als Measure mit dem Namen *Summe Bestellmenge* berechnet: Klicken Sie auf *Neues Measure* und geben Sie die folgende Formel ein, die Funktion *SUM* und das Feld *Ausgangsdaten[Menge]* können durch einfaches Anklicken aus der Liste Autovervollständigen übernommen werden.

```
Summe Bestellmenge = SUM(Ausgangsdaten[Menge])
```

Bild 9.18 Funktion SUM eingeben

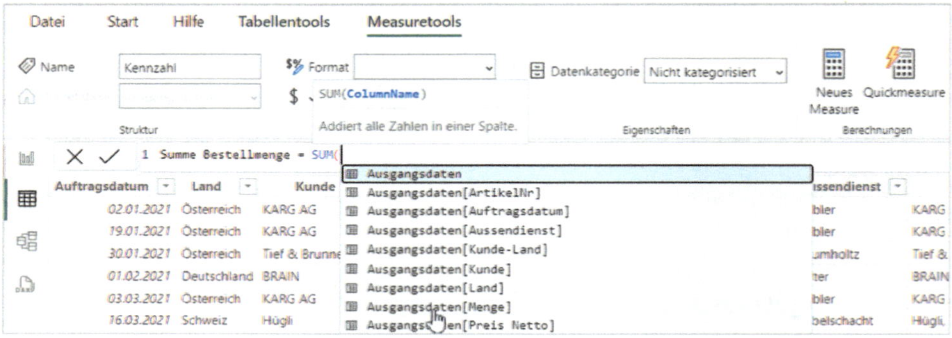

Beispiel 2: Umsatzsumme

Info: Die Funktion SUMX entspricht der Excel-Funktion SUMMENPRODUKT.

Hinweis: Die ursprüngliche Spalte *Einzelpreis Netto* wurde im Beispiel zuvor umbenannt.

Der Umsatz muss nicht zwingend zunächst als Spalte berechnet werden. Da hier die einzelnen Zeilenergebnisse nicht benötigt werden, ist die Berechnung der Umsatzsumme auch als Measure möglich. Dazu verwenden Sie die Funktion SUMX, beachten Sie aber die etwas abweichende Syntax: Im Gegensatz zu SUM erfordert SUMX zusätzlich den Namen der Tabelle.

```
=SUMX(Tabelle, Ausdruck)
```

```
Umsatz = SUMX(Ausgangsdaten, Ausgangsdaten[PreisNetto]*Ausgangsdaten[Menge])
```

Bild 9.19 Umsatzsumme als Measure berechnen

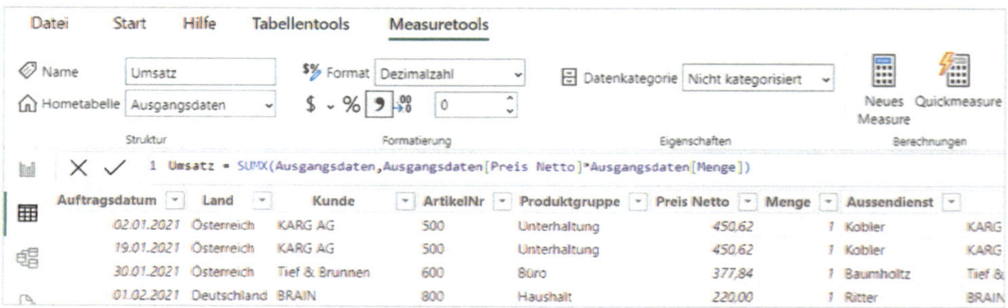

Bericht erstellen

Um anschließend einen Bericht zu erstellen, klicken Sie in der linken Leiste auf das Symbol *Berichtsansicht* ❶. Hier finden Sie die folgenden Hauptbereiche:

Bild 9.20 Bereiche der Berichtsansicht

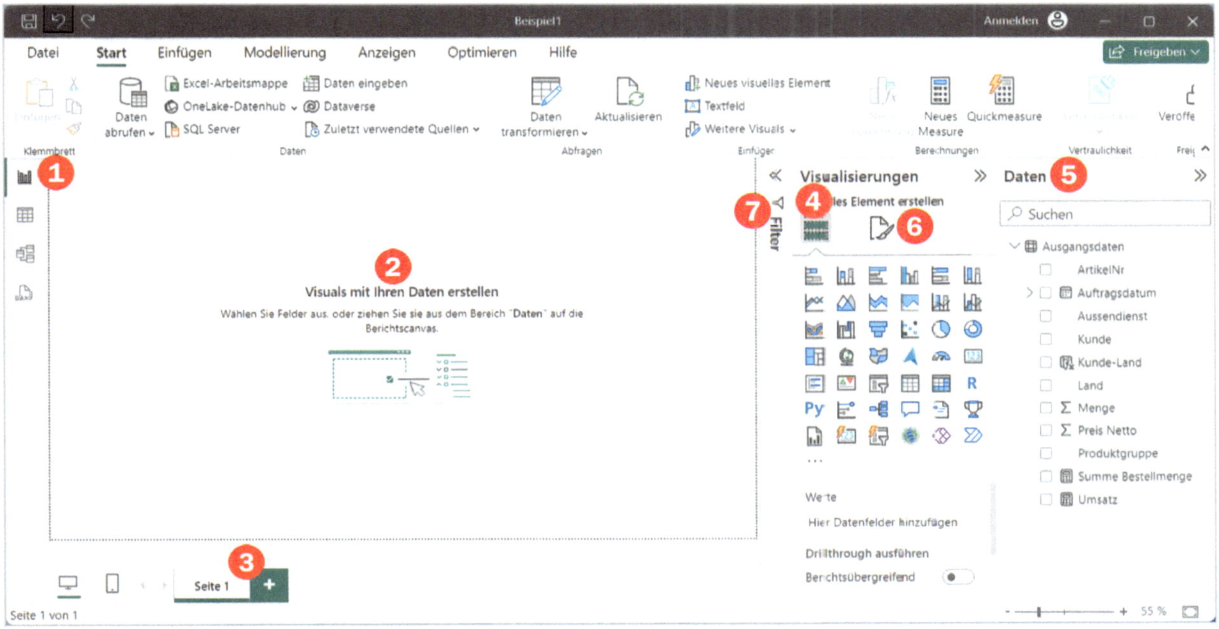

- Auf der Zeichenfläche ❷ ordnen Sie die Visualisierungen des Berichts an, dieser kann auch mehrere Seiten ❸ umfassen.
- Im Bereich *Visualisierungen* ❹ wählen Sie durch Anklicken die gewünschte Darstellung aus und fügen dann aus der Feldliste ❺ die benötigten Daten hinzu. Mit Klick auf dieses Symbol ❻ formatieren Sie die Visualisierung.
- Der Bereich *Filter* ❼ (im Bild eingeklappt) dient zum Filtern des Berichts.

Die Vorgehensweise im Detail

Nehmen wir als Beispiel an, Sie möchten die Kundenumsätze näher betrachten und zunächst die Zahlen als Tabelle in den Bericht einfügen.

1 Klicken Sie im Bereich *Visualisierungen* auf *Matrix*. Eine leere Tabelle wird im Zeichenbereich eingefügt. Die Position auf der Seite kann durch Verschieben mit der Maus geändert werden, Vergrößern oder Verkleinern erfolgt über die entsprechenden Rahmenmarkierungen.

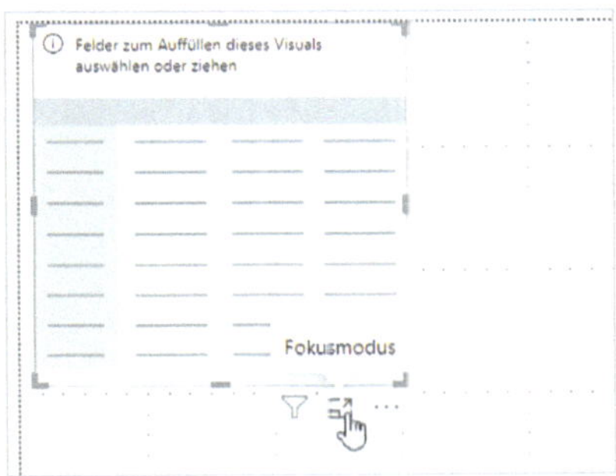

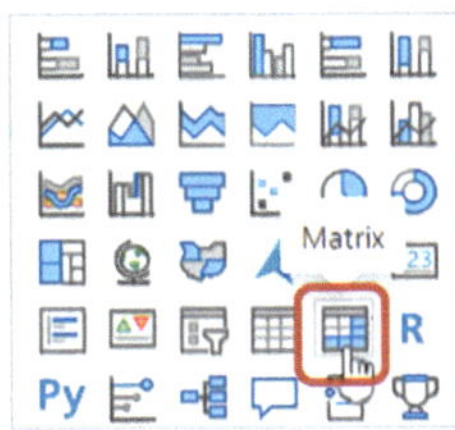

2 Zur weiteren Bearbeitung klicken Sie auf das Symbol *Fokusansicht*.

Aus Datumswerten wie hier dem Auftragsdatum wird automatisch eine Datumshierarchie mit Jahr, Quartal und Monat gebildet.

3 Aus den Kunden sollen die Zeilen gebildet werden; ziehen Sie also das Feld *Kunde* aus dem Bereich *Daten* in den Bereich *Visualisierungen* ❶ und unter *Zeilen* auf *(Hier Datenfelder einfügen)*. Die Spalten werden aus dem *Jahr* des Auftragsdatums ❷ gebildet und die Werte ❸ werden anhand des Measures *Umsatz* ermittelt.

Damit ist die erste Visualisierung fertig. Falls Sie daraus ein Feld wieder entfernen möchten, so klicken Sie auf das Symbol *Löschen* ❹ neben dem Feld und mit Klick auf *Zurück zum Bericht* ❺ gelangen Sie aus dem Fokusmodus zurück zur Berichtsseite.

Bild 9.21 Beispiel: Matrix erstellen

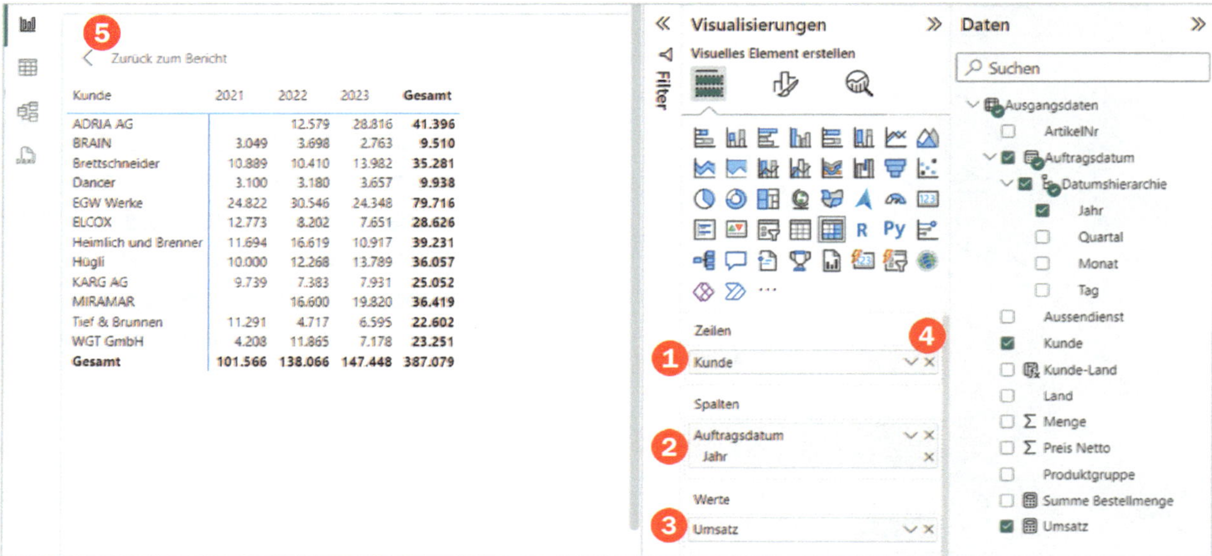

Genauso gehen Sie vor, wenn die Zahlen durch ein zusätzliches Diagramm verdeutlicht werden sollen. Klicken Sie zunächst auf eine beliebige freie Stelle des Zeichenbereichs und danach auf den gewünschten Visualisierungstyp, hier *Gestapeltes Balkendiagramm*. Wechseln Sie wieder in den Fokusmodus und ziehen Sie die Felder aus der Feldliste in die Bereiche, wie in Bild 9.22.

Bild 9.22 Gestapeltes Balkendiagramm

Achtung: Beim Hinzufügen eines weiteren Visuals darf kein vorhandenes Visual markiert sein, da sonst dessen Typ geändert wird!

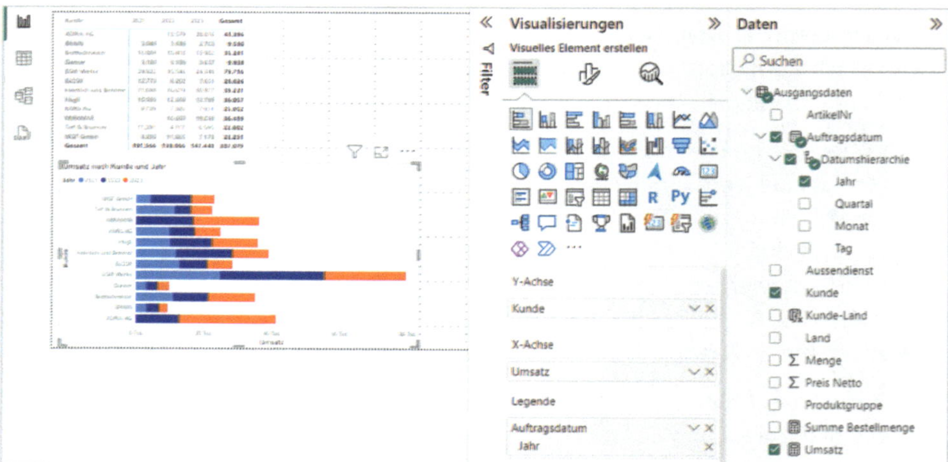

Visual sortieren

Um die Sortierung einer Visualisierung zu ändern, z. B. nach Umsatz statt nach der Beschriftung, so klicken Sie in der Berichtsansicht oder im Fokusmodus auf die drei Punkte (*Weitere Optionen*). Wählen Sie den zu sortierenden Bereich, hier *Achse sortieren* und danach das Feld sowie absteigende oder aufsteigende Sortierfolge.

Bild 9.23 Visual sortieren

Filter in Berichten

Verbundene Filter/Kreuzfilter

Normalerweise sind alle Visuals einer Berichtsseite untereinander verbunden, vorausgesetzt, sie basieren auf denselben Daten. Wenn Sie also in einem Visual einen Datenpunkt oder eine Datenreihe auswählen bzw. anklicken, so werden alle übrigen Visuals dieser Seite entsprechend gefiltert, dies wird als Kreuzfilterung bezeichnet. Ein weiterer Klick auf den Wert oder eine leere Stelle des Visuals hebt den Filter wieder auf.

Beispiel Kreuzfilter Datenreihe: Klicken Sie z. B. in Bild 9.24 in der Tabelle auf die Umsatzsumme des Jahres 2022, so wird hier die entsprechende Spalte hervorgehoben und im Balkendiagramm sind alle nicht dazugehörigen Datenreihen ausgegraut.

Kreuzfilter Datenpunkt: Klicken Sie dagegen im Diagramm auf einen Datenpunkt, z. B. Kunde ADRIA AG im Jahr 2023, so zeigt die Tabelle nur noch diesen Umsatz an.

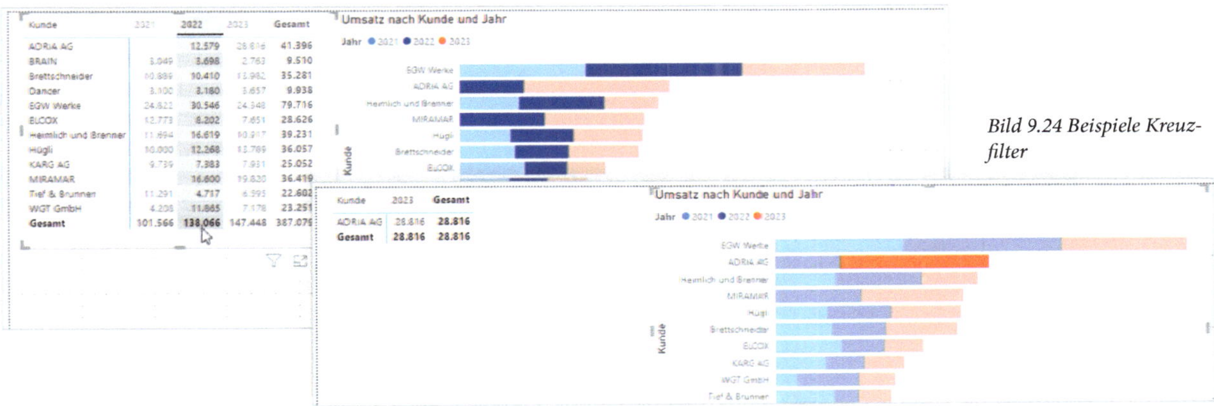

Bild 9.24 Beispiele Kreuzfilter

Der Bereich Filter

Im Gegensatz zur Kreuzfilterung durch Anklicken mit der Maus, können Sie im Bereich *Filter* dauerhafte Filter festlegen. Je nachdem, in welchem Abschnitt dies geschieht, gilt ein solcher Filter für das aktuell ausgewählte Visual, die aktuelle Seite oder alle Seiten des Berichts.

Bild 9.25 Der Filterbereich

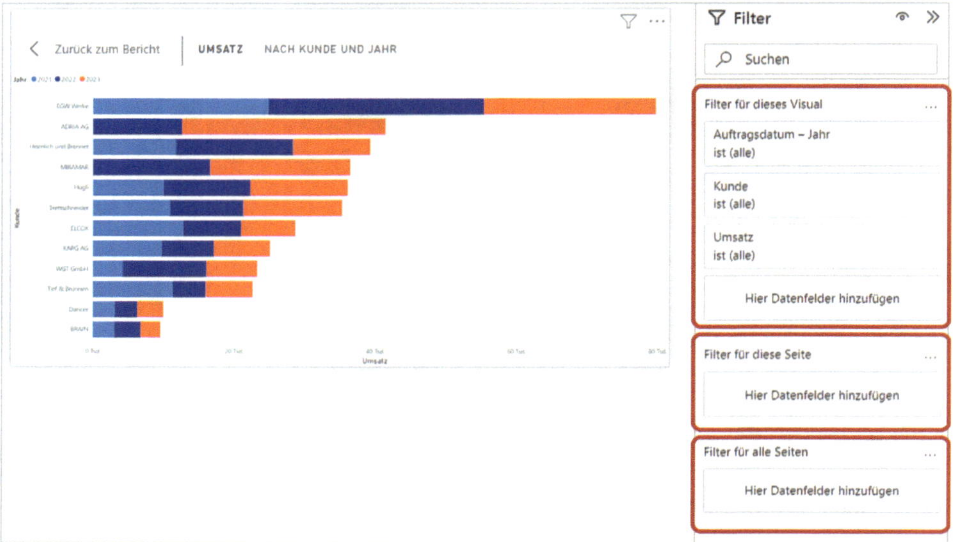

Filterbereich anzeigen: Falls der Bereich *Filter* eingeklappt ist, so klicken Sie zum Ausklappen auf den Doppelpfeil. Sollte dagegen der Filterbereich nicht sichtbar sein, kann er über das Menüband, Register *Anzeigen* und das Symbol *Filter* ein- und ausgeblendet werden.

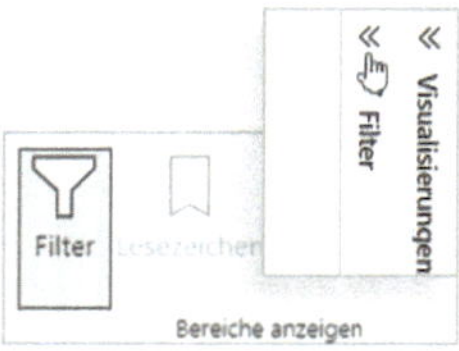

Visual filtern

Im Abschnitt *Filter für dieses Visual* ❶ werden alle, im aktuell ausgewählten Visual vorhandenen Felder aufgelistet. Zur Anzeige von Details klicken Sie entweder auf das Feld, hier *Auftragsdatum - Jahr* oder auf den nach unten weisenden Pfeil ❷ (*Erweitern*).

Bild 9.26 Filterdetails anzeigen

Bild 9.27 Einfacher Filter

Um beispielsweise im Balkendiagramm ausschließlich die Umsätze des Jahres 2023 anzuzeigen, wählen Sie den Filtertyp *Einfaches Filtern* ❸ und legen danach das Jahr ❹ per Kontrollkästchen fest.

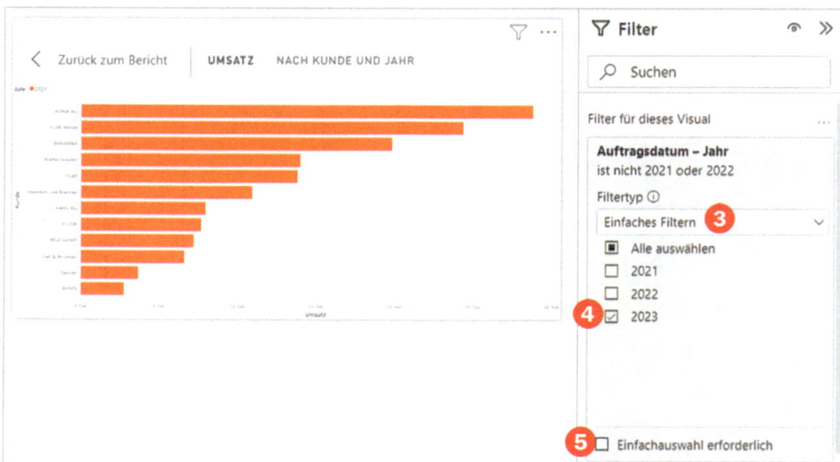

Tipps und Hinweise

- Falls Sie die standardmäßig zulässige Mehrfachauswahl unterbinden möchten, so aktivieren Sie das Kontrollkästchen *Einfachauswahl erforderlich* ❺.
- Die Filtermöglichkeiten sind nicht zwingend auf die, im Visual vorhandenen Felder beschränkt. Falls Sie z. B. nur eine Warengruppe oder einen bestimmten Artikel näher betrachten möchten, so ziehen Sie zusätzlich dieses Feld, hier *Artikel-Nr* auf *Hier Datenfelder hinzufügen*, wählen *Einfaches Filtern* und danach die Artikelnummer aus.
- **Achtung**: Ein angewendeter Filter ist zunächst nur im Bereich *Filter* ersichtlich, die Visualisierungen selbst enthalten keinerlei Hinweise. Wie Sie Filter mittels Datenschnitt oder mit dem Visualisierungstyp *Karte* hervorheben, erfahren Sie auf Seite 397 und Seite 403.

Filter entfernen: Auch bei ausgeblendeten Details sehen Sie im Bereich *Filter* alle verwendeten Filter. Um einen Filter zu entfernen, klicken Sie auf das Symbol *Filter löschen*.

Aktuelle Seite filtern

Möchten Sie dagegen die gesamte aktuelle Seite z. B. nach einem bestimmten Jahr filtern, so ziehen Sie das Feld *Auftragsdatum - Jahr* aus der Feldliste auf *Hier Datenfelder hinzufügen* im Abschnitt *Filter für diese Seite*, die weitere Vorgehensweise bleibt gleich. In Bild 9.28 ein Beispiel, bei dem die gesamte Berichtsseite nach dem Jahr 2023 und der Produktgruppe Büro gefiltert wurde.

Bild 9.28 Filter: Jahr 2023 und Produktgruppe Büro

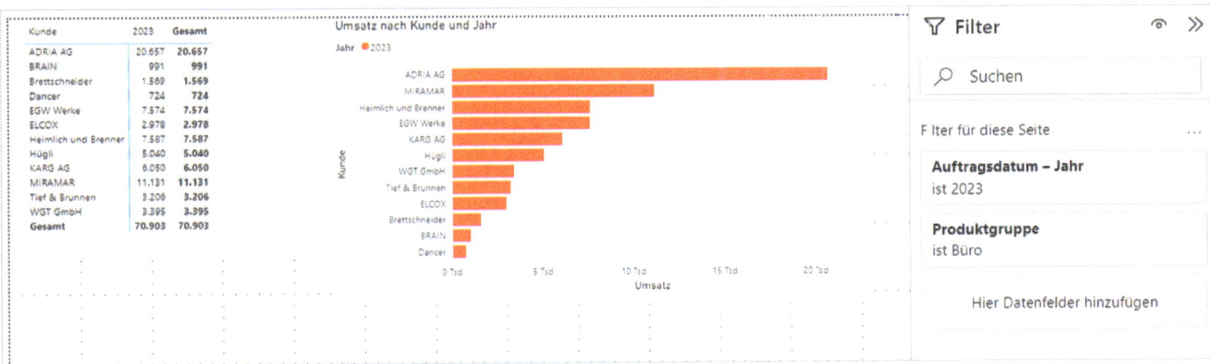

Bericht als Datei speichern

Um den Bericht als Datei auf einem lokalen Datenträger zu speichern, klicken Sie im Register *Datei* auf *Speichern* oder *Speichern unter*, geben einen Dateinamen ein und wählen den Speicherort und klicken abschließend auf *Speichern*.

Power BI-Dateien werden mit der Dateinamenerweiterung .pbix gespeichert.

Falls Sie einen anderen als den vorgeschlagenen Speicherort auswählen möchten, so klicken Sie entweder auf *Weitere Optionen...* oder wählen besser gleich den Befehl *Speichern unter* und klicken dann entweder auf *OneDrive* oder *Dieses Gerät durchsuchen*.

9.2 Daten importieren, transformieren und modellieren

Daten abrufen, Verbindung erstellen

Der erste Schritt in Power BI Desktop besteht immer aus dem Abrufen von Daten bzw. dem Herstellen einer Verbindung zur Datenquelle. Dazu klicken Sie im Menüband, Register *Start* ▶ *Daten* auf *Daten abrufen* ❶ und wählen den Typ Ihrer Datenquelle.

Noch mehr Auswahlmöglichkeiten, darunter Datenbanken, Onlinedienste und verschiedene Azure-Dienste erhalten Sie, wenn Sie auf *Weitere...* ❷ klicken. Wählen Sie dann im nachfolgenden Fenster *Daten abrufen* eine Datenquelle, z. B. *Web* ❸ und klicken Sie auf *Verbinden*. Anschließend werden Sie zur Eingabe einer URL oder sonstigen Verbindungsinformation aufgefordert, je nach Datenquelle können auch Anmeldeinformationen erforderlich sein.

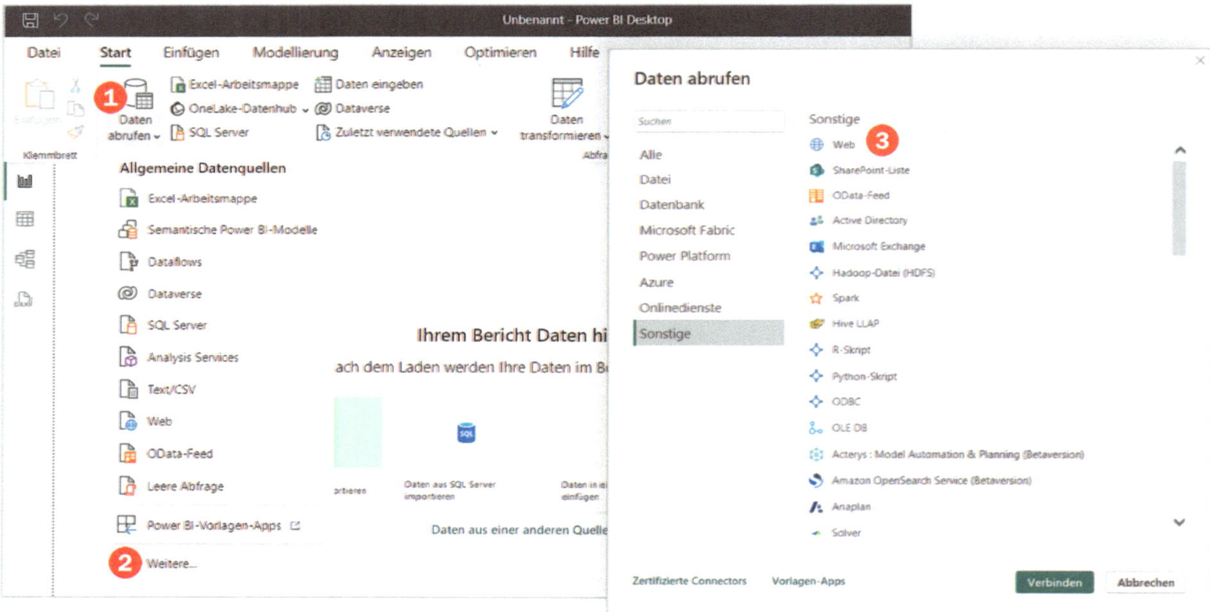

Bild 9.29 Daten abrufen, Power Query-Editor öffnen

Anschließend wird eine Verbindung zur Datenquelle hergestellt. Umfasst eine Datenquelle mehrere Tabellen bzw. Tabellenbereiche, wie z. B. Datenbanken, Excel-Arbeitsmappen oder manche Webseiten, dann werden im nächsten Schritt im Navigator die verfügbaren Tabellen aufgelistet, wie in Bild 9.30. Aktivieren Sie die Kontrollkästchen der benötigten Tabellen, dies können auch mehrere sein, und klicken Sie entweder auf *Laden*, um die Daten sofort in das Datenmodell von Power BI Desktop zu laden oder auf *Daten transformieren*, wenn Sie diese zuvor aufbereiten möchten.

Bei Verbindungen zu Text- oder CSV-Dateien sehen Sie dagegen nur eine Vorschau und können Codierung und Trennzeichen wählen.

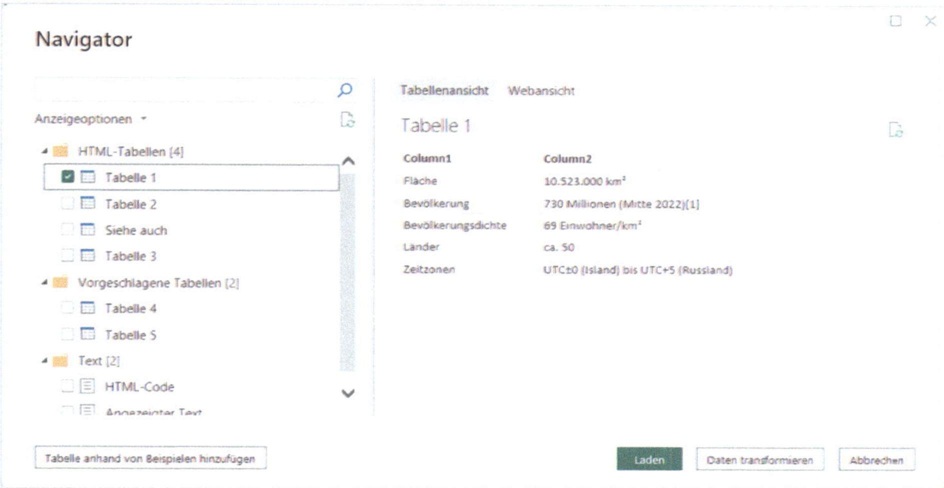

Bild 9.30 Tabellen im Navigator auswählen

Daten im Power Query-Editor transformieren

Zu Power BI Desktop gehört auch der Power Query-Editor, in dem Sie die Daten nach Ihren Anforderungen aufbereiten und schließlich in das Datenmodell laden. Die genaue Vorgehensweise ist in diesem Buch in Kapitel 5 „Erweiterte Abfragen mit Power Query" beschrieben.

- Um die Daten im Power Query-Editor zu bearbeiten, klicken Sie entweder beim Import auf die Schaltfläche *Daten transformieren* (s. Bild 9.30).
- Oder klicken Sie nachträglich in Power BI Desktop im Register *Start* des Menübands auf *Daten transformieren*.

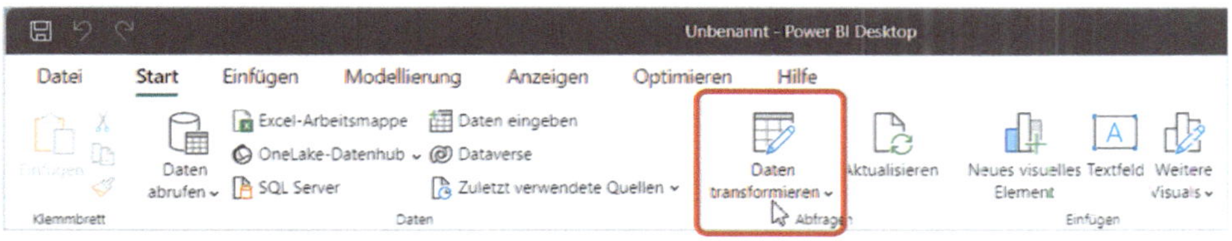

Bild 9.31 Power Query Editor öffnen

Beispiel Auftragsdaten im csv-Dateiformat abrufen

Auftraege.csv

Nehmen wir als Beispiel an, Ihnen liegen die, bereits im vorherigen Beispiel verwendeten Einzelaufträge aus den Jahren 2021 bis 2023 im CSV-Dateiformat vor. Dann klicken Sie auf *Daten abrufen* ▶ *Text/CSV*, wählen die Datei aus und klicken auf *Öffnen*.

Kontrollieren Sie die Vorschau und ändern Sie ggf. Dateiursprung und Trennzeichen. **Achtung**: Die Ausgangsdaten dieses Beispiels (Spalten *EinzelpreisNetto* und *Menge*) verwenden als Dezimaltrennzeichen den Punkt, dieser wird allerdings fälschlicherweise als Tausendertrennzeichen interpretiert. Klicken Sie daher zur weiteren Bearbeitung auf *Daten transformieren*.

Bild 9.32 Daten in der Vorschau kontrollieren

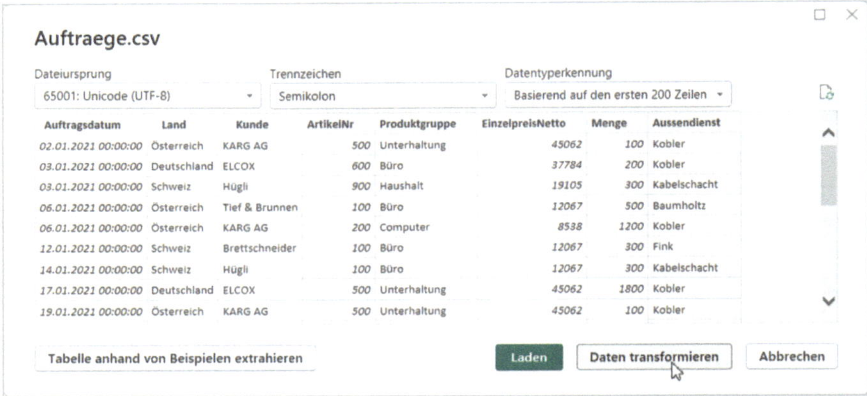

Vorsicht automatische Typänderung!

Die Tabelle erscheint nun im Power Query Editor ❶ und im Bereich *Abfrageeinstellungen* können Sie die bisher erfolgten Importschritte nachverfolgen. Klicken Sie auf den ersten Schritt *Quelle*, so sehen Sie in den Spalten *EinzelpreisNetto* und *Menge* noch den Punkt als Dezimaltrennzeichen ❷. Im nächsten Schritt *Höher gestufte Header* ❸ wurden die Inhalte der ersten Zeile als Spaltenüberschrift verwendet, auch dies ist noch korrekt. Erst mit dem Schritt *Geänderter Typ* wurde den Spalten automatisch ein Datentyp zugewiesen, in diesem Fall *Ganze Zahl*. Klicken Sie bei diesem Schritt auf das Symbol *Löschen* ❹, um die Typänderung zu entfernen.

Bild 9.33 Automatische Typänderung kontrollieren und löschen

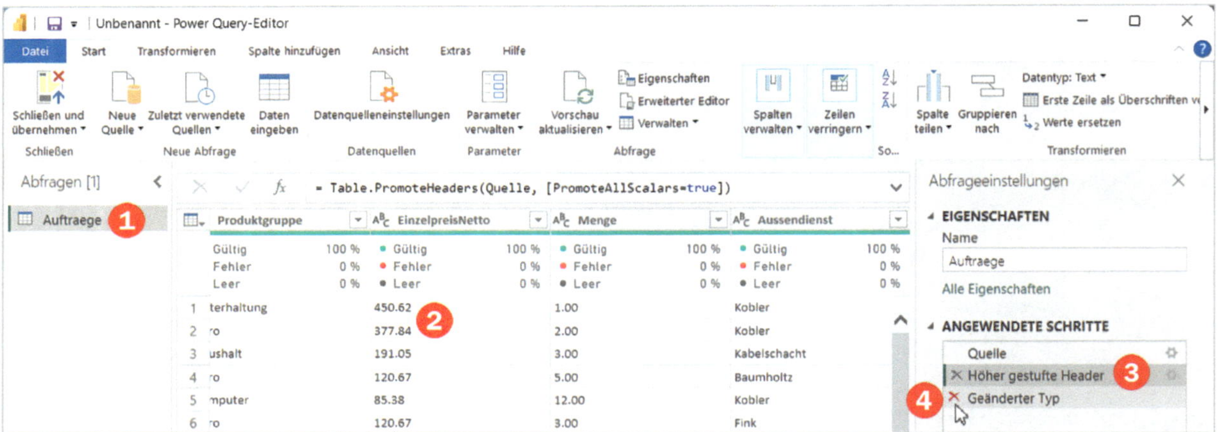

Datentyp anhand eines Gebietsschemas zuweisen

Anschließend wählen Sie für jede Spalte den korrekten Datentyp aus.

Sollte das Auftragsdatum nicht korrekt erkannt werden, kann hier auch eine Typänderung mit Gebietsschema (s. unten) erforderlich sein.

- Klicken Sie auf das Symbol *Datentyp* (hier Text A^B_C) links von Überschrift der Spalte *Auftragsdatum* und wählen Sie *Datum/Uhrzeit*. Da die Uhrzeit eigentlich nicht benötigt wird, klicken Sie anschließend nochmals auf das Symbol *Datentyp* derselben Spalte und wählen *Datum*. **Achtung**: Sofort den Datentyp *Datum* zuweisen, erzeugt einen Fehler!

- Da die Schreibweise der Zahlen in den Spalten *EinzelpreisNetto* und Menge der US-amerikanischen Schreibweise entspricht, ist zum Ändern des *Datentyps* ein Gebietsschema erforderlich. Klicken Sie daher in die Überschrift der ersten zu ändernden Spalte, danach mit gleichzeitig gedrückter **Strg**-Taste auf das Datentyp-Symbol der zweiten Spalte *Menge* und wählen Sie *Mit Gebietsschema....*

  Um nachfolgenden Fenster wählen Sie den Datentyp *Feste Dezimalzahl* und das Gebietsschema *Englisch (USA)*. Alternativ könnte für die Spalte *Menge* auch der Datentyp *Ganze Zahl* gewählt werden.

Bild 9.34 Datentyp mit Gebietsschema ändern: Beispiel Datum

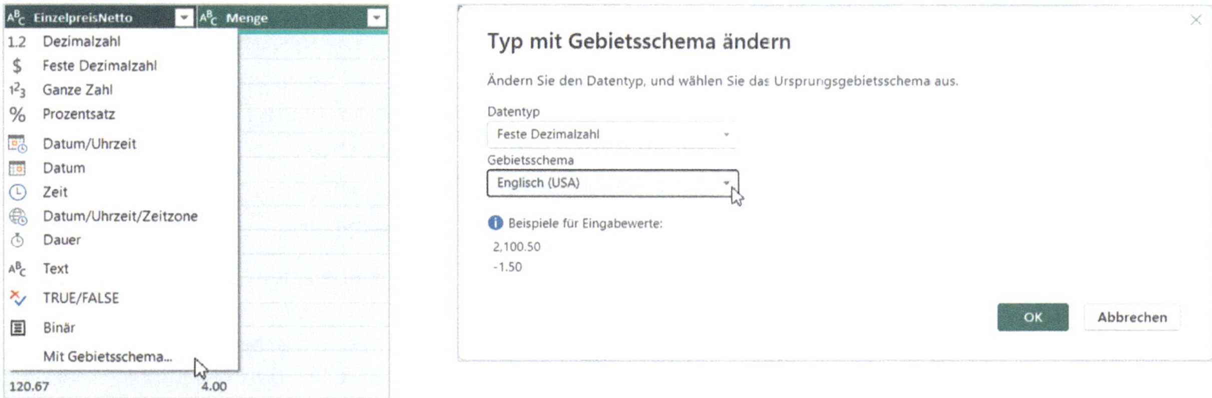

Für die übrigen Spalten wird der Datentyp *Text* beibehalten. Unterhalb der Spaltenüberschriften zeigt die Zeile *Spaltenqualität* (ein- und auszublenden im Register *Ansicht*), ob die jeweiligen Spaltenwerte korrekt sind.

Bild 9.35 Die Daten wurden nun in den korrekten Datentyp umgewandelt

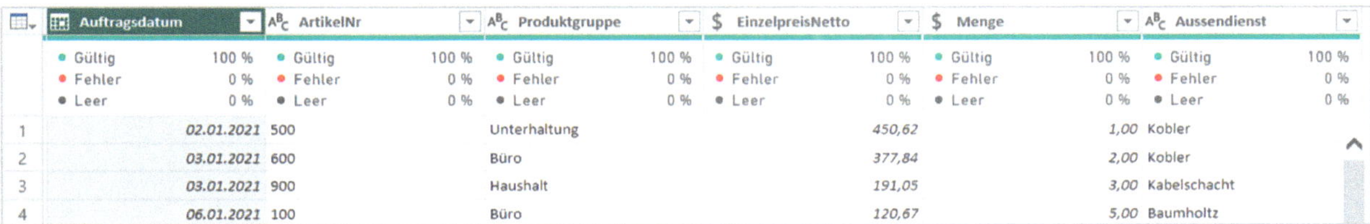

Power Query-Editor beenden

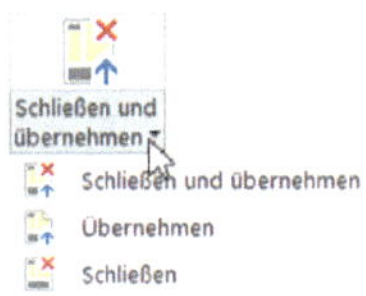

Zum Beenden des Power Query-Editors klicken Sie im Menüband, Register *Start* auf *Schließen und übernehmen*. **Achtung**: Die Auswahl *Schließen* dagegen schließt den Power Query-Editor ohne Speichern der vorgenommenen Änderungen.

> Neben der hier beschriebenen Kontrolle und Änderung der Datentypen bietet sich Power Query auch zum Entfernen überflüssiger Spalten und Zeilen, z. B. oberhalb der eigentlichen Tabelle sowie zum Filtern oder Gruppieren von Datensätzen an. Die Berechnung von Spalten ist ebenfalls möglich, allerdings sollten Sie prüfen, ob nicht Berechnungen mit Power BI Desktop die bessere Lösung sind, z. B. in Form von Measures. Auch das Zusammenfügen von Daten aus zwei oder mehr Datenquellen ist meist mit Hilfe des Datenmodells von Power BI wesentlich komfortabler und bietet mehr Übersicht.

Datenmodellierung, Beziehungen erstellen

Mit Power BI Desktop lassen sich auch Daten aus mehreren verschiedenen Datenquellen zusammenführen und analysieren. Voraussetzung sind Beziehungen zwischen den Tabellen. Die Grundlagen und Voraussetzungen für die Datenmodellierung sind in Kapitel 7 beschrieben und die Vorgehensweise unterscheidet sich nur wenig von Power Pivot (s. „Beziehungen zwischen Tabellen erstellen und bearbeiten" auf Seite 291 ff).

Beziehungen in der Modellansicht anzeigen

In manchen Fällen werden Beziehungen beim Import automatisch erstellt. Da jedoch die automatische Erkennung auf übereinstimmenden Spaltenbezeichnungen basiert, sollten Sie in jedem Fall alle Beziehungen kontrollieren und ggf. ändern oder manuell erstellen. Dies geschieht am besten in der Modellansicht.

Ordner: Kap_09/ Gwand_GmbH

Für das nachfolgende Beispiel wurden die Beispieldaten im Dateiformat .txt eines fiktiven Bekleidungsherstellers (Gwand GmbH) aus Kapitel 8 verwendet und importiert.

Klicken Sie links auf das Symbol *Modellansicht* ❶. Neben dem Datenmodell erscheinen die importierten Tabellen auch im Bereich *Daten* ❷, die dazugehörigen Felder werden mit Klick auf die Pfeile ein- und ausgeblendet. Im Bereich *Eigenschaften* ❸ sehen Sie Details zur markierten Beziehung, hier zwischen den Tabellen *tblBestellungen* und *tblPosten* ❹. Zeigen Sie zusätzlich mit der Maus auf die Beziehungslinie, so werden in beiden Tabellen die verbundenen Felder hervorgehoben.

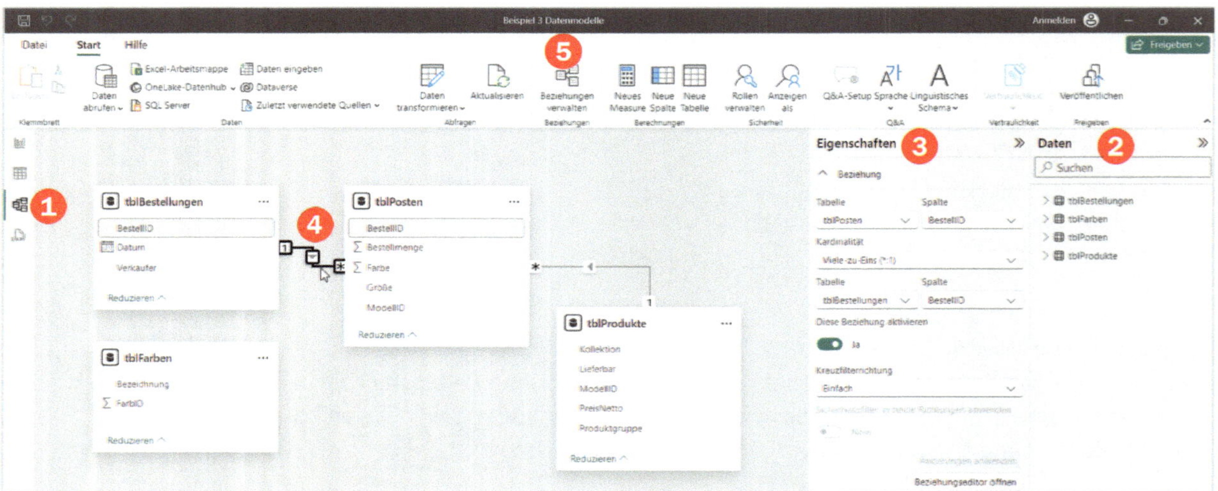

Bild 9.36 Die Tabellen des Datenmodells in der Modellansicht

Das Fenster Beziehungen verwalten

Alternativ können Sie Beziehungen auch im Fenster *Beziehungen verwalten* anzeigen und bearbeiten. Dazu klicken Sie in der Modellansicht im Register *Start* des Menübands auf *Beziehungen verwalten* ❺. In der Berichtsansicht finden Sie den Befehl *Beziehungen verwalten* im Register *Modellierung* und in der Tabellenansicht in den Registern *Start* und *Tabellentools*.

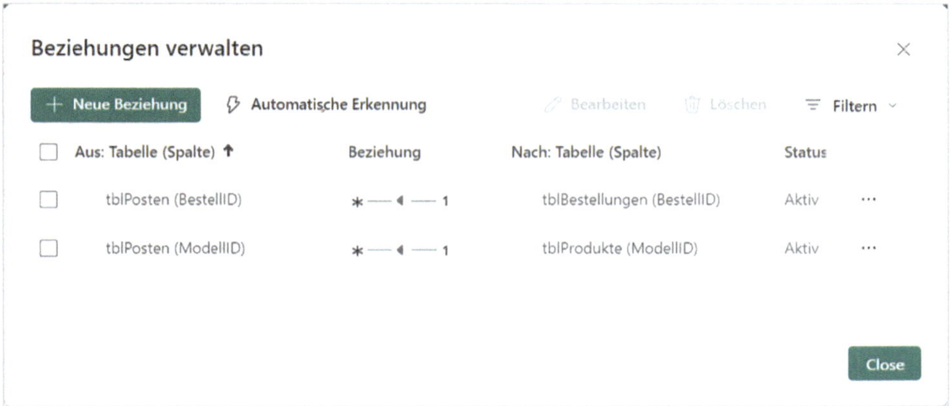

Bild 9.37 Beziehungen verwalten

Beziehung erstellen

Beim hier verwendeten Beispiel wurde zwischen den Tabellen *tblPosten* und *tblFarben* durch die automatische Erkennung keine Beziehung erstellt, da sich die Spaltenbezeichnungen in den Tabellen unterscheiden. Um die Beziehung manuell zu erstellen, haben Sie verschiedene Möglichkeiten:

Fenster Beziehungen verwalten

1. Öffnen Sie das Fenster *Beziehungen verwalten* (s. oben) und klicken Sie auf die Schaltfläche *Neue Beziehung*. Wählen Sie im nachfolgenden Fenster *Neue Beziehung* in den Feldern *Von Tabelle* und *In Tabelle* die beiden Tabellen aus, zwischen denen eine Beziehung erstellt werden soll (hier *tblPosten* ❶ und *tblFarben* ❷).

2. Um die Spalten für die Beziehung auszuwählen, klicken Sie in der Vorschau der jeweiligen Tabelle in die betreffende Spalte, hier *Farbe* ❸ und *FarbID* ❹ (Bild 9.38). Kontrollieren Sie Kardinalität und Kreuzfilterrichtung und klicken Sie abschließend auf *Speichern*.

   Zur Erklärung: Die **Kardinalität** beschreibt das Verhältnis der Spalteninhalte zueinander und wird meist automatisch erkannt. Der häufigste Fall, nämlich *Viele-zu-Eins (*:1)* wie hier bedeutet, die jeweilige Farbe kann in der ersten Tabelle, hier *tblPosten* mehrfach (n oder *) enthalten sein (Fremdschlüssel), in der dazugehörigen Spalte der zweiten Tabelle dagegen nur ein einziges Mal (Primärschlüssel). Weitere mögliche Kardinalitäten sind Eins-zu-Eins und M zu N, wenn in beiden Tabellen Werte mehrfach vorkommen. Letztere ist allerdings nur unter Einbeziehung weiterer Tabellen möglich und wird hier nicht näher beschrieben.

   Primär- und Fremdschlüssel siehe auch Kap. 7.

   Die **Kreuzfilterrichtung** regelt die Behandlung von Filtern in Berichten, wobei die Standardeinstellung *Einfach* bedeutet, dass Filter in verknüpften Tabellen auf die Tabelle angewendet werden, in der die Werte aggregiert werden.

Bild 9.38 Tabellen auswählen

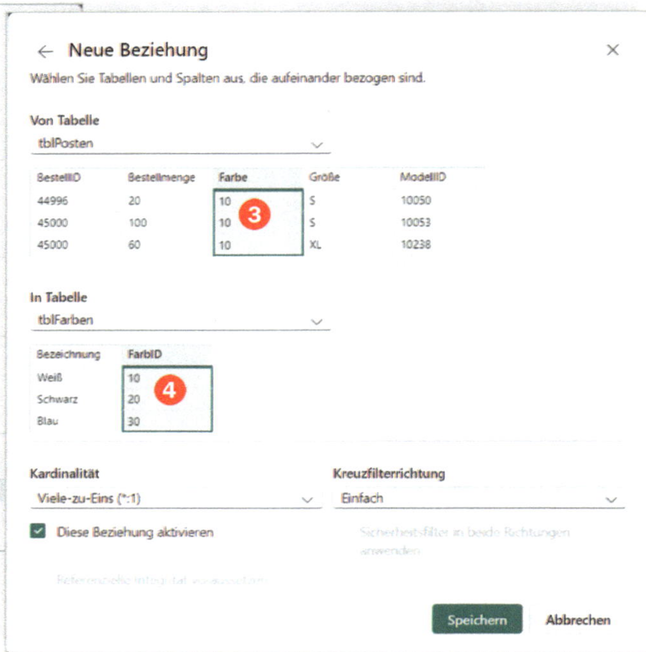

Bild 9.39 Spalten festlegen

Beziehung in der Modellansicht mit der Maus erstellen

Als zweite Möglichkeit können Sie in der Modellansicht eine Beziehung auch durch Ziehen mit der Maus erstellen. Dazu klicken Sie in ersten Tabelle auf das Feld, über das Sie die Beziehung erstellen möchten und ziehen es dann mit gedrückter Maustaste auf das passende Feld der anderen Tabelle, die Richtung spielt in den meisten Fällen keine Rolle. Anschließend können Sie im Bereich *Eigenschaften* die markierte Beziehung kontrollieren und im Bedarfsfall nachträglich bearbeiten.

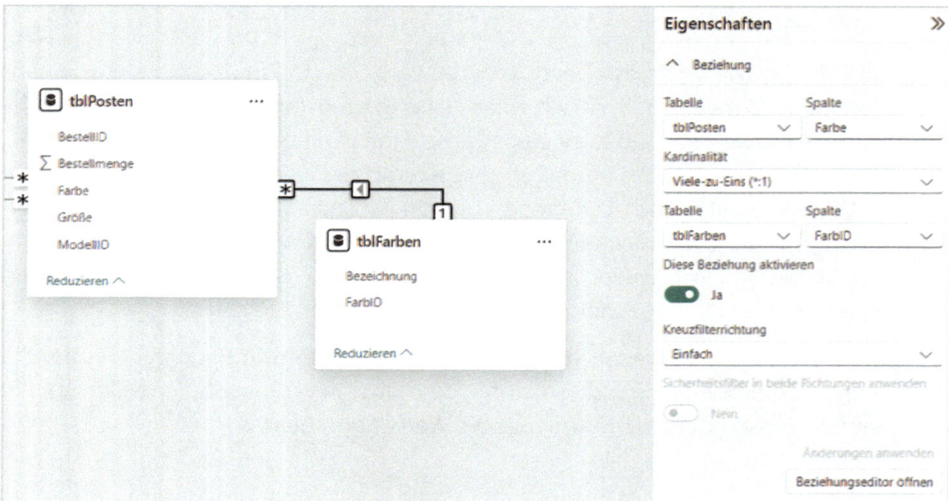

Bild 9.40 Beziehung in den Eigenschaften anzeigen

Hinweis: Mit der Schaltfläche *Beziehungseditor öffnen*, kann die Beziehung im Fenster *Beziehung bearbeiten* geöffnet werden, s. Bild 9.39 oben)

Beziehung löschen

Um eine Beziehung zu löschen, öffnen Sie entweder das Fenster *Beziehungen verwalten* (s. Bild 9.37), aktivieren das Kontrollkästchen der zu entfernenden Beziehung und klicken auf die Schaltfläche *Löschen*. In der Modellansicht genügt alternativ ein Rechtsklick auf die Beziehungslinie und Auswahl des Befehls *Löschen*. In beiden Fällen müssen Sie anschließend das endgültige Löschen der Beziehung nochmals bestätigen.

9.3 Berechnungen durchführen

Berechnungen sind in Power BI Desktop auf vielfältige Art möglich. So können Sie neben Spalten und Measures auch Tabellen berechnen und in Berichten visuelle Berechnungen durchführen.

In diesem Kapitel werden aus Platzgründen nur einige ausgewählte und häufig verwendete DAX-Funktionen beschrieben. Weitere Beispiele finden Sie in Kapitel 8 dieses Buches.

Eine vollständige Übersicht finden Sie bei Microsoft unter dem Stichwort DAX-Funktionsreferenz.

Spalten berechnen

Spalten lassen sich in Power BI Desktop sowohl in der Tabellenansicht als auch mit Power Query berechnen. Hinzu kommen Measures für zusammenfassende Kennzahlen, die in vielen Fällen auch berechnete Spalten ersetzen können. Die Unterschiede liegen in den verwendeten Formelsprachen, der Speicherung und in ihren Verwendungsmöglichkeiten, die nachfolgende Tabelle liefert eine kleine Übersicht.

	Benutzerdefinierte Spalte (Power Query)	Spalte berechnen	Measure
Formelsprache	M	DAX	DAX
Berechnung / Neuberechnung	Ergebnisse gespeichert/ Datenaktualisierung	Ergebnisse gespeichert/ Datenaktualisierung	nach Bedarf
Kontext	Zeilenbasiert	Zeilenbasiert	Filterbasiert
Gespeichert in	Tabelle	Datenmodell	Datenmodell
Verwendung	Datenschnitte, Filter, Zeilen, Spalten	Datenschnitte, Filter, Zeilen, Spalten	Wert in einem visuellen Element

Die Berechnung von Spalten mit DAX-Formeln und Funktionen hat gegenüber Power Query den Vorteil, dass diese im Datenmodell statt in der Tabelle gespeichert werden und somit auch auf andere Tabellen des Datenmodells verweisen können. Hinzu kommt der, im Vergleich zu Power Query wesentlich größere Funktionsumfang. So ist beispielsweise die Ermittlung der korrekten Kalenderwoche nach ISO mit der DAX-Funktion WEEKNUM und dem Parameter *return_Type* 21 kein Problem. Um eine Spalte zu berechnen, brauchen Sie nur in der Tabellenansicht im Menüband, Register *Start* auf *Neue Spalte* klicken und anschließend die Formel eingeben. Ein einfaches Beispiel finden Sie in diesem Kapitel auf Seite 361, sowie weitere Beispiele in Kapitel 8.

Berechnete Tabellen erstellen

Neben Spalten und Measures gibt es im Gegensatz zu Power Pivot in Power BI Desktop auch die Möglichkeit, ganze Tabellen mit speziellen DAX-Funktionen berechnen.

Kalendertabelle aus Datenmodell berechnen

Achtung: Die Berechnung von Tabellen mit Funktionen wie CALENDARAUTO, UNION und DISTINCT steht in Excel bzw. Power Pivot nicht zur Verfügung!

Den Nutzen von Kalendertabellen haben Sie bereits in Kapitel 8.9 dieses Buches kennengelernt. In Power BI Desktop lässt sich eine solche Tabelle basierend auf den geladenen Daten mit der Funktion CALENDARAUTO erstellen:

```
CALENDARAUTO([fiscal_year_end_month])
```

Diese Funktion liefert als Rückgabewert eine Tabelle mit einer einzigen Spalte. Diese besitzt den Namen *Date* und enthält ein fortlaufendes Datum. Der Datumsbereich wird aus den, im Datenmodell vorhandenen, Daten automatisch ermittelt und umfasst alle Datumswerte zwischen dem ersten und dem letzten Monat des jeweiligen Geschäftsjahres. Das optionale Argument *fiscal_year_end_month* legt den jeweils letzten Monat des Geschäftsjahres fest und ist ein Wert zwischen 1 und 12. Wenn nichts angegeben wird, ist der Standardwert 12.

Beispiel: Das Datenmodell umfasst Datumswerte zwischen dem 08.02.2023 und dem 18.11.2024:

- CALENDARAUTO() → alle Datumswerte zwischen 01.01.2023 und 31.12.2024.
- CALENDARAUTO(6) → alle Datumswerte zwischen 01.01.2023 und 30.06.2024.

Beispiel Kalendertabelle

Auftraege.csv

Für dieses Beispiel greifen wir auf die, in Punkt 9.2 auf Seite 370 importierte Datentabelle Auftraege.csv zurück. Diese enthält Aufträge der Jahre 2021 bis 2023. Zwar wurde aus dem Auftragsdatum automatisch eine Datumshierarchie mit Jahr, Quartal, Monat und Tag erstellt, häufig werden aber auch noch andere Datumseinheiten, z. B. Kalenderwochen benötigt, daher soll jetzt eine Kalendertabelle berechnet werden.

Klicken Sie in der Tabellenansicht im Register *Start* ▶ *Berechnungen* oder im Register *Tabellentools* auf *Neue Tabelle* ❶ und geben Sie die folgende Formel ein ❷, die berechnete Tabelle erhält den Namen Kalender:

```
Kalender = CALENDARAUTO()
```

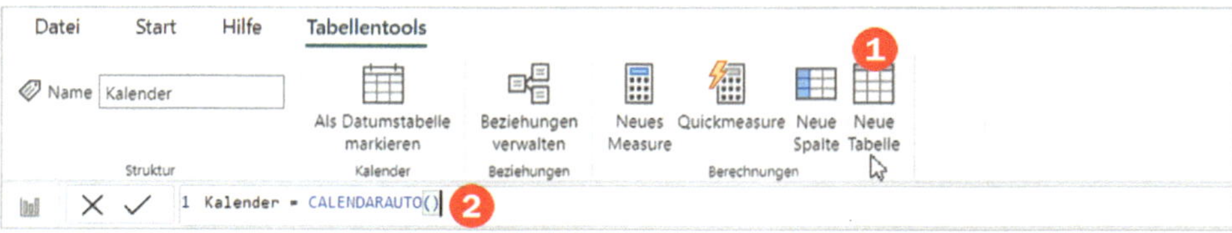

Bild 9.41 Funktion CALENDARAUTO() eingeben

Als Datumstabelle festlegen: Damit die Tabelle in datumsbezogenen Visualisierungen verwendet werden kann, muss sie noch als Datumstabelle gekennzeichnet werden. Klicken Sie dazu im Register *Tabellentools* auf *Als Datumstabelle markieren* ❸, ändern

Sie im nachfolgenden Fenster den Schalter auf *Ein* und wählen Sie die Spalte *Date* als Datumsspalte ❹. Klicken Sie abschließend auf *Speichern*.

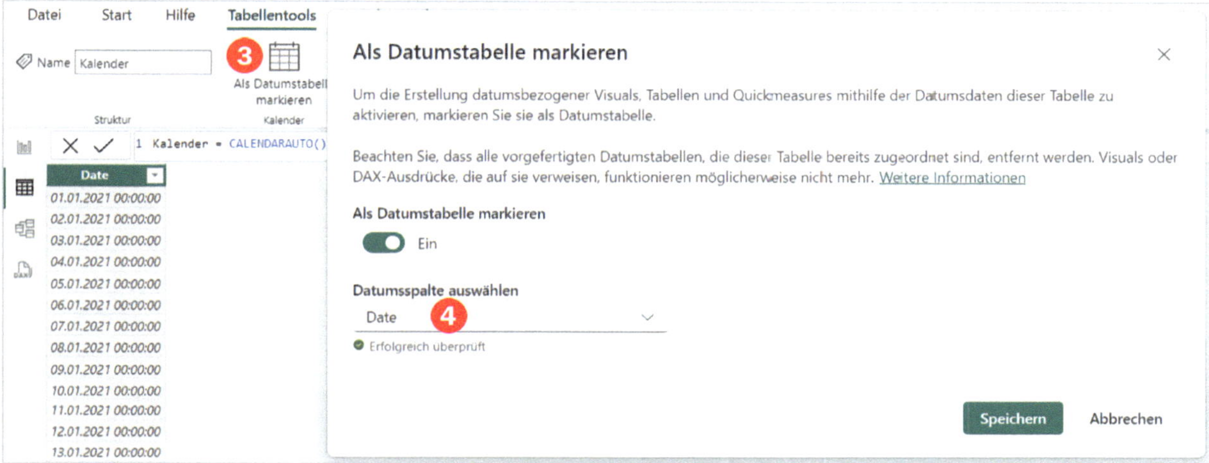

Bild 9.42 Als Datumstabelle markieren

Die Datumswerte der Spalte *Date* sind automatisch vom Datentyp *Datum/Uhrzeit*. Wenn die Uhrzeit nicht benötigt wird, dann sollten Sie der Spalte das Format TT.MM.JJJJ (*Short Date*) zuweisen. Die weiteren Spalten werden dann mit den Funktionen YEAR, QUARTER, MONTH, FORMAT und WEEKNUM berechnet:

Das Format der Spalte *Date* sollte mit dem Datumsformat der übrigen Tabellen des Datenmodells übereinstimmt. Dies ist aber nicht zwingend erforderlich.

```
Jahr = YEAR(Kalender[Date])
Quartal = QUARTER(Kalender[Date])
MonatKurz = MONTH(Kalender[Date])
MonatLang = FORMAT(Kalender[Date],"MMMM")
Kalenderwoche = WEEKNUM(Kalender[Date],21)
```

Achtung: Komma als Listentrennzeichen!

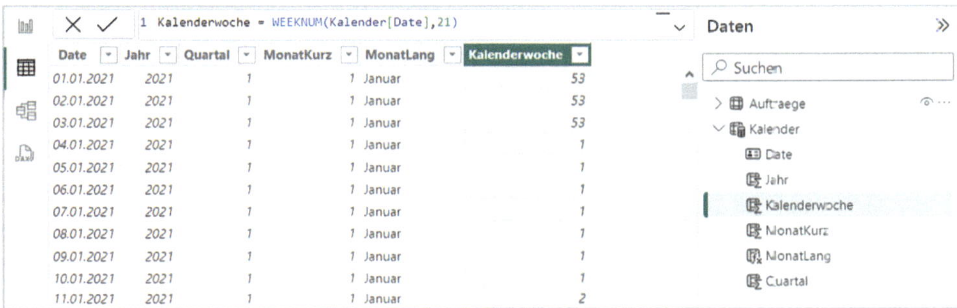

Bild 9.43 Die weiteren Spalten berechnen

Beachten Sie beim Hinzufügen einer berechneten Kalendertabelle

Wenn Sie eine berechnete Kalendertabelle als Datumstabelle markieren, werden dadurch alle automatisch erstellten Datumshierarchien entfernt.

Im letzten Schritt sollten Sie noch kontrollieren, ob eine Beziehung zwischen der Kalendertabelle und der Tabelle Auftraege erstellt wurde und diese ggf. manuell erstellen. Klicken Sie dazu entweder in der Tabellenansicht, Register *Tabellentools* auf *Beziehungen verwalten* oder wechseln Sie zur Modellansicht, wie im Bild unten.

Bild 9.44 Beziehung erstellen/kontrollieren

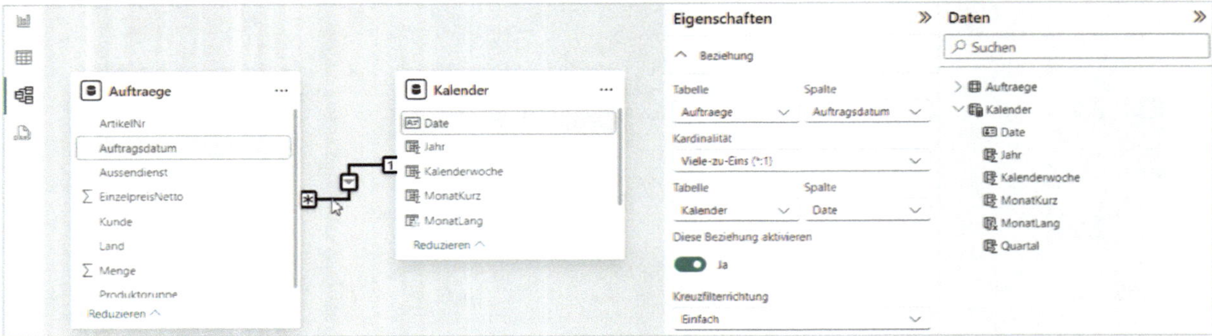

Zwei Tabellen aneinanderfügen (UNION)

Mit der DAX-Funktion UNION lassen sich zwei und mehr Tabellen aneinanderfügen, vorausgesetzt alle Tabellen sind identisch aufgebaut. Die Syntax ist einfach:

```
UNION = (Tabelle1, Tabelle2, ...)
```

Hierzu ein einfaches Beispiel, bei dem die Verkaufszahlen in getrennten Tabellen vorliegen: Verkauf_München und Verkauf_Köln.

Bild 9.45 Verkauf_München

Datum	Kunde	Produkt	Menge	Verkaufstelle
01.02.2023	140	S-54	1	München
01.02.2023	32	V-19	4	München
02.02.2023	560	A-20	9	München
05.02.2023	943	A-30	7	München
07.02.2023	602	S-40	10	München
09.02.2023	400	V-19	12	München
12.02.2023	260	A-20	3	München

Bild 9.46 Verkauf_Köln

Datum	Kunde	Produkt	Menge	Verkaufstelle
05.02.2023	900	A-20	3	Köln
06.02.2023	750	A-45	5	Köln
08.02.2023	601	S-54	10	Köln
08.02.2023	390	S-40	1	Köln
09.02.2023	730	V-19	2	Köln
09.02.2023	506	A-20	4	Köln
10.02.2023	178	S-54	18	Köln

Verkauf_München.xlsx

Verkauf_Köln.xlsx

Um die beiden Tabellen in einer Tabelle zusammenzufassen, klicken Sie auf *Start* ▶ *Neue Tabelle* und geben folgende Formel ein, das Ergebnis sehen Sie im Bild darunter:

```
Gesamt = UNION('Verkauf_Köln', 'Verkauf_München')
```

Bild 9.47 Tabellen mit UNION aneinanderfügen

```
1 Gesamt = UNION('Verkauf_Köln', 'Verkauf_München')
```

Datum	Kunde	Produkt	Menge	Verkaufstelle
05.02.2023 00:00:00	900	A-20	3	Köln
06.02.2023 00:00:00	750	A-45	5	Köln
08.02.2023 00:00:00	601	S-54	10	Köln
08.02.2023 00:00:00	390	S-40	1	Köln
09.02.2023 00:00:00	730	V-19	2	Köln
09.02.2023 00:00:00	506	A-20	4	Köln
10.02.2023 00:00:00	178	S-54	18	Köln
01.02.2023 00:00:00	140	S-54	1	München
01.02.2023 00:00:00	32	V-19	4	München
02.02.2023 00:00:00	560	A-20	9	München
05.02.2023 00:00:00	943	A-30	7	München
07.02.2023 00:00:00	602	S-40	10	München
09.02.2023 00:00:00	400	V-19	12	München

Tabelle aus eindeutigen Werten einer Spalte

Wenn Sie für Analysezwecke eine Tabelle aus eindeutigen Werten einer Spalte bilden möchten, dann verwenden Sie dazu die DAX-Funktion DISTINCT.

```
DISTINCT(Spalte)
```

Beispiel: Eine Liste aller Kunden aus der Tabelle Auftraege, Duplikate werden ignoriert. In Bild 9.48 ein Auszug aus der Originaltabelle und rechts daneben das Ergebnis.

```
Kunden = DISTINCT(Auftraege[Kunde])
```

Auftragsdatum	Land	Kunde	ArtikelNr	Produktgruppe	EinzelpreisNetto	Menge
02.01.2021	Österreich	KARG AG	500	Unterhaltung	450.62	1
03.01.2021	Deutschland	ELCOX	600	Büro	377.84	2
03.01.2021	Schweiz	Hügli	900	Haushalt	191.05	3
06.01.2021	Österreich	KARG AG	200	Computer	85.38	12
06.01.2021	Österreich	Tief & Brunnen	100	Büro	120.67	5
12.01.2021	Schweiz	Brettschneider	100	Büro	120.67	3
14.01.2021	Schweiz	Hügli	100	Büro	120.67	3
17.01.2021	Deutschland	ELCOX	500	Unterhaltung	450.62	18
19.01.2021	Österreich	KARG AG	500	Unterhaltung	450.62	1
21.01.2021	Schweiz	Brettschneider	500	Unterhaltung	450.62	5
25.01.2021	Österreich	Tief & Brunnen	200	Computer	85.38	5
30.01.2021	Deutschland	WGT GmbH	600	Büro	377.84	6
30.01.2021	Österreich	Tief & Brunnen	600	Büro	377.84	1
01.02.2021	Deutschland	BRAIN	800	Haushalt	220.00	1
02.02.2021	Deutschland	WGT GmbH	100	Büro	120.67	4

Bild 9.48 Originaltabelle (Auszug)

```
1 Kunden = DISTINCT(Auftraege[Kunde])
```

Kunde
KARG AG
ELCOX
Hügli
Tief & Brunnen
Brettschneider
WGT GmbH
BRAIN
Dancer
Heimlich und Brenner
EGW Werke
ADRIA AG
MIRAMAR

Bild 9.49 Ergebnis

Berechnung von Measures und Verwendung von Quickmeasures

Die Berechnung einfacher zusammenfassender Measures haben Sie in diesem Kapitel auf Seite 362 sowie in Kapitel 8 bereits kennengelernt. Measures können jedoch noch mehr, ein guter Einstiegspunkt in dieses Thema sind die Quickmeasures, eine Zusammenstellung verschiedener gängiger Berechnungen, die Sie in Visuals verwenden können. Darunter finden Sie auch einige mit Zeitintelligenz, z. B. zum Vergleich von Zeiteinheiten.

Quickmeasures bestehen aus einer Folge von DAX-Befehlen, die aus Ihren Angaben automatisch erstellt werden. In der Bearbeitungsleiste kann ein Quickmeasure jederzeit eingesehen und nachträglich angepasst werden.

Quick Measure erstellen

1 Zum Erstellen eines Quickmeasures klicken Sie in der Berichtsansicht oder in der Tabellenansicht im Menüband, Register *Start* oder *Modellierung* bzw. *Tabellentools* auf *Quickmeasure*. Oder klicken Sie in der Feldliste mit der rechten Maustaste auf ein beliebiges Element und wählen Sie *Neues Quickmeasure*.

Bild 9.50 Quickmeasure erstellen

2 Es öffnet sich der gleichnamige Bereich. Klicken Sie in das Feld *Berechnung auswählen* und wählen Sie eine Berechnungsart. Anschließend fügen Sie durch Ziehen die erforderlichen Felder hinzu.

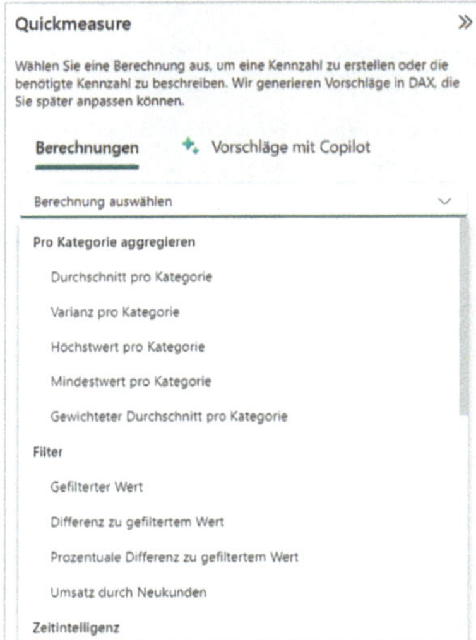

Bild 9.51 Die Liste der Quickmeasures wird durch Microsoft laufend ergänzt.

Beispiel: Durchschnittlicher Jahresumsatz

1 Nehmen wir an, Ihnen liegen die Umsätze aus drei Jahren vor und Sie benötigen im Bericht (in Bild 9.52 als Matrix) pro Artikel zusätzlich den durchschnittlichen Jahresumsatz. Dazu wählen Sie das Quickmeasure *Durchschnitt pro Kategorie* ❶.

2 Fügen Sie dann aus der Feldliste die Felder durch Ziehen mit der Maus oder mit Klick auf den Pfeil hinzu. *Basiswert* ❷ ist derjenige Wert, für den der Durchschnitt berechnet werden soll, in diesem Fall der *Umsatz*. Als *Kategorie* wählen Sie das Feld *Jahr* ❸ und klicken zuletzt auf *Hinzufügen*.

3 Das neue Quickmeasure erscheint in der Feldliste ❹ und in der Bearbeitungsleiste sehen Sie die dazugehörige Formel ❺. Mit Klick auf den Pfeil ❻ kann der Bereich zur Formelanzeige vergrößert und verkleinert werden.

Bild 9.52 Beispiel: Durchschnitt pro Kategorie berechnen

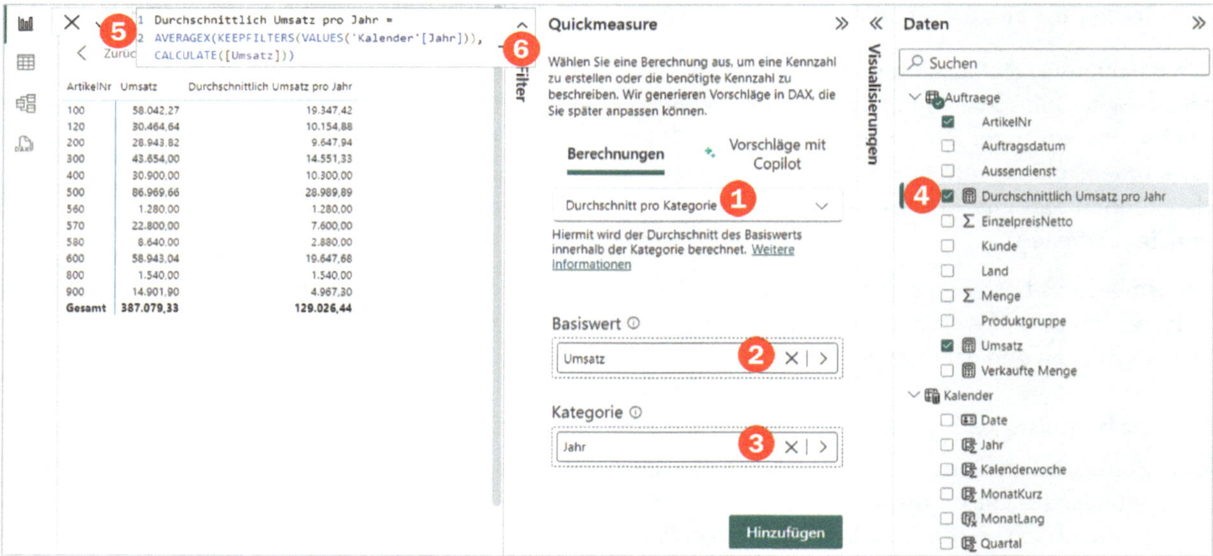

Allgemeine Hinweise

Abhängig davon, wie der Befehl *Neues Quickmeasure* ausgewählt wurde, wird ein Quickmeasure möglicherweise automatisch zum aktuellen Visual hinzugefügt. Andernfalls fügen Sie es durch Ziehen aus der Feldliste in den Wertebereich hinzu.

Quickmeasures können, wie alle Measures, in unterschiedlichen Visuals verwendet und mit Filtern kombiniert werden, z. B. um die durchschnittlichen Jahresumsätze je Kunde darzustellen und diese, wie in Bild 9.53 nach Produktgruppen zu filtern.

- **Formel kontrollieren:** Klicken Sie in der Feldliste auf ein Measure, so erscheint die Formel in der Bearbeitungsleiste und kann hier jederzeit geändert werden.
- **Quickmeasure umbenennen:** Quickmeasures erhalten automatisch einen, nicht immer treffenden Namen. Dieser kann im Bearbeitungsfeld geändert werden, z. B. in *Durchschnittlicher Jahresumsatz*. Oder geben Sie den neuen Namen im Menüband, Register *Measuretools* im Feld *Name* ❶ ein.
- **In andere Tabelle verschieben:** Theoretisch kann ein Measure jeder Tabelle des Datenmodells hinzugefügt werden. Wenn Sie nachträglich ein Measure in eine andere Tabelle verschieben möchten, dann markieren Sie dieses in der Feldliste und wählen im Register *Measuretools* im Feld *Hometabelle* ❷ die Zieltabelle aus.

Wie Sie Datenschnitte zum Filtern erstellen und einsetzen, wie hier im Bild, lesen Sie weiter unten auf Seite 397 nach.

- **Zahlenformat:** Falls ein Quickmeasure im falschen Zahlenformat, z. B. mit Währungssymbol erscheinen sollte, so ändern Sie dies ebenfalls im Register *Measuretools* ❸.

Bild 9.53 Quickmeasure anzeigen und bearbeiten

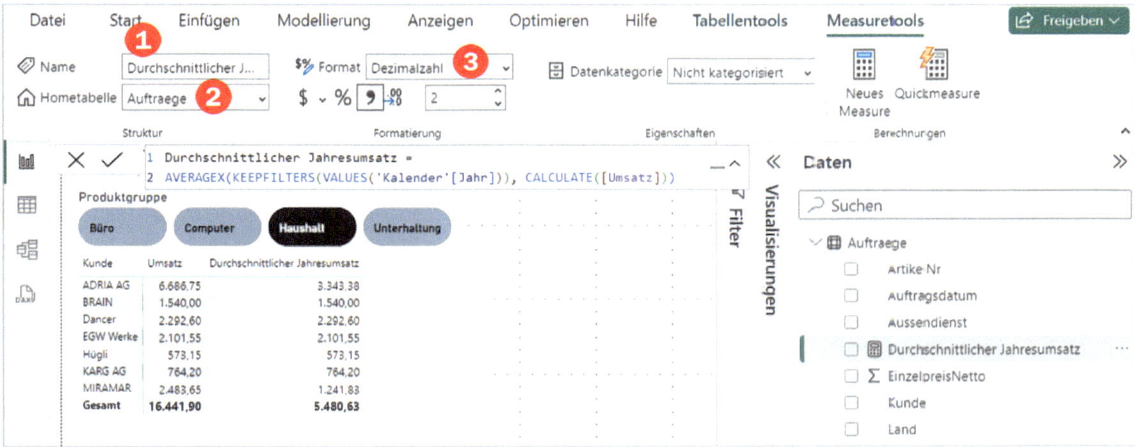

Quickmeasures mit Zeitintelligenz

Äußerst nützlich sind auch die Quickmeasures mit Zeitintelligenz, die es z. B. erlauben, Veränderungen im Vergleich zum Vorjahr oder vorherigen Quartal oder laufende Summen seit Jahresanfang zu berechnen.

> **Quickmeasures mit Zeitintelligenz setzen eine Kalendertabelle voraus**
>
> Beachten Sie, dass Quickmeasures mit Zeitintelligenz entweder eine automatisch erstellte Datumshierarchie oder eine Datums- bzw. Kalendertabelle (s. Seite 378) voraussetzen. Letztere muss als Datumstabelle gekennzeichnet sein und das Feld *Datum* muss Datumswerte enthalten.

Beispiel laufende Summe seit Jahresbeginn

Als Beispiel ein Säulendiagramm mit den monatlichen Umsätzen, dem die laufende bzw. kumulierte Summe als Linie hinzugefügt werden soll. Ausgangspunkt ist das unten abgebildete Visual *Linien- und gruppiertes Säulendiagramm*.

Bild 9.54 Das Ausgangsdiagramm

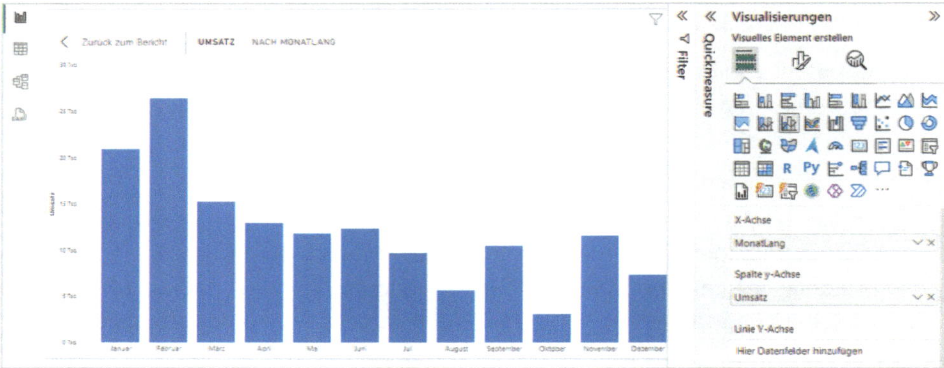

Achtung: Damit die Monate korrekt sortiert werden, muss in der Ausgangstabelle die Spalte *Monat lang* nach der Spalte *Monat kurz* bzw. *Monat als Zahl* sortiert werden, siehe Seite 360.

1 Klicken Sie auf *Quickmeasure* und wählen Sie unter *Zeitintelligenz* die Berechnung *Summe seit Jahresanfang*. *Basiswert* ist wieder der Umsatz und als *Datum* wählen Sie aus der Kalendertabelle das Feld *Date* oder das entsprechende Feld der automatisch erstellten Datumshierarchie. **Achtung**: das Feld muss Datumswerte (Einzelwerte) enthalten!

2 Klicken Sie auf *Hinzufügen*. Das Measure erscheint nun unter dem nichtssagenden Namen *Umsatz YTD* (Year-to-Date) in der Feldliste und kann dem Visual nun als *Linie Y-Achse* hinzugefügt werden. Außerdem sollten Sie es umbenennen und einen aussagefähigeren Namen wählen, z. B. „Umsatz kumuliert".

Bild 9.55 Quickmeasure Summe seit Jahresanfang

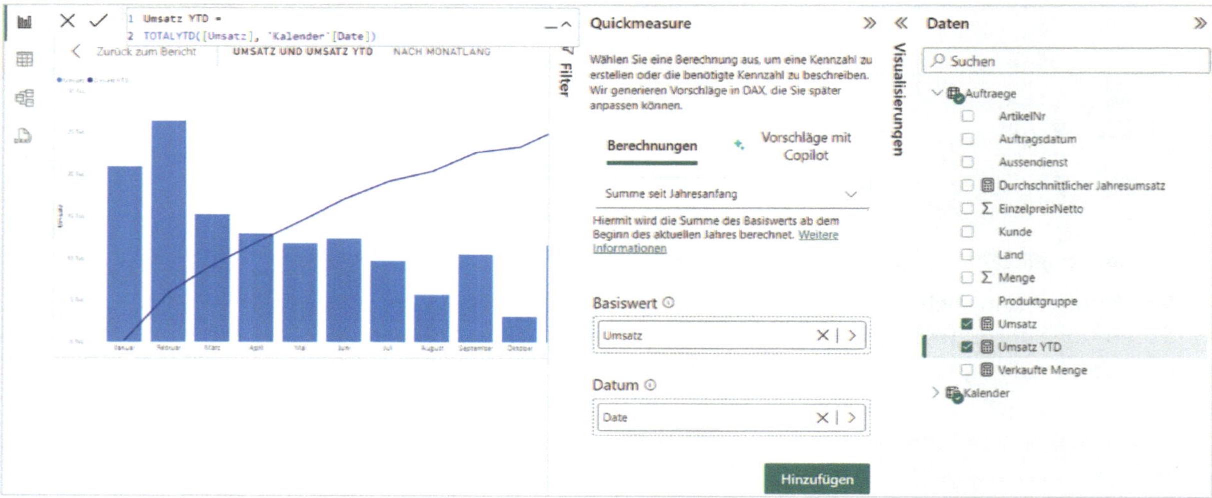

3 Wenn Sie auf derselben Berichtsseite zusätzlich die Zahlen in Tabellenform darstellen möchten, dann fügen Sie der Seite eine Matrix mit dem kumulierten Umsatz hinzu. Auch in diesem Fall passen sich Diagramm und Matrix automatisch

an, wenn Sie z. B. die Jahre als Filter oder als Datenschnitt, wie in Bi d 9.56 verwenden.

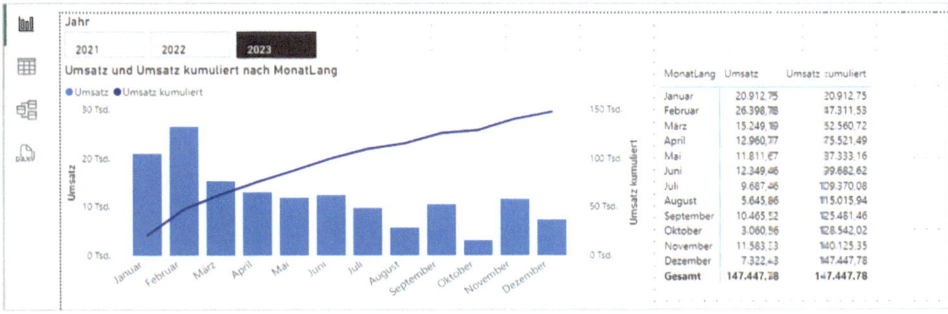

Bild 9.56 Bericht: Diagramm und Matrix mit Datenschnitt filtern

Sekundärachse anzeigen: Um den kumulierten Umsatz auf einer zweiten Achse darzustellen, wie hier im Bild, klicken Sie im Bereich *Visualisierungen* auf *Visuelles Element formatieren* und ändern im Abschnitt *Sekundäre Y-Achse* den Schalter *Werte* auf **Ein**.

Measures organisieren

Bei einer Vielzahl von Tabellen und Measures erhalten Sie einen besseren Überblick, wenn die Measures nicht auf mehrere Tabellen verteilt sind, sonderr in einer gesonderten Tabelle zusammengefasst werden. Alternativ können Sie auch Felder und Measures in der Tabelle in Anzeigeordnern organisieren.

Tabelle für Measures erstellen, Measures verschieben

Wenn Sie für Measures eine gesonderte Tabelle erstellen möchten, dann nutzen Sie dazu am einfachsten die Möglichkeit, Daten manuell einzugeben und erstellen eine Tabelle mit einer leeren Spalte.

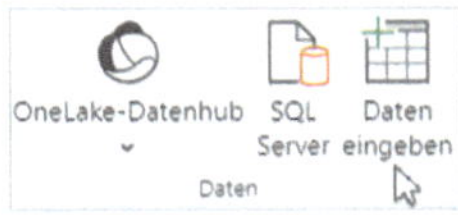

1 Klicken Sie im Menüband, Register *Start* auf *Daten eingeben*. Geben Sie einen Namen ein ❶ und klicken Sie auf die Schaltfläche *Laden*. Die Spalte lassen Sie leer.

   Tipp: Die Feldliste zeigt die Felder nach Namen sortiert an. Wenn ein Element, hier die Tabelle mit den Measures, an erster Stelle erscheinen soll, dann stellen Sie dem Namen die Zahl 1 voran.

2 Verschieben Sie nun der Reihe nach die Measures in die Tabelle: Klicken Sie in der Tabellenansicht in der Feldliste auf das erste Measure und wählen Sie im Register *Measuretools* im Feld *Hometabelle* die soeben erstellte Tabelle aus ❷.

3 Zuletzt blenden Sie noch mit Klick auf das Auge ❸ die leere Spalte in der Measuretabelle aus.

Bild 9.57 Tabelle erstellen

Bild 9.58 Measure verschieben

Bild 9.59 Leere Spalte ausblenden

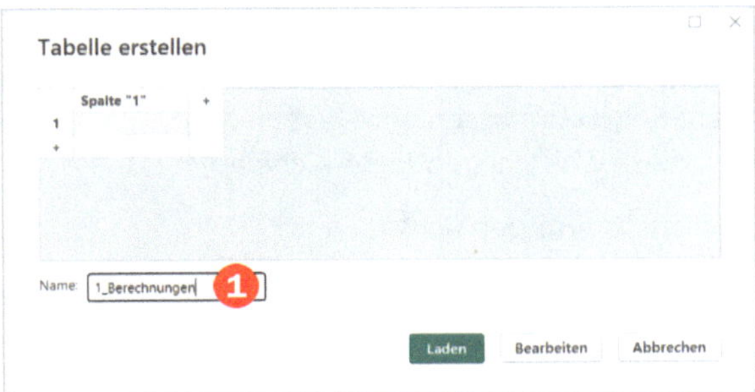

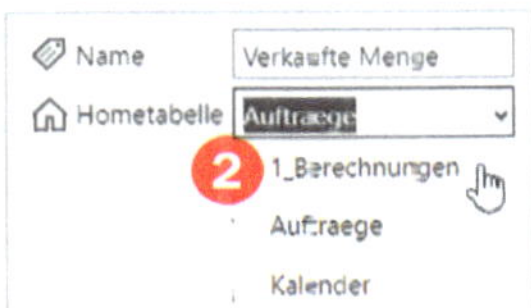

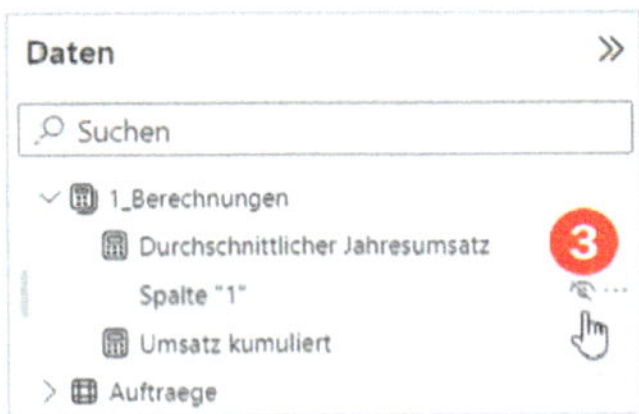

Anzeigeordner nutzen

Wenn Sie stattdessen Measures in der Tabelle in einem Anzeigeordner organisieren möchten, dann gehen Sie so vor:

1. Wechseln Sie zur Modellansicht ❶ von Power BI Desktop und klicken Sie in der Feldliste auf das zu verschiebende Measure ❷.
2. Geben Sie dann im Bereich *Eigenschaften* im Feld *Anzeigeordner* den Namen des Ordners ein ❸. Dieser wird er automatisch erstellt, falls er noch nicht vorhanden ist, und das Measure dorthin verschoben.

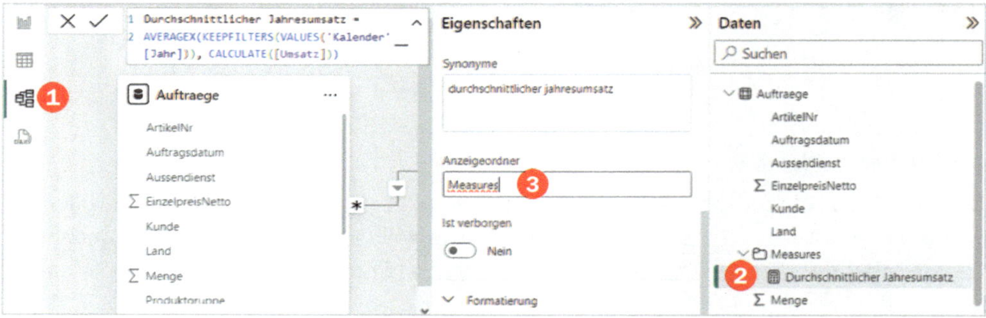

Bild 9.60 Measure in Anzeigeordner verschieben/Anzeigeordner erstellen

Bild 9.61 Der Anzeigeordner erscheint in der Feldliste in der Tabelle

3. Der Anzeigeordner erscheint in der Feldliste der Tabelle und mit Klick auf den Dropdown-Pfeil werden die dazugehörigen Measures ausgezeigt.
4. Die übrigen Measures können Sie nun einfach mit der Maus auf den Anzeigeordner ziehen.

Tipp: Auf demselben Weg können Sie auch Felder in Anzeigeordnern organisieren. Um ein Feld oder Measure wieder aus dem Anzeigeordner zu entfernen, klicken Sie dieses erneut an und löschen in den *Eigenschaften* im Feld *Anzeigeordner* den Ordnernamen.

9.4 Berichte erstellen

Berichte können ein oder mehrere Diagramme, Tabellen, Karten und andere visuelle Elemente enthalten und auch mehrere Seiten umfassen. Ihre Erstellung erfolgt in Power BI Desktop in der Berichtsansicht, diese weist folgende Bereiche auf.

- Im **Zeichenbereich** ordnen Sie die Visualisierungen an ❶.
- Im Bereich **Filter** (hier eingeklappt) ❷ legen Sie Filter auf Seiten- oder Berichtsebene fest, wobei auch Felder verwendet werden können, die nicht Teil des Berichts sind. Die Filter werden zusammen mit dem Bericht gespeichert.

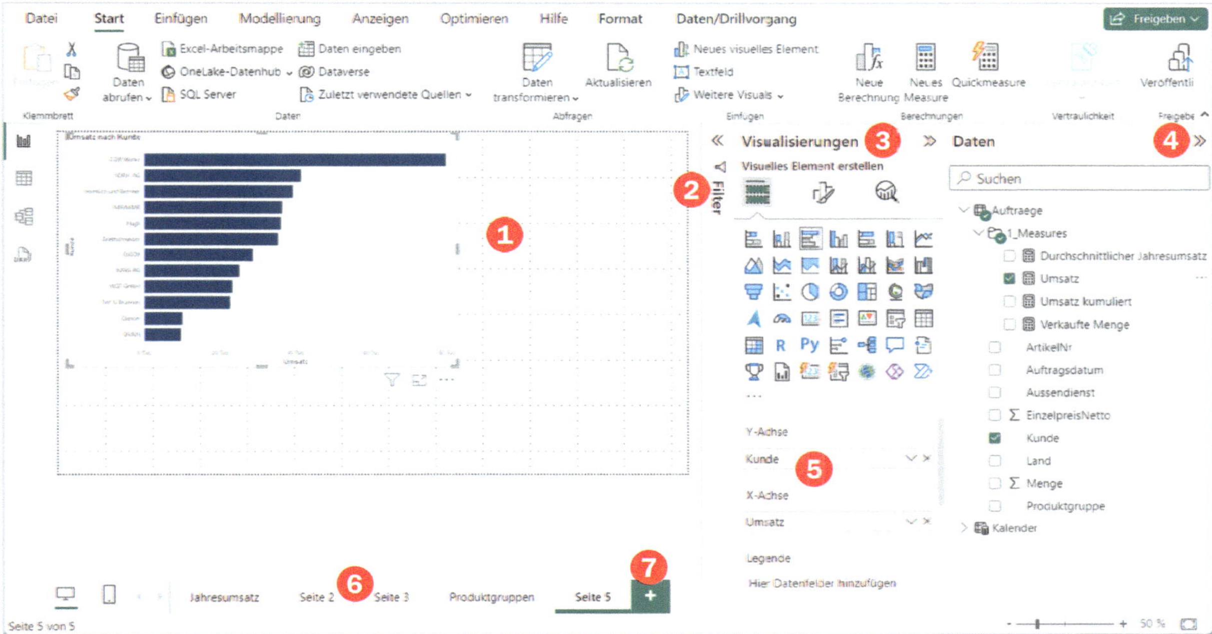

Bild 9.62 Die Bereiche der Berichtsansicht

- Der Bereich **Visualisierungen** ❸ erfüllt gleich mehrere Funktionen: *Visuelles Element erstellen* sowie Verwalten der Felder in der Visualisierung, *Visuelles Element formatieren* und *Analyse*. Die Auswahl der jeweiligen Registerkarte erfolgt über das entsprechende Symbol.

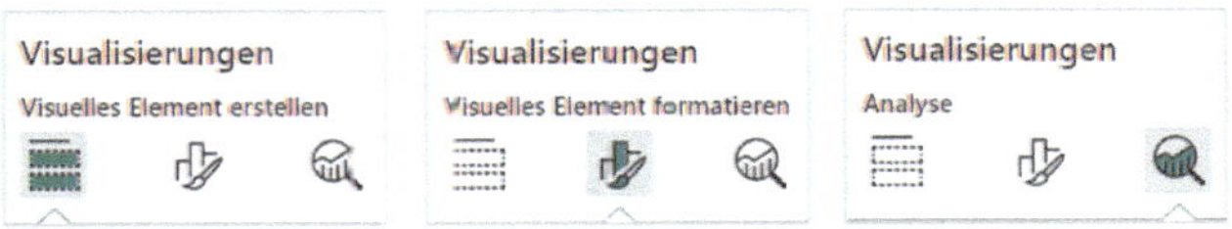

- Der Bereich **Daten** ❹ listet alle Tabellen, Felder und Ordner des Datenmodells auf. Aus dieser Feldliste ziehen Sie die benötigten Felder in den Bereich *Visualisierungen* und auf die Elemente der aktuellen Visualisierung, z. B. *Y-Achse* ❺. Welche Felder im ausgewählten Visual verwendet werden, erkennen Sie am aktivierten Kontrollkästchen.
- **Seiten verwalten**: Über das Seitenregister ❻ am unteren Rand wechseln Sie zwischen den Seiten und fügen dem Bericht weitere Seiten hinzu ❼. Um die Seiten mit einem Namen zu versehen, genügt ein Rechtsklick im Seitenregister auf die betreffende Seite. Neben *Umbenennen* finden Sie im Kontextmenü auch die Befehle zum *Duplizieren*, *Löschen* und *Ausblenden* der aktuellen Seite.

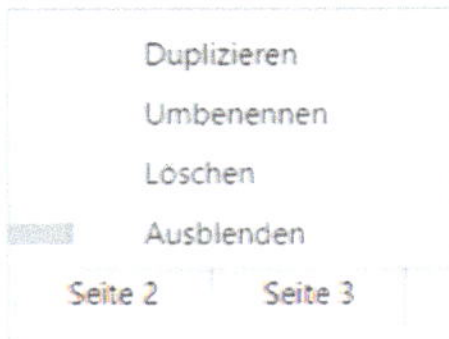

Visualisierungen zum Bericht hinzufügen

Wählen Sie im Bereich *Visualisierungen* das Register *Visuelles Element erstellen* und klicken Sie auf die gewünschte Visualisierung, z. B. *Balkendiagramm gruppiert* ❶ (Bild 9.63). Die ausgewählte Visualisierung ❷ erscheint im Zeichenbereich und kann mit der Maus beliebig verschoben, sowie über die Rahmenmarkierungen vergrößert und verkleinert werden. Die weitere Bearbeitung nehmen Sie am besten in der Fokusansicht vor: Klicken Sie dazu auf dieses Symbol ❸.

Achtung: Enthält die Berichtseite bereits Visualisierungen, so vergewissern Sie sich vor dem Einfügen, dass nichts markiert ist, da sonst der Typ der markierten Visualisierung geändert wird.

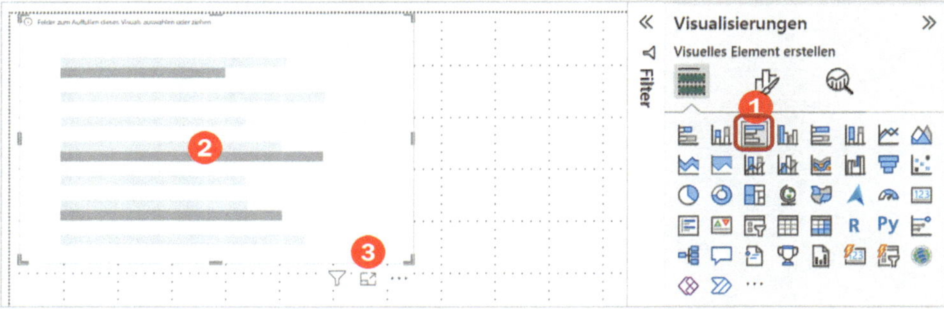

Bild 9.63 Visuelles Element erstellen/einfügen

Fügen Sie nun die Felder hinzu, indem Sie diese aus der Feldliste auf das jeweilige Element unterhalb der Visualisierungstypen ziehen. Im Fall Balkendiagramm sind dies *Y-Achse* ❹, *X-Achse* ❺ und *Legende*, wobei letztere nicht zwingend verwendet werden muss. Gleichzeitig ändert sich dadurch das Aussehen des Diagramms im Zeichenbereich.

Bild 9.64 Felder hinzufügen

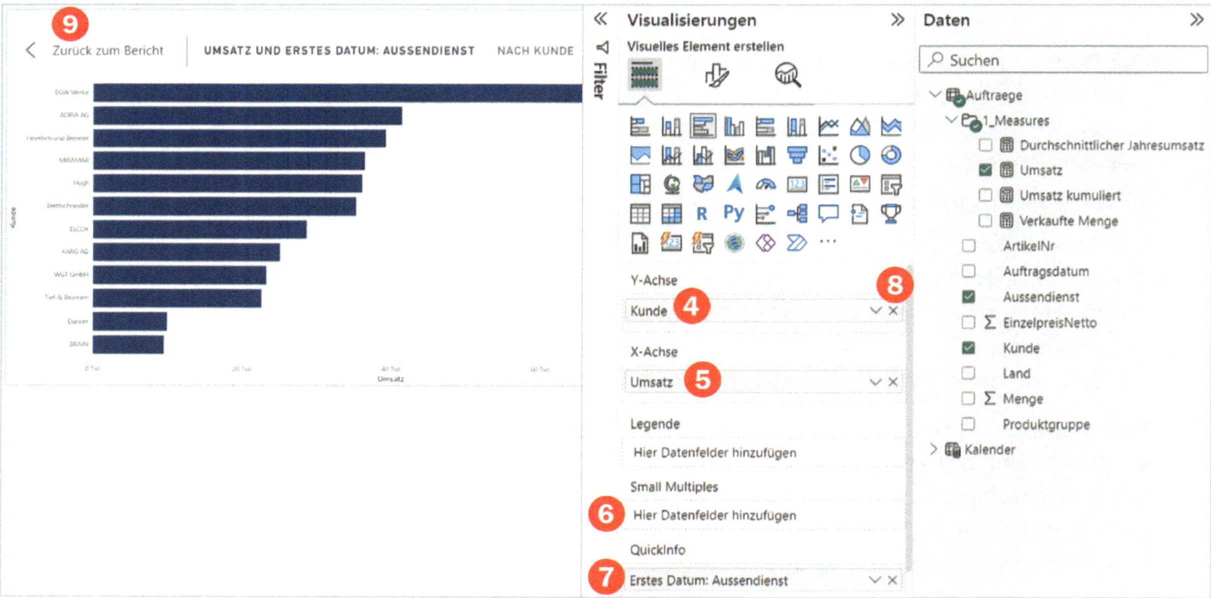

Die Elemente sind abhängig vom jeweiligen Visualisierungstyp und dürften weitgehend bekannt sein, darüber hinaus finden Sie hier noch die folgenden Elemente:

- **Small Multiples** ❻ teilt das Visual in mehrere kleine Visuals auf. Ziehen Sie beispielsweise das Feld *Jahr* hierher, so wird für jedes Jahr ein Balkendiagramm erstellt.
- **QuickInfo** ❼ bezeichnet den zusätzlichen Infotext, der beim Zeigen auf einen Datenpunkt des Visuals erscheint. Wenn Sie z. B. das Feld *Aussendienst* hierher

ziehen, so erscheint neben dem Namen und Umsatz des Kunden auch der Name des zuständigen Außendienstmitarbeiters.

- **Feld aus Element entfernen**: Klicken Sie auf das Symbol *Löschen* ❽.

Zurück zum Bericht, Fokusansicht beenden

Falls Sie das Diagramm in der Fokusansicht bearbeitet haben, so beenden Sie diesen mit Klick auf den Pfeil ❾ und kehren zum Bericht zurück.

Beispiel: Zahlen in Berichten

Zur Zahlendarstellung in Berichten wählen Sie den Visualtyp *Matrix* und ziehen dann die Felder auf die Elemente der Matrix. Als Beispiel in Bild 9.65 die jährlichen Umsätze der Kunden: Ziehen Sie das Feld *Kunde* auf die *Zeilen*, das *Jahr* auf die *Spalten* und den *Umsatz* auf *Werte*. Die Gesamtsummen werden in den meisten Fällen automatisch berechnet, können aber entfernt werden, Näheres hierzu weiter unten.

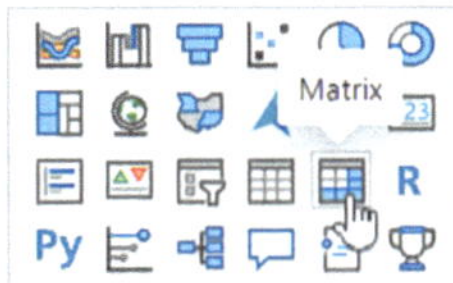

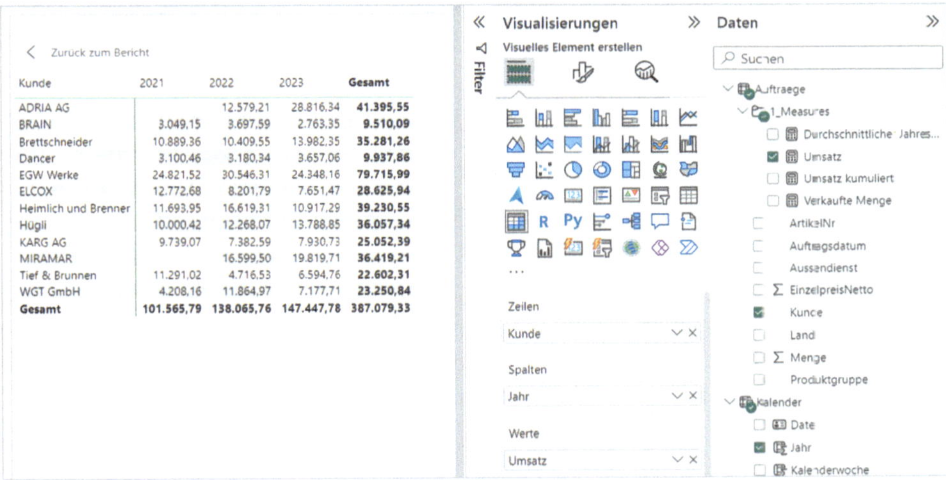

Bild 9.65 Beispiel Matrix

Visualisierung sortieren

Um die Sortierung zu ändern, klicken Sie auf die drei Punkte (*Weitere Optionen*) ❶ (Bild 9.66), wählen *Sortieren nach* ❷ bzw. in Diagrammen *Sortierachse* und danach das betreffende Feld. In Diagrammen kann zusätzlich noch die Richtung (aufsteigend oder absteigend) gewählt werden.

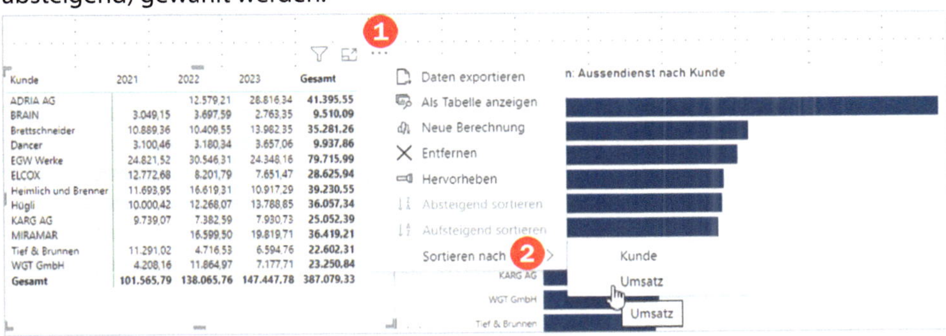

Bild 9.66 Sortieren

Tipp: In Tabellen klicken Sie einfach auf den Pfeil der jeweiligen Spalte.

Visuals formatieren

Berichtdesigns

Im Register *Anzeigen* des Menübands (Berichtsansicht) finden Sie verschiedene Designs bzw. Farbzusammenstellungen, die im gesamten Bericht für eine einheitliche Farbgebung sorgen. Klicken Sie auf den Pfeil, um den gesamten Katalog zu öffnen.

Bild 9.67 Berichtsdesign wählen

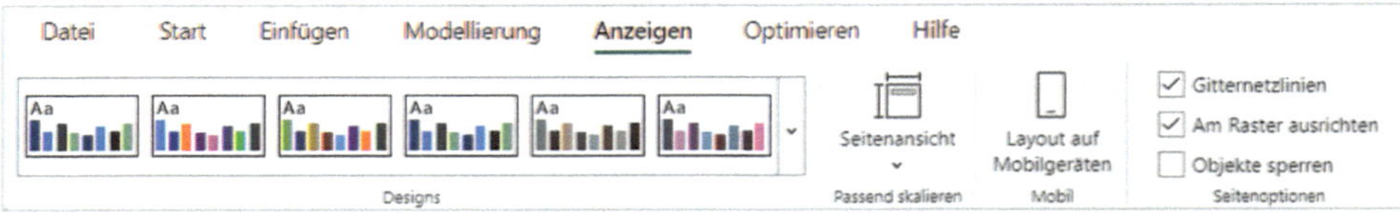

Falls Sie Ihre eigenen Designfarben, z. B. mit den Unternehmensfarben zusammenstellen möchten, so klicken Sie am Ende der Liste auf *Aktuelles Design anpassen*, geben dem neuen Design einen Namen und wählen anschließend Farben und Schrift aus.

Einzelne visuelle Elemente formatieren

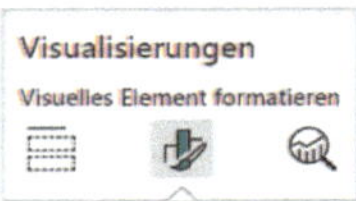

Um einzelne Elemente der aktuellen Visualisierung zu formatieren, wählen Sie im Bereich *Visualisierungen* das Register *Visuelles Element formatieren* und öffnen dann mit Klick auf die Pfeile die betreffenden Abschnitte, z. B. *Titel*. Nachfolgend einige ausgewählte Elemente, beachten Sie aber, dass einige Formatierungen nur im Bericht sichtbar sind, nicht aber in der Fokusansicht.

- **Titel ändern, formatieren:** Klicken Sie auf das Register *Allgemein* ❶, danach hier auf *Titel* und geben Sie im Feld *Text* eine Überschrift ein ❷, unterhalb können Sie Schriftart, Schriftgröße sowie Text- und Hintergrundfarbe und als horizontale Ausrichtung beispielsweise zentriert wählen ❸ (Bild 9.68).

Bild 9.68 Titel bearbeiten

Bild 9.69 Achse formatieren

Bild 9.70 Datenbeschriftungen anzeigen und formatieren

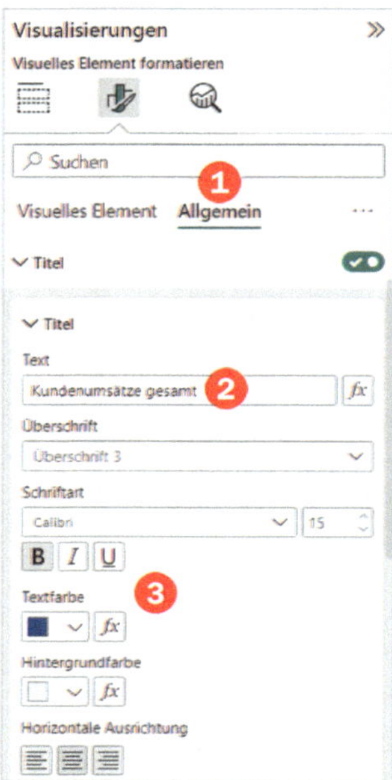

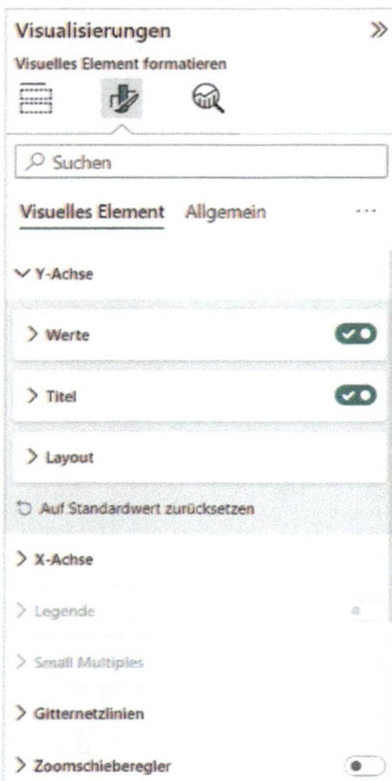

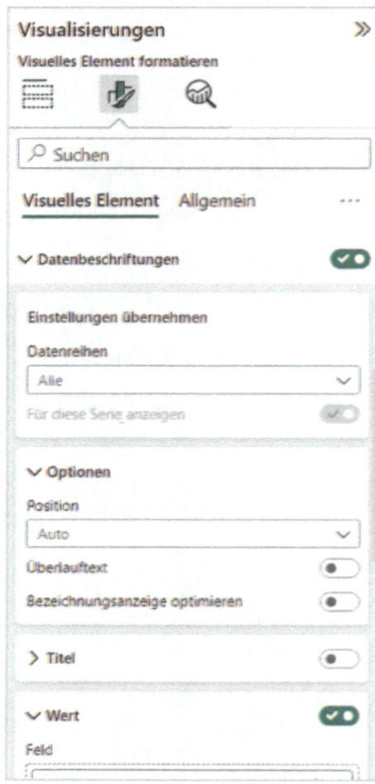

- **Achsenbeschriftungen**: Zum Ändern der Achsenbeschriftungen klicken Sie auf das Register *Visuelles Element*, wählen die Achse, z. B. *Y-Achse* und ändern dann über die Abschnitte *Werte*, *Titel* und *Layout* Beschriftung und Formatierung dieser Achse (Bild 9.69). Über die dazugehörigen Schalter können nicht benötigte Elemente auch komplett ausgeblendet werden.
- **Datenbeschriftungen anzeigen**: Sollen im Diagramm zusätzlich die Werte angezeigt werde, so scrollen Sie unter *Visuelles Element* weiter nach unten, aktivieren den Schalter *Datenbeschriftungen* (Bild 9.70) und wählen dann bei Bedarf im Abschnitt *Wert* die gewünschten Schriftattribute.
- **Diagrammfarben, Abstände**: Die Farben der einzelnen Diagrammelemente, z. B. Säulen, Balken, Kreissegmente, usw. richten sich nach den Designfarben. Andere Farben wählen Sie unter *Visuelles Element* je nach Diagrammtyp im Abschnitt *Spalten* (Säulendiagramm), *Balken*, *Segmente*, ... aus.

  Geben Sie im Feld *Kategorien* ❶ an, ob sich die Änderung auf die gesamte Datenreihe (*Alle*) oder ein bestimmtes Element beziehen soll und wählen Sie dann im Abschnitt *Farbe* ❷ eine Farbe. **Tipp**: Mit Klick auf das Symbol *Bedingte Formatierung* ❸ lassen sich Elemente auch abhängig von einer Bedingung farblich hervorheben. Um bei Säulen- und Balkendiagrammen die Abstände zu ändern, klicken Sie auf *Layout* ❹.
- **Farbiger Hintergrund**: Um ein Visual mit einem farbigen Hintergrund zu versehen, wählen Sie das Register *Allgemein*, öffnen den Abschnitt *Effekte* und wählen hier unter *Hintergrund* eine Farbe aus.
- **Gesamtsummen in Matrix ausblenden**: Ob der Visualisierungstyp *Matrix* auch die Gesamtsummen anzeigt, steuern Sie im Register *Visuelles Element* über die Schalter *Spaltenzwischensummen* und *Zeilenzwischensummen* (Bild 9.72).
- **Abschnittsänderungen zurücksetzen**: Alle Änderungen eines Abschnitts lassen sich schnell wieder auf die Standardwerte zurücksetzen ❺.

Bild 9.71 Farben und Abstände

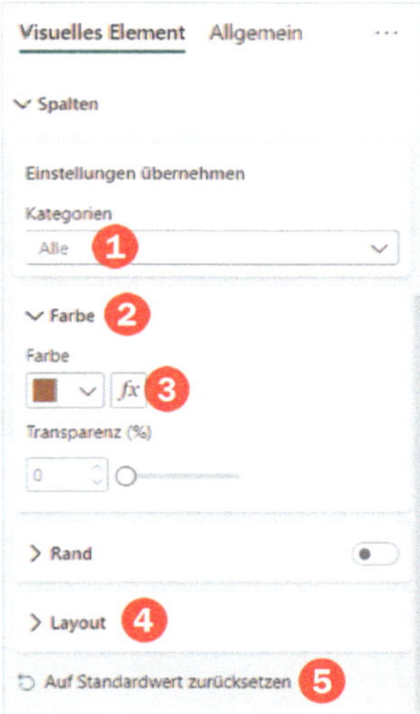

Visuelles Element formatieren umfasst noch viel mehr Möglichkeiten, in Bild 9.74 ein Beispiel mit Datenbeschriftungen und zentriertem Titel mit Hintergrund.

Bild 9.72 Summen ausblenden

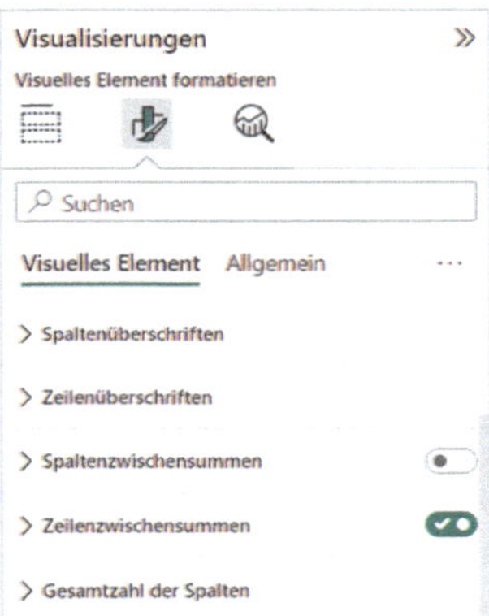

Bild 9.73 Ergebnis Tabelle

Kunde	2021	2022	2023
ADRIA AG		12.579,21	28.816,34
BRAIN	3.049,15	3.697,59	2.763,35
Brettschneider	10.889,36	10.409,55	13.982,35
Dancer	3.100,46	3.180,34	3.657,06
EGW Werke	24.821,52	30.546,31	24.348,16
ELCOX	12.772,68	8.301,79	7.651,47
Heimlich und Brenner	11.693,95	16.619,31	10.917,29
Hügli	10.000,42	12.268,07	13.788,85
KARG AG	9.739,07	7.382,59	7.930,73
MIRAMAR		16.599,50	19.819,71
Tief & Brunnen	11.291,02	4.716,53	6.594,76
WGT GmbH	4.308,16	11.864,97	7.177,71
Gesamt	**101.565,79**	**138.065,76**	**147.447,78**

Bild 9.74 Beispiel Datenbeschriftung

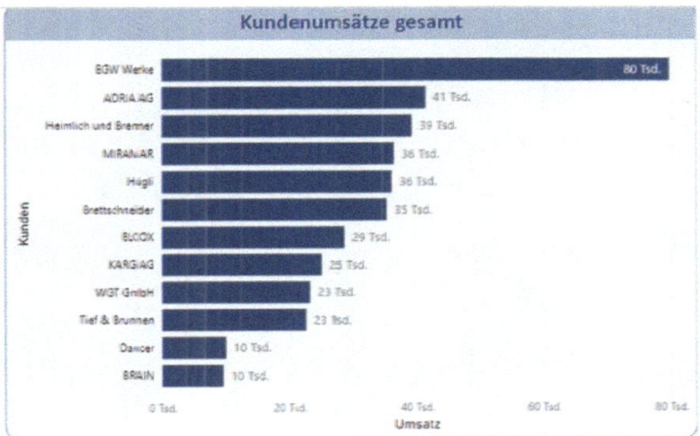

Berichtselemente anordnen und ausrichten

Zum Ausrichten und Anordnen von Visualisierungen stellt Power BI Desktop folgende Hilfsmittel zur Verfügung:

- **Gitternetzlinien**: Sichtbare (gepunktete) Linien auf der Zeichenfläche
- **Am Raster ausrichten**: Richtet Visuals beim Verschieben oder bei der Größenänderung automatisch am nächsten Gitternetzpunkt aus.
- **Intelligente Hilfslinien**

Gitternetz und Raster

Die Gitternetzlinien und die Einstellung *Am Raster ausrichten* aktivieren Sie über das Menüband, Register *Anzeigen* und die entsprechenden Kontrollkästchen. **Tipp**: Wählen Sie durch Anklicken mit gedrückter **Strg**-Taste mehrere Visuals aus, dann werden deren Rahmen sichtbar und Sie können die Ausrichtung besser kontrollieren.

Bild 9.75 Gitternetzlinien, Am Raster ausrichten

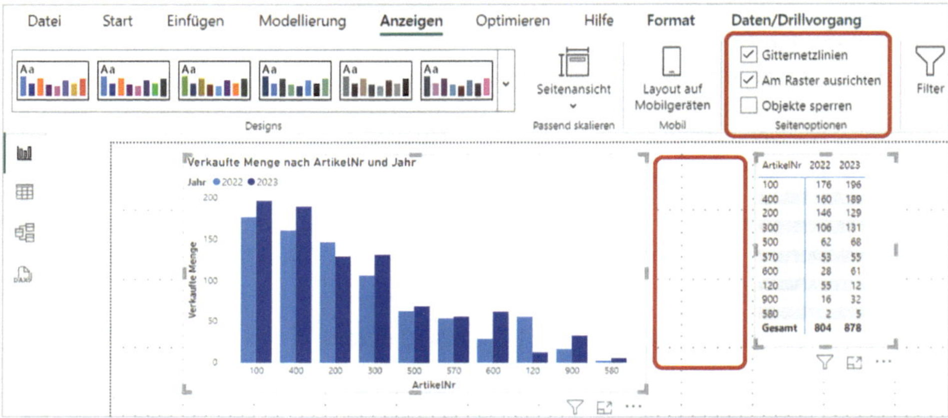

Info: Das dritte Kontrollkästchen *Objekte sperren*, verhindert unbeabsichtigtes Verschieben oder nachträgliche Größenänderungen.

Intelligente Führungslinien

Mit Hilfe der intelligenten Führungslinien lassen sich Visualisierungen relativ zu anderen Elementen der Berichtsseite ausrichten. Sie erscheinen automatisch bei der Größenänderung und beim Verschieben von Visuals, s. Bild unten.

Bild 9.76 Intelligente Führungslinien

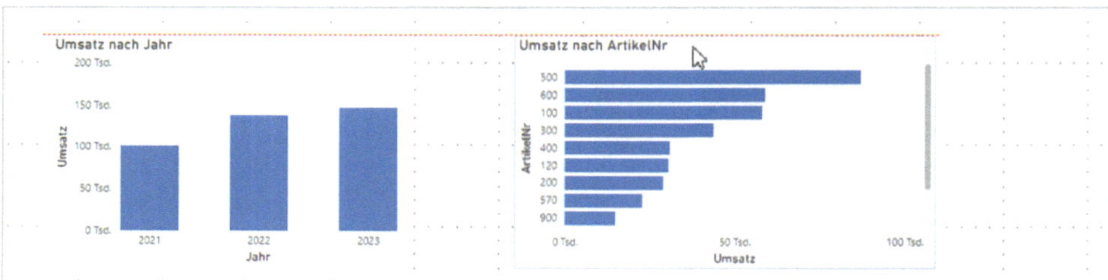

Hinweis: Sollten die intelligenten Führungslinien nicht erscheinen, so klicken Sie im Register *Datei* auf *Optionen und Einstellungen*, danach auf *Optionen*, wählen *Berichtseinstellungen* und aktivieren das Kontrollkästchen *Beim Ausrichten von Visuals intelligente Führungslinien anzeigen*.

Auf der Seite ausrichten und verteilen

Mit dem Menü *Ausrichten*, Register *Format*, lassen sich mehrere markierte Visualisierungen exakt aneinander ausrichten, z. B. wie im Bild unten linksbündig untereinander. Ist dagegen nur ein Visual markiert, so erfolgt sich die Ausrichtung am Rand oder in der Mitte des Zeichenbereichs.

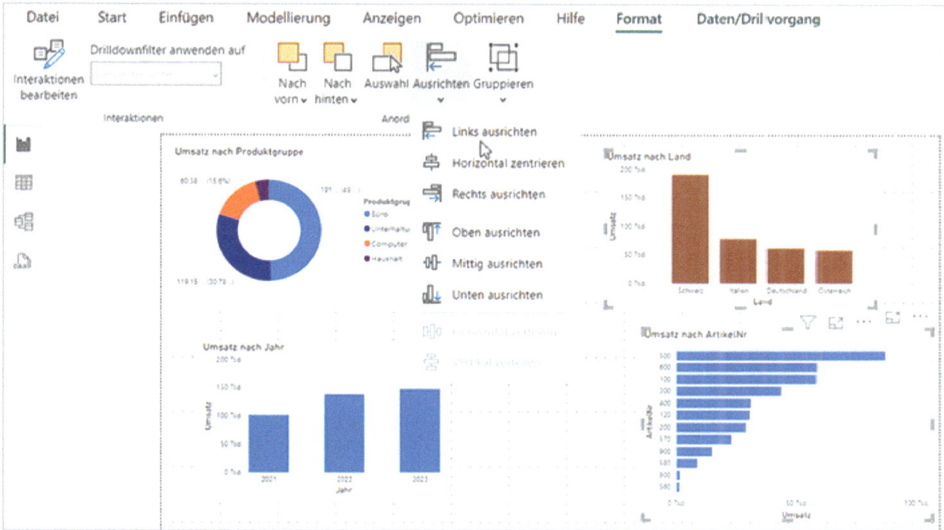

Bild 9.77 Mehrere markierte Visuals ausrichten

Mehrfachmarkierung mit gedrückter **Strg**-Taste.

Seitenanzeige und Hintergrundfarben

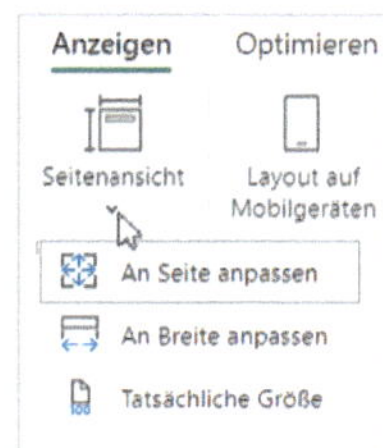

Standardgröße für Berichte ist das gängige Bildschirmverhältnis 16:9 und die Standardeinstellung für die Anzeige ist *An Seite anpassen*. Im Register *Anzeigen* finden Sie über die Schaltfläche *Seitenansicht* noch die beiden Möglichkeiten *An Breite anpassen* und *Tatsächliche Größe*. Weitere Berichtseinstellungen finden Sie im Bereich *Visualisierungen*: Achten Sie darauf, dass keine Visualisierung markiert ist und klicken Sie auf *Seite formatieren*.

Seitenverhältnis ändern: Öffnen Sie den Abschnitt *Canvas-Einstellungen* ❶ (Bild 9.78) und wählen Sie im Feld *Typ* eine Seitengröße oder *Benutzerdefiniert*, wenn Sie die Größe selbst festlegen möchten. Die Einstellung wird mit dem Bericht gespeichert.

Berichts- und Seitenhintergrund

Hinsichtlich der Berichtshintergründe unterscheidet Power BI Desktop zwei Ebenen. Für beide können Sie eine Farbe oder ein Bild wählen und die Transparenz steuern.

- Der **Hintergrund** ❷, in Bild 9.78 blau bildet die unterste Ebene. Er bezieht auch den Bereich außerhalb der Berichtsseite ein, seine Farbe ist in der Standardeinstellung weiß und die Transparenz beträgt 0 ❸.
- Die Berichtsseite bzw. der **Seiten- oder Canvas-Hintergrund** ❹, im Bild graublau, ist der Bereich, in dem Visuals platziert werden. Er ist durch einen gepunkteten

Die Begrenzung der Berichtsseite ist nur in der Bearbeitungsansicht sichtbar, nicht aber im veröffentlichten Bericht.

Rahmen abgegrenzt und befindet sich vor dem Hintergrund. Die Farbe ist in der Standardeinstellung ebenfalls weiß, die Transparenz dagegen 100 %.

Bild 9.78 Farben für Hintergründe

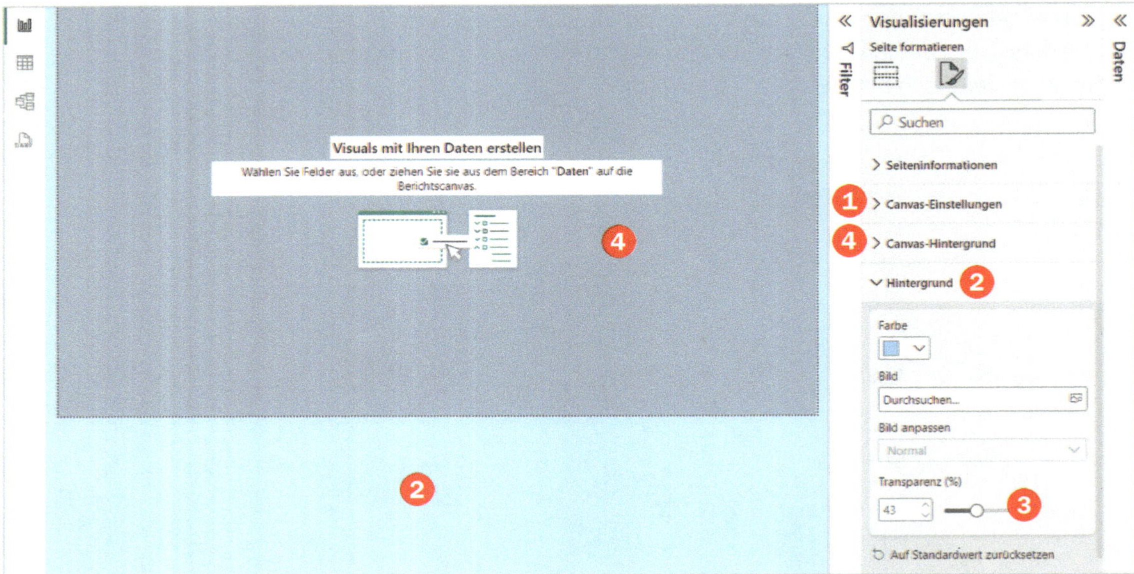

Zur Verdeutlichung ein Beispiel: Wählen Sie als *Hintergrund* dunkelblau, wie im Bild unten, dann erscheint zunächst auch der Seitenhintergrund in derselben Farbe, da für diesen die Transparenz 100 % eingestellt ist. Wünschen Sie abweichend als Seitenhintergrund ein helles Grau, dann wählen Sie diese Farbe im Abschnitt *Canvas-Hintergrund* und verringern hier die Transparenz.

Bild 9.79 Beispiel

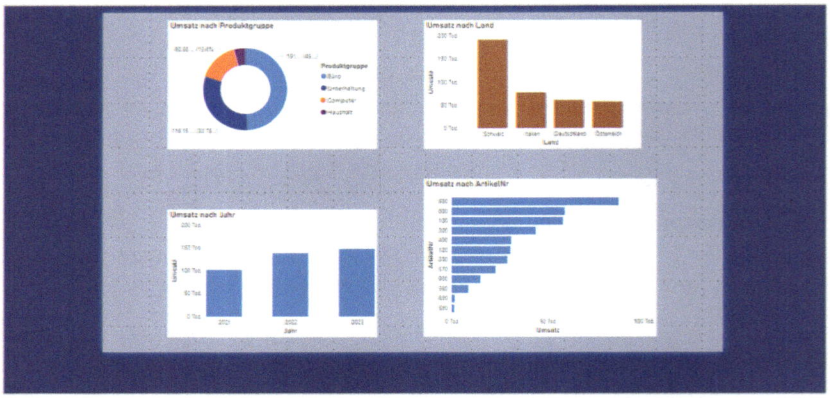

Achtung beim Export als PDF

Beim Export in das PDF-Dateiformat wird nur der Berichts- oder Seitenhintergrund berücksichtigt, nicht aber der gesamte Hintergrund.

9.5 Filter und Datenschnitte in Berichten

Zum Filtern von Berichten gibt es in Power BI Desktop mehrere Möglichkeiten, einige Filter werden bereits mit dem Berichtsentwurf festgelegt, andere dagegen können während der Nutzung flexibel angewendet werden.

Der Bereich Filter

Im Bereich *Filter* erscheint rechts in der Berichtsansicht und umfasst die folgenden Filterebenen, wobei Sie jeder Ebene auch Felder hinzufügen können, die nicht Teil des markierten Visuals sind. Um einen Filter hinzuzufügen, ziehen Sie einfach das betreffende Feld aus der Feldliste auf *Hier Datenfeld einfügen* der jeweiligen Ebene.

- **Filter für dieses Visual**: Hier befinden sich bereits Felder der markierten Visualisierung, im Bild das Säulendiagramm links. Weitere können hinzugefügt werden.
- **Filter für diese Seite**: Diese Ebene wird zum Filtern aller Visualisierungen der aktuellen Seite verwendet, im abgebildeten Beispiel die Jahre 2022 und 2023.
- **Filter für alle Seiten**: Hier befindliche Filter beziehen sich auf den gesamten Bericht.

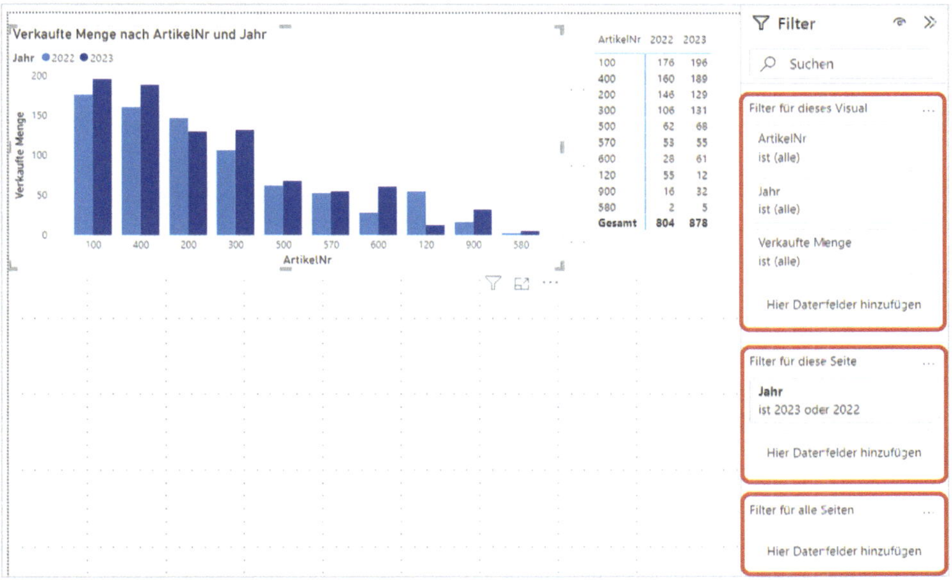

Bild 9.80 Bereich Filter: Filterebenen

Die Vorgehensweise ist für alle Filterebenen gleich. Als Beispiel soll das oben abgebildete Säulendiagramm so gefiltert werden, dass nur noch Bestellungen aus Deutschland und Österreich berücksichtigt werden.

1 Markieren Sie mit einem Klick das Visual, hier das Diagramm, und ziehen Sie das Feld *Land* auf das leere Feld (*Hier Datenfelder hinzufügen*) unter *Filter für dieses Visual* und klicken Sie auf den Pfeil *Filterkarte erweitern* ❶.

Bild 9.81 Einfaches Filtern

Bild 9.82 Filtertyp Top N

2 Wählen Sie im Feld *Filtertyp* den Typ *Einfaches Filtern* ❷ aus, anschließend können Sie die einzelnen Länder per Kontrollkästchen auswählen ❸. Der Filter wirkt sich sofort auf das Visual aus.

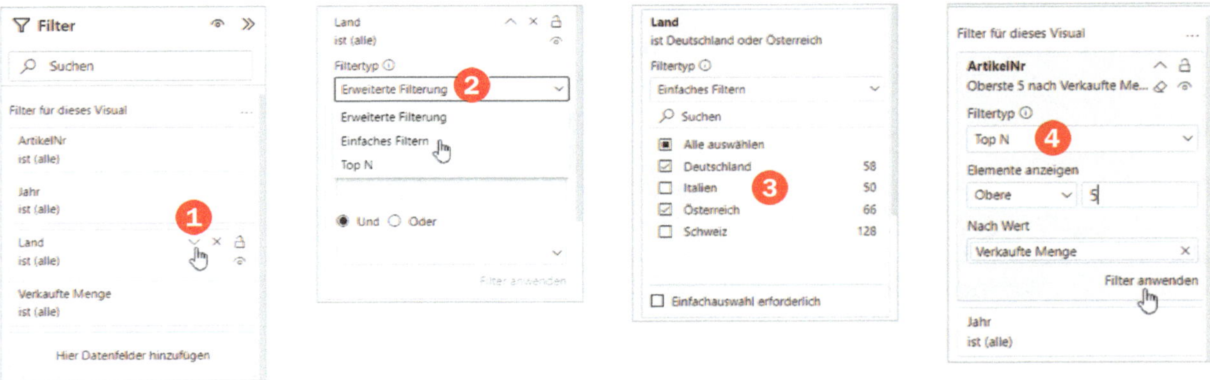

Weitere Filtermöglichkeiten

- **Erweiterte Filterung**: Dieser Filtertyp verwendet die üblichen Vergleichsoperatoren (größer als, usw.) und erlaubt außerdem die Kombination von zwei Kriterien.
- **Top N**: Damit lässt sich eine beliebige Anzahl der obersten oder untersten Elemente eines Feldes filtern, z. B. die fünf meistverkauften Artikel. Dazu wählen Sie für das Feld *ArtikelNr* den Filtertyp *Top N* ❹, und ziehen als *Wert* das Feld *Menge* oder das entsprechende Measure hierher. Klicken Sie zuletzt auf *Filter anwenden*.

Filter aufheben, Feld aus Filter entfernen

Um einen Filter wieder aufzuheben, klicken Sie beim betreffenden Feld auf das Symbol *Filter löschen* ❶. Das Symbol *Filter entfernen* ❷ entfernt dagegen das Feld aus dem Filterbereich.

Tipp: Filter anzeigen

Aktive Filter sind im Bericht nur selten auf den ersten Blick zu erkennen, insbesondere wenn sie im Bereich *Filter* gesetzt wurden. Hier hilft ein Klick auf das Filtersymbol einer Visualisierung, z. B. des Säulendiagramms, wie im Bild unten.

Bild 9.83 Aktive Filter anzeigen

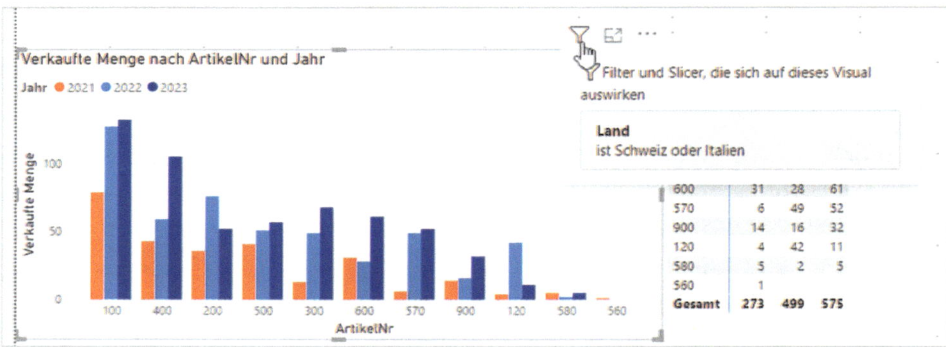

Wenn Filter auf den ersten Blick erkennbar sein sollen, dann verwenden Sie besser Datenschnitte, Näheres hierzu im nächsten Punkt.

Verwenden von Datenschnitten (Slicern)

Alternativ zum Bereich *Filter* können Sie außerdem Datenschnitte, auch als Slicer bezeichnet, zum Filtern einsetzen. Sie werden in die Berichtseite eingefügt und besitzen gegenüber dem Bereich *Filter* den Vorteil, dass sie sich schnell und flexibel verwenden lassen und aktive Filter auf den ersten Blick ersichtlich sind. Wenn nichts anderes festgelegt wird, wirken sich Datenschnitte, genau wie Visualisierungen auf alle Elemente der Seite aus. Datenschnitte sind in zwei Varianten verfügbar:

Info: Power BI bezeichnet Datenschnitte auch als Slicer.

- Die einfachen Datenschnitte verwenden Kontrollkästchen oder eine Leiste.
- Die neuen Datenschnitte unterstützen Schaltflächen, die sich beliebig formatieren lassen.

Zum Einfügen ein Datenschnitts klicken Sie im Bereich *Visualisierungen* auf *Datenschnitt* oder *Datenschnitt (Neu)* und ziehen Sie dann das Feld, das Sie für den Datenschnitt verwenden möchten im Bereich *Visualisierungen* auf *Feld*.

> **Beachten Sie beim Hinzufügen von Visualisierungen und Datenschnitten**
>
> Achten Sie unbedingt vor dem Einfügen von Datenschnitten und Visualisierungen darauf, dass in der Zeichnungsfläche kein Element markiert ist, da dieses sonst in einen Datenschnitt umgewandelt wird.

Beispiel: Länder als Datenschnitt mit Kontrollkästchen

Wählen Sie im Bereich *Visualisierungen* das Register *Visuelles Element erstellen*, klicken Sie auf *Datenschnitt* ❶ und ziehen Sie das Feld *Land* aus der Feldliste auf *Feld* ❷.

Der Datenschnitt erscheint im Zeichenbereich ❸ und zum Filtern genügt ein Klick auf das jeweilige Auswahlkriterium. Um mehrere Länder gleichzeitig auszuwählen, klicken Sie diese nacheinander mit gedrückter **Strg**-Taste an (Mehrfachmarkierung). Zum Aufheben des Filters klicken Sie entweder erneut das Kästchen an, oder benutzen das Symbol *Auswahl löschen* in der rechten oberen Ecke des Datenschnitts.

Bild 9.84 Einfachen Datenschnitt hinzufügen

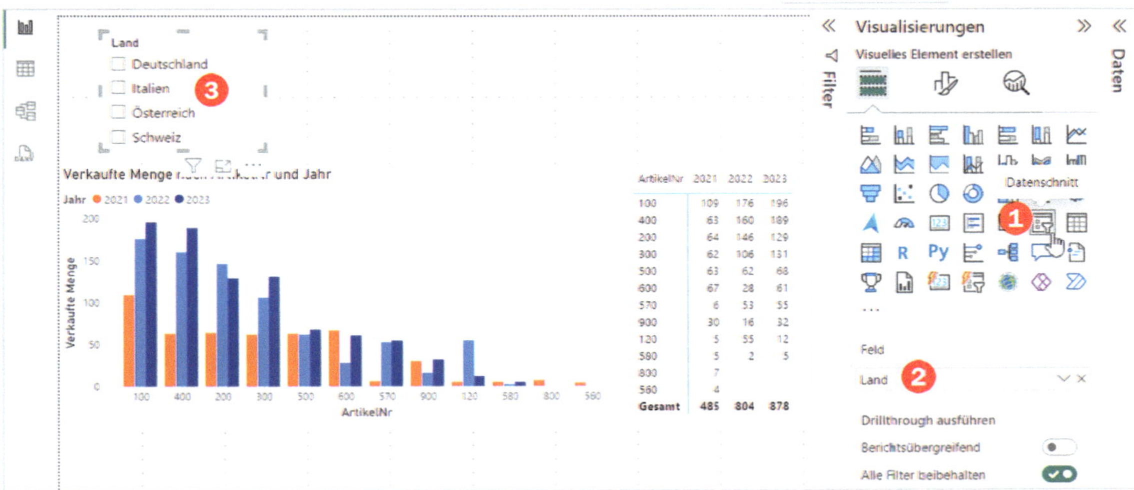

Numerische Werte als Datenschnitt

Werden für Datenschnitte Felder mit numerischen Inhalten, z. B. Jahre oder Quartale ausgewählt, so wird in der Regel automatisch eine Leiste gebildet und die Auswahl erfolgt durch Verschieben von Anfangs- und Endpunkt, s. Bild rechts.

Aussehen des Datenschnitts ändern, Datenschnitt formatieren

Das genaue Aussehen eines Datenschnitts steuern Sie im Bereich *Visualisierungen* im Register *Visuelles Element formatieren*, hier einige der wichtigsten Einstellungen:

- **Stil**: Neben Kästchen und Schieberegler stehen, abhängig von Datentyp noch andere Alternativen zur Auswahl. Dazu öffnen Sie den Abschnitt *Slicer-Einstellungen* und wählen im Feld *Stil* eine Option. Für nichtnumerische Felder bietet sich z. B. als Alternative zum Kästchen (*Vertikale Liste*) ein platzsparendes Dropdownfeld an. Weitere Optionen sind ausschließlich für numerische Felder verfügbar.

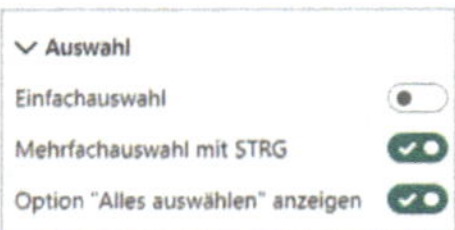

- **Alles auswählen**: Unter *Visuelles Element* ▶ *Slicer-Einstellungen* ▶ *Auswahl* können Sie dem Datenschnitt als weitere Auswahlmöglichkeit *Alles auswählen* hinzufügen, indem Sie den Schalter *Option „Alles auswählen" anzeigen* aktivieren.
- **Titel**: Text und Formatierung des Datenschnitttitels legen Sie im Register *Allgemein*, im Abschnitt *Titel* fest.
- **Hintergrundfarbe**: Im Register *Allgemein* können Sie im Abschnitt *Effekte* ▶ *Hintergrund* dem Datenschnitt eine Hintergrundfarbe zuweisen.

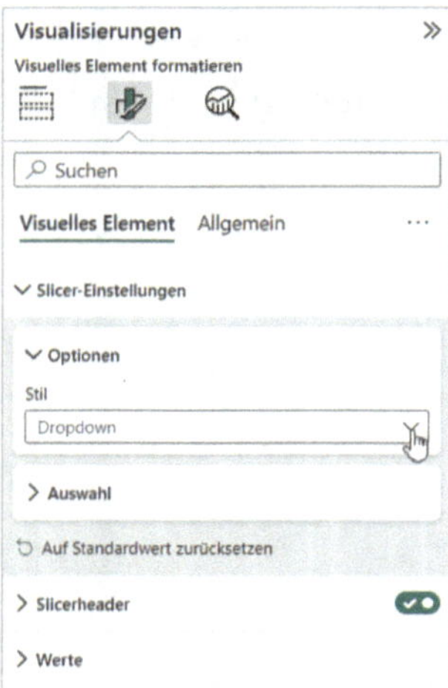

Bild 9.85 Stil auswählen

Bild 9.86 Titeltext und -formatierung

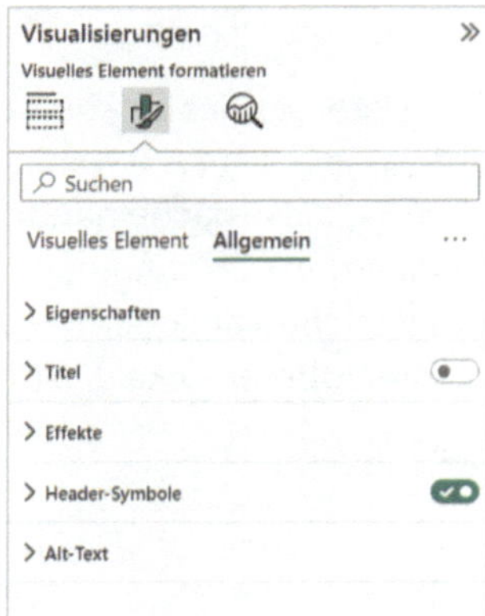

Bild 9.87 Weitere Möglichkeiten

Datenschnitte mit Schaltflächen

Wenn Sie stattdessen einen Datenschnitt mit Schaltflächen einfügen möchten, dann klicken Sie im Bereich *Visualisierungen* auf das Symbol *Datenschnitt (neu)*. Damit erhalten

Sie zunächst Schaltflächen in Rechteckform, deren Aussehen bearbeiten Sie anschließend ebenfalls im Register *Visuelles Element formatieren*.

Bild 9.88 Visuelles Element: Farben ändern

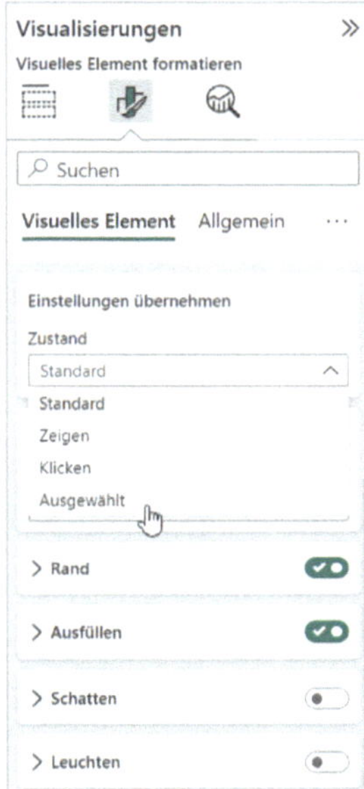

Tipp: Schaltflächen mit individuellen Farben versehen

In der Standardeinstellung werden ausgewählte Datenschnittelemente bzw. Schaltflächen in schwarzer Farbe hervorgehoben. Falls Sie stattdessen eine andere Farbe verwenden möchten, dann gehen Sie so vor:

Öffnen Sie unter *Visuelles Element* den Abschnitt *Schaltflächen* und wählen Sie einen Zustand: *Standard* bezieht sich auf nicht ausgewählte Elemente, wählen Sie stattdessen *Ausgewählt*. Anschließend ändern Sie unter *Ausfüllen* die Farbe, falls gewünscht, können auch noch Rand und sonstige Effekte geändert werden.

Datenschnitte mit relativen Datumsbereichen

Neben der Filterung nach Elementen einer Datumshierarchie, z. B. nach Jahren, Monaten oder Quartalen, sind für Datumsspalten auch relative Datenschnitte möglich, z. B. um alle Verkaufszahlen der letzten 30 Tage oder des letzten Monats zu filtern.

Dazu fügen Sie einen Datenschnitt ein und wählen als Feld eine Spalte mit Datumswerten aus. Klicken Sie auf *Visuelles Element formatieren* und ändern Sie unter *Visuelles Element* ▶ *Slicer-Einstellungen* ▶ *Optionen* den Stil in *Relatives Datum* ❶.

Anschließend wählen Sie im Datenschnitt mit Klick auf die Pfeile den Zeitraum: Im ersten Feld ❷ haben Sie die Zahl zwischen *Letzter*, *Weiter/Nächster* und *Diese*. Die Datumseinheit wählen Sie im rechten Feld aus ❸, z. B. Tage, Wochen, Monate und die Anzahl der Datumseinheiten geben Sie im Feld dazwischen ❹ vor. Beachten Sie: Relative Datumsbereiche gehen immer vom aktuellen Datum aus, wobei sich Angaben mit dem Zusatz *(Kalender)* auf vollständige Datumseinheiten beziehen.

Achtung: Das Feld muss Datumswerte enthalten und keine Zahlen, z. B. Jahre.

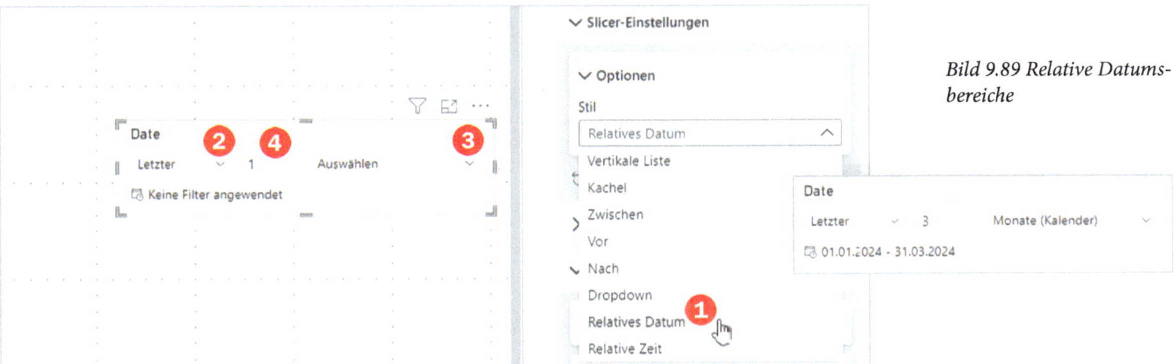

Bild 9.89 Relative Datumsbereiche

Beispiel: Angenommen, heute ist der 15. April, dann werden mit der Auswahl *Monat* und der Zahl 3 alle Daten zwischen dem 16.01. und dem 15.04. gefiltert. Wählen Sie dagegen *Monat (Kalender)*, so werden die drei letzten vollständigen Kalendermonate berücksichtigt, also vom 01.01. bis 31.03. Der verwendete Datumsbereich erscheint auch im Datenschnitt.

Interaktionen zwischen Visualisierungen einer Berichtsseite

Wie bereits erwähnt, sind alle Visualisierungen einer Berichtsseite untereinander verbunden, d. h. die Auswahl einer Datenreihe oder eines Datenpunkts wirkt sich auch auf alle anderen Elemente derselben Seite aus, sofern diese auch dieselben Ausgangsdaten verwenden. Je nach Typ verhalten sich die Visuals unterschiedlich:

- **Kreuzhervorhebung**: Unter anderem in Säulen-, Balken- und Kreisdiagrammen werden die dazugehörigen Daten hervorgehoben. Alle übrigen Werte bleiben in der Visualisierung sichtbar, sind aber ausgegraut.
- **Kreuzfilterung**: Beispielsweise in Liniendiagrammen oder Tabellen (Matrix) wirkt die Auswahl eines Werts als Filter, d. h. nur die dazugehörigen Daten werden im Visual angezeigt.

Um die Hervorhebung oder den Filter wieder aufzuheben, klicken Sie im selben Visual erneut auf den ausgewählten Wert oder einen leeren Bereich.

Beispiel: Wird im Bild unten im Säulendiagramm *Umsatz nach Jahr* das Jahr 2023 angeklickt bzw. ausgewählt, dann erscheinen nicht nur in diesem Diagramm, sondern auch in allen anderen Visuals der Berichtsseite die Werte der übrigen Jahre ausgegraut. Die Matrix dagegen zeigt nur noch die Zahlen des Jahres 2023 an.

Bild 9.90 Beispiel: Kreuzhervorhebung und Kreuzfilterung im Bericht

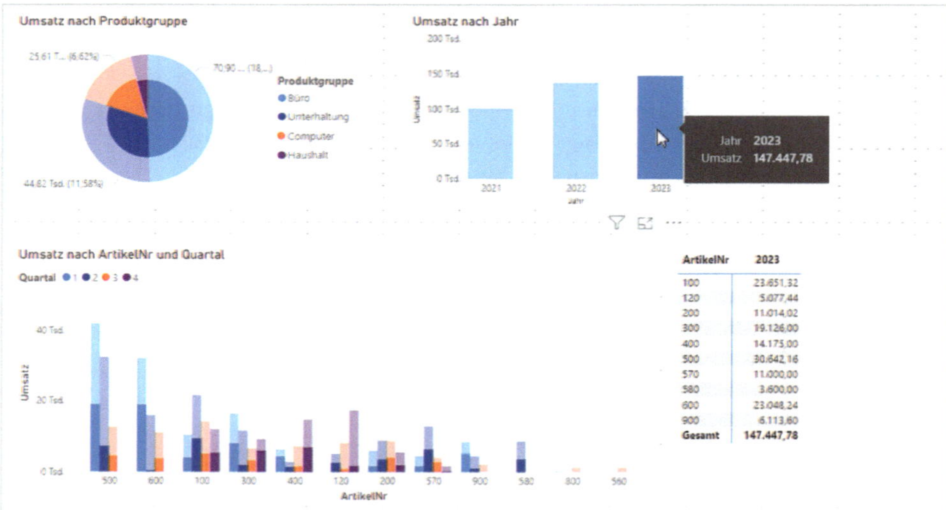

Mehrfachauswahl: Genau wie bei Datenschnitten ist auch bei Datenpunkten eine Mehrfachauswahl durch Anklicken mit gedrückter **Strg**-Taste möglich.

Interaktionsverhalten ändern

Sie können die Wechselwirkung der Visuals untereinander ändern. Markieren Sie dazu die Visualisierung, von der die Interaktion ausgeht, hier *Umsatz nach Jahr* ❶, klicken Sie im Menüband auf das Register *Format* und aktivieren Sie *Interaktionen bearbeiten* ❷ (Bild 9.91).

An den übrigen Visuals erscheinen nun die Interaktionssymbole *Filter*, *Hervorhebung* und *Keine Auswirkung* ❸, die aktuelle Einstellung ist leicht hervorgehoben. Klicken Sie auf die gewünschte Interaktion. Wenn z. B. bei der Auswahl eines Jahres die Umsätze der Produktgruppen gefiltert statt hervorgehoben werden sollen, dann aktivieren Sie *Filter*. Soll dagegen keinerlei Interaktion erfolgen, so wählen Sie *Keine Auswirkung*.

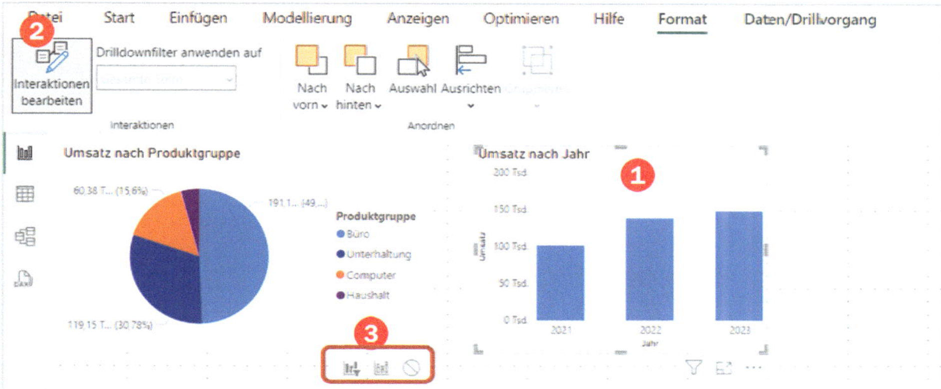

Bild 9.91 Interaktionen der Visuals ändern

Info: Die geänderte Interaktion wird mit dem Bericht gespeichert.

Drillthrough nutzen

Was bedeutet Drillthrough in Berichten?

Detailinformationen zu Einzelwerten eines Visuals, z. B. eines Datenpunkts, müssen sich nicht zwingend auf derselben Berichtsseite befinden. In solchen Fällen kann die Drillthrough-Funktion von Power BI genutzt werden, um schnell zu einer zweiten Berichtsseite zu springen, wobei der ausgewählte Wert als Filter übergeben wird.

Drillthrough, d. h. Detailinformationen anzeigen dürfte von den Excel Pivot-Tabellen her bekannt sein, s. Seite 201 dieses Buches.

Drillthrough einrichten

Zur Verdeutlichung ein einfaches Beispiel: Die Berichtsseite in Bild 9.92 zeigt die verkauften Mengen je Artikelnummer. Per Drillthrough sollen nun auf einer zweiten Seite die Details zum ausgewählten Artikel, hier Verkaufszahlen nach Jahren, Ländern und Kunden angezeigt werden, wie in Bild 9.93.

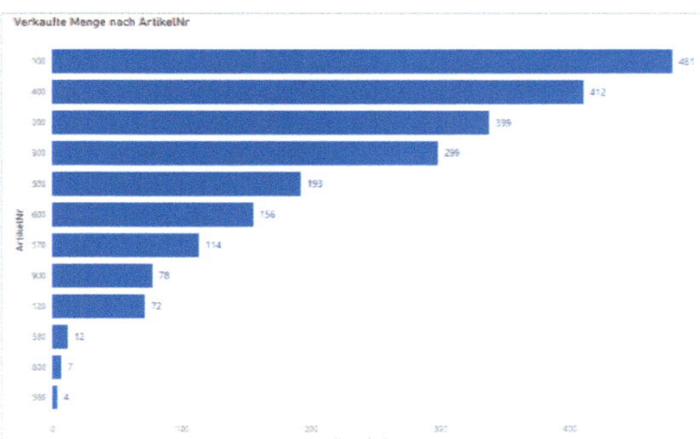

Bild 9.92 Drillthrough: Ausgangsseite

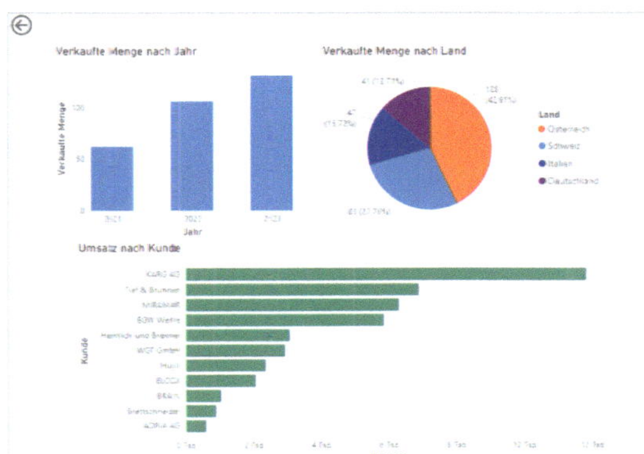

Bild 9.93 Die Zielseite

Dazu werden zunächst beide Berichtsseiten erstellt und die Zielseite erhält einen passenden Namen, z. B. *Verkauf-Details* (Rechtsklick im Seitenregister und Befehl *Umbe-*

nennen). Ziehen Sie dann auf der Zielseite das Feld, über das der Drillthrough erfolgen soll, hier *ArtikelNr* ❶ auf *Drillthroughfelder hier hinzufügen* ❷. Außerdem muss der Schalter *Alle Filter beibehalten* ❸ aktiviert sein.

Bild 9.94 Drillthroughfelder der Zielseite hinzufügen

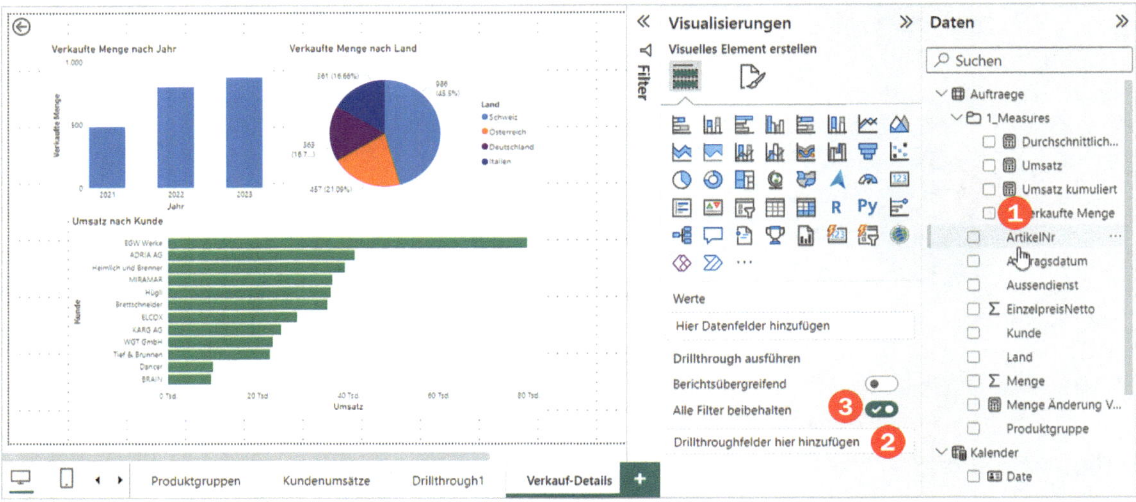

Drillthrough anwenden

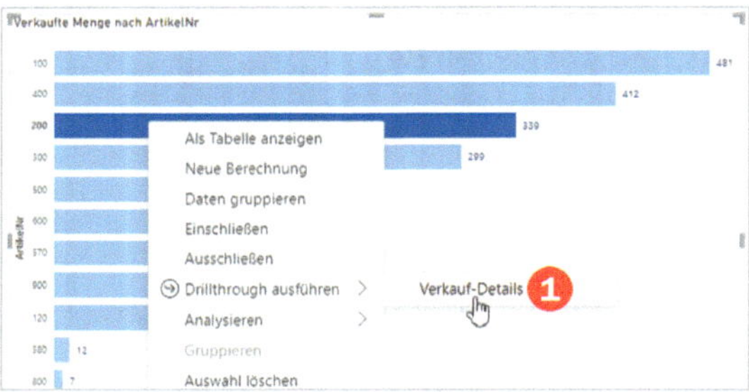

Um einen Drillthrough auszuführen, klicken Sie auf der Ausgangsseite mit der rechten Maustaste auf den Datenpunkt, den Sie näher betrachten möchten, z. B. den Balken der Artikelnummer 200. Wählen Sie *Drillthrough ausführen* und klicken Sie auf die gewünschte Seite, hier *Verkauf-Details*.

Die Zielseite ❷ wird angezeigt und im Bereich *Visualisierungen* sehen Sie unter dem Drillthroughfeld *ArtikelNr*, dass die Nummer 200 als Filter ausgewählt ist ❸.

Bild 9.95 Drillthrough ausführen

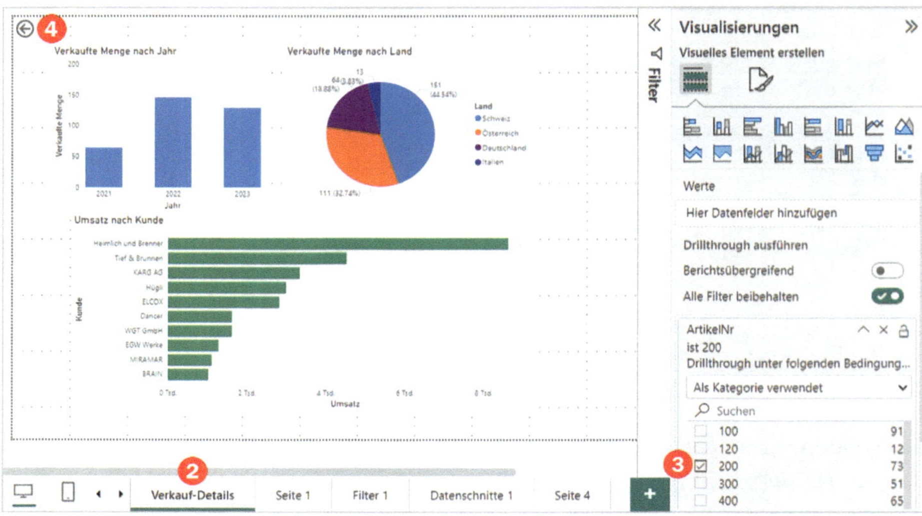

Um zurück zur vorherigen Seite zu gelangen, klicken Sie mit gleichzeitig gedrückter **Strg**-Taste links oben auf den Pfeil ❹. Dieser wurde beim Hinfügen eines Drillthrough-feldes automatisch eingerichtet.

Tipp: Noch komfortabler lässt sich Drillthrough mit eigens dafür erstellten Schaltflächen nutzen. Wie das geht, lesen Sie im nächsten Punkt.

Hinweis: Beim Betrachten im Browser genügt zum Zurückkehren zur Ausgangsseite einfaches Anklicken oder -tippen (ohne **Strg**-Taste).

> **Achtung: Eventuell vorhandene Filter löschen**
>
> Wenn die Zielseite ausschließlich per Drillthrough angesteuert wird, dann passt sich der übergebene Filter jedes Mal automatisch an. Wird diese Berichtsseite dagegen ohne Drillthrough ausgewählt, so muss ein eventuell vorhandener Filter mit Klick auf das Symbol *Filter löschen* aufgehoben werden.

Tipp: Filter mit dem Visualtyp Karte hervorheben

Leider enthält die Zielseite mit Ausnahme des Bereichs *Visualisierungen* bzw. der Kontrollkästchen des Drillthroughfeldes keinerlei Hinweis auf den gerade aktiven Filter. Abhilfe schafft hier der Visualisierungstyp *Karte*. Dieser zeigt einen einzelnen Wert oder Datenpunkt an und eignet sich hervorragend zur Anzeige eines aktiven Filters.

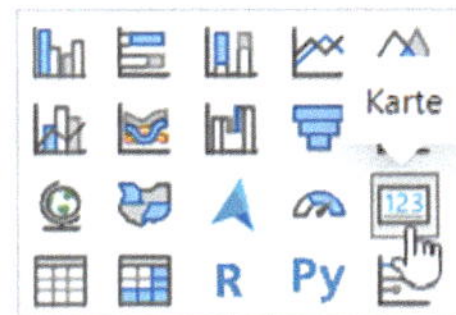

Zum Einfügen klicken Sie im Bereich *Visualisierungen* auf das Symbol *Karte* ❶ und ziehen dann die *ArtikelNr* auf *Felder* ❷. Ist kein Filter oder Drillthrough aktiv, so zeigt die Karte automatisch den ersten Wert dieses Feldes an, in diesem Fall die Artikelnummer 100. Führen Sie dagegen einen Drillthrough aus, so erscheint der gefilterte Wert ❸.

Bild 9.96 Wert mit dem Typ Karte hervorheben

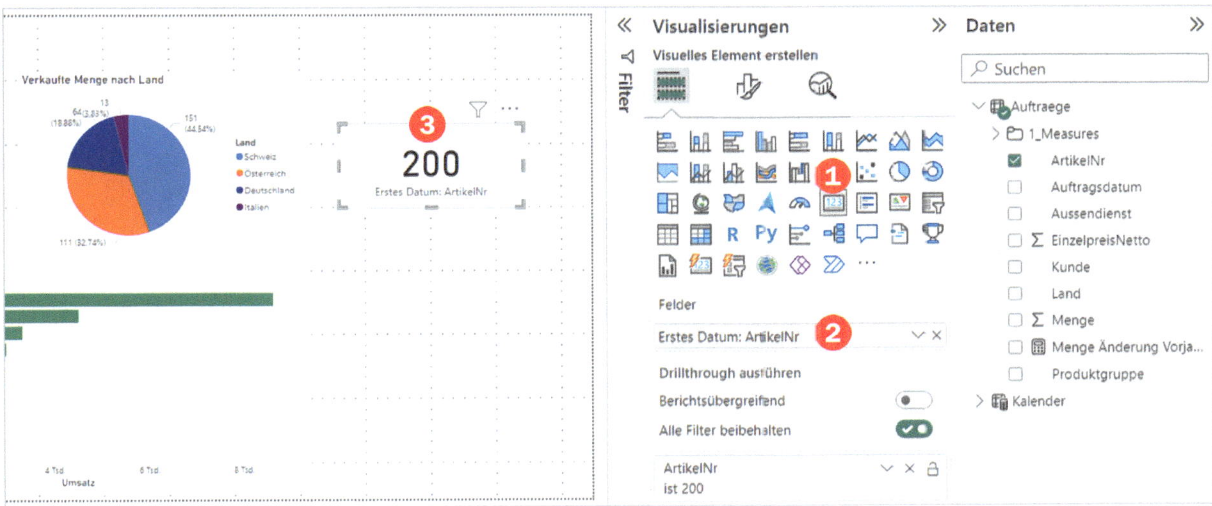

Beschriftung ändern: Falls Sie sich an der Beschriftung *Erstes Datum:xxx* stören, so wechseln Sie im Bereich *Visualisierungen* zum Register *Visuelles Element formatieren*, schalten unter *Visuelles Element* die *Kategoriebeschriftung* aus und geben dafür im Register *Allgemein* unter *Titel* den gewünschten Text ein.

9.6 Schaltflächen nutzen

Schaltflächen einfügen und anpassen

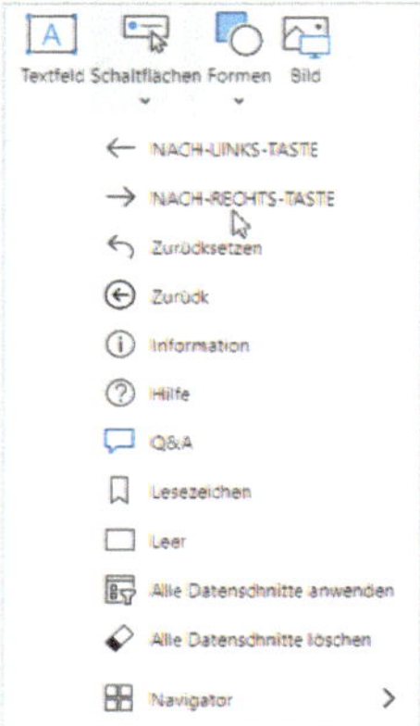

Statt einzelne Berichtsseiten im Seitenregister auszuwählen, lassen sich zur Navigation im Bericht auch Schaltflächen einsetzen. Zum Einfügen einer Schaltfläche klicken Sie im Menüband, Register *Einfügen* auf *Schaltflächen* und wählen das Aussehen, z. B. *NACH-RECHTS-TASTE* bzw. Pfeil nach rechts. Zusammen mit der markierten Schaltfläche erscheint der Bereich *Schaltfläche "Format"*, in dem Sie die weiteren Einstellungen vornehmen und der Schaltfläche eine Aktion zuweisen ❶.

> **Für alle Schaltflächen gilt:**
>
> Um in Power BI Desktop die Funktion einer Schaltfläche zu nutzen, muss diese mit gleichzeitig gedrückter **Strg**-Taste angeklickt werden! Im Browser dagegen genügt einfaches Anklicken oder -tippen.

Aussehen der Schaltfläche anpassen

In den Abschnitten *Form* und *Drehung* legen Sie die Form der Schaltfläche, z. B. *Abgerundetes Rechteck* fest und wählen ggf. eine Drehung. Im Abschnitt *Stil* ❷ beschriften Sie unter *Text* die Schaltfläche, versehen sie mit Hintergrundfarbe (*Ausfüllen*) und Rahmen oder wählen ein Symbol anstelle von Text.

Werden für einzelne Zustände keine abweichenden Einstellungen vorgenommen, so gelten die Formate des Zustands *Standard*.

Achtung: Schaltflächen unterscheiden zwischen den Zuständen *Standard*, *Beim Daraufzeigen* (wenn der Mauszeiger über die Schaltfläche bewegt wird), *Beim Klicken* und *Deaktiviert*, wenn die Schaltfläche kann nicht ausgewählt werden kann. Jedem Zustand kann ein individuelles Aussehen zugewiesen werden, wählen Sie daher für abweichende Formatierungen unter *Schaltfläche* ▶ *Stil* zunächst den *Zustand* aus ❸.

Aktion zuweisen

Welche Aktion beim Klicken auf die Schaltfläche ausgeführt wird, legen Sie im Abschnitt *Aktion* fest. Aktivieren Sie den Schalter ❹ und wählen Sie im Feld *Typ* eine Aktion, z. B. *Seitennavigation*. Die Zielseite wählen Sie anschließend im Feld *Ziel* aus.

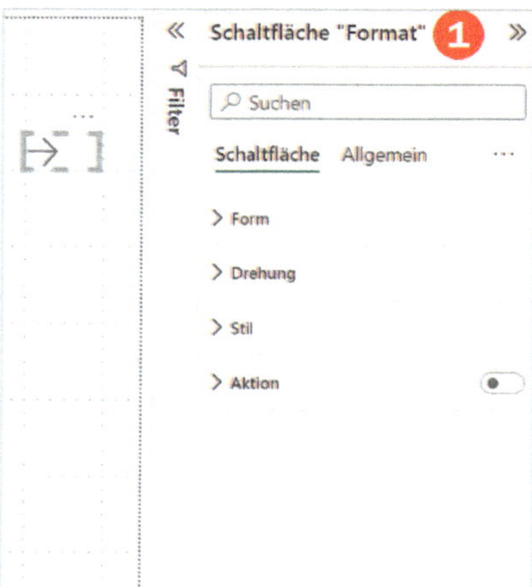

Bild 9.97 Bereich Format

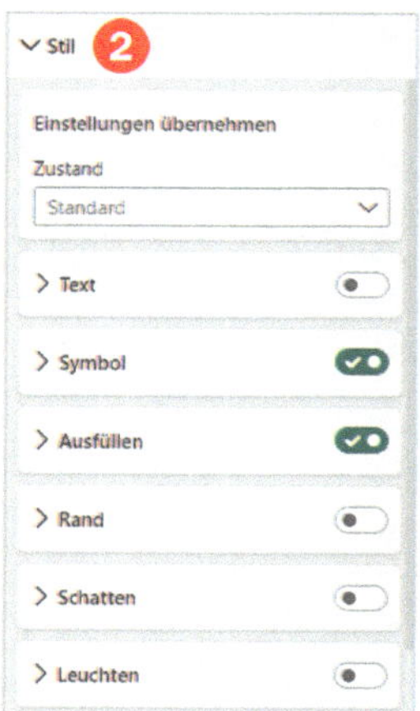

Bild 9.98 Stil ändern

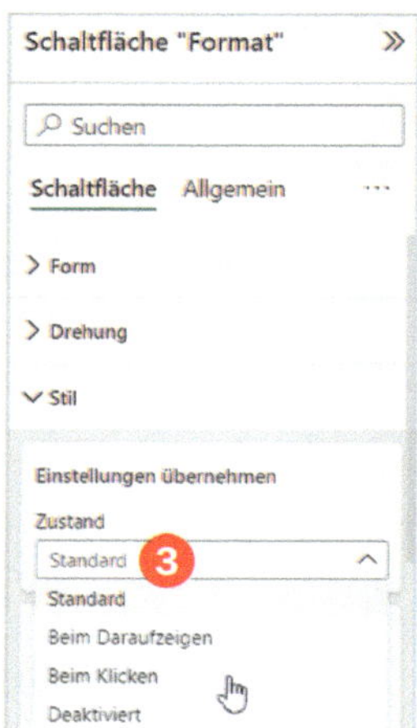

Bild 9.99 Zustand wählen

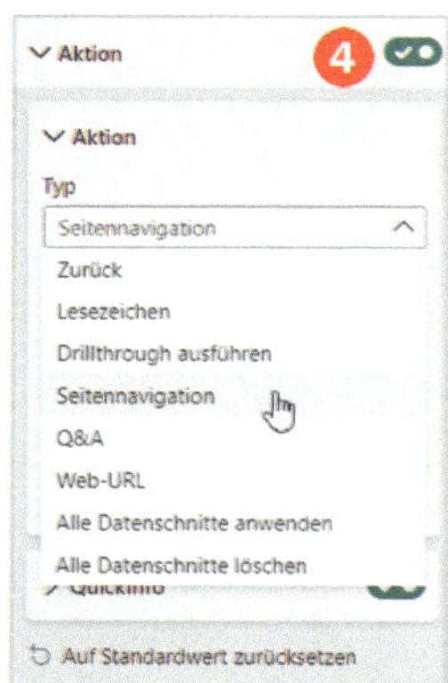

Bild 9.100 Aktion festlegen

Beispiel: Zu einer bestimmten Seite springen
Als Beispiel die unten abgebildete Schaltfläche, mit der die Berichtsseite Jahresumsatz aufgerufen wird.

Bild 9.101 Beispiel Schaltfläche

Dazu fügen Sie am besten eine leere Schaltfläche ein (*Einfügen* ▶ *Schaltflächen* ▶ *Leer*). Beginnen Sie dann im Bereich *Format* mit dem Zustand *Standard* und wählen Sie die Form *Abgerundetes Rechteck*. Aktivieren Sie im Abschnitt *Stil* den Schalter *Text* und geben Sie den Hinweistext „Jahresumsatz anzeigen" ein. Um die Schaltfläche noch mit grüner Füllfarbe zu versehen, aktivieren Sie den Schalter *Ausfüllen* und wählen eine Farbe aus. Zuletzt aktivieren Sie noch den Schalter *Aktion*, wählen den Typ *Seitennavigation* und darunter das Ziel, die Seite Jahresumsatz aus.

Hinweis: Schaltflächen können auch eine Visualisierung überlagern, wie in Bild 9.102 unten. In diesem Fall sollten Sie aber dafür sorgen, dass sich die Schaltfläche im Vordergrund befindet (Menüband, Register *Format* ▶ *Anordnen* ▶ *Nach vorn*).

Diese Einstellungen werden automatisch für alle Zustände übernommen. Damit abweichend beim Daraufzeigen mit der Maus die Schaltfläche in roter Farbe erscheint, klicken Sie erneut auf *Stil*, wählen den Zustand *Beim Daraufzeigen* und dann unter *Ausfüllen* die Farbe rot.

Drillthrough-Schaltflächen

Schaltflächen machen auch den Drillthrough komfortabler, da sich der Weg über die rechte Maustaste nicht auf Anhieb erschließt. Die Vorgehensweise unterscheidet sich nur wenig von der oben beschriebenen, vorausgesetzt die Zielseite ist im Bericht bereits vorhanden und entsprechend eingerichtet (s. Seite 401).

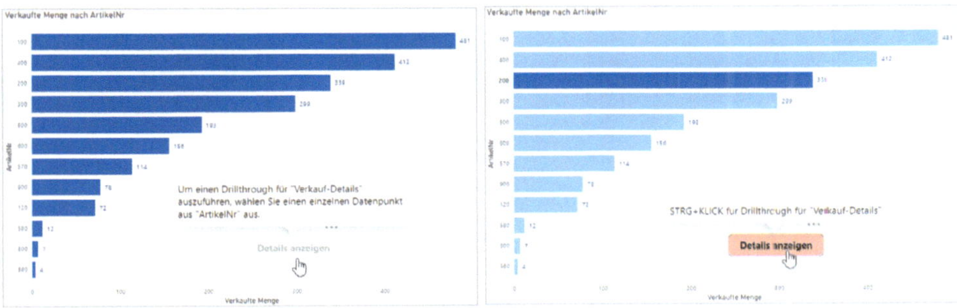

Bild 9.102 Beispiel Drillthrough-Schaltfläche

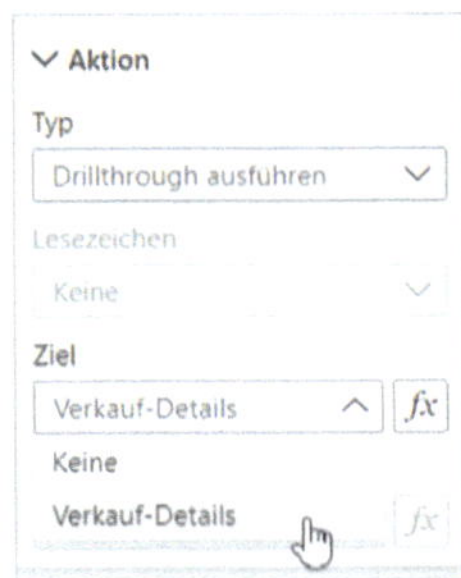

Dazu fügen Sie wieder eine leere Schaltfläche ein und formatieren diese nach Ihren Vorstellungen. Aktivieren Sie dann im Bereich *Format* den Schalter *Aktion*, wählen Sie den Typ *Drillthrough ausführen* und legen Sie im Feld *Ziel* die Zielseite fest. **Tipp:** Da ein Drillthrough nur möglich ist, wenn ein Datenpunkt ausgewählt ist, sollten Sie den Zustand *Deaktiviert* durch eine entsprechende Farbgebung kennzeichnen, im Bild oben links grau. Beim Daraufzeigen im deaktivierten Zustand erscheint außerdem eine automatische generierte Quickinfo mit einem entsprechenden Hinweis.

Seitennavigator erstellen

Eine andere interessante Einsatzmöglichkeit von Schaltflächen ist das automatische Generieren eines Seitennavigators für den gesamten Bericht. Dieser wird mit allen Berichtsseiten synchronisiert, dies gilt auch für das nachträgliche Hinzufügen, Entfernen oder Umbenennen von Seiten.

Zum Einfügen, am besten in einer gesonderten Seite, klicken Sie im Menüband, Register *Einfügen* auf *Schaltflächen*, wählen *Navigator* und anschließend *Seitennavigator* ❶. Im Bereich *Format-Navigator* nehmen Sie dann die weiteren Einstellungen vor: Die Anordnung der Schaltflächen (vertikal, horizontal oder als Raster unter Angabe der Anzahl der Zeilen und Spalten, wie im Bild unten) legen Sie im Abschnitt *Rasterlayout* ❷ fest. Ob ausgeblendete Seiten berücksichtigt werden, steuern Sie im Abschnitt *Seiten* ❸ und die übrigen Optionen unterscheiden sich wenig von denen für Schaltflächen.

Bild 9.103 Seitennavigator einfügen

Bild 9.104 Anordnung der Schaltflächen

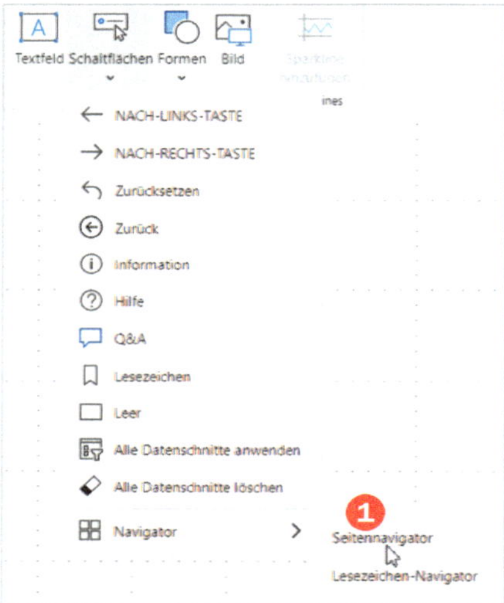

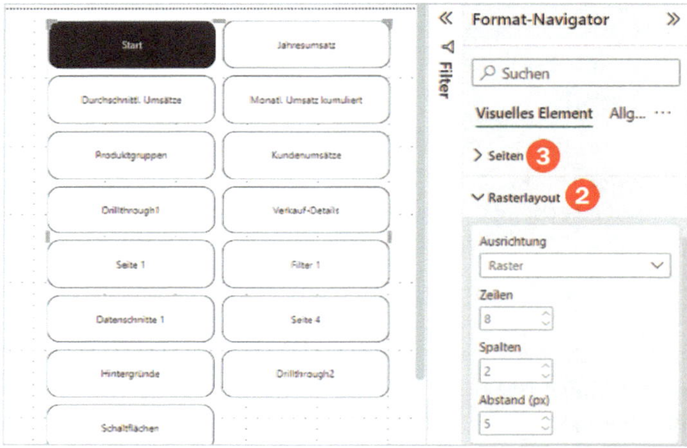

9.7 Bericht veröffentlichen, in PDF exportieren

Berichtsanzeige für mobile Geräte optimieren

Die mobilen Power BI Apps ermöglichen auch die Anzeige von Berichten auf mobilen Geräten. Zu diesem Zweck können Sie nach Fertigstellung des Berichts für einzelne Berichtsseiten zusätzliche Ansichten speziell für die Anzeige auf mobilen Geräten erstellen. Diese erscheinen dann automatisch im Hochformat des Smartphones. Beim Drehen in das Querformat wird dagegen die normale Berichtsansicht angezeigt, wie sie auch auf dem Bildschirm des Laptops erscheint.

Layoutansichten, Layout für Mobilgeräte

Die Standardansicht für Berichte ist das Desktop- bzw. Weblayout, das für die spätere Anzeige von Berichten auf Computern verwendet wird. Wenn Sie eine, für die Anzeige auf Mobilgeräten optimierte Berichtseite erstellen möchten, dann wechseln Sie zur Ansicht *Layout auf Mobilgeräten*. Dazu benutzen Sie entweder die Symbole in der unteren linken Ecke von Power BI Desktop oder aktivieren die Schaltfläche *Layout auf Mobilgeräten* im Register *Anzeigen* des Menübands. Auf demselben Weg gelangen Sie auch wieder zurück zum Desktoplayout.

Bild 9.105 Wechsel zwischen den Ansichten Desktoplayout und Layout für Mobilgeräte

In der Ansicht Layout für Mobilgeräte haben Sie die Wahl zwischen zwei Möglichkeiten: *Layout für Mobilgeräte automatisch erstellen* ❶ oder manuelles Anordnen der Visuals ❷ durch Ziehen auf die Zeichenfläche. Der Bereich *Visuelle Seitenelemente* listet alle Visuals der aktuellen Berichtsseite auf.

Bild 9.106 Layoutansicht für Mobilgeräte

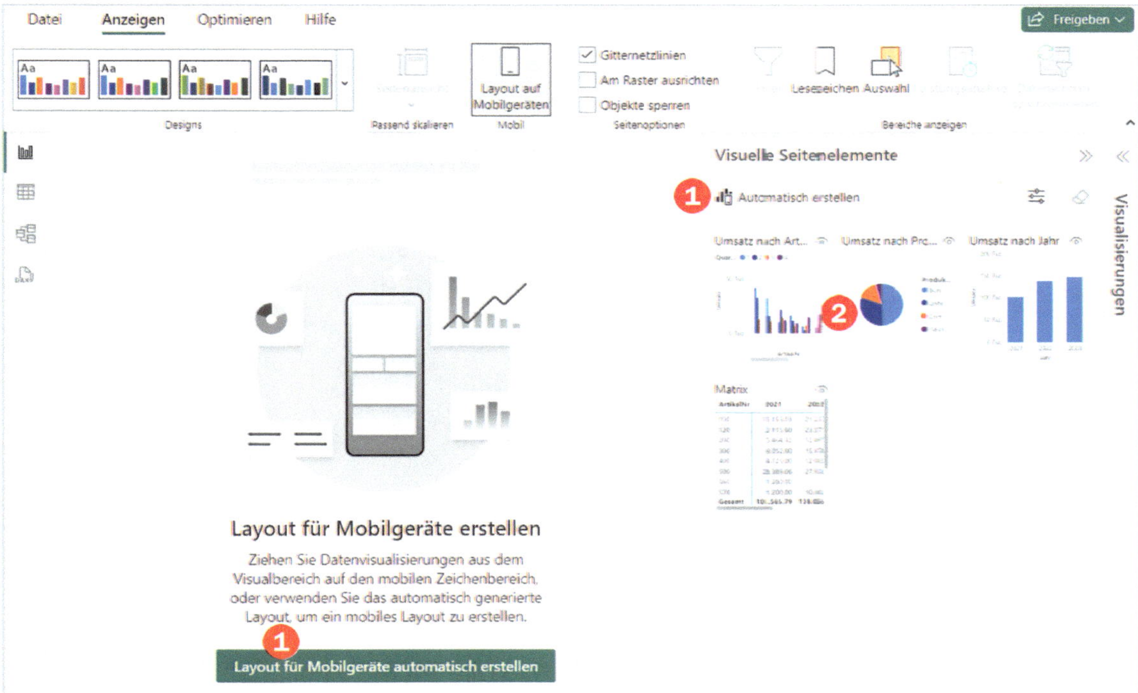

Berichte speichern beide Layoutversionen

Wenn Sie einen Bericht mit Layouts für Mobilgeräte im Power BI Dienst veröffentlichen, dann sind darin alle Layoutversionen enthalten und werden je nach Gerät automatisch für die Anzeige verwendet.

Layout automatisch erstellen

Das automatische Erstellen (s. Bild 9.106) funktioniert am besten bei einfachen Berichtsseiten mit wenigen Elementen. Dabei werden die Visuals der Seite beginnend von links oben und in der Reihenfolge von links nach rechts angeordnet. Sollte das Ergebnis nicht zufriedenstellend sein, so können Sie das Layout anschließend manuell anpassen, s. unten, oder das gesamte automatische Layout mit den Tasten **Strg**+**Z** rückgängig machen.

Layout manuell erstellen

Wenn Sie das Layout selbst erstellen möchten, ziehen Sie einfach die Visuals nacheinander aus dem Bereich *Visuelle Seitenelemente* in die Zeichenfläche, wobei Visuals und Reihenfolge beliebig gewählt werden können. Die Position und Größe passen Sie durch Verschieben und anhand der Ziehpunkte an, Unterstützung erhalten Sie dabei durch ein Raster, an dem die Elemente automatisch ausgerichtet werden, vorausgesetzt im Menüband, Register *Anzeigen* ist die Option *Am Raster ausrichten* aktiviert.

- **Visual aus Layout entfernen**
  Um das ausgewählte Visual aus dem Layout zu entfernen, klicken Sie entweder auf das Symbol x in dessen rechter oberer Ecke ❶ oder betätigen die **Entf**-Taste. Falls Sie alle Visualisierungen aus dem Layout entfernen möchten, benutzen Sie im Bereich *Visuelle Seitenelemente* das Symbol *Alle Visualisierungen entfernen* ❷. Diese werden nur aus dem Layout, nicht aber aus der Berichtsseite entfernt.

- **Aussehen des Visuals anpassen**
  Für die ausgewählte Visualisierung können Sie im Bereich *Visualisierungen* ❸ einzelne Formate, z. B. die Schriftgröße, abweichend für die Mobilansicht festlegen. Geänderte Einstellungen sind mit einem Symbol ❹ gekennzeichnet und können mit *Mobile Änderungen löschen* ❺ wieder zurückgesetzt werden.

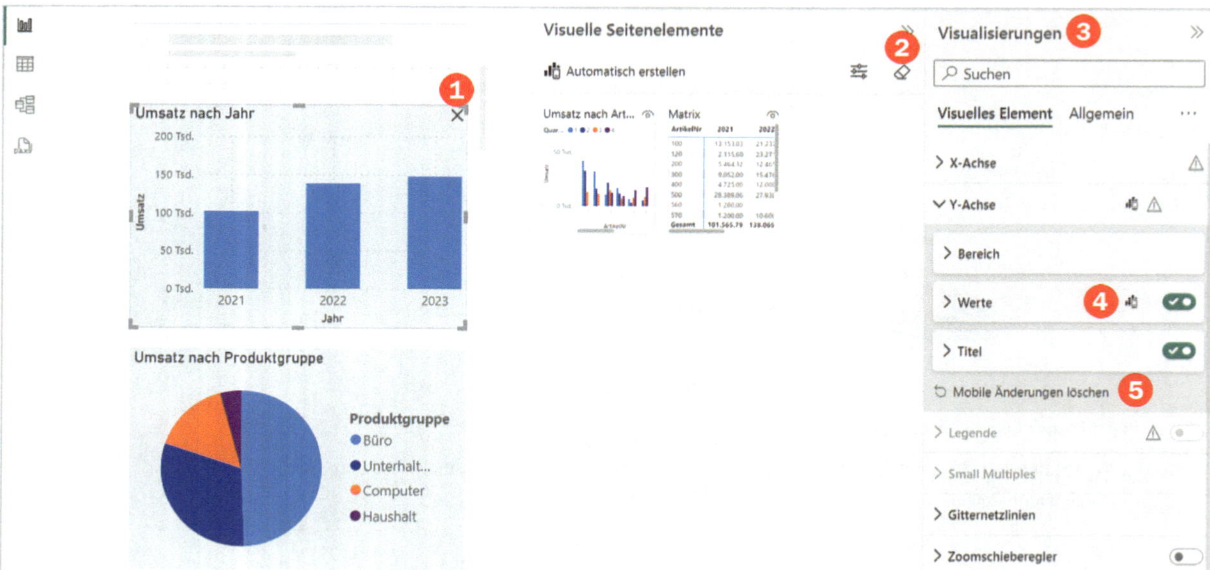

Bild 9.107 Mobiles Layout manuell anpassen

Änderungen im mobilen Layout haben keinen Einfluss auf das Desktoplayout

Alle Eigenschaften, die im mobilen Layout geändert werden, haben keinerlei Auswirkungen auf das Desktoplayout. Beachten Sie aber, dass eine geänderte Eigenschaft nicht mehr mit dem Desktoplayout synchronisiert wird. Das bedeutet, dass nachträgliche Änderungen dieser Eigenschaft, die im Desktoplayout vorgenommen werden, nicht mehr an das mobile Layout weitergegeben werden.

Bericht in PDF exportieren, drucken

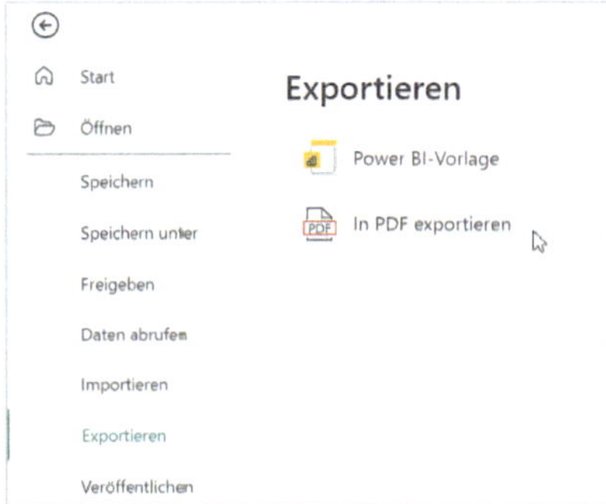

Bild 9.108 Bericht in PDF-Datei exportieren

Im Power BI Dienst veröffentlichte Berichte, s. weiter unten, werden im Browser geöffnet und können aus diesem heraus problemlos gedruckt werden. Etwas anders verhält es sich mit dem Drucken von Berichten mit Power BI Desktop. Hier ist das Drucken von Berichten nicht möglich und Sie müssen sich mit dem Export in eine PDF-Datei behelfen.

Dazu klicken Sie in Power BI Desktop auf das Register *Datei*, wählen Sie *Exportieren* und klicken Sie anschließend auf *In PDF exportieren*. Danach wird automatisch der gesamte Bericht exportiert, was bei umfangreichen Berichten etwas dauern kann. Beachten Sie ferner:

- Da das PDF-Dateiformat keinerlei Interaktivität unterstützt, werden eventuell aktive Filtereinstellungen der einzelnen Seiten eingefroren.
- Mit Ausnahme der ausgeblendeten Seiten werden stets alle Seiten exportiert.
- Die Auswahl eines Speicherorts ist nicht möglich. Stattdessen wird der temporär gespeicherte Bericht nach dem Export automatisch mit dem Standard PDF-Reader geöffnet und kann anschließend aus diesem heraus gespeichert werden.

Bericht veröffentlichen, im Browser anzeigen

Wenn Berichte nicht nur am lokalen PC mit der kostenlosen App Power BI Desktop geöffnet, sondern auch im Browser angezeigt und anderen Personen zur Verfügung gestellt werden sollen, dann müssen Sie diese in der Microsoft Cloud, genauer gesagt im Power BI Dienst veröffentlichen. Dazu müssen Sie im Power BI Dienst angemeldet sein, sollte dies nicht der Fall sein, so klicken Sie zur Anmeldung entweder im Register *Datei* oder in der Titelleiste von Power BI Desktop auf *Anmelden* und geben anschließend die E-Mail Adresse des dazugehörigen Kontos ein.

Power BI Konto

Es würde zu weit führen, an dieser Stelle alle Lizenztypen für Power BI und die dazugehörigen Funktionen und Preise aufzulisten, diese Informationen finden Sie auf der Webseite von Microsoft (www.microsoft.com/de) unter dem Stichwort „Microsoft Power BI“.

Tipp: Wenn Sie über kein Geschäfts-, Schul-, oder Unikonto verfügen, dann können Sie den Power BI-Dienst testen, indem Sie sich für eine Microsoft 365-Testversion registrieren.

So registrieren Sie eine kostenlose Einzelbenutzerlizenz (Fabric Free)

Wenn Sie über ein Geschäfts-, Schul-, oder Unikonto verfügen, das mit Microsoft 365 verknüpft ist, dann haben Sie als Einzelbenutzer die Möglichkeit, eine kostenlose Power BI-Lizenz (Free) zu erhalten. Diese gewährt Ihnen allerdings nur Zugriff auf Ihre eigenen Inhalte, die Möglichkeit der Freigabe für andere Personen setzt dagegen mindestens eine (kostenpflichtige) Power BI Pro-Lizenz voraus.

Geben Sie im Browser die Adresse app.powerbi.com ein und geben Sie hier anschließend die E-Mail Adresse Ihres Geschäfts-, Schul- oder Unikontos ein. Damit erhalten Sie automatisch die kostenlose Lizenz „Microsoft Fabric (Free)“. Andernfalls müssen Sie im nächsten Schritt ein neues Konto erstellen. Anschließend öffnet sich die Startseite und Sie können beginnen.

Bericht aus Power BI Desktop heraus veröffentlichen

Um den aktuellen Bericht im Power BI Dienst zu veröffentlichen, klicken Sie in Power BI Desktop entweder im Register *Datei* oder im Register *Start* ▶ *Freigeben* auf *Veröffentlichen* ❶. Danach werden Sie zunächst aufgefordert, Ihre Änderungen zu speichern. Anschließend müssen Sie im nachfolgenden Fenster einen Arbeitsbereich ❷ auswählen, klicken Sie diesen an und danach auf die Schaltfläche *Auswählen*.

Bild 9.109 Bericht in Power BI veröffentlichen

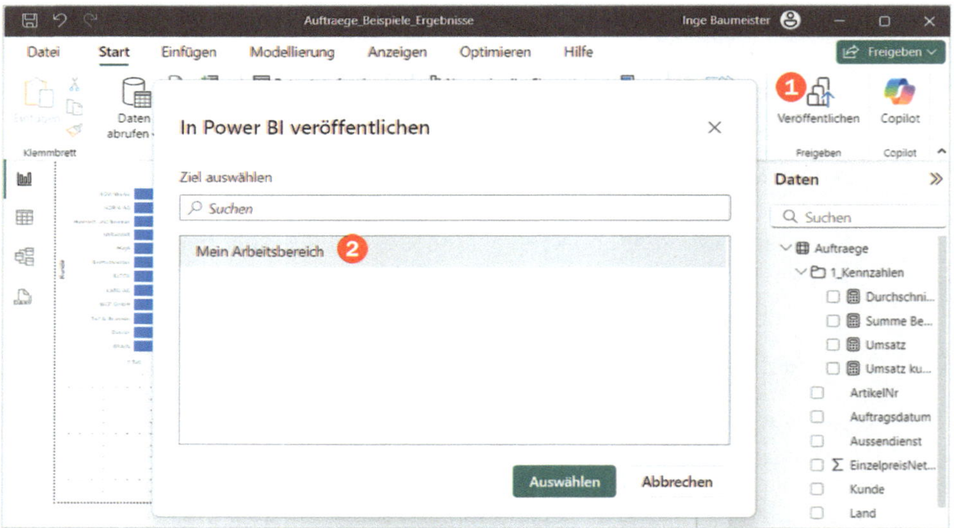

Info: Nutzern einer kostenlosen Lizenz (Free) steht nur ein einziger Arbeitsbereich unter der Bezeichnung *Mein Arbeitsbereich* zur Verfügung.

Die Veröffentlichung wird nun ausgeführt und abschließend erhalten Sie einen Link, über den der Bericht sofort aufgerufen und im Browser angezeigt werden kann.

Bericht im Browser aufrufen

Um den Bericht später im Browser aufzufrufen, geben Sie die Adresse app.powerbi.com ein und melden Sie sich mit der, mit dem Power BI-Konto verknüpften E-Mail Adresse und dem dazugehörigen Kennwort an. Auf der Startseite ❶ finden Sie neben verschiedenen Tutorials auch die zuletzt verwendeten Berichte, die Sie durch Anklicken öffnen. Oder wählen Sie in der linken Leiste einen Arbeitsbereich ❷ aus und klicken anschließend hier auf den zu öffnenden Bericht. Im Bereich *Seiten* ❸ rufen Sie nun die einzelnen Berichtsseiten durch Anklicken oder Antippen auf.

Bild 9.110 Bericht im Browser anzeigen

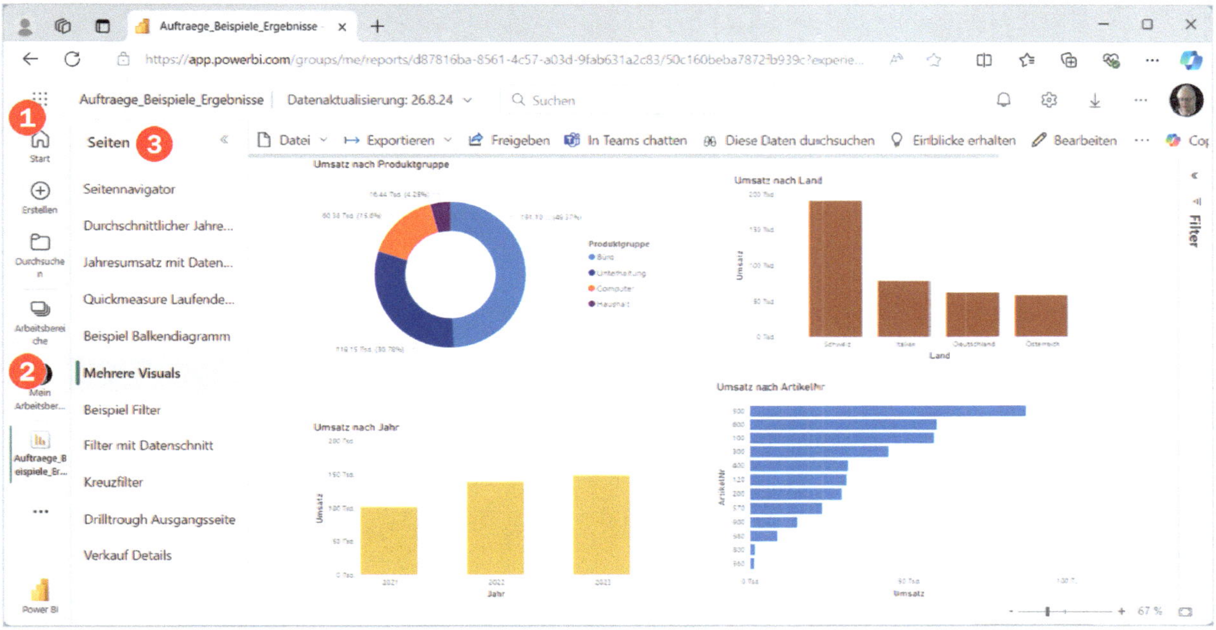

Anschließend können Sie die Berichtsseiten nach Belieben filtern, entweder durch Anklicken ❸ oder im Bereich *Filter* ❹, einzelne Visuals im Fokusmodus ❺ betrachten oder zur weiteren Verwendung, z. B. in einem Word-Dokument, in die Zwischenablage kopieren ❻. Über *Datei* ❼ kann die aktuelle Berichtsseite gedruckt werden und mit der Auswahl *Exportieren* in eine Excel-Arbeitsmappe exportiert oder in eine PowerPoint-Präsentation eingebettet werden. Die weiteren Möglichkeiten, darunter *Freigeben* sind abhängig von der jeweiligen Power BI-Lizenz.

Bild 9.111 Berichtsseite filtern

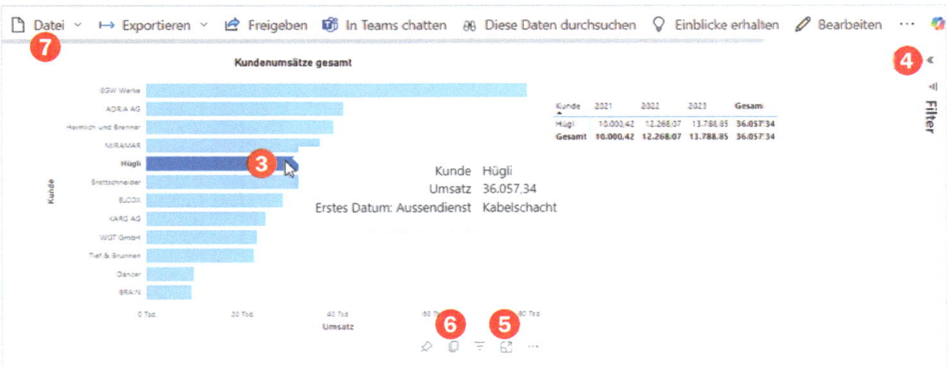

Filter werden zusammen mit dem Bericht gespeichert, das gilt auch für Power BI!

Index

E

F